KB001653

다른 유럽을 향해서

이 도서의 국립중앙도서관 출판예정도서목록(CIP)은 서지정보유통지원시스템 홈페이지(http://seoji.nl.go.kr)와
국가자료공동목록시스템(http://www.nl.go.kr/kolisnet)에서 이용하실 수 있습니다.
CIP제어번호: CIP2017002634(양장), CIP2017002635(반양장)

다른 유럽을 향해서

유럽 경제통합에 대한 계급적 분석

굴리엘모 카르케디 Guglielmo Carchedi 지음 | 유철수 옮김

한울
아카데미

For Another Europe: A Class Analysis of European Economic Integration
by Guglielmo Carchedi

차례

제6장 무역, 발전, 전쟁

제7장 공동농업정책

머리말

유럽연합의 경제학에 관한 책은 아주 많다. 그러나 그런 책 가운데 거의 대부분은 같은 이론들에 뿌리를 두고 있다. 그것들은 신고전학파 경제학 또는 케인스주의 경제학에서 영감을 얻었다. 이 책에서는 신고전학파 또는 케인스주의 경제학이 유럽연합의 기원과 발전에 만족할 만한 설명을 제공할 수 없다고 주장한다. 경제의 근간으로서 가치의 생산과 분배에 기초하고 있는, 그래서 사회적 삶의 기본단위로서 사회 계급에 기초하고 있는 연구만이 유럽 경제통합 과정의 진정한 원천과 원동력이 되는 내적모순을 밝힐 수 있다. 이런 접근법에서 두 가지 분명한 특징이 생겨난다. 한편으로 일반적으로 유럽연합과 관련된 책에서 다뤘던 주제들〔경쟁정책과 사회정책, 경제통화동맹, 공동농업정책 등〕을 기존 관점에 도전하는 방식으로 뒤에서 다룬다. 다른 한편, 그런 책에서 무시되었던 주제들〔발전과 저발전, 공동방위정책의 경제학(Economics of the Common Defence), 유럽연합의 의사 결정 과정에서 이익집단의 역할〕이 유럽연합의 경제를 완전하게 분석하고 이해하는 데 근본적으로 중요하다는 것을 보여준다. 그 결과 이 책은 유럽 경제통합을 소개하는 것일 뿐만 아니라 근본적으로 비판하는 것이다.

이 책의 중심이 되는 주제는 유럽연합이 아주 다른 경제·정치 권력을 가진 이질적인 국가의 집합이 아니거나 적어도 단지 그렇지 않다는 것이다. 그러나 유럽연합은 하나의 동질적인 경제·정치의 주체도 아니라는 것이다. 15개 회원국 간 경제·정치·사회·문화의 이질성 정도가 유럽연합의 주요한 두 경쟁자(미국과 일본)의 이질성보다 크다는 것은 의심의 여지가 없다. 이것은 새로운 초강대국 건설이라는 거대한 계획의 측면에서 유럽연합의 취약함이 드러나는 주요 원인 가운데 하나이다. 그러나 지난 40년 여정에서 유럽연합은 하나의 주체로 나타났고, 회원국들이 가지고 있는 특징의 단순한 총합이나 결합으로 환원될 수 없는 특징을 만들었다. 이 책은 회원국들을 구별하는 것이 무엇인지보다는 이런 특징들에 초점을 맞춘다. 기본 논지는 세 가지 계기가 유럽의 경제통합에, 따라서 통일 과정에 범위를 정해주고 관련 정보를 준다는 것이다.

첫째, 독일 과점자본의 지도력 아래 있는 유럽 과점자본이 그 과정을 부채질했다. 그 결과 유럽연합은 그것 내에서 구제국주의와 신제국주의의 몇몇 특징을 재생산했다. 둘째, 똑같은 과정에서 비회원국으로 향하는 제국주의 야망을 가진 강력한 경제 지역이 출현하는 결과를 낳았다. 이는 필연적으로 두 개의 다른 경제 선도국인 일본 및 미국과 대결 증대로 이어졌다. 그러나 현 상태에서 유럽연합은 내부의 정치 및 문화의 이질성과 미국 군사력에 거의 전적인 의존 때문에 여전히 '허약한 강대국'이다. 셋째, 유럽의 노동계급은 유럽연합 건설에서 가능한 배제되었다. 그러나 이것이 노동계급의 존재를 느낄 수 없다는 것을 의미하지 않는다. 반대로 전체 계획은 유럽 노동계급을 달래기 위한(공동농업정책을 보라) 또는 통합 과정에 노동계급으로 하여금 대가를 치르게 하기 위한 필요 때문에 형성되었다(경제통화동맹을 보라). 더 나아가, 1969~1974년 경제통화동맹을 출범시키는 첫 번째 시도의 경우에 있었던 것처럼 유럽 노동자들은 이 과정의 어떤 단계들을 멈춰 세우기도 했다. 유럽 경제통합은 이런 상호 연관된 세 가지 힘들 사이의 상호작용의 결과이다.

이 책 구성에 관해 순서대로 몇 마디 하겠다. '제1장 역사, 제도, 확대'에서는 처음부터 유럽연합 계획이 가지고 있던 상호 연관된 두 측면의 의미를 보여준다. 한편으로는 그것은 미국의 세계 주도권과 경쟁할 수 있는 경제 강대국으로서 인식되었다(가능하다면 하나로 통일된 연방제 유럽 국가라는 결과로 이어지게 하기 위해). 다른 한편, 그것은 사회주의 반대 계획의 징표를 지니고 있었다. 이는 이중의 의미에서 그렇다. 통합된 유럽은 소비에트 진영을 억제하고, 무너뜨리는 것을 의미했다. 동시에, 그 같은 계획은 전후에 유럽 공산당과 사회운동에서 성장하던 영향력과의 투쟁을 위해 핵심적인 부분이었다.

따라서 유럽은 처음부터 자본의 유럽으로 존재했다. 의식적인 유럽 통합 건설에서 노동은 항상 적으로 간주해야 하고 무력화해야 하는 존재였다. 그 결과 유럽의 기구들〔유럽연합 집행위원회(the Commission), 유럽의회, 각료이사회〕은 이런 반민주적이고 반사회주의적인 특징을 포함하거나 표현하지 않을 수 없었다. 제1장은 주요 유럽 기구들뿐만 아니라 수년에 걸친 그것들의 변형을 소개하고, 동시에 이런 기구들의 계급적 내용과 따라서 통합 유럽 건설의 계급적 내용을 소개한다. 그것은 유럽 경제통합의 다른 측면에 있는 제국주의 본성의 특수성과 계급적 내용의 특수성을 분석하는(뒤에 나오는 장들에서) 틀을 제공한다.

하지만 제1장은 마찬가지로 다른 중요한 기능이 있다. 유럽연합의 의사 결정 기구들은 다르면서도 종종 모순되는 이해를 표현할 뿐만 아니라 중재한다. 이 책의 초점이 경제의 측면에 있지만, 이런 측면들을 적절하게 이해하기 위해서는 적어도 그런 경제정책에서 나오는 제도적인 구성에 관한 지식을 필요로 한다. 이런 이유 때문에 제1장은 유럽연합을 적절하게 이해하기 위한 바탕이다.

'제2장 경제통합의 이데올로기'에서는 유럽 경제통합에 글을 좁게 한정하지 않고 다루는 것처럼 보일 수 있다. 하지만 그것은 아주 중요하다. 책의 주요 주제 가운데 하나는 주류 경제학이 유럽 통일 과정을 설명할 수 없다는 것이다. 이 장의 임무는 이런 점을 제공하는 것이다. 더욱 구체적으로는 유럽 경제통합에 관한 여러 책에서 거의 같은 주제를 다룰 뿐만 아니라 같은 관점, 즉 주류 신고전학파 또는 케인스주의 경제학 관점에서 그렇게 하고 있다는 것이다. 이 책의 목적은 ① 마르크스주의 관점에서 같은 주제들(뿐만 아니라 다른 주제도)을 소개하는 것이고, ② 동시에 주류의 접근을 주제별로 비판하고 논박하는 것이다. 이상적인 독자는 다루고 있는 각 주제의 접근법과 설명의 타당성을 비교할 것이다. 이는 표준적인 교재들에 열려 있는 경제통합의 '순수한' 이론에 대한 일반적인 장(chapter)에도 적용된다. 이 이론을 논박하기 위해 독자는 주류 경제학의 기초들을 이해하는 것이 필요하다. 그러나 그런 임무는 어떤 개념도 당연시하지 않으며, 그런 개념들은 필요가 생겨날 때 설명된다는 사실로 인해서 가능해진다. 경제통합에 관한 신고전학파 접근법이 틀렸음을 밝혀냄으로써 제2장은 대안적인 마르크스주의 접근법에 길을 열어놓는다.

제3장과 제4장은 다른 수준의 기술 발전 간 관계, 국제 가치의 전유, 국제가격의 형성, 국제무역, 세계경제가 두 개의 주요 경제 지역으로 굳어지는 것을 연구한다. '제3장 유럽 경제통합의 가치론'은 자본주의 생산에 관한 마르크스주의 이론으로 시작하는 데, 이는 가치와 잉여가치 생산에 기초하고 있다. 이것은[1] 경제공황 및 경제순환[2]의 이론과 국제가격 이론이 만들어지는 기초이다. 환율 이론이 특히 중요한데, 그것은 환율이 오직 여러 통화 간 전환을 위한 기술적인 방식(technical arrangement)만이 아닌 기술 선진국을 보상하고 기술 후진국을 처벌하는 장치임을 강조한다. 가치 전유의 관점에서 평가절하(devaluation)와 평가절상(revaluation)은 수입자들과 수출자들에게 유(불)리한 효과만 주는 것이 아니다. 그러한 것들은 또한 기술 후진국으로부터 기술 선진국으로 국제간 가치의 흐름(전유)이 일어나는 것을 가능하게 만든다. 이런 가치의 전유는 자본주의 체제 운동의 기본 법칙 가운데 하나이다. 이 모든 것은 증권시장 위기 및 국제 통화위기(monetary crises)를 분석하는 틀을 제공한다. 경제통합에는 이런 배경이 자리 잡고 있는 것이다. 그것의 원동력이 비교우위를 성취하는 것과는 전혀 상관

1) 가치와 잉여가치의 생산을 의미한다_옮긴이.

2) 마르크스의 용어 사용에 따라 경기변동을 의미하는 용어로 '경제순환'을 사용한다_옮긴이.

이 없다는 것을 보여준다. 오히려 국제무역과 경제통합을 부추기는 것은 자본들이 가장 높은 이윤율을 실현하기 위한 욕구이다(욕구가 해외에 있다면).

'제4장 경제통화동맹'은 앞 장의 논리가 이어지는 속편이다. 기술 경쟁력의 최우선 중요성과 주요 경제 지역의 하나로서 유럽연합이 그것으로부터 얻게 되는 이점들을 논증한다. 경제통화동맹은 유럽연합이 미국에게 만든 실질적인 첫 위협, 그리하여 유럽연합 제국주의가 미제국주의에 만든 실질적인 첫 위협으로 보인다. 이는 유럽연합 제국주의의 특수성과 유럽연합 경쟁력의 수준 때문에 다른 형태의 제국주의 논의를 요한다. 유럽의 과점자본을 옹호하기 위해 과점자본이나 과점적 경쟁이 규정되며, 유럽연합의 경쟁정책이 분석되고 홍보되고 있다. 경제통화동맹은 독일 과점자본의 지도력 아래 있는 유럽의 선진 자본의 이익을 위해 기능한다는 것을 보여준다. 경제통화동맹의 비용은 유럽 노동자들이 치르는 것으로 보여주며, 평가는 약소 자본들과 국가들이 이 계획에 참여한 이유들로 구성된다. 유로(Euro)가 미국 달러의 실질적인 도전자가 되는 조건도 조사한다.

'제5장 유로의 지정학'에서는 경제통화동맹을 계속 분석하지만 이제는 지정학의 맥락에 둔다. 중심 주제는 국제간 화폐발권차익을 통한 가치 전유이다. 국내·국제간 화폐발권차익을 설명한 후, 남미를 특별히 참조하면서 전면적인 달러화를 분석하며, 달러화는 미국이 달러 경쟁자로서 유로의 등장에 반격하기 위해 이용하고 있는 전략 가운데 하나라는 결론에 도달한다.

'제6장 무역, 발전, 전쟁'에서는 가장 강한 국가들의 상업자본이 최대 이윤을 추구하는 것을 마치 일반화된 자유무역을 통해 전면적인 비교우위를 얻는 것을 용이하게 하는 데 목적을 두고 있는 것처럼 가장하고 있는 그런 국제무역기구들과 협정들을 검토한다. 더 나아가 이 장은 이런 분석에 기반을 두며, 그리고 한쪽에서 유럽연합과 다른 쪽에서 두 개의 특수한 국가 집단 사이의 힘 관계가 어떻게 (자본주의) 발전의 결핍 또는 그런 나라들에서 종속 발전(dependent development)을 촉진하는지 숙고한다. 마지막으로 다른 나라에 무역과 (저)개발정책을 부과하는 수단으로서 유럽연합의 군사 부문(서유럽연합)을 평가한다. 유럽연합은 경제 위력에도 불구하고 유로가 미국 달러를 대체하는 데 필요한 정치의 동질성뿐만 아니라 군사력도 부족하다고 결론 내린다. 예측 가능한 미래에 유로는 기껏해야 달러의 경쟁자가 될 수 있다.

'제7장 공동농업정책'에서는 유럽연합 예산의 약 50%(따라서 대단히 큰 비중)를 차지하는 유럽연합의 부문을 다룬다. 이 장은 공동농업정책의 몇몇 시기를 검토함으로써 시작하고, 유럽연합 내에서 가치의 전유라는 관점에서 농산물의 녹색 환율(Green Rates)의 변화를 분석한다. 더 나아가 공동농업정책으로 조성된 자본의 집적과 집중 과정에서 누가 승자이고 패자인지에 대한 문제를 조사한다. 그러고는 국제 식품 가격의 형성과 세계 기아 사이의 관계를 분석하고 이 분석을 유럽연합 농업보호주의의 가치론과 관련짓는다. 공동농업정책과 환경 사이의 관계를 조사함으로써 마무리한다.

이 책이 다루는 그다음 부문은 유럽연합의 사회정책이다. 이것은 제8장의 주제이다. 실업, 사회의 전락(social degradation), 소득 및 지역 불평등, 환경 파괴, 인종 갈등의 재부상 같은 노동에 대해 중요한 지표들에 초점을 맞춘다면, 유럽연합의 수치는 실로 열악하다. 유럽연합한테 사회정책은 노동자들의 전투적이고 평등주의 운동의 위대한 시절(great season)을 제외하면, 전통적으로 부차적인 중요성을 가졌다고 주장한다. 더 구체적으로 말하자면, 이 장은 재분배, 고용, 지역, 이민과 관련된 정책에 초점을 맞춘다. 솅겐 제도(Schengen System)가 마땅히 주목받는다. 그것의 주요 특징 두 가지, 즉 사회적 통제와 이주노동의 범죄화가 강조된다. 이 논지는 외국인 혐오증과 인종주의자들의 사회적 가치를 받아들이는 것보다 전체 노동이 더 큰 대표와 참여 권력을 획득하기 위한 수단으로서 유럽의 노동이 '이주'노동을 위해 더 큰 대표와 참여 권력을 요구해야 한다고 전개되었다.

마지막으로 맺음말에서는 이 책의 결론을 내린다. 다른 유럽은 연대, 평등주의, 자기결정권에 기초한 사회적 관계 위에서 건설되어야 하며, 이런 원칙에서 영감을 얻은 경제·사회 정책으로서만 유럽의 노동이 순전히 방어적인 시야와 정책을 뛰어넘을 수 있다고 주장한다. 이런 정책들은 완벽하게 실현 가능하다고, 그래, 이상향이지만 실현 가능한 이상향이라고 주장한다. 다른 유럽은 가능하다. 사회·경제의 양극화가 증대하는 것이 아니라 작아지는 것에 기초하고, 유럽 제국주의와 세계의 피지배 국가들과의 관계를 강화하는 것이 아니라 약화시키고 없애는 것에 기초하고, 법적이고 관리적인 관료 기구들의 증식이 아니라 자기결정권을 가진 실질적으로 민주적인 기관에 기초하고, 궁극적으로 자본주의적 관계와 시장이 분비하는 이기주의가 아니라 연대에 기초하는 유럽 말이다.

유럽 통일의 과정이 전개되어감에 따라 유럽 대중은 그 효과를 점점 더 많이 느낄 것이다. 수십 년 동안 대중의 무관심(과 때때로 저항)에 직면했던 계획은 이제 삶과 노동조건의 악화의 측면에서 값을 치러야 하는 사람들로부터 점점 더 문제시되고 있다. 궁극적으로 이 책의 성공은 이 책에서 이런 유럽은 거부되어야 하고 다른 유럽은 가능하다는 것을 보여주는지와 이 책이 그런 수단이 되는지 뿐만 아니라 대안적인 의식의 출현, 즉 자본의 유럽에 저항하면서 노동의 유럽을 위해 투쟁하는 운동을 강화하는 데 기여할 수 있는지와 이 책이 그런 수단이 되는지에 달려 있다.

제1장

역사, 제도, 확대

1. 유럽 통합에 대한 세 가지 관점

여러 단계를 거친 유럽연합(European Union: EU)의 출현은 여러 이론적 관점을 통해 해석될 수 있다. (신)제도주의자와 정부간주의자(intergovermentalist)가 오늘날 가장 영향력이 있다. 제도주의자는 통합을 구조적 필연성의 결과로 설명하는데, 제도가 한번 형성되면, 그 결과 통합하는 다른 지역으로 파급된다는 것이다. '파급(spill-over)'이 기본 동인이다. 새로운 형태의 제도주의는 파급효과에 암시된 자동성을 기각하고 통합 과정에서 후퇴의 가능성, 즉 정치적 요인으로 인한 '역류(spill-back)'를 인식한다. 정부간주의 접근법은 주요 동인으로서 각 국가의 이해를 강조한다. 이런 접근법 내에서 주요 유럽 국가의 이해가 통합에 양립할 때 통합이 진행된다.[1)]

세 번째 관점은 계급 분석에 기초한 것인데 더 많은 결실을 맺을 수 있는 가능성

1) 이 두 가지 접근법의 평가에 대해서는 Bieling and Steinhilber(1997)를 보라.

이 있지만 명백하게 이데올로기와 연관된 이유 때문에 제도권의 학문 담론에서 배제되었다. 그럼에도 불구하고 그것은 이 책에서 적용하는 관점이다. 아주 도식적으로 사회의 본질(또는 구조)은 사회적 관계로 간주된다. 사회적 관계가 자본주의 아래에 있기 때문에 모순적이라면, 그것은 스스로의 재생산과 지양(supersession)의 조건이 될 수 있다. 이런 모순된 기능성이 사회적 관계의 사회적 내용이다. 스스로를 재생산(또는 지양)하기 위해 사회적 관계는 자신의 재생산 또는 지양 조건을 결정해야만 한다. 제도가 이 글의 목적을 위해 특히 중요하다. 사회적 관계와 제도가 서로 관계 맺는 방식은 다음과 같이 볼 수 있다.

사회적 관계는 제도를 결정하는데, 왜냐하면 사회적 관계가 자신의 모순된 사회적 내용물(즉, 사회적 관계의 재생산 또는 지양을 위한 기능성)을 제도로 전환시킨다는 의미에서 사회적 관계는 제도의 존재 조건이기 때문이다. 그러나 이것으로 사회적 관계가 자신의 재생산 또는 지양 조건이 되기에는 충분하지 않다. 이를 위해 사회적 관계는 구체적 형태를 가져야 한다. 제도는 관계의 많은 외관 형태 가운데 하나이다. 동시에 제도는 사회적 관계에 의해 결정되는데, 제도가 사회적 관계로부터 얻는 사회적 내용의 모순적 본성 때문에 어떤 제도는 사회적 관계가 존재하는 조건이 되고 다른 제도는 사회적 관계를 지양하는 조건이 된다는 의미에서, 제도는 사회적 관계의 재생산 또는 가능하다면 지양의 조건이기 때문이다. 제도는 서로 상호작용함으로써 사회적 관계의 재생산 또는 지양의 조건이 되는 임무를 수행한다. 제도가 취하는 형태 변화는 이런 상호작용의 결과이며, 이뿐만 아니라 각 제도가 사회적 관계의 다른 모든 외관 형태들과 상호작용한 결과이다.

더욱 구체적으로 자본주의 체제 안에서 국민국가는 그 체제를 구성하는 여러 계급들과 계급 분파들과 그 외 사회집단(즉, 자본주의 사회적 관계의 현현) 사이에서, 그리고 그 안에서 갈등을 포함하고 형성하고 제어하는 결과로 간주된다. 자본주의의 국제적 본성, 따라서 자본주의를 구성하는 계급의 국제적 본성을 고려할 때, 국민국가는 한 국가 수준에서뿐만 아니라 세계 수준에서 사회 갈등의 표현이고, 궁극적으로는 계급 갈등의 표현이다. 더 나아가 모순적 계급 관계는 국민국가 외에 약간은 국민적이고 약간은 국제적인 일련의 전체 제도를 만들어낸다. 약간은 국제적인 것 가운데 어떤 것은 단지 몇몇 회원국의 이해를 대표하고, 반면 다른 것은 바로 중재와 대립의 과정을 거칠지라도 가능한 가장 많은 국가의 일반적 이해, 그리하여 그런 국가의 지배계급의 일반적 이해를 대표하는 것을 목표로 한다. 구체적으로 지역적·국가적·초국가적 제도를 형성하는 것은 계급 관계가 나타나는 모든 형태 간에 이런 끊임없는 상호 관계이지만, 그런 제도들에 특정한 계급 내용을 채우는 것은 계급과 계급투쟁에 의한 그런 제도의 결정이다.

계급 분석은 초국가적 기구들(supernational institutions)을 사회 계급의 이해나 계급 분파의 이해나 계급 간 사회집단의 이해의 구체화로 본다는 점에서 (신)제도주의와 다르다. 이런 시각에서 파급 또는 역류 효과는 자신의 재생산 조건을 조성하거나 또는 위축시키거나 중화시키거나 반대쪽, 즉 자기 지양의 조건 속으로 변형시키는 이 사회집단들(계급)의 의식적 활동의 결과이다.[2] 정부간주의 접근과 비교하자면, 계급 분석은 계급의 중심성과 국제적인 본성을 강조한다는 점에서 다르다. 그러므로 계급 분석은 〔국제연합(United Nations: UN), 국제통화기금(International Monetary Fund: IMF), 세계은행, 세계무역기구(World Trade Organization:

---

2) 예를 들어, 유럽연합 집행위원회는 자신의 존재 및 확대재생산 조건을 창조하는 유럽 자본가계급의 새로운 분파의 배아로서, 즉 이 새로운 분파에 힘을 부여하는 관료 기구로 간주될 수도 있다. 집행위원회는 유럽연합 회원국 가운데 하나인 독일에 의한, 즉 독일 과점자본에 의한 유럽연합 회원국 지배의 맥락에서(제4장을 보라) 회원국들의 이해를 중재함으로써 이런 일을 한다(이 장의 뒷부분을 보라). 유럽연합이 유럽 지배계급의 자기 분파를 표현하기 위한 하나의 조건은 재정 자립이다. 하지만 집행위원회는 여전히 회원국의 분담금에 의존하고 있고 이는 더욱이 상대적으로 아주 작은데, 공동체 국내총생산의 약 1.2%이다(제7장을 보라). 이는 '유럽의' 자본, 즉 국민자본의 상호 침투로부터 생겨나는 그런 자본들한테 필요한 활동 성과와 양립할 수 있는 국가 주권의 최소한의 양도에 조응한다. 그러나 유럽연합의 기구들이 마치 하나의 초국적 유럽 국가의 표현, 즉 이념인 것처럼 행동하는 하나의 영역이 있다.

WTO) 같은〕 국제기구의 복잡한 구조로서, 〔유럽연합, 북대서양조약기구(North Atlantic Treaty Organization: NATO), 동남아시아 국가연합(Association of South-East Asian Nations: ASEAN), 남미공동시장(Mercosur), 유럽안보협력기구(Organization for Security and Cooperation in Europe: OSCE) 같은〕 지역기구의 복잡한 구조로서, 비정부기구의 복잡한 구조로서, 국가들의 복잡한 구조로서, 이른바 '국제사회(international community)'를 결국 국가 안에서, 그리고 지구적인 범위에서 사회 계급에 근거한 이해의 표현인 것으로서 그리하여 그런 사회 계급에 근거한 이해를 조성하고 반대하는 것으로서 간주한다.

이제 이렇게 다른 분석의 틀이 유럽 통합 과정에 대해 어떻게 다른 관점들을 만들어내는지 숙고해보자. 그 이야기를 할 때, 정부간주의자와 (신)제도주의자는 다음 요인들을 강조한다.

- 유럽 국가들이 더 이상 세계시장에서 자신들의 지위를 유지할 만큼 충분히 크지 않다는 것을 인식
- 유럽 내전의 특징이 되었고, 제2차 세계대전의 원인 중 하나로 널리 여겨진 경제 보호주의를 피하고 싶은 바람
- 소비에트 연방과 유럽 공산주의 정당의 팽창을 억제하고 싶은 바람[3)]
- 특히 프랑스가 독일 경제를 유럽연합의 맥락에서 통합해 독일 팽창주의 부흥의 가능성을 억제하려는 바람[4)]

이 네 가지 점은 유럽연합 탄생 뒤에 있는 동기를 강조한다(그 시점에서는 유럽

---

3) 미국은 유럽 경제 재건에 관심을 가졌고 기여했는데, 유럽 경제 재건을 유럽으로 하여금 반공산주의 요새로 역할하도록 하는 전제 조건으로 봤기 때문이다.

4) 이는 유럽석탄철강공동체가 프랑스-독일 화해로 향하는 수단으로서 인식되었던 때인 1951년부터, '유럽연합 조약(마스트리흐트 조약)'을 협상할 때 중요한 동기가 1990년 통일 이후 독일의 경제적 우세를 억제하는 것이었던 1992년까지 프랑스 정책의 상수였다.

경제공동체).[5] 그런 점들은 유럽 자본의 관점, 즉 다른 자본주의 국가와 경제적·정치적 경쟁에 대한 몰두 및 비자본주의 국가와 경제적·정치적 경쟁에 대한 몰두를 나타낸다. 그러나 이런 관점은 어떤 실질적 이유들을 밝혀내지만, 동시에 역시 이데올로기적이다. 그런 관점은 자본주의 통합이 (비유럽 자본과 비자본주의 국가에 대한) 유럽 자본의 공통된 이해에 기초하며 또 강화한다는 것을 나타낸다. 그러나 계급 분석의 관점에서 유럽경제공동체(European Economic Community: EEC)를 세운 국가들의 제국주의 과거 및 본성을 생각할 때, 그들의 통합으로부터 생겨난 몸은 똑같은 씨앗을 포함하지 않을 수 없고, 똑같은 줄기로 발전하지 않을 수 없다. 식민지 (제국주의) 국가들이 다른 본성을 가진 하나의 초국가적인 기구에 참여할 수 있다고 믿는 것은 힘들다. 이런 관점에서 자본주의 통합은 (비유럽 자본과 비자본주의 국가에 대한) 자본의 내부 모순들로부터 생겨나며, 그 모순을 강화한다.

- 유럽 국가의 상대적인 작은 규모 및 경쟁력 저하, 즉 특히 미국 기업에 비해 유럽 기업의 상대적인 작은 규모 및 경쟁력 저하와 관련되는 주장은 실제 상황을 반영하지만〔Mandel(1970)을 보라〕, (전쟁 후 시기) 탈식민화로 유럽의 국제적인 비중이 줄어든 후,[6] 그리고 지배 국가, 즉 독일의 비중이 서독과 동독의 분리를 통해 더욱 줄어든 후 유럽 계획의 팽창주의 본성을 숨기고 있다.
- 보호주의를 피하려는 바람과 관련되는 논지는 조심스럽게 비유럽경제공동체 국가에 대한 유럽경제공동체의 보호주의, 특히 공동농업정책(Common Agricultural policy: CAP)의 보호주의를 언급하는 것을 피한다.
- 옛 소비에트 연방을 억제하려는 욕구를 강조하는 관점은 이념적이고 정치적인

5) 1958년 설립된 유럽경제공동체는 1965년 유럽석탄철강공동체와 유럽원자력공동체와 병합해 유럽공동체가 되었다. 그리고 유럽공동체는 1992년에 유럽연합이 되었다.

6) 오늘날조차 종속국가들의 엘리트를 형성하는 데 유럽의 역할이 미국의 역할보다 아주 작다. 유럽 대학은 아시아 학생 5만 명을 유치하고 있는데, 아시아 학생 21만 5000여 명을 유치한 미국 대학과 대조된다.

이유뿐만 아니라 특히 경제적인 이유 때문에 옛 소비에트 연방을 파괴하고픈 바람을 드러낸다.

- 프랑스가 독일 팽창주의를 억제하는 것을 원한다는 주장은 프랑스의 팽창주의 계획, 즉 다른 옛 식민주의 강대국들과 '협력(cooperation)'이라는 새로운 맥락 안에서, 즉 통합된 유럽 안에서 (프랑스의 불충분한 경제 비중 때문에) 실현될 수 있는 계획을 거의 숨기지 않는다. 이 계획은 "냉전 맥락으로 가능했었고, 그런 맥락에서 미국과 소련이 독일의 야망을 효과적으로 억제했고, 그리고 그것은 프랑스가 유럽 통합의 조정자로서 활동할 수 있는 힘을 주었다"(Holman and van der Pijl, 1996: 71).

이런 점은 우연한 것이 아니라 대중 참여(실질적인 민주적 의사 결정력은 말할 것도 없고)가 두드러지게 없었던, (국제)국민자본[7]의 이해 때문에 움직였던 과정의 여러 측면인데, 이번 장과 다음 장들에서 조사될 것이다. 이 과정, 즉 유럽연합의 출현, 발전, 본성을 이해하기 위해서는, 그것의 가장 중요한 이정표 몇 개를 우선 조사해야만 한다. 이것들은 유럽경제공동체(1958), 유럽공동체(1965), 유럽연합(1992)이다. 이것들은 같은 제도의 집합체가 진화하면서 단계에 따라 다르게 나타난 것이라고 강조되어야 한다.

1) 유럽경제공동체

유럽연합의 기원은 제2차 세계대전 후 몇 년 뒤로 거슬러 올라간다. 1947년

---

7) 공동시장을 처음 제안한 네덜란드 외무 장관 베이언(Beyen)은 "선출된 정치인이 아니고 국제통화기금으로부터 네덜란드 내각으로 바로 낙하산 인사가 이루어진 전직 필립스의 이사, 유리레버의 임원이었으며"(Anderson, 1997: 63), 유럽 통합의 '아버지' 장 모네(Jean Monnet)는 직업상 국제 은행가였다.

유럽경제위원회(Economic Commission for Europe)가 국제연합의 지역 조직으로서 설립되었다. 유럽경제위원회의 목적은 유럽의 모든 국가 사이에 협력을 조성함으로써 유럽의 경제 재건을 용이하게 하는 것이었다. 그러나 유럽경제위원회가 운영되기 시작했던 때, 냉전이 형성되었고, 동유럽 국가들은 소비에트 주도의 경제상호원조회의(Council for Mutual Economic Assistance: CMEA)로 통합되었다. 그 시점부터 계속 유럽경제위원회는 서유럽 통합을 위해 노력했다. 같은 해 1947년에 '관세 및 무역에 관한 일반 협정(the Gerneral Agreement on Tariffs and Trade: GATT)'이 창설되었다. 그것의 목적은 관세 삭감을 통해 국제무역을 자유화하는 것이었다(제6장을 보라). 마셜 계획(Marshall Plan)도 그해 발표되었다. 이것은 서유럽의 경제 재건을 돕는 것을 목적으로 했는데, 기본적으로 소비에트 연방의 영향과 유럽 공산주의 정당 성장의 영향을 억제하는 것을 돕기 위해서였다. 마셜 계획을 시행하는 책임을 맡은 조직은 유럽경제협력기구(Organization for European Economic Cooperation: OEEC)였는데, 이는 1961년에 경제협력개발기구(Organization for Economic Cooperation and Development: OECD)로 바뀌었다.

미국은 마셜 계획 원조의 제공자가 되는 것 외에도 국제연합과 '관세 및 무역에 관한 일반 협정' 모두에서 우월한 지위를 가졌다. 더 나아가, 유럽의 경제 재건은 북대서양조약기구의 군사적 방패 아래에서 일어났는데, 북대서양조약기구는 1949년 만들어졌고, 여기서도 미국이 지배적인 역할을 했다. 게다가 이미 1944년에 '브레턴우즈 협정'은 전후 국제통화 협력의 원칙을 세웠다. 국제통화기금과 세계은행이 그 원칙을 수행하기로 되어 있었다. '브레턴우즈 협정'은 역시 미국의 경제 패권과 통화 패권에서 유래했고, 이를 위해 기능했다(제4장을 보라). 줄이자면, 유럽 경제통합으로 향하는 첫 발걸음을 디딘 틀은 미국의 국제적인 패권과 이해로부터 강하게 영향을 받았다. 따라서 유럽 경제통합의 과정은 원칙적으로 세계 문제에서 경제 및 정치적 비중 증대로 나아가는 유럽의 추진에 반응했지만, 미국의 경제 및 군사력에 의해 조건 지어졌다. 이 과정은 미국과 유럽 모두로부터 환영받았는데, 이 국가들의 지배 엘리트들에게 (유럽의 재건과 소비에트 연방의 영향에 대한 억제 같은) 공통된 이해를 만족시켰기 때문이다. 그러나 우리가 보게 되듯이, 미국과 유럽 사이의 강력한 갈등은 이런 추진 속에 내재해 있었고, 이후에 등장할 수밖에 없었다.

하나의 유럽 주체로 향한 첫 번째 구체적 발걸음은 1948년 베네룩스(Benelux), 즉 네덜란드와 벨기에와 룩셈부르크 사이에 관세동맹의 설립이었다. 관세동맹은 자유무역지역보다 더 나아간다. 후자는 회원국 간 무역에 대한 관세와 할당량을 제거하지만, 각 회원국은 외부 지역으로부터 수입품에 대한 관세를 자유롭게 결정한다. 반면에 관세동맹은 제3국으로부터 수입품에 대해 역외공통관세를 적용한다. 베네룩스는 1951년 '파리 조약(Treaty of Paris)'으로 이어졌고, 이 조약으로 유럽석탄철강공동체(European Coal and Steel Community: ECSC)가 설립되었다. 이것 또한 단지 자유무역지역이 아니라 관세동맹이었는데, 다만 석탄과 철, 그리고 그 관련 부문에만 한정되었다. 하지만 유럽석탄철강공동체의 중요성은 그것의 제한된 범위보다 훨씬 중요했는데, 왜냐하면 이것들은 유럽 경제에서 가장 전략적인 부문이었기 때문이다.

유럽석탄철강공동체 설립 이유는 기본적으로 경제적이고, 정치적이었다. 한편으로 프랑스는 독일 팽창주의의 부활을 피하고 싶었다. 유럽석탄철강공동체는 몇몇 중요한 부문에서 프랑스와 독일 사이에 협력을 위한 기반뿐만 아니라 두 나라의 화해를 위한 틀을 제공하기로 되어 있었다. 다른 한편, 유럽석탄철강공동체는 공급의 안정과 그런 부문의 현대화와 심각한 부족 또는 과잉을 관리하는 것을 보장하기로 되어 있었다. 이런 의미에서 '파리 조약'은 유럽연합이 되기 위한 기초를 만든 계기였다고 말할 수 있다. '파리 조약'을 통해 프랑스, 독일, 이탈리아, 베네룩스는 고등 기관(High Authority: 유럽공동체의 집행위원회와 같은 것)을 구성했다. 고등 기관은 독립적인 공무원으로 직원이 구성되고, 회원국이 임명한 9명의 구성원이 이끌었다. '파리 조약'으로 역시 의회가 설립되었는데,

6개국의 의회로부터 온 68명의 대표로 구성되었으며, 이들은 의회를 해산할 힘을 가졌다. 다른 기구는 각료이사회(Council of Ministers, 회원국들의 대표들로 구성), 자문위원회(Consultative Committee, 유럽석탄철강공동체와 관련 있는 고용주, 노동조합, 소비자의 대표들로 구성), 유럽 재판소(European Court of Justice)였다. 이런 제도의 모형은 유럽경제공동체에서 채택되었다.

그다음 단계는 1958년 '로마 조약(Rome Treaty)'인데, 이것으로 유럽원자력공동체(European Atomic Agency community: Euratom)와 유럽경제공동체가 건설되었다. 이제 초국적인 세 개의 기구 유럽석탄철광공동체, 유럽원자력공동체, 유럽경제공동체가 존재하게 되었다. 유럽경제공동체는 공동시장(Common Market)이었다. 공동시장은 그 지역 안에서 생산·노동·자본 요소의 자유로운 이동을 추가한다는 점에서 관세동맹보다 한 걸음 더 나아간다. 유럽경제공동체는 여러 위원회(유럽경제공동체를 위한 위원회, 유럽원자력공동체를 위한 위원회, 유럽석탄철강공동체를 위한 위원회)와 유럽의회(European Parliament)와 각료이사회를 설립했다. 재화, 서비스, 생산요소들이 자유롭게 이동하는 것을 용이하게 하기 위해, '로마 조약'은 회원국 간 법의 조화와 경쟁이 왜곡되지 않는 것을 보장하는 하나의 체계를 가진 제도를 제공했다(그러나 제3장에서 보여주듯이, 경쟁은 아주 특수한 의미에서 함축적으로 이해될 수 있다). 농업과 운송 부문에서 공동정책을 만들기로 했다. 대중의 삶의 기준과 저발전 지역의 발전을 진전시키기 위해 (이것 역시 나중에 우리가 계속 보게 되듯이 아주 엄격한 제한 안에 있다) '로마 조약'은 유럽사회기금(European Social Fund: ESF)의 설립과 유럽투자은행(European Investment Bank: EIB)의 설립을 요구했다. 게다가 나머지 세계에 대한 공동정책을 개발하기로 했고, 특별 무역과 '개발 협정(development arrangements)'을 식민지 속국과 옛 식민지 속국을 위해 마련해야만 했다(제6장을 보라).

'로마 조약'은 경제통합의 정도가 더욱 커질수록 각 회원국의 거시경제정책이 다른 회원국에 더 많은 영향을 끼치게 된다는 것 또한 인식했다. 이런 경우는 특히 한 회원국이 국제수지 적자를 개선하려는 행동을 취할 때 나타난다(제4장을 보라). '로마 조약'은 경제통화동맹(Economic and Monetary Union: EMU)에서 요구될 수 있는 통일과 집중보다는 협력과 조정력을 요구했다. 경제통화동맹이란 통화 및 재정 정책이 통합되는 하나의 공동시장이다. 중앙 당국이 관리하는 하나의 공통 통화가 있으며 실제로 각 회원국은 그 동맹 내의 각 지역이 된다.

2) 유럽공동체

〈그림 1-1〉 유럽공동체

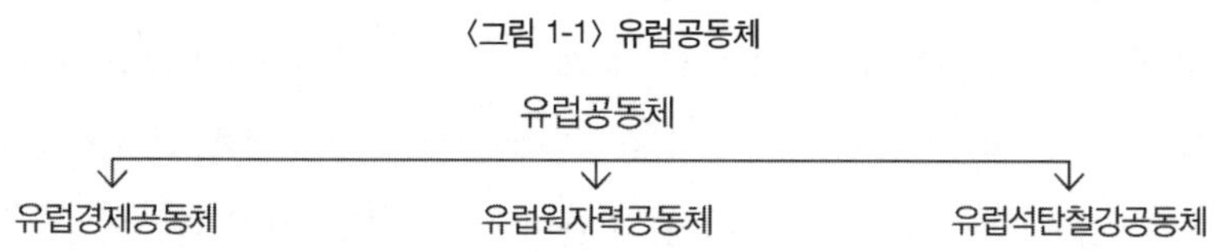

1965년 유럽석탄철강공동체, 유럽원자력공동체, 유럽경제공동체가 유럽공동체(European Community: EC)로 병합되었다(<그림 1-1>을 보라). 합병 조약(Merger Treaty)을 1965년에 조인했지만, 1967년까지 효력이 발휘되지 않았다. 1973년 덴마크, 아일랜드, 영국이 유럽공동체에 가입했다. 1981년 그리스, 1986년 스페인과 포르투갈의 가입으로 더 많은 가입이 일어났다. 그해 후반에 '로마 조약'의 첫 번째 포괄적인 수정인 '단일유럽의정서(the Single European Act: SEA)'가 조인되었다. '단일유럽의정서'는 1987년 7월 1일 발효되었다. '단일유럽의정서' 뒤에 있는 동기는 기본적으로 경제적이었다. 1970년대 초부터 1980년대 초까지 포함하는 시기는 경제 침체의 시기였다. 유럽 국가들은 그때 일반적이던 케인스주의 경제정책 방향과 일치하는 "보조금·민간 손실의 사회화·공적 지출 축소 같은 범위의 수단에"(Holman and van der Pijl, 1996: 62) 의존함으로써 경제 침체에 대응했다. 경제통합의 과정에서 이런 후퇴는 공동체에 의해 거의 억제될 수 없었는데, 왜냐하면 유럽공동체한테는 적절한 법률적 수단이 부족했기 때문이다. '단일유럽의정서'는 이런 '유럽 동맥경화증(Eurosclerosis)'이라는 상황에 대한 대안이었다.

'단일유럽의정서'는 회원국으로 하여금 1992년까지 역내 시장을 완성하도록 헌신했다. '단일유럽의정서'는 과반수 투표제의 의미 있는 확대를 통해 이를 가능하게 했고(아래를 보라), 경제와 사회의 영역에서 공동체의 권한을 강화시켰고, 외교정책에서 협력을 형성시켰고, 유럽이사회(European Council, 국가와 정부 수장들의 정기적인 회의)를 최고 기구로 인정했다. 이런 점 가운데 어떤 것도 그 조약에서 미리 특징지어지지는 않았다.

더 구체적으로 '단일유럽의정서'는 세 개의 설립 조약들의 의사 결정 과정을 개혁했다. 세 가지 주요 변화는 '로마 조약'과 관련된 것이다. 첫째, 단일 시장 완성, 경제적 · 사회적 결속, 연구 · 기술과 관련해 각료이사회에서 과반수 투표제가 허용되었다. 각료이사회(조금 전 언급된 유럽이사회와 혼동하지 마라)는 회원국 장관들이 참여하고 있으며, 입법 기구이다. 둘째, 유럽의회(그것의 권한은 국민국가 의회의 권한에 비해 아주 제한되어 있다)와 각료이사회 사이의 관계와 관련해 협력 체계(cooperation mechanism)가 도입되었다. 셋째, 추가된 법정, 즉 1심 재판소(Court of First Instance)가 사법재판소(the Court of Justice, 그것은 조약에 대해 적합한 법률 적용과 해석을 보살핀다)에 부설되었다. 더 나아가 '단일유럽의정서'는 경제 · 통화 정책의 수렴(convergence)과 관련된 새로운 조항들을 '로마 조약'에 끼워 넣었다. '단일유럽의정서'는 또 사회정책과 관련된 조항들을 수정했고, 사회 개선 제안들을 다수결 투표제에 속하게 했고, 회원국들에게 그런 조항과 제안을 받아들이게 했다.

3) 유럽연합

조약들을 더 개정한 것은 '유럽연합 조약(Treaty on European Union: TEU)', 즉

'마스트리흐트 조약(Treaty of Maastricht)'이었는데 1992년에 조인되었고, 이 조약으로 유럽연합이 설립되었다. '유럽연합 조약'은 소비에트 연방의 붕괴와 냉전의 종말로 마련되었다. 이전에 소비에트 연방 영향력의 범위 내에 있던 동유럽 국가들이 유럽공동체 회원 가입에 지원할 것으로 기대되었다. 2005년까지 약 20개 회원국으로 늘어날 것이라고 기대되는 공동체 내 의사 결정 과정을 용이하게 위해 유럽공동체 제도에 대한 개혁이 필요하다고 인식했다(1995년 오스트리아, 핀란드, 스웨덴이 유럽연합에 가입했다). 의사 결정 과정을 수정하는 공식적인 이유를 그 과정을 덜 번거롭게 하기 위한 필요에 초점을 맞췄지만, 실제 이유는 첫째, 약소국들이 유럽연합에 가입한 후에 경제 강국들이 약소국에 대한 정치적 힘을 유지하기를 원했기 때문이다. 둘째, 1990년 10월 독일통일이 독일의 패권에 대한 강한 우려를 다시 불러일으켰기 때문이다. 프랑스의 전통적인 대응은 더 큰 통합을 통해 독일 패권을 억제시키려고 노력하는 것이었다. 이는 경제통화동맹의 도입을 의미했다. 셋째, 더 심화된 경제통합(경제통화동맹)은 정치적인 이유뿐만 아니라 경제적인 이유 때문에 필요했다. 1992~1993년(제4장을 보라) 환율조정장치(Exchange Rate Mechanism: ERM)의 위기는 이것이 실질적인 관심사였다는 것을 보여준다.

'유럽연합 조약'은 세 개의 기둥에 기초하고 있다. 첫째는 유럽공동체인데, 그리하여 그것은 세 개의 공동체(유럽석탄철강공동체, 유럽경제공동체, 유럽원자력공동체)로 구성된다. 둘째는 공동외교안보정책(Common Foreign and Security Policy: CFSP)이고, 셋째는 내무·사법(Justice and Home Affairs: JHA) 협력이다. 뒤의 두 기둥에 포함된 정책들에 이전보다 중요성이 더욱 부여되었다. 이것은 <그림 1-2>에 나타나 있다.

세 기둥의 존재가 연방주의 해결책은 아니다. 연방주의 해결책이라면, 공동외교안보정책과 내무·사법 협력을 유럽공동체의 틀 안에 통합해야 했었는데, 하지만 그것은 거부되었다. 그러나 유럽연합에 초국가적인 성격의 요소가 많이

〈그림 1-2〉 유럽연합

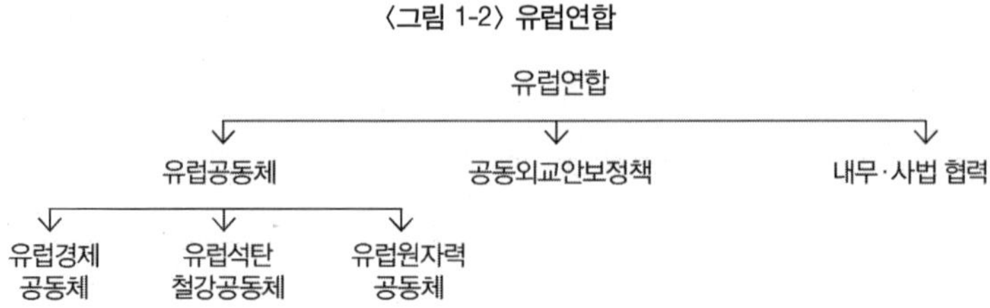

있다. 유럽공동체 권한의 범위가 확대되었고, 각료이사회 내에 가중다수결 투표(qualified majority voting)가 더욱 많이 사용될 수 있게 했다. 이것은 인구수에 따라 회원국의 투표권에 비례적인 가중치를 할당하는 투표제이다. 유럽의회의 힘이 강화되었다. 유럽연합 집행위원회(이것은 입법을 위한 제안을 하고, 유럽연합 정책을 관리 및 실행한다)는 국민국가 정부로부터 더욱 독립되었다. 공동외교안보정책과 내무·사법 협력은 유럽공동체로부터 분리되었지만, 그것에 더욱 밀접해졌다. 이 둘은 유럽공동체의 기구들을 통해 관리되었고, 유럽공동체 예산 아래에서 부분적으로 자금 조달을 받았고, 똑같은 수정 조항들에 제약을 받았다. 아마도 '마스트리흐트 조약'의 가장 두드러진 조항은 경제통화동맹과 단일한 유럽통화(유로)를 2002년까지 이루는 것에 대한 조건과 시간 계획에 관련된 것이다. 유럽중앙은행제도(European System of Central Banks: ESCB)는 완전하게 독립적이어야만 할 것이고, 절대적인 우선 사항으로서 인플레이션에 대해 싸움을 해야 할 것이다. 제4장에서 논증하듯이, 이런 독립성과 이런 우선 사항은 특정한 이해를 대표한다.

'유럽연합 조약'은 해결되지 않는 수많은 중요한 문제들을 남겼다. 이것들은 단순히 기술적인 것이 아니었다. 오히려 그런 문제들은 위에서 언급한 변화들, 즉 유럽연합에 동유럽 국가들이 가입 지원을 할 것이라는 기대(소비에트 연방 붕괴의 결과로서), 독일을 더욱 통합하려는 욕구, 따라서 독일통일 이후 독일의 지배 비중을 가능한 만큼 억제하려는 욕구, 경제통화동맹 쪽으로 나아가려는 욕구에서 생겨났다. 그리하여 조약의 수정이 요구되었다. 이런 수정의 세부 원칙과 내용에 대한 합의는 1996년 정부간회의(Intergovernmental Conference: IGC)를 통해 이루어졌다. 정부간회의는 유럽연합의 절차와 제도의 틀 밖에 있는 정부들 간 협상이었다. 이 협상을 통해, 회원국들은 법적·제도적 틀과 정책 절차 둘 다 바꾸는 데 동의한다. 그러나 정부간회의는 정책의 구체적인 내용을 직접 만들지는 못한다. 그들의 협상은 일반적으로 각료이사회의 지도와 조정 아래에 있는 전문 관료들이 미리 준비한 보고서와 권고들로 구성된다. 유럽연합의 역사에서 여섯 번의 정부간회의가 있었는데, 1950~1951년 한 번(유럽석탄철강공동체를 설립하는 '파리 조약'이라는 결과를 낳았다), 1955~1957년 한 번(유럽경제공동체와 유럽원자력공동체를 설립하는 '로마 조약'이라는 결과를 낳았다), 1985년 한 번('단일유럽의정서'를 조인하는 결과를 낳았다), 마스트리흐트에서 '유럽연합 조약' 조인이라는 결과를 낳은 1990~1991년 두 번(정치동맹에 대해 한 번, 화폐동맹에 대해 한 번)이다. '유럽연합 조약'은 다른 조약들을 수정하지만 대체하지는 않는데, 자신의 작동을 점검하기 위해 뒤이은 정부간회의를 계획한 최초의 조약이었다. 이것은 1996년 3월 토리노에서 시작했고, 1997년 6월에 결말을 맺었다. 그것은 1997년 '암스테르담 조약(Amsterdam Treaty)'으로 이어졌다.

1996년 정부간회의가 직면한 문제는 다섯 개의 기본 주제들과 관련되었다. 첫째, '유럽연합을 시민들에게 더 가깝게 다가서게 하기' 논제가 있었다. 이것은 애매한 개념이다. 기본적으로 그것은 경제통화동맹과 이것이 수반하는 희생에 대해 폭넓은 부문의 유럽 대중으로부터 커지는 저항의 맥락에서 이해되어야 한다(제4장을 보라). 경제통화동맹 계획을 전체적으로 대중이 납득할 수 있게 하려면, 유럽연합 기구들은 평범한 시민들한테 더욱 투명해져야만 하고, 유럽연합의 의사 결정 과정은 더욱 민주적이어야만 한다.

둘째, 의사 결정에서 만장일치제가 요구되어야 한다는 논제에 관한 문제가 있었다. 유럽연합이 미래에 다른 나라들로 확장되는 것과 관련해 의사 결정 과정에 더 많은 유연성이 만들어져야 한다고 주장되었다. 과반수 투표제의 원리는 이미 수많은 경우에 적용되고 있지만(아래 제1장 제3절을 보라), 그 문제는 그 원리를 확대할지와 어떻게 확대할지였다. 각료이사회의 결정이 만장일치제가 아니라 가중 다수결에 의해 이루어져야 한다는 요구는 ① 큰 회원국들이 우세한 가중치를 유지하려는 속셈을 숨겼고, ② 영국이 가려던 속도보다 더 빠르게 독일과 프랑스가 경제통화동맹과 단일통화와 궁극적으로 하나의 유럽 연방국가로 향하는 길로 나아가려는 야심을 숨겼다. 14개 국가가 유럽연합의 두 번째와 세 번째 기둥, 즉 공동외교안보정책과 내무·사법 협력에 가중 다수결 투표제를 도입하는 것에 찬성했다. 영국은 그것에 반대했다. 이것과 관련해 유럽연합 집행위원회 구성에 대한 문제가 있었다. 유럽의회에 따르면, 작은 국가들한테 위원들을 포기하도록 요청하는 것이 아니라 큰 국가들이 2명의 위원 가운데 1명을 포기해야 하는 것이었다.

셋째, 서유럽연합(Western European Union: WEU), 즉 유럽방위동맹(European defence union)에 대한 문제가 있었다. 영국은 서유럽연합을 북대서양조약기구 아래에서, 그리고 북대서양조약기구의 자치 조직으로 유지하는 것에 찬성한 반면, 독일과 프랑스는 서유럽연합을 유럽연합의 두 번째 기둥 공동외교안보정책 아래에 두기를 원했다. 여기서도 역시 이런 차이에서 독일과 프랑스가 찬성하는 하나의 유럽 합중국으로 향한 움직임에 대해 영국이 저지하려는 바람이 드러난다. 더 나아가 유럽의회는 세 기둥을 유지하는 것을 반대했고, 공동외교안보정책(뿐만 아니라 내무·사법 협력)을 유럽공동체 아래에 두고 싶어 했다. 이렇게 하면 공동외교정책의 형성을 촉진하게 될 것이라고 주장했지만, (옛 유고슬라비아에 대한 최근 개입 실패가 보여주듯이) 현재로서는 실질적으로 그런 일은 없다. 동시에 그렇게 하면, 외교정책에 민주적인 내용이 늘어날 것 같았다. 이런 의견(과 이해) 차이를 제외하면, 서유럽연합의 중요성은 유럽연합의 커지는 경제 비중과 함께 반드시 증대할 것이다. 경제력과 군사력은 서로 강화시킨다. 미래에 통합된 유럽은 스스로 이용할 수 있는 군사력을 가져야만 할 것이다.

넷째, 범죄 행위, 이민, 난민과 관련해 영국과 다른 회원국들 사이에 의견이 크게 갈렸다. 영국한테 이런 일들은 경찰과 내무의 영역이기에 각 회원국의 고유한(exclusive) 관심사여야 했다. 다른 회원국들은 이 정책들의 더 큰 통합을 지지했다(제8장을 보라).

마지막으로 실업 논제가 협상에서 한몫을 할 수밖에 없었다. 유럽연합 내 실업은 1900만 명에 가까웠지만, 실업에 대한 싸움은 인플레이션에 대한 싸움에 종속되었다. 어떤 나라들은 경제통화동맹 가입을 위한 수렴 기준(convergence criteria)에 실업을 포함시키기를 원했지만(제4장을 보라), 다른 나라들은 반대했다.

1997년 조인된 '암스테르담 조약'은 이런 준비 협상들에 기초하고 있다. 그 결과는 오직 보통의 기대를 가진 이들에게조차도 실망스럽다. 가입 지원국들과 가맹 협상은 조약 조인 후 바로 시작할 수 있다고 결정되었지만, 확대 후의 유럽연합 내 의사 결정 과정을 어떻게 바꿀지에 대해서는 어떤 합의도 이루어지지 않았다. 실질적으로 외교·안보 정책(Foreign and Security Policy)에서 어떤 변화도 이루어지지 않았다.[8] 서유럽연합은 유럽연합에 통합되지 않았는데, 프랑스와 독일의 희망과 반대되는, 영국의 반대 때문이었다. 어떤 국가들이 특정 영역들에서 더 밀접한 통합으로 진행할 가능성(유연성)이 굉장히 제한되었다.

더 나아가, 유럽의회의 힘이 약간 확대되었고, 의사 결정 절차의 수가 이전에는 20개 이상이었는데, 협의(consultation), 협력, 공동 결정(co-decision)의 세 가지 기본 절차로 줄었다(제1장 제3절을 보라). 솅겐 제도(제8장을 보라)는 범죄 행위뿐만 아니라 망명과 이민에 관한 것인데, '유럽연합 조약'에 통합되었다. 이것은 긍정적인 발전이었는데 솅겐 제도의 반노동 내용에도 불구하고 유럽의회와 유럽사법재판소가 이 지역에서 정책에 영향을 미칠 어떤 힘을 가지게 되기 때문이

8) 프랑스의 바람에 따라 각료이사회의 사무총장(secretary-general)이 공동외교안보정책에 대해 높은 대표 기능을 행사할 것이다(article J. 8)라는 것은 예외이다.

다. 근본적인 인권은 '암스테르담 조약'에 통합되었다. 유럽사법재판소는 이 권리들을 위반한 경우에 판결하도록 요구받을 수 있고, 이 권리들을 위반하는 회원국은 각료이사회에서 투표권을 포함해 어떤 권리를 잃을 수 있다. 어떤 조항도 유럽연합으로부터 제명할 수 있도록 만들어지지 않았다는 것을 고려하면, 그것은 싱거운 수단이었다. 마지막으로 모든 나라들이 고용을 위한 합동 전략이 필요하다는 것에 동의했지만 이를 위해 유럽연합의 어떤 추가 기금도 마련되지 않았으며, 일자리 창출은 각국 정부의 고유한 책임으로 남았다.[9] 대체로 결과는 빈약했다(*Europa van Morgen*, 1997; Louis, 1997).

4) 확대

앞서 이야기했듯이 유럽연합은 몇 번의 확대를 겪었다. 아래 요약은 또한 2005년 즈음에 가능한 다음 번 확대를 포함하고 있다.

1973: 덴마크, 아일랜드, 영국

1981: 그리스

1986: 스페인, 포르투갈

1995: 오스트리아, 핀란드, 스웨덴

2005(?): 체코공화국, 폴란드, 헝가리, 슬로베니아, 크로아티아

이런 확대 가운데 가장 의의가 있는 것은 1973년과 미래의 것인데, 2005년이 가능성 있다.[10] 전자에서 영국과 나머지 유럽연합 회원국들 간 의견의 나뉨에

9) '유럽연합 조약'에서 실업정책에 부여한 '우선성'도 마찬가지이다.

10) 2004년 5월 라트비아, 리투아니아, 몰타, 슬로바키아, 슬로베니아, 에스토니아, 체코공화국, 키프로스, 폴란드, 헝가리가 가입했고, 2007년 루마니아와 불가리아가 가입했으

여전히 몫을 하고 있는 논제들이 제기되었기 때문이다. 후자는 공동체의 미래 모습을 만들 것이기 때문이다. 1973년 가입으로 시작하자.

(1) 영국의 가입

시작부터 영국은 자유무역지역을 지지했으며 반면에 6개국은 관세동맹을 원했다. 더욱이 영국은 궁극적으로 하나의 통일된 유럽 국가를 창조하려는 연방주의 목표를 반대했다. 그런 영국의 태도에는 두 가지 이유가 있었다. 첫째, 영국은 그렇게 하면 (제2차 세계대전에서 연합군의 승리로 활기를 얻은) 미국, 그리고 영연방 국가들과 특별한 관계를 계속 유지시켜줄 것이라고 생각했다. 둘째, 영국은 그렇게 하면 세계 강대국으로서 자신의 역할을 유지할 수 있을 것이라고 생각했다. 이와 같은 경제 우월성은 재무 건전성(financial strength)의 토대였고 따라서 국제통화로서 파운드화 역할의 토대였다. 결국 이것은 경제통화동맹으로 제한될 수도 있고, 단일통화의 도입으로 잃을 수도 있는 상당한 경제 이점(현재 미국 달러가 누리는 것과 같은 것인데, 제4장에서 논의될 것이다)을 수반했다. 이런,

---

며, 2013년 크로아티아가 가입해 현재 회원국은 총 28개국이다. 영국은 2016년 6월 23일 유럽연합 탈퇴 국민 투표를 해 52%의 찬성을 얻었다. 그러나 유럽연합은 영국으로 하여금 빨리 탈퇴 협상을 시작할 수 있도록 '리스본 조약' 50조를 발동하라고 종용하고 있지만, 영국 보리스 존슨(Boris Johson) 외무장관은 9월 26일 '스카이 뉴스(Sky News)'와의 인터뷰 기사에서 '리스본 조약' 50조를 2017년 초에 발동시켜 유럽연합과 탈퇴 협상을 시작할 것이라고 밝혔다. 그 후 10월 2일 테레사 메이(Theresa May) 총리는 정부 단독으로 2017년 3월 말까지 탈퇴를 위한 공식 절차를 개시하겠다고 발표했다. 이에 브렉시트를 반대하는 재계 및 시민단체가 정부를 상대로 소송을 제기했으며, 2016년 11월 3일 고등법원 재판부는 정부가 의회의 동의 없이 '왕실 특권(royal prerogative)'으로 '리스본 조약' 50조를 발동할 권한이 없다는 취지의 판결을 내렸다. 이에 정부는 대법원에 상고했으며, 2016년 12월 5~8일 대법관 11명 전원이 참여해 심리가 열렸으며, 2017년 1월에 판결이 내려질 예정이다. 따라서 영국의 유럽연합 탈퇴는 난항을 겪고 있다. '리스본 조약' 50조를 발동하게 되더라도 2년간 탈퇴 협상을 하게 되고 기한 안에 마무리하지 못할 경우 자동으로 탈퇴 처리가 되지만, 양자 합의로 협상 기간을 연장할 수도 있다. 그래서 탈퇴 협상 기간은 훨씬 길어질 수도 있다_옮긴이.

그리고 다른 차이들 때문에 영국은 유럽경제공동체를 설립하는 것에 목표를 둔 협상들에서 빠졌다. 유럽경제공동체는 영국의 참여 없이 1958년 1월 1일 설립되었다. 유럽경제공동체 설립에 대한 대응으로서 영국은 노르웨이, 스웨덴, 덴마크, 오스트리아, 스위스와 함께 자유무역지역을 건설했다. 1960년 1월 4일에 스톡홀름 회의(Stockholm Convention)로 유럽자유무역연합(European Free Trade Association: EFTA)을 설립했다. 그때부터 유럽자유무역연합은 (유럽경제공동체 가입 때문에) 몇몇 회원국을 버렸고, 몇몇 새로운 회원국을 얻었다. 현재(2000)[11] 유럽자유무역연합은 노르웨이, 아이슬란드, 리히텐슈타인, 스위스로 구성된다.

유럽자유무역연합이 형성된 직후에, 영국은 자신의 지위를 재평가하기 시작했다. 먼저, 유럽 공동시장은 상당한 성공을 거두고 있었다. 둘째, 스털링 지역[12]은 영국 수출을 더욱 적게 보장하고 있었다. 1953년 영국 수출의 47%는 스털링 지역으로 갔고, 27%는 서유럽으로 갔다. 1962년에는 각각 34%와 37%(Mandel, 1970: 68)가 되었다. 셋째, 유럽 공동시장 국가들에서 자본의 상호 침투를 통해 미국 기업의 규모에 도달할 수 있는 "'유럽' 기업들이 출현하면 궁극적으로는 세계시장에서 독립된 위상을 위한 어떤 여지도 영국 산업에 남지 않을 수도 있다"(Mandel, 1970: 60)고 영국 자본은 깨달았다. 그래서 1961년 영국은 유럽경제공동체 가입을 지원했다. 뒤따른 협상들은 어려웠고 힘들었다. 결국 어떤 합의에도 도달하지 못했고, 협상들은 1963년 1월에 무한정 중단되었다. 이런 실패 이유는 복합적이다. 여기서는 단지 두 가지만을 간단하게 언급하려 한다. 농업정책에 관해 영국은 공동농업정책에 가입해야만 한다는 것을 받아들였지만, 12~15년간의 전환기를 원했고, 반면 유럽경제공동체는 공동농업정책이 1969년까지는 적용되어야만 한다고 주장했다. 관세에 대해서는 영국은 유럽경제공동체와 관

11) 2016년 12월 말 기준 현재 회원국은 그대로 유지되고 있다_옮긴이.

12) 파운드 지역(pound block)이라고도 하는데, 영국 파운드화를 중심으로 경제 및 금융적으로 결합되어 있는 지역을 말한다_옮긴이.

련된 역외공통관세를 받아들였고, 영연방 국가들의 생산물에 대해 몇 가지 예외뿐만 아니라 20% 삭감을 요구했다.

1964년 영국 정부의 교체는 유럽경제공동체 가입 결정에 새로운 자극을 주었다. 노동당 새 정부는 1966년 두 번째 회원 가입 지원서를 제출했다. 이번에는 양쪽이 협상에서 더욱 유연성을 보였지만 이것도 역시 실패라는 결과를 낳았는데, 기본적으로 드골(De Gaulle) 장군의 영국 가입에 대한 적대감 때문이었다. 이런 적대감은 근본적으로 정치적 속성, 즉 "드골이 유럽경제공동체의 지도력을 가지고 영국과 경쟁하는 것을 원하지 않았다"(Bulmer, 1994: 191)는 것이다. 1969년 장군 드골이 사임했을 때, 세 번째 시기의 협상이 열렸고, 1971년 성공적으로 마무리되었다. 1973년 1월 1일에 영국은 아일랜드, 덴마크, 노르웨이와 함께 유럽경제공동체에 가입했다. 그러나 노르웨이는 국민투표의 부정적 결과 때문에, 즉 가입을 위한 필수적인 표를 얻는 데 실패해 실제로는 가입하지 않았다.[13)]

1991년 유럽공동체와 유럽자유무역연합은 유럽경제지역(European Economic Area: EEA)을 형성했다. 이는 다음과 같다.

> 재화의 자유로운 이동을 양방향으로 제공한다. …… 유럽경제지역 전체에 걸쳐 서비스를 공급하는 자유도 역시 있게 될 것이다. 〔자질(qualification)의 상호 인정으로〕 유럽경제지역 전역에서 이동하고 일하는 자유를 가지게 될 것이고, 자본 이동이 자유로워질 것이다(이것은 몇 가지 예외 사항이라는 제약이 있지만). 유럽자유무역연합 국가들은 공동체의 기존 법률을 받아들일 것이다. 경쟁법(카르텔, 독점적 지위, 국가 보조)의 경우 유럽자유무역연합은 이것들을 받아들일 것이지만, 유럽자유무역연합 회원국과 특별하게 관련되는 경우를 다루는 분리된

---

13) 1975년 노동당이 다시 집권한 후에 영국은 가입 조건을 다시 논의했다. 어떤 논제들에 대해서는 더 좋은 거래를 했고, 마찬가지로 중요한 것은 몇몇 다른 논제들에 대해서는 자신의 우려가 근거 없었다는 것을 확인했다(Swann, 1995: 39~42을 보라).

제도를 설립할 것이다. 그러나 합병 통제는 브뤼셀 위원회(Brussels Commission)에게 맡겨질 것이다. 유럽자유무역연합 국가들한테는 유럽공동체 입법에 투표하는 것이 허락되지는 않을 것이다(Swann, 1994: 357~358).

이것은 15개국의 모든 유럽연합 회원국과 스위스를 제외한 4개국의 모든 유럽자유무역연합 회원국으로 구성되며, 스위스는 오직 유럽자유무역연합에만 속한다.

(2) 동유럽으로 확대

지금까지 15개국 가입 지원이 미해결인 채로 있다.[14] 아래에서는 오직 중동부 유럽 국가(Central and Eastern European Countries: CEECs), 다시 말해 헝가리, 폴란드, 루마니아, 슬로바키아, 불가리아, 체코공화국, 에스토니아, 라트비아, 리투아니아, 슬로베니아에만 초점을 맞출 것이다.

이 국가들의 가입 절차에서 집행위원회로 하여금 각 국가들의 가입 지원에 대해 의견을 내도록 요구한다. 이 의견들은 지원국 각각에 대해 경제 및 정치적 상황의 서술, 유럽연합 협정 및 법률을 시행할 수 있는 능력에 대한 평가, 협상 동안 일어날 수 있는 논제에 대한 암시, 협상 시작과 관련한 권고로 구성된다(*Europa van Morgen*, 1996: 238). 가입 기준은 각 지원국들이 ① 법의 지배를 따라야 하고, 인권과 약자의 권리를 존중하고, ② 유럽연합 내에서 경쟁에 대처할 수 있는 시장경제를 건설하고, ③ 경제통화동맹〔이른바 공동체법 및 관행의 집적(acquis communautaire)〕을 포함해 유럽연합 협정 및 법률을 받아들이는 것이다.

---

14) 그 나라들은 터키, 키프로스, 몰타, 스위스, 헝가리, 폴란드, 루마니아, 슬로바키아, 라트비아, 에스토니아, 리투아니아, 불가리아, 체코공화국, 슬로베니아, 크로아티아이다(*Europa van Morgen*, 1996). 1996년 11월 선거 후에 몰타의 새로운 노동당 정부는 유럽연합 가입 계획을 보류했다. 그러나 몰타는 1998년 10월에 회원 가입을 위한 지원을 재개했다.

전환기 동안 재정 지원을 위한 가장 중요한 도구는 PHARE[15)]이다. PHARE의 1989~1999년 예산은 110억 ECU에 달했고, 그 가운데 70억 ECU는 1995~1999년 기간을 위한 것이었다. 2000~2006년 동안 PHARE는 연간 예산으로 15억 유로를 받을 것이다. 이 기금은 기본적으로 "경제구조 조정과 민주주의 강화"(Europa van Moargen, 1996: 240)를 위해 배정되었다. 하지만 실제는 다르다. 특히 PHARE의 돈이 오직 연구를 위해서만 사용되었고, 연구는 지역 컨설턴트들에 의해 수행되지 않았다고 1994년 유럽의회가 제출했던 비판 의견이 드러나고 있다. 그 결과 그 연구에서는 대상 국가(target countries)들이 이미 알고 있던 것을 알려주었다. 실수와는 전혀 상관없이, 이 절차는 정보의 흐름이 유럽연합에서 중동부 유럽 국가로 흐르게 하기보다는 오히려 반대 방향으로 가도록 촉진시켰고, 결국 민영화와 해외직접투자(Foreign Direct Investment: FDI)의 흐름을 유럽연합에서 중동부 유럽 국가로 용이하게 하는 정보의 종류를 제공했다.[16)]

덧붙이면, 다음 기금들을 이용하는 것이 가능하게 되었는데, 유럽투자은행으로부터 37억 ECU(쌍방 원조 계획을 위한 것), 유럽부흥개발은행(European Bank for Reconstruction and Development)으로부터 36억 ECU, 국제수지를 위한 유럽연합 대출로부터 29억 ECU, 유럽석탄철강공동체와 유럽원자력공동체로부터 대출과 국제통화기금·세계은행·파리클럽·런던클럽으로부터 쌍방 투자 보증과 '신용보험 협정'이다. 더 나아가 유럽연합은 중동부 유럽 국가와 공동으로 원래 의도한 10년의 기간에 걸쳐 유럽연합 가입 지원국으로부터 산업 생산물의 모든

15) '폴란드, 헝가리: 경제 재건 원조(Poland and Hungary: Assistance for Restructuring their Economies)'의 머리글자이다.

16) 정책 입안 권한이 유럽연합에 있는 반면, 실행은 집행위원회에 의해 대상 정부들에게 있도록 주장되었다. 그러나 실제와 전혀 다른데, "관리 단위의 지도부 인사들 가운데 '거의 아무도' 수혜국 국적이 아니기 때문이다. 그들은 서유럽 출신들이고, 유럽공동체 기구들로부터 임명되었고, 집행위원회 및 수혜국들의 유럽공동체/유럽연합 대표부 하위 부서에서 일한다"(Gowan, 1995: 35~36). 회계감사원조차도 이런 돈이 어떻게 실제 지출되었는지 추적할 수 없었다.

수출품에 대해 모든 양적 제한과 관세를 없애는 '유럽 협정(Europe Agreements)'에 조인했다. 그러나 의류와 석탄 같은 '민감한' 부문은 예외가 있었다. 농업도 역시 예외였다. 폴란드 및 헝가리와 협정은 1994년 2월 1일, 다른 국가들은 1995년 2월 1일에 완전하게 발효되었다.[17)]

전체 과정은 완곡하게 '구조화된 대화'라고 불리는 것에, 즉 유럽이사회의 회의 동안 일어나는 회담과 다음 부문들, 즉 외교, 재무, 경제 업무, 농업, 교통, 전기통신, 연구 및 환경, 사법 및 내무, 문화 및 교육 부문 각료이사회 회의 동안 일어나는 회담에 지배받게 될 것이다(*Europa van Morgen*, 1996: 241). 이런 회담에 기초해 유럽연합 지도자들은 모든 나라와 협상을 시작해야 할지 또는 '선두주자를 선택할지, 그리고 재정 지원(financial aid)에서 뒤처진 국가들을 보상할지'를 결정해야만 할 것이다. 이런 주제는 민감하다(*Europa van Morgen*, 1996: 241). 독일은 전략적 이유 때문에 폴란드, 체코공화국, 헝가리를 포함하는 첫 물결을 원한 반면(왜냐하면 그 국가들은 독일의 영향력 안에 들어오기 때문이다), 미국과 스칸디나비아 반도 국가들은 발트 3국의 빠른 가입에 우호적이었다(*Europa van Morgen*, 1996). 동유럽으로 확대의 원인과 결과는 제6장에서 논의될 것이다.

2. 유럽연합의 주요 기구

유럽연합 역사의 가장 중요한 계기들을 빠르게 살펴보았으니 이제 주요 기구를 숙지해보자. 유럽연합이 어떻게 작동하는지 알기 위해 우리는 그것의 가장

17) 이런 협정들은 1990년대 초부터 무역 양보에 의해 진행되었는데, "국영무역 국가들에 대해 예외적으로 적용된 불특정한 양 제한의 중지 및 특정한 양 제한의 제거뿐만 아니라 동유럽 국가들에 일반특혜관세제도를 확대하는 것의 형태를 취했다. …… 후속적으로 무역·상업·경제 협력에 대한 양자 협정이 결실을 맺었고 …… 이 협정들은 '유럽 협정'을 위한 길을 닦았다"(Economic Commission for Europe, 1995: 111).

중요한 기구들을 살펴봐야 한다. 이 절은 그런 기구들의 기본적 특징과 임무에 대해 잠시 개요를 말하려고 한다. 이런 예비 정보는 다음 두 절에서 수행될 유럽연합의 의사 결정 과정 분석을 위한 토대를 제공할 것이다.

유럽이사회〔또는 유럽연합 정상회의European summit)〕는 1974년에 설립되었고, 15개 국가 또는 정부의 수장, 15개국 외무 장관, 유럽연합 집행위원회 위원장 및 부위원장으로 구성된다. 원래 국가와 정부 수장 간 비공식 논의와 협정을 위한 기회로서 인식되었기 때문에, 유럽이사회는 유럽연합의 점점 더 중요한 요소가 되었다. 유럽이사회의 우월한 지위는 공식적으로 '단일유럽의정서'에서 인정되었다.[18] 유럽이사회는 적어도 1년에 두 번 정도 유럽연합 정상회의 형태로 열린다. 유럽이사회는 유럽연합이 이룬 진전에 대한 연례 보고서(Annual Report) 뿐만 아니라 각 정상회의 후 보고서를 유럽의회에 제출한다. 유럽이사회는 정치적인 결정을 하는데, 그러고 나서 그 결정들은 각료이사회에서 법률로 전환된다. 유럽이사회는 우선순위를 정하고 정치적 방향을 결정하고 각료이사회가 풀지 못하는 문제들에 대해 협상한다. 유럽이사회가 전략을 정립하는 역할은 국가내 정치뿐만 아니라 외교정책의 주요 문제들과도 관련된다.

각료이사회〔보통 간단하게, 이사회(the Council)〕는 15개 회원국 장관들로 구성된다. 이사회는 농업 각료이사회(공동농업정책을 다룬다), 경제 재무 각료이사회〔Council of Eonomic and Finance Ministers: ECOFIN, 유럽통화제도(European Monetary System: EMS) 같은 문제들을 다룬다〕, 외교 각료이사회 같은 여러 이사회로 세분된다. 이사회는 만장일치제 또는 가중다수결 투표제, 즉 국가의 규모에 비례해 투표 가중치를 할당하는 체계에 따라 결정하는 권한을 갖는다. 회원국들의 투표권

---

18) 유럽이사회를 1949년에 설립되었고 40개 유럽 국가들이 속하는 유럽회의(Council of Europe)와 혼동해서는 안 된다. 유럽회의는 조직적으로 유럽연합의 기구들로부터 분리되어 있다. 그것은 민주주의와 인권을 감시한다. 따라서 독자들은 유럽회의는 유럽이사회(유럽연합 정상회의)와 각료이사회(유럽연합 회원국들의 장관들로 구성된다)와 다르다는 것을 기억해두어야 한다.

은 다음과 같이 비중을 가지는데, 독일·프랑스·이탈리아·영국 각 10개 투표권, 스페인 여덟 개 투표권, 벨기에·그리스·네덜란드· 포르투갈 각 다섯 개 투표권, 오스트리아·스웨덴 각 네 개 투표권, 덴마크·아일랜드·핀란드 각 세 개 투표권, 룩셈부르크 두 개 투표권이다. 제안이 받아들여지기 위해서는 결국 62개의 찬성 투표가 있어야 한다. 의장직은 6개월마다 회원국들 사이에서 순환된다.

각료이사회는 입법 권한을 가진다. 초안은 아마도 유럽이사회가 영감을 주고, 유럽연합 집행위원회가 제안하는데, 단지 각료이사회가 동의한다면 공동체의 법률이 된다. 이미 말했듯이 각료이사회는 고정된 사람들의 집단이 아니고 유럽연합 집행위원회 방식인데, 하지만 농업 이사회·경제 재무 이사회 등등의 형태로 만난다. 외무 장관들과 농업 장관들은 상위 몸통이고 〔보통 일반 이사회(General Council)로서 언급되는〕 외무 장관들은 전문 분야 동료들이 불일치에 빠졌을 때 호출되는 경향이 있다. 각 회원국은 브뤼셀에 자국 대표단, 즉 보통 아주 고위 외교관들인 상임 대표들(Permanent Representatives)이 이끄는 상임 대표단(Permanent Representations)을 갖는다. 상임대표위원회(The Committee of the Permanent Representatives)는 코레퍼(Coreper)라고 불리는데 각료이사회의 회의를 준비한다.

원래 모든 결정은 만장일치로 이루어져야만 하지만, '단일유럽의정서'(1987)는 농업, 어업, 역내 시장, 환경, 교통 같은 분야에서 가중다수결의 원리(위를 보라)를 도입했다. 각료이사회는 조세, 산업, 문화, 지역 및 사회 기금, 연구 및 기술에 대해 만장일치로 결정한다. 이것은 유럽연합의 첫 번째 기둥 유럽공동체와 관련된다. 다른 두 개의 기둥 내무·사법 협력과 공동외교안보정책에서도 만장일치제가 요구된다. 더 나아가, 룩셈부르크 합의(Luxembourg Compromise)는 1966년에 합의되었는데, 중요한 국가이익의 문제에 대해서는 논의가 합의에 도달할 때까지 계속된다고 규칙을 정했다. 이것은 의사 결정을 더디게 했다.

유럽연합 집행위원회(European Commission)는 1만 5000명 직원이 지원하는

20명의 구성원(위원들)으로 구성된다. 가장 큰 다섯 개 회원국(프랑스, 영국, 독일, 스페인, 이탈리아)은 2명의 위원을 두며 다른 10개국은 1명의 위원을 둔다. 위원들은 자국 정부가 5년 임기로 지명하지만, 그들은 국가 충성에서 분리되도록 기대된다. 이 20명 위원들 가운데 1명을 유럽이사회가 의장으로 지명하고 2명은 부의장으로 지명한다. 집행위원회는 유럽의회로부터 승인받아야만 한다. 각 위원은 특정한 직무를 가진다(그것은 예를 들어 농업같이 단지 하나의 특수한 정책 분야나 역내 시장, 산업 업무, 유럽의회와 관계 같은 수많은 정책 분야로 구성된다). 26개의 집행위원회 총국(Directorate-Generals)이 있다. 각 위원은 자신의 집행부를 구성하는 수많은 자문위원을 둔다. 각 집행위원회 총국의 우두머리에 총국장이 있는데, 위원에게 책임을 다하고 집행위원회 총국의 정치·조직 업무에 대해 책임을 진다.

집행위원회는 네 개의 임무를 가진다. 첫째, 법안발의(right of initiative) 독점권을 가지는데, 즉 법률 제정을 제안한다. 유럽연합 법률(Community law)은 집행위원회의 제안 없이는 만들 수 없다. 유일한 예외가 '유럽연합 조약'이 다루는 정부 간 협력의 두 가지 부문, 즉 공동외교안보정책과 내무·사법 협력인데, 이 부문들에서는 집행위원회가 국가 정부들과 같은 방식으로 제안을 제출할 수 있다. 제안을 초안할 때, 집행위원회는 보완성의 원리를 따라야 하는데, 즉 집행위원회는 개별 회원국의 법률 제정보다 더 효과적인 경우에만 유럽연합 법률 제정을 제안한다. 초안 법률 제정은 지시(directives)[19)]이나 결정(decisions)이나 규정(regulations)

19) directives는 보통 '지침'으로 번역된다. 그러나 지침은 '생활이나 행동 따위의 지도적 방법이나 방향을 인도하여 주는 준칙'으로 법적 구속력을 가지지 않는다. 하지만 European directives는 법적 구속력을 가지는 개념이다. 그리고 유럽연합에는 이런 지침에 해당하는 European guidelines가 있다. 이는 'directives의 이행을 용이하게 하려는 목적의 구속력 없는 문서'를 일컫는다. 따라서 directives는 법률 용어 가운데 빌려와서 '상급 기관이 하급 기관에 대하여 개별적이고 구체적으로 발하는 행정 규칙'의 뜻을 지닌 지시로 번역하며, guidlines는 지침으로 번역한다_옮긴이.

이나 권고(recommendation)나 의견(opinion)과 관련될 수 있다. 오직 앞에서 세 가지만 법 효력(force of law)을 가진다. 더 구체적으로 살펴보면 다음과 같다.

- 규정은 일반적으로 적용된다. 규정은 전체로 구속력을 가지며, 모든 회원국에 직접 적용 가능하다(즉, 국가 조치의 필요 없이).
- 지시는 달성해야 하는 목표들과 관련하여 지시를 도입하는 각 회원국들에게 구속력을 가지지만, 지시를 시행하는 방법과 수단을 결정하는 것은 회원국들에게 넘겨진다.
- 결정은 이를 도입하는 국가들 전체에 구속력을 가진다. 하나의 결정은 어떤 회원국 또는 모든 회원국에, 사업들 또는 개인들에 도입될 수 있다.
- 권고와 의견은 구속력을 가지지 않는다.

둘째, 집행위원회는 다른 정부들 사이에서 협상이라는 수단을 가지고 수용 가능한 타협을 찾기 위해 노력하는 중재기관으로서 활동한다.

셋째, 집행위원회는 유럽연합 법률이 유지되는 것을 보장함으로써,[20] 즉 개인이나 기업이나 회원국이 조약 또는 각료이사회가 정한 특정 정책들에 반하는 방식으로 행동하지 않는 것을 보장함으로써 조약의 수호자로서 역할을 한다. 예를 들어, 기업들이 경쟁을 제한하는 협정을 맺을 경우(제4장을 보라), 집행위원회는 그런 협정에 대해 자발적인 철폐를 추구할 수도 있고, 필요하다면 그런 협정을 금지하는 공식적인 결정을 내리고 궁극적으로 벌금을 부과할 수도 있다. 회원국이 집행위원회의 결정이나 지시나 규정을 준수하는 것을 거부한다면, 집행위원회는 회원국을 유럽사법재판소에 제소할 수 있다.

넷째, 집행위원회는 유럽연합의 대외적 이해, 즉 유럽연합 밖에 있는 개인·회

20) 하지만 회원국들의 각료들은 똑같이 정책의 집행과 법률의 수행을 위한 집행위원회로서 책임을 가진다.

사·국가와의 협상에서 이해를 대표한다.

유럽의회는 1979년부터 5년 임기로 직접 선출된 626명(Members of European Parliament: MEPs)으로 구성된다. 유럽의회는 1년에 12주의 회기를 갖는다. 유럽의회는 집행위원회의 총국을 다소 본뜬 위원회로 나뉜다. 중요한 모든 정치적 갈래(100개 정당에 가깝게 헤아려지는)가 유럽의회 안에서 대표된다. 그 갈래들은 상대적으로 작은 숫자의 정당 속에 조직된다(현재는 여덟 개). 여덟 개 회원국에서 선출된 위원들의 숫자는 다음과 같은데, 독일 99명, 프랑스·이탈리아·영국 각각 87명, 스페인 64명, 네덜란드 31명, 벨기에·그리스·포르투갈 각각 25명, 스웨덴 22명, 오스트리아 21명, 핀란드·덴마크 각각 16명, 아일랜드 15명, 룩셈부르크 6명이다.

유럽의회는 기본적으로 세 가지 기능을 가지고 있다. 첫째, 입법권을 가지는데 범위가 아주 제한적이다(제1장 제3절을 보라). 의회의 기능은 우선 협의하는(consultative) 것이고, 입법은 아주 부분적이다. 의회의 두 번째 기능은 행정에 대한 감독이다. 의회는 유럽연합 집행위원회에 설명을 요구할 수 있으며, 아주 작은 정도지만 각료이사회에도 설명을 요구할 수 있다. 의회는 5년마다 유럽연합 집행위원회의 의장과 구성원들을 임명하고, 정기적으로 그 구성원들을 심문한다. 의회는 유럽연합 집행위원회를 해산할 수 있지만, 1999년에 단 한 번 그렇게 했었는데, 무시하기에는 너무나도 노골적이었던 몇몇 위원들의 부패 증거 때문이었다. 그러나 의회가 유럽연합 집행위원회를 해산할 수 있다고 하더라도, 집행위원회의 결정에 대해 효력 있는 조치와 새로운 위원들의 선출에 대해 통제력을 가지지 못한다. 각료이사회의 구성원들도 역시 의회가 작성한 질문들에 답변해야만 한다. 셋째, 의회는 예산 권한(budgetary power)을 가진다. 의회는 유럽연합의 예산을 매년 승인하며, 집행위원회의 제안에 대해 수정과 개정을 제안할 수 있고, 농업 부문 지출과 국제 협정으로부터 일어나는 비용에 대해 결정권을 가지지만 교육, 사회 프로그램, 지역 기금, 환경 및 문화 계획 같은 다른 지출에 대해서는 각료이사회와 협력해 결정해야만 한다. 예외적인 상황에서는 예산을 거부하기 위해 투표를 했다.

유럽중앙은행제도는 유럽중앙은행(European Central Bank: ECB)에 좌우되며, 특히 중요한 기구이다. 왜냐하면 유럽중앙은행제도는 오직 그 지역에서 회원국들이 경제통화동맹에 가입함으로써 국가 권한을 완전하게 넘긴 통화정책(monetary policy)을 운용하기 때문이다(유럽연합의 모든 회원국이 경제통화동맹에 가입한 것은 아니다. 뒤의 제4장을 보라). 유럽중앙은행제도는 유럽중앙은행과 경제통화동맹국들의 중앙은행으로 구성된다. 각국 중앙은행은 유럽중앙은행의 결정을 수행하는 운영 기구로 축소되었다. 유럽중앙은행은 '주요 목표'가 있는데, 물가 안정을 유지하는 것이다. 이 목표를 달성하기 위해 유럽중앙은행은 몇 가지 임무를 수행한다. 가장 중요한 것은 통화정책을 정해 시행하고, 외국환 조작(foreign exchange operation)을 수행하고, 경제통화동맹 회원국의 공식적인 준비금(official reserves)을 유지하고 관리하며, 지불 제도의 원활한 운영을 촉진하는 것이다. 유럽연합이나 회원국의 권한이 미치는 부문에서 초안 작성된 법률 초안은 유럽중앙은행으로부터 자문을 받아야 한다(유럽연합 조약 제105조). 유럽중앙은행 경제통화동맹지역에서 은행권을 발행하는 독점 권한을 가지고 있고(같은 조약 제105a조), 유럽연합의 기구와 회원국으로부터 공식적으로 독립되어 있다(같은 조약 제107조). 마지막으로 임무를 수행하기 위해 유럽중앙은행은 규정들을 만들 수 있고(규정은 전체로 구속력을 가지며, 모든 회원국들에 직접 적용 가능하며), 그리고 결정을 내릴 수 있다(결정은 전체로 구속력을 가지지만, 오직 그것을 도입한 국가들에 구속력을 가진다). 유럽중앙은행은 이 규정들과 결정을 준수하지 못한 국가에 벌금을 부과할 수 있다(같은 조약 제108조a).

이런 여섯 개 주요 기구는 덜 중심적이더라도 중요한 기능들을 수행하는 여러 다른 기구들로부터 지원을 받는다.

유럽투자은행은 유럽연합의 자금 조달 기구(financing institution)이다. 유럽투자은행은 자신이 자본 투자를 위해 대출해주는 대규모 재원을 자본시장에서 얻는다. 대출은 정책의 우선순위에 기초해 경제행위자들의 수요에 따라 할당된다. 대출은 ① 뒤처진 지역의 경제 진보를 위한,[21] ② 운송·통신·에너지 수송에서 범유럽 수송 통신망(Trans-European Networks: TENs)을 진전시키기 위한, ③ 산업의 국제 경쟁력을 향상시키기 위한, ④ 환경을 보호하기 위한, ⑤ 안정적 에너지 공급을 달성하기 위한 대규모의 장기 사업이다. 이 은행은 세계에서 가장 큰 금융기관이다. 유럽투자은행은 1999년 총 318억 유로를 대출해주었다. 유럽연합이 활동의 주요한 초점이지만, 이 은행은 또한 비회원국과 유럽연합 간 협력 정책(cooperation policies)의 재정 측면을 지원한다. 유럽연합 집행위원회와 은행 부문과 함께 유럽투자은행은 유럽투자기금(European Investment Fund: EIF)을 설립했는데, 이것의 기본 목적은 중소기업들뿐만 아니라 위에서 언급한 범유럽 수송 통신망을 위해 장기 보증을 제공하는 것이다.

또 중요한 금융기관은 유럽부흥개발은행이다. 이 은행은 1990에 설립되었는데, 그 목적은 중동부 유럽 국가와 옛 소비에트 연합이 자본주의로 이행하는 것을 돕는 데 있다. 이 은행은 사회 기반 시설 사업과 기술이전에 초점을 맞춘다. 이 은행은 PHARE 계획의 부분으로 운영된다(제1장 제1절 제4관 제2조를 보라).

통화 및 금융 부문 외에 다음 기구들을 언급해야 한다. 사법재판소는 15명 판사들(judge)과 9명의 법무관(advocate-general)으로 구성된다. 법무관들의 일반적 임무는 사법재판소에 제소된 소송에 대해 독립적이고 공정한 의견을 내는 것이다. 사법재판소의 기본 임무는 ① '유럽연합 조약'들이 법에 맞게 해석되고 적용되는 것을 보장하는 것이고, ② 회원국들이 판결을 따르지 않을 경우 벌금을 부과하는 것이다.

1989년부터 1심 재판소가 사법재판소에 부설되었다. 1심 재판소에는 회원국

---

21) 이것은 종종 유럽연합의 구조 기금과 결속 기금과 함께 간다.

들이 지명한 15명의 판사들이 있으며, 개인과 기업이 제소한 소송을 다룬다. 1심 재판소는 개인의 이해를 법적으로 보호하는 데 초점을 맞추지만, 사법재판소의 근본 임무는 공동체 법률(Community law)의 단일한 해석을 보장하는 것이다.

회계감사원(the Court of Auditors)은 15명으로 구성되어 있으며, 회원국당 한 명이다. 그 기능은 ① 모든 수입이 걷혔는지, ② 지출이 합법적으로 일어났는지, ③ 재무관리가 견실한지 점검하는 것이다. 공동체 원조의 모든 수혜자는 유럽연합의 도덕·행정·회계 원칙을 따르는 회계감사원을 충족시켜야 한다. 이것은 유럽연합 기구들, 국가·주·시 행정뿐만 아니라 유럽연합 안팎의 모든 수혜자들에게 적용된다. 회계감사원은 연례 보고서로 유럽연합의 재무관리에 대한 논평을 출판한다.

이런 주요 기구에 더해서, 정책 형성과 사업 추진에서 공동체 기구들(Community institutions)을 지원하는 위원회·소위원회·실무 집단이 2000개가 넘는다. 더 나아가 유럽연합 기구들 주변에 수많은 로비 단체가 있고, 이 단체 가운데 약 500개는 자신들의 주의를 집행위원회에 맞추고 있다. 이런 위원회 가운데 하나는 경제사회위원회(Economic and Social committee: ECOSOC)인데, 이익집단들로 형성되어 있고, 자문 역할을 한다. 그 위원회의 주요 임무는 각료이사회와 집행위원회가 회부한 문제들에 의견을 발표하는 것이다. 경제사회위원회는 세 개의 이익집단인 고용인(I집단), 피고용인(II집단), 다른 이익집단들(III집단)을 대표한다. 이 위원회의 구성원 222명은 각국 정부가 제출한 명단에서 각료이사회가 지명한다. 각료이사회가 수많은 논제들에 대해 조치를 취하기 전에, 각료이사회는 경제사회위원회에 자문을 받아야만 한다. 그러나 이 위원회의 자문 역할은 별로 비중이 없다.

또 하나의 위원회는 지역 위원회(committee of the Regions)인데, 교육, 청년, 문화, 공공 의료, 경제 및 사회 결속, 범유럽 수송 통신망 같은 지역 이해와 관련된 수많은 부문에 대해 각료이사회 또는 집행위원회는 이 위원회에 자문을 받아야 한다. 이 위원회는 또한 222명의 구성원으로 이루어져 있는데, 이들은 지역 행정 대표(regional president), 시장, 또는 시의회 의장, 자치단체 의회로 구성된다. 지역위원회의 의견을 관통하는 불변의 주제는 보완성의 원리에 대한 안전장치이다.

3. 유럽연합 내의 의사 결정

우리는 이제 유럽연합 내 의사 결정을 검토할 수 있다. 기본적으로 세 가지 형식의 절차가 있다.

1) 제안 또는 협의 절차

이것은 여전히 가장 넓게 채택된 의사 결정 과정의 형식이다. 기본적으로 유럽연합 집행위원회는 법안을 제안하고, 각료이사회는 그것을 받아들일지 말지 결정하는 권한을 가진다. 제안은 1명의 위원이 책임을 지고 있는 부문 위원회가 준비한다. 초안은 전체 집행위원회 앞으로 보내지고, 단순다수결(simple majority)[22]로 채택된다. 그러면 집행위원회의 제안은 각료이사회로 보내지고(<그림 1-3>에서 1단계), 여기서 다른 기구들에 자문을 받을지 말지를 결정한다. 유럽의회는 정치적으로 중요한 대책들에 대해 자문해야(의무적 자문) 하며, 하지만 각료이사회는 다른 경우에서도 의회의 의견을 구할 수 있다(선택적 자문). 그러고 나서 유럽의회의 의견은 각료이사회와 집행위원회로 보내지는데(2단계), 각료이사회는 유럽의회의 관점을 고려할 의무를 가지지는 않는다. 경제사회위원회의 의견도 역시 들을 수 있는데, 하지만 이것도 각료이사회에 구속력을 가지지 않는다.

유럽의회와 경제사회위원회에 자문을 받은 뒤, 집행위원회는 처음의 초안을

22) 과반에는 미치지 못하지만 결정에 필요한 최저한을 넘는 표수로 결정하는 것을 말한다_옮긴이.

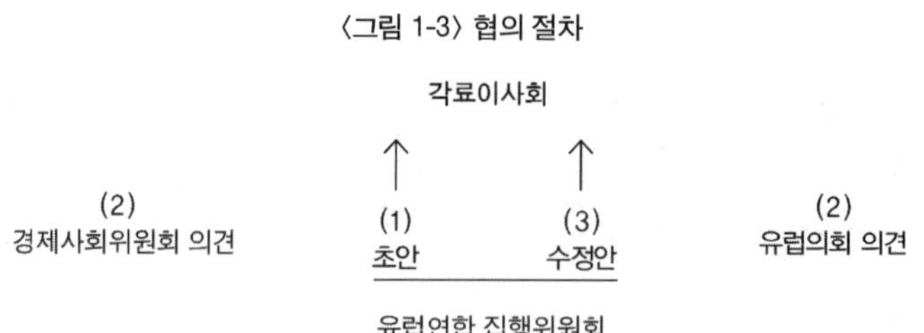

수정하고, 그것을 각료이사회로 보낸다(3단계). 그 초안은 먼저 특화된 실무 집단이 논의하고 그런 다음 상임대표위원회[23]가 논의한다. 그런 다음 그 초안은 각료이사회가 받아들여서 법률이 되거나 아니면 기각된다. 기각의 경우 각료이사회는 오직 만장일치 투표로 초안을 바꿀 수 있다. 이런 경우는 드물다. 만장일치에 모자랄 경우 제안은 집행위원회로 되돌아가고, 거기서 수용 가능한 대안을 만들어야만 한다. 찬성 후에 최종안은 유럽연합의 아홉 개 공식 언어(덴마크어, 네덜란드어, 영어, 프랑스어, 독일어, 그리스어, 이탈리아어, 포르투갈어, 스페인어)로, ≪유럽공동체 관보(Official Journal of the European Communities)≫로 출판된다. 공동체 법률과 각국 법률이 충돌할 때는 공동체 법률의 요건이 우선으로 고려되어야 한다. <그림 1-3>에 이 과정이 요약되어 있다.

2) 협력 절차

원래 '로마 조약'에서 고안된 유일한 것인 협의 절차에서 실질적으로 유럽의회의 권한은 없다. 그러나 이 권한은 수년간에 걸쳐 커졌다. 뒤이은 조약들에서 유럽

23) 이것은 아주 중요한 위원회이다. "이 위원회는 상임 조직이며, 각료이사회 회의를 위한 준비 작업을 조직하고, 각료들이 각료이사회에서 만날 때 각료들의 의제에 대한 우선순위와 긴급성을 결정한다. 그것은 역시 기술적인 점들에 대해 합의에 도달할 수도 있는데, 상임 대표들에 의해 만장일치로 채택된 대책들에 각료들이 단순히 고무도장을 찍으면서 말이다"(Borchardt, 1994: 45).

〈그림 1-4〉 협력 절차

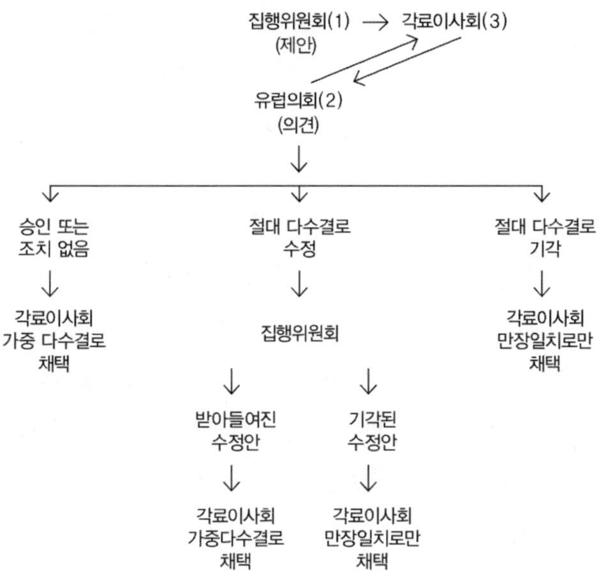

의회의 권한은 확대되었고, 지금은 법률을 수정할 수 있고 기각할 수 있다. 더욱 구체적으로 두 가지 다른 형식의 절차가 있다. 협력 절차(cooperation procedure)에서 유럽의회는 법안을 개선하거나 수정할 수 있다. 이 경우 두 번의 독회(reading)가 요구된다. 이 절차는 지역 발전, 연구, 운송, 환경, 개발 원조를 위한 유럽연합 기금과 관련된 문제들에 적용된다.

협력 절차는 집행위원회의 제안으로 시작하는데, 제안은 유럽의회와 각료이사회로 보내진다(<그림 1-4>의 1단계). 유럽의회는 의회 의견을 각료이사회에 알리고(2단계), 각료이사회는 의회 의견뿐만 아니라 집행위원회 제안과 자신의 제안에 기초해서 공통 입장을 채택하며, 이 공통 입장은 두 번째 독회를 위해 의회로 보내진다(3단계). 3개월 안에 유럽의회는 다음을 시행할 수 있다.

- 응답을 삼갈 수 있고, 그런 경우에 제안은 받아들여지는 것으로 여겨진다.
- 각료이사회의 공통 입장을 받아들일 수 있고, 이 경우에 제안이 받아들여진다.
- 각료이사회의 공통 입장을 기각할 수 있고 그런 경우 각료이사회는 여전히 만장일치제 투표 조건으로 제안을 받아들일 수 있다.
- 공통 입장에 대한 수정안을 제안할 수 있다.

이 후자의 경우 문제는 집행위원회가 수정안을 받아들이느냐이다. 그렇게 한다면 각료이사회는 가중다수결로 제안을 수용할 수 있다(하지만 각료이사회가 집행위원회의 제안과 다르다면 만장일치가 요구된다). 수용하지 않는다면, 각료이사회는 법률 제안을 받아들이는 데 만장일치가 필요하다. 각료이사회는 물론 유럽의회의 수정안이나 집행위원회의 수정안에 대해 어떤 결정을 내리지 않음으로써 입법을 막을 수 있다. 이 절차는 <그림 1-4>에 요약되어 있다.

3) 공동결정 절차

이 절차에서는 유럽의회와 각료이사회 둘 다 거부권을 가진다. 이 절차는 역내 시장·개인들의 자유로운 이동, 소비자 안전, 교육, 문화, 건강, 범유럽 수송 통신망, 역내 시장과 관련된 문제들에 적용된다.

다시, 집행위원회의 제안은 각료이사회와 유럽의회에 보내진다. 1차 독회 후에 유럽의회는 자신의 의견과 수정안을 각료이사회에 보낸다. 각료이사회는 가중다수결로 다음을 시행할 수 있다.

- 유럽의회의 수정안을 승인할 수 있고, 그 경우 수정안은 승인된다.
- 유럽의회가 어떠한 수정안도 제안하지 않는다면 집행위원회 제안을 승인할 수 있다.
- 공통 입장을 채택할 수 있다. 이것은 유럽의회로 보내진다. 유럽의회는 각료이사

〈그림 1-5〉 공동결정 절차

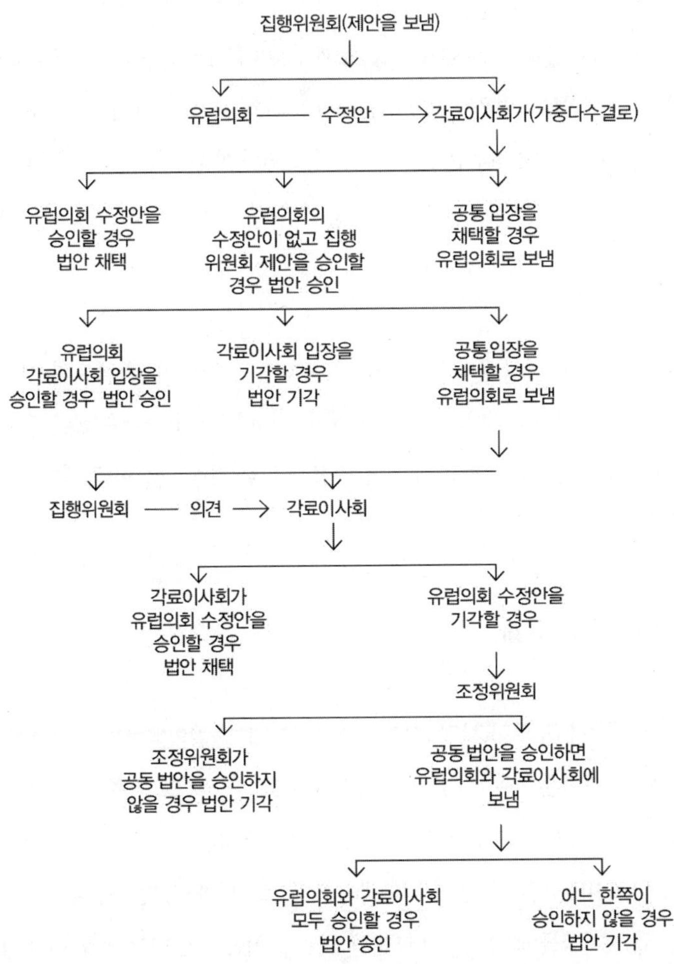

회의 공통 입장을 승인하거나 기각할 수 있다. 전자의 경우 공통 입장은 승인되고, 후자의 경우 기각된다. 그러나 유럽의회는 또한 각료이사회의 공통 입장에 대한 수정안을 제안할 수 있다. 이 경우 유럽의회는 집행위원회와 각료이사회에 이 수정안을 보낸다. 각료이사회는 집행위원회의 의견을 들으면서 유럽의회의 수정안을 승인할 수도 있는데, 이 경우 수정안은 채택된다. 또는 각료이사회는 유럽의회의 수정안을 기각할 수 있다. 이 경우 조정 위원회(Conciliation Committee)가 지명된다. 조정 위원회는 각료이사회 구성원과 유럽의회 구성원이 동수로 구성되어야 한다. 이 위원회의 임무는 공동 법안(joint text)을 생산하는 것이다. 이 위원회가 이것을 하지 못하면 제안은 완전히 기각된다. 만약 이 위원회가 공동 법안을 생산한다면, 유럽의회와 각료이사회 모두 승인한다면 그 제안은 승인된다. 이 절차는 <그림 1-5>에 요약되어 있다.

세 가지 절차의 비교에서 드러나듯, 유럽연합의 권력이 더 거대해지면, 의사결정 과정은 더 복잡해진다. 이것은 우연이 아니다. 그러한 이유를 알기 위해 우리는 다음 절로 넘어가야 하는데, 유럽연합에 관한 가장 중요한 문제를 다룬다.

4. 민주주의의 문제

이제 유럽연합 내 의사 결정 과정을 평가해보자. 유럽의회부터 시작하자. 유럽의회의 입법 권한은 공동 결정 과정의 도입에도 불구하고, 아주 제한되어 있다. 유일하게 선출된 유럽연합 기구 권한의 이 같은 확대는 대체로 상징과 위장의 의미를 가진다. 더욱 많은 기능이 국민국가 정부로부터 유럽연합의 강력하지만 설명할 수 없는 기구들에 이전되기 때문에 이런 조치는 유럽연합 내 힘 관계의 진짜 본성을 감추는 것을 의미한다. 이런 (제한된) 힘의 이전이 더욱 커질수록 의회의 힘 행사를 복잡하게 만들기 위해 절차가 더욱 혼란스러워지는 것은 우연이 아니다. 동시에 공동결정 절차의 비잔틴 양식 성격은 민주주의 확대와 비효율성 증대 사이의 인과관계라는 인상을 준다.

본질에서 각 국민국가의 의회와 유럽의회 사이의 차이는 전자는 입법 기능을 가졌고, 반면에 후자는 주로 협의 기능을 가졌다는 것이다. 이것은 유럽연합의 민주주의 결핍을 나타낸다. 공동결정 절차로 이런 결핍을 전혀 채울 수 없다.[24] 하지만 이런 민주주의 결핍의 개념은 불충분하다. 의회민주주의 범위 안에서조차도, 유럽연합 내 의사 결정에서 불충분한 민주주의는 한편으로는 유럽의회와 각료이사회 및 집행위원회 사이의 관계와, 다른 한편으로는 유럽연합 지시 및 규정들의 수용·수정·기각에 관한 것보다 더 많이 나간다. 이것은 이미 성문화되고 굳어진 법이다. 그것 안에서 논의의 범위는 이미 정해져 있는데, 즉 어떤 이해는 이미 대표되어 있는 반면, 다른 것들은 사전에 배제되어 있다. 그러면 마찬가지로 중요한 다른 질문은 이제 집행위원회가 제출하고, 각료이사회가 논의한 법안 내용에 어떤 사회적 집단들이 영향력을 미치느냐, 즉 어떤 사회적 집단들이 다른 집단들에게 손해가 되도록 집행위원회의 제안에 자신들의 이해가 명문화되도록 하는가이다.

따라서 그런 문제가 제기되면, 유럽연합 의사 결정 과정은 주체들의 두 집합 사이에서, 그리고 두 집합 내에서 협상의 문제로 나타난다. 한편에는, 유럽이사회, 각료이사회, 집행위원회라는 세 기구의 한 집합이 있다. 다른 한편에는 로비단체들이 있는데, 기본적으로 국민적 자본들의 이해를 대표하면서 유럽연합 기구들 내에서 정치인들과 유럽연합 공무원들(Eurocrat)에게 영향력을 끼치기에 충분히 강력하다. 이런 이익집단들을 고려한다면, 민주주의 결핍의 다른 측면은 어떤 사회적 집단들이 집행위원회의 제안과 각료이사회의 결정에 대해 가지는 특권적인 접근의 결과로서 나타난다. 이런 복잡한 과정은 집행위원회의 제안들에서 결국 다른 이해들을 해치는 어떤 이해들에 우선순위를 매기면서 시작한다. 입법으로 취한 최종 형태와 관련해서 그 과정은 집행위원회, 각료이사회, 유럽의회 간 협상(똑같은 로비 단체들이 무겁게 영향력을 행사하는 협상)으로 끝난다.

유럽이사회를 고려해보자. 우리는 각 조약이 정부간회의에 의해 진행되었다

---

24) 그러나 유럽의회는 예산을 거부할 수 있는 수정된 절차(제7장을 보라)에 따라 매년 유럽연합 예산을 승인한다.

는 것을 보았다. 정부간회의에서 전문 관료들은 보고서와 권고를 준비하며, 이것에 기초해 유럽이사회는 조약의 조건들을 협상한다. 이 관료들은 독립되어 있지 않고 각료이사회로부터 지시를 받고, 조직된다. 이렇게 간접적이지만 아주 효과적인 방식으로 유럽연합을 형성했고, 계속 형성시켜가고 있는 것은 유럽의회라기보다 유럽이사회(각료이사회와 상호 관계를 맺고)이다. 조약은 한번 조인되면 각국 의회로부터 (또는 가능하다면 직접적으로 국민투표를 통해 국가로부터) 비준을 받아야 하는 것이 사실이다. 하지만 의회와 국민투표 모두 이미 만들어지고 수용된 제안들에 오직 반응할 수만 있다.

일단 일반적 정책 노선을 유럽이사회가 구상하면, 구체적인 결정은 집행위원회가 만든 제안에 기초해 각료이사회가 한다. 집행위원회의 역할은 단순하게 중개인의 역할이 아니다. 오히려 실질적인 권한은 입법에 착수하는(initiate legislation) 가능성으로부터 생길 수 있다. 조금 전 말했듯이 어떤 이해들은 제안들에서 바로 대표되는데, 다른 이해들은 그렇지 않기 때문이다. 각료이사회에 대해 말한다면, 결정은 상임대표위원회가 만든 준비 작업에 기초해 이루어진다. 상임대표위원회는 이면에서 협상하는 각국 관료들로 구성되어 있고, 여기서 보통 처리에 대해 동의를 하고 나면, 각료이사회는 단순하게 비준한다. ≪이코노미스트(The Economist)≫(1997)에서 보도했듯이 "각료이사회 결정의 90% 정도는 각료들이 서로 얽히기도 전에 결정된다. 그리고 각료들은 특히 만장일치 찬성이 필요할 때 너무 논쟁적이어서 관료들이 의결할 수 없는 10%에 대해 동의하는 것조차도 나쁘다는 것을 종종 입증한다(*The Economist*, 1997: 59). 각료이사회의 결정은 아주 비밀스럽게 이루어지기 때문에, 닫힌 문 뒤에서 결정을 내리는 민주적 세계의 유일한 입법기관"(*The Economist*, 1997: 59)이다. 상임대표위원회는 유럽연합 의사 결정 과정에 또 하나의 비밀 요소를 더한다(Corporate Europe Observatory, 1977: ch.1.2, p.1). 어떻게 결정이 내려지는가에서 민주주의 결핍과 투명성 부족이 함께한다.

흔히 받아들이는 생각은 각료이사회가 국가적, 즉 각 국가의 이해를 대표(각국의 각료들을 통해)하는 반면, 집행위원회는 초국적, 즉 유럽의 이해를 대표한다는 것이다. 이것은 거의 현실에 충실한 표현이 아니다. 각료이사회는 국가적 이해를 표현하지만, 각 국가의 이해를 표현하지 않는다. 각 국가를 위해 각료들이 대표하는 이해는 국가의 계급과 모든 종류의 집단들의 이해이며, 최종 심급에서는 노동자들과 협상한 후에 형성된 것으로서 각국 자본의 이해이다. 그것은 무차별적이고 동질적인 국가의 이해가 아니다. 집행위원회는 이런 국가적 이해들을 중재하고, 결국 이런 제안들이 대자본들의 이해를 우선시할지라도 중재와 양보를 통해 유럽연합의 최대한 많은 부분들에서 받아들일 수 있는 방식으로 국가의 이해들을 대표한다(아래를 보라). 이것은 미신화되어 있는데, 마치 집행위원회가 스스로를 어떤 국가적 이해들로부터 분리되어 있고, '유럽'의 이해를 위해 봉사하는 것처럼 말이다. 반대로 우리가 곧 보게 되듯이, 각료이사회와 집행위원회 모두 로비 단체들을 통해 활동하는 국가 차원의 계급들과 집단들로부터 크게 영향을 받았고, 여전히 영향을 받고 있다. 조금 전 언급했듯이 이런 이익집단들 가운데 단연코 가장 영향력 있는 것은 과점자본을 대표하는 것들이다. 유럽연합의 기본 특징들을 짧게 개괄하는 것으로도 이 점을 밝히기에 충분하다.

유럽연합으로 가는 첫 단계인 유럽석탄철강공동체는 과점자본, 즉 프랑스와 독일의 석탄 및 철강 자본의 주도로, 그리고 그들의 이해를 조성하기 위해 탄생했다고 제1장 제1절 제1관에서 언급했다. 유럽석탄철강공동체는 유럽경제공동체를 위한 모델로서 역할을 했고(Accattatis, 1996), 유럽경제공동체 역시 유럽 과점자본들의 잠재 생산을 흡수할 정도로 충분하게 큰 시장을 창조하기 위해 (이뿐만 아니라 제1장 제1절에서 언급한 다른 이유들을 위해) 탄생했다. 그래서 애초부터 유럽 통합이 다른 계급들뿐만 아니라 중소 자본들의 이해들에는 반대되는 것으로서 유럽 안팎에서 주로 (하지만 배타적이지는 않게) 복무했던 것은 유럽 대기업들의 이해였다. 이런 흡수 곤란(absorption difficulties)[25]은 결국 제2장에서 다룰 공황이론 내에 자리하게 된다. 다음 장들에서 다른 예들을 보여줄 것이다.

예를 들어 제4장에서는 유럽연합의 경쟁정책이 유럽 과점자본의 이점을 위해 맞춰져 있다는 것을, 그리고 경제통화동맹의 실현을 위해 중요한 역할을 하는 것은 독일 과점자본들의 지도력 아래에 있는 과점자본들임을 주장할 것이다. 또는 다른 예를 보여주기 위해 제7장에서는 국제 농산물 가격의 형성이 대기업에 우호적이고, 유럽공동농업정책이 대규모 농산물 기업들에게 불비례적으로 우호적이라는 것을 주장할 것이다.

그러면 질문은 자본 특히 대자본이 유럽연합 기구들의 본성과 업무에 얼마나 강한 영향력을 행사할 수 있는가이다. 대답은 간단하다. 다양한 국가의 현실에서 비슷한 집단들과 함께하면서 영향력을 행사할 수 있는 로비 단체의 아주 효율적인 망(web)을 통해서인데, 왜냐하면 각료이사회와 집행위원회의 구성원들이 그런 단체의 메시지에 아주 수용적이기 때문이다. 몇몇 주요 이익집단에 대해 (어쩔 수 없이 짧게) 검토하면 이 점을 증명할 수 있다.[26)]

아마도 이런 집단들 가운데 가장 영향력 있는 것은 유럽산업원탁회의European Roundtable of Industrialists: ERT)인데, 1983년에 피아트의 움베르토 아넬리(Umberto Agnelli), 필립스의 비세 데커르(Wisse Dekker), 볼보의 페르 귈렌함마르(Pehr Gyllenhammer)가 설립했다. 유럽산업원탁회의는 유럽 기업들 간에 접촉을 급격하게 증가시켰다. 이 단체의 회원들은 '산업계 거물들' 45명, 즉 1997년에 연결 매출 5500억 ECU와 전 세계에 300만 명의 피고용인을 갖춘 초국적 기업이라고 불리는 유럽의 가장 중요한 과점자본의 최고 경영자(Chief executive officer: CEO)들이었다. 유럽산업원탁회의는 관심 있는 주요 분야를 담당하는 약 10개의 실무 단위를 가지고 있다(예를 들어, 경쟁, 교육). 결정은 총회(Plenary Sessions)에서 유럽산업원탁회의 회원들이 실무 단위의 작업에 기초해 내린다. 유럽기업감시(Corporate Europe Observatory, 1997)에서 서술하고 있듯이, "유럽

---

25) 생산물을 흡수할 수 있는 시장의 능력이 곤란을 겪는 것을 말한다_옮긴이.
26) 다음 것은 '유럽기업감시(Corporate Europe Observatory)'에 많이 기대고 있다.

통합 과정으로부터 이익을 얻으려고 노력하는 다른 로비 단체보다도 유럽산업원탁회의는 유럽 통합을 되살리려는 것과 유럽 통합을 유럽의 초국적 기업들에게 우호적으로 형성시키려는 것을 표명하는 의지를 가지고 만들어졌다"(Corporate Europe Observatory, 1997: 2.1, p.1). 유럽산업원탁회의는 1980년대부터 주요한 모든 개혁 뒤에 있는 추진력이며, 더욱 일반적으로 유럽연합 내 신자유주의 정책의 제도화 뒤에 있는 추진력이다.[27] 몇몇 주요한 예를 고려해보자.

- 역내 시장: 애초부터 집행위원회가 유럽산업원탁회의를 열정적으로 지원했다. "유럽연합 집행위원회와 유럽산업원탁회의 사이의 새로운 동맹은 역내 시장을 위한 준비기간 동안 중요한 역할을 했다. 1985년 유럽산업원탁회의 의장 비세 데커르는 유럽경제공동체 내 무역에 대한 모든 장애물을 제거하기 위한 제안과 시간 계획에 착수했다. 유럽연합 집행위원회는 쉽게 납득했다. 유럽 시장의 통일을 위한 산업 지도자들로부터 압력은 정확하게 집행위원회가 추구하고 있던 유럽 통합으로 더욱 나아가는 추진력이었다. 얼마 후 집행위원회 의장 자크 들로르(Jacques Delors)는 유럽의회에서 데커르의 제안과 아주 유사한 연설을 했다. 돌로르는 유럽산업원탁회의가 희망하는 목표인 1990년보다 단지 2년 뒤인 1992년을 역내 시장을 위한 기한으로 정했다. 몇 달 뒤, 산업 부문 위원인 콕필드(Cockfield) 경은 1986년 '단일유럽의정서'의 기초가 되는 백서를 출판했다. 이렇게 빠른 성공 뒤에는 유럽산업원탁회의가 공들인 집중적인 로비 활동 공세가 있다"(Corporate European Observatory, 1997: 2.1, p.3).

27) 유럽산업원탁회의와 함께, 유럽경제인연합회(Union of Industrial and Employers' Confederation of Europe: Unice)도 있다. 유럽산업원탁회의는 유럽연합 입법에 영향을 주는 일반기준에 영향력을 행사하지만, 유럽경제인연합회는 입법의 특정한 부분에 대응하고, 그것이 기업의 이해에 맞게 조정되도록 한다.

그 뒤 몇 년 안에 '단일유럽의정서'의 빠른 시행이 집행위원회와 유럽산업원탁회의의 역내 시장 지원 위원회 간 밀접한 협력으로 보장되었다.

- 범유럽 수송 통신망: 이것은 사회 기반 시설에서 거대한 투자 계획이며, 고속철도 연결과 공항 확장과 1만 2000km의 새로운 고속도로를 포함하는 것인데, 유럽산업원탁회의가 1994년 보고서에서 처음으로 제안했던 것이다. 유럽산업원탁회의는 이것을 우선순위 가운데 하나로 채택했고, 일을 집행위원회와 함께했는데, 집행위원회는 운송 주제에 관한 "유럽산업원탁회의의 많은 활동에 자금을 댔다". 유럽산업원탁회의는 "범유럽 수송 통신망의 자세한 모습을 만드는 데 아주 많이 관련되었다. 예를 들어 도로망 계획을 통합한 것은 공식적인 '고속도로 실무 단위(Motorway Working Group)'에 있는 일곱 개의 도로 로비 단체 가운데 하나였다. …… 1993년부터 유럽산업원탁회의는 운송 분야의 활동 가운데 대부분을 사회 기반 시설 연구소인 유럽사회기반시설연구센터(European Centre for Infrastructure Studies: ECIS)로 이전시켰다"(Corporate European Observatory, 1997: 2.1, p.4).

범유럽 수송 통신망에 내재한 거대한 환경 훼손에 대해서는 이 계획 안에 어떤 언급도 없다.

- 성장·경쟁·고용 정책들: 1993년 가을 유럽산업원탁회의는 보고서 「위기 극복하기」를 준비했다. 1993년 12월 돌로르의 『성장·경쟁·고용에 대한 백서』가 발간되었다. 유럽산업원탁회의와 집행위원회 간 밀접한 협력으로 두 개의 보고서를 준비했는데, "탈규제·유연한 노동시장·운송기반 시설투자에 대한 요구가 놀라울 정도로 같았다"(Corporate European Observatory, 1997: 2.1, p. 5). 백서는 1993년 12월 브뤼셀에서 유럽이사회로부터 지지를 받았다.

- 마스트리흐트 조약과 경제통화동맹: "유럽산업원탁회의는 '마스트리흐트 조약'에 관한 협상에서 아주 적극적이었고 (그리고) 각 정부에서 힘 있는 국가 정책 입안자들뿐만 아니라 유럽연합 집행위원회 위원들과 정기적으로 만났다. …… 일찍이 1985년에 유럽산업원탁회의는 역내 시장이 단일통화와 함께 완료되어야 한다고 주장했다. 경제통화동맹은 1991년 보고서 「유럽 개조(Reshaping Europe)」에서 계속해서 유럽산업원탁회의 가장 중요한 요구였다. 이 보고서는 또한 몇 달 후 '마스트리흐트 조약'에서 포함된 것과 아주 유사한 경제통화동맹 완성을 위한 시간 계획표를 보여줬다. 그러나 경제통화동맹을 위한 기반을 준비하는 주요 업무를 유럽산업원탁회의가 하지 않았고, 오히려 그것의 후신 가운데 하나인 '유럽 통화동맹을 위한 연합(Association for the Monetary Union of Europe: AMUE)'이 했다. '유럽통화동맹을 위한 연합(the Association for Monetary Union of Europe)'은 다섯 개의 초국적 기업에 의해 1987년 창설되었는데, 그 기업들 각각은 유럽산업원탁회의에서도 대변되었다"(Corporate European Observatory, 1997: 2.1, p.5).

유럽통화동맹을 위한 연합은 유럽산업원탁회의처럼 고위 의사 결정 기구에 똑같은 특권적 접근권을 누렸고, 그것과 유럽의 과점자본 및 유럽연합과의 협력은 밀접했다. 집행위원회는 유럽통화동맹을 위한 연합에 재정 지원을 제공했을 뿐만 아니라 자주 통화 관련 문제를 상의했다. 유럽통화동맹을 위한 연합은 또한 유럽중앙은행과 밀접하게 접촉했다. 첫 의장은 필립스의 회장이기도 한 비세 데커르였다.

유럽산업원탁회의는 역시 공식적인 유럽연합의 단체들을 통해 힘을 행사한다. 경쟁력 자문단(Competitiveness Advisory Group: CAG)의 설립을 언급해야 한다. 경쟁력 자문단은 유럽연합 집행위원회와 유럽산업원탁회의 간 친밀한 관계의 한 예를 제공하는 유럽연합의 공식적인 실무 단위이다. 유럽산업원탁회의는 1993년에 처음 경쟁력 자문단의 설립을 제안했다. 경쟁자문단은 1995년 설립되었고, 그때 유럽연합 집행위원회 의장인 자크 상테르(Jacques Santer)가 직접 구성원을 뽑았다. 자문단 안에서 유럽산업원탁회의의 중요 구성원들에게 중심 역할이 부여되었다. 그래서 격년 보고서에서 경쟁력 자문단이 옹호하는 정책들이 유럽산업원탁회의가 촉진하는 정책들과 아주 유사성을 지니고 있다는 것은 놀라운 것이 아니다. 유럽사회기반시설연구센터는 위에서 언급했었다. 이것은 유럽산업원탁회의에서 또 하나 분할된 조직이다. 유럽사회기반시설연구센터는 피아트의 아넬리가 1992년 세웠다. 공식적으로 그것이 연구 조직이라고 하더라도, 그 기능은 유럽연합 집행위원회와 친밀하게 협력하면서 범유럽 수송 통신망 완성을 잘 수행하는 것이다. 유럽사회기반시설연구센터는 다른 업무들 가운데 "집행위원회 관리들을 교육하는"(Corporate Europe Observatory, 1997: 2.2, p.1) 모임을 준비한다. 다음은 유럽사회기반시설연구센터의 성공을 나타내는 것이다. 1995년 유럽운송위원은 PBKAL 고속 철도망(암스테르담-파리, 브뤼셀-쾰른 선로를 포함한다)의 이점에 관한 보고서를 매체들에 발표했다. 이 보고서의 저자는 유럽사회기반시설연구센터의 구성원이었다. PBKAL 고속 철도망에 관한 그다음 보고서는 집행위원회를 대신해 역시 유럽사회기반시설연구센터가 작성했다. 그래서 집행위원회가 예상되는 경제적 이점을 포함해서 범유럽 수송 통신망을 위해 근거로 드는 자료들도 유럽 운송 및 환경 연맹(European Federation for Transport and Environment)이 부당하다고 이의를 제기한 추정에 기초하고 있는 것이다. 유럽사회기반시설연구센터나 집행위원회는 범유럽 수송 통신망의 환경 훼손에 관해서는 언급하지 않는데, 예를 들어 고속철도가 사용하는 거대한 에너지의 양이나 운송 부문의 가스 배출로 인한 결과 말이다.

유럽산업원탁회의는 또한 범대서양기업회의(Transatlantic Business Dialogue: TABD) 뒤에 있는 추진력이다. 범대서양기업회의는 집행위원회와 미국 상무국의 주도로 1995년 설립된 정책 생산 기구이다. 범대서양기업회의는 대서양 전체에 무역 및 투자 장벽을 제거하는 데 중요한 역할을 하고 있다. 여기에도 역시 유럽

산업원탁회의의 11개 기업이 회원으로서 참여하고 있다. 이것은 왜 범대서양기업회의가 '환경·안전·건강·노동자에 대한 규정'을 제거하기를 원하는지 설명하는 데 도움이 된다(Corporate European Observatory: 1997, 2.4, p.23). 기업은 그런 규정을 무역과 투자 흐름에 대한 장애가 되는 것으로 인식했다(제6장을 더 보라). 1998년 미국과 유럽연합은 범대서양경제협력(Transatlantic Economic Partnership: TEP)을 설립하기 위한 협상을 시작하는 데 의지를 표명했다. 이것은 구속력 있는 무역 및 투자 협정이 될 것인데, 범대서양기업회의 (그리하여 기업) 의제들을 흉내 낸 것이다.

이렇게 짧게 열거한 것은 완전하지는 않지만 대기업과 유럽연합 기구들 간 특히 집행위원회와의 공생 관계를 보여주기에 충분한 것 같다.[28] 의회민주주의라는 제한된 범위 내에서조차도 민주주의 결핍은 유럽의회의 지극히 제한적인 입권 권한보다 더 심하다. 집행위원회의 제안을 과점자본의 이해에 맞추고, 그리하여 결정이 일어나기 전에 유럽의회의 공동 결정이 있든 없든 각료이사회가 취하는 결정에 그런 이해가 명문화되게 하는 것도 과점자본의 능력이다. 이것을 이야기하면서, 유럽연합 기구들이 단순하게 과점자본의 대변인은 아니라고 강조하는 것이 필요하다. 국가기구들과 마찬가지로 유럽연합 기구들도 여러 이해가 충돌하는 경기장이다. 우선 이런 기구들과 집행위원회와 각료이사회는 다른 사회 주체들의 이해에 과점자본의 이해를 단순하게 부과하기보다는 종종 여러 계급들과 집단들의 이해를 중재해야만 한다. 달리 말하면, 그런 기구들은 서로

---

28) 예를 들어, 유럽생명공학산업협회(EuropaBio)는 유럽연합 기구들과 고위급 회담 동안 생명공학 산업 부문에 로비 활동을 벌인다. 그것은 집행위원회에서는 아주 영향력이 있지만 다행스럽게 유럽의회에는 그렇지 못하다. 또는 Susan George(1999)는 "바클리스 은행(Barclays Bank) 회장이 주재한 유럽서비스지도자그룹(European Service Leaders' Group: ESLG)은 21개 부분과 관련된다. (다음 세계무역기구 협상 동안) 유럽서비스지도자그룹에 대한 서비스로서 브뤼셀 위원회는 유럽 협상자들이 기업 공동체에 빨리 자문할 수 있게 하는 전자 체계를 만들었다"라고 보고했다.

다르면서 종종 대립하는 이해를 중재하고, 그런 이해를 모든 사람들이 수용할 수 있지만(관련된 모든 당사자가 양보를 해야 하는 경우가 생길 수 있어도), 궁극적으로는 주도적 역할을 하는 과점자본의 유지를 위해 기능하는 공통 입장의 틀에 주조한다.

예를 들면 중소 자본, 노동조합, 소비자 단체, 환경 단체 등등은 유럽 수준에서 로비를 하는 것에 참여한다. 그러나 이런 집단들이 의사 결정의 장소에 대한 접근은 배제되어 있거나 심하게 제한되어 있다. 이런 집단들이 과점자본들의 영향력을 상쇄할 수 있는 능력은 아주 작다. 유럽노동조합연맹(European Trade Union Confederation: ETUC)의 경우가 본보기이다. 이 단체는 서부·중부·동부 유럽의 28개국에서 62개 전국 노조 연맹으로 이루어져 있고, 회원 수는 유럽의 조직된 노동력의 59%에 이른다. 이것에도 불구하고, 이 단체가 집행위원회에 미치는 영향력은 기껏해야 부분적이고, 어떤 경우에도 집행위원회 총국의 가장 약한 부문에 제한되어 있다. 즉, DG5〔사회(social affairs)〕와 DG10〔소통(Communications)〕이다. 더욱이 유럽노동조합연맹이 유럽연합 기구들에 대한 접근이 열등한 것이 아니라 최고 수준이 된다 할지라도, 문제는 연맹이 신자유주의 계획을 스스로의 것으로 만들어온 것을 고려해볼 때, 그렇게 된다고 큰 차이를 만들 수 있느냐는 것이다.[29)]

민주주의에 관해 질문함으로써 책의 나머지 부분에 대해 알리려 하고, 그 질문의 전술적 측면과 전략적 측면 모두 불러일으키고자 한다. 전술적 측면의 질문은 어떻게 유럽의 팽창주의 목표를 축소함으로써, 다국적기업들의 힘을 억제함으로써, 실업과 빈곤과 인종·성·민족 차별을 줄임으로써, 지역과 국가 수준에서 발전의 격차를 축소함으로써, 각국 노동계급 사이의 분리를 극복함으로써, 노동계급의 결합된 힘을 강화하고 국제가격 형성에 내재한 국제간 가치 전유(의 효과)를 상쇄함으로써, 이 과정 속에 가장 가능성 있는 민주주의의 내용을 채울

29) 신자유주의 계획을 거부하는 다른 로비 단체들에 대해서도 똑같게 말할 수는 없다.

것인지이다. 이 모든 주제들은 뒤에 오는 장들에서 탐구될 것이다. 하지만 전략적 측면의 질문이 더욱 중요하다. 즉, 다국적 산업자본과 다국적 금융자본의 유럽을 애매모호한 '시민들의 유럽'으로 바꾸는 것이 아니라 어떻게 노동의 유럽으로, 평등과 연대에 기초한 유럽으로 바꿀 것인지이다.[30] 이 책의 마지막 장에서 가장 어려운 이 질문들에 대답을 시도할 것이다.

---

30) Ferrara(1996)에서 지적하듯이, 몇몇 유럽 조약들에서 '평등(equality)'이라는 단어를 찾는 것은 허사이다.

제2장

경제통합의 이데올로기

1. 무역과 특화

앞의 글에서는 유럽연합 기원과 발전 뒤에 있는 경제적 힘들에 대해 단지 암시만 주었다. 이제 이런 힘들의 본성을 자세하게 조사할 시간이다. 그러나 이 일을 하기 전에 경제통합에 대한 전통적 경제 이론을 검토해야 한다. 이것이 이 장의 임무가 될 것이다. 첫 번째 절은 무역과 특화는 왜, 그리고 누구를 위해 이익이 되는지에 관한 문제를 다룬다. 주류 경제학은 수많은 답을 하고 있다. 가장 자주 회자되는 것이 ① 리카도 비교우위론, ② 기회비용 이론, ③ 헥셔-올린 정리(Heckscher-Ohlin Theorem)와 이것의 확장, 즉 요소 가격 균등화 정리(factor-price equalization theorem)이다.

1) 리카도 비교우위론

모든 교과서들은 데이비드 리카도(David Ricardo)의 비교우위론에 헌정하고

〈표 2-1〉 리카도의 비교우위(노동시간)

	포르투갈	영국
포도주	80	120
옷	90	100

출처: Ricardo(1966: ch.7).

있다. 이 이론이 원래 형태에서 기각되었다고 해도(잠시 후 이유가 언급될 것이다), 현대의 다른 해석들이 똑같은 기본 원리에 의존하고 있고, 그리하여 아래에서 주장하듯이 같은 비판에 포함되기 때문에 간략하게 그것을 논의하는 것이 중요하다. 리카도의 유명한 예는 <표 2-1>에 재현되어 있고, 노동(시간)이 유일한 생산요소이다.

절대우위(absolute advantages)[1]의 측면에서, 즉 각 나라(포르투갈과 영국)에서 상품을 생산하는 데 필요한 노동시간으로 각 상품(포도주와 옷)을 비교한 측면에서, 포르투갈은 두 부문에서 더욱 생산적이다. 사실상 포도주 1단위와 옷 1단위를 생산하는 데 영국에서 걸리는 것보다 포르투갈에서 더욱 적은 시간이 걸린다. 자본이 국가 안에서처럼 국경을 넘어서 이동할 수 있다면, 포르투갈은 포도주와 옷을 특화할 것이다. 특화는 절대우위로 설명된다.[2]

그러나 이것은 처음에 리카도가 따른, 그리하여 현대 국제무역 이론이 따른 길이 아니다. 리카도의 방법은 국제간 자본 비이동성(international capital immobility)이라는 가설에 기초하고 있다. 이는 포르투갈과 영국 두 나라가 두 상품을 반드시 모두 생산하거나 아니면, 오직 하나만 생산하고 다른 것은 수입하는 것을 의미한

1) 국제 분업에 관한 고전적 이론 중 애덤 스미스(Adam Smith)의 절대생산비설(theory of absolute cost)에 따라 어떤 재화의 생산 비용이 다른 나라보다 낮을 때 그 나라가 국제 분업상 갖는 위치를 말한다_옮긴이.

2) 짐작건대, 이 결과는 포르투갈 생산자들이 영국 경쟁자들보다 싼 가격에 팔 가능성 때문에 국제간 자본 비이동성의 경우에도 변하지 않는다. 그러나 리카도는 이 경우를 고려하지 않았다.

다. 만약 포르투갈이 포도주와 옷을 생산한다면, 80+90=170 노동시간을 지출해야만 한다. 포르투갈이 포도주 2단위를 생산해(160시간 노동의 비용이 든다) 포도주 1단위(1w)를 영국산 옷 1단위(1c)와 교환하는 것이 더욱 편리하다. 영국은 두 상품을 1단위씩 생산하기 위해 120+100=220 노동시간을 지출해야 한다. 영국은 옷 2단위(200시간의 비용으로)를 생산해 옷 1단위를 포르투갈 포도주 1단위와 교환하는 것이 더 편리하다. 달리 말하면, 국제간 자본 비이동성은 비교우위(comparative advantages)의 차원에서 특화, 즉 보편적 노동(universal labour)[3)]의 절약으로 이어지게 한다. 이것이 특화의 합리적인 이유이다.[4)] 공업에서 영국의 특화와 농업 생산물(원료)에서 포르투갈의 '특화'를 지지하는 더 강력한 논거를 상상하는 것은 어렵다.

그러나 리카도의 이론이 기각되어야 하는 이유가 적어도 네 가지가 있다. 첫째, 현대 경제는 자본 이동성 특징을 갖고 있기 때문에 리카도의 이론은 오늘날 자본주의와 관련이 없다. 둘째, 리카도의 이론은 역사적인 증거들과 들어맞지 않는다. 역사에서는 포르투갈의 원료 특화가 리카도의 비교우위와는 아주 다른 요인들 때문이었다는 것을 보여준다. 안드레 군더 프랑크(Andre Gunder Frank, 1972)는 다음과 같이 서술했다.

> 1588년 영국이 스페인 무적함대를 쳐부수었을 때와 1703년 '메수엔 조약'에서 절정을 이루었던 일련의 상업 조약이라는 수단으로 포르투갈에 대한 경제 식민화와 공업력을 파괴한 후, 영국은 실제 이베리안 반도 국가들이 세계 자본주의 발전에 참여하는 것에서 배제했다. 그런 과정은 영국 섬유(공업 생산물)와 포르투갈 포

3) 여기서는 두 나라 전체 노동의 절약을 의미한다_옮긴이.

4) 리카도의 이론으로 우리는 가격 자체보다는 단지 국제가격의 상한과 하한을 찾을 수 있다(Carchedi, 1991a: 218~219를 보라). 포르투갈이 두 생산물을 특화한다면, 따라서 총비용 80+80+90+90=340으로 옷 2단위와 포도주 2단위를 생산하는 것이 더욱 이로울 수 있다. 하지만 이것은 자본 이동성을 전제한다.

도주(농업 생산물)의 교환의 전형적인 예가 된다. 이 무역협정은 리카도에 의해 유명해졌는데, 그는 그것을 이른바 비교우위의 자연 법칙에 기초해서 영국의 포르투갈 착취의 정당화로 사용했다(Frank, 1972: 46).

리카도의 이론은 국제간 특화는 조화롭고 균형을 잘 이룬 발전으로 이어지기에, 관련된 모든 당사자들은 이득을 얻는다고 전적으로 가정하기 때문에, 동전의 양면처럼 발전과 저발전은 시야에서 벗어난다. 그 체계가 방해받지 않고 작동할 수 있다고 해도 국제무역과 특화는 국제간 불평등한 힘 관계에 의해 관장되고, 그리하여 한쪽은 다른 쪽의 대가로 이득을 얻는다(제3장과 제4장을 보라).

셋째, 포르투갈에서 포도주 1단위는 옷 1단위보다 적은 노동을 필요로 한다면, 1c 생산에 필요한 노동시간(으로 나눈)과 비교한 옷 1단위 생산에 필요한 노동시간(80/90=0.8888)은 포도주 1단위 생산에 필요한 노동시간(으로 나눈)과 비교한 옷 1단위 생산에 필요한 노동시간(90/80=1.125)보다 작다. 포도주에서 포르투갈의 비교우위는 $80h/90h$로 측정된다. 영국에는 반대로 적용된다. 이것이 비교우위론에서 진술하는 방식이다. 하지만 사람들은 노동시간의 두 크기를 단순하게 비교하지 않는다. 사람들은 어떤 재화 1단위를 생산하는 데 필요한 어떤 노동의 양을 다른 재화를 생산하는 데 필요한 다른 노동의 양에 비교한다.

(1) $80h/90h=(80h/1w)/(90h/1c)=(80h/1w)\times(1c/90h)=(80h/90h)\times(1c/1w)$

하지만 $1c/1w$는 비합리적 표현이다. 비교우위는 이질적인 두 재화의 비교 불가능한 양의 비교에 의존한다. 더욱이 $80h/90h$는 역시 비합리적인 표현이다. 상품의 특수한 측면(포도주 대 옷)을 창조하는 노동은 특수한 형태의 노동이며, 따라서 같은 기준으로 측정하지 못하는데, 그 노동이 창조하는 상품도 역시 같은 기준으로 측정하지 못한다. 이것이 핵심에서 비교우위의 타당성을 잃게 하는 '같은 기준으로 측정할 수 없는 문제(incommensurability problem)'이다. 어떠한 정도의 개선도 그 이론을 구출하지 못한다. 노동을 동질적인 양으로 환원하는 것이 수행될 수 있는데, 하지만 이것은 리카도나 주류 경제학이 답하지 못한 문제이다. 그것은 마르크스주의 경제학 내에서만 일어날 수 있고 해결될 수 있다(제2장 제3절 제2관을 보라).

넷째, 그리고 가장 중요한 점은 비교우위론은 자본주의 체제에서 국가는 노동을 절약할 수 있는 부문들을 특화한다고 가정한다. 이것은 순전히 환상이다. 자본주의 아래에서 생산은 이윤을 위해서이며, 국가는 자국 자본가들이 가장 높은 이윤율을 실현할 수 있는 부문들을 특화한다. 두 원리는 일치하지 않기 때문에, 리카도의 이론은 자본주의 경제에서 국제간 특화 및 무역의 양상에 관한 길잡이가 전혀 되지 않는다. 똑같은 비판이 절대우위에도 적용된다. 포르투갈에서 포도주과 옷을 생산하는 데 영국보다 적은 시간이 들어간다는 사실은 이윤율 차이(profitability differential)에 대해 어떤 것도 말해주지 않는다. 절대우위와 비교우위 둘 다 자본주의를 이해하는 데 도움이 되지 않는다.

앞의 요점을 가지고 역시 다르게 말할 수 있다. 비율 $(80h/1w)$와 $(90h/1c)$는 실제 두 부문의 생산성의 역수이다. 그러므로 비율 $80h/90h$는 부문 내에서보다는 부문 간의 생산성 비교를 의미한다. 그러나 자본주의 체제에서 생산성 차이는 오직 부문 내에서 의미 있게 비교될 수 있다. 이런 경우 그런 비교는 이윤율 차이를 나타내는 것이다. 그런 비교는 부문 간에는 의미 없다. 동등한 투자를 고려해, 컴퓨터 생산자는 10대의 컴퓨터를 만들 수 있고 자동차 생산자는 '단지' 한 대만 만들 수 있기 때문에 전자가 후자보다 더 생산적이라고 말하는 것은 의미 없다. 컴퓨터 생산자가 자동차 생산자보다 높은 이윤을 실현할 수 있다고 가정할 이유가 없으며, 따라서 그 나라는 컴퓨터를 특화하고 수출한다고 가정할 이유도 없다.

주류 경제학은 실로 리카도주의 비교우위를 기각했는데, 그러나 금방 제시한 이유들 때문이 아니다. 오히려 주류 경제학은 두 가지로 비판하고 있는데, 근본적인 것과 비근본적인 것이다. 비근본적인 반대는 비교우위론의 제한적인 가정에 초점을 두는데, 예를 들어, "두 나라, 두 상품, 두 요인, 생산과 요소 시장에서 완전 경쟁, 동일한 생산 기능, 국가 간 생산요소의 질적인 유사성"(Kiljunen, 1986: 99)이다. 이런 제한적인 가정들을 기각함으로써 비교우위론이 현실에 더욱 잘 맞을 수 있다고 보통 제안된다. 더욱 근본적인 반대는 ① 노동이 생산의 유일한 요소가 아니라는 것, ② 노동의 다양한 형태들이 숙련의 다양한 형태들 때문에 비교될 수 없다는 것이다(숙련의 다양한 형태는 노동의 다양한 형태들을 같은 기준으로 측정하지 못하게 만든다). 이런 반대에는 ① 상품이 수많은 투입물의 결과이지만 모든 투입물은 현재 또는 과거 노동으로 환원될 수 있다는 것을 지적함으로써 그리고 ② 숙련노동을 비숙련노동으로 환원함으로써 답할 수 있고 또 답했다[Carchedi and de Haan(1996)을 보라]. 그러므로 이런 논거들은 리카도주의 비교우위론을 기각하기 위해 사용될 수 없다. 주류 경제학이 이런 형태로 비교우위론을 기각하는 진짜 이유는 ① 그 이론이 착취의 이론화에 문을 열어주고, ② 한계주의 방법(marginalist approach)을 순순히 따르지 않기 때문이다. 주류 경제학은 잘못된 이유로 리카도를 기각했고, 비교우위론을 잘못된 방향으로, 즉 기회비용 이론으로 발전시켰다.

2) 기회비용 이론

이 새로운 형태에서 비교우위론은 두 가지 상품을 고려할 때, 한 상품의 기회비용은 그 상품 1단위를 추가로 생산하기에 딱 충분한 생산요소 또는 자원을 투입하기 위해 포기해야 하는 다른 상품의 양이다.

<표 2-2>를 살펴보자. 표에서는 자원 1단위(1*R*)를 가지고 영국에서는 밀 1/4단위, 미국에서는 밀 4단위, 영국과 미국 둘 다 옷 1단위 생산이 가능하다.

〈표 2-2〉 기회비용

	영국	미국
밀	1/4	4
옷	1	1

이 이론은 우리에게 무엇을 말해주는가? 옷 1단위를 추가로 생산하려면 영국은 밀 부문에서 자원 1단위를 빼와야 하고, 그리하여 밀 1/4단위를 포기해야만 한다. 미국에서는 옷 1단위를 추가로 생산하려면, 자원 1단위를 밀 부문에서 빼와야 하고, 그리하여 밀 4단위를 포기해야만 한다. 밀 부문으로부터 자원을 빼오는 것에서 발생하는 총손실을 최소화하기 위해 그 부문에서 자원을 빼와야 하는 것은 미국보다 오히려 영국이다. 그러므로 옷을 특화해야 하는 것은 영국이다. 즉, 영국은 옷에서 비교우위를 가지는데 왜냐하면 옷 1단위를 추가로 생산하기 위해 자원 1단위를 투입할 때, 미국보다 적은 밀을 포기하기 때문이다. 한 상품에 대해 낮은 기회비용을 가지는 나라는 그 상품에서 비교우위를 가지고, 다른 상품에서는 비교열위를 가진다. 이 방법은 ① 한계주의 본성 때문에, 그리고 ② 노동이 자원의 더욱 일반적인 범주에 포함되기 때문에 리카도의 것과 다르다.

조금 전 언급한 차이에도 불구하고, 원래 리카도주의 오류는 여기서 다시 등장한다. 우선 위에서 언급한 특화의 양상은 국제간에 자원이 배분될 때 오직 경제의 작동 원리가 산출의 손실을 최소화하려 한다면 타당하다. 자본이 지배하는 세상에서는 그렇지 않다. 자원은 이윤을 최대화할 수 있는 곳으로 이동한다. 둘째, 기회비용은 또한 경제 모순에 의존한다. 이것을 보기 위해 다음과 같이 정하자.

생산성은 $O/1R$이기 때문에, 영국에서 $Rc=1$이고, $Rw=1/4$이다. 미국에서는 $Rc=1$과 $Rw=4$이다. 영국은 옷을 특화하는데, 왜냐하면 $Rc/Rw=(1/1)(1/4/1)=4$는 $Rw/Rc=1/4$보다 크기 때문이다. 미국에는 반대로 적용되는데, $Rc/Rw=1/4$이고 $Rw/Rc=4$이다. 미국은 밀을 특화한다. 그

$1R$ = 자원 1단위
$1w$ = 밀 1단위
$1c$ = 옷 1단위
O = 산출
Rc = 옷 부문의 생산성
Rw = 밀 부문의 생산성

러나 생산성은 서로 다른 부문에서 비교할 수 없다. 즉, $Rc/Rw = (1c/1R)(1w/1R) = (1c/1R) \times (1R/1w) = 1c/1w$는 의미 없는 관계식이다. 다른 한편, 생산성이 국가 간 부문 내에서 비교된다면(그렇게 되어야 하듯이), 미국은 밀을 특화하고, 옷은 영국과 미국 모두 생산한다. 기회비용 이론은 두 나라에서 옷 (추가의, 한계의) 1단위를 요구한다는 것을 고려한다면, 이것은 그런 특수한 숫자의 예를 가진 특징이 아니라는 것에 주의하자.

물량 차원이든 화폐 차원이든 가격을 도입하는 것이 '같은 기준으로 측정할 수 없는 문제'를 해결하지 못한다. 위에서 봤듯이, 두 가지 상품 x와 y를 고려할 때, x의 기회비용은 추가 1단위를 생산하는 데 충분한 자원을 투입하기 위해 포기하는 y의 양으로 주어진다. 즉, $(y/1R)/(x/1R) = y/x$이다. 마찬가지로, y의 기회비용은 x/y이다. 이제 x의 가격을 고려하자. 이것은 x와 교환할 때 받을 수 있는 y의 양, 즉 x의 양에 대한 y의 양 또는 y/x이다. 마찬가지로 y의 가격은 x/y이다. 기호로는 $Px = y/x$, $Py = x/y$이다. 물량 차원에서 상대가격은 기회비용과 같다. 이는 '같은 기준으로 측정할 수 없는 문제'가 물량 차원의 상대적 가격 개념에 그 뿌리를 두고 있다는 것을 보여주기 때문에 중요하다.

이제 질문은 리카도 비교우위론 또는 기회비용 비교우위론을 화폐 차원에서 표현해보면 되지 않는가이다. 이 경우 이질적인 양, 그리하여 같은 기준으로 측정할 수 없는 양의 비교에 내재한 논리적 모순을 피할 수 있다고 제안될 수 있을 것 같기도 하다. Mx와 My를 $1x$와 $1y$를 생산하는 데 필요한 화폐양이라고 하자. $1x$와 $1y$를 생산하는 데 필요한 자원(화폐)이 같다고 가정하면 Mx와 My는 서로 상쇄된다. 또는 다음과 같이 된다.

$$(2)\quad \frac{Px}{Py} = \frac{Mx}{x} : \frac{My}{y} = \frac{Mx}{x} \cdot \frac{y}{My} = \frac{y}{x}$$

그러나 관계식 (2)는 '같은 기준으로 측정할 수 없는 문제'에 대해 어떤 답도 제공하지 않는다. Mx를 My로 나누는 것이 가능하더라도, y/x는 의미가 없다. 더욱이 y/x를 수행할 수 없다면, Mx/My도 결정되지 않은 채 남는다. Mx와 My는 정해진 비율로 교환되는데, 왜냐하면 x와 y가 정해진 비율로 교환되어야 하기 때문이다. 이제 상품이 객관적인 가치(노동가치론에서처럼)를 가지는지 또는 선호(신고전학파 이론에서처럼)에 기초한 주관적 가치를 가지는지 가정하는 것에 대해, 상품의 화폐가격을 결정하는 것은 가치이지 그 반대는 아니다. 그러므로 x와 y가 물량 차원에서 인식되는 한, 즉 왜 x와 y가 그런 비율로 교환되는지 모르는 한('같은 기준으로 측정할 수 없는 문제' 때문에), 우리는 왜 Mx가 My와 교환되는지 알 수 없다. Mx/My는 그 자체로는 유효한 표현이지만, 비합리적 관계를 해결하기보다는 숨기고 있다. x와 y가 물리적인 개체로 보이는 것을 멈춘 후에 공통분모를 찾을 수 있고 양적인 비교가 가능해지고, 따라서 화폐 형태로 비교가 가능해진다. 오직 그럴 때 Mx/My는 합리적 관계를 나타낸다. 앞으로 보게 되듯이 이것은 노동에 중심 역할을 부여할 때 가능해진다.[5)]

리카도 이론과 기회비용 이론 간 기본 차이는 후자는 ① 한계주의 관점을 가지고, ② 가치의 원천으로서 노동 개념을 기각한다는 것이다. 한계(margin)에 초점을 맞추게 되면 여러 경제주체들 사이에 있는 불평등한 힘의 관계가 경제 이

---

5) <표 2-1>과 <표 2-2>가 노동에 기초하고 있다고 주장될 수 있는데, 전자는 어떤 상품을 생산하는 데 필요한 시간을 양으로 나타냈고, 후자는 상품이 1R의 적용 결과이면서 1R 가운데 노동이 하나의 요소이기 때문이다. 그러나 요점은 초점이 물량에, 따라서 질적으로 다른 물체에 있는 한, 그 물체를 생산하는 데 필요한 노동 역시 질적으로 다르고 따라서 같은 기준으로 측정할 수 없다는 것이다. 이런 형태의 노동은 상품들의 양을 비교 가능하게 하는(즉, 일정한 비율로 교환) 공통분모가 되기보다는 상품들을 차별화시킨다. 이 주제는 제2장 제3절 제2관에서 소개될 것이고 이 책의 나머지 부분에서 더 다룰 것이다.

론에서 사라져버린다. 그 이점은 오직 힘 있는 주체들을 위해 존재할 수 있다. 가치의 주관적인 개념, 즉 개인이 상품의 가치를 위해 상품을 평가하는 것은 상품의 물리적이고 구체적인 특징에 의존하지 않을 수 없다. 이것이 '같은 기준으로 측정할 수 없는 문제'를 피할 수 없게 하는 궁극적 근원이다. 힘 있는 주체의 이해를 방어하는 것은 이론의 근본 모순에 의존하지 않을 수 없다.

3) 헥셔-올린 정리

주류 무역 이론에서 세 번째 기둥은 헥셔-올린 정리이다. 이 이론에서는 국가가 생산에서 상대적으로 풍부하고 저렴한 요소의 집약적 사용을 필요로 하는 상품을 수출하고, 상대적으로 희소하고 비싼 요소의 집약적 사용을 필요로 하는 상품은 수입한다고 말한다. 리카도주의 이론(오직 노동에 초점을 맞추는) 및 기회비용 이론(노동을 포함해 모든 자원에 초점을 맞추는)과 비교되는 새로운 요소는 ① 생산요소의 상대적 부존도를 강조한다는 것이고, ② 자본(K)과 노동(L)이라는 두 생산요소에 주의를 집중한다는 것이다. 노동이 상대적으로 풍부한 국가는 노동 집약적 재화를 특화하고 자본이 상대적으로 풍부한 국가는 자본 집약적 재화를 특화한다.

여기에 내재한 '합리성(rationality)'은 국제무역과 두 나라가 생산한 각 재화에 대한 단일(국제) 가격 출현으로 만들어진다. 이런 가격 수렴(price convergence) 때문에 각 국가는 상대적으로 풍부한 생산요소의 집약적 사용이 필요한 재화 생산을 (부분적으로) 특화하고 따라서 수출한다. 사실, 노동 집약적 재화의 국제가격은 노동이 풍부한 나라의 낮은 국내가격과 노동이 희소한 국가의 높은 국내가격 사이에 존재하기 때문에, 전자보다 높아야 하고 후자보다 낮아야 한다. 노동이 풍부한 나라는 노동 집약적 재화를 수출하고, 자본이 풍부한 나라는 그렇지 않다는 결론이 나온다. 자본이 풍부한 나라가 수출하는 자본 집약적 재화에 대해서도 똑같이 적용된다.

이와 같이 이야기하고 나면, 자본이 물리적 생산수단을 가리키고, 노동이 다른 종류의 자본재를 생산하는 다른 형태의 노동을 가리킨다면, 자본의 상대적 풍부함($K/L>1$) 또는 노동의 상대적 풍부함($K/L<1$)은 x/y처럼 비논리적이라는 것이 분명하다. 화폐의 차원에서 총합은 성립하지 않는데, 위에서 강조한 이유, 즉 화폐는 K와 L의 서로 다른 성질보다는 그것들의 모든 형태에 공통된 어떤 것을 표현해야 하기 때문이다.[6] 헥셔-올린 정리는 비교우위를 설명할 수 없는데, 요소 부존도(factor abundance)를 정의하지 못하기 때문이다. 그럼에도 불구하고 그 이론은 국제경제학의 초석으로 간주된다. 그 이유를 아는 것은 어렵지 않다. 이유는 그 '이론'에 내재된 결론인데, 노동을 상대적으로 풍부하게 가진 나라는 선진 산업화를 필요로 하지 않는 상품에 특화하고, 반대로 산업화된 국가는 높은 수준의 기술 발전이 필요한 상품을 특화한다. 이는 기술적인 따라서 경제적인 종속의 지속을 위한 비결과 합리화라는 것이 아주 분명하다.

이것이 두 나라 사이의 관계에 관한 결론들이다. 하지만 이 이론은 자본과 노동 간 관계에 대해 중요한 결과를 가진다. 이것을 알기 위해, 헥셔-올린 정리의 확장, 즉 요소 가격 균등화 정리를 고려해보자. 논의를 위해 총합 문제는 고려하지 말고 두 나라만 생각하자. 국가 1은 K보다 상대적으로 많은 L을 가지고 있고, 국가 2는 L보다 상대적으로 많은 K를 가지고 있다. 요소 가격 균등화 정리에서는 국제무역으로 두 나라에서 K와 L에 대한 수익의 균등화를 낳는다고 말한다. 즉, 국제무역으로 두 나라의 (절대적이고, 상대적인) 임금률(w)과 (절대적이고, 상대적인) 이자율(r) 모두 균등화된다.[7] 그래서 이런 점에서 국제무역은 생산요

6) 요소 징벌(factor retributions) 조건에서 요소 부존도의 정의는 단지 동어반복으로 이어진다. 이자율(r)이 자본의 가격이고 임금률(w)은 노동의 가격이라고 하자. 그러면 r/w이 국가 1에서보다 국가 2에서 더 크다면, 국가 2에서보다 국가 1에서 자본이 더 풍부한 것으로 정의된다. 그런데 왜 국가 1에서보다 국가 2에서 r/w이 더 큰가? 그 이유는 국가 2에서보다 국가 1에서 자본이 더 풍부하기 때문이다.

소의 국제 이동에 대한 대체이다. 그 주장은 다음과 같다.

국가 1의 w/r가 국가 2보다 낮은데 노동의 상대적 풍부함 때문이다. 국가 1의 r/w이 국가 2보다 높은데, 자본의 상대적 희소함 때문이다. 이제 두 개의 상품 x(노동 집약적)와 y(자본 집약적)를 도입해보자. 비교우위에서 주장하듯 국가 1은 x를 특화한다면, 노동에 대한 수요는 자본에 대한 수요보다 증가한다. 그 결과 w는 r보다 상승한다. 애초에 국가 1에서 w/r가 국가 2보다 낮았다는 것을 고려하면, 이런 이유로 w/r는 국가 2의 w/r에 수렴된다. 국가 2의 w/r가 국가 1보다 높고(노동의 상대적 희소함 때문에), r/w은 자본의 상대적 풍부함 때문에 국가 1보다 낮다. 국가 2가 y를 특화하면, 자본에 대한 수요는 노동에 대한 수요보다 빠르게 증가하고 r이 w보다 빠르게 상승한다. 애초에 국가 2의 r/w이 국가 1보다 낮았다는 것을 고려하면, 국가 2의 r/w은 국가 1로 향해 움직인다. 정리하면, 두 나라에서 w/r는 공통의 가치(common value)로 수렴하는 경향을 가진다.

그러면, 노동에 대한 요소 가격 균등화의 결과는 무엇인가? 그 체계의 내적 합리성을 표현한다면, 국제무역으로 수익이 반드시 균등화된다는 것이다. 자본이 풍부한 나라에서 r/w이 낮다면, 자본 집약 상품에서 생산 증가가 r을 상승시킨다면, 그때 w는 반드시 하락한다. 이 이론의 내적 합리성은 기술이 발전한 나라(노동이 상대적으로 덜 풍부하기 때문에 임금이 높은 곳)에서 임금이 하락하는 것이 합당하다는 것이다. 결론을 내리자면 노동자들(노동조합들)이 임금 삭감에 저항하는 것은 비합리적이라는 것이다. 헥셔-올린 정리와 요소 가격 균등화 정리는 기술 선진국들(technologically leading countries), 즉 제국주의 국가들의 자본을 위해 세상에서 가능한 모든 최선의 것을 주장하는데, 기술 선진(technologically advanced) 부문의 특화와 임금 하락이다.

---

7) K에 대한 실질 수익은 이자율이 아니라 이윤율이다. 이자율은 이윤율 결정 요인 가운데 하나이다. 따라서 (경향적으로) 균등화하는 것은 자본 이동성 가정 아래에서 이윤율이다. 이것은 이자율의 균등화를 암시할 수도 있고 그렇지 않을 수도 있다.

이 이론이 의존하고 있는 불안정한 기초들을 고려하면, 잘 알려진 것처럼 헥서-올린 정리의 실증적 검증(레온티에프 역설)으로 이론 입증에 실패했다는 것은 전혀 놀랍지 않다.[8)] 모든 것을 감안하면 다음과 같다.

> 경험적 증거는 대략 리카도 모형의 예측, 즉 국가는 특히 노동이 생산적인 상품을 수출한다는 것을 뒷받침한다. 그러나 대부분 국제경제학자들은 리카도 모형이 자신들의 국제무역에 대한 기본 모형으로 제공하는 데 너무나도 제한적인 것으로 간주한다. 그와 반대로 헥서-올린 모형은 무역 이론에서 중심된 지위를 차지해왔는데 왜냐하면 그것은 소득분배와 무역 양상 문제를 동시에 다루는 것을 허용하기 때문이다. 그래서 무역을 가장 잘 예측하는 모형은 너무나도 다른 목적들을 위해서만 아주 국한되어 있고, 반면에 이제는 순수한 헥서-올린 모형에 반대되는 강한 증거가 있다.
>
> 이런 점에서 가장 좋은 대답은 무역 양상이 자원보다는 주로 기술의 국제간 격차 때문에 만들어진다는 리카도의 생각(Ricardian idea)으로 되돌아가야 한다고 생각한다(Krugman and Obstefeld, 1994: 78~79).

결론을 짓자면, 세계가 그 공동 목적이 노동을 국제적으로 절약하는 국가들의 사회라면, 위에서 언급한 이론들은 무역 및 특화 양상이 어떠한지를 예측하는 것과 관계없는 이론 건설이다. 그러나 자본주의는 노동을 절약하는 기초 위에서 작동하지 않거나, 노동력 절약에 기초한 국가들의 사회는 노동을 절약하기 위해 이런 방식을 선택하지 않는다. 한 국가가 노동 집약(낮은 기술) 상품을 '특

---

8) 레온티에프 역설에 대한 설명은 아주 많다. 그러나 강조되지 않은 사실은 이 이론에서는 동등한 기술을 가정한다는 것이다. 하지만 부문 내에서 경쟁하는 가장 중요한 방법은 기술혁신을 통해서이다. 따라서 그 가설은 기술 선진국들이 첨단 기술재를 수출한다는 것이어야 했다. 이것은 이 글 뒷부분에서 제시되는 가설이다.

화'하면, 국제가격 체계를 통해 가치의 손실(제3장을 보라)과 불충분한 자본축적과 더 심한 기술적인 퇴보와 제조업 쇠퇴 또는 종속 발전(제4장을 보라)을 당한다. 경제 종속(이른바 저발전)과 궁핍에서 벗어나려는 국가를 위해서는, 수입하거나 낮은 기술 방식으로 생산을 유지하는 것보다 스스로 기술을 발전시키는 것이 훨씬 좋은 것 같다(charchedi, 1991: ch.8).

2. 관세와 무역

주류 경제학은 무역이 모든 관련 당사자에게 편익을 준다면, 무역 장벽은 제거되어야 하며, 그러면 국가들이 비교우위를 가지는 상품을 특화할 수 있다고 주장한다. 이 지점에서 경제통합 이론이 개입해 들어온다. 경제통합 이론의 기본 요소들을 간략하게 검토해보자. <그림 2-1>을 살펴보자. 그것은 관세의 후생효과(welfare effects)를 나타낸다.

dd 곡선은 수요곡선이다. x의 가격이 하락하면 수요량이 증가(그리고 그 반대

〈그림 2-1〉 관세의 후생 효과

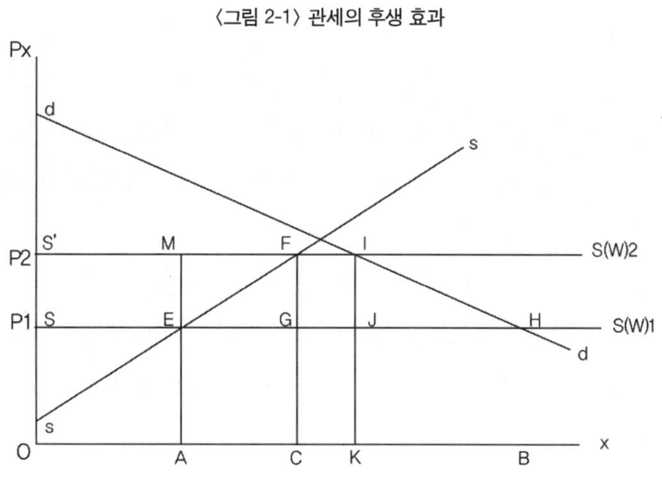

는 반대이다)한다고 가정된 행동을 반영하기 때문에 우하향한다. ss는 공급곡선이다. x의 가격이 상승하면, 생산자들이 x를 더 많이 공급하려 한다(그 반대는 반대이다)고 가정하기 때문에 우상향한다. 같은 상품이 그 나라 외부, 즉 세계의 나머지 지역으로부터 수입될 수 있다. 즉, $P1$과 $P2$는 두 가지 세계 가격 수준이다. 세계 가격이 $P1$이라고 가정하자. 이것은 x가 역내 시장에서 관세 없이 수입되고 판매되는 가격이다. 가격곡선이 수평으로 그려진 것은 내부에서 x를 아무리 많이 생산해도, 세계 가격이 변하지 않기 때문이다. 공급량(OA)은 국내에서 공급되는데, 왜냐하면 국내 생산자들의 한계비용(MC)은 공급곡선에서 주어져 있듯, 수입 가격 $P1$보다 낮기 때문이며, 그것은 또한 수입 국가에서는 한계수입(MR)곡선이다. 각 국가의 기업은 $MC=MR$이 되는 지점까지 생산하기 때문에, 국내 총산출은 OA이다. A점으로부터 계속 진행되면, 국내 생산은 중단되며, x는 수입된다. 수입은 공급량(국내 생산 더하기 수입을 통해)과 수요량이 일치하는 지점, 즉 B점까지 증가한다. 그때 H는 균형점이다. 국내 수요량은 OB이고, 국내 생산량은 OA이고, (국내 생산을 보충하는) 수입량은 AB이다. 공급곡선은 (경쟁하는 공급요소 부족의 경우, 즉 세계처럼) 더 이상 ss가 아니고, sEH 및 그 이상이다.

관세 $P1P2$를 부과한다고 가정하자. 그 효과로 국내시장 가격이 $OP2$까지 상승한다. 공급곡선은 이제 sFI 및 그 이상이다. 이제 OC가 국내에서 생산되며 (이 양에 대해 x를 생산하는 한계비용은 한계수입보다 낮다), CK는 수입된다. KB는 수입되거나 생산된 것이 아닌데, 왜냐하면 더 이상 그만큼을 원하지 않기 때문인데, 즉 시장가격 상승($OP1$에서 $OP2$로)의 결과로서 수요량이 OB에서 OK로 하락했기 때문이다. 후생 효과는 다음과 같다.

관세 부과 전에는, 국내 생산이 OA와 같았다. 수평 구간 OA 위의 각 점은 어떤 한계비용을 갖는 생산자를 나타내고, 한계비용은 각 점과 ss 곡선 간 거리이다. 한계비용과 한계수입($P1$ 곡선)의 차액은 OA 구간 위의 각 생산자를 위한 생산자 잉여(지대)이다. 그러므로 삼각형 sSE는 (총)생산자 잉여이다. 관세 부과 후에는, 내부 생산은 *OC*까지 증가하는데, 한계 수입곡선의 상승 움직임(*P*1에서 *P*2로) 때문에 이제 효율성이 떨어지는 기업이 생산한다는 사실 때문이다. 이제 생산자 잉여는 *sS'F*이다. 그러면 차액 *SS'FE*는 순 생산자 잉여로 되는데, 국내 생산의 증가, 즉 관세 부과 결과 때문이다.

CK 구간을 살펴보자. 관세 부과 전 수입 비용은 *CGJK*였다. 관세 부과 후 비용은 같지만 거기에서 *GFIJ*와 같은 관세 수입(tariff revenue)이 그 나라에 생긴다. 이는 정부를 위한 편익이다. 그러나 이것은 동시에 소비자에게는 실제 손실이다.

이제 소비자 잉여 개념을 도입해보자. 이것은 소비자가 지불하려고 하는 것과 실제로 지불하는 것과의 차액이다. 관세 부과 전 총소비 *OB*를 보자. 소비자들이 지불하고자 하는 가격이 그 상품의 소비로부터 얻는 후생의 척도라고 가정한다면, *OB*의 소비에서 생기는 총후생은 수요곡선 아래 구역, 즉 *OdHB*이다. 그러나 소비자는 단지 *OSHB*만 지불한다. 그러므로 소비자 잉여는 *SdH*이다. 마찬가지로, 관세 도입 후 소비자 잉여는 *S'dI*이다. 그러므로 관세 도입으로 인한 소비자 잉여의 손실은 *SS'IH*이다. 그러나 이 손실은 생산자 잉여 *SS'FE*와 관세 수입 *GFIJ*에 의해 보상된다. 두 삼각형 *EFG*와 *JIH*는 관세 부과로 인한 순 후생 손실(net welfare loss)이다.

이 두 개의 삼각형을 조금 더 분석할 수 있다. *P*2가 수입 가격일 뿐 아니라 국내 생산자들이 부과한 가격이라고 가정하면, 소비자들은 추가 생산량 *AC*에 대해 추가 소비 *EMFG*를 반드시 가진다. 실제, 관세 부과 전에는 *AC*가 수입되어서 소비자들은 *AEGC*를 지불했다. 사실은 관세 부과 후에는 같은 양이 국내에서 생산되고 소비자들은 *AMFC*를 지불한다. 그 차액이 *EMFG*이다. 이것에서 *EMF*는 생산자 이득으로 보상되지만 *EFG*는 어느 누구의 이득으로도 보상되지 않는다. 효율성이 떨어지는 기업이 생산에 참여한다는 사실 때문에 생기는 순 소비자 손실이다. *EFG*는 효율성 손실(Efficiency loss)이라고 부른다. 다른 삼각형 *JIH*도 역시 소비자 손실이지만, 이것은 소비가 *KB*만큼 하락했다는 사실 때문이다.

〈그림 2-2〉 무역 창출

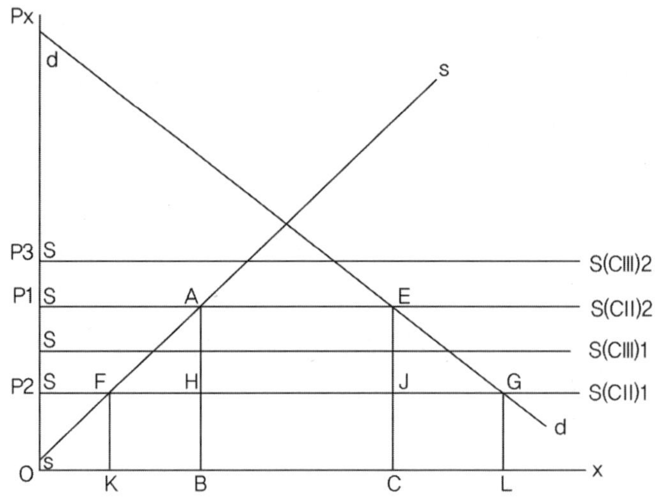

이제 첫 번째 비판을 보여주겠다. 타당하지 않은 비교의 문제('같은 기준으로 측정할 수 없는 문제')가 여기에 확실히 나타난다. 순 후생 효과를 만들기 위해, 관세 수입(*GFIJ*)과 순 생산자 잉여(*SS'FE*)는 소비자 손실(*SS'IH*)에서 차감한 것이다. 하지만 앞의 두 부분의 양은 실제 이득, 즉 국가와 고용주 둘 다 관세 부과 때문에 받는 추가 화폐이다. 다른 한편, 마지막 부분(소비자 손실)의 양은 심리적인 개념, 즉 소비자의 심리적인 후생에 대해 아무리 중요하더라도 실제의 것에서 더하거나 뺄 수 없는 가상의 양(imaginary quantity)이다. 또한 그것들은 정의상 다르고, 그것들을 묶을 수 있는 공통분모가 없다는 사실을 고려하면, 개인적 만족을 추가하는 것은 불가능하다. 순 후생 효과의 구성 범주들은 이질적이어서 이 개념은 논리적으로 모순이다. 하지만 계속해보자.

후생 효과 개념을 도입했기 때문에, 이 이론상의 장치로 관세동맹의 후생 효과를 분석하기 위해 사용된 방식을 보자. <그림 2-2>를 살펴보자. 이제 애초의 국가 I과 나머지 세계를 상정하는 대신에, 세 국가, 즉 애초의 국가 I, 국가 II, 국가 III을 상정하자. 국가 II와 국가 III의 공급곡선은 각각 *SS*(CII)와 *SS*(CIII)이다. 숫자 1과 2는 각각 관세 부과 이전과 관세 부과 이후의 시간을 가리킨다.

다시, 공급곡선 II와 III이 수평이라는 사실은 국가 II와 국가 III의 상품에 대한 국가 I의 수요량이 국가 II와 국가 III의 상품 가격에 영향을 미치지 않는다는 것을 나타낸다. 또한 국가 II는 국가 III보다 더 생산적이라고 가정되는데, 즉 어떠한 양이라도 국가 III보다 더 낮은 한계비용으로 국가 II가 공급할 수 있다는 것이다. 이는 *SS*(CIII)에 비해 *SS*(CII)가 낮은 위치에 있다는 것에서 나타난다. 국가 I이 국가 II와 국가 III의 수입품에 대해 동등한 관세를 부과한다〔이것을 무차별 관세(non-discriminatory tariff)라고 부른다〕고 가정해보자. 관세부과로 공급곡선은 *SS*(CII)1에서 *SS* (CII)2로, *SS* (CIII)1에서 *SS* (CIII)2로 상승한다. 관세부과 후에도 국가 II의 공급곡선은 국가 III보다 여전히 낮다. 공급곡선은 *sAS* (CII)2이고, 국가 I은 *OB*를 생산하고, 국가 II로부터 *BC*를 수입한다. 균형가격은 *OP*1이고 균형점은 *E* 이다.

이제 국가 I과 국가 II가 관세동맹을 형성하고, 그리하여 역내관세를 제거하지만, 이 경우에서는 국가 III에 대해 역외공통관세를 도입한다고 가정하자. 이제 국가 II는 국가 I의 국내시장에 가격 *P*2로 공급할 수 있다. 공급곡선은 *sFS* (CII)1이 되고, 균형점은 *G*이고, 총수요와 총공급은 *OL*이고, 국내 공급은 *OB*에서 *OK*로 축소되고, (국가 II로부터) 수입은 *BC*에서 *KL*로 증가한다. 이 경우 **무역 창출**(trade creation)이 있는데, 즉 (국가 I과 국가 II 사이에) 무역이 *KB* 더하기 *CL*만큼 증가한다. 더욱이 이런 수입 증가는 가장 효율적인 곳으로부터 오는데, 즉 국가 III에서보다는 국가 II로부터 온다. 국가 II의 한계비용곡선 *SS*(CII)가 국가 III의 것 *SS*(CIII)보다 낮다는 사실은 국가 III에 비해서 국가 II가 효율성이 높다는 것을 나타낸다. *KL*에 대해 국가 II의 한계비용곡선 *SS*(CII)I이 국가 I의 한계비용곡선 *ss*보다 낮은 것은 국가 II의 효율성이 국가 I에 비해 높다는 것을 나타낸다. 국가 I과 국가 II의 관세 제거(관세동맹)는 양(+)의 효과를 가진다.

FAH(효율성 이득)와 *JEG*(증가한 소비 때문)와 같은 순 소비자 잉여가 있다. <그림 2-1>에 적용된 비판이 여기서도 가능하다는 것은 말할 필요도 없다.

이제 다른 경우를 고려해보자. <그림 2-3>에 나타나 있다. *SS*(CII)에 비해 *SS*(CIII)가 낮은 수준이라는 것에서 나타나듯 국가 II보다 국가 III이 더 효율적이다. 여기서 역시 국가 I이 국가 II와 국가 III에 관세를 부과하면, 공급곡선은 *SS*(CII)1에서 *SS*(CII)2로, *SS*(CIII)1에서 *SS*(CIII)2로 이동한다. 이제 공급곡선은 *sAS*(CIII)2 및 그 이상이다. 균형점은 *E*이고, *O*는 국가 I이 생산하고, *BL*은 국가 III(가장 생산적인 외부 생산자)에서 수입된다.

이제 국가 I과 국가 II(국가 II는 효율성이 떨어지는 외부 공급자)의 관세동맹의 형성을 고려해보자. 가격은 *OP*1에서 *OP*2로 하락하고, 국가 III(이 나라는 오직 *OP*1에서 공급할 수 있는데, 왜냐하면 관세가 적용되기 때문이다)은 무역에서 제외된다. 공급곡선은 *sFS*(CII)1이고, 균형은 *G*에서 도달하고, 국가 I은 *OC*를 생산하면서 II로부터 *CM*을 수입한다. 관세동맹 전 수입이 *BL*과 같아졌지만, 관세동맹 후에는 수입이 *CM*과 같다. 그 차액, 즉 *CB* 더하기 *LM*은 무역 창출이다. *BL* 부분의 양은 관세동맹 전뿐만 아니라 관세동맹 후에도 계속 수입되고 있는 상품을 나타낸다. 단지 관세동맹으로 인해 수출국은 국가 III에서 국가 II로 바뀐다. 이를 무역 전환(trade diversion)이라고 부른다. 분명한 무역 창출 또는 무역 전환이 없기 때문에, 순 후생 효과는 혼합된다. *BL*은 이제 관세동맹 이전처럼 국가 III(더 효율적인 생산자)에서보다 국가 II(효율성이 떨어지는 생산자)에서 수입된다. 이런 후생의 손실은 *IHJK*로 나타난다. 실은 관세동맹 전에 국가 I은 *BL*을 국가 III에서 *BIKL*의 비용으로 수입했다. 관세동맹 이후 같은 양이 *BHJL*의 비용으로 국가 II에서 수입된다. 그 차액은 손실이다. 하지만 역시 양(+)의 후생 효과가 있는데, 즉 *FAH*와 *JEG*이다. 이 두 삼각형이 사각형 *IHJK*보다 크다면, 순 후생 효과는 양(+)이다. 그렇지 않다면 결과는 음(-)이다.

<그림 2-1>과 <그림 2-2> 적용된 똑같은 비판을 <그림 2-3>에 대해서도

〈그림 2-3〉 무역 전환

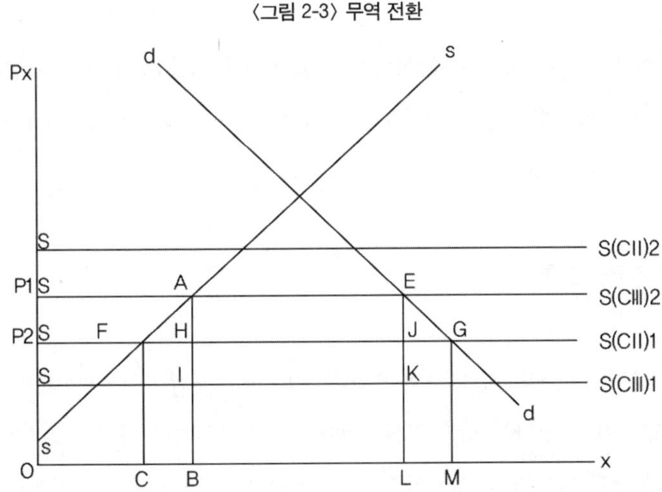

다시 할 수 있는데, 총후생 효과 개념은 논리적으로 모순이다. 어떤 사람이 사과와 배를 추가할 방법을 찾지 않는다면, 여기서, 그리고 앞 절에서 논의된 이론들은 사용한 종이의 가치도 가지지 못한다. 더욱이 그 이론들은 가격과 균형을 이론화하기 위해 신고전학파의 수요와 공급 개념에 의존한다. 이 개념은 다음 절에서 비판될 것이다.

3. 균형의 결함

주류 경제학에 내재한 기본 관념 가운데 하나가 경제는(그 이론이 의미하는 것은 자본주의 경제인데) 방해받지 않는다면 균형 상태로 향하는 경향(또는 도달한다)이 있다는 것이다. 이것은 신고전학파 전통에서 명확하게 이론화되었지만, 자원의 최적 배분에 대한 강조를 고려하면 리카도의 모형에 이미 내재해 있는 것이다. 앞 장에서 소개한 관세동맹에 대한 이론은 균형 분석의 분명한 예이다. 이 절에서는 균형 분석을 비판적으로 검토할 것이다. 상품의 가격이 오직 수요와 공급에 의해 결정된다는 부분균형이론(Partial Equilibrium Theory: PET)과 가격 결정에 다른 요인들의 역할을 허용하는 일반균형이론(General Equilibrium Theory: GET) 모두 살펴볼 것이다.

1) 부분균형이론

<그림 2-1>과 <그림 2-2>와 <그림 2-3>은 부분균형이론의 예이다. 바로 분명해지듯이, 균형가격으로 향하는 경향은 수요곡선의 우하향 기울기와 공급곡선의 우상향 기울기에 크게 의존한다. 따라서 균형은 균형 상태의 양보다 수요가 적으면 (또는 공급이 많으면) 가격이 하락하고, 수요가 균형 상태의 양보다 많으면 (또는 공급이 적으면) 가격이 상승하는 경향에 의존한다. 이 가설은 다른 관점들에서 비판될 수 있다. 그것들 각각은 부분균형이론에 대한 심각한 의문을 던져주기에 충분하다.

(1) 경험적 증거

수요곡선의 모양이 전체 상품에는 들어맞지 않는데, 예를 들어 지위재(status goods)와 금융 상품이 있다. 지위재의 실질적인 중요성은 제한적이라고 고려될 수 있는 반면, 금융 상품에 대해서는 똑같이 말할 수 없다. 요즘 금융시장 규모는 재화와 서비스의 수출과 관련된 시장 규모보다 50배 더 크다. 즉, 1995년 즈음, 외환 거래의 일일 거래량(1만 3000억 달러)은 전 세계 외환 보유고(1만 2000억 달러로 추정된다)를 초과했다. 이 1만 3000억 달러는 상대적으로 적은 수의 은행과 기업과 무엇보다 '기관 투자자'의 손 안에 있다. 기관 투자자들은 ① 연기금, ② 뮤추얼 펀드, ③ 투기 자본(speculative fund) 또는 헤지펀드이다. 기관 투자자들은 어떤 금융 상품의 가격이 하락할 때, 그 상품에 대해 적은 수요를 가지는 것이 낫고, 그 상품의 가격이 상승한다면 그 상품에 대해 많은 수요를 가지는 것이 낫다. 이런 현실과 신고전학파 경제학 수요곡선의 괴리를 보여주는 메울 수 없는 간극은 1991년 상위 100개 미국·유럽·일본의 연기금이 거의 8조 달러, 즉 세계 소득의 1/3을 관리했다는 사실에서 볼 수 있다.

하지만 더욱 중요한 것은 생산수단과 노동(력)에 대한 자본가들의 수요는 신고전학파 경제학의 수요곡선이 보여주는 양상과 규칙적이면서도 의미 있게 괴리될 수 있다. 그런 투입물들에 대한 자본의 수요가 수요곡선의 우하향 기울기를 따를 수도 있다는 것은 진실이다(이윤율을 최대화하려는 시도의 논리적 결과). 하지만 마찬가지로 그런 투입물들에 대한 수요는 원칙적으로 경제순환(의 국면)과 경제순환 각 국면에서 각 자본가들의 상대적 경쟁력에 의존한다는 것도 진실이다. 경제의 상승 국면에서 자본가는 가격이 상승하더라도 더 많은 투입물을 사야 하며, 하강 국면에서는 자본가는 가격이 떨어지더라도 더 적게 살 수 있다. 또는 경제순환과 상관없이 재정 곤란을 겪는 자본가들은 가격이 떨어지더라도 투입물을 더 적게 사고, 재정이 튼튼한 자본가는 가격이 상승하더라도 더 많은 투입물을 살 수 있다.

마지막으로 수요곡선의 모양은 적어도 상품 가운데 하나의 범주, 즉 소비재 수요를 반영하는 듯 보인다. 그러나 이런 상품에 대한 수요조차도 신고전학파곡선에서 예측하는 행태가 나타나지 않을 수 있다. 소비자들이 자신들의 미래를 걱정을 한다면, 가격 하락에 우호적으로 반응하지 않을 수 있고, 소비자의 자신감이 증가한다면, 가격이 상승하더라도 수요가 증가할 수 있다. 결론을 짓자면, 소비재에서 투자재까지, 지위재에서 금융 상품까지 모든 상품은 수요곡선이 우하향 기울기로 가정된 행태로 나타날 수도 있고, 그렇지 않을 수도 있다. 줄이자면, 경험적인 관찰의 측면에서 수요곡선의 모양은 결정되어 있지 않고, 그러므로 균형가격도 결정되어 있지 않다.

(2) 이론상 불확정

이번에는 오직 수요곡선에 초점을 맞출 것인데, 왜냐하면 이것이 불확정적이라고 한번 증명되면, 어떤 균형점도 이론화될 수 없다는 것을 보이기 위해 공급곡선이 타당하지 않다고 입증할 필요가 없기 때문이다.

수요곡선을 그리기 위해, 부분균형이론은 먼저 가능한 모든 수요량에 조응하는 가능한 모든 가격을 가정하는데, 이 이론에서 찾기를 원하는 균형가격과 균형 거래량을 포함한다. 그리고는 부분균형이론은 수요곡선과 공급곡선이 교차하는 균형가격(및 균형 거래량)을 '결정하는' 것으로 나아간다. 하지만 수요곡선은 가격과 수요량의 어떤 결합에 기초해 그려지고, 그러므로 수요곡선은 단지 가격과 수요량의 결합을 도표로 다시 보여주는 것이다. 가격과 수요량의 결합들 가운데 하나가 균형이 되기 때문에 수요곡선은 단순하게 가격과 수요량의 특정한 결합이 균형이라는 가정을 되풀이한다. 결론을 짓자면, 균형은 수요곡선과 공급곡선의 교차에 기초해 증명될 수 없다. 달리 말하면, 목적이 균형가격과 균형 거래량의 형성을 설명하는 것이라면, 이 이론은 순환론인데, 왜냐하면 균형가격과 균형 거래량은 이미 가격과 거래량의 가능한 모든 결합 가운데 하나로 상정되었기 때문이다.

그러면 부분균형이론은 어떻게 균형을 단순히 가정하기보다는 타당성 있게 증명할 수 있을까? 달리 말하면, 위에서 언급한 순환론에서 벗어날 수 있을까? 수요곡선이 필연적으로 우하향하는 기울기를 가진다는 것과, 그리고 균형이 된다는 것을 증명하기 위해서는, 수요곡선에 의해 상정되지 않은 인간의 행동 양상과 이것으로부터 수요곡선의 양상을 얻을 수 있다는 것을 가설로 세워야 한다. 수요곡선의 모양을 이런 애초의 가설에서 이론상 정합성을 가지는 방식으로 얻을 수 있다면, 그때는 수요곡선 모양에 내재한 균형 가설은 그런 전제들로부터 나온 이론상으로 타당하고 비순환적인 결론으로 보일 것이다. 주류 이론은 이런 임무를 위해 다섯 가지 후보 이론을 다루고 있다.

① 한계효용이론은 이른바 '수확체감의 법칙(law of diminishing of returns)'에 기초하고 있는데, 이것에 따라 어떤 재화를 더 많이 소비할수록 각각 계속되는 단위의 소비로부터 얻는 추가 효용은 더 적어진다는 것이다. 수요곡선은 다음과 같이 얻는다. x와 y의 가격을 Px와 Py라고 부르고, x와 y의 한계효용, 즉 x와 y의 추가 1단위 소비로부터 얻는 추가 만족을 MUx와 MUy라고 부르자. 소비자는 $MUx/Px = MUy/Py$에서 균형에 도달한다. 사실상 $MUx/Px > MUy/Py$라면 소비자는 x를 더 많이 소비하고, $MUy/Py > MUx/Px$라면 그 반대이다. 이런 균형 조건에서 시작하면서 Py에 비해 Px가 하락한다고 가정해보자. 그러면 $MUx/Px > MUy/Py$, 즉 x에 지출된 마지막 화폐로부터 얻은 효용은 y에 지출된 마지막 화폐로부터 얻은 효용보다 더 크다. 소비자는 균형에 다시 도달할 때까지 x를 더 많이(y를 더 적게) 구매할 것이다. 결론을 짓자면, Px가 하락한다면 x의 수요량은 증가한다(반대라면 그 반대이다). 수요의 양상은 어떤 전제, 즉 한계수확체감의 법칙으로부터 비순환적 방식[9])으로 얻어진다.

여기서 문제는 소비에서는 효용의 역할이 있는데, 교환에서는 그 역할이 없다는 것이다. 교환 행위는 상품의 물량을 추상한다. 교환의 계기에서 거래 주체들은 거래되는 상품의 효용에 관심이 없다. 거래 후에 일어나는 소비의 측면에서 교환, 즉 거래를 설명한다면, 거래로서 거래(소비의 전제 조건으로서 거래와 대조되는 것)는 설명하지 않게 된다. 하지만 이 점을 고려하지 않는다 해도, 그리하여 얻는 수요곡선은 엉뚱한 것이 된다. 이것은 수요함수가 다른 모든 조건이 불변이라는 가정(ceteris paribus condition: CPC)에 기초하고 있다는 사실의 결과이다. 이것은 그 자체로는 부적당하지 않다. 현실에서 삶의 복잡성을 고려하면, '다른 모

---

9) 이것이 기수 접근법(cardinalist approach)인데, 이는 효용이 일정한 양으로 정해질 수 있다고 가정한다. 주류 이론이 인정하듯이, 효용을 양으로 나타내는 어떠한 방법도 발견되지 않았다. 그러므로 주류 이론은 서수 접근법(ordinalist approach)으로 옮겨갔는데, 이것에 따라 선호에 정해진 크기의 숫자를 할당할 필요 없이 서로서로 비교해 선호의 등위를 매기는 것으로 충분했다. 서수 접근법은 기수 접근법과 같은 비판이 적용된다.

든 조건은 불변이라는 가정'은 피할 수 없다. 오히려 (목적 달성의 차원에서) '다른 모든 조건은 불변이라는 가정'을 잘못 사용했다고 논박할 수 있다. 이론 세우기에서 '다른 모든 조건은 불변이라는 가정'이 1차 근사법(first approximation)으로서 역할을 한다면, 즉 이 목적에 도움을 준 다음에 이 가정에 기초해 세워진 이론에 대해 편견 없이 이 가정이 폐기될 수 있다면, 그런 사용은 올바른 것이다. 일단 '다른 모든 조건은 불변이라는 가정'이 도입되고 이 가정의 도움으로 창조된 이론에 의문이 제기되는 것 없이 그 가정이 폐기될 수 없다면, 그런 사용은 잘못된 것이다. 이런 경우가 신고전학파 경제학의 수요곡선이다.

부분균형이론에서 수요곡선의 우하향 기울기 모양은 특수한 가정을 토대로 그려질 수 있다. 어떤 상품 x의 가격과 수요량 사이의 관계를 특정할 때, 그 가격과 수요량(다른 상품의 가격과 수요량 및 소비자들의 가처분소득을 포함해)에 영향을 끼치는 다른 모든 요인들은 변동하지 않는 것으로 가정된다. 즉, 수요곡선의 모양은 '다른 모든 조건은 불변이라는 가정'에 의존한다. 다른 요인들이 어떤 상품의 수요와 가격에 영향을 미치도록 허용된다면, 그 상품의 가격과 수요량 사이의 관계는 확정할 수 없다. '다른 모든 조건은 불변이라는 가정'이 필요하다. 그러나 개인들이 실제 어떻게 행동하는지와 경제가 실제로 어떻게 작동하는지 두 차원에서 '다른 모든 조건은 불변이라는 가정'은 옹호될 수 없다.

먼저 개인의 행동을 고려해보자. 사람들은 다른 모든 조건이 불변이라고 가정함으로써 상품의 가격 변화에 반응하지 않는다. 오히려 그들은 결정에 영향을 주는 가능한 아주 많은 변수들, 즉 다른 상품들에서 (상대적) 가격 변화, 예상 소득, 미래의 (실업) 고용 가능성 등등을 고려함으로써 반응한다. 행태주의 연구는 사람들이 적은 수의 유망한 대안들을 탐구하기 위해 "선택적인 체험 및 수단·목적 분석을 사용"(Simon, 1979: 73)한다는 것을 보여주었다. 예를 들어, x의 가격 하락을 고려하면, 소비자들은 다른 모든 조건이 불변이라고 가정함으로써 추가의 가처분소득으로 무엇을 할지 결정할 수도 있고, x를 더 구매할 수도 있다. 하지만 그들은 x와 다른 상품의 가격 변화 예측에 기초해 결정할 수도 있고, 또는 x보다 다른 상품의 구매를 늘릴 수도 있고, 또는 추가의 가처분소득을 저축하는 등등을 할 수도 있다.

이제 수요이론을 고려해보자. 신고전학파 경제학에서 x에 대한 수요는 x의 가격 변화로부터 영향을 받을 뿐만 아니라 다른 상품, 즉 y의 가격 변화와 소득 변화로부터 영향을 받는다. 이는 수요의 교차탄력성과 수요의 소득탄력성이다. 그러면 그 이론은 ① x의 수요량에 대한 x만의 가격 변화 효과를, ② x의 수요량에 대한 y만의 가격 변화 효과와, ③ x의 수요량에 대한 소득만의 변화 효과에 부가하게 된다. 이런 방식으로 그 이론은 이런 모든 요인들 때문에 x에 대한 수요 변화가 결정된다는 것에 도달한다.

하지만 이 과정은 수요에 영향을 미치는 가능성 있는 모든 요인들을 완전하게 다루지 않을 뿐만 아니라 잘못된 방법에 기초하고 있다. 상품의 수요에 영향을 주는 모든 요인들의 효과를 '다른 모든 조건은 불변이라는 가정'에 기초해 개별적으로 계산한다면, 한 상품의 수요에 미치는 결합된 효과를 찾기 위해 모든 요인들의 효과를 합치는 것은 내적으로 비정합적이다. 예를 들어, '다른 모든 조건은 불변이라는 가정'에 기초한 수요의 자기 탄력성을 '다른 모든 조건은 불변이라는 가정'에 기초한 수요의 교차탄력성에 부가해보자. 이것은 (동시에 x와 y의 가격 변화가 일어나기 때문에) x에 대한 수요의 결합된, 그리고 동시적 결정과 전혀 관계가 없으면서 해결할 수 없는 모순을 만든다. 어떤 주어진 순간에서, 두 개 또는 더 많은 '다른 모든 조건은 불변이라는 가정'의 합성은 같은 요인(x 자신의 가격)이 (수요의 교차탄력성이라는 가설 아래에서) 불변으로 유지되면서 (수요의 자기 탄력성 가정 아래에서) 동시에 변화한다는 것을 의미한다. 두 개 또는 더 많은 정태적 가정의 합성으로 운동을 보여주는 것은 아니다.[10] 즉, 한계효용 가설에서는

10) 공급과 수요곡선이 오직 이상적인 형태라는 주장과 비정상적인 행태는 이런 이상적인 형태로부터 괴리로서 설명될 수 있다는 주장(Walras, 1977: 71)은 위에서 언급한 비판

수요 결정에 대한 다중의 양상, 따라서 현실의 양상을 설명하지 못한다. 결론을 짓자면 수요와 공급 곡선은 수요에 대한 다중 결정의 경우에서, 즉 오직 현실의 경우에서 균형가격 및 균형 거래량의 선택을 보여주지 못한다. 경제행위에 대해 가능성 있는 다른 설명을 불러들이는 것도 도움이 되지 않는다는 것에 주의하라. 다른 설명을 빠르게 다루어보자.

② 최대화 가설(maximization hypothesis)은 "교환에서 현실적 선택에 직면했을 때 보통의 개인은 '적은 것'보다 '많은 것'을 선택한다고 가정한다"(Buchanan, 1962a: 18). 시장경제 환경 내에서 이것은 무엇을 의미하는가? 그것은 가격이 하락한다면 사람들이 더 많은 양을 선택하고, 가격이 상승한다면 더 적은 양을 선택한다는 것을 의미한다(Buchanan, 1962b: 34). 우리는 원점으로 돌아왔다. 이것은 단지 수요함수 뒤에 있는 가정의 재연일 뿐이고, 따라서 위에서 제시한 순환론 비판에 속하는 것이다.

③ 이용할 수 있는 모든 정보와 경제에서 효과 있는 지식에 기초한 변수의 미래 행태에 대한 예측인 합리적 기대(rational expectation) 가설에도 똑같이 적용된다. 여기서도 역시 어떤 종류의 합리성이 전제된다(즉, 이런 예측은 가격이 하락하면 수요가 증가하고 그 반대일 때는 반대라는 가정에 기초하고 있다).

④ 다른 한편, 만족화 가설(satisfying hypothesis)은 "인간이 현실에서 마주치는 대부분의 문제에 대해, 자신의 정보처리 장치를 가지고 인간이 수행할 수 있는 어떤 과정에서도 결코 최적의 해법을 찾을 수 없다"(Simeon, 1976: 72)는 것을 주장한다. 그렇다면, 피할 수 없는 결론은 균형은 반드시 배제되어야 한다는 것이다. 그리고 균형상 이론이 불가능하다면, 균형가격도 그러하다는 것이다.

⑤ 마지막으로 현시 선호(revealed preferences)에 대한 관찰 그리하여 수요곡선의 우하향 기울기에 대한 관찰을 담은 내용에 기댈 수도 있다(그리고 이렇게 욕구

앞에서는 무력하다. 정상이 입증될 수 없다면, 정상으로부터 괴리로서 실제 행동에 대한 '여러 설명'도 더 이상 지지될 수 없다.

한 행동에 일치하지 않는 다른 거시적인 예를 무시하는 것을 선택할 수도 있다). 그러나 이는 이론상의 설명에 대한 모든 주장을 기각하는 것이나 다를 바 없다.

(3) 증명

신고전학파 수요곡선은 자백에 의하면 검증이 불가능하다. 이는 시간성이 없는 현실이라는 내포된 가정, 즉 그 자체로 '다른 모든 조건은 불변이라는 가정'을 잘못 적용한 결과로부터 오는 것이다. 마셜은 이런 측면, 즉 "우리는 인간의 선호 특징에서 변화가 시간 때문에 일어나는 것을 고려하지 않는다"(Robinson, 1962)는 것을 인식했다. 수요곡선 모양을 입증하는 것으로 의미했던 현실의 인간 행동에 대한 어떤 경험적 관찰은 여러 시점의 관찰에 기초하고 있기에 이론 자체를 지지하지도 부인하지도 않게 되며, 즉 이론 자체와 관련 없는 것이 되는 이유가 현실에 대한 이런 시간성 없는 묘사 때문이다. 우리는 여러 가격대의 같은 상품을 선택해야 하는 개인은 가장 낮은 가격의 상품을 선택하는 것을 아마도 관찰할 수 있다. 그러나 이것에서 가격이 시간 1과 시간 2 사이에서 하락한다면 그 개인은 시간 1에서보다 시간 2에서 더 많은 상품을 산다는 것을 암시하지 않는다. 그 개인의 선호나 소득이 그동안에 변화할 수도 있다. 시간이 도입되면 이론은 검증이 불가능해지고, 그리하여 신고전학파 경제학자들이 고수하는 포퍼주의 방법론의 차원에서 형이상학으로 된다.

요약하자면, 어떠한 가설이 신고전학파 수요곡선을 뒷받침하기 위해 선택되더라도 그들 자신의 이론 차원에서 신고전학파의 (부분)균형 분석은 검정 불가능하고, 현실과 관련이 없으며, 모호하지 않은 경험적 관찰로 입증할 수 없다. 그리하여 이런 종류의 수요곡선에 기초하고 있는 경제통합에 대한 현대의 이론 전체는 앞 장들에서 제시된 비판 때문뿐만 아니라 이런 근거들에서도 무너져 버린다.

(4) 이데올로기

상기 주장들이 타당하다면, 신고전학파 수요곡선이 경제학을 배우는 학생들과 대중에게 일반적으로 미친 호소력을 우리는 어떻게 설명할 수 있을까? 몇 가지 이유가 있다. 우선 대부분 국가들의 교육 체계 때문에 경제학을 배우는 학생들은 비판적이고 대안적인 설명들로부터 소외되어 있다. 일반 대중과 관련해서 말한다면, 매체를 비롯해 세뇌하는 여러 수단이 간접적이지만 아주 효과적인 역할을 하고 있다.

하지만 그것에 더 많은 것이 있다. 이것을 알기 위해 이데올로기 이론을 간략하게 다룰 필요가 있다. 이데올로기는 계급의 이해를 혼란스럽게 만드는 지식의 형태이다. 그러나 이데올로기가 신뢰를 얻기 위해서는 사람들의 삶의 경험과 관련을 맺어야 할 뿐만 아니라 그런 삶의 경험에 대한 그럴듯한 해석도 제공해야 한다. 따라서 그 이데올로기가 대표하는 이해와 대립되는 이해를 가진 이들이 혼란스러운 계급적 이해를 받아들이는 것은 이런 설명의 그럴듯함을 통해서이다. 그래서 다른 여러 이데올로기에 대한 한 이데올로기의 우세(일반적으로 받아들이는 정도)는 두 가지 상호적인 강화 요인에 의해 결정되는데, 우세한 이데올로기의 그럴듯함과 학교, 대중매체, 교회 등등과 같은 지식 형성 및 소통 수단에 대한 우세한 이데올로기의 접근이다.

우선 수요함수는 대부분 사람들의 일상의 행동을 묘사하나, 위에서 제시한 이유들 때문에 내재한 모순 말고도 일상의 행동에 대한 대안적인 관점 또한 배제하는 해석만 제공한다. 대안적인 해석은 구매력에 초점을 맞춤으로써 시작해야 한다. 대부분의 사람들은 그들이 충족하기를 원하는 (그리고 반드시 충족해야만 하는) 욕구에 비해서 한정된 구매력을 사용할 수 있다는 것은 논박할 수 없는 사실이다. 그러므로 어떤 주어진 소득 수준에서 각 욕구의 충족을 위해 배정된 소득의 구성 몫은 상대적으로 고정되어 있다. 이런 조건들 아래에서 수요곡선의 행태는 아마도 신고전학파 경제학이 예상하는 것처럼 나타날 것이다(그러나 필연적이지는 않다). 단지, 그 이유는 신고전학파 경제학이 제시한 그것들과 아주 다르다.

어떤 상품의 수요량(또는 소비량)의 증가는 그 상품에 할당된 구매력 증가를 의미한다. 충족되어야 하는 욕구에 비해 인민의 제한된 구매력을 고려한다면,[11] 가격이 상승한 상품의 수요 감소는 가격 상승 때문에 그 상품에 할당될 수 있는 구매력이 감소할 수밖에 없다는 사실의 결과이다(Linder, 1977: 120). 수요곡선은 비역사적이면서 사회적으로 중립적인 행동, 즉 소비 증가로부터 생겨난 이른바 한계효용 감소의 결과를 보여주지 않는다. 수요곡선이 심리적 성향을 반영하지만, 이런 심리적인 성향은 인간 본성에 고유한 것이 아니며 사회적 조건의 결과이며, 즉 사회적으로 결정된 것이다. 수요곡선이 왜곡되고 이론상 결함을 가진 방식으로 반영하는 것은 이렇게 사회적으로 결정된 조건(충족해야 할 욕구에 비해서 구매력이 부족한 조건)이다.

그러면 다음 질문은 이런 왜곡은 어떻게 일어나는가이다. 그 대답은 신고전학파 수요곡선에 내재해 있고 그리하여 그 곡선에서 함축적으로 제시하는 인간에 대한 관념(즉, '자연스러운' 인간 행동에 대한 관념)을 조사하는 것을 전제한다. 다음을 고려해보자. 어떤 상품의 수요가 증가한다면, 상품 가격을 상승시킨 구매자들의 욕구 증가부터 판매자들은 이득을 얻는다. 수요가 하락한다면, 판매자들이 가격을 강제로 낮춤으로써 상품을 판매하려는 욕구로부터 구매자들은 이득을 얻는다. 이것이 공급 및 수요 곡선에 내재한 이기적이고 착취적인 행동이다. 이런 행동은 합리적인가? 사실 그렇다. 하지만 이것은 착취사회의 맥락 내에서만 그러하다. 그것은 '인간 본성'과 전혀 관련이 없는데, 예를 들어 효용이론이 제시하는 것처럼 말이다. 자본주의 아래에서 이기적인 것은 합리적인데, 왜냐하면 자본주의 체제에서 살아가고 생존하기 위해 사람

---

11) 세계 인구 다수의 구매력은 심각한 제한으로부터 아예 없는 것으로까지 범위가 설정된다.

은 이기적이어야만 하기 때문이다(그리고 이것은 자본가들에게 우선하여 적용된다). 하지만 인간은 이타적일 수도 있고 이기적일 수도 있다. 자본주의 사회는 이기주의를 조성하지만, 인류학적인 연구는 그 구성 원리가 이타주의였던 사회가 존재했음을 보여준다. 더욱이 자본주의 사회에서조차도 두 종류의 행동 모두 관찰된다.

다음 질문은 신고전학파 수요곡선에 내재한 인간과 사회에 대한 관점은 누구의 이해를 위한 것인가이다. 우선 한계효용 체감의 차원에 있는 설명은 부자들의 경험을 반영하며, 그들은 아무 문제없이 충분한 구매력을 가지고 있다. 그래서 이런 관점에서는 구매력에서 차이가 존재하며, 그 차이가 수요에서 역할을 한다는 슬픈 사실은 사라져버린다. 반대로 불충분한 구매력의 차원에 있는 설명은 그런 경험과 따라서 상대적으로 가난한 사람들의 관점을 반영하는데, 이들에게 불충분한 구매력은 문제가 된다. 하지만 질문은 단순히 부자 대 가난한 사람에 대한 것이 아니다.

부와 가난을 대립시키는 것에 초점을 맞추게 되면, 부의 분배에 대한 분석으로 제한된다. 더 깊이 있는 문제는 부의 생산에 관한 것, 즉 자본주의 생산과정에 참여하는 사회 계급들에 관한 것이다. 가장 높은 추상 수준에서, 사회 계급은 자본가와 노동계급이다. 신고전학파 경제학에서 노동의 공급은 실질 소득과 여가 사이에 각 개인들의 선택으로 결정된다〔임금률과 시간으로 표시한 초기 부존점(initial endowments)이 주어져 있을 때〕. 노동자를 고용하는 생산수단의 소유자와 이들에게 노동력을 공급하도록 강요당하는 노동자 사이의 중요한 구별은 없어진다. 그리하여 누가 누구를 위해 일하는지 조사하는 것과 따라서 생산 단계에서, 즉 교환에 내재한 재분배 전에 가치의 생산과 전유를 조사하는 것이 불가능하게 된다.

결론을 짓자면, 우하향하는 수요곡선을 자연스럽게 합리적인 것으로 받아들일 때, 암암리에 인간에게 내재한 일종의 합리성으로 받아들이는 것은 어떤 종류의 행동에 대한 사회적 합리성이다(수학을 많이 사용하는 것은 객관성 및 중립성이라는 가상을 만드는 데 엄청난 기여를 했다). 신고전학파 수요곡선이 사회적으로 결정된 합리성이라기보다 인간에게 내재한 합리성을 나타내는 것으로 받아들일 때, 암암리에 받아들이는 것은 자본주의 체제의 착취이고 이기적인 본성의 우월함이다(자본주의 체제는 그런 합리성을 표현한다). 반대로, 비합리적이라고, 즉 인간 본성에 반대되는 것이라고 선언하는 것은 협동과 이타주의에 기초한 사회체제에 대한 '비합리성'이다. 이런 체제가 가장 합리적이라면 이 체제에 매달리는 것은 모든 사람들(자본가와 노동자 모두)의 관심사가 될 것이다. 이 모든 것은 신고전학파 수요곡선 모양에 있으며, 이를 깨닫지 못한 경제학을 배우는 학생들은 그런 것을 무의식적으로 내면화한다.

신고전학파 경제학 수요곡선 뒤에 있는 이데올로기의 위세는 사람들이 현실에서 경험하는 일의 실상에 대한 설명(제한된 구매력 때문에 가격이 상승한다면 수요가 낮아지는 필연)을 제공한다는 것이다. 동시에 신고전학파 경제학이 제공하는 일의 실상에 대한 '설명'은 자본주의 합리성(즉, 이기적인 행동)이야말로 바로 인간의 합리성이라는 것과 이런 계급사회가 가장 합리적인(비역사적인 인간이기 때문에) 형태의 사회라는 생각을 몰래 끌어들인다. 한 계급의 이해를 표현하는 사회형태가 또한 다른 계급들의 표현인 것처럼 묘사될 수 있다. 다른 계급들의 이해는 대안적이면서 완전히 다른 사회형태에서 가장 잘 다루어질 수 있는데 말이다. 하지만 수요곡선의 '직관적인' 호소력에도 불구하고 부분균형이론처럼 수요곡선은 이론상으로나 경험적인 근거에서도 방어될 수 없다.

이것이 사실이라면, 수요와 공급 곡선이 만난다는 어떤 보장도 없다. 그렇다면, 두 곡선은 균형점에서 만날 수 없다. 무역의 유리한 점과 불리한 점이 비교우위 또는 기회비용 또는 헥셔-올린 정리의 차원에서 해석될 수 없는 것처럼, 관세동맹으로부터 오는 유리한 점과 불리한 점도 수요와 공급의 차원에서 따라서 부분균형 분석의 차원에서 해석될 수 없다. 그리고 더욱 근본적으로 경제가 균형으로 향하는 경향이 있다는 가정은 근거 없는 것이 되는데, 즉 신고전학파 전체 구조물이 바로 그 토대에서 무너진다. 균형은 하나의 신념일 뿐이다.[12)]

2) 일반균형이론[13)]

하지만 주류 이론은 모자 안에 또 하나의 토끼를 가지고 있다. 이것은 일반균형이론이다. 두 나라, 국가 1과 국가 2, 그리고 두 상품, x와 y를 가정해보자. 국가 1은 자급자족 경제의 조건에서 어떤 양의 x와 y를 생산한다고 가정하자. 무역을 시작한 후, 국제가격을 고려하면, 국가 1는 균형에서 더 많은 x와 더 적은 y를 생산한다. 즉, 그 나라는 x를 특화하고 x를 y와 교역할 것이다. x의 국제가격은 $Px=1/2$이다. 국가 1은 x 2단위를 y 1단위와 교환한다. 그 나라가 $40x$를 교환한다면, $20y$를 얻는다. 이것이 <그림 2-4>에서 H점이다. 이제 $Px=1$이고, 이 가격에 국가 1은 $1x$를 $1y$와 교환한다고 가정하자. 이 나라는 $60x$를 교환하면, $60y$를 얻는다. 이것은 <그림 2-4>에서 E점이다. 마찬가지 방식으로 더 많은 점들을 얻을 수 있다. 이제 우리가 이 모든 점들을 결합한다면, 국가 1의 공급공선 또는 역수요곡선(H점이 위치하는 곡선이다)을 얻을 수 있다. 이것은 변화하

---

12) 주류 경제학에는 불균형이라는 개념이 있다. 이것은 관념적 수요와 유효수요가 일치하지 않는, 즉 소득 제약 때문에 구매자/판매자가 구매/판매하기를 원하는 것이 그들이 실제 구매/판매할 수 있는 것과 일치하지 않는 경우이다. 이런 불일치가 거의 세계 인구 전체에 해당되는 경우라는 사실 외에, 여기서 불균형은 심리적인 측면, 즉 기본적으로 불만족과 관련된다. 다음 장들에서 수요의 정의가 어떠하든지 간에 수요와 공급이 일치할 수 있다는〔즉, 시장 청산(market clear)〕것과 그럼에도 이 경제체제는 공황과 이와 함께 하는 모든 것을 일으킬 수 있고, 반드시 일으키게 된다는 것을 보여줄 것이다. 따라서 아래에서 제시한 방법은 불균형 접근(이것은 균형의 개념에 대한 이론적 타당성을 암시할 수 있기 때문에)이 아니라 비균형, 즉 경제 분석을 위한 불균형 개념의 이론상 비관련성을 강조한다.

13) 물론 다음 글은 극도로 단순화된 설명이다. 그러나 이것은 경제통합 관련 여러 입문서에서 제공된 것에 못지않다.

〈그림 2-4〉 국가 1과 국가 2의 균형

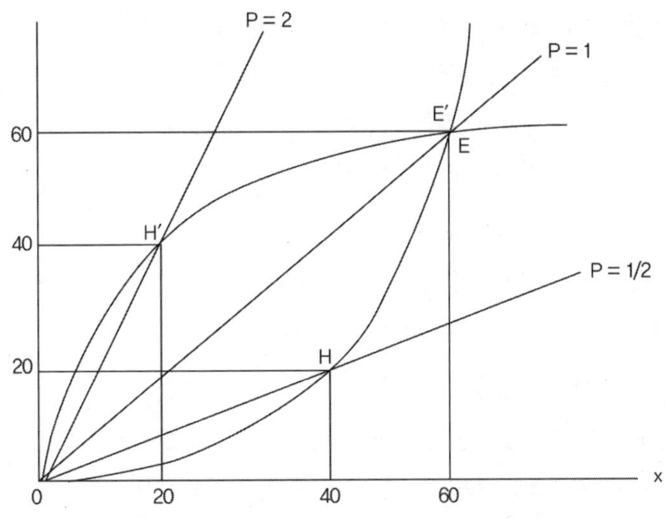

는 가격에서 변화하는 x (수출품)의 양을 공급(수출)하기 위해 국가 1이 수요하는 (수입품) y 의 변화량을 보여준다. 따라서 공급곡선은 그 나라가 다른 상대 가격에서 다른 양을 수입하고 수출하는 성향을 보여준다.

이제 국가 2를 고려해보자. 이 나라는 y 를 특화하고, y를 수출하고, x를 수입한다. $Px = 2$ 에서 국가 2는 $2y$를 $1x$와 교환한다. 국가 2가 $40y$를 교환한다면, 이 나라는 $20x$ 를 얻는다(<그림 2-4>에서 H'점). x 의 가격이 $Px = 1$ 로 하락한다면, 국가 2는 $1y$를 $1x$와 교환한다. 국가 2가 $60y$ 를 교환한다면, 이 나라는 $60x$를 얻는다(<그림 2-4>에서 E'점). 마찬가지 방식으로 더 많은 점들을 얻음으로써 우리는 국가 2의 공급곡선 또는 역수요곡선을 얻는다. 이는 국가 2가 여러 가격에서 y (수출품)을 수출하는 양과 x (수입품)을 수입하는 양을 보여준다. 이제 우리가 두 개의 공급곡선을 함께 그린다면, <그림 2-4>가 된다.

<그림 2-4>는 균형가격이 1이라는 것을 도표로 보여주며, 균형가격에서 두 나라는 $60x$와 $60y$를 교환하려고 한다. $Px = 1/2$ 에서, 국가 1는 $40x$를 $20y$에 공

급한다. 그러나 국가 2는 더 많은 양의 x를 수요한다. 이것은 연장된 $Px=1/2$ 선과 국가 2의 공급곡선의 교차점에서 수직으로 아래에 있는 x축 위의 한 점으로 주어진다. 다시 말해, 이것은 국가 2의 y에 대한 공급과 x에 대한 수요를 보여준다. 국가 2의 x에 대한 이 같은 초과 수요(excess demand)는 $Px=1$에 도달할 때까지 x의 가격을 상승시킨다. 마찬가지로 $Px=2$에서 국가 2는 $20x$를 구매하고 $40y$를 공급하려 한다. 하지만 국가 1은 더 많은 양의 x를 공급하며, 그것은 연장된 $Px=2$선과 국가 1의 공급곡선의 교차점에서 수직으로 아래에 있는 x축 위의 한 점으로 주어진다. 국가 1의 x에 대한 이런 초과 공급(excess supply)은 $Px=1$이 될 때까지 가격을 하락시킨다.

일반균형이론을 옹호하는 부분균형이론을 기각함으로써 얻은 것이 무엇이었던가? 일반균형이론은 아주 다른 출발이 아니라 단지 부분균형이론의 확장일 뿐이다. 그와 같이 일반균형이론은 똑같은 비판에 노출된다. 현재의 목적을 위해 가장 중요한 것은 역수요곡선이 부분균형이론에서 수요곡선처럼 똑같은 가격 행태를 가진다. x에 대한 초과 수요는 Px를 상승시키고, x에 대한 초과 공급은 Px를 하락시킨다. 이 관념은 위에서 충분히 비판되었다.

이런 절차를 <그림 2-4>와 같이 n개 범주의 상품의 각 역공급곡선이 역시 다른 $n-1$개 상품의 가격에 의존하는 n개 부문 모형으로 확장하는 것은 개념적으로 쉽다. 즉, n개의 상품을 고려할 때, $Pi(i=1,2\ldots n)$는 n개 상품의 가격이고, $xi(i=1,2\ldots n)$는 n개 상품 각각의 전체 수요량이고, $yi(i=1,2\ldots n)$는 n개 각 상품의 전체 공급량이다. 따라서 수요함수는 다음과 같다.

$$xi=xi(P1,P2\ldots Pn)(i=1,2\ldots n)$$

따라서 공급함수는 다음과 같다.

$$yi = yi(P1, P2 ... Pn)(i = 1, 2 ... n)$$

따라서 다음 같은 조건이 되면, 이 체계는 균형 상태가 된다.

$$ei(P1, P2 ... Pn) = xi(P1, P2 ... Pn) - yi(P1, P2 ... Pn) = 0(i = 1, 2 ... n)$$

이는 어떤 분석 내용이 결여된 것을 보여주는 개념에 대한 복잡한 수학 정식[14]이다. 아무리 수학적으로 복잡하더라도 기본적인 결함은 남아 있다. 이런 비판에도 불구하고 신고전학파의 부분균형 분석과 일반균형 분석은 계속 교육되는데, 단순히 가장 강력한 이데올로기, 즉 강자들의 이데올로기이기 때문이다. 하나의 결론을 피할 수 없게 된다. 주류 경제학은 하나의 신조이며, 연구 기관(우선 대학 체계)은 그것을 가르치는 교회이며, 주류 경제학자는 그곳의 사제이다. 다른 한편, 경영자들은 현실 세계를 다루어야만 하는데, 자신들의 모든 상품을 판매할 수 있든 없든, 기업이 수입과 비용 사이에서 최대의 불균형을 목표로 삼고 있음을 알고 있다.

무역과 경제통합을 주류 경제학으로 설명할 수 없다면, 국가들은 왜 무역을 하고 경제통합을 추구하는 것인가? 해답을 얻기 위해서는, 우리가 주류 경제학에서 벗어나서 노동가치론(labour theory of value)으로 들어서는 것이 전제되어야 한다.

---

14) 그것은 불일치 차원에서 균형의 조건을 표현하는 표준 절차가 되었다. 이 글의 성격을 고려해서 이 주제는 여기서 더 이상 다루지 않겠다. 한마디만 하겠다. 일반균형이론의 하나의 변종은 다중 시기 모형에 의해 주어지는데, 그 모형에서 각 상품은 시간상 다른 시점의 다른 상품으로 고려된다. 이런 조치를 정태적 모형에서 시간을 도입하는 것으로서 해석할 수도 있다. 하지만 이것은 사실과 다르다. 이 경우에서 일반균형 상태의 존재는 언제나 모든 시장에서 균형가격이 존재한다는 것에 의존한다. 이것은 현재 및 미래의 재화와 관련된 모든 결정들은 첫 시기의 시작에서 모든 경제주체들에 의해 이루어진다는 것을 의미한다. 분명하게 이런 방법은 시간을 도입하는 것, 따라서 어떤 시기의 변화보다는 비시점성(atemporality)을 시간 자체로 확장한다.

이것은 다음 장 및 그다음 장들에서 다룰 것이다. 이 장의 마지막 임무는 확고한 답은 피할 수 없이 인간 노동으로서 가치 개념을 전제한다고 주장하는 것이다. 이 개념 없이는 교환과 따라서 무역을 설명할 수 없다. 이것을 보여주기 위해, 배제 논변(argument by exclusion)을 좇을 것인데, 즉 어떤 다른 이론도 그 임무를 온전하게 수행하지 못한다는 것을 보여줄 것이다. 실제 오직 세 개의 후보가 있다.

첫째는 교환이 효용, 즉 상품의 물리적 성질에 대한 경제주체들의 주관적인 평가에 의해 설명된다는 가설이다. 위에서 이 가설을 처리했다. 효용은 상품의 수요와 공급을 설명할 수 없거나 또는 상품의 교환과 무역을 설명할 수 없다. 주관적인 평가는 기각되어야 한다면, 교환은 교환된 상품에 공통된 어떤 객관적인(즉, 내재한) 요소에 의존해야 한다. 이런 경우에, 두 상품에 내재한 공통 요소의 양적 차이 때문에 일정한 양의 교환이 가능하게 된다. 예를 들어 모든 상품들이 철로서 또는 철로 환원될 수 있는 다른 요소로서 직간접적으로 철을 함유하고 있다. 이런 경우에 다른 상품들에 들어 있는 철의 양의 차이로 상품들이 서로 교환되는 비율을 설명할 수 있다.[15] 그러나 다른 상품들에 들어 있는 철의 양의 차이는 역시 상품들 간 물리적인 차이를 설명하는 것이다. 그러면 두 가지 반대 기능을 수행하는 같은 개념이 만들어진다. 무엇이 상품들의 차이를 만드는 것인지와 무엇이 상품들의 차이를 없애는 것인지를 설명하는 것이다. 이 개념은 내적으로 모순된다. 아무 상품에 대해서도 똑같이 적용된다.

그러면 오직 하나의 가능성만 남는데, 모든 상품들은 인간 노동의 생산물이라는 특징을 공통으로 가지고 있다. 하지만 노동은 마치 철처럼 각 상품에 고유한 측면들을 창조하고, 각 상품 모두에 공통된 것이다. 가치의 실체로서 노동의 개념도 내적으로 모순적이다. 그러나 인간 노동에는 특유한 특징이 있는데, 이것으로 당면한 문제를 해결할 수 있다. 제3장에서 구체노동(concrete labour)과 추

15) 어떤 경제이론도 이런 생각에 기초하지 않는다는 것을 고려하면, 이런 경우와 비슷한 경우는 여기서 단지 완성도를 위해 논의된다.

상노동(abstract labour)의 개념을 소개할 것이다. 설명을 하자면 구체노동은 특정한 방식의 인간 에너지 지출이다. 그것은 상품의 특수한 측면들, 즉 상품이 어떤 특수한 방식으로 사용될 수 있게 하는 측면들, 다시 말해 사용가치(use value)를 창조한다. 다른 한편 추상노동은 이런 지출의 특수한 측면과는 무관한 같은 인간 에너지, 예를 들어 동일한 열량의 지출이다. 추상노동이 상품에 더 많이 들어있을수록 가치는 더 크다. 이것을 가지고 이 장에서 중요한 역할을 차지했던 문제를 해결하게 된다. 추상노동은 다른 종류 상품 간의 질의 동질화(교환을 가능하게 만드는 특성)와 상품이 교환되는 양의 비율(상품에 투하된 노동의 양의 차이를 사회적으로 평가하는 것에 따른)을 제공한다. 구체노동과 추상노동으로서 이중적 형태로 있는 노동으로 다양한 상품의 특수성과 공통된 실체(상품의 가치)와 상품이 서로 교환되는 양을 설명할 수 있게 된다. 이 글의 나머지는 이 가치의 개념에 기초할 것이다.

제3장

유럽 경제통합의 가치론

1. 이윤, 무역, 통합

제2장에서 신고전학파 경제학은 무역이나 경제통합에 대해 설명할 수 없다고 주장했다. 따라서 국제무역에서 생기는 편익, 즉 비교우위와 자원의 최적 배분은 아주 비정합적인 이론의 몸통에 근거한 비현실적인 이야기로 밝혀졌다. 일상에서 관찰이 이 점을 뒷받침한다. 제2장에서 역시 경제이론을 세우는 데 오직 타당한 개념은 인간 노동으로서 가치 개념이라고 주장했다. 이런 관점에서 상기 질문들에 대한 대답은 아주 간단한다. 우선, 국제무역을 수행하고 또 그것으로부터 이익을 얻거나 잃는 것은 국가가 아니다. 오히려 상품을 생산하고 교환하는 것은 자본이며, 국제간에도 그렇다. 자본은 무역, 즉 교환이 필요한데, 단지 가능한 최대 이윤(율)으로 상품에 들어 있는 가치를 실현하는 것이 필요하기 때문이다. 따라서 자본은 투자에 대해 가능한 가장 높은 이윤율(rate of profit)을 목표로 한다. 이것에 실패하는 것은 낮은 이윤율과 파산 가능성을 가리킨다. 국가, 즉 국민국가는 단지 자본을 위해 제도의 틀과 기구를 제공한다.

이것이 경험적으로 관찰 가능한 현실의 부분이다. 관리자들은 이것을 알고 있다. 단지 경제학자들만 이것을 이해하지 못하는 것 같다. 자본주의 체제가 균형으로 향하는 경향을 가진다는 신고전학파 경제학 이론은 기반이 무너지게 될 뿐만 아니라, 가치론을 통해, 즉 자본주의 체제는 균형으로 향하는 경향 없이 침체와 공황으로 가는 경향을 가진다는 이론에 의해 대체된다. 가치론은 더욱 높은 이윤율을 만들고 실현하기 위한 필요에서 어째서 공황의 실제 원인이 자본 자신(실제 기술이 가장 앞선 자본들)인지 보여준다. 이는 이 장의 가장 주요한 주제 가운데 하나가 될 것이다.

약간 다른 측면에서 이야기하면, 이윤율은 자본이 국경을 넘어서 이동하는 이유이다. 가장 높은 이윤율을 위한 끊임없는 탐색으로 가장 역동적인 자본은 ① 해외 투자와 노동력과 금융자본, ② 해외 상품 시장, ③ 해외직접투자 및 해외간접투자 기회에 대한 접근을 추구한다. 그들은 불충분한 구매력 때문에 국내에서 실현할 수 없는 그런 높은 이윤율을 해외에서 실현하는 것을 추구한다. 구매력의 불충분함은 결국 자본주의 경제가 가지고 있는 공황 발생 본성(crisis prone nature of capitalism) 때문에 일어난다. 자본은 그래서 세계의 구매력, 즉 세계의 (잉여)가치를 위해 가차 없는 투쟁에 참여한다. 따라서 국제무역과 자본 이동은 이런 투쟁의 현현이다. 이런 대립의 결과는 관련된 모든 당사자에게 상호 이익이 전혀 되지 않는다. 상품의 가치가 교환 행위에서 창조될 수 없다는 것을 고려하면(가치는 오직 생산에서 창조된다), 교역하는 한쪽이 이득을 얻으면, 다른 쪽은 손해를 본다. 이런 편향된 가치 재분배는 기술 경쟁에 내재한 자본의 집적과 집중으로 향하는 그리하여 과점자본과 다국적기업의 출현으로 향하는 경향을 강화시킨다.

그런 자본들은, 그리고 확장하면 그런 국가들은 이 모든 것으로부터 가장 많은 이득을 얻는 데 기본적으로 다른 이들보다 이미 앞서 있는 이들이며 보통 '선진국'의 과점자본들이다. 무역이 확대될 때도 축소될 때도 세계무역의 추진체

이면서 세계의 부에서 늘어나는 몫을 축적하는 것은 그들이다. 경제통합은 이 같은 더욱 커다란 자유를 영구적으로 만든다. 그러나 그것은 모든 사람들에게 자동적으로 또는 필연적으로 우호적인 결과가 되지는 않는다. 통합에 대한 저항은 비합리적인 경제정책이 전혀 아니며, 그야말로 통합에서 손해를 볼 것 같은 이들의 이해를 표현한다. 그리고 통합을 위해 밀어붙이는 것은 오직 우호적인 조건 아래에서, 즉 비록 어떤 이들이 다른 이들보다 통합으로부터 더 많이 이익을 얻게 되더라도 기본적으로 과점자본들의 이해가 일치할 때 시작된다. 이 글의 나머지에서는 유럽 경제통합으로 이어진 과정을 연구하기 위해 이런 개념 틀을 사용할 것이다.

앞서 제2장 제3절 제2관에서 내린 결론에 따라 첫 임무는 노동 기반 가치 개념에 탄탄한 이론적 근거를 제공하는 것이다. 이것을 하는 과정에서 이런 입장에 대해 가장 공통되게 있었던 비판에 대답하는 것은 역시 필수적인 것 같다. 이것은 첫 번째 절에서 수행할 것이다. 이런 바탕 위에서 제3장 제2절에서는 자본주의 경제는 균형으로 향하는 경향이 있는 것이 아니라 되풀이되는 호경기와 불경기를 통해 공황과 실업으로 향하는 경향이 있다고 주장할 것이다. 마지막으로 제3장 제3절에서는 이런 분석에 천착할 것이고, 공황으로 향하는 경향은 자본의 집적과 집중으로 향하게 함으로써 과점자본이 경제생활의 기본단위가 된다는 것을 제시할 것이다. 유럽연합의 경쟁정책을 이해할 수 있는 것은 이런 배경에서이다.

먼저 생산과정을 살펴보자. 경험적으로 관찰될 수 있는 것은 다음과 같다. 기업가, 즉 화폐자본의 소유자는 생산수단을 구매하고 노동자들을 고용하는데, 다시 말해 노동을 지출할 노동자들의 가능성, 즉 노동력이라고 불리는 것을 구매한다. 투입물의 이 두 가지 범주가 노동하기 위해 준비되며, 그 최종 결과는 생산물 또는 산출물이다. 산출물은 또한 상품으로 불리며, 즉 재화 그러니까 판매를 위해 생산된 물질적 재화와 지식 둘 다이다. 이런 생산물은 애초

투입물 가격보다 반드시 높은 가격으로 시장에서 판매된다. 그 차액을 이윤이라 부른다.

생산과정의 산출물, 즉 상품을 살펴보자. 상품은 반드시 두 가지 질을 갖는다. 첫째, 구매자에게 어떤 쓸모가 있어야 한다. 그렇지 않으면 팔리지 않는다. 이것은 의문의 여지가 없다. 생산물은 사용가치를 갖는다(사용가치이다)고 말할 수 있다. 둘째, 이 생산물은 반드시 가치를 가진다. 그렇지 않으면 어떤 가격(즉, 다른 생산물에 대한 어떤 비율)으로도 팔리지 않는다. 이것 역시 반론의 여지가 없는 문제이다. 그러나 가치의 본질이 고려될 때 의견의 불일치가 일어난다.[1] 앞서 제2장 제3절 제2관에서 상품을 (정해진 양으로) 교환할 수 있게 하는 유일한 특성은 상품을 생산하는 데 필요한 노동, 또한 상품에 투하된 노동(labour contained)[2]이라 불리는 것이라고 주장했다. 이제 이 개념을 명확하게 해야 한다.

각 상품은 만들어지기 위해 고유의 특수한 노동 형태가 필요하다. 그래서 상품의 범주만큼 아주 다양한 노동의 형태가 존재한다. 동시에 각 노동 형태 안에서 노동이 지출되는 여러 수준의 숙련이 있다. 그리고 마지막으로 노동은 환경에 따라서 다양한 수준의 강도로 지출된다. 다음과 같은 결론이 나올 수도 있을 것 같다. ① 노동이 다양한 상품들에 대해 같은 것이 아니라면, 그 상품들에 있는 공통된 특성일 수 없다, ② 노동이 다양한 수준의 강도로 지출된다면, 불변의 측정 단위로서 기능할 수 없다. 두 측면에서 노동은 가치나 가치의 척도가 될 수 없는 것 같아 보인다. 철 기반(iron-based) 가치론을 논의할 때 지적된 것과 유사한 중요한 모순이 있는 것 같아 보인다. 그러나 사실은 그렇지 않다.

상품이 서로 다르나 공통된 것을 가진다면(그렇지 않으면 교환될 수 없다), 그러

---

1) 신고전학파 경제학에서 상품의 사용가치는 그것의 가치이다. 우리는 왜 이런 입장이 옹호될 수 없는지 보았다.

2) 저자는 labour contained와 labour embodied를 같은 의미로 쓰고 있다. 따라서 둘 다 '투하된 노동'으로 번역한다_옮긴이.

면 생산에 들어간 노동은 반드시 두 가지 질을 가진다. 한편으로는 각 재화의 생산에는 특수한 형태의 노동이 필요한데, 그것은 그 형태의 노동이 그 재화의 독특한 질, 즉 사용가치를 창조하는 그 특수성 때문이다. 이것을 구체노동이라고 부르는데, 상품의 구체성을 창조하기 때문이다. 다른 한편, 모든 형태의 노동은 공통된 질을 가지는데, 즉 인간 노동력 일반의 지출이 되는 것이다(측정되는 것으로서, 예를 들어 누가 무엇을 하든지 지출된 칼로리 측면에서). 이를 추상노동이라고 부르는데, 수행된 노동의 구체성, 즉 특수성을 추상하기 때문이다. 그러면 모든 상품에 공통된 질은 구체노동보다는 추상노동이라는 것은 분명하다. 즉, 구체노동은 사용가치를 창조하는 반면(질적 차이[3]), 추상노동은 가치(공통된 질)를 창조한다. 이제 왜 노동이 다양성(구체노동으로서)과 유사성(추상노동으로서) 모두를 창조하는 요소인지 알 수 있다. 두 가지 질은 동시에 특수성과 공통성을 창조한다. 국제무역 이론은 앞서 제2장에서 언급한 해결할 수 없는 어려움에 빠지는데, 추상노동을 고려하지 않으면서 오직 구체노동에만(그래서 오직 상품의 사용가치에만) 초점을 맞추기 때문이다.

구체노동과 추상노동을 구별하면 두 가지 환원을 수행할 수 있게 된다. 첫째, 높은 강도의 (추상)노동은 낮은 강도 노동의 배수로 간주되는데, 즉 낮은 강도의 노동으로 생산한 것보다 더 많은 가치를 생산한다.[4] 둘째, 숙련도(자질)가 다른 노동자들은 같은 시간 동안 서로 다른 가치를 생산하는데, 노동자의 노동력(그 노동력을 생산하기 위해 필요한 상품의 생산에 들어가는 노동, 훈련과 교육도 포함)의 가치가 상품을 생산하는 데 필요한 숙련도에 따라 다르기 때문이다. 줄이자면,

3) 원문의 단어는 같은 종 안에서 차이를 의미하는 종차(differentia specifica)이나 글의 내용에 맞게 이렇게 번역한다_옮긴이.

4) 이것은 생산된 가치, 즉 상품에 들어 있는 가치에 적용된다. 조금 뒤에 보게 될 것인데, 이것은 판매를 통해 실현된 가치와 양의 측면에서 다르다. 상품이 평균 가치(공통 가격)를 실현한다면, 그러면 평균적인 노동강도보다 더 약한(더 강한) 노동강도를 가지고 생산된 상품은 들어 있는 가치보다 더 많은(더 적은) 가치를 실현한다.

상품 가치의 결정에서 강도가 높은 노동은 강도가 낮은 노동의 배수로 간주된다. 마찬가지로 숙련노동은 비숙련노동의 배수로 간주되는데, 숙련노동자의 노동력을 만드는 데 더 많은 노동이 필요하기 때문이다. 다른 모든 조건이 불변한다면, 이것이 숙련노동을 필요로 하는 상품이 비숙련노동을 필요로 하는 상품보다 높은 가격으로 판매되는 이유이다.

그래서 서로 다른 상품에 투하된 노동은 비교될 수 있는데 ① 그 노동은 추상노동이면서, ② 숙련노동이 비숙련노동으로, 그리고 강도가 높은 노동이 강도가 낮은 노동으로 환원될 수 있기 때문이다. 하지만 이것으로 충분하지 않다. 상품에 투하된 노동은 노동자들이 새로 지출한 노동만으로 이루어진 것이 아니기 때문이다. 그것에는 생산수단에 투하된 노동도 역시 포함되어 있다. 여기서 다른 비판과 마주치게 된다. 상품의 투입물로서 생산수단도 이전 시기 생산물이기 때문에 그것에 투하된 노동을 밝히기 위해서는 시간의 무한정한 소급으로 생산수단의 생산수단에 투하된 노동을 밝혀야 한다는 주장이다. 노동, 즉 노동력을 만드는 데 필요한 상품에 투하된 노동에도 똑같이 적용될 수 있다. 이런 비판에 대한 답은 간단하다.

생산 시기 $t_o - t_1$을 고려하고, 그 시기 동안 새로 지출된 노동에 초점을 맞춰보자. 적합한 조사 체계가 준비될 수 있다면, 이 시간은 계산될 수 있고, 노동강도(예를 들어 소비된 열량)도 측정될 수 있고, 숙련도도 알아낼 수 있다. 높은 강도의 노동이 낮은 강도로, 숙련노동이 비숙련노동으로 환원하는 것을 수행할 수 있다. 총시간의 길이는 그에 따라 늘어날 수 있다. 그런 체계를 이용할 수 없다는 사실은 실천적인 어려움을 나타내지 이론적인 어려움을 나타내는 것은 아니다. 그러면 그런 자료를 이용할 수 있다고 가정해보자. 이런 경우 이 노동시간으로 총임금과 총이윤에서 화폐적 표현을 밝힐 수 있다. 결론을 내리자면 나머지 화폐의 양은 생산수단에 투하된 노동시간에 대한 사회적 가치 평가(social valuation)의 화폐적 표현이다. 이 시간을 밝히기 위해 똑같은 비율 '총 임금 및 급여/새로운 노동시간'을 총생산수단 가격에 적용하는 것으로 충분하다. 예를 들어 t_1기에 지불된 총 임금 및 급여가 미화 150억 달러라면, 그리고 환산 후에 $t_0 - t_1$동안 새로 지출된 총노동시간이 10억 시간이라면, 그 비율은 15인데, 즉 15달러가 새로운 노동 1시간을 나타낸다. t_1기에 본원통화가 미화 300억 달러라면, 300억 달러-150억 달러=150억 달러는 생산수단에 투하된 노동시간에 대한 사회적 가치 평가의 화폐적 표현이며, 그것은 과거 노동 10억 시간이다. 이는 $t_0 - t_1$기의 산출물로서 생산수단에 의해 t_1기에 실현된 가치(value realized)이다.

이제 다음 생산 시기 $t_1 - t_2$기를 고려해보자.[5] $t_0 - t_1$기 산출물로서 생산수단에 의해 실현된 노동은 역시 정의상 $t_1 - t_2$기의 투입물로서 생산수단에 투하된 노동이다.[6] 즉, t_1기에 $t_0 - t_1$의 산출물로서 생산수단에 의해 실현된 $t_1 - t_2$의 투입물로서 생산수단에 들어 있는 가치는 일치하지 않을 수 없다. 따라서 어떤 산출물에 사용된 생산수단에 투하된 노동을 밝히기 위해 시간을 무한정 소급할 필요가 없다. 한 시기를 소급하는 것으로 충분하다(그리고 한 시기 앞의 생산수단의 사회적 가치 평가는 경험적으로 관찰 가능하다). 이것이 행해지면 $t_1 - t_2$의 산출물의 투입물로서 t_2기 생산수단의 사회적 가치 평가를 할 수 있다. 이는 앞 단락에서 세운 방법을 따름으로써, 즉 t_2기 생산수단의 사회적 가치 평가를 함으로써 수행된다. 따라서 $t_1 - t_2$기를 고려하면, t_1기 생산수단에 들어 있는 가치와(되풀이하자면, 생산수단은 이전 생산과정, 즉 $t_0 - t_1$기의 산출물로서 가치를 실현한다) t_2기에 실현된 가치의 차액, 즉 생산수단에 귀속되는 $t_1 - t_2$ 동안 생산된 상품에 의해 실현된 가치의 비율을 계산할 수 있다.

생산수단에 들어 있는 가치가 과거에 그것을 만들기 위해 필요했던 시간으로 정

---

5) 상품이 바로 다음 과정에 들어간다고 가정한다. 상품이 잠시 동안 유휴할 수 있다. 하지만 이것 때문에 그 문제나 그 해법이 변하지 않는다.

6) 같은 상품이 $t_0 - t_1$기의 산출물과 $t_1 - t_2$기의 투입물이기 때문에 $t_0 - t_1$기의 산출물로서 t_1기에 그것이 실현하는 가치는 $t_1 - t_2$기의 투입물로서, 역시 t_1기에 그것이 지니고 있는 가치와 같아야 한다.

해지는 것이 아니라는 것을 이해하면, 무한 소급 비판(the infinite regression critique)은 의미 없다. 오히려 그 가치는 한 시기 앞의 시간을 이용한 사회적 가치 평가, 즉 이전 생산 시기의 산출물로서 실현된 시간의 길이로 정해진다.

같은 방법이 노동력 가치에도 적용된다. 이것은 노동력을 재생산하기 위해, 즉 노동자 집단(collective labourer)의 소비수단을 생산하기 위해 필요한 사회적 노동의 시간이다. 이는 전체 화폐임금과 이윤에서 임금으로 가는 비율로 정해진다. 예를 들어 화폐임금이 총임금과 총이윤의 2/3라면, t_0-t_1기 동안 새로 지출한 총노동시간의 2/3가 t_0-t_1기의 종료점으로서 t_1기의 노동력 재생산(가치이다)을 위해 필요하다. 이 양은 노동력 상품에 투하된 시간의 길이로서 t_1-t_2기에 들어간다.[7)] 그리하여 우리는 t_1-t_2기의 출발점으로서 t_1기의 생산수단과 노동력에 들어 있는 가치를 얻게 된다.

이것을 기억하면 우리는 아무 개별 상품, 말하자면 상품 A에 투하된 노동을 결정할 수 있다. t_1-t_2기를 고려하면, 우리는 먼저 t_1기, 즉 t_1-t_2기의 출발점(initial moment)의 생산수단에 들어 있는 가치를 계산한다. 이것은 t_0-t_1기의 산출물로서 t_1기에 생산수단에 의해 실현된 가치이다. 이 가치는 t_1기, 즉 t_0-t_1기의 종료점에서 생산수단에 의해 실현된 총가치 가운데 상품 A의 생산에 사용되는 생산수단의 몫이다. 이 몫은 결국 상품 A의 생산수단 가격을 생산수단 전체 가격으로 나누어서 얻는다. 그런 다음 우리는 상품 A를 생산하는 데 사용된 노동력 가치를 계산한다. 우리는 노동시간 조건에서 노동력 가치와 상품 A를 생산하는 노동자들에게 가는 전체 임금 비율 둘 다 알고 있다. 그러면 상품 A의 노동자에게 가는 소비수단에 투하된 시간의 길이, 즉 상품 A를 생산하기 위해 필요한 노동력의 가치는 총임금에 대해 상품 A의 노동자에게 지불된 임금의 몫을

7) 이것은 몇몇이 지지하고 있는 가치는 (그리고 특히 상품에 들어 있는 가치) 노동시간으로 측정될 수 없고 오직 화폐 차원에서 측정될 수 있다는 주장과 반대된다. 이런 입장에 대한 비판은 Carchedi and de Hann(1996)과 Giussani(n.d)를 보라.

노동자 집단에게 가는 총노동시간에 적용함으로써 얻는다. 생산수단의 가치(이것은 t_1기에 계산된다)와 다르게 노동력 가치는 t_2에 계산된다.

마지막으로 우리는 상품 A에 투하된 잉여노동을 계산한다. 방법은 노동력 가치에 사용된 것과 비슷하다. 우리는 (t_1기에 계산된) 생산수단에 투하된 노동시간을 (t_2기에 계산된) 소비수단에 투하된 노동시간과 (역시 t_2기에 계산된) 잉여가치를 나타내는 노동시간에 더함으로써 t_2기 상품 A에 들어 있는 가치를 얻게 된다.

이것으로 역시 '순환 비판(circularity critique)'을 해결할 수 있다〔더 자세한 것은 Carchedi(1991)를 보라〕. 상품 가치를 계산할 때 생산수단은 투입물로서는 들어 있는 가치로 표현되나 산출물로서는 가격(실현된 가치)으로 표현된다. 같은 상품을 같은 가격(가치)에 구매하고 팔았기 때문에 순환 비판에는 모순이 있다. 이런 비판은 의미 없다. 두 시기, 즉 t_0-t_1과 t_1-t_2를 보자. t_1은 t_0-t_1의 종료점이면서 t_1-t_2의 출발점이다. t_1기에 생산수단은 t_0-t_1기의 산출물로서 실현된 가치(가격)로 팔리고, 같은 가격으로 t_1-t_2기의 투입물로서 구매된다. 그러나 후자는 t_0-t_1기 생산 기간의 투입물로서 생산수단에 들어 있는 가치가 된다. 같은 양의 가치가 t_0-t_1기 생산자의 관점에서는 실현된 가치이고, t_1-t_2기 생산자의 관점에서는 들어 있는 가치이다. 이는 t_1에 관한 한 그렇다. 우리가 이제 t_2를 고려하면, 생산수단의 사회적 가치 평가(t_0-t_1기의 산출물로서 실현된 가치와 따라서 t_1-t_2의 투입물로서 들어 있는 가치)가 t_2기 사회적 가치 평가와 같아야 할 이유가 없다.

순환 비판은 두 가지 결함에 기초하고 있다. 첫째, 올바른 비교는 t_1-t_2기의 투입물로서, 그리하여 t_1기 생산수단에 들어 있는 가치와 같은 시기 동안[8] 생산된 산출물이 투입물로서 t_2기에 실현된 가치의 비교이다. 이것은 t_1기 투입물로서 들어 있는 가치와 t_2기에 투입물이 되는 산출물에 의해 실현된 가치 사이의

8) t_1-t_2기이다_옮긴이.

잘못된 비교와 혼동된다. 순환비판이 가리키는 것은 이 후자의 비교이다. 이 두 가치는 같지 않으므로 비판자들은 이것이 같다고 밝히기 위해 수많은 '해법'을 적용했다. 그러나 두 가치는 같지 않다. 왜냐하면 $t_1 - t_2$기 동안 생산된 생산수단의 가치는 같은 과정의 투입물로 사용된 생산수단 가치에 새로 생산되고 부가된 가치를 더한 것과 같다. 오직 어떤 새로운 가치도 부가되지 않는다면, 즉 오직 완전하게 기계화된 생산과정(어떤 노동자도 고용되지 않고 그래서 어떤 새로운 가치도 창조되지 않는 경우)의 경우에서는 두 가치가 같을 수 있다. 이것은 비판자들이 고려하는 그런 경우가 아니다.

하지만 둘째, 더 중요한 것은 순환비판에서는 비단 $t_1 - t_2$기의 투입물로서 생산수단에 들어 있는 가치가 그 생산수단을 가지고 생산된 생산수단($t_1 - t_2$기의 산출물)에 의해 실현된 가치와 같다고 가정하는 것뿐만이 아니다. 그 비판에서는 실제 $t_1 - t_2$기 투입물로서 생산수단과 같은 생산과정의 산출물로서 생산수단을 구별하지 않으며, 같다고 가정한다. 오직 시간이 존재하지 않는다면, 그런 경우가 될 수도 있다. 이것이 실제 순환 비판 이면에 숨어 있는 가정, 즉 시간성 없는 현실(timeless reality)이다. 정신 나간 논리가 있다면 바로 이것이다.

이제 중요한 결론에 도달할 수 있다. 투하된 추상노동(가치) 개념에는 두 가지 측면이 있다. 한편으로 그것은 과거와 현재에 상품의 생산에 들어간 인간 에너지의 물리적 지출(physical expenditure)이다. 다른 한편, 각각 그 지출된 양, 가령 생산수단에 새로이 지출된 또는 응고되어 있던 한 시간은 사회적 가치 평가 때문에 생산수단에 투하된 노동과 그 생산수단에 새로 부가된 노동이라는 노동의 양으로 계산된다(위에서 이야기한 이중 환원 때문에). 두 측면(물리적인 것과 사회적인 것)은 분리될 수 없다. 투하된 노동이 오직 인간 에너지의 물리적인 양(딱 그만큼의 시간의 길이)이라고 주장하는 것은 과거 산출물에 투하된 노동의 측정 불가능성을 박살내는 자연주의적 관념이다. 그러나 투하된(embodied) 노동만이 오직 사회적 가치 평가라고 주장하는 것은 가치의 객관적 기초를 기각하며, 위에서 비관한 가치에 대한 일종의 주관적인 개념으로 빠지게 한다. 상품에 투하된 노동은 그 상품을 생산하기 위해 실제 필요한 인간 에너지 (과거와 현재의) 지출에 대한 사회적 가치 평가이다.[9)]

투하된 노동이라는 개념을 아주 자세하게 다룬 몇 가지 이유가 있다. 여기서 단지 두 가지를 언급할 것이다. 첫째, 이 개념은 순전히 화폐 현상(예를 들어 교환 단계에서)으로서가 아니라 무엇보다도 생산 현상으로서 노동력 상품에 들어 있는 가치의 양을 (따라서 생산수단 소유자에게 생기는 잉여가치를) 측정할 수 있게 한다. 이는 가치가 이 시기의 교환 전에 (하지만 분명히 이전 시기의 교환 또는 실현 후에) 양으로 측정된다는 것을 의미한다. 이것의 중요성은 생산 단계에서 잉여가치를 양으로 측정하는 것이 가능해진다는 것인데, 이 시기의 종료점에서 노동자들에게 지불된 '시간'과 이 시기 동안 노동자들이 노동한 시간의 차이로서 말이다.[10)] 착취(exploitation)는 교환 단계에서 스스로를 드러내지만 생산 부문에서 일어난다. 그런 방식으로 인해 이는 자본주의 체제를 지양하는 것을 목표로 하는 모든 재분배 계획의 궁극적 한계가 된다.

둘째, 이런 가치의 개념으로 생산과정의 산출물이 판매되기 전에 지니고 있는 가치의 양을 측정하는 것이 가능하게 되고, 그래서 노동시간 조건으로 상품의 교환(불평등 교환)에 내재하는 손실/이득을 이론화하고 양으로 측정하는 것이 가능하게 된다. 이 두 가지 측면 모두 이번 장과 다음 장에서 중요한 역할을 한다. 그러나 상품에 들어 있는 가치는 교환되기 위한 목적이며(즉, 상품은 판매되어

---

9) 생산과 유통 기간에서 시간이 이어지는 것으로 초점을 맞추는 것은 들어 있는 가치와 실현된 가치 사이의 혼동을 피하는 핵심이다. $t_0 - t_1$기를 고려하면, 상품(예를 들어 x)에 들어 있는 가치는 이 상품이 t_1기에 실현하는 가치가 아니다(아래를 보라). 하지만 $t_0 - t_1$의 산출물로서 t_1기에 상품 x가 실현한 가치는 $t_1 - t_2$의 투입물로서 (명백하게 역시 t_1기에) 들어 있는 가치가 된다.

10) 노동자가 노동을 시작할 때 노동자는 자신의 임금을 자본가에게 선대해주는데, 왜냐하면 노동자는 자신의 노동 계약의 첫 번째 달(주)의 끝에 임금을 받기 때문이다. 그 지불로 노동자는 두 번째 시기 등등에 대해 자신의 임금을 다시 선대해준다.

야 한다), 화폐로서 실현되기 위한 목적이라는 것을 잊지 말아야 한다. 그것이 또한 교환가치(exchange value)라고 불리는 이유가 이것이다.

여기까지 분석은 노동에 근거하는 가치의 개념에 초점을 맞추었다. 그러나 이것은 충분하지 않다. 자본주의 사회에서 노동이 가치가 되는 몇몇 조건이 있다. 첫째, 구체노동과 추상노동이 분리할 수 없는 노동의 두 가지 측면이라는 것을 고려하면, 노동이 교환가치가 되기 위해서는, 사용가치를 창조해야 하고(따라서 사용가치를 변형하거나 보존해야 하고), 수행된 노동의 특수한 측면을 추상한 인간 에너지의 지출이어야 한다. 이는 ① 사용가치를 생산(또는 변형 또는 보전)하지 않으면서, ② 다른 사람들이 사용가치에 작용을 가하도록 강요하는 〔(관리 및 감독 업무(work of control and surveillance)〕 활동은 가치를 생산하지 않는다는 것을 의미한다. 비록 그런 활동도 역시 인간 에너지의 지출이지만 말이다. 이 점은 비생산노동과 비노동을 다룰 때 좀 더 자세하게 이야기하겠다. 둘째, 조금 전 말한 것은 물리적 상품과 정신적 상품(지식) 모두에 적용된다. 하지만 지식의 생산은 여기서 검토될 수 없는 주제이다.[11)]

---

11) Carchedi(1991a: ch.2)는 자본주의 상품으로서 지식에 대한 이론을 제시한다. 기본 요소들은 다음과 같다. 정신적 변형은 지식의 한 형태, 즉 K가 다른 형태의 지식 K'로 변형되는 것으로서 정의한다. 따라서 정신적 변형은 지식의 생산과 전달 둘 다 포함한다. 물질적인 사용가치를 생산하거나 변형하는 데 필요한 지식 또는 물질적인 사용가치의 악화를 막는 데 필요한 지식을 실질적으로 또는 잠재적으로 낳는 모든 정신적 변형은 생산적 노동이다. 정신적인 변형은 어떤 과정을 위해 실질적으로 필요하다고 이야기되는데, 그것이 그 과정의 실제 부분이라면 말이다. 정신적 변형이 어떤 과정의 부분은 아니더라도 어떤 것도 미래의 노동과정에서 그 정신적 변형이 미래의 노동과정에서 사용된다면, 그 과정에 잠재적으로 필요한 것이라고 말한다. 생산과정의 조직에 관한 "예를 들어, 연락, 서신, 전보 등등의 전송"(Marx, 1967b: 52)은 그 생산과정을 위해 필요한 정신적인 변형이다. 그러면 그것은 생산적 노동이다. 사적으로 소유한 학교에서 가르치는 것도 생산적 노동인데, 왜냐하면 그것은 필수적이지 않더라도 생산적 목적을 위해 사용될 수 있기 때문이다. 결론을 내자면 ① 비생산적 노동을 위해, ② 관리 및 감독 업무를 위해, ③ 사용가치의 파괴를 위해 실제 필요한 모든 정신적인 변형은 생산적 노동일 수 없다.
모든 노동과정은 물질적 재화(물질적 변형)와 지식(정신적 변형) 둘 모두의 변형을 필요

셋째, 자본주의 사회에서 생산은 어떤 사람들(노동자)이 다른 사람들(기업가, 즉 생산수단의 소유자)을 위해 수행한다는 것을 고려하면, 노동은 오직 이런 특수한 생산관계 아래에서 수행될 경우 교환가치가 될 수 있다. 자본주의 생산관계 밖에서 지출된 노동은 사용가치(따라서 부)를 생산할 수는 있으나 가치를 생산하지 않는다. 자본주의 생산관계는 가치의 사회형태(social form)이고, 노동은 가치의 실체(substance of value)이다.

넷째, 생산물은 생산수단 소유자에게 속하게 되고, 그는 생산물을 소비하는 것이 아니라 판매해야만 하는데, 즉 화폐로 바꾸어야 한다. 판매가 일어나지 않는다면, 노동은 지출되고, 즉 교환가치는 생산되었지만, 실현되지 않는다. 이는 마치 노동이 지출되지 않은 것처럼 말이다. 그리하여 교환가치는 자본주의 생산관계 아래에서 수행된, 그리고 화폐로서 스스로를 나타내야만 하는 추상노동으로서 노동이다.[12] 나아가, 같은 노동은 구체노동으로서 사용가치를 변형해야만 한다. 오직 이 모든 조건이 만족된다면 노동은 가치가 된다.

이런 가치의 개념은 반박의 여지가 없는 경험적 관찰에서 생겨났다. 즉, 자본주의 경제에서 ① 어떤 사람은 생산수단을 소유하고 있고, 다른 사람은 그렇지 않다, ② 후자는 전자를 위해 노동해야만 한다, ③ 모두 생산과정에 참여하며, 그 결과물은 화폐를 얻기 위해 판매되어야 한다, ④ 이런 판매는 생산물이 구매자에게 어떤 쓸모를 갖는다는 것을 의미한다(그렇지 않으면 판매되지 않는다), ⑤ 그 체제가 스스로를 재생산하기 위해 이런 판매의 수입은 생산수단의 소유자가 이윤을 남기기에 충분해야만 한다. 경험적으로 관찰할 수 없는 것은 ① 기계가 가

로 한다. 일단 정신적 변형이 분리된 활동이 되면, 물질적 노동(결과의 물질적 본성에서 나타나듯이, 그것에서는 물질적 변형이 지배적이다)과 정신적 노동(결과의 비물질적 본성, 즉 지식에 의해 나타나듯이 그것에서는 정신적 변형이 지배적이다) 둘 사이를 구분하는 것이 가능하다.

12) 그러므로 화폐로서 기능하는 상품, 즉 기본적으로 금은이 아니라면, 화폐는 가치의 표현 형태이지만 가치는 아니다. 하지만 금은의 경우 화폐로서가 아니라 상품으로서 가치를 가진다.

치를 생산하지 않는다는 것과, ② 생산수단의 소유자는 (가치를 생산하기보다) 자신이 고용한 사람으로부터 가치를 전유한다는 것이다. 이것이 잉여가치(surplus value)인데, 산출물이 팔렸을 때 화폐이윤의 형태를 띤다. 이 두 가지 점은 보통 뜨겁게 논쟁된다.

첫 번째 점, 즉 오직 사람(그래서 기계가 아니라)만이 가치를 창조한다는 것을 고려해보자. 이것을 알기 위해 제한된 경우, 즉 완전히 자동화된 경제를 고려해보자. 이 예에서 노동자는 없다. 체제는 더 이상 자본주의가 아니며, 위에서 정의된 것처럼 가치도 창조될 수 없다. 생산수단의 소유자가 자신의 생산물을 서로에게 판매한다고 주장할 수도 있을 것 같다. 하지만 그들은 자신들의 소비를 위해 사용가치를 교환하며 더 이상 자본가들이 아니고 독립 생산자들이다. 완전히 자동화된 자본주의 경제는 생각할 수 없다. 이는 기계, 즉 생산수단이 가치를 창조하지 않는다는 것을 보여준다. 그러나 기계는 사용가치를 창조한다.[13)]실제로, 우리가 잠시 후 보게 되듯이, 기계는 노동의 생산성을 (따라서 가치의 전유를) 증대시키는데, 이 때문에 기계가 자본주의 생산과정에 끊임없이 적용된다. 기계가 가치를 창조한다는 의견은 더욱 발전된 기계가 더 많은 사용가치를 생산한다는 관찰에 기초해 주장될 수 있는데, 왜냐하면 구체노동과 추상노동을 구별하지 않기 때문이다.

기계가 어떤 새로운 가치도 창조할 수 없다면, 기계의 가치는 생산물의 가치에 이전되는 것이 틀림없다(그렇지 않으면 기업가는 생산물 판매를 통해 기계의 가치를 회복시킬 수 없을 것이다). 이는 노동의 매 순간이 마모의 순간이고, 그리하여 그 기계 가치의 부분이 생산물의 가치로 이전하는 순간이라는 것을 의미한다. 마모는 특정한 목적, 즉 사용가치로서 기계에 영향을 주기 때문에, 마모는 기계의 사용가치를 감소시킴으로써 생산물의 가치에 기계의 가치를 이전하는 노동

---

13) 다른 사용가치 창조 요소는 구체노동으로서 노동이기 때문에, 기계가 사용가치의 창조에 참여한다고 말하는 것이 더 정확하다.

의 특수한 형태임에 틀림없다. 즉, 기계의 교환가치는 구체노동을 통해 생산물의 교환가치에 이전된다. 그러나 같은 시간 동안 행해진 노동은 또한 추상노동이고 그래서 새로운 가치 창조이다. 어떤 시점까지 창조된 새로운 가치는 노동자의 노동력 가치(value of the labourers' labour power), 즉 특정한 역사적·사회적 상황 아래에서 노동자를 재생산하기 위해 필수적이라고 여겨지는 상품의 가치와 같다. 그 시점부터는 곧 논증하게 되듯이 생산수단 소유자가 전유하는 추가 가치(extra value), 즉 잉여가치가 생산된다.

그러면 매 순간 노동은 생산수단의 가치를 (구체노동을 통해) 산출물에 이전하고, (추상노동을 통해) 산출물에 들어 있는 새로운 가치를 창조한다. 이 새로운 가치의 한 부분은 노동자의 임금(필요노동)이고, 다른 부분은 이윤(잉여가치 또는 잉여노동)이다. 상품의 가치가 형성되는 것은 이런 방식이다. 생산과정 동안 생산수단의 가치는 변하지 않는다(그것은 단순하게 생산물의 가치에 이전된다). 이것이 생산수단에 투자된 화폐, 즉 자본이 불변자본(constant capital)이라고 불리는 이유이다. 반대로 노동력에 투자된 가치는 변한다(그것은 증가하는데 잉여가치를 창조하기 때문이다). 이는 노동력에 투자된 자본이 가변자본(variable capital)이라고 불리는 이유이다. V는 상품의 가치이고, c는 불변자본이고, v는 가변자본이고, s는 잉여가치라면, 다음과 같이 된다.

(1) $V=c+v+s$

이에 기초해 우리는 잉여가치율(rate of surplus value)을 $s'=s/v$로, 이윤율을 $p'=s/(c+v)$로 정의할 수 있다.

관계식 (1)은 각 상품에 들어 있는 가치를 설명한다. 이것은 위에서 설명한 것처럼, 그리고 아래에서 더 자세하게 보여주는 것처럼 상품이 실현한 가치와 똑같지 않다. 이 차이는 기술 경쟁으로 인한 가치의 이전과 수요와 공급의 차이 때문이다. 그러나 한 상품이 잃은 가치를 다른 상품이 얻는다는 것을 고려하면, 총액 차원에서 들어 있는 가치는 실현된 가치와 일치하는 것이 틀림없다. 그래서 관계식 (1)은 총액 차원에서 실현된 가치와 경제주체들의 구매력도 설명한다. 자본가들이 자기 상품으로 실현한 가치를 **자본가 구매력**(capitalists' purchasing power)이라 한다. 자본가들은 생산수단(c)을 다시 구매하기 위한, 자신의 소비수단(s)을 다시 구매하기 위한, 노동자들에게 임금(v)을 다시 지불하기 위한 충분한 자본을 받는다. 노동자의 임금은 역시 **노동자의 구매력**(labourer's purchasing power)이다. 노동자는 가변자본(v)을 가지고 자본가로부터 소비수단을 구매하는 반면, 자본가는 다른 자본가로부터 생산수단과 소비수단(s)을 구매한다.

따라서 임금은 전체 가치에서 노동자에게 가는 몫(경향적으로 노동력의 가치)이면서 이들의 구매력이다. 주류 경제학과는 반대로 **실질임금**(real wages)은 인플레이션을 조정한 화폐임금이나 소비수단(사용가치)의 차원에서 임금의 구매력을 가리키는 것이 아니다. 오히려 다르게 특정하지 않는다면, 실질임금은 생산된 전체 가치에서 노동자들에게 가는 몫으로서 이해되는데, 이 몫은 더 많거나 더 적은 화폐의 양으로 표현되는 것과 상관없으며, 더 많거나 더 적은 사용가치, 즉 소비수단의 양을 구매할 수 있는 것과도 상관없다. 고용된 전체 노동력 크기의 변화 때문에 또는 (가치의 어떤 화폐적 표현이 주어졌을 때) 노동력 가치의 변화 때문에, 또는 노동력 가치의 화폐적 표현에 비해 전체 화폐임금이 하락하거나 상승하기 때문에 실질임금은 변화한다. 뒤의 두 가지 경우는 잉여가치율의 변화에 조응한다.

두 번째 뜨거운 논쟁점은 이윤은 기업가가 노동자로부터 전유한 가치라는 개념과 관련된 것이다. 주류 경제학은 이런 생각과 정반대이다. 오히려 주류 경제학에서는 이윤을 가치 생산(대체로 '엄밀한 의미의 생산', 분배, 교환, 그리고 금융과 투기 부문을 포함하는 것으로 이해한다)에 참여한 것에 대해 기업가가 가지는 보상이라고 말한다. 가장 흔하게 제시되는 주장은 다음과 같다.

첫째, 기업가는 소비를 절제한 것에 대해 보상을 받는다는 주장이다. 절제의 장점과 그것에 대해 보상하는 이유가 어떠하든 소비에 참여하지 않음으로써 어떤 것(가치)을 창조한다고 주장하는 것은 불가능하다.

둘째, 기업가는 가능한 가장 이익이 되는 방법으로 상품을 판매하는 대가로 보상을 받는다고 말한다. 상업 활동은 자본주의 생산을 위해 확실히 아주 중요하지만, 그것으로는 가치를 생산하기보다는 오직 실현할 수 있을 뿐이다. 2명의 사람과 하나의 상품이 있는 경제를 예로 들어보자. 두 사람이 끊임없이 그 상품의 판매/구매에 참여한다면, 1명은 다른 이를 희생시킨 대가로 더 부유해질 수 있다(그리고 그 반대의 경우는 그 반대이다). 하지만 그들이 처분할 수 있는 가치, 즉 그 상품은 인플레이션 현상의 가능성에도 불구하고 전혀 증가하지 않는다. 국가와 국가 간 무역 관계에 똑같이 적용된다.

셋째, 기업가는 위험을 감수하는 것에 대해 보상을 받는 것으로 가정한다. 이런 행위의 장점과 그것에 대해 보상하는 이유가 어떠하든 상품의 양이나 가치는 그런 행위 때문에 영향을 받지 않는다.

넷째, 기업가는 관리 기능(managerial function)을 수행하는 것에 대해 보상을 받는다고 말한다. 이는 좀 더 심각한 주장이다. 이것을 다루기 전에 중요한 구별을 해야 한다. 생산과정은 사용가치와 가치, 즉 상품의 두 가지 측면을 생산한다고 확인했다. 노동자들은 자신들을 위해서가 아니라 자본가들을 위해 생산하기 때문에 일련의 관리 수단이 필요하다. 이것은 가장 악랄한 강압부터 가장 교묘한 설득의 형태까지 포함하며, 노동력에 박차를 가하거나 분리하기 위해 의도적으로 고안된 임금정책을 관철시킨다. 그것은 기업가 자신과 이 기능을 위임받은 이들에 의해 인지되고 수행된다. 그래서 자본의 대표자로서 자본가가 수행하는 전형적인 기능은 노동을 관리하고 훈육하는 것이다. 이것을 자본의 기능이라고 부르는데, 생산과정의 이런 측면을 잉여가치 생산과정이라고 부른다. 다른 한편, 노동자는 노동의 기능을 수행한다. 이것은 노동자가 사용가치를 변형하든(이들은 생산적 노동자이며, 즉 가치와 잉여가치를 생산하는) 하지 않든(이들은 비생산적 노동자인데, 즉 상업적 활동처럼) 사용가치를 다룬다는 것을 의미한다. 노동자는 생산과정의 다른 측면, 즉 **노동과정**(생산에서와 같이 사용가치를 변형함으로써 또는 교환에서와 같이 사용가치를 변형하지 않음으로써 사용가치를 다루는 과정)을 수행한다. 줄이자면 **생산과정**은 노동과정과 잉여가치 생산과정의 결합이다.

이것을 가지고 우리는 관리 기능을 개념화할 수 있다. 이는 자본의 기능과 노동의 기능(의 측면) 예를 들어, 노동과정의 조직 및 통합 업무(work of coordination and unity of labour process, 생산요소의 결합을 포함한다)를 아우른다. 관리 기능은 자본가들뿐만 아니라 자본의 기능을 위임받은 모든 이들에 의해, 즉 최고 경영자로부터 여러 층위의 관리자를 거쳐 일선 감독관으로 내려와서 수행된다. 다른 사람들을 관리하는 이들(관리당하는 이들은 노동자들이고, 그렇지 않으면 자본의 기능을 수행하는 다른 주체일 수 있다)이 그 기능을 수행하는 한 사용가치의 변형에 참여하지도 않거나 (그래서 가치를 창조할 수 없고) 사용가치를 변화시키지 않으면서 (상업 활동에서처럼) 사용가치를 다루는 것도 하지 않는다. 오히려 그들은 다른 사람들이 노동의 기능이나 자본의 기능을 수행하도록 강제/설득한다. 간단하게 말하면, 어떤 이가 다른 사람들로 하여금 사용가치를 변형하도록 강제/설득해야 한다면, 그는 사용가치의 변형에 참여할 수 없다. 그러므로 자본가와 자본의 기능을 수행하는 모든 사람들은 오직 노동의 기능을 수행하는 한, 가치를 생산할 수 있다. 그러나 이런 경우에, 그리고 그들이 오직 이 기능을 수행하는 한, 그들은 자본가가 아니다. 그들이 자본의 기능을 수행하는 한 가치를 창조할 수 없다. 그들이 가치를 창조하지 않는다면, 그들은 노동자들이 생산한 가치의 몫을 이윤의 형태로 강탈하고 전유해야만 한다. 그들이 그렇게 하는 방식은 직접적으로 또는 간접적으로, 강압 또는 설득을 통해서 노동자들이 임금재를 생산하는 데 필요한 시간보다 더 긴 시간 동안 일을 하도록, 즉 잉여노동을 제공하도록 강제함으로써이다. 자본가와 관리자, 그리고 모든 관료 기구가 그들의 근무에서 가

치를 생산한다는 관념을 가지는 것은 이런 기초적인 구별을 하는 데 실패했기 때문이다.[14]

다섯째, 기업가는 혁신의 도입에 대해 보상을 받는다고 제시한다. 여기서도 역시 구별할 게 있다. 새로운 기술이 노동과정에 적용되면, 기업가는 노동 기능의 측면 가운데 하나를 수행하고 그래서 (잉여)가치 창조에 기여한다. 만약 그것들이 자본 기능의 측면이라면, 자본가는 가치(잉여가치)를 강탈하고 전유하는 과정의 부분에 속한다.

요약하면, 가치의 생산과 실현을 구별하는 것 또는 생산의 객관적 요소와 주관적인 동기를 구별하는 것 또는 자본의 기능과 노동의 기능을 구별하는 것에 실패했기 때문에, 자본가와 관리자가 가치를 창조한다고 주장한다.

우리는 이제 여기에 제시된 방법과 주류의 관점 사이에 있는 중요한 몇몇 차이점들을 검토할 수 있다. 신고전학파 종합의 관점에서 소득 또는 산출(Y), 소비(C), 투자(I), 저축(S)의 관계는 다음 식으로 정해진다.

(2) $Y = C + I = C + S$

첫째, 관계식 (1)의 범주들은 가치의 차원이다(위에서 정의된 것처럼). 관계식 (2)에서는 잉여가치(s)의 생산과 실현 그리하여 자본주의 생산과 실현의 모순적 본성을 빠뜨리고 있다. 또는 관계식 (2)는 자본주의 사회의 근본적인 사회적 모순, 즉 노동 기능을 통한 어떤 이들의 가치 생산과 자본 기능을 통한 어떤 이들의 가치 전유를 감추고 있는 반면, 관계식 (1)은 그런 모순을 드러내고 있다. 관계식 (1)과 (2)에서 생겨난 두 가지 이윤율 정의가 비교되면 이를 분명하게 알 수

14) 몇몇 기능은 관리 기능의 두 측면을 포함할 수 있다. 그러나 이것은 분석적 구별을 타당하지 않게 한다. 신중간계급 이론이 형성될 수 있다는 것은 이런 구별에 기초하고 있다 (Carchedi, 1977를 보라).

있다. 관계식 (1)에 따르면, 이윤율은 불변자본과 가변자본의 총액에 대한 잉여가치의 비율이다. 관계식 (2)에 따르면, 이윤율은 자본 저량(공장과 장비)에 대한 이윤의 비율이다. 이윤, 즉 잉여가치를 생산하는 것이 노동이라기보다 자본 저량이라는 이윤율 개념에서는 잉여노동의 전유로서 착취는 존재하지 않는다.

둘째, 관계식 (2)는 균형을 암시하지만(가능하다면 완전고용이 아닐 때조차도), 관계식 (1)은 그렇지 않다. 관계식 (1)은 상품에 들어 있는 가치를 가리키는데, 그 가치가 실현되든 실현되지 않든 말이다. 더욱 구체적으로는 보통 어떤 상품에 들어 있는 가치는 실현되는 가치와 괴리되며(아래를 보라), 반면에 전체 생산에 들어 있는 가치는 완전하게 실현될 수도 있고 또는 그렇지 않을 수도 있다. 더욱이 관계식 (1)에서는 오직 노동만이 가치의 실체가 될 수 있다. 우리가 잠시 후에 보게 되듯이, 이것은 생산된 총가치가 실현된다고 하더라도, 즉 수요와 공급이 일치한다고 하더라도, 불황(depression)과 공황(crisis)으로 향하는 자본주의 체제의 거침없는 행진을 멈추게 할 수 없다는 것을 의미한다. 다른 한편 관계식 (2)는 투자가 저축과 같은 것으로 규정되기 때문에 균형을 암시한다. 현실의 삶에서 일반적으로 그렇지 않다 해도, 주류 경제학은 재고를 투자로 간주한다. 그러나 투자는 새로운 가치를 생산하는 반면, 재고는 과거에 이미 생산되었지만 아직 실현되지 않은 가치이다. 주류 경제학과 반대로 자본가는 팔리지 않은 재고를 나타내는 화폐량과 생산수단과 노동력에 투자된 화폐량의 차이를 아주 잘 알고 있다.[15)]

셋째, 이는 승수에 영향을 미친다. 케인스주의 경제학에서 투자에서 초기 증가는 소득에서 몇 배 더 많은 증가를 낳는다. 소득의 변화와 투자의 변화 사이의 비율이 승수이다. 그 체계는 다음과 같다. 초기 투자는 소득에서 같은 양의 증가를 의미한다. 이런 더 많은 소득 가운데 일부가 저축되고, 다른 부분은 소비된다.

---

15) 완충기능을 수행하는 어떤 수준의 재고〔희망(wanted) 재고〕가 있다. 이것은 판매되지 않은 상품의 어떤 수준에서 D(수요)=S(공급)로 정의한 것에 해당한다.

결국 이런 더 많은 소비는 더욱 많은 소비와 저축 등등을 낳는 소득의 증가가 된다. 어떤 소득은 소비되지 않고 저축된다는 사실 때문에 각 구간의 소비와 소득은 이전 구간보다 적게 증가한다. 그러면 이 이론에서 소득과 따라서 부(가치)는 소비의 연속과 투자의 더 많은 부재 때문에 증가한다. 그러나 투자의 부재로 따라서 추가 생산의 부재로 사람들은 오로지 이미 생산되었지만 아직 팔리지 않은 재화를 구매하고 소비할 수 있다. 그러면 승수는 얼마나 많은 가치(부)가 증가했는지(첫 투자는 제외하고)를 표시하는 것 아니라 오히려 얼마나 많은 유휴 재화(이전에 생산된 가치)가 판매되었는지(실현되었는지)를 표시한다. 더욱이 이 초기 투자가 추가 가치(추가 소득)를 생산하기 위해서는 자본은 생산 부문에 투자되어야만 하고, 즉 노동은 위에서 규정했듯이 생산적 노동이어야만 한다(Carchedi, 1991a: ch.5를 보라).

넷째, 관계식 (2)는 심리적인 동기부여가 경제학의 원동력이라는 의미를 담고 있다. 관계식 (2)에서 S와 I는 계산 측면에서는 일치한다(금방 말한 것처럼 터무니없는 계산 원리에 기초해). 그러나 실물 측면에서 S와 I는 일치하지 않는다. 이것을 설명하기 위해 S와 I는 계산 측면에서는 항상 일치하지만, 경제주체의 계획이라는 측면에서는 다를 수 있고, 다르다는 생각이 도입된다. 그러면 경제생활의 경로를 결정하는 것은 계획된 S와 계획된 I(주관적 요소) 사이의 차이이다. 다른 한편, 관계식 (1)은 경제생활의 경로가 객관적인 요소, 즉 (잉여)가치의 생산과 실현에 의해 결정된다는 것을 의미한다. 경제주체의 동기부여는 오직 이 객관적인 운동이 개인들의 의식을 통해 나타나는 방식인 것이다. 그러므로 관계식 (1)에서 D(수요)와 S(공급) 사이의 현실적인 불일치, 즉 불균형은 그 이론의 구성 요소 가운데 하나가 된다.

다섯째, 관계식 (1)과 관계식 (2)는 둘 다 D(수요)$=S$(공급)라고 가정하지만, 이 등식(equality)에 부여된 의미는 아주 다르다는 것이다. 관계식 (2)는 현실에서 모든 상품들이 판매되거나 판매되는 경향이 있으며, 그 시점에서 경제가 균형에 도달한다고 가정하는데, 이 균형이 완전고용의 수준이든 아니든 상관없다. 관계식 (1)의 차원에서는 시장의 균형은 가치의 생산과 실현의 수준에서 균형이 아니다(즉, 생산가격은 균형가격이 아니다). 이미 언급했듯이 모든 상품이 판매된다 하더라도, 경제는 자본주의의 공황 발생 본성, 즉 기술 경쟁의 결과 때문에 여전히 공황으로 향하는 경향을 가진다. 이유를 알아보자.

자본주의 생산에 내재한 기본 모순 가운데 하나는 사용가치와 (교환)가치의 생산 사이에 있는 모순이다. 즉, 기술혁신의 도입(Technological Innovations: TIs)은 축소된 노동력으로 더 많은 양의 산출물이 생산되도록 하는 노동력 절약을 의미한다. 오직 노동자들만이 가치를 생산할 수 있다는 것을 고려하면, 증가한 사용가치의 양은 감소한 가치의 양, 따라서 감소한 잉여가치의 양을 지닌다. 많은 상쇄 경향을 추상하면, 그것들 가운데 몇몇은 잠시 후 다룰 것인데, 총잉여가치를 총투하자본으로 나눈 것으로 정의한 평균이윤율(Average Rate of Profit: ARP)은 하락할 수밖에 없다.[16] 이것을 보기 위해 생산수단 부문(I부문)과 소비수단 부문(II부문)을 구별해보자.

먼저 II부문에서 실업을 수반하는 생산성 증대의 경우를 고려해보자. 이런 증대는 전체 부문에서 동일하게 일어나지 않는다. 어떤 소비수단 생산자는 기술혁신(technological innovations: TIs)을 도입하는 반면(따라서 노동력 절약), 다른 자본은 그렇게 하지 못한다. 기술 선도(technological lead) 자본 때문에 II부문에서 자본 1단위당 더 많은 사용가치(소비수단)가 생산된다. 그러나 (II부문에서) 기술 선도 자본에 의해 더 적은 가치가 생산된다. 간단한 예를 들어보자.

---

16) 이 절은 경제공황의 궁극적 원인을 다룬다. 제3장 제2절은 공황의 발현 형태, 즉 그 순환을 다룬다. 거기서 경기대책 수단들도 논의한다. 제3장 제3절에서는 이런 분석을 통화위기에 대해 특별히 역점을 두면서 국제적인 차원으로 확장한다. 마지막으로 제8장 제6절은 공황의 순환으로 되돌아가는데 하지만 이번에는 임금정책이 공황의 순환에 어떤 효과를 가지는지 관점에서이다.

〈표 3-1〉 임금재 부문에서 생산성 증대: 처음 상황

		생산량
I	$80c+20v+20s=120\ V=120\ M$	$100\ MP$
IIa	$60c+40v+40s=140\ V=140\ M$	$100\ MC$
IIb	$60c+40v+40s=140\ V=140\ M$	$100\ MC$
	$200c+100v+100s=400\ V=400\ M$	

t_0-t_1기를 고려해보자. 애초에, 즉 t_0기에 화폐(M) 1단위가 각각의 가치 단위에 일치한다고 가정하자. 그러면 가치의 화폐적 표현(M/V)은 1이다. <표 3-1> 처럼 불변자본에 $200\ V=200\ M$을 투자했고, 가변자본에 $100\ V=100\ M$을 투자했다고 가정하자. 이 표에서 c=불변자본, v=가변자본, s=잉여가치, V=가치, MP=생산수단, MC=소비수단, M=화폐이다. 잉여가치율(s/v)은 100%라고 가정하고, 각 부문은 하나의 자본으로 대표된다.

t_0-t_1기 동안 400의 가치가 생산된다. t_0-t_1의 종료점으로서 t_1기에 모든 생산물이 팔린다는 가정 아래 I부문은 20/100=20% 이윤율을 실현한다. 자본 IIa와 IIb는 각각 40/100=40% 이윤율을 실현한다.[17] 단위 가격은 다른데, I부문에

17) 이것과 뒤에 오는 표들을 적절하게 이해하기 위해 세 가지 점을 기억해야 한다. 첫째, 두 부문이 서로 다른 이윤율을 실현한다는 가정은 자본의 비이동성을 의미한다. 이것은 비현실적이다. 자본 이동성은 이윤율의 경향적 균등화, 즉 경향적인 평균이윤율의 형성을 의미한다. 위의 예에서 평균이윤율=100/300=33.33%이다. 따라서 어떤 자본들은 두 부문의 이윤율이 균등해질 때까지 I부문에서 II부문으로 이동한다. 이 측면은 여기서 다루지 않는데, 왜냐하면 다른 모든 조건이 불변이라는 가정으로 초점을 기술혁신의 결과로서 가치의 생산과 실현에 두기 때문이다. 즉, 자본 이동으로 인한 가치의 생산과 실현에 대한 효과와 관련이 없기 때문이다.
둘째, 이것들은 재생산 표식이 아니다. 즉, 우리는 I부문에서 생산되고, MP에 통합된 가치가 두 부문의 모든 자본가들이 투자한 MP 가치와 반드시 같아야 한다는 요건을 고려하지 않는다. 마찬가지로 II 부분에서 생산되고 MC에 통합된 가치는 두 부문의 자본가와 노동자가 이용 가능하고, 그들 MC에 지출된 가치와 같아야만 한다. $c\mathrm{I}$ 은 I부문 내에서 생산되고 소비되기 때문에, 그리고 $v\mathrm{II}a+s\mathrm{II}a+v\mathrm{II}b+s\mathrm{II}b$는 II부문에서 생산되고 소비되기 때문에, 단순재생산을 위한 조건은 $c\mathrm{II}a+c\mathrm{II}b=v\mathrm{I}+s\mathrm{I}$이다. 이런 조건의

서 120 M/ 100 MP= 1.2 V= 1.2 M이고, II부문에서 280 V/ 200 MC= 1.4 V= 1.4 M이다. 우리는 II부문에 초점을 맞춘다. 잉여가치율이 100%이기 때문에 노동은 100 × 1.4 = 140 M으로 100 MC를 구매하며 자본도 똑같이 한다. 그러므로 임금은 140M이 되어야 하며 이윤도 마찬가지이다.[18] 이는 $t_1 - t_2$의 출발점으로서 t_1에서 노동력의 가치가 100 V= 100 M에서 140 V= 140 M으로 증가했다는 것을 의미한다.[19]

이제 다른 상황, 즉 IIa가 IIb보다 더 생산적이라는 것을 고려해보자. 이제 노동력을 절약하는 반면, 100 MC 대신에 150 MC를 생산한다. 이는 더 많은 c(60 대신에 70)와 더 적은 v(40 대신에 30)로 나타난다. 비교를 위해 착취율(s/v=100)은 불변인 것으로 가정하고, s는 30으로 축소되는 것으로 가정한다.

I부문의 이윤율은 불변이다. II부문은 250 MC에 들어 있는 270 V= 270 M의 가치를 생산한다.[20] II부문에서 산출물 단위 가격은 270 M/ 250 MC = 1.08 M이다.

양적인 측면은 여기서 고려하지 않는데, 왜냐하면 이미 언급했듯이, 초점은 기술혁신이 가치의 생산과 실현에 가지는 효과이기 때문이다. <표 3-1>이 재생산 표식의 의미를 가졌다면, I부문은 말하자면 80v와 60v를 투자해서 60s를 생산했을 것이다. 그러면 $c\text{II}a + c\text{II}b = 60 + 60 = v\text{I} + s\text{I} = 60 + 60$이다.

셋째, 생산성의 비교는 오직 부문 내에서, 즉 오직 같은 상품생산자들 사이에서 가능하다. 그런 비교는 부문 사이에는 가능하지 않다. 따라서 <표 3-1>에서 I부문이 100MP/100$(c+v)$ = 1의 생산성을 가지고, II부문 또한 200MC/200$(c+v)$ = 1의 생산성을 가지는 사실은 순전히 우연이다.

18) 노동이 140 M을 얻고 자본이 같은 양의 이윤을 얻는다면, 오직 120 M은 다음 순환에서 생산수단의 구매를 위해 자본가에게 남겨진다는 것에 주의하라. 하지만 자본가들은 200 V의 가치 또는 200M의 가치가 필요하다. 이런 차이는 여기서 조정되지 않는데, 왜냐하면, 위의 주석에서 말했듯이 이것들은 재생산 표식이 아니기 때문이다.

19) 임금이 $t_0 - t_1$기 시작에서, 즉 t_0기에 지불된다면, 노동력의 가치는 t_0기에 100 v이고, $t_1 - t_2$의 시작으로서 t_1에서 140 V이다. 그러나 임금은 각 시기의 끝에서 지불된다(임금은 자본가들이 노동자들로부터 선대하기 때문이다). 따라서 노동력의 가치가 $t_1 - t_2$의 시작으로서 t_1기에 140 V로 변화했다 하더라도, $t_0 - t_1$의 끝으로서 t_1기에 임금은 100 V이다. 노동력에 대한 새로운 가치는 오직 $t_1 - t_2$의 종료점으로서 t_2기에 지불되는데, 즉 지불은 한 시기 늦춰진다.

〈표 3-2〉 임금재 부문에서 생산성 증대: 결과

		생산량
I	$80c+20v+20s=120V=120M$	$100MP$
IIa	$70c+30v+30s=130V=130M$	$150MC$
IIb	$60c+40v+40s=140V=140M$	$100MC$
	$210c+90v+90s=390V=390M$	

자본 IIa는 $1.08M \times 150MC = 162M$을 실현하고, 이윤율은 (162-100)/100=62%이다. 자본 IIb는 $100MC \times 1.08M = 108M$을 실현하고, 이윤율은 8%이다. 자본 IIa는 적은 가치를 생산하지만, 자본 IIb를 희생한 대가로 이득을 얻는다. 노동은 $135M$을 얻어서 $125MC$를 구매하며, 자본도 그러하다. 모든 소비수단이 판매될 수도 있다. MC의 산출물 가격이 임금 및 이윤과 함께 하락하는 한, 실현 문제는 없다. 실현의 수준에서, 즉 수요와 공급의 차원에서 시장은 균형 상태이다. 그러나 II부문에서 기술 선도 자본은 이윤율이 40%에서 62%로 증가하는 반면, 기술 낙후 자본은 이윤율이 40%에서 8%로 하락하는 것을 본다. 같은 방향으로 더 나아가면 완전하게 IIb의 이윤이 고갈될 수 있고, 파산이 일어날 수 있다. IIb가 망한다면, 더 이상 I부문에서 MP를 구매할 수 없다. I부문에서 역시 과잉생산이 일어난다.

처음에는 생산성이 증가함으로써 보상하는 것보다 더 많이 하락한 산출물 단위 가격 때문에, 더 낮은 실질임금으로 생산성 증가 전에 지배했던 양보다 더 많은 MC의 양을 지배할 수 있다. <표 3-1>에서는 전체 임금 $140M$으로 $100MC$를 구매할 수 있고, 반면에 <표 3-2>에서는 전체 임금 $135M$으로 $125MC$를 구매할 수 있다. 이는 기술혁신이 노동의 구매력에 주는 부정적 효과가 처음에는 왜 가시적이지 않은지를 설명한다. 그러나 일단 기술 낙후 자본이 이윤율 곤란을 겪기 시작하면, 실질임금, 즉 전체 화폐임금이 노동력의 화폐적 표현에 비해서 하락

20) 화폐의 양은 생산된 가치의 양과 함께 감소한다. 물론 현실에서 각각의 특수한 경우에서까지 그럴 필요는 없다. 그러나 이 가정은 다음 주석에서 언급된 이유들 때문에 정당화된다.

하도록 압박이 더해진다. 이렇게 된다면, 노동의 구매력은 이전의 MC 몫을 구매하기에 불충분하게 된다.

이 구매력을 자본으로 이전시키는 것으로부터 일시적인 경감이 생겨날 수 있다. 그러나 과시적 소비와 사치재 생산에도 불구하고, 소비수단을 흡수하는 자본가의 능력에는 한계가 있다. 실현 문제는 II부문에서 나타나기 시작한다. 실질임금이 더욱 축소될수록 II부문의 실현 문제는 더욱 커진다. 노동의 구매력을 증대하기 위해 (수요 진작을 통해) 실질임금 인상을 다그칠수록, 실현 문제는 더 작아지나 이윤율 문제는 더 커진다. 케인스주의 정책과 신자유주의 정책 모두 불황과 공황에 대해 무력하다. 나중에 보게 되듯이 인플레이션 정책 또한 어떤 해결책이 아니다.[21] II부문에서 더 많은 자본이 이윤을 늘리기 위해 임금을 축소

---

21) 우리는 이제 <표 3-2>에서 왜 V의 감소와 함께 M이 하락하는지 이해할 수 있다. 이것을 이해하기 위해 우리는 적어도 화폐가치론(value theory of money)의 기본을 명확하게 해야만 한다. 이 이론에 대해 두 개의 기본 교리가 있다. 첫째, 유통 중인 화폐량은 생산되고 유통되는 가치량으로 결정된다. 둘째, 가치의 화폐적 표현(유통 중인 화폐량과 생산되고 유통되는 가치량 사이의 비율)이 불변으로 주어졌을 때, 두 가지 양은 같은 방향으로 움직인다. 이유를 보자. V가 증가한다면, 그것은 반드시 v 와/또는 c 와/또는 s 가 증가하기 때문이다. 자본가들은 이런 추가 투자$(c+v)$에 자금을 대기 위해, 그리고/또는 추가된 잉여가치를 실현하기 위해 더 많은 화폐가 필요하다. V가 감소한다면, 그것은 두 가지 이유 때문일 수 있다. 그런 감소는 투자, 그리고/또는 잉여가치 크기의 축소로 인해 일어나며, 그리고 이 경우에는 M이 하락한다(즉, 화폐는 축장된다). 또는 어떤 잉여가치율이 주어졌을 때, 기술혁신들이 도입되어서 <표 3-2>처럼 더 많은 c 와 더 적은 v 가 투자되고, 따라서 더 적은 s 가 생산된다. 생산수단을 위해 필요한 화폐는 증가하지만 노동력 구매(따라서 소비수단의 구매)를 위해 필요한 화폐는 감소한다. 화폐량에 대한 효과는 두 항(c 와 v) 가운데 하나가 서로에 대해 증가(감소)하는지에 달려 있다. <표 3-2>에서 c 와 v 는 백분율 개념인데, 따라서 c 의 증가는 v 에서 감소를 보상한다. 그러나 V가 감소하기 때문에 s 가 역시 감소한다. 여기서 더 적은 잉여가치를 실현하기 위해 더 적은 화폐가 필요하게 된다. 생산된 가치에서 지속적인 감소는 통화 당국이 (종이, 불환) 화폐의 양을 증가시킴으로써 일어날 수 있으며, 또 보통 그렇다고 즉각 반론이 일어날 것이다. 이것은 주요한 경기대책 수단 가운데 하나이다. 이런 경우 가치의 생산 감소(실업, 폐업, 낮은 가동률)는 유통되는 화폐량 증가(인플레이션)와 만나게 된다. 이것은 위에서 제시한 화폐량과 가치량 사이의 정비례 관계를 타당하지 않게 만드는 것처럼 보일 수 있다. 하지만 이렇게 더 많

하면, II부문에서 더 많은 실현 문제가 나타난다. II부문에 더 많은 자본이 파산

은 화폐의 양은 가치의 화폐적 표현의 변화, 즉 비교의 차원에서 변화를 의미한다. 화폐량과 가치량의 정비례 관계는 시간에 대해 불변의 척도 단위, 즉 시간에 대해 일정한 가치의 화폐적 표현을 전제한다. 가치의 새로운 (더 많은) 화폐적 표현에 적용된 디플레이션 지수는 가치량 감소에 따른 화폐량 감소를 나타낸다.

위의 것을 화폐수량설(quantity theory of money)과 혼동하지 말아야 한다. 이 이론의 고전적이면서 가장 간단한 형태에서는 화폐의 유통 속도와 산출 수준이 주어지면 사용가치에 붙여진 꼬리표로서 화폐가격은 유통 중인 화폐량에 의해 결정된다고 주장한다. 화폐는 독립변수이고 화폐가격은 종속변수이다. 화폐가 증가하면(감소하면), 화폐가격도 증가한다(감소한다). 여기서 제시된 화폐가치론에서는 가치의 표현으로서 가격 따라서 가치는 먼저 화폐가격을 결정하고 그런 다음 화폐량을 결정한다. 이것은 시간상 순서가 아니라 논리상의 순서이다. 더욱 구체적으로는 각 상품은 들어 있는 가치를 가지는 데 그 가치량은 상품의 가치 가격이다. 가치는 오직 화폐로서 스스로를 실현할 수 있기 때문에, 유통에 들어가는 그 순간에 상품은 화폐가격을 가진다. 상품 가격의 총액은 유통되는 화폐량을 정한다.

다른 모든 조건이 불변일 때, 경험적으로 화폐량의 증가(감소)는 화폐가격의 상승(하락)을 낳는 것은 참이다. 하지만 이것으로 화폐량을 설명하지 못한다. 두 이론의 차이는 개념장치(conceptual apparatus), 따라서 화폐량을 설명하는 가능성에 놓여 있는데, 화폐량을 당연한 것으로 보지 않는데, 즉 외생적으로 결정된 것으로 여기지 않는다. 첫째, 화폐량은 경제 체계 외부에 있는 것인 통화 당국에 의해 보다 경제 체계에 의해 결정된다. 둘째, 화폐량은 가치범주의 사용을 통해, 따라서 가치 가격에서 화폐가격으로 화폐량으로 가는 일련의 논리적 절차를 통해 설명된다. 화폐량의 변화로 가격 구조가 부풀거나 또는 쪼그라들지만, 화폐량의 변화로 가격 구조를 설명하지 못하며 따라서 화폐량 자체를 설명하지 못한다. 화폐량을 설명하기 위해서는 가치가격의 수정된 표현으로서 화폐가격으로부터 시작하는 것이 필요하다. 오직 이것을 행한 후에 화폐량 변화를 조사할 수 있다. 화폐량 변화는 가치의 생산단계와 유통단계에서 변화로 또는 위 두 단락에서 언급한 인플레이션 또는 디플레이션 운동(위 두 단락에서 언급했듯이, 화폐 변화는 생산단계에서 변화 때문에 궁극적으로 결정된다)으로 일어날 수 있다.

따라서 "마르크스는 …… 현대 케인스주의 내생주의자들을 예상했으며, (그리고 주장했는데) …… 화폐량은 경제활동에 의해 결정되며, 그 반대는 아니다"(Henwood, 1997: 220)라는 주장이 경제활동이 오직 사용가치의 생산과 유통〔존 메이너드 케인스(Keyens, J. M.)를 포함해서 주류 이론에서처럼〕을 의미하는 것뿐만 아니라, 무엇보다도 (교환가치) 가치의 생산과 유통을 의미하는 것이라면 동의할 수 있다. 더그 헨우드(Doug Henwood)는 가치의 개념을 기각하지 않지만, 실망스럽게도 화폐와 신용을 다룰 때는 이런 차원이 빠져 있다. 따라서 이 때문에 그가 케인스주의와 어떻게 다른지 아는 것은 어렵다. 공황(Henwood, 1997: 221)을 피하기 위한 현대적 방법으로서 (마르크스의 시대

하고, I부문에서도 더 많은 실현 문제가 나타난다.

하지만 임금정책은 단지 하나의 선택지이다. 다른 선택지는 기술 낙후 자본이 더욱 생산적인 기술에 투자함으로써 자신의 이윤율을 높이는 것(그리고 실현의 곤란을 피하는 것)이다. 하지만 이는 자신의 상황을 개선하는 반면, 더 많은 실업을 일으키고, 전체 경제의 이윤율과 실현 문제를 완화하기보다는 악화시킨다.[22] 경제는 나락으로 떨어진다. 기업 도산이 더 많이 일어날수록 생존 기업에게 실현의 곤란함은 더욱 심각해진다. 주류 경제학은 이 과정을 전형적으로 반

와 반대되는 것으로) 신용 확대(credit extension)에 대한 헨우드의 과장된 믿음에서 또 다른 케인스주의 경향을 찾을 수 있다. 중앙은행의 신용 확대는 금융 위기〔financial crises, 저자가 의미하는 금융 위기는 신용 제도 위기(credit system crisis)이다_옮긴이〕와 실물공황 모두 방해하거나 미루지만, 그런 공황을 피하게 하지는 못한다. 적절한 가장 최근 예들 가운데 세 가지만 들자면 아시아, 브라질, 러시아가 있다.

제2차 세계대전 이후 미국과 제국주의 중심의 다른 나라들은 주요한 금융 붕괴를 피했던 사실(물론 헨우드가 재평가했음)은 그 자체로 신용 확대의 공적이 아니다. 오히려 신용 확대와 준도산 금융기관에 대한 구제금융은 단지 제국주의 중심에서 가능한 가치의 대규모 재분배(납세자들로부터 금융계로)의 또 다른 예일 뿐이다. 이 국가들에서 피지배 국가로부터 전유한 가치를 노동자들에게 일부만 재분배하는 것 때문에 가치의 이런 재분배가 의미하는 노동자의 낮은 구매력을 축소하는 것이 가능하다. 하지만 이런 선택권은 물론 제국주의 중심에만 열려 있다. 커다란 경제 재앙 및 금융 재앙을 저지하는 것에서 제국주의 중심의 성공(지금까지, 적어도)을 설명하는 것은 신용 제도(케인스주의 정책)보다 이런 전유, 즉 제국주의 정책이다. 케인스주의 정책은 피지배 진영에서 작동할 수 없는 만큼만 중심 진영에서 작동할 수 있다.

22) 자본가들이 생산수단을 생산하는 데 필요한 생산수단을 생산하는 부문, 즉 Ipp에 더욱더 많은 투자를 한다면, 경제는 (대중의 구매력을 흡수하는) II부문의 실현 곤란으로부터 보호될 수 있다고 주장할 수도 있다. Ipc(소비수단을 생산하는 생산수단을 생산하는 부문에서 투자는 단지 기술적인 실업과 대중의 구매력 축소를 미룰 뿐이다. Ipc와 II부문에서 쫓겨난 노동자들은 Ipp 부문에 흡수될 수도 있다. II부문의 높은 생산성은 전체 노동력과 자본가들을 위해 충분한 소비수단을 보장할 수도 있다. 하지만 이런 선택권은 오직 자본가들이 Ipp 부문에 투자를 증대하도록 강요받을 때 작동할 수 있다. Ipp 부문의 이윤율이 Ipc와 II부문보다 더 높다고 가정할 이론상 아무 이유가 없다. 반대로 기술혁신 때문에 전체 경제(Ipp 자신을 포함해)에서 쫓겨난 모든 노동력을 흡수하기 위해 Ipp 부문에 필요한 투자의 거대한 크기는 점점 더 이 부문의 이윤율을 떨어뜨리게 된다. 자본은 Ipc와 II부문 투자를 계속할 것이다.

〈표 3-3〉 자본재 부문에서 생산성 증대: 처음 상황

		생산량
Ia	$80c+20v+20s=120V=120M$	$100MP$
Ib	$80c+20v+20s=120V=120M$	$100MP$
II	$60c+40v+40s=140V=140M$	$100MC$
	$220c+80v+80s=380V=380M$	

대 양상으로 인식한다. (II부문의 기술 선도 자본에 의해) 더 적은 가치가 생산되고, 따라서 II부문에서 더 적은 가치가 실현될 수 있다. 그러나 이렇게 감소한 가치의 양 가운데 더 많은 몫을 기술 선도 자본이 전유한다. 기술 낙후 자본은 이윤율 문제를 겪기 시작한다. 실질임금이 감소한다. 이는 실현의 문제를 만든다. 소비수단에 대한 수요와 공급 사이의 괴리는 이런 인과관계의 연결 고리에서 마지막 결과이지만, 주류 경제학에서는 최초의 원인으로 인식한다.

다음에는 자본재 부문에서 역시 고용의 감소를 수반하는 생산성 증가를 고려해보자. <표 3-3>은 처음 상황을 나타낸다.

이윤율은 I부문에서 20%이고 II부문에서 40%이다. 역시 우리는 자본 이동성이 가치 생산에 미치는 효과를 고려하지 않으며, 따라서 평균이윤율 형성 경향을 고려하지 않는다. 이제 Ia가 Ib보다 더 생산적인 상황을 가정하자. 이는 투자 자본 단위당 더 많은 MP를 생산하는 반면, '과잉(redundant)' 노동력을 처분하는 것을 의미한다(<표 3-4>를 보라).

이제 I부문의 산출물 단위 가격이 <표 3-3>의 $240M/200MP=1.2$에서 <표 3-4>의 $230M/230MP=1$로 하락한다. 자본 Ia는 $1M\times 130MP=130M$을 실현하며, 따라서 이윤율은 20%에서 30%로 상승한다. 자본 Ib는 $1M\times 100MP=100M$을 실현하며, 따라서 이윤율은 20%에서 0%로 하락한다. Ia는 적은 가치를 생산하지만, Ib를 희생시킨 대가로 이득을 얻는다. Ib는 계속 운영될 수

〈표 3-4〉 자본재 부문에서 생산성 증대: 결과

		생산량
Ia	$90c+10v+10s=110\ V=110\ M$	130 MP
Ib	$80c+20v+20s=120\ V=120\ M$	100 MP
II	$60c+40v+40s=140\ V=140\ M$	100 MC
	$230c+70v+70s=370\ V=370\ M$	

있지만 I부문의 다른 자본이 새로운 기술을 도입하면 바로 무너질 것이다. Ib가 생존하는 한, 시장균형 상태이다. 그러나 Ib가 무너지면 Ia는 MP를 Ib에게 판매할 수 없고, II는 MC를 Ib의 노동자들에게 판매할 수 없다. 불충분한 구매력이 I부문 기업들이 파산할 때 I부문과 II부문 모두에서 생겨나고, I부문 기업들이 이윤율 하락을 저지하기 위해 임금을 축소할 때, II부문에서 생겨난다. 이것은 모두 가치 생산 감소의 궁극적인 결과이다.[23)]

---

23) 다음 글이 종종 인용된다. "모든 현실 공황에 대한 궁극적인 원인은 오직 사회의 절대적인 소비력이 생산력의 한계를 구성하는 것처럼 생산력을 발전시키는 자본주의 생산의 추진력에 반대되는 것으로서 항상 대중의 궁핍과 제한된 소비이다"(Marx, 1967c: 484). 이것은 마치 구매력의 부족이 공황의 궁극적인 원인인 것처럼 해석된다. 그러나 이 인용을 명확하게 하면, 공황의 궁극적 원인은 구매력 부족과 생산력 발전, 즉 기술혁신 둘 다이다. 메가〔MEGA, 『마르크스·엥겔스 전집(Marx/Engels Gesamtausgabe)』을 일컫는다_옮긴이〕 원문은 더욱 명확하다. "모든 현실 공황의 궁극적 원인은 한편에서는 대중의 궁핍과 다른 한편에서는 마치 사회의 절대적 소비력이 오직 생산력의 한계를 구성하는 것처럼 생산력을 발전시키는 자본주의 생산의 추진력이다"(Marx, 1992: 540). 기술혁신과 구매력 부족 모두 공황의 궁극적 원인이라면, 이 복잡한 과정에서 두 측면 사이의 연관은 무엇인가? 마르크스를 선입견 없이 독해하면 기술혁신이 생산된 가치 감소와 따라서 실현될 수 있는 가치의 감소를 일으킨다는 것을 볼 수 있다. 기술혁신은 구매력 부족으로 스스로를 나타낸다. 따라서 공황의 궁극적인 원인은 기술혁신이고, 이것이 초래하는 가치 생산의 감소이다. 구매력 부족이 궁극적인 원인의 한 부분이 되는 것은 오직 공황의 발현 형태 가운데 하나, 즉 구매력이 고려되는 경우이다.
마르크스가 공황의 궁극적 원인(의 부분)으로서 구매력 부족에 초점을 맞추는 이유는 공황이 "한 경제의 다양한 부문에서 생산의 불비례로 일어난다는 것과 자본가들의 소비와 축적 간 불비례의 결과로서" 일어난다는 관점을 논박하기를 원했기 때문이다(Marx, 1967c: 484).

요약하자면, II부문의 기술혁신 때문에 더 많은 기술 낙후 자본이 이윤율 하락을 상쇄하기 위해 임금을 축소할수록 II부문에서 과잉생산, 즉 노동자의 불충분한 구매력으로 향하는 경향은 더 강해진다. II부문에서 더 많은 자본이 파산할수록 I부문에서 과잉생산, 즉 I부문의 MP를 구매해야 하는 II부문 자본가들의 불충분한 구매력은 더 커진다. I부문에서 더 많은 자본이 파산할수록 II부문에서 과잉생산, 즉 노동자들의 불충분한 구매력은 더 커진다.

여기까지 우리는 자본의 이동과 이것이 가치의 생산과 분배에 미치는 효과는 고려하지 않았다. 즉, 기술 선도 자본에 의한 가치 생산 축소의 효과는 오직 같은 부문에 있는 기술 낙후 자본이 체감한다. 우리가 이제 자본 이동성을 도입한다면, 각 기술 발전 수준에서 서로 다른 부문의 이윤율이 평균이윤율이 되는 균등화 경향이 생겨난다. 이것은 오직 경향이며 현실에서 이윤율 차이가 사라지는 것이 아니라고 강조되어야 한다. 그러나 평균이윤율 가설은 기술혁신이 한 부문에 도입될 때 모든 부문의 경향적인 가격 수준을 밝히고, 따라서 생산된 가치의 변화 수준 및 변화한 재분배와 관련된 가치의 전유를 밝히는 데 유용하다. 이 재분배, 즉 가치의 전유는 기술혁신이 단지 한 부문에 도입되었다 해도 전체 경제의 모든 부문에 영향을 미친다. 예를 들어 <표 3-2>에서, 즉 자본의 이동 때문에 이윤율이 균등화되기 전에는 I부문은 20% 이윤율을 실현하고, IIa는 62%, IIb는 8%를 실현한다. 두 부문 사이나 II부문 내에서도 이윤율의 균등화는 없다. 이제 우리가 전체 부문에 균등화된 이윤율을 가정한다면, 평균이윤율은 90/300=30%이다. 그러면 I부문은 $130\,V = 130\,M$을 실현하고 II부문은 $260\,V = 260\,M$을 실현한다. MC의 단위 가격은 $260M/250\,MC = 1.04\,M$이고 IIa는 $1.04 \times 150 = 156\,M$을 실현하는 반면, IIb는 $1.04 \times 100 = 104\,M$을 실현한다.

하지만 마르크스는 "생산에 투자된 자본의 갱신(replacement)은" 자본가들과 노동자들 모두의 "소비력에 크게 의존한다"는 것을 관찰하고 있다. 마르크스가 구매력에 초점을 맞춘 것은 이런 논쟁의 맥락에서 이해해야 한다.

모든 자본[24]이 평균이윤율을 실현하는 가격 수준을 생산가격이라 부른다. 이것은 두 가지 이유 때문에 움직이는 목표물(moving target)이다. 첫째, 하나의 기술혁신이 도입될 때마다 이 경향적 가격은 변한다. 둘째, 더 나아간 기술혁신(further TIs)이 일어나지 않더라도 부문들의 이윤율을 변동시키는 부문 간 수요 이동 때문에 생산가격은 현실 가격(real price), 즉 시장가격과 괴리한다. 그러나 수요 이동은 이윤율과 관계없다. 사실 한 부문에서 다른 부문에 비해 (어떤 자본들에게) 더 높은 이윤율은 그 부문에 자본 유입을 결정하며 그래서 생산 규모의 증가를 결정한다. 시장가격(따라서 이윤율)은 하락하는 경향이 되며, 그 상품에 대한 수요는 증가하는 경향을 가진다. 다른 부문 자본보다 더 낮은 이윤율을 가지고 있는 부문 자본들에게는 반대로 적용된다. 그러나 이는 절대로 수요와 공급의 균형 상태를 나타내는 것으로서 간주되지 말아야 한다. 여기서도 역시 주류 경제학과 차이는 뚜렷하다. 생산성 수준, 따라서 이윤율 차이와 자본 이동이 수요와 공급을 결정한다. 주류 경제학에서는 수요와 공급이 생산과 분리되어 있다.

기술혁신이 자동적으로 실업을 낳는 것이 아니라 단지 경향적으로 그렇게 한다고 강조되어야 한다. 기술혁신은 실업을 낳는데 자본 단위당 고용된 가변자본(노동자)이 보통 줄어들기 때문이다(노동비용 절약은 효율성 증가로서 기술을 혁신하는 것에 대한 바로 강력한 혜택이다). 그러나 만약 ① 새로운 생산 부문이 생기거나, ② 각 자본마다 줄인 노동자의 숫자가 투자된 자본의 노동자 숫자 증가로, 즉 투자된 전체 자본에서 증가로 더 많이 상쇄된다면, 새로운 기술의 도입은 고용 증가를 수반할 수 있다. 다시 말해 그 경향은 기술혁신이 실업을 낳는 것이지만(같은 양의 또는 더 적은 양의 자본이 '노동력 절약' 기술의 토대 위에서 투자된다면), 상쇄 경향은 그 반대이다. 즉, 상쇄 경향은 각 자본이 더 적은 가변자본과 더 많은 불

24) 제3장 제3절에서 보게 되듯이 실제로는 모든 보편 기술 자본이다.

변자본을 사용하더라도 전체 자본이 더 많은 고용 창출을 함으로써 생긴다.

그 경향〔투자된 자본 단위당 기술적 실업(technological unemployment)〕이 항상 존재하지만, 그것은 오직 공황의 시기, 즉 자본축적이 축소된 시기에 더 많은 사회적 실업으로서 드러난다. 경제 호황의 시기에는 그 경향은 상쇄 경향(더 많은 사회적 고용)으로서 드러난다. 이 글의 나머지 부분에서 이 주제로 돌아갈 것이고, 더 정교하게 살필 것이다.

가치의 개념에 의존할 필요도 없이 위와 같은 분석을 수행할 수 있다고 주장할 수도 있다. 생산성 증가와 사용가치 생산 증가에도 불구하고 화폐량(M)이 줄어들 수 있다고 가정하는 것이 충분할 수도 있다. 기술혁신 이후 이윤율 하락을 사용가치의 가격 하락 차원에서 설명할 수도 있다. 가치 이윤율 하락에 의존할 필요 없이 파산으로 구매력 하락을 설명할 수도 있다. 그러나 이런 설명을 선택하는 것이 배제되는 이유가 적어도 세 가지 있다.

- 첫째, 무엇보다도 가치를 기각하는 것은 경제이론에 끔찍한 효과를 주는데, (마르크스가 『자본』 1권에서 거장다운 방식으로 보여주듯이) 가치만으로 교환을 설명할 수 있기 때문이다.[25] 교환을 설명하지 못하면, (교환경제에서) 생산도 설명되지 않은 채 남는다.
- 이 점을 고려하지 않는다 하더라도 상품의 사용가치 측면에만 초점을 맞추면 생산성 증가와 함께 하락한 M을 이론화하는 것이 불가능하게 된다.[26]
- 마지막으로 생산성이 증가한다면 M이 하락하는 것을 받아들인다고 가정하자.

---

25) 상품의 사용가치에 오직 초점을 맞추는 한, 교환은 설명될 수 없다. 실제, 사용가치는 정의상 다르다. 그것들이 서로서로 교환된다면, 그것들은 공통의 어떤 것, 즉 그것들의 구체적인 특징으로부터 따라서 구체적이고 특수한 노동의 산물인 것으로부터 추상한 어떤 것을 가져야만 한다. 이런 공통된 특징은 단지 그것들이 추상노동의 지출의 결과라는 것, 즉 가치를 가진다는 것이다.

26) 사용가치 측면에서 과소소비론은 이런 반론에 좌초된다(Carchedi, 1999b).

그러면 (자본주의 생산관계에 도입된) 기술혁신은 공황의 궁극적 원인이며 공황은 피할 수 없는 것이라는 것을 인정해야만 할 것이다. 이는 주류와 완전히 단절되는데, 여기서 근본적인 생각은 기술혁신이 경제성장의 뿌리이며 원동력이기 때문이다.

이 절을 마무리하기 위해 마지막 논점을 보자. 여기까지 초점을 (잉여)가치의 생산과 전유에 맞추었고, 따라서 오직 두 계급 자본가와 노동자에 맞추었다. (잉여)가치의 생산과 전유는 자본주의 경제의 중심이고, 자본가와 노동자는 자본주의 경제에서 두 개의 근본 계급이다. 그러나 어느 자본주의 사회의 계급 구조도 이 두 계급보다 더 많이 나뉘는 것이 분명하다. 자본주의 생산관계의 수준에서조차도 구중간계급과 신중간계급으로 이론화할 수 있다. 더욱이 자본주의 생산관계가 근본적인 것이더라도 자본주의 체제는 또한 다른 생산관계, 예를 들어 독립 생산자와 소농으로 규정되는 이들을 아우른다. 마지막으로 정치적 요소와 이데올로기적 요소를 고려한다면, 계급 분파와 계급을 가로지르는 사회집단(social groups)이 나타난다(Carchedi, 1977; 1991). 이렇게 더욱 상세한 계급 분석은 다른 맥락으로 대체할 수는 없으나 두 개의 근본적인 계급에 초점을 맞추는 것으로도 이 글의 목적, 즉 자본주의의 내적 동학을 밝히고 그리하여 유럽연합의 내적 동학을 밝히는 데 충분하므로 여기서는 생략한다.

2. 유럽공동체설립조약의 환상

'유럽공동체설립조약(Treaty Establishing the European Community)'의 제2조는 유럽연합의 목표를 열거하고 있다. 그 목표는 다음과 같다.

공동체를 통해 경제활동의 조화롭고 균형 있는 발전, 환경을 귀하게 여기는 지속 가능하고 인플레이션 없는 성장, 더 높은 정도로 경제활동의 수렴, 높은 수준의 고용 및 사회보장, 삶의 수준과 삶의 질을 높이는 것, 회원국 사이에 경제적이고 사회적인 결속과 연대를 고취하는 것이다.

그런 목가적 상황은 오직 신고전학파 경제학의 붓을 사용함으로써, 즉 (모든 경험적 관찰과는 반대되는) 오직 균형 상태로 향하는 경향을 가진 공황 없는 경제(crisis free economy)에서 자원의 최적 배분을 가정함으로써 그려질 수 있다. 이 이론이 망가지는 논리적 결함은 앞 장에서 드러났다. 이 장의 첫 절에서는 다른 관점에서 자본주의는 공황 경향 경제체제라고 주장했다. 공황의 궁극적 원인은 자본주의 생산관계 내 기술 발전으로 밝혀졌다. 이제 공황의 발현(manifestation) 형태, 즉 경제순환을 분석할 시간이다. 이 분석의 과정에서 '유럽공동체설립조약'의 2조에 있는 목표는 서로 모순된다는 것이 분명해질 것이다.

자본주의 생산관계 내에 노동력 절약 기술을 도입하면서, 그리하여 증가한 사용가치의 양과 감소한 가치량의 모순이 경제공황의 궁극적 원인인데, 이 모순은 주기적 형태로 드러난다.[27] 먼저 경제 회복을 살펴보자. 기존 자본은 투자를 확대하며, 따라서 주어진 기술 수준에서 고용도 확대한다. 한편, 더 많은 소비수단과 생산수단과 사치재가 생산된다. 다른 한편, 더 많은 노동력이 생산적으로 고용된다. 이는 더 많은 (잉여)가치가 창조되고, 따라서 자본가와 노동자에게 더 많은 구매력이 창조된다는 것을 의미한다. 자본가는 자본재와 사치재를 흡수할 구

---

27) 몇몇 주류 경제학자들은 사용가치와 교환가치의 모순, 즉 자본주의 생산관계 내에 기술혁신의 도입에 내재한 모순을 감지하지만, 그들의 인식은 '너무 적은 수요를 좇는 …… 너무 많은 재화'에 국한되어 있다. 이런 '과잉생산 문제(overcapacity problem)'는 "기업들로 하여금 세계적인 소비 기반을 쇠락하게 하고 초과 산출물을 창조하는 수단들〔노동비용 축소, 생산 현대화(즉, 기술혁신), 인기 있는 시장에 접근성을 얻기 위한 무역 업무〕을 채택하게 하는 격렬한 비용가격 경쟁"(Greider, 1997)에서 오는 것이다.

매력을 가지며, 노동자는 소비재를 흡수할 구매력을 가진다. 역시 새로운 기업들이 생겨나고 새로운 생산 부문이 나타나며, 따라서 투자와 고용이 더욱 증가한다. 자본은 성장하고 축적한다. 하지만 이런 상황은 영원하게 지속되지 않는다.

경제 회복기 동안 수요가 증가하고, 따라서 원료와 노동력의 가격은 상승한다. 이윤은 압축된다. 그러나 이런 경우가 아니더라도 개별 자본은 다른 자본을 대가로 성장(즉, 자신들의 이윤율 상승)하는 것을 목표로 한다. 이것이 내적인 추진력인데, 주류 경제학에서는 적자생존의 법칙이라고 여기고 그렇게 변명한다. 자본가들이 부문들 내에서 경쟁하는 주요한 방법은 기술혁신 도입을 통해서이다. 이 방법은 오직 증가하는 투입 비용을 절약할 필요뿐만 아니라 효율성을 개선할 필요, 즉 투자한 자본 단위당 산출량을 개선할 필요, 따라서 경쟁력과 이윤율을 개선할 필요 때문에 촉진된다. 앞 절에서 보았듯이 이런 새로운 투자에서는 투자된 자본 단위당 더 적은 가치가 생산된다. 그러나 더 높은 생산성을 고려하면, 새로운 투자에서는 더 높은 이윤율을 실현한다. 평균이윤율이 하락하며, 기술 낙후 자본의 이윤율은 더 많이 하락한다. 자신의 하락한 이윤율 때문에 기술 낙후 자본은 더욱 효율적인 기술을 채택하기 위해 박차를 가한다.[28)]

처음에 확대재생산과 새로운 생산 부문 창조로 일어난 추가 고용은 기술혁신과 자본의 집적 및 집중으로 일어난 실업보다 규모가 크다. 추가 생산은 이를 흡수하는 데 필요한 추가 구매력과 일치한다. 새로운 기술 때문에 투자된 자본 단위당 노동이 줄어들면서 평균이윤율이 하락한다. 그러나 더 많은 단위의 자본이 투자된 것을 고려하면, 총잉여가치는 증가하며, 따라서 이윤의 총량은 증가한다. 이는 평균이윤율의 하락을 감춘다. 그러나 비혁신 자본은 실현의 곤란을 겪

---

28) 따라서 평균이윤율은 역시 경제 회복기 동안 하락할 수 있으며, 바닥으로 향할 수 있다. 앞으로 보게 되듯이, 평균이윤율은 경제 회복의 시작(그 조건이 앞서 있었던 공황으로 창조되었을 때)에서 또는 (경제순환의 국면과 관련 없는) 새로운 노동 집약적 부문의 출현(예를 들어 소프트웨어) 때문에 상승한다.

기 시작한다. 하지만 어떤 시점에서는 기술 경쟁의 증가뿐만 아니라 자본의 집적과 집중 때문에 해고되는 사람의 숫자는 노동시장에 흡수되는 사람 숫자를 초과한다. 실업이 나타나기 시작한다.[29] 실현의 곤란은 준비금(reserves)에 의존함으로써, 그리고 실업수당의 지불과 다른 경기대책(anti-cyclical measures)을 통해(아래를 보라) 일시적으로 미뤄지지만, 끝내는 반드시 드러나게 된다. 생산설비 가동률(rate of utilization of productive capacity)이 하락하게 되는데, 즉 생산수단의 일부가 이용되지 않는 상태가 된다. 이 시점에서 선순환은 악순환이 된다.

기업들이 닥쳐오는 부진의 효과를 피하기 위해 더욱더 애를 쓸수록, 더욱더 경영을 '합리화하는데', 즉 사람들을 줄인다. 이는 혁신 기업에게는 긍정적 효과를 주지만 낙후 기업에게는 부정적 효과를 주는데, 이것들 가운데 몇몇은 파산한다. 기업이 파산할 때마다 자본, 즉 자본주의 생산관계는 파괴된다. 자본이 파괴될 때마다 더 적은 가치가 생산되며, 그 결과 더 적은 가치가 실현된다. 하지만 역시 경제에서 생산과 분배 단위 사이의 상호 관계를 고려하면, 하나의 기업이 파산할 때마다 다른 기업들은 어려움을 겪는다(예를 들어 채무불이행 때문에). 공황은 파산이 시작되는 기업과 부문으로부터 경제의 나머지 부문으로 확대된다. 이런 개별 자본의 파괴는 전체 자본한테 유익한 기능을 한다. 공황은 자본주의 경쟁의 측면에서 경쟁 능력이 떨어지기 때문에 허약한 자본들을 파괴한다. 평균이윤율은 하락한다.[30]

---

29) 처음에 고용주들은 경제난(economic difficulties)이 일시적일 것이라는 희망으로 숙달되고 믿을 수 있는 (등등) 노동자들을 해고하는 것을 원하지 않을 가능성이 있다. 이것은 위장실업(disguised unemployment)이다. 하지만 조만간 실업은 나타난다.

30) Mandel(1970)은 경기 확장을 둔화시키는 중요 요인, 즉 "과잉설비 증대의 결과로서 투자율의 하락, 평균이윤율의 하락, 꾸준히 팽창하는 신용 인플레이션 때문에 확대되는 잠재 생산과 유효수요 간 괴리를 장기적으로 채우지 못하는 무능력"(Mandel, 1970: 10)을 열거했다.
이것들에다가 자본의 유기적 구성의 증가, 즉 자본 단위당 가변자본에 대한 불변자본의 증가가 추가될 수 있다. 하지만 이것들은 공황의 궁극적인 원인의 모든 측면, 즉 자본주

그러나 공황을 일으키는 똑같은 힘은 공황의 결말과 회복과 호황의 새로운 시기의 시작도 만든다. 생산관계로서 자본의 파괴는 동시에 공황을 극복하는 조건이다. 자본이 충분히 파괴될 때, 청소에서 살아남았고 앞선 기술 때문에 높은 이윤율을 실현하는 자본은 시장에서 더 큰 몫을 차지한다. 시장의 이런 몫은 점점 더 어려워지는 조건(즉, 낮은 이윤율) 아래에서 운영되었던, 그리고 결국 폐업과 실업에 의존해야만 했던 효율성이 떨어지는 자본들이 예전에 차지했던 것이다. 이런 자본들이 사라지고 더 효율적인 자본이 그 시장을 차지한다. 그런 자본은 공황에서 살아남았고, 자신의 더 높은 이윤율과 따라서 더 높은 축적의 가능성 때문에 활동을 확대할 수 있고, 따라서 고용과 (잉여)가치의 생산을 (구매력을) 늘린다. 상대적으로 낮은 수준의 실질임금으로 고용을 증대함으로써 실현의 곤란이 없는 더 높은 이윤율이 가능해진다.

성장은 가치 생산의 증가(구매력 증가)와 잉여가치 생산의 증가(이윤 증가) 때문에 스스로 지속된다. 이렇게 재개된 경제의 활력은 활력이 떨어지는 기업과 생산 부문으로 뻗어간다. 이런 자본의 생존 조건은 사회 구매력의 전반적인 증가 때문에 더 이상 위협받지 않을 수 있다. 이런 자본한테는 확대재생산 대신에 단순 재생산이 경제에서 준비된 모든 것일 수 있다.[31] 회복은 새로 시작된다. 이

의 생산관계의 맥락에서 기술혁신의 결과로서 (잉여)가치 생산의 축소이다. 이것은 기술 선도 자본의 이윤율 증가로서 하지만 기술 낙후 자본의 이윤율 하락으로서 따라서 평균 이윤율의 하락으로서 나타난다. 투자는 감소한다. 낮은 유기적 구성을 가진 자본의 파산과 기술 선도 자본의 투자 때문에 경제의 유기적 구성은 증가하지만 구매력은 하락한다〔예를 들어 과잉설비(excess capacity)가 증가한다〕. 인플레이션은 단지 일시적인 도움을 주는데, 왜냐하면 ① 임금이 임금재 가격보다 낮게 상승하면, 잠재 이윤이 증가하기 때문이다. 하지만 구매력이 다른 계급들이나 해외에서 팔렸던 상품에 이전되지 않는 한, II부문에서 그런 이윤의 실현은 점점 더 어려워진다, ② 임금이 임금재 가격보다 더 많이 상승하면, II부문에서 구매력은 증가하지만 이윤은 감소한다.

31) 이렇게 새로운 회복의 순환을 위해 필요한 화폐는 두 가지 기원을 가진다. 초기 투자를 위해 필요한 화폐는 준비금과 앞의 공황 동안 축적된 저축으로서 이미 존재하는 화폐이다. 그것은 해고되었고 다시 고용되기를 기다리고 있는 노동력뿐만 아니라 이미 생산되

운동은 침체와 공황 동안 평균이윤율 하락으로, 그리고 경제성장과 호황의 시기에는 평균이윤율 상승으로 요약된다(Carchedi, 1991a: ch.5).

공황은 따라서 사용가치의 과소소비(과잉생산) 때문이 아니라 자본주의 생산관계에 도입된 기술혁신으로 인한 (잉여)가치의 과소생산 때문이다.[32] 공황은 ① 사회적 관계로서 자본의 파괴, 즉 파산, 폐업, 실업으로서, ② 어떤 자본가들이 자신의 생산품을 가격 이하로 판매해야 하거나[33] 파산된 자본이 강한 자본한테 인수되고 그 생산수단이 떨이 가격[34]으로 구매된다면, 자본의 가치 하락(devalorization)으로, ③ 완성품(파산한 자본의 생산물이 노후화되는 소재의 작용 또는 기술 경쟁 때문에 사용가치로서 판매되지 않고 파괴된다면)과 미완성품〔생산과정의 중단(interruption)으로 생산물이 미완성품으로 남겨진다면〕으로서 자본의 파괴로,[35] ④ 만약 감소한 구매력에 물가하락으로 조응하지 않으면, 실현의 곤란으로, ⑤ 인

었지만 아직 실현되지 않은 상품들(생산수단, 소비수단, 사치재)에 조응한다. 일단 모든 준비금이 사용되었고, 단위 가격들이 불변인 채로 있다면, 추가 화폐의 창출이 추가 잉여가치의 창출에 의해 필요하다.

32) 과소소비주의자 이론에 대한 자세한 비판에 대해서는 Carchedi(1999b)를 보라.

33) Marx(1967)가 관찰하듯이, 건축업자는 넓은 대지를 사야만 하고, 그것 위에서 많은 집을 지어야만 하며, 따라서 "자기 재원의 20배에서 50배까지 초과하는 사업을 시작해야만 한다. 자금은 담보대출을 통해 조달되고, 그 자금은 건축이 진행되면서 건축업자의 처분에 맡겨진다. 그러고 나서, 공황이 와서 선대 자금 불입금 지불이 중단되면, 전체 사업은 일반적으로 붕괴된다. 기껏해야 집들은 좋은 시절이 올 때까지 마무리되지 않은 채 남겨지며, 최악으로는 그런 집은 비용의 절반에 경매로 팔린다"(Marx, 1967: 234).

34) 이 경우에 그 불변자본의 가치는 하락하며, 이윤율은 증가한다.

35) "공황 발생의 결과로 중단, 즉 사회적 생산과정의 혼란(disturbances)은 따라서 개별 소재의 노동생산물과 생산하는 데 연속된 긴 시간이 필요한 노동생산물에 아주 다른 효과를 준다. 개별 소재 노동생산물의 경우에서 발생하는 모든 것은 오늘 어떤 양의 실, 석탄 등등의 생산이 내일 실, 석탄 등등의 새로운 생산으로 이어지지 않는다는 것이다. 선박, 건축물, 철도 등등은 그렇지 않다. 여기서 중단되는 것은 그날의 일뿐만 아니라 연결되어 있는 생산 활동 전체이다. 그 일이 지속되지 않는다면, 그 생산에 소비된 생산수단과 노동은 낭비된다. 그 일이 재개된다고 하더라도, 그러는 사이에 가치의 손실이 시작되는 것은 피할 수 없다"(Marx, 1967b: 230).

〈그림 3-1〉 노동시간 차원에서 미국 이윤율과 자본 저량(1870~1992)

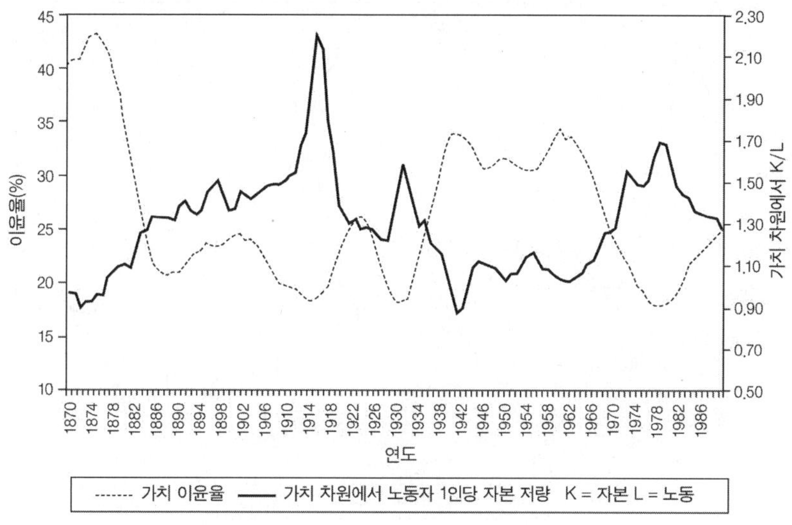

플레이션 작용뿐만 아니라 금융 위기[36]·통화위기[37]·예산 위기(아래를 보라)으로서 가시화된다. 공황의 이 모든 발현은 평균이윤율의 순환운동에서 그 표현을 찾는다. 위에서 제시한 이론을 위해 몇몇 경험적인 실증을 제공하겠다〔다음 세 가지 그림은 프리먼(Freeman, 1999)으로부터 가져왔다〕.[38]

<그림 3-1>에서는 자본 저량의 운동과 이윤율 사이에 분명한 역관계(inverse relation)를 보여주며 둘 다 가치 차원에서 측정되었다. "통계 분석에서 가치 이윤율 변동의 80%가 자본·노동비율의 변화로 설명된다는 것이 확인된다"(Freeman, 1999: 8). 이 그림은 다음과 같은 내용을 나타낸다.

36) 저자는 신용 제도 위기(credit system crisis)를 의미한다_옮긴이.

37) 저자는 monetary crisis를 currency crisis와 같은 의미로 쓰기에 통화위기로 번역한다_옮긴이.

38) 공식 자료를 가치 범주로 재구성한 것을 토대로 미국 이윤율을 계산한 것에 대해서는 Moseley(1986; 1988a; 1988b; 1989a; 1989b; 1989c)를 보라. 그 결과들은 대략 여기서 제시한 것과 일치한다.

〈그림 3-2〉화폐이윤율과 노동시간 이윤율 비교

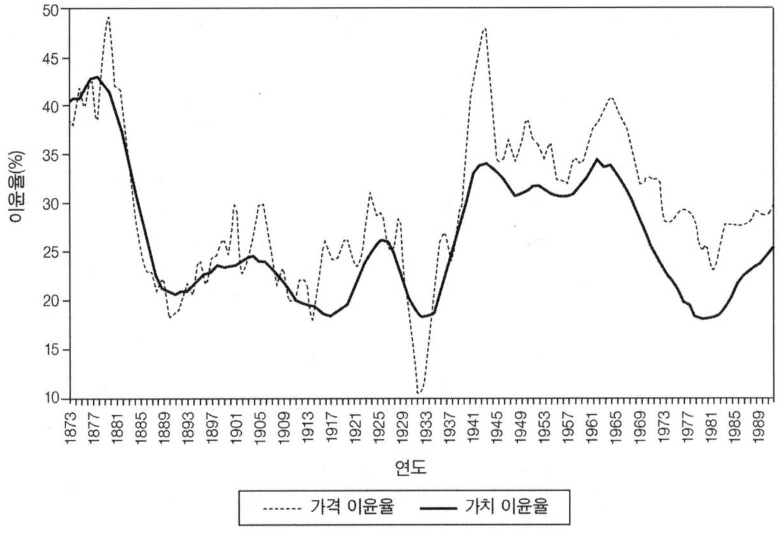

> 중요한 여러 전환점을 가려내준다. 1914년 꼭대기는 제3차 산업혁명의 소진과 1890년대의 고전적인 제국주의 팽창 물결의 소진을 나타낸다. 1939년까지의 길고 비정상적인 침체가 연장된 전간기 일반적 공황을 수반하고 1933년의 꼭대기는 대불황을 나타낸다. 1945~1962년의 긴 호황과 1962년 이윤율 위기 국면의 시작과 1980년의 분명한 전환점 모두가 뚜렷하다(Freeman, 1999: 8).

<그림 3-2>에서는 자본가들이 각자의 화폐이윤율에 반응한다 해도 평균 화폐이윤율은 평균 가치 이윤율 주위에서 오르내리는데, 왜냐하면 경제의 운동(경제순환)을 결정하는 것은 가치의 생산과 분배에서 변화라는 사실 때문이다. 총액 수준에서 화폐량은 가치량을 나타내고 가치량으로부터 괴리되면서 주기적으로 가치량에 끌어당겨진다. 이런 이유는 적은 가치가 생산되면 적은 가치가 실현된다는 것이다(그리고 반대의 경우 그 반대이다). 아래에서 보게 되듯이, 화폐량의 증가는 단지 평균이윤율 하락을 미룰 수만 있으며, 반면에 생산되고 실현된 잉여

〈그림 3-3〉 화폐 차원에서 자본 저량과 이윤율

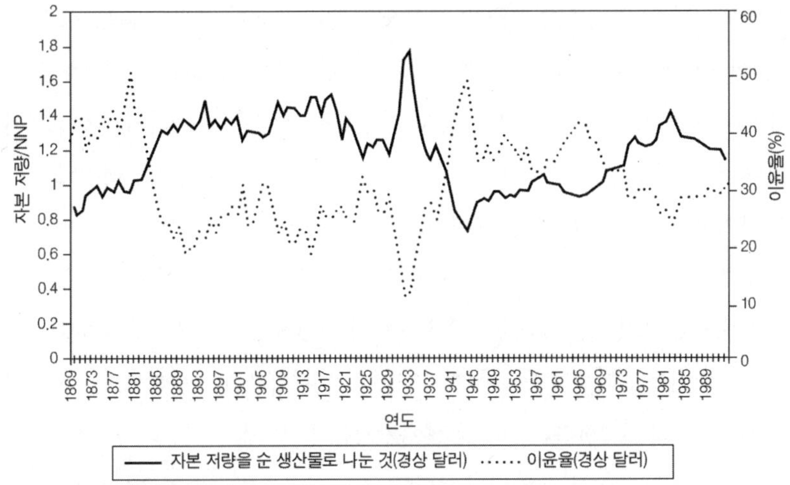

주: NNP = 국민순생산
여기서 두 개념은 거꾸로 뒤집혀야 함. 즉, 국민 순 생산/자본 저량(이윤을 측정하기 위해)임(프리먼의 실수이다)_카르케디.

가치의 증가는 사용가치량의 증가로 바뀌고, 따라서 통화 당국에 의해 유통되는 화폐량의 증가로 바뀐다.

자본 저량(불변자본)과 이윤율 사이의 그 같은 역관계는 <그림 3-3>에서처럼 화폐 차원에서도 역시 실증적으로 분명하다.

경제순환의 원인과 경로의 개요를 설명했기 때문에, 이 방법에 대해 일어날 수 있는 몇몇 비판을 고려해보자. 금방 설명한 방법은 흔히 주장되는 결함 있는 생각, 즉 생산성 증가로 인해 평균이윤율이 하락하기보다 오히려 상승한다는 것과 반대된다. 그 오해에는 많은 이유가 있다. 다음은 가장 흔한 것들이다.

첫째, 대부분의 경제 이론에서는 생산성 증가의 오직 한 가지 측면, 즉 투자된 자본 단위당 더 많은 물리적 산출물만 고려한다. 이런 이론은 단지 물량만 보며, 가치(노동) 측면은 고려하지 않는다. 그래서 그런 이론에서는 어떻게 더 많은 물리적 생산성이 평균이윤율 하락을 낳는지 이해할 수 없다.

둘째, 기술혁신 또는 노동강도의 강화 및 노동일 연장(절대적 잉여가치)을 통해 자본 단위당 더 많은 산출물을 얻을 수 있다. 기술혁신의 경우 (노동력 축소를 고려하면) 더 적은 가치 따라서 더 적은 잉여가치가 생산되기에 평균이윤율이 하락하지만, 노동강도의 강화 및 노동일 연장의 경우 더 많은 (잉여)가치가 생산되기에 평균이윤율은 상승한다. 보통 이 두 가지 경우를 구분하지 않기에 기술혁신이 가치의 창조와 평균이윤율에 미치는 효과에 대해 혼동이 일어난다.

셋째, 기술혁신 자본은 더 높은 이윤율을 실현하는데, 다른 자본이 전유한 가치를 대가로 하기 때문에 평균이윤율을 하락시킨다. 기술혁신이 혁신자본의 이윤율에 미치는 효과를 모든 자본에 무비판적으로 확장해 기술혁신으로 평균이윤율이 반드시 상승한다는 잘못된 결론을 낳는다.

넷째, 착취는 빈곤과 같은 말이 아니다. 높은 잉여가치율은 사용가치 측면(사람들이 부를 인지하는 관점)에서 반드시 더 심각한 빈곤을 의미하는 것은 아니다. 기술 선진국들에서는 더 높은 효율성을 통해, 따라서 임금재 부문에서 더 높은 생산성을 통해 높은 착취율을 얻을 수 있다. 이는 기술 선진국의 노동자들은 더 적은 노동이 투하된 더 많은 임금재를 받게 되는 가능성을 만든다. 기술 후진국에서는 상황이 다르다. 여기서는 ① 상대적으로 비효율적인 기술의 도입, ② 높은 노동강도와 긴 노동일, ③ 인플레이션율을 치솟게 하는 것(뒤에서 보게 되듯이 평가절하와 결합된다)을 통해 높은 잉여가치율을 얻는다. 두 번째와 세 번째 요소는 선진국보다 저발전 국가에서 더 중요하다. 그 요소들의 효과는 사람들의 생명이 선진국에서보다 아주 짧은 시간에 소진되는 것이다. 즉, 그들의 노동력이 충분히 복원될 기회를 얻지 못한다. 특히 인플레이션은 노동자의 구매력에 아주 파괴적인 효과를 준다. 이 경우 사용가치 측면에서 더욱 심한 빈곤은 더 많은 잉여가치의 착취를 나타낸다.[39)]

---

39) 저발전 국가들에서 빈곤이 아주 심각하다면, 왜 더 많은 선진국들은 대량의 식량 원조 계획에 참여하지 않는가? 이유는 그런 원조는 선진국 정부가 구매해 가난한 국가에 제공되

따라서 기술혁신은 실업을 만들어내기 때문에, 기술혁신이 평균이윤율을 하락하게 한다는 논지를 받아들이는 정당한 이유가 있다(그리고 마찬가지로 이런 논지에 대한 비판을 기각하는 정당한 이유이다). 그러나 이는 절대적 법칙은 아니다. 자본은 자신의 작동 체계(inner working) 때문에 또는 의식적 정책을 통해 이런 하락을 저지하려고 한다. 그 효과는 모순적이기 때문에 분석은 경향(기술혁신들의 도입과 수반되는 실업)과 상쇄 경향의 차원에서 수행되기 마련이다. 다시 말해 경제순환의 내적 동학이 순수하게 경향의 차원에서 설명될 수 있다 하더라도, 더 완전한 분석은 상쇄 경향을 고려해야만 한다.

몇 가지 정의로 시작하자. 앞서 나온 관계식 (1)에 기초해 $p' = s/(c+v)$로 정의한 평균이윤율의 하락은 실업을 수반하는 기술혁신 때문에, 즉 투자 자본 단위당 가변자본에 대한 불변자본의 상대적 증가 때문에 일어난다고 앞 절에서 말했다. 고정자본과 가변자본의 관계, 즉 $q = c/v$는 자본의 유기적 구성이라고 부른다. 각 자본 내에서 사람이 기계로 대체되는 것은 끊임없는 경향을 가지기 때문에, 자본의 유기적 구성은 항상 상승하고 평균이윤율은 항상 하락하는 경향을 가진다. 그러나 상쇄 경향이 이런 경향을 제압할 정도로 충분히 강하지 않을 때에만 이런 경향이 나타나게 된다. 상쇄 경향이 가장 강한 수준에 있을 때는 평균이윤율이 상승한다. 그러나 잠시 후에 상쇄 경향은 힘을 다하고, 경향(평균이윤율 하락)은 다시 나타난다. 두 가지 주요 상쇄 경향이 있다.

첫 번째 상쇄 경향은 위에서 $s' = s/v$로 정의한 잉여가치율의 증가이다. 이윤율(p')과 자본의 유기적 구성(q)과 잉여가치율(s')의 관계는 다음과 같다.[40]

는 식량이기 때문이다. 이 자금은 세금을 통해 거두어야만 한다. 세금을 낸 사람들이 자본가들이라면 이윤은 감소한다. 세금을 낸 사람들이 노동자들이라면 실질임금이 감소한다. 그러면 규모가 꽤 큰 어떤 식량 원조가 정치적인 반대로 인해 축소될 수 있다. 이런 장애를 피하기 위한 하나의 방법이 대중매체 등등에서 자극하는 대중 콘서트와 여러 활동을 만듦으로써 노동자들 스스로와 전체 대중이 '자발적으로' 식량을 기부하게끔 하는 것이다.

40) 그 유래는 다음과 같다. $p' = s/(c+v) = (s/v)/[(c+v)/v] = s'/[(c/v)+(v/v)] = s'/(q+1)$.

(3) $p' = s' / (q+1)$

이 관계식은 유기적 구성(q)의 상승이 어떻게 이윤율(p')의 하락을 초래하는지, 그리고 잉여가치율(s')의 상승이 어떻게 이윤율(p')의 상승을 초래하는지 보여준다. 핵심은 이 두 요소가 다른 입장을 가진다는 것이다. 유기적 구성(q)의 상승(따라서 평균이윤율의 하락)은 경향인 반면, 잉여가치율(s')의 상승(그리하여 평균이윤율의 상승)은 상쇄 경향이다. 달리 말하면, 평균이윤율은 하락하는 경향을 가지며, 이는 자본주의 경제가 공황으로 향하는 경향을 가지는 이유이다. 이제 이 논지를 증명해야 하고, 더욱 자세히 설명해야 한다.

보통 이론상으로 유기적 구성(q)의 상승이 무한정 계속될 수 있는 반면, 잉여가치율(s')의 상승은 한계가 있다고 제시된다. 이런 한계는 무엇보다 사회문화적인 것인데, 노동자가 어떤 생활수준에 익숙해지고 그리하여 어떤 생물학적인 수준에 익숙해진다는 것을 고려한다면, 더 길어진 노동일과 또는 더 강화된 노동강도를 고려한다면, 노동일을 더 늘리거나 노동강도를 더 강화하는 것은 더욱 어려워진다. 여기서 언급한 것은 절대적 잉여가치의 증가, 즉 노동강도의 증가와 노동일의 연장이다. 이 측면들에서 생각할 때, 유기적 구성(q)이 무한정 상승할 수 없다고 고려하면, 이 주장은 설득력이 없을 수 있다. 어떤 시점에서는 더 이상 고용된 노동이 없을 수 있고, 그때 우리는 다른 사회경제 체제를 가질 수 있다. 덜 단정적인 주장에서는 유기적 구성(q)의 상승으로 인한 한계에 도달하기 전에, 잉여가치율(s')의 상승에 자리 잡고 있는 한계를 만나게 된다고 강조한다. 이 주장은 더욱 받아들일 만하다. 그러나 유기적 구성(q)의 상승이 잉여가치율(s')의 상승을 제압하는 더욱 설득력 있는 이유가 있다. 이는 유기적 구성(q)의 상승이 평균이윤율에 오직 음의 효과를 가지는 반면, s'의 상승에는 양과 음의 효과 둘 다 가진다는 것이다. 양의 효과는 잉여가치 착취의 증가(생산의 단계)이고, 반면에 음의 효과는 잉여가치를 실현할 때 마주치는 곤란의 증가(실현의 단계)이다. 일단 어떤 지점을 넘어서면, 두 효과는 서로 상쇄되어(즉, 추가 가치 및 잉여가치와 그에 따른 이윤율의 상승은 실현되지 못한다) 모든 것을 감안할 때 오직 q의 상승효과만 남는다. 그 이유를 알아보자.

먼저 II부문(소비수단을 생산한다)의 절대적 잉여가치 증가, 즉 이 부문에서 노동일 연장과 노동강도 강화를 고려해보자. 더 많은 잉여가치와 더 많은 사용가치(소비수단)가 생산된다. 자본가들이 이런 추가 생산(가치)을 흡수할 수 있다면, 실현의 문제없이 이윤율은 상승한다. 그러나 이미 반복해서 언급했듯이, 이런 선택지는 빠르게 스스로 소진된다. 만약 노동이 전체 추가 생산물을 흡수한다면, 그때는 잉여가치의 증가는 없고 임금의 상승만 있게 된다. 그러나 이는 자본주의가 작동하는 방식이 아니다. 중간의 어떤 지점에서 실현의 문제가 있음을 의미한다. 이제 I부문에서(생산수단을 생산한다) 노동강도의 강화와 노동일의 연장을 고려해보자. 소비수단의 양은 변하지 않는 반면, 더 많은 생산수단이 생산된다. 원칙적으로 실현의 문제는 존재하지 않는다.[41] 그러나 노동 이동성을 고려하면 (이뿐만 아니라 노동조합의 활동 같은 제도적 요인을 고려하면) 잉여가치율(s')의 균등화로 향하는 경향이 있다. 잉여가치율의 균등화는 II부문 잉여가치율(s')의 상승을 일으키고, 따라서 II부문에서 실현의 곤란이 발생하게 한다. 생산단계에서 절대적 잉여가치율 상승으로부터 발생하는 평균이윤율에 대한 양의 효과는 실현 단계에서 평균이윤율에 미치는 음의 효과 때문에 상쇄된다.

두 번째 상쇄 경향은 I부문의 생산성 증대가 생산수단의 단위 가치(가격) 하락을 낳기 때문에 나타난다. 일단 생산수단이 이어지는 생산과정의 투입물이 되면, 자본의 유기적 구성은 하락한다. 그러면 이 부문에서 투자된 자본 단위당 더 많은 가치와 잉여가치가 생산되고, 이윤율은 상승한다. 그러나 역시 이는 단지 상쇄 경향이다. 사실 새로운 생산수단은 더욱 저렴할 뿐 아니라 더욱 효율적인데,

41) 이윤율은 II부문에서 불변이지만, I부문에서 상승한다. 평균이윤율은 상승한다.

즉 노동력이 절약된다. 일단 새로운 생산수단이 도입되면 자본가들은 더 낮은 비용(가치)에서뿐만 아니라 (주로) 노동력을 절약할 수 있게 하는 가능성으로부터 이득을 얻는다. 경향(q의 상승)은 상쇄 경향(q의 하락) 안에서 다시 나타난다. 따라서 생산수단의 저렴화로 단지 실업과 공황을 미룰 수만 있을 뿐이지, 피할 수는 없다. 생산물 혁신의 경우에도, 즉 유기적 구성이 평균보다 낮은(예를 들어 소프트웨어) 새로운 생산 부문의 출현에도 똑같이 적용된다. 여기서도 잠시 후에 사람을 기계로 대체하는 자본의 필연이 다시 나타난다. 줄이자면, 상쇄 경향으로 다가오는 공황을 미룰 수 있지만 피할 수는 없다. 자본주의 역사에서 이를 확인할 수 있다.

경제순환을 제거하거나 적어도 그것의 진폭을 줄이는 것을 목표로 삼는 그런 의식적인 정책에도 똑같은 결론이 적용된다.[42] 첫째, 정부는 **통화정책**에 개입한다. 먼저 소비와 생산 자극을 목표로 하는 이자율 축소를 살펴보자. 우선 생산자와 소비자가 침울한 상태에 있다면, 그들은 생산 또는 소비를 늘림으로써 이자율 하락에 반응하지 않을 것이다. 소비자가 이미 높은 수준의 부채를 짊어지고 있다는 것을 지각함으로써 생산자와 소비자의 비관은 악화될 것이다.[43] 또한 이자율 하락에 반응하는 사람들 가운데 단지 약간의 사람들만이 가치 생산에 참여할 것이다(공황으로 향하는 경향을 약화시키거나 뒤집는 유일한 방식). 어떤 이들은 비생산적 활동에 참여할 것이고(예를 들어 유통 부문에서), 어떤 이들은 금융부채를 차환하거나 투기 활동에 참여할 것이고, 어떤 이들은 구매를 증가시킬 수도 있다. 가치의 생산이 늘어나지 않는 한, 그런 통화정책 수단으로 자극받는 것은 새로운 산출물보다는 판매되는 재고일 것이다.[44] 물가가 상승하지 않을 수 없다.

42) 더 자세한 논의에 대해서는 Carchedi(1991a: ch.5)를 보라.

43) 미국에서 "많은 산업 부문들이 위험한 수준의 과잉생산 부담을 떠안았"을 때 "가계 채무는 믿기지 않을 정도로 처분 가능한 개인 소득의 91%에 도달했는데, 1980년의 65%와 비교된다"(Greider, 1997).

44) 이것은 승수에 대한 비판의 본질이다〔위와 Carchedi(1991a: ch.5)를 보라〕.

그러나 핵심은 이자율 하락이 초래한 가치 생산에 대한 양(+)의 효과가 불황과 공황을 반대 방향으로 틀지 못한다는 것이다. 경제 불안(economic malaise)의 상황에서 이윤이 나는 생산적인 투자처를 찾을 수 있는 사람은 많지 않다. 다수는 자신의 빈약한 구매력을 보강하기 위해, 또는 비생산적인 투자를 위해(예를 들어 실현 곤란의 압박 아래에서 기존에 투자한 것을 판매하려는 시도) 또는 투기적 활동을 위해 돈을 빌릴 것이다. 이는 가격에 추가 압박을 준다. 이는 그런 정책이 경제 불안이 있는 시기에 생산과 실업과 이윤율(상쇄 경향)에 제한된 영향을 미친다 하더라도 인플레이션을 일으키는 이유이다. 이는 또한 이자율 상승이 인플레이션을 줄일 수 있지만 경제 상황을 악화시킬 수밖에 없는 이유이다. 미세 조정은 미신이다.

인플레이션이 임금을 축소하거나 산출물 가격을 상승시킴으로써 이윤율에 양의 효과를 준다고 주장할 수도 있다. 먼저 노동력 가치의 하락, 따라서 노동자의 구매력 축소를 살펴보자. 이는 임금 상승보다는 더 높은 임금재 가격 상승을 통해 이룰 수 있다. 다른 모든 조건이 불변이라고 가정한다면, 임금 하락은 이윤율 상승과 같다. 이는 개별 자본가들에 대해서는 확실하게 적용된다. 그러나 거시경제 수준에서 이것은 단지 처음에만 이윤율을 상승시킬 수 있다. 이후 II부문에서 실현 문제가 일어나지 않을 수 없다(위를 보라). 다음으로 생산수단 가격 상승을 살펴보자. 이는 산출물의 가격 상승이 작동하지 않는다는 똑같은 이유들 때문에 작동하지 않는다. 이 시기 산출물은 또한 다음 시기 투입물이라는 것을 고려하면, 이 시기 산출물 가격이 상승하면, 다음 시기 투입물 가격도 당연히 상승한다. 다른 모든 조건이 불변이라고 가정하면(그리고 서로 다른 가격이 서로 다른 변화율로 상승하는 것에 내재한 재분배는 제외한다면), 이는 다음 시기 이윤율을 하락시킨다. 그 시점부터 계속 각 시기의 끝에 화폐이윤율 하락을 피하기 위해, 즉 화폐이윤율이 가치 이윤율 하락에 동조해 하락하는 것을 막기 위해 끊임없는 인플레이션 작용이 필요해진다. 이렇게 자기 증식(self-reproducing)하는 인플레이션 작용은 새로운 화폐 공급을 통해 대중의 새로운 구매력 하락을 상쇄시키려는 시도가 만들어질 때마다 심화된다. 인플레이션으로 평균이윤율 하락을 미룰 수 있지만 피할 수는 없다. 이는 인플레이션이 경제공황으로 향하는 경향을 저지하는 것을 목표로 하는 하나의 상쇄 경향인 이유이다. 인플레이션은 공황을 미루는 반면, 동시에 화폐의 평가하락(depreciation)을 만든다(즉, 화폐의 구매력 하락을 통해).[45)]

인플레이션을 둘러싼 오해 두 가지가 있다. 첫째는 계산 착오의 결과, 즉 자원과 산출물 단위 가격의 안정성에 비해 화폐량(신용도 포함)의 과잉 증가 결과이다. 오직 같은 실수가 반복해서 일어나는 이유를 설명할 수 있다면, 이 논지를 진지하게 고려할 수 있다. 현실에서 통화 당국은 인플레이션을 허용해야만 한다. 그러나 이는 어떤 한계를 초과하지 말아야 한다. 그렇지 않다면, 국제 경쟁력은 약화되고 평가절하를 피할 수 없게 되고, 고정된 소득 자산 형태로 된 해외 채무의 기한 연장을 못하게 될 것이다(다음 절을 보라). 그래서 인플레이션율은 통화 당국이 자신의 이해를 위해 활동하는 여러 사회 계급과 집단의 압력 아래에서 인플레이션의 긍정적 효과와 부정적 효과를 저울질하려고 애쓰는 정도의 결과이다. 필요한 인플레이션율의 조작은 마스트리히트 기준(다음 장을 보라)에서처럼 항상 어떤 이의 이해에는 도움이 되고 다른 이의 이해에는 해가 되는 것이다.

---

45) 화폐량 증가로 반드시 인플레이션이 일어나는 것은 아니라는 것에 주의하라. 첫째, 화폐량 증가는 물질적 사용가치의 생산 증가에 조응할 수 있고, 따라서 단위 가격이 변하지 않은 채 유지될 수 있다. 둘째, 화폐량 증가는 유휴 자원을 포함해서 팔리지 않은 상품의 구매를 위해 쓰일 수 있다. 그리고 셋째, 화폐량 증가는 수입을 위해 사용될 수 있다. 하지만 이런 주장은 화폐량을 사용가치의 양에 관련시키는 주류 경제학의 범위 내에 머문다. 다른 한편, 인플레이션을 생산된 가치 증가보다 더 많은 화폐량 증가로서 인식한다면, 그때 인플레이션율은 공식적 통계에 의해 주어진 것보다 훨씬 큰 것이다. 실제로 경제 불황과 공황의 시기에는 (실업 때문에) 생산된 가치량이 감소하는 반면, 화폐량은 수요를 진작하기 위해 증가한다.

두 번째 오해는 인플레이션의 원인을 II부문 생산성의 증가보다 더 높은 임금 상승에서 찾는 것이다. 그러나 '높은' 임금은 사용자 단체와 통화 당국이 임금 상승으로 잃어버린 가치 부분을 되찾기 위해 사용하는 구실이다. 임금을 인플레이션에 연결시키는 주요 변수는 계급 간 힘 관계, 즉 인플레이션을 통해 실질임금을 축소시키는 자본의 능력인데, 이는 노동의 투쟁력의 반대이다. 낮은 임금(즉, 높은 이윤)과 낮은 가격(즉, 경쟁력 있는)은 자본에게 이상적인 상황이다. 주류 경제학이 가장 합리적인 상황으로서 공표한 것이 바로 그런 상황인데, 모두에게 가장 우호적인 것으로 여겨지기 때문이다. 그 주장은 낮은 인플레이션율이 시장 점유율 증가와 이윤율 상승과 투자 증가를 통해 고용 증가를 낳게 한다는 것이다. 요점은 "노동비용이 줄어들면, 기업은 노동자를 더 많이 고용하도록 고무된다"(European Commission, 1994b: 4)는 것이다. 그러나 만약 임금 하락으로 이윤이 증가하더라도, 역시 낮은 임금 때문에 이윤의 실현은 좌절된다. 더욱이 이윤 증가가 반드시 생산적인 투자 증가를 낳는 것이 아니며(이윤 증가는 비생산적인 소비나 금융 투자로 이어질 수 있다), 그리고 생산적인 투자 증가가 (노동력 절약 기술에 투자된다면) 필연적으로 고용 증가로 이어지는 것은 아니다. 낮은 임금과 많은 고용으로 낮은 인플레이션을 겪는 관계는 자본의 바람의 실현, 즉 노동의 낮은 투쟁성일 뿐인데, 마치 그것이 모두를 위해 가장 합리적인 상황이라는 듯이 말이다. 이를 보여주기 위해, 높은 인플레이션(따라서 높은 실업)의 원인을 꼭 높은 임금에서 찾는 것이다. 이는 주류 경제학 인플레이션 이론의 알파와 오메가이다.

두 번째 형태의 공황 대책 수단(anti-crisis measures), 즉 재정정책(fiscal policies)을 살펴보자. 세금 인하가 이윤과 임금을 높여서 자본재와 임금재 수요를 자극한다고 가정한다. 여기에도 역시 그런 도움은 단지 기껏해야 일시적이며, 어떤 경우에도 자동적이지 않다. 첫째, 세금 인하로 수요가 증가할 수도 있으나, 반드시 증가하는 것은 아니다. 사람들은 추가 구매력을 저축하거나 투기적인 목적을 위해 사용할 수도 있다. 둘째, 세금이 인하되면 국가 수입이 감소하고, 세금으로 국가가 수요를 자극하는 가능성도 줄어든다(즉, 정부조달과 정부 보조금과 다양한 혜택). 셋째, 가장 중요하게는 추가 소득이 소비에 사용된다면 팔리는 것은 기존 재고이다. 만약 추가 소득이 투자된다면, 통화정책에 적용된 것과 똑같이 추론하면, 이 투자에서 오직 제한된 몫만 (잉여)가치를 생산하며 나머지는 비생산적 부문 또는 투기 부문으로 투자된다는 것을 시사한다. 여기서도 역시 재정정책은 단지 하나의 상쇄 경향이 될 수 있을 뿐이다.

세 번째로는, 예산정책(budgetary policies)이 있다. 경제 불황의 시기에 투자와 소비재 구매가 둔화하는 것을 봤다. 화폐는 지출되기보다 축장된다. 이 같은 판매 약화는 수요를 자극하기 위해(즉, 정부조달을 통해) 사용되는 국가 대출을 통해 상쇄될 수도 있을 것 같기도 하다. 그러나 실제로는 그렇지 않다. 한편으로 안정된 회복을 시도하려는 통화정책 및 재정정책과 관련해 말했던 것은 여기서도 적용되며, 되풀이할 필요는 없다.[46)]

다른 한편, 빌린 돈은 되갚아야만 한다. 부채가 더 많은 부채를 통해 돌려막기가 된다면, 그 국가의 금융 위기는 이자에 대한 부채 증가 때문에 만들어진다. 이 시점에서 정부는 두 가지 주요 전략에 의존할 수 있다. 첫째는 채무불이행을 하는 것이다. 이는 인플레이션과 과세를 통해 간접적으로 일어날 수 있다. 국가가 평가절하된 화폐로 부채를 되갚는 한, 부채 일부는 상환되지 않는다. 평가절하된 화폐로 상환하는 것을 통해 국가는 빌렸던 화폐에서 가치 일부를 전유한다. 이는 이윤과 수요에 음의 효과를 준다. 또는 국가 부채를 상환하기 위해 필요한 가치(화폐)는 과세를 통해 국가에 의해 전유될 수도 있다. 역시 이것은 이윤

46) 주류 경제학에 따르면, 재정 부채(budget debts)는 고용 증가를 통해, 따라서 정부 지출에서 비롯되는 임금 상승을 통해 인플레이션을 만들어낸다. 하지만 위에서 언급했듯이 임금 상승은 이윤 감소에 의해 보상될 수 있고, 그 결과 어떤 인플레이션도 뒤따르지 않는다. 국가 대출이 임금 상승을 통해 인플레이션을 창조한다는 주장은 자본의 이해를 담은 합리화이다.

과 수요에 음의 효과를 줄 수 있다. 그러나 국가는 역시 지불불능을 통해 채무불이행에 문을 열어놓는 데 의존할 수 있다. 이는 물론 최후 수단이다. 국가가 자신의 부채에 채무불이행을 했을 때, 공공연하게 또는 간접적으로, 부분적으로 또는 전체적으로, 자본가계급 또는 노동자계급은 이윤이나 임금의 축소를 사후에 받아들이도록 강요받는다. 이윤 또는 임금의 일부는 환상이었음이 드러난다. 그 부분의 가치는 단지 국가가 소비한 것이다. 둘째로 정부는 민영화에 의존할 수 있다. 이는 자본이 평균이윤율 하락을 막기 위해 시도하는 방법이다. 그러나 국가 소유는 아무리 규모가 클지라도 제한적이며, 그런 이유로 이 전략 또한 제한적이다.

국가가 정부조달에 자금을 대기 위해 돈을 빌려오거나 가치를 전유할 수 있다고 위에서 언급했다. 한 가지 중요한 경우가 국가 유발의 무기 생산이다. 국가의 구매력은 자본가와 노동자로부터 전유한 가치이고, 따라서 이 두 범주의 구매력은 축소된다. 한쪽에서 얻으면, 다른 쪽에서는 잃게 된다.[47] 더 나아가, 국가의 자원이 무기 생산에 더 많이 사용될수록 생산수단과 소비수단의 생산을 위해 사용될 수 있는 자원들은 더욱 적어진다. 경쟁하는 환경에서 이런 방법은 문제를 만든다. 그러나 무기의 생산은 재생산되지 않는다는 그 재화의 속성을 고려해볼 때, 다른 형태의 지출보다는 경제순환의 여러 국면에 아주 덜 민감하다는 이점을 갖는다. 추가 소비재 생산 또는 추가 자본재 생산(이는 두 부문에서 실현 문제를 악화할 수 있다)이 아니라는 더 큰 이점이 있다. 무기가 사용되지 않는 한, 경제가 돌아가게 하려는 목적에서 쓸데없는 물건의 생산이고 따라서 낭비된 노동이다. 무기가 사용되는 한, 사람뿐만 아니라 다른 재화도 파괴한다. (인간 욕구의 충족이라는 측면에서) 그런 체제의 합리성과 도덕성에 관한 판단은 독자들에게 넘긴다. 유럽연합은 이런 측면에서 확실히 무고하지 않다. "1995년

---

47) 이런 주제는 여기서 자세히 다룰 수 없다[이 점에 대해 Carchedi(1991a: ch.5)를 보라].

유럽연합 9개국은 세계 주요 재래식 무기 수출에서 상위 30위를 차지했고, 그 가운데 독일, 영국, 프랑스, 네덜란드, 이탈리아가 각각 3위, 4위, 5위, 7위, 8위를 차지했다"(Finardi et al, 1998: 1).

결론을 짓자면, 많은 상쇄 경향에도 불구하고 공황은 피할 수 없다. 자본주의 체제는 불황과 공황과 회복(recoveries)과 호황(booms)이라는 연쇄적 순환(cyclical succession)을 통해 스스로를 재생산한다. 그러나 공황의 효과는 기술이 앞선 국가 진영(제국주의 진영)에서는 더 약하게 체감되고, 기술이 낙후된 국가들에서는 더 강하게 체감된다. 제4장과 제6장을 내용을 미리 말하자면, 기술 선진국들은 생산성 증대에 따라 증가한 생산물 일부를 수출한다. 실현되는 것은 기술 선진국들에서 생산된 가치이며, 따라서 기술 후진국들이 전유한 가치를 대가로 수출국들이 평균이윤율 상승을 얻는 것이다. 뒤처진 국가들은 수출을 증가시키기 위해 평가절하에 의존할 수 있다. 이런 경우 그 나라들은 생산한 가치의 일부를 포기하게 된다.

이 절을 끝맺기 위해 몇 가지 언급을 하겠다. 첫째, 위의 분석은 두 계급으로 이루어진 경제 모형, 따라서 그런 사회 모형을 의미한다. 물론 현실 사회(경제)에서는 두 계급보다 많다(Carchedi, 1975; 1977; 1983; 1987; 1989; 1990; 1991a). 이런 (반대로 아주 중요하지만) 사실 때문에 위의 주장이 타당성을 잃진 않는데, 왜냐하면 다른 계급들이 아무리 많은 가치(따라서 구매력)를 전유하더라도 그 가치를 두 기본 계급이 전유할 수 없기 때문이다. 전체 가치 가운데 (더 적은) 일부의 양이 두 기본 계급 외에 다른 계급에 주어진다면, 가치의 단순한 재분배가 있는 것이다. 그 부분이 임금에서 온 것이라면, 노동계급의 축소된 구매력 부분은 다른 계급으로 가지만, 실현의 곤란은 해결되지 않은 채 남는다. 그 부분이 이윤에서 온 것이라면, 이윤율은 하락한다.

둘째, 가치 범주에 기초하고 있는 공황이론을 지지하거나 왜곡하기 위해 국민총생산(gross national product: GNP)과 이윤율에 대한 자료를 사용할 수 없다.

왜냐하면 그런 자료는 가치 범주와 일치하지 않는 범주를 사용해 계산했기 때문이다. 경제 상태, 실업 상태, 파산 상태, 대중의 불충분한 구매력의 상태를 판단하는 것이 국민총생산과 이윤율에 대한 공식 수치보다는 더욱 신뢰할 만한 지표이다.[48] 예를 들어, 우리는 자본주의가 발전한 국가에서 공황의 시기에 기업의 파산율이 크게 변동하는 것을 관찰할 수 있고, 또한 1970년대 초부터 장기간의 높은 실업률을 관찰할 수 있는데, 변동은 있지만 증가 추세를 보여준다.

셋째, 가치 측면을 고려하지 않으면, 사회적 범주의 소득, 즉 국민총생산의 몫이 사회적 범주(여기서 가치는 사용가치의 화폐적 표현으로, 위에서 말한 것과 다르다)가 생산한 가치와 일치한다는 잘못된 결론에 도달하게 된다. 현실에서 삼고 있는 계급 또는 사회집단의 소득은 (노동력을 포함해서) 상품의 판매를 통해 계급 또는 사회집단이 실현한 가치로 측정된다. 이것은 위에서 봤듯이 계급 또는 사회집단이 생산한 가치(수행한 노동)와 다르다. 노동자들한테 그 차이는 잉여가치 때문에 생겨나고, 자본가들한테 그것은 상품에 들어 있는 가치와 가격 체계를 통해 실현되는 가치의 차이이다.

넷째, 가치의 국제적인 재분배(전유) 때문에 국내총생산(Gross Domestic Product: GDP) 수치는 어떤 국가에서 생산된 가치의 화폐량은 아니다. 그 수치는 그 국가가 실현한 가치를 표현한다. 이런 전유는 약소국(피지배국)으로부터 강대국(제국주의 국가)으로 가는 것이다. 결론을 내리자면, 경제 강대국에서는 위에서 언급한 경제 상태에 대한 세 가지 지표(실업, 파산, 불충분한 구매력)를 가지고 침체와 공황의 규모를 실제보다 축소해서 보여준다. 이런 주제들은 다음 장에서 다루어질 것이다. 이 장의 임무는 '유럽공동체설립조약' 제2조에서 서술한 목표들이 얼마나

---

48) 하지만 이윤율에 대한 공식적인 자료는 적절하게 걸러진다면 사용될 수 있다. 위의 <그림 3-1>, <그림 3-2>, <그림 3-3>을 보라. 공식적인 자료를 가치 범주로 재구성한 것을 바탕으로 한 미국 이윤율 계산에 대해서는 역시 Moseley(1986; 1988a; 1988b; 1989a; 1989a; 1989b; 1989c)를 보라. Moseley의 결과는 여기에 제시된 것에 대략 일치하고 있다. 역시 실업 수치는 실업의 실제 규모를 과소 추정하는 것 때문에 악명이 높다.

절망적으로 오해되고 미신화되고 있는지 보여주는 것이다. 제2조의 중요성을 고려하면 '유럽공동체설립조약'(과 후속 조약들)은 환상에 불과한 목표들을 좇는 실천 규약의 체계가 될 것이다.

3. 국제가격에서 통화위기까지

제2장에서 국제무역을 설명하기 위해 주류 경제학 이론에 의지할 수 없다는 것을 알았다. 이 장에서는 자본주의 발전의 기본 법칙을 자세히 밝혔고, 자본이 스스로 생산한 가치를 실현할 때 마주치는 어려움을 강조해서 보여줬다. 위에서부터 논리적으로 좇고 있는 논지에서 국제무역의 궁극적인 원인, 즉 국제무역의 내적 합리성은 자본이 가능한 한 가장 높은 이윤율을 실현하기 위한 욕구인데, 그 욕구가 해외에 있을 때 말이다. 유럽연합을 포함해서 경제와 무역의 지역이 형성이 되어야 한다는 것은 이런 관점 안에 있는 것이다.

우리는 역시 자본이 끊임없이 이윤 추구를 함으로써 이동한다는 것을 봤다. 이런 추구는 기술혁신, 즉 부문 내 경쟁과 부문 간 자본의 이동, 즉 부문 간 경쟁 모두 초래한다. 가격이 나타나는 것은 이런 이중적이고 상호 연관된 과정을 통해서이다. 이런 가격은 기술 선도 자본한테 이득을 주고, 기술 낙후 자본을 처벌한다. 즉, 기술 선도 자본은 기술 낙후 자본으로부터 잉여가치를 전유한다. 이 절에서 주장하는 논지는 이것이 국가들한테도 역시 적용된다는 것이다.

그러면 첫 번째 임무는 상품이 교환되는 가격을 설명하는 것이다. 이것은 먼저 국내가격 가치론을 필요로 하고, 그러고 나서 국제가격 가치론을 필요로 한다. 각국은 서로 다른 통화를 가지기 때문에 환율 이론이 있어야 한다. 이것으로 국제무역에 내재한 불평등 교환을 알 수 있으며, 따라서 기술이 앞선 자본주의 국가가 가치를 전유한다는 것을 알 수 있다. 기술 선진국이 이윤율을 최대화하는 것은 이 환율을 통해서이다. 기술 선진국에 종속되어 있는 다른 국가들이 국제무역에 참여한다면 자신들의 잉여가치 일부를 양도해야 한다. 그들 나라 역시 이윤율을 최대화하는 것을 목표로 삼지만 불리한 조건 아래에서 그렇게 한다.

1) 국제가격

가격 형성에 대한 노동 이론의 기본 요소들을 예증하기 위해 <표 3-5>처럼 세 부문의 경제를 가정해보자.

이것과 그다음 표들은 가치 차원 또는 화폐 차원에서 해석될 수 있는데, 가치는 가격으로부터 끌어낼 수 있기 때문이다.[49] 자본 하나를 투자한 단지 하나의 자본이 각 부문을 대표하며, 자본 하나는 불변자본(c)과 가변자본(v)으로 나뉜다. 따라서 각 자본이 투자한 총자본은 항상 100이다(즉, c와 v는 백분율로 해석된다). 각 부문마다 오직 자본이 하나라는 가정이 각 부문 내 여러 자본이 존재한다고 이론화하는 것을 막지 않는다. 가격경쟁을 고려하면, 그것은 한 부

〈표 3-5〉 이윤율 균등화 경향

	$c+v+s=V$	$PrPr(C)$	$PrPr(C)-V$	OCC	O	$PrPr(O)$
부문 A	$80c+20v+20s=120V$	120	0	4	100	1.2
부문 B	$90c+10v+10s=110V$	120	10	9	120	1.0
부문 C	$70c+30v+30s=130V$	120	−10	2.3	130	0.9
총계	$240c+60v+60s=360V$	360				

주: $PrPr(C)$는 생산가격, OCC는 유기적 구성, $PrPr(O)$는 단위 생산가격임.

49) 화폐적 표현으로부터 가치량을 끌어내는 방법은 이 장 윗부분에서 자세히 설명했다 (Carchedi and de Haan, 1996을 보라).

문 내 각 자본은 생산수단과 노동력을 (같은 가치에 대해) 같은 가격, 즉 평균 가치로 구매하고, 같은 가격으로 생산물을 판매한다는 것을 의미한다. 그러면 그 부문은 하나의 자본 또는 여러 자본으로 대표될 수 있다. 이것이 우리가 현실 조건과 일치시키기 위해 가정할 수 있는 경향적 조건인데, 왜냐하면 그것은 현실운동(가격경쟁)에 기초하고 있기 때문이다. 다양한 투입물과 산출물의 가격 때문에 분석이 타당하지 않게 되는 것이 아니며, 그런 것은 분석을 풍부하게 만들 뿐이다.

위에서 언급했듯이 c/v 비율을 자본의 유기적 구성이라 부르며(OCC, <표 3-5>에서 다섯 번째 열), $s/(c+v)$ 비율을 이윤율이라 부르며(이 표에는 나타나 있지 않다), s/v 비율을 잉여가치율이라 부른다(역시 이 표에는 나타나 있지 않다). 잉여가치율은 자본이 새로 생산된 가치를 얼마나 많이 전유했는지를 보여주는 척도이다. 우리는 어떤 잉여가치율을 예를 들어 100%를 가정하는데, 즉 노동이 노동력의 가치만큼 잉여가치를 생산한다고 가정한다. 노동이 한 부문(잉여가치율이 높은 곳)에서 다른 부문(잉여가치율이 낮은 곳)으로 자유롭게 이동한다는 가정 때문에 잉여가치율은 세 부문 모두 같다고 가정한다. 또 동일한 잉여가치율을 가정하는 것은 정당한데, 왜냐하면 이 가설은 현실적인 운동(노동 이동성)에 기초하고 있기 때문이다. 여기서 또한 다양한 잉여가치율 때문에 분석이 바뀌지는 않는다.

총잉여가치는 60이고, 생산된 총가치는 360이며, 평균이윤율, 즉 세 부문 모두에 대한 이윤율 $s/(c+v)$는 60/300=20%이다. 자본이 부문 간에 이동한다면, 이윤율이 낮은 부문에서 이윤율이 높은 부문으로 간다. 그러므로 각 부문에서는 경향적으로 평균이윤율이 실현된다. 이 가정은 역시 방법론적으로 정당한데 왜냐하면 현실운동(부문 간 자본 이동성)에 뿌리를 두고 있기 때문이다. 따라서 각 부문에서 경향적으로 실현된 가치는 투입물($c+v$)의 평균 가치에 평균이윤율을 더한 것과 같다. 이것이 각 자본의 생산가격, 즉 <표 3-5>에서 $PrPr(c)$이고, 이는 모든 자본에게 같다.[50)]

세 가지 일치가 가정된다. 부문 간 가격의 일치, 부문 내 및 부문 간 잉여가치율의 일치, 역시 부문 내 및 부문 간 이윤율의 일치이다. 이는 오직 하나의 특징에 초점을 맞추기 위해 행해진 것인데, 상품이 생산가격으로 판매된다면, 상품에 들어 있는 가치와 판매를 통해 실현된 가치 사이의 차이 말이다. 이것은 $PrPr(C)-V$열이다. 예를 들어 B 부문이 가치가 $V=110$인 상품 120을 산출물(O)로 생산하지만, 세 부문의 이윤율이 균등해지면 $PrPr(C)=120$에 판매한다. 그것은 10의 가치를 전유한다. 이는 역시 **불평등 교환**(unequal exchange)이라고 불린다. 전유된 총가치는 생산된 가치와 같아야 하기 때문에 $PrPr(C)$열의 합은 0과 같아야만 한다. 마지막으로 마지막 열은 $PrPr(O)$는 산출물 단위당 생산가격이다.

<표 3-5>에서 자본의 유기적 구성과 이윤율의 관계는 명확해진다. 기술혁신으로 투자된 자본 단위당 가변자본은 축소하고, 불변자본은 증가한다(즉, 유기적 구성이 상승한다). 이는 각 부문 내 생산성(투자된 자본 단위당 산출물 단위)이 증가했다는 징표로 간주된다. 생산성 증가는 가격의 균등화 때문에 이윤율 증가로 바뀐다(위의 <표 3-1>과 <표 3-2>의 예를 보라). 오직 생산된 가치만 실현될 수 있다는 것을 고려하면, 기술혁신 자본의 이윤율 상승은 기술 낙후 자본의 이윤율 하락으로 반드시 상쇄된다. 기술혁신 자본이 기술 낙후 자본으로부터 잉여가치를 전유한다.

하지만 <표 3-5>는 한 부문 내 세 개의 다른 자본을 가리키는 것이 아니다. 오히려 그것은 각 부문을 대표하는 세 개의 자본을 가리킨다. 제2장에서 주장했듯이 부문 간 생산성 차이는 의미 있는 방식으로 계산될 수 없다. 따라서 <표 3-5>에서 B 부문(높은 유기적 구성)이 C 부문보다(낮은 유기적 구성) 더 생산적이고 따라서 이윤율이 더 높다고 가정할 이유가 없다. 그래서 B 부문이 이전 수준에 비

---

50) '생산가격' 개념은 우리가 가격의 결정에서 오직 생산 측면을 (첫 단계로서) 고려한다는 것을 의미한다. 수요는 잠시 후 고려될 것이다.

해서 생산성이 증가했다고 가정하지 않는다면, C에서 B로 자본 이동을 가정할 이유도 없다. 따라서 B 부문은 더 많은 산출물을 같은 가격에 판매할 수 있다. 사회 전체 구매력을 고려하면, 모든 이윤율이 (경향적으로) 균등해지는 지점까지 다른 부문에서 가격이 떨어져야만 한다(따라서 다른 부문에서 가치를 잃게 된다). 이것이 <표 3-5> 뒤에 있는 첫 번째 가정이다. 두 번째 가정은 수요와 공급이 일치한다는 것인데, 수요는 모든 자본이 자신의 모든 산출물을 팔아서 평균이윤율 20%를 실현한다는 의미에서이다.[51] 수요와 공급이 일치하지 않는다면, 현실 가격(actual price)은(이는 또한 시장가격이라고 부르는데) 경향적인 가격, 즉 모든 자본이 평균이윤율을 실현하는 가격, 다시 말해 생산가격 주위에서 변동한다.

이제 기술혁신을 도입해보자. <표 3-6>을 살펴보자. V는 생산된(들어 있는) 가치이고, O는 산출량이고, VTR은 경향적으로 실현된 가치이고, $VTR - V$는 불평등 교환이다.

<표 3-6>은 각 부문이 이제 세 개의 자본, 즉 선진 기술 자본(above mode), 보편 기술 자본(modal mode)[52], 낙후 기술 자본(below mode)으로 대표된다는 점에서 <표 3-5>의 확장이다.[53] <표 3-5>와 다른 점은 이제 평균이윤율은 각 부문 내 오직 보편 기술 생산성 자본(modal productivity capitals)에 의해 실현된다는 것인데, 그들 자본은 보편 기술(modal technique)을 사용하며, 따라서 각 부문에서 생산물의 대부분을 생산한다. 이것은 다음 세 가지 점을 논리적으로 따른다. 첫째, 각 부문 내 모든 자본이 경향적으로 같은 기술을 사용한다는 가설은 방법론적으

51) 산출량의 일부가 규칙적으로 재고로 유지되고, 따라서 $D = S$ 가정은 재고의 순 산출량에 적용된다는 사실 때문에 허용 오차(allowance)가 만들어진다.

52) modal은 통계학에서 자료 분포 가운데 가장 빈번하게 관찰되는 최다 도수를 갖는 자료값인 최빈값(mode)의 형용사형으로 쓰였다. 그래서 '보편'이라는 단어로 번역한다_옮긴이.

53) <표 3-5>는 <표 3-6>으로 확장될 수 있는데, 왜냐하면 <표 3-6>은 <표 3-5>에서 미리 축약(단순화)되었기 때문이다. 설명을 위해 먼저 <표 3-5>를 가지고 논의를 먼저 시작하는 것이 선택되었다.

〈표 3-6〉 기술 변화 전 생산가격

	낙후 기술 자본	보편 기술 자본	선진 기술 자본
A 부문	I	II	III
V	$75c+25v+25s=125\ V$	$80c+20v+20s=120\ V$	$85c+15v+15s=115\ V$
O	90	100	110
VTR	108	120	132
$VTR-V$	−17	0	17
B 부문	I	II	III
V	$85c+15v+15s=115\ V$	$90c+10v+10s=110\ V$	$95c+5v+5s=105\ V$
O	50	60	70
VTR	100	120	140
$VTR-V$	−15	10	35
C 부문	I	II	III
V	$65c+35v+35s=135\ V$	$70c+30v+30s=130\ V$	$75c+25v+25s=125\ V$
O	120	130	140
VTR	110.8	120	129.2
$VTR-V$	−24.2	−10	4.2

주: V는 생산된 가치, O는 산출량, VTR은 경향적으로 실현된 가치, $VTR-V$는 불평등 교환 차액임. 이 주는 제3장의 모든 표에 적용됨.

로 정당한데, 그것은 현실의 과정, 즉 기술 경쟁에 기초하고 있기 때문이다. 모든 자본이 가장 높은 이윤율을 목표로 한다는 것을 고려하면, 모든 자본은 가장 효율적인 기술을 목표로 한다. 이것으로 보편 기술(common technique)로 향하는 경향을 이론화할 수 있게 된다. 둘째, 어떤 정해진 시점에 기술의 범위가 있을 것이고, 그 평균은 가장 앞선 기술이 아니다. 또는 평균이윤율은 평균 생산성을 가진 자본들에 의해 경향적으로 실현되며, 높은 생산성을 가진 자본에 의해 그렇게 되는 것이 아니다.[54] 셋째, 중간(mean)보다는 보편(mode)이라는 개념이 선택되는

54) 이 점을 설명하는 다른 방법은 오직 높은 생산성을 가진 자본들이 남는다 하더라도 평균

데, 왜냐하면 그것은 제한된 수의 생산자가 대부분의 상품을 생산하는 현재의 상황(과점 경쟁)을 더 잘 나타내기 때문이다. 이 세 가지 점으로부터 결론을 내리자면, 보편 기술 자본이 평균이윤율을 경향적으로 실현하며, 반면에 선진 기술 자본과 낙후 기술 자본은 평균이윤율보다 더 높거나 더 낮은 이윤율을 실현한다.

<표 3-6>에서 생산된 총잉여가치는 $s = 180$이고, 투자된 총자본은 $(c+v) = 900$이다. 따라서 평균이윤율은 180/900=20%이다. 이는 보편 기술 자본 모두가 실현한 이윤율이다(즉, 자본 AII, BII, CII). 각 보편 기술 자본(modal capital)이 실현한 총가치는 투자된 자본(이는 항상 100인데, 왜냐하면 투자된 자본구성을 백분율로 고려하기 때문이다)에 평균이윤율을 더함으로써 얻는다.[55] 이는 투자된 각 자본의 생산가격이다. 단위 가격은 생산가격을 보편 기술 자본의 생산물로 나눔으로써 얻는다. 단위 가격은 평균이윤율 조건 아래에서 생산된 상품의 가격이다. 따라서 A 부문의 단위 가격은 120/100=1.2이고, B 부문의 단위 가격은 120/60=2이고, C 부문의 단위 가격은 120/30=0.9231이다. 비보편 기술 자본은 그 단위 가격에 산출량을 곱한 것을 경향적으로 실현하기 때문에, 비보편 기술 자본의 경향적 이윤율은 생산성 수준에 따라 보편 기술 자본의 이윤율과 달라진다. 예를 들면, 자본 AIII은 $VTR = 1.2 \times 110 = 132$를 실현하고, 따라서 이윤율은 132/100=32%를 실현하는데, 평균(20%)보다 높은 값이다.

여기서도 내포된 가정은 수요와 공급의 일치($D = S$)이다. 이 새로운 맥락에서 수요와 공급의 일치가 의미하는 것은 사회의 수요는 보편 기술 자본이 실현

이윤율의 개념은 미래에 생산되고 실현될 가치를 가리키는 것이 아니라는 것이다. 즉, 어떤 자본들이 미래 가치의 평균을 실현할지에 관한 문제가 아니라는 것이다. 오히려 그것은 현재 생산된 가치를 고려할 때 어떤 자본이 현재 평균이윤율을 실현할지에 관한 문제를 가리킨다. 이것은 그 반대가 될 수 없는데, 왜냐하면 우리는 미래가 아니라 현재의 가격을 밝히길 원하기 때문이다.

55) 생산가격은 투자 자본에 평균이윤율을 더한 것이다. 여기서 평균이윤율을 더했다고 표현하는 것은 투자 자본, 즉 비용가격이 백분율로 표현되고 있기 때문이다_옮긴이.

〈표 3-7〉 기술 변화 후 생산가격

	낙후 기술 자본	보편 기술 자본	선진 기술 자본
A 부문	I	II	III
V	$75c+25v+25s=125\ V$	$80c+20v+20s=120\ V$	$85c+15v+15s=115\ V$
O	90	100	110
VTR	105.5	117.3	129
$VTR-V$	−19.5	−2.7	14
B 부문	I	II	III
V	$90c+10v+10s=110\ V$	$90c+10v+10s=110\ V$	$95c+5v+5s=105\ V$
O	60	60	70
VTR	117.3	117.3	136.8
$VTR-V$	7.3	7.3	31.8
C 부문	I	II	III
V	$65c+35v+35s=135\ V$	$70c+30v+30s=130\ V$	$75c+25v+25s=125\ V$
O	120	130	140
VTR	108.2	117.3	126.3
$VTR-V$	−26.8	−12.7	1.3

하는 가격에 모든 상품이 판매되는 것, 다시 말해 그 수요로 모든 보편 기술 자본이 평균이윤율을 실현한다는 것이다.[56] 이제 $D=S$ 가정을 하지 않는다면, 어떤 부문에서는 보편 기술 자본이 평균이윤율보다 더 높은 이윤율을 실현할 수도 있는 반면에, 다른 부문에서는 평균이윤율보다 낮은 이윤율을 실현할 수도 있다. 이제 기술혁신의 도입과 이윤율에 미치는 효과를 살펴보자(<표 3-7>).

<표 3-7>은 <표 3-6>을 수정한 것이다. 그 표에서 자본 BI(임의적으로 선택한 것이다)가 $(c+v)=(85+15)=100$을 투자하고 경향적으로 실현된 가치(VTR)=100을

---

56) 되풀이하자면, $D=S$ 개념과 신고전학파의 것과의 차이는 이 개념에서는 시장균형이 생산·분배·소비 사이에 균형에 이르는 것과 전혀 관련이 없으며, 공황과 실업으로 이어진다는 것을 강조한다는 것이다.

〈표 3-8〉 분배율 적용 후 경향적으로 실현된 가치(VTR)

	$VTR(M)$	VTR/O	경향적으로 실현된 조정되지 않은 총가치	경향적으로 실현된 조정된 총가치
A	119.44	1.1944	1.1944 × 300 = 358.32	R × 358.33 = 351.763
B	119.44	1.9907	1.9907 × 190 = 378.23	R × 378.23 = 371.308
C	119.44	0.9188	0.9188 × 390 = 358.33	R × 358.33 = 351.773

주: $VTR(M)$은 경향적으로 실현된 가치, VTR/O는 평균조건 생산성/이윤율 아래에서 생산된 상품 가치임.

실현했다(즉, 잠재 이윤 15를 잃었다). 자본 BI는 이윤을 벌 수 없기 때문에 경쟁력(competitive position) 개선을 원한다면, 다른 부문으로 이동하거나 더 효율적인 기술로 전환할 수 있다. <표 3-7>은 자본 BI이 자본 BII의 기술, 즉 보편 기술을 도입한다는 가설에 기초해 만들어졌다. 이제 자본 BI의 이윤율이 상승하는 반면, 평균이윤율은 하락한다. 다른 모든 조건이 불변이라고 가정한다면, 이것은 다른 모든 자본의 이윤율이 하락했다는 것을 의미한다(즉, 다른 모든 자본의 이윤율이 하락하거나 다른 모든 자본의 손실이 증가했다는 것을 의미한다). 어떻게 해서 그렇게 되었는지 보자.

BI의 불변자본이 증가하고 가변자본과 잉여가치는 감소했다는 것을 고려하면, 총잉여가치는 180에서 175로 감소한 반면, 투자된 총자본은 900 그대로이다. 그러면 가격 체계를 통해 재분배를 위해 이용할 수 있는 총가치는 1075이다. 잠시 <표 3-8>을 보자. 평균이윤율은 175/900=19.44%로 20%보다 작다. 세 개의 보편 기술 자본 모두한테 경향적으로 실현된 가치는 119.44%이다 [<표 3-8> $VTR(M)$을 보라]. 그러면 평균 조건의 생산성/이윤율 아래에서 생산된 상품의 가치는 A 부문에서는 119.44/100=1.1944이고(<표 3-6>의 1.2보다 낮다), B 부문에서는 119.44/60=1.9907이고(2보다 낮다), C 부문에서는 119.44/130=0.9188이다(0.923보다 낮다, <표 3-8>에서 VTR/O을 보라). 각 부문에서 VTR/O에 총산출량을 곱하면 <표 3-8>의 세 번째 열처럼 각 부문에서 경향적으로 실현된 조정되지 않은 총가치를 얻는다. 이런 각 총액을 조정되지 않은 것이라고 하는데, 왜냐하면 각 부문 총액을 더하면 1095를 얻는 반면, 분배를 위해 이용할 수 있는 가치는 단지 1075이기 때문이다(<표 3-7>에서 V 아홉 개의 합). 오직 생산된 가치만 분배될 수 있기 때문에 가격은 하락하기 마련이다. 모든 상품이 똑같이 적은 가치를 실현한다는 가정(이 가정은 세 부문 모두에서 똑같은 평균이윤율을 유지하기 위해 필요하다) 아래 $R=1075/1095=0.9817$과 같은 분배율이 반드시 적용된다. 이는 <표 3-8>의 마지막 열에서 수행되었고 그것의 총합은 1075이다.

단위 가격(VTR/O)은 이제 A 부문에서는 $1.1944 \times 0.9817 = 1.1725$이고, B 부문에서는 $1.9907 \times 0.9817 = 1.9543$이고, C 부문에서는 $0.9188 \times 0.9817 = 0.9020$이다. 각 단위 가격에 각 자본의 산출량을 곱하면 <표 3-7>의 수치를 얻는다. 각 자본의 $VTR - V$의 합은 0이다. 즉, 모든 가치는 이 새로운 분배를 통해 실현되었다.[57] <표 3-6>과 <표 3-7>을 비교하면, 자본 BI(기술혁신 자본)가 높은 이윤율을 실현한 반면, 잉여가치 생산에는 적게 기여했다는 것이 드러난다. 다른 모든 자본은 적게 실현한다. 자본 BII와 자본 BIII은 자본 BI의 생산성 증가 때문에 적게 실현한다. 세 부문 모두 단위 가격이 하락하는 반면, B 부문 구매력은 추가 생산물을 모두 흡수할 정도로 충분히 크다는 가정 때문에, A 부문과 C 부문의 자본은 적게 실현한다. 다시 말해 A 부문과 C 부문으로부터 B 부문으로 잉여가치의 재분배가 일어난다.

이제 이 분석을 <표 3-9>처럼 국제적 상황으로 확장해보자. 그 목적은 국제 가격 형성에 내재한 가치의 재분배나 불평등 교환에 대해 예를 들기 위해서이다. 여기서 이탈리아와 프랑스 두 나라를 예로 든다. 가정은 앞의 표들에서 했던 것과 같지만 몇 가지 다른 점이 있다. 첫째, A 부문과 B 부문은 두 나라에 공통

---

57) 이 모형의 아홉 가지 중요한 측면에 대해서는 Carchedi(1991a: sect. 3.4.5)를 보라.

〈표 3-9〉 국제 생산가격

이탈리아

	I	II	III
A 부문	낙후 기술 자본	보편 기술 자본	선진 기술 자본
V	$75c+25v+25s=125\,V$	$80c+20v+20s=120\,V$	$85c+15v+15s=115\,V$
O	90	100	110
VTR	112.85	125.4	137.92
$VTR-V$	−12.15	5.4	22.92
B 부문	낙후 기술 자본	보편 기술 자본	선진 기술 자본
V	$80c+20v+20s=120\,V$	$85c+15v+15s=115\,V$	$90c+10v+10s=110\,V$
O	50	55	60
VTR	104.48	114.93	125.4
$VTR-V$	−15.52	−0.07	15.4
C 부문	낙후 기술 자본	보편 기술 자본	선진 기술 자본
V	$65c+35v+35s=135\,V$	$70c+30v+30s=130\,V$	$75c+25v+25s=125\,V$
O	50	60	70
VTR	104.48	125.4	146.27
$VTR-V$	−30.52	−4.6	21.27

프랑스

	I	II	III
A 부문	낙후 기술 자본	보편 기술 자본	선진 기술 자본
V	$70c+30v+30s=130\,V$	$75c+25v+25s=125\,V$	$80c+20v+20s=120\,V$
O	85	90	100
VTR	106.57	112.84	125.4
$VTR-V$	−23.43	−12.16	5.4
B 부문	낙후 기술 자본	보편 기술 자본	선진 기술 자본
V	$85c+15v+15s=115\,V$	$90c+10v+10s=110\,V$	$95c+5v+5s=105\,V$
O	55	60	70
VTR	114.93	125.4	146.27
$VTR-V$	−0.07	15.4	41.27
D 부문	낙후 기술 자본	보편 기술 자본	선진 기술 자본
V	$60c+40v+40s=140\,V$	$65c+35v+35s=135\,V$	$70c+30v+30s=130\,V$
O	120	130	140
VTR	115.73	125.4	135
$VTR-V$	−24.27	−9.6	5

되는 반면, C 부문은 오직 이탈리아에만 속하고, D 부문은 오직 프랑스에만 속한다. 그 결과 C 부문과 D 부문의 유기적 구성의 차이가 생산성 수준의 차이를 나타낼 수 없다. 둘째, 이탈리아에서 A 부문 보편 기술 자본(자본 AII)의 생산성은 프랑스에서 도달할 수 있는 가장 높은 생산성(자본 AIII)과 같다고 가정한다. 그러면 이탈리아는 A 부문에서 국제적 기술 선도자이며, 평균이윤율은 이탈리아의 자본 AII와 프랑스의 자본 AIII에 의해 실현된다. B 부문에서 프랑스의 보편 기술 자본(자본 BII)의 생산성은 이탈리아에서 같은 부문의 가장 높은 생산성(BIII)과 같다. 프랑스는 B 부문에서 국제적 기술 선도자이고 평균이윤율은 프랑스의 BII와 이탈리아의 BIII에 의해 실현된다. 그 결과 이탈리아의 자본 BII와 프랑스의 자본 AII는 국내 척도로는 보편 기술 자본임에도 불구하고, 국제 평균보다 낮은 이윤율을 실현한다. 이제 중요한 것은 국제 수준에서 보편 기술 자본이다.

<표 3-9>에서 수치를 계산하는 방법은 이전 표들에서 했던 방법과 같다. 이 표에서 총잉여가치 s는 405이고, 투자된 총자본은 1800이고, 평균이윤율은 405/1800=22.5%이다. 그러면 각 보편 기술 자본한테 VTR은 122.5가 된다. 산출물 단위당 VTR은 보편 기술 자본의 VTR을 보편 기술 자본의 산출량으로 나눠서 얻는다. 예를 들어, A 부문에서 산출물 단위당 경향적으로 실현된 가치는 122.5/100=1.225이며, 이탈리아의 AII와 프랑스의 AIII 두 부문에 대해 그러하다. 이 가격에 기초해서 실현되는 가치는 2154가 되며, 실제 생산된 가치는 2205이기 때문에 분배율은 2205/2154=1.0237이 된다. 이 비율을 보편 기술 상품의 가격으로 곱하면 조정된 가격을 얻는다. 예를 들어 122.5×1.0237=125.4이다. 그러면 이 조정된 가격에 기초해서 모든 자본에 의한 VTR을 계산할 수 있다. 마지막으로 VTR에서 V를 빼면 가격 형성에 내재한 불평등 교환을 얻게 된다.

위의 논의는 가치 차원에서 이루어졌다. 하지만 가치는 화폐로 표현된다. 그러므로 1단위의 화폐(또는 그 배수)가 각 가치 단위에 일치한다는 가정 아래 위의

표는 화폐 차원으로도 해석될 수 있다. 그러나 <표 3-9>에서 두 나라와, 따라서 두 종류의 통화가 있다. 따라서 국제간 생산과 분배는 하나의 통화가 다른 통화에 섞이게 되는 것을 의미하고, 이런 현실운동에 대한 분석은 환율 이론을 의미한다. 이는 다음 절의 임무가 될 것이다.

2) 환율 가치론

우리는 어떤 나라에서 어떤 자본이 생산성을 개선하면, 투자된 자본 단위당 사용가치의 양이 증가하는 반면, 생산된 가치의 양은 감소한다는 것을 봤다. 그 자본이 해외시장에서 더 많은 산출물을 판매한다면, 외국 통화의 양을 더 많이 전유하는데, 자국 통화와 교환하면 더 높은 이윤율을 얻게 된다.[58] 혁신 자본은 이윤율 상승을 얻지만, 더 적은 국제 가치를 생산하게 되고, 따라서 실현의 곤란을 만드는 데 기여한다. 상품 수출을 통해, 혁신 자본은 실현의 곤란도 수출하게 된다. 같은 나라에 있는 다른 자본들도 그런 선례를 뒤좇을 수 있다. 이 과정이 제한되어 있는 한, 환율은 영향을 받지 않는다. 그러나 그 나라에서 한 부문 또는 더 많은 부문에서 지속적이고 일반화된 생산성 증가를 경험한다면, 그 나라 통화에 대한 다른 나라들의 수요가 증대하고 따라서 그 통화에 대한 상승 압력을 만들어내고, 결국 평가상승(appreciation)을 낳는다.[59] 환율 하락이 일어나는데, 환율은 국내 통화가 외국 통화 1단위로 전환되는 비율로서 정의된다.[60] 효

---

58) 물론 기금을 외국 통화로 유지할 수 있으나, 이 경우는 여기서 고려하지 않는데, 왜냐하면 주장에 영향을 미치지 못하기 때문이다.

59) 평가하락과 평가상승은 변동환율제도를 가리키는데, 반면에 평가절하와 평가절상은 고정환율제도를 가리킨다. 다음 글에서는 달리 언급되지 않으면, 변동환율제도를 가정한다.

60) 이것은 직접표시환율(direct quotation)이다. 영국의 관습, 즉 간접표시환율(indirect quotation)로서 환율은 외국 통화가 자국 통화 1단위로 전환하는 비율로서 정의된다. 여기서는 환율 형성의 분석을 위한 어떤 공간도 없다. 시장가격은 경향적으로 생산가격으로, 즉 평균 생산성을 가진 자본이 평균이윤율을 평균적으로 실현하는 가격으로 향하는 것처럼,

율성 상승으로 인한 국제 가치 전유 증가는 오직 기술혁신 수출 자본(innovative exporters)한테 혜택을 주지만, 평가상승은 생산 부문이든 금융 및 투기 부문이든 그 통화를 가지고 있는 모든 이에게 혜택을 준다.

제2장에서 주장했듯이, 생산성 차이의 비교는 부문 내에서는 의미 있지만 부문 간에는 의미가 없다. 따라서 여러 부문 간 생산성 지표를 만드는 것과 그것을 환율과 관련짓는 것은 불가능하다. 그럼에도 불구하고 환율을 시간 변화에 따라 나타난 부문 내 생산성 차이의 변화와 관련짓는 것은 가능하다. 어떤 주어진 상황에서 시작하면(다른 경제구조와 각각 환율을 가진 다른 나라들), 어떤 부문에서 어떤 나라의 생산성 증가는 자국 통화를 평가절상하거나 평가상승시키는 경향을 만든다. 그리하여 모든 부문에서 일어나는 모든 생산성 변화가 가져오는 효과의 합이 각국 환율에 미치는 궁극적 영향이 된다. 그러므로 평가상승에 대한 압력은 어떤 부문에서 얻은 기술 선도와 이 선도력을 얻은 부문의 숫자에 정비례한다. 기술 후진국의 경우는 그 반대이다.

하지만 이 기술 선도력이라는 개념은 아직 충분하지 않다. 한 나라의 경제에는 자본축적을 위한 전략적인 중요성에 따라, 그리하여 국제무역을 위한 전략적인 중요성에 따라 산업 부문들이 위계화되어 있다. 그러면 하나의 나라는 하나의 기술 선도자로 정의될 수 있다.

똑같은 방식으로 국제간에 자본의 충분한 이동성을 고려한다면, 국제 시장가격도 국제 생산가격, 즉 세계적인 규모에서 평균 생산성의 모든 생산자들이 국제 평균이윤율을 경향적으로 실현하는 가격으로 향하는 경향이 있다고 말하는 것으로 충분하다(Carchedi, 1991a: ch.7; 1991b를 보라). 같은 작업은 **경향적 환율**(tendential rate of exchange)을 도입하는데, 즉 국제통화로 표시된 국제 생산가격을 자국 통화로 표시된 자국 생산가격으로 전환하는 비율을 도입하는데, 그리하여 평균 생산성을 가진 모든 자본들은 평균이윤율에 조응하는 자국 통화로 표시된 국제 가치의 양을 경향적으로 실현하게 된다. 실제 환율은 경향적인 것으로 향하는 경향을 가진다. 이 이론은 환율을 생산성과, 따라서 무역과 관련되게 한다. 투기적 이동은 궁극적으로 이런 근본적인 요인들에 의해 결정되는데, 다음 절들에서 논증될 것이다.

• 그 나라에서 어떤 부문의 평균 생산성이 다른 나라들보다 높다면, 오직 그 한 부문만 고려된다.
• 그 나라가 주요 첨단 기술 및 혁신 부문에서 기술이 앞선다면 한 부문 이상이 고려된다(즉, 제4장 제2절에서 첨단 기술 생산물이 고려된다).

이제 두 개의 특수한 범주, 수입 자본과 수출 자본을 고려하자. 평가상승 후에 모든 수출자본(그리고 단지 기술혁신 수출 자본만 아니고)은 수출한 각 단위에 대해 화폐 형태로 된 더 많은 국제 가치를 전유한다(당분간 수출이 좌절될지 말지는 고려하지 않는다).[61] 모든 수입 자본은 외국 통화를 구매하기 위해, 따라서 외국 상품을 구매하기 위해 더 적은 자국 통화가 필요하게 된다. 이 경우에도 역시 가치의 전유가 증가한다.[62] 그러나 평가상승은 또 수입량과 수출량 모두에 영향을 미친다. 평가상승한 자국 통화는 수입을 촉진한다(수입품의 외국 통화 표시 가격은 변하지 않는 것으로 가정한다). 이런 이유로 (외국 화폐 형태의 따라서 수입 자본의 이윤으로서) 전유된 국제 가치 몫은 증가한다. 다른 한편, 수출은 좌절된다(외국의 수입 자본은 수출국 통화의 같은 양을 구매하기 위해, 따라서 그 통화로 가격이 매겨진 상품의 같은 양을 구매하기 위해 더 많은 자국 통화가 필요하게 된다). 전유된 국제 가치 몫은 감소하고, 실현의 곤란이 커지며, 이윤율이 하락한다. 위의 서술은 경향과 상쇄 경향 측면에서 설명할 수 있다.

한 나라의 기술혁신 수출 자본에 의한 수출 부문의 기술 진보와 그에 따라 노동력 축소를 동반하는 생산성 증가 때문에, 생산된 (잉여)가치의 양은 감소하고 그리하여 그 나라에서 이윤율과 실현의 곤란이 모두 증가하는 반면, 그 나라 통

61) 독일 수출품 x와 환율이 독일 마르크(DM) 1=미국 달러($) 1인 경우를 가정하자. x 1단위=DM 1=$1이라고 가정하자. 평가상승 후에 × 1단위=DM 1=$2이다. 1x를 수출함으로써 독일 수출업자는 $1 대신에 $2를 얻는다.

62) 이제 미국 재화 y에 대한 독일 수입업자의 경우를 보자. 1y=$1=DM 1을 가정하자. 평가상승 후에 1y=$1=DM 1/2이다. 1y를 수입함으로써, 독일 수입업자는 DM 1/2를 절약한다.

화는 평가상승한다. 경향은 수출 자본(각 수출품에 대해 받는 더 많은 외국 화폐를 받는다)과 수입 자본(각 수입품에 대해 더 적은 자국 화폐를 지출한다)이 감소한 국제 가치량에서 상대적으로 더 많은 몫을 전유하는 것을 통해 이윤율 위기를 상쇄하는 것이다. 상쇄 경향은 수출 감소, 따라서 실현의 곤란이 해외로 이전되는 가능성의 감소 때문에, 국제 가치를 더 많이 전유하는 것을 제약하는 것이다. 기술혁신이 생산된 가치량을 감소시키는 반면, 평가상승은 그렇지 않다. 평가상승은 단지 그 감소한 양을 재분배시킬 뿐이다.

거기에서 기술 후진국의 전략은 무엇인가? 그런 나라들도 역시 생산성 상승을 시도할 수 있다. 이런 경우 그런 나라들은 자신들의 경제 상황을 개선하게 되는(가치의 전유) 반면, 일반적 상황을 더욱 악화시키는 것에 기여하게 된다(국제간 가치 생산 감소). 효율성 상승이 가능하지 않다면, 기술 선진국의 통화가 평가상승되었으나 기술 후진국이 수출을 늘리기에 충분하지 않다면, 선택지는 평가하락에 열려 있다. 여기서도 역시 그 효과는 경향적 차원에서 분석될 수 있다. 경향은 가치의 손실, 즉 감소한 국제 가치의 양에서 상대적으로 더 적은 몫을 실현하는 것을 통해 이윤율 위기를 악화시키는 것이다. 이는 수출 자본(이 자본들은 자국 화폐로 가격을 매긴 수출품 각 단위에 대해 더 적은 외국 화폐/가치를 받는다)과 수입 자본(이 자본들은 외국 화폐로 가격을 매긴 수입품 각 단위에 대해 더 많은 자국 화폐/가치를 포기해야만 한다)과 일반적으로 말해 자국 화폐를 가지고 있는 모든 이들에게 적용된다. 상쇄 경향은 평가하락 후 더 많은 수출품에 내재한 가치 손실의 감소인데, 왜냐하면 그런 손실은 수출(판매)이 전혀 없을 때 일어날 수 있는 것보다 적기 때문이다. 수출이 더 많을수록 가치의 손실은 더 커지지만, 이런 손실과 수출이 전혀 없을 경우에 내재한 잠재적 손실 사이의 차이는 더 작아진다. 그 체계의 작용 측면에서 경향과 상쇄 경향을 구별하는 것은 중요하다. 그 체계의 동학을 설명하는 것은 경향이다. 기술혁신 국가(기술혁신 수출 자본과, 그리고 이 자본들을 통해 모든 수출 자본과 수입 자본)는 더 많은 국제 가치의 전유를 통해, 즉 이윤율 곤란을 해외로 이전시킴으로써 보상을 받는다. 기술 후진국은 가치의 손실을 통해, 따라서 이윤율 위기를 수입함으로써 처벌받는다. 이 운동은 상쇄 경향으로 억제된다. 기술 선진국들에게는 수출이 감소하고, 따라서 국제 가치 전유가 감소하고, 실현의 곤란을 수출할 가능성이 감소한다. 기술 후진국에게는 수출이 증가하고, 따라서 이윤율(과 실현) 위기가 감소한다. 환율의 작용은 그 특수한 성격에도 불구하고, 기술 경쟁에서 뒤처진 국가들을 희생시킨 대가로 국제 자본주의 맥락에서 기술 선진국들을 경향적으로 보상하는 또 다른 방식일 뿐이다.[63)]

주류 경제학에서는 가치 차원을 무시한다. 거기에서는 오로지 평가상승의 경우 수입 자본의 이윤 증가와 수출 자본의 이윤 감소만을, 평가하락의 경우에는 수입 자본의 이윤 감소와 수출 자본의 이윤 증가만을 본다.[64)] 주류 경제학에서는 평가상승에 따른 가치의 전유나 평가하락에 따른 가치의 강탈은 보지 않는다. 게다가 주류 경제학에서는 평가하락과 평가상승에 뿌리를 두고 있는 그런 가치 재분배를 국제간 가치 생산 감소의 맥락에 두지 않는다. 주류 경제학에서는 안정된 환율이 균형 상태에 기여한다고 믿지만, 반대로 안정된 환율은 감소한 가치량 재분배를 숨긴다. 마찬가지로 평가하락과 평가상승이 국제수지를 교정하는 쪽으로 작용할 수 있다. 하지만 이것이 평등 교환(equal exchange)이나 균형으로 향하는 경향을 의미하는 것이 아니다. 국가 맥락에서든 국제간 맥락에서든 안정된 가격과 국제수지의 균형으로 닥쳐오는 공황을 저지할 수 없다. 그러나 아마도 더 중요한 것은 주류 경제학에서는 공황과 따라서 감소한 국제 가치

---

63) 기술혁신은 부문 내에서 이루어지는 자본주의 경쟁의 본질이다. 그러므로 기술혁신은 경쟁적인 평가하락보다 해외시장에 대해 더 나은 침투를 할 수 있게 한다. 예를 들어, 1995년 11월 1일 자 ≪파이낸셜 타임스(Financial Times)≫에서는 1987년과 1994년 사이 이탈리아의 유럽연합에 대한 시장점유율은 리라(lira)의 커다란 평가하락에도 불구하고 13.22%에서 12.28%로 하락했다고 보도했다.

64) 필자는 여기서 수입 대체에 참여하는 것들에 대한 이점을 고려하지 않을 것인데, 왜냐하면 이것은 글의 범위를 벗어나기 때문이다.

량의 재분배 때문에 국제적 노동자 집단이 어떻게 대가를 치르는지 알지 못한다. 어떠한지 알아보자.

위에서 기술 후진국들이 우월한 기술을 통해 전유할 수 없는 국제 가치를 전유하기 위해 평가하락에 의존한다는 것을 강조했다. 이는 경쟁하는 자본 간 관계와 관련된다. 하지만 기술 후진국들이 같은 목표를 달성하는 또 다른 방법이 있는데, 이는 자본과 노동 간 관계와 관련되는 것이다. 기술 후진국들은 노동자들이 더 오랜 시간 일하도록 하고 더 높은 강도로 일하도록 하는 것에 의존할 수 있고, 따라서 (잉여)가치와 사용가치 둘 다 더 많이 생산하는 것을 이룰 수 있다. 그 결과는 절대적 잉여가치율의 상승이다. 하지만 사람의 지구력뿐만 아니라 노동일은 한계가 있고, 노동자들은 이런 잉여가치율 상승에 저항할 수도 있다. 그러면 인플레이션을 통해, 즉 명목임금이 상승할 수 있는 수준보다 더 높은 수준의 임금재 가격 인상을 통해 실질임금을 낮추어야 한다. 그러나 국내 통화로 표시된 상품 가격의 상승은 국제가격 하락을 통해 상쇄되지 않으면 수출을 저해한다. 그런 이유로 평가하락이다. 역시 이 때문에 기술 후진국들은 인플레이션을 통해 외국 시장에서 손실, 따라서 이윤율의 손실을 피하려고 노력하는 한 기술 후진국들의 통화는 평가하락하는 경향을 가진다. 해외시장에서 손실과 국제 가치의 손실은 억제될 수도 있지만, 기술 후진국의 노동자들은 틀림없이 더욱 궁핍해진다.

이런 결과는 강화되는데, 왜냐하면 결국 평가하락이 인플레이션을 더욱 심화시킬 수 있기 때문이다. 평가하락을 통해 국내 통화로 표시된 수입 가격은 상승하고 그리하여 수입 자본들의 이윤은 감소한다. 얼마간이라도 수입 자본들은 이런 가격 상승을 국내 구매자들에게 떠넘기려고 한다. 수입품이 생산수단이라면, 투입 가격 상승은 다음 생산 시기의 이윤을 감소시킨다. 자본은 실질임금을 하락시킴으로써 이윤율 수준을 회복하려고 애쓸 것이다. 수입품이 임금재라면, 그 재화의 가격 상승으로 이윤이 증가하지만 노동자의 구매력(임금)은 감소한다.

그 결과는 대중의 궁핍 증가인데, 사회의 모든 긴장과 문제들이 이것과 관련된다. 이 과정이 더욱 충분하게 진행되면, 쓸모없게 된 통화를 가진 나라로 남을 수도 있다. 이것이 1970년대와 1980년대에 많은 남미 국가에서 일어났던 것이다. 기술 낙후(technical lag)와 인플레이션과 평가하락의 결합으로 잘 알려진 믿을 수 없을 정도의 궁핍 상황이 발생했고, 게다가 이런 상황을 노동자들에게 전가하기 위해 종종 필요한 군사독재 및 권위주의 정권 체제로 이어졌다(신자유주의 이데올로기를 가지고 노동자들로 하여금 허리띠를 더욱 졸라매는 것이 이익이 된다고 확신시키는 데 실패했을 경우). 공황이 대중의 생활수준을 악화시키는 것으로서 나타나는 데에는 많은 방식이 있다. 다음 절에서 다룰 통화위기의 예는 이런 삐뚤어진 체계를 분명하게 보여줄 것이다.

이 절을 마무리하기 위해 특수한 측면 두 가지를 더 강조해야 한다. 첫째, 위의 분석은 모든 국가들이 기술 경쟁을 거의 동등하게 할 수 있다는 것을 전제한다. 이는 1차 근사법이다. 우리는 자본주의 세상이 두 진영의 국가, 즉 지배국과 피지배국, 즉 종속국으로 나뉜다는 것을 보게 될 것이다〔선진국(developed countries)과 저발전국(underdeveloped countries)이라고도 부른다[65]〕. 피지배국 진영의 특징은 그 나라들이 더욱 효율적인 기술을 도입할 수도 있지만, 지배국 진영의 첨단 기술에 한 걸음 뒤처진다는 것이다. 종속국들이 항상 지배국들에 비해 더 낮은 정도의 생산성을 갖는 것에 내재한 가치 전유는 자본주의 세상에서 불변의 특징이다. 다음 제4장에서 이런 특징들을 자세히 논의할 것이다.

둘째, 자국 통화가 국제통화인 국가는 아주 특별한 특권, 즉 '화폐발권차익(seigniorage)'을 누린다. 이는 아무 내재 가치가 없는 종이를 가지고 실물 가치

65) 이 용어를 사용하는 것에서 함의된 가정은 저발전국은 아직 선진국의 발전 수준에 도달하지 못했지만 결국 도달할 것이라는 것이다. 이 입장은 여기서 기각된다. 하지만 그 용어는 ① 피지배 진영이 지배 진영에 의해 저발전되었고, 저발전되고 있으며, ② 모든 국가가 경쟁할 수 있도록 똑같은 능력에 도달하는 데 문제는 없다(똑같은 발전 수준은 말할 필요도 없고)고 이해되는 한에서는 사용될 수 있다.

(real value)에 대해 지불할 가능성이다. 그래서 그것은 또 다른 가치 전유 형태이다. 전후 시기부터, 미국 달러가 그런 경우에 속한다. 미국은 지폐를 발행할 때 중앙은행이 가졌던 특권과 비슷한 특권을 누린다. 외국 상품을 구매할 때 그 화폐를 사용함으로써 미국은 역시 국제 가치의 몫을 전유한다. 물론 이 특권에는 한계가 있다. 달러 양의 증가는 외국에서 달러를 지불수단과 준비 통화(reserve currency)로서 가지고 있으려는 의향뿐만 아니라 달러의 구매력을 감소시킨다.[66] 이는 국제통화로서 달러의 지위와 따라서 화폐발권차익으로 이득을 볼 가능성을 서서히 약화시킨다. 더 나아가 화폐 발행은 인플레이션을 일으킬 수 있다. 이는 평가하락으로 이어질 수 있고, 국제통화로서 달러의 지위를 서서히 더욱더 약화시킬 수 있다.[67] 이것은 어떻게 일어났는가?

제2차 세계대전 후 미국이 경제를 절대적으로 지배하던 시기에 제1세계와 제3세계 모두 미국 달러를 받아들이는 것을 반대하지 않았을 뿐만 아니라 실제 미국 달러를 원했다. 왜냐하면 달러는 거대한 양의 금준비(gold reserves)로 보장되어 있었고, 달러로 싸고 질 좋은 미국 상품을 구매할 수 있었기 때문이다. 이것은 미국 경제가 아무 탈이 없고 더욱 생산적이었기 때문에 가능했다. 이것이 달러가 '금과 마찬가지'였던 이유이다. 1944년 브레턴우즈에서 합의된 국제통화제도는 고정환율제 안에서 달러에 고정된 금 가치를 부여하고, 다른 통화들을 달러에 고정시켰는데, 그런 상황이 반영된 것이다. 하지만 이 제도는 오직 미국의 기술적 우위가 반영될 때에만 원만하게 작동할 수 있었다. 미국이 일단 절대적인 비교우위를 잃기 시작하면, 고정환율제는 부서지기 시작했다. 한편, 달러는 브레턴우즈 체제로 인해 평가하락이 되지 않게끔 했는데, 왜냐하면 달러의 평가

66) 간략함을 위해 축장과 저축은 여기서는 고려하지 않는다.

67) 따라서 미국의 거대한 무역 적자는 동시에 화폐발권차익 통한 국제 가치의 거대한 전유를 나타낸다. 미국 적자는 경제 불안(economic malaise), 즉 미국 생산성의 상대적인(절대적인 것에 대치되는 것으로서) 하락을 암시하는 것이면서, 미국 경제에 혜택이 되는 이유이다.

하락은 국제통화로서 달러의 역할과 화폐발권차익을 축소할 수도 있었기 때문이다. 다른 한편, 미국의 국제 경쟁력을 받쳐주는 수단으로서 평가절하가 필요했다(1950년 미국의 세계 산업 생산 몫은 47.8%였고 일본은 1.6%는데, 1985년에는 각각 39.3%, 11.5%였다).

미국은 딜레마에 빠졌다. 해결책을 달러의 연착륙, 즉 달러에 대한 국제간 신뢰 붕괴를 피하기 위한 달러의 점진적 평가절하에서 찾았다. 그러나 이는 고정환율제에서 변동환율제로 전환과 달러의 금태환 중단을 의미했다. 1971년에 이런 일이 일어났다. 이것 때문에 국제통화로서 달러의 지위가 축소되었다. 점진적으로 두 경쟁자가 잠재적인 국제통화로서 나타나기 시작했다. 유로와 엔이다. 달러는 화폐발권차익을 잃지는 않았지만 점점 더 특권적 지위를 위협받고 있다.[68] 제5장에서는 이 주제를 더욱 발전시킬 것이다.

3) 통화위기, 유로, 피지배 진영

위에서 국제 통화위기를 분석하는 틀을 제시했다. 오직 두 개의 원인만 언급할 것인데, 이 글과 직접 관련된 것이다. 첫째는 중심 진영의 지배 국가들 사이의 관계와 관련된다. 다음과 같은 세 가지 요점이 있다. 첫째, 미국 바깥에서 소유하고 있는 거대한 양의 달러가 있다. 미국 달러에 부여된 화폐발권차익으로 인해 미국은 실물 상품에 지불할 화폐를 발행함으로써 경상수지 적자에 자금을 댈 수 있다(미국은 1985년부터 세계에서 가장 큰 채무국이다). 거대한 경상수지 적자, 즉 다른 나라로부터 거대한 가치의 전유는 해외 투자자들이 거대한 양의 미국 달러를 가지고 있음을 의미한다. 둘째, 미국 달러가 더욱더 지배적 지위를 잃

68) "외환시장에서, 달러는 어느 쪽으로든 거래의 85%와 관련된다. 종종 영국 파운드(pound)에 대해 멕시코 페소(peso)를 교환하는 유일한 방법은 페소를 달러로 교환하고 나서 파운드로 교환하는 것이다"(*Financial Times*, 1995).

을수록 국제간 지불수단과 준비 통화로서 수요는 더욱 작아지게 되고, 다른 통화 가치에 대한 척도(anchor)로서 역할이 줄어들며, 더욱더 평가하락이 될 수밖에 없으며, 달러는 더욱더 투기에 종속된다.[69] 그러나 셋째, 달러는 여전히 국제거래에서 주요 통화이고 여전히 주요 준비 통화로 사용된다는 것이다. 그러므로 달러에 대한 어떤 투기적인 공격은 나머지 세계의 경제 전반에 크게 증폭하며 퍼져나갈 수밖에 없다.

최근 유로의 등장은 국제통화제도를 더욱 불안하게 만들 수도 있다. 이것은 유로가 달러의 진정한 경쟁자가 될 것이고(제4장과 제5장을 보라), 따라서 화폐발권차익을 얻을 것이라는 조건부로 그렇다. 유로의 새로운 역할은 달러를 더욱 약화시키고, 투기자들이 달러에 대처하는 여지가 커지는 것이 될 것이다. 동시에 달러에 대해서 말한 것은 유로에도 적용되는데, 유로가 절대적인 우위에 도달하지 않는 한 그러하다(아주 가언적인 명제). 유로에 대한 투기는 국제통화제도 전체에 파급될 것이다. 그러나 유로가 국제 화폐시장을 안정시키는 한 가지 방법이 있다. 유로가 경제통화동맹의 각국 통화를 대체하는 것이다. 그리하여 유로는 자동적으로 경제통화동맹 내 통화위기를 없앤다. 예를 들어 경제통화동맹 전에는 보통 달러의 대량 판매는 독일 마르크(안전한 통화)의 평가상승을 초래했다. 이는 유럽통화제도 안에서 긴장을 만들 수밖에 없었다(다음 장을 보라). 또는 다른 예를 든다면, 이탈리아 리라와 영국 파운드에 대한 투기적 공격은 1992년 유럽통화제도 내 통화위기로 이어졌다. 이런 종류의 공황은 더 이상 가능하지 않다. 하지만 이런 이점이 더 폭넓은 국제 통화위기의 가능성을 없애진 못하며,

69) 다른 강세 통화들은 달러를 지지해야 하는 압력에 놓일 수 있고 그리하여 달러가 평가하락할 때 국제적 구매력을 읽을 수 있다. "이런 개입은 일본은행에게 상당한 돈을 희생하게 했다. 지난여름부터 그것의 외환 보유고(대부분 달러)는 140억 달러만큼 증가해 1250억 달러 이상이 되었다. 달러가 그 시기에 걸쳐 평균 10%만큼 하락했기 때문에 일본은행의 손실은 상당했다"(*Financial Times*, 1995.3.9).

미국과 유럽연합 사이에 그런 가능성을 없애지 못한다.

국제 통화위기의 두 번째 원인은 중심 진영 국가들과 피지배 진영 간 관계와 관련된다.[70] 중심에서 불황과 공황이 시작되면서, 생산적 부문에서 이윤을 낼 수 있는 투자처를 찾지 못하는 화폐자본은 증권시장으로 들어간다. 더 많은 자본이 증권시장으로 흘러 들어가면서 주식가격은 상승하고 가공자본(fictitious capital)이 창출된다. 이는 상승하고 더욱 도취된 주식가격이 왜 경제 불안을 숨기면서 갑작스러운 증권시장 위기를 촉발할 수 있는지를 설명해준다. 자본의 국제화 증가와 새로운 통신 기술의 수용과 거대한 양의 자본이 가장 높게 실현할 수 있는 이윤율을 즉각 추구하면서 세계 증권시장을 돌아다닌다.

거대한 양의 이윤(과 거대한 손실)을 전 세계 증권시장과 통화시장에서 하룻밤 사이에 벌 수 있는데, 환율의 차이가 작더라도 교환되는 통화의 순전한 규모 때문에 그렇다. 이런 자본 이동은 환율에서 커다란 변동을 초래할 수 있다. 이런 측면은 통화위기의 새로운 요소로서 금융 관련 출판물에서 널리 기저를 이루었다. "세계적 투자자들이 컴퓨터 자판을 두드리면 점점 더 많이 이 나라에서 저 나라로 이동할 수 있게 되었다. …… 1조 달러 이상이 매일 해외 증권시장에서 투자처를 찾으면서, 정도에서 약간만 벗어나면 포악함을 드러낸다"(*Businessweek*, 1995.1.16, p.20). 1998년에는 이것의 총액이 2조 달러에 도달한 것으로 추정되었다. 이 글에서 증명하지 않은 것은 금방 언급한 즉각적인 이윤을 추구하는 거대한 통화량의 기원이다. 현재 여전히 해결되지 않은 이윤율 위기와 이 새로운 형태의 화폐 혼란(monetary turbulence)은 분명하게 관련이 있다.[71]

---

70) 다음 글은 1994~1995년 멕시코 공황(Carchedi, 1997)과 1997~1998년 아시아 공황을 분석하는 데 사용될 수 있다.

71) 이런 체제의 모순적 합리성은 한편으로 (투기적인 부문 외에 투자처를 찾지 못하기 때문에) 고용을 제공할 수 없는 자본과, 다른 한편으로 고용을 찾고 있는 팽창하는 산업예비군으로서 드러나게 된다. 공황이라는 파멸은 (대공황 때 몇몇 나라들의 수치들에 도달하는) 실업률 수치와 투기 시장에서 금융자본의 순전한 규모로 드러난다.

이런 상황 아래에서 주식가격 상승은 자본화(가치)의 실질적인 증가를 반영하지 않는다. 오히려 이런 상승은 공황의 발발을 저지하고 지연시키기 위해 창조된 화폐 때문인데, 즉 이전의 인플레이션 작용을 반영한다. 하지만 화폐 창조(인플레이션)는 공황을 단지 미룰 수만 있기 때문에, 공황은 곧 폭발한다. 경제의 가장 약한 고리에서 파산이 일어난다. 주식가격이 하락하고 신용이 수축하고 더 많은 폐업이 잇따르고 공황은 증권시장에서 금융기관들에게로 실물 부문 생산부문으로 파급된다. 공황이 마치 증권시장과 화폐 신용 및 통화 부문에서 기원하는 것으로 보이지만, 실제로는 생산 부문에서 기원하며(가치 생산의 축소 때문에) 하지만 처음에는 다른 부문에서 나타날 수 있다.

잘못된 진단은 잘못된 처방을 낳을 수밖에 없다. 공황이 실로 금융 부문과 증권시장에서 기인하는 것이라고 믿는다면, 화폐량을 조작해 고통을 없애려할 것이다. 예를 들어, '구축 효과' 이론('crowding out' thesis)에 대해 말하자면, 국제금융시장은 증가하는 화폐량을 흡수하고, 이것이 실물경제에서 투자를 쫓아낸다는 것이다. 침체와 공황을 일으키는 것은 이처럼 실물 투자에 대한 재정 수단(financial means)의 부족이라고 말한다. 그래서 치유책을 충분한 화폐 유동성 준비(생산적 목적을 위해)[72]와 거대한 투기적 이동을 저지하는 것(예를 들어 토빈세)에서 찾는다. 실제로는 화폐량 증가를 만들고, 그리하여 금융과 투기적 부문의 투자가 팽창하는 필요를 만드는 것은 생산 부문에서 이윤을 낼 수 있는 기회의 결핍이다.

첫 번째 결론은 다음과 같다. 중심 진영에서 유래하면서, 신흥 시장을 포함해서 피지배 진영의 증권시장에서 이윤을 만들 수 있는 경로를 찾고 있는 자본의 거대한 양은 중심 진영의 공황을 지연할 수 있고, 그 효과를 완충시킬 수 있다. 사실 그런 자본이 중심 진영의 증권시장과 금융기관들에 투자되면, 중심 진영에서 어떤 새로운 이윤을 생산하는 것 없이 배당과 이자로서 이윤의 몫을 차지할

72) 사례는 Allen(1994)을 보라. 비판에 대해서는 Carchedi(1996)를 보라.

수 있다. 피지배 진영에 투자된다면, 그런 자본은 피지배 진영의 나라에서 생겨난 저축(가치)을 긁어모으고, 그리하여 더 높은 이윤율을 얻고 신용의 이용 가능성(availability of credit)을 늘리게 된다. 하지만 그와 동시에 공황의 충격은 피지배 국가한테로 떠넘겨진다. 어떻게 해서 그러한지 살펴보자.

증권시장 위기는 통화위기를 일으킬 수 있고 한 나라로부터 다른 나라로 파급될 수 있다. 국가 A의 증권시장이 증권 (주식과 채권) 판매 급락으로 붕괴했다고 가정해보자. 이런 행태에 대한 이유는 잠시 후 명확해질 것이다. 외국 투자자들은 그 주식을 팔고, 증권시장에 공급한 국가 A 통화를 많은 양으로 받게 되는데, 이 통화는 외국 투자자들이 외국 통화와 교환하기 위해 증권시장에 공급하는 것이다. 이것은 국가 A 통화 평가하락의 첫 번째 물결로 이어질 수 있다. 국가 A 주식 소유자는 그 자산의 가격 하락(그 국가 통화의 측면에서)과 그 국가 통화의 평가하락 때문에 가치가 하락하는 자산에 들러붙은 위험을 보게 된다. 더 많은 판매와 평가하락의 물결이 뒤따를 것이다. 기업들이 결국 계속되는 파산과 지불불능의 위험으로 차환의 어려움(re-financing difficulties, 주식과 채권 구매에서 투자자들이 보여주는 흥미의 감소를 고려하면)에 빠져드는 위험을 투자자들이 인지한다면, 이 과정은 더욱 심화될 것이다. 자산 가격 하락과 평가하락은 서로 영향을 주고받는다. 이 시점에서 국가 A의 증권시장 위기와 통화위기는 다른 나라, 예를 들어 국가 B로 파급된다.

이런 파급 체계(spill-over mechanism)가 작동하는 것은 기본적으로 두 가지 경로를 통해서이다. 첫째, 국가 A의 통화 평가하락은 그 나라의 국제 경쟁력을 높인다.[73] 국가 B가 국제시장에서 국가 A와 경쟁한다면, 국가 B도 자국 통화를 평가하락하도록 강요받을 수밖에 없다.[74] 하지만 국가 B의 경쟁적인 평가하락

73) 이것은 부분적으로 국가 A의 증권시장 하락의 음의 효과를 보상할 수 있다.

74) 이런 경쟁적인 평가하락은 자신의 평가하락으로부터 발생하는 국가 A의 이점을 무효로 만들 수 있다.

은 국가 B 통화로 가격이 매겨진 국가 B 주식을 가지고 있는 외국인 투자자들의 구매력이 하락하는 것을 의미한다. 국가 B 주식과 통화의 판매 그리하여 더 큰 평가하락이 뒤따르며, 이는 국가 B 자본의 재정난에 대한 두려움과 파산의 위험과 국가 B의 지불불능 때문에 가능한 한 강화된다.

둘째, 국가 A의 증권시장이 붕괴(crash)하면, 그리하여 외국자본 유출이 일어나면, 외국 금융자본을 끌어들이기 위해 이자율이 급등할 것이라고 투자자들이 예상할 수 있다. 또한 국가 B 내 투자자들은 국가 B로부터 국가 A로 자본 이동이나 국가 B 내 이자 상승을 예상할 수 있다. 두 가지 경우 모두 투자와 산출과 소득과 고용에 대해 부정적 효과가 있으며, 그리하여 국가 B에서 기업과 소비자에게 재정난이 창출된다는 것을 예상할 수 있다. 이런 재정난의 예상은 국가 B 주식 판매를 촉진하고, 이자율 상승의 예상은 국가 B 채권(이 나라의 이자율은 예상한 것보다 낮다) 판매를 자극한다. 특히 이자율이 실제 상승하면, 평가하락과 주식가격 하락의 과정은 더욱 강화된다.[75]

이런 자본의 흐름이 중심 진영에서 피지배 진영으로 간다면, 생산 부문 또는 금융/투기 부문에서 투자처를 찾을 수 있다. 전자의 경우에서, 경우에 따라 변하는 전유 조건을 고려하면, 피지배 국가에서 경제성장의 시기가 뒤따를 수도 있다. 이른바 아시아의 호랑이들이 그런 경우이다. 하지만 아시아 모델은 선진 기술과 낮은 실질임금에 기초해 있는데, 초기 공업화 이후 어려움에 부닥치고 있다. 점점 포화 상태가 된 세계시장에서 잉여가치 실현을 위해 수출에 의존하는 것은 문제가 되고 있고 세계시장에 침투하기 위해 필요한 낮은 수출 가격은 더 적은 이윤과 더 낮은 이윤율을 낳고 있다.[76] "달러를 기준으로 1995년 아시아

---

75) 이런 종류의 곤란을 겪는 국가의 딜레마는 이자율 하락이 수출을 자극할 수도 있지만 또한 자본 유출을 유발할 수도 있다는 것이다. 1997~1998년 아시아 증권시장 및 통화위기에서 국제통화기금은 이자율 상승과 재정 규율(financial discipline)을 옹호한 반면, 세계은행은 이자율 인하와 확장 정책을 옹호했다.

76) 이런 포화 상태는 사용가치의 과잉생산 차원에서가 아니라(Carchedi, 1999b를 보라) 잉

용들의 평균 수출 성장은 거의 23%였고, 1996년에는 단지 5.6%였다. …… 유럽과 일본 시장은 부진했고, 중국의 저가 수출품으로 인한 경쟁으로 악영향이 나타나기 시작했다"(Strange, 1998: 103).

공업화를 경험하고 있는 피지배 국가들의 실질임금이 상승할 수도 있으며, 그리하여 이윤율 위기에 기여할 수도 있다. 쓰러지는 기업들을 살리도록 신용제도에 요구하면서, 부실 채무는 이렇게 잠재해 있던 위기가 드러나는 방식이 되기 시작한다. 그러나 부실 채무는 사회적 통념과 반대로 공황의 원인이 아니다. 보통 그렇듯이 자본이 금융/투기 부문에 투자된다면, 또는 부패한 민간 엘리트나 군사 엘리트가 자본을 전유한다면, 공황으로 향하는 그런 경향은 강화된다. 얼마 후 그 나라는 그런 채무를 상환하는 비용을 더욱 무겁게 짊어지게 될 것이다. 민간 채무에 공채가 더해진다.

피지배국들의 상황이 악화되면서, (보통 중심 진영에서 온) 외국 금융자본이 떠날 조건이 만들어지고, 그리하여 이자와 배당금(피지배국들에서 생산된 가치)을 함께 가져갈 뿐만 아니라 그런 나라들에서 파산과 실업을 (유발하기보다는) 촉진하게 된다. 이런 자본 철수가 점진적이지 않고 갑작스럽다는 것은 제쳐두자. 예를 들어 부실 채무는 단지 어떤 임계치에 도달한 후 위협이 되기 시작한다. 그 시점에서 하나 또는 몇몇 주요 채무불이행은 먼저 금융 부문에, 그런 다음 실물부문에 파산 연쇄반응을 일으킬 수 있다. 몇몇 주요 투자자들이 이런 결과를 두려워해 떠나면서, 다른 투자자들도 '묻지마 행동(herd-like behaviour)'으로 뒤따라간다. 증권시장 위기와 통화위기(currency crisis)가 뒤따른다. 자본의 이런 갑작스러운 철수는 공황이 시작할 때 자국 금융기관들의 신용 철수와 비슷하지만, 이것은 훨씬 더 재빠르고 통제할 수 없는 것이어서 더욱 많이 지장을 준다. 중심 진영의 노동계급이 자본수출 때문에 덜 고통을 겪는 반면, 피지배국 노동계급은

여가치의 과소생산의 차원에서 설명되어야 한다(Carchedi, 1999b: sect.3.2를 보라).

그 자본이 갑작스럽게 철수했을 때 공황의 모든 충격(full impact)을 받게 된다.

증권시장 위기 및 통화위기가 한 나라에서 다른 나라로 파급되는 과정을 통해 다른 나라들에 (위를 보라) 더욱 확대되고, 맨 처음 발생한 나라에서 악순환을 더욱 강화시킨다. 그 사회적 결과는 이미 가진 것이 거의 없는 사람들에게는 보통 아주 심각한 것이 되는데, 가장 넓은 지역에 절대적 가난과 궁핍을 볼 수 있는 피지배국들에 통화위기가 영향을 준다면 특히 그렇다. 위에서 언급했듯이, 실업을 겪게 된다. 하지만 이것만이 유일한 악은 아니다. 자본이 철수하면, 그리고 신용이 쪼그라들면, 결국 인플레이션에 의존하게 된다. 자본한테 커지는 재정난(financial difficulties)과 따라서 이런 곤란과 평가하락에 따른 수입 물가 상승에서 생겨나는 이윤율 하락은 실질임금을 더욱 낮추고 이윤을 더욱 늘리기 위해 인플레이션 작용과 만나게 된다. 이것은 수입품뿐만 아니라 (아주) 가난한 사람들이 소비하는 국산품에도 영향을 미친다. 1997～1998년 아시아 통화위기가 분명하게 보여주듯이, 실업 증가에 더해진 소비재 가격 상승은 가난한 사람과 약자들에게 대단히 파괴적인 충격을 주지 않을 수 없다. 가치론의 관점에서 보면, 이는 간단히 말해 거대한 인간 고통의 측면에서 한 나라의 통화위기에 대가를 치르는 사람들은 그럴 능력이 없으면서도 어쨌든 통화위기에 책임이 없는 사람들임을 뜻한다.

위의 분석과 반대되는 많은 다른 설명이 주류 경제학에서 제공되었다. 주류 경제학자들은 튼튼한 '기초 체력(fundamentals)'(예를 들어 큰 무역 흑자)을 가진 국가가 통화위기와 증권시장 위기를 겪는 것이 어떻게 가능할까 하고 소리 지른다. 제공된 다른 설명은 다음과 같다. 이것들은 동아시아 공황에 대한 최근 논의들에서 제시되었다.

- 공황은 국제통화기금과 그것의 긴축통화정책(restrictive monetary policies) 때문에 일어났는데, 다시 말해 공황을 얻어맞은 국가는 상환 능력 문제(solvency problem)보다는 유동성 문제를 가지고 있었다.

- 공황은 외국인 투기꾼들 때문에, 즉 몇몇 아시아 국가 지배 엘리트를 위해 이해할 수 있는 조치 때문에 일어났다.[77]
- 공황은 투자자들의 '감정(sentiments)' 변화, 즉 인식 변화 때문에 일어났는데, 이는 대외 환경 때문에 갑자기 촉발될 수 있다. 이런 신뢰의 위기가 자기 완결적 예언(self-fulfilling prophecies)이 될 수 있다.
- 몇몇 아시아 국가에서 자원의 비효율적 배분과 과잉투자〔예를 들어 부동산 부문(property sector)〕를 초래한 탈규제와 자유화 때문에 공황이 발생했다.
- 공황은 '정실 자본주의', 즉 생산적 자본가가 아니라 부패한 정치 엘리트들이 자본 유입(capital inflows)을 전유했기 때문에 발생했다.
- 공황은 아시아 '모델' 그 자체, 즉 산업 정책과 유도된 신용거래(directed credits)와 보호주의 정책을 포함하고 있는 정부 개입 때문에 발생했다. 공황 폭발 전에는 그런 특징들을 아시아 모델의 성공을 설명하기 위해 사용했다는 것을 고려하면, 그 주장은 가장 재미있는 것이다.

결국 이 모든 관점에서는 인간의 실수를 공황의 원인으로 탓하고 있으며, 따라서 왜 똑같은 실수가 계속해서 되풀이되는지에 관해 분명하게 질문하도록 만든다. 사실은 이 모든 요소들이 더 깊은 원인의 결과들이다. 그 원인은 중심 진영에서 이윤율의 위기이고, 그것의 한 측면이 피지배국들에서 수익성 있는 투자를 좇는 거대한 화폐량이다. 이런 자본 유입은 처음 중심 진영에 이윤율 위기를

77) 급진적인 비평가들 역시 가치 차원을 언급하는 것 없이 자유로운 자본시장을 탓한다. 따라서 Wade and Veneroso(1998: 33)는 '국제 자본시장'을 탓하고, Strange(1998: 120)는 '무모한 과잉대출'을 강조하며, Cumings(1998: 72)는 '전체를 안정시키기 위해 세계적 규제(와) 국제적인 거시경제정책'을 옹호하는 것 같지만, 역시 '공산주의' 붕괴 이후 (보호경제에 기초하고 있는) 일본-한국 발전 모델을 거꾸러뜨리려는 미국의 의향(Cumings, 1998: 45)을 강조한다.

일으킨 모순들을 자본 유입국들에서도 재생산할 수밖에 없다. 동시에 그런 자본 유입은 공황의 촉진제이다. 가치론에 기초하면, 이것을 볼 수 있게 된다.

첫째, 자본 유입이 생산적으로 투자되고, 노동력을 절약하는 새로운 기술이 도입된다면, 초기 성장 시기 후 사용가치의 양은 증가하고 가치와 잉여가치의 양은 감소한 것 때문에 이 생산자본들은 중심 진영, 즉 이윤율 위기와 따라서 실현의 위기가 비롯되는 그런 나라에서 시장을 찾도록 강요받는다. 실현의 곤란은 이윤율 위기에 뒤이어 발생한다. 둘째, 기술혁신과는 별개로 당면 국가가 해외 직접투자 후 세계경제 침체 시기에 수출 주도 경제 발전 모델을 추구한다면 똑같이 적용된다. 중심 진영에서 시장 수축은 수출하는 피지배국들에 부정적인 영향을 주지 않을 수 없다. 그러나 두 번째 경우는 그것이 일시적인 중지라고 하더라도, 첫째의 경우, 즉 자본주의 생산관계 내에서 더 효율적인 기술도입에 따른 구매력 결핍에 종속된 경우(sub-case)로서 오직 이해될 수 있다.[78] 셋째, 자본이 금융과 투기적인 목적을 위해 사용된다면, 외국인 투자자들의 이윤은 투자 지역 국가의 자본가와 노동자들을 희생시킨 대가로 실현되지 않을 수 없다.

눈길을 끄는 것은 이 세 번째 형태의 자본 유입이다. 피지배 국가에 대한 단기 부채가 아시아와 러시아와 브라질에서 거대한 양으로 쌓였다. 투자자들이 걱정하고 돈을 인출하게 되면서 금융 위기 및 통화(환율) 위기가 폭발했다. 그러나 자본 통제가 도입된다 하더라도, 다른 제안들이 뒤따른다 하더라도, 갑작스러운 평가하락을 피하기 위한 변동환율이나 기업들이 오래된 부채를 상환하기 전에 다시 대출할 수 있도록 허용하는 파산법, 또는 공황이 전개되고 있다면 국제 채권자들이 화폐를 인출하는 것을 막는 부채 협정의 조항들같이 기껏해야 바꿀 수

---

78) 따라서 1999년 1월 29일 스위스 다보스의 세계경제포럼에서 도이치방크의 수석 이코노미스트가 연설하면서 “거래되는 재화의 거의 모든 부문에서 대규모의 세계적 과잉설비를 보였다”고 말했다. 그는 또한 산업화된 국가의 은행이 신흥 시장 채권자들과 허약한 정치 수뇌부에 대해 가지고 있는 대규모의 위험한 불량 채무(exposure)를 강조했다(Chote and de Jonquieres, 1999).

있는 것은 공황의 발현 형태일 뿐이다. 여러 경제주체들 사이에서 부담의 이전이 있게 된다.

이런 특별 잉여가치를 착취하기 위해, 국가 차원의 정책 입안자들은 신자유주의 정책(높은 이윤율과 긴축정책)에서 케인스주의 정책(확장 정책과 환율 변동성)으로 왔다 갔다 하는데(아래를 보라), 그때마다 이전 정책의 부정적 측면과 새로운 정책의 긍정적 측면을 재발견한다. 하지만 둘 다 본질적으로 중심 진영의 이윤율 위기를 덜어주는 한, 피지배 진영[79]의 이윤율 위기를 악화시킬 수밖에 없는 재분배정책[80]들이다. 하지만 이런 체계는 오직 중심 진영이 경제공황에서 탈출하지 않는 한 스스로 펼쳐진다. 공황이 지나간 후에, 즉 중심 진영에서 거대한 양의 자본 파괴(피지배국에서 시작하는 가능성도 있다)가 있은 후에 새로운 순환이 시작되는데, 이 순환에서 몇몇 피지배국들은 한 단계 더 나아간 종속 발전을 겪을 수도 있다.

국제통화기금과 세계은행은 이 모든 것에서 중심 역할을 한다. 그것들의 역할은 기본적으로 피지배국들에서 중심 진영의 금융 투자를 용이하게 하는 것이다. 서서히 일어나면서 예견할 수 있는 평가하락은 새로운 투자를 방해하지 않으면서, 화폐가치가 (국제적) 투자자들이 생각하기에 받아들일 수 있는 수준을 넘어 하락한다면, 기존 투자를 철수할 수 있게 한다. 다른 한편 갑작스러운 평가하락(또는 오직 그런 가능성)은 국내 통화로 된 투자를 위태롭게 하면서 투자를 막는다. 이것이 어떤 국가가 평가하락을 강요받을 때 국제통화기금이 높은 이자율 정책을 '권고하는' 이유이다. 높은 이자율은 외국자본을 끌어들여서 평가하락을 둔화시키고, 경제성장을 억제시켜서 인플레이션을 둔화시키는 것으로 여겨

79) 아시아 모델에 대한 많은 비평가들이 지적했듯이, 이 국가들은 몇몇 제조업 부문 및 특히 부동산 투기사업·사회 기반 시설·보통주에 과잉투자를 했기 때문에, 비효율적인 투자, 자산 거품, 신용 과잉, 환율 과대평가를 낳았다. 현재 공황을 낳은 질병들이다(Wade and Veneroso, 1998: 31).

80) 물론 그것은 다음 시기의 가치와 잉여가치 생산을 위한 결과에 영향을 미친다.

진다. 평가하락이 기본적으로 인플레이션에 의해 일어나기 때문에 '개발도상' 국가들에 대한 국제통화기금의 처방은 단조롭다. 낮은 인플레이션이다. 하지만 피지배국들이 중심 진영으로부터 수입에 필요한 외국 통화를 벌어야 한다면, 이를 위해 낮은 물가가 필요하게 된다면, 경쟁적인 평가하락을 통해 낮은 물가를 달성할 수 없다면(달성되지 않는다면), 오직 유일한 길만 남는다. 낮은 실질임금이다. 그런 이유로 국제통화기금의 긴축정책(austerity measures)에 집착한다.

물론 국제통화기금은 현실을 혼란스럽게 한다. 우선 낮은 수준의 인플레이션은 '저발전' 국가들로 하여금 경쟁적인 평가하락을 포기하게 하고, 생산능력을 늘려서 경쟁하도록 강제하는 방법으로, 따라서 중심 진영 국가들의 경쟁자가 되도록 처방한다. 이것은 그림의 떡이다. 이 체제는 중심 진영과 피지배국 두 진영을 재생산한다. 피지배국들 가운데 몇몇은 종속적인 산업화 상태를 달성할 수도 있으며(제4장 아래를 보라), 따라서 중심 진영의 초과된 생산물을 흡수하는 데 필요한 구매력을 만들어내면서, (가격 체계를 통해) 중심 진영의 더 효율적인 자본들한테 (잉여)가치를 잃게 된다. 둘째, 높은 이자율이 이런 인플레이션 억제(anti-inflation)·평가하락 반대(anti-depreciation) 정책을 지지하는 것으로 여겨지지만, 그것의 실제 기능은 국제 금융자본에게 높은 이윤율을 보장하는 것이다. 셋째, 국경을 가로지르는 자유로운 자본 이동이 국제 자원을 최적으로 배분하는 것으로 여겨지지만, 사실 그것은 중심 진영의 자본의 이해에 조응한다. 즉, 대출을 받지 않을 때 가능한 것보다 더 높은 생활수준을 유지하기 위해 나머지 국가들이 대출을 계속 받게 하는 것이다. 그리고 마지막으로 긴축정책이 초기의 허리띠 졸라매기가 지난 뒤에는 국가가 더 효율적으로 될 것이라고 여겨지지만, 실제 허리띠를 졸라매야 하는 것은 국가가 아니라 가난한 사람들, 즉 전 세계 무산자 계급(proletariat)이다. 그들은 그렇게 하도록 강요받으면서, 자신들을 위해 궁핍과 박탈에서 벗어날 기회는 더욱더 사라진다.

이런 문제들에서 객관적인 운동의 법칙은 모든 사회 현상들처럼 구체적인 개인들의 의식을 통해 스스로를 드러낸다. 투자자들은 세 가지 지표 부분을 계속 지켜본다.

- 첫째, 투자자들은 부채와 외환 보유고 수준을 지켜본다. 더욱 구체적으로 ① 그들은 생산능력 및 이윤율에 대한 기업의 부채 수준, 즉 부채를 상환할 능력에 대한 기업의 부채 수준, 그리고 ② 해외 채무 상환 능력에 대한 국가의 해외 채무, 즉 수출에 대한 국가의 해외 채무, 외국투자 유입〔국제통화기금과 세계은행과 같은 국제기관의 금융 지원(financial package)을 포함〕에 대한 국가의 해외 채무, 외환 보유고에 대한 국가의 해외 채무를 지켜본다. (외국) 투자자들이 파산과 채무불이행의 위험을 평가하는 것은 이런 기초 위에서이다. 그런 위험이 크게 드리우고 있다면, 대량의 자본 유출이 뒤따를 것이고. 그런 결과 증권시장과 환율에 부정적인 효과를 주게 될 것이다.
- 둘째, 투자자들은 환율, 즉 통화 평가하락의 가능성에 대해 계속 지켜본다. 평가하락이 대량의 주식과 채권 판매를 촉진할 것이라고 평가된다면, 엄청난 자본 유출이 뒤따를 것이고, 역시 위에서 언급한 부정적인 결과가 그 나라의 증권시장과 통화에, 그리고 이런 경제 불안에 감염될 것 같은 다른 나라들의 증권시장과 통화에 나타날 것이다.[81)]
- 마지막으로 투자자들은 국가의 사회적·정치적 조건들을, 예를 들어 정치 운동과

---

81) 이것은 왜 좋은 '기초 체력'을 가지고 있는 나라들조차도 투기적인 공격을 받을 수 있는지를 설명한다. 1998년 한국, 타이, 말레이시아, 인도네시아는 대규모 경상수지 흑자를 만들었다. 그러나 이런 흑자는 수출 확대에 의한 것이라기보다 직전 한 해 동안 수입이 30~40% 감소한 것에 기인한다. 수입 감소는 경제 불안의 결과이면서 인플레이션을 유발할 수 있다. 이 두 가지 때문에, 수입 감소는 통화 평가하락의 위험을 의미한다(Wade and Veneroso, 1998: 15). 홍콩조차도 1998년 낮은 채무, 대규모 외환 보유고, 경상수지 흑자를 가지고 있었지만, 홍콩의 통화는 외국 투기꾼들의 압박에 놓였다. "헤지펀드들은 경쟁국들이 달러에 대해 30~40% 이상 평가하락했을 때, 홍콩 달러도 평가하락하기 마련이라고 예상했다"(Wade and Veneroso, 1998: 23).

> 파업, 그리고 더 일반적으로는 국가의 '사회 평화'(흉포한 억압에 기초하고 있더라도)를 계속 지켜본다. 사회 평화는 민간 및 국가 부채를 상환할 능력에(그런 부채는 '너무 높은' 임금과 따라서 너무 낮은 이윤율 때문에 초래되는 것으로 여겨진다) 영향을 미치고, 그리고 그것을 통해 환율 수준에 영향을 미치는 것으로 여겨진다. 따라서 투자자들은 '긴축'정책(예를 들어 예산 삭감)이 적용되면, 즉 실질임금이 더욱 감소하면 만족한다.

이런 언급에 기초하면, 한편으로 1980년대와 다른 한편으로 1990년대 사이의 증권시장 위기 및 통화 위기의 차이점과 유사점을 뚜렷하게 보여주는 것이 이제 가능하다. 1980년대 투기자본 이동은 중심 진영의 생산 부문에서 투자처를 찾지 못하고, 가능한 한 가장 높은 이윤율을 찾아서 세계 금융시장을 돌아다니던 대량의 화폐자본(처음에는 달러)에서 유래했다. 주요 투기자본은 초국적 은행들이었다. 1990년대도 여전히 이런 경우였고, 차이점은 양이었는데, 즉 투기자본 이동이 굉장히 증가했었다. 주요 투기자본은 보험기금과 연기금과 헤지펀드였다.

둘째로, 그리고 더 중요한 것은 1980년대 피지배 국가들은 낮은 실질임금에 기초한 수출 지향 정책을 추구했다는 것이다. 그 체계는 간단했다. 명목임금이 감소할 수 없다면, 높은 (때때로 엄청난) 인플레이션율이 실질임금을 축소하는 방법으로서 추구되었다. 이는 똑같은 정도의 엄청난 평가하락을 요구했는데, 자국 통화를 가치 없게 만드는 것이었다. 하지만 이것은 피지배국들의 빠른 공업화와 경제 발전을 위한 전략 변수인 외국인 투자를 막았다. 세 개의 서로 연관된 요소들은 이것을 바꾸는 데 기여했다. 첫째, 위에서 이야기했듯이 이윤이 되는 시장을 찾는 금융자본의 이동이 1990년대에 굉장히 증가했다. 둘째, 1990년대 소비에트 연방의 몰락과 그와 함께 세계 지배 이데올로기로 신자유주의의 등장을 목격했다. 정부들이 차례차례로 민영화 정책(보통 헐값으로)에 착수하면서, 외국자본 유입에 대한 수요가 공급 증가에 조응하기 위해 확대되었다. 민영화에 더해 '세계화'는 피지배국들에 대량 자본 투자를 위한 조건을 만들었다. 하지만 이것은 그런 투자들을 위한 '안전한 환경', 즉 낮은 수준의 평가하락과 따라서 낮은 수준의 인플레이션을 요구했다. 그리고 셋째, 비동맹 국가 운동의 붕괴로 피지배국들을 중심 진영 경제에 더 많이 통합시키는 것이 용이해졌다.

이런 새로운 정책은 평가하락으로부터 안전하기를 원하는 외국인 투자자들의 필요와 이런 자본들이 변덕스럽지 않고 단단하게 자리 잡는 것, 즉 갑작스럽고 폭력적인 평가하락을 역시 배제하기를 원하는 투자 유치국의 필요를 충족시켰고, 여전히 충족시키고 있다. 더 나아가 경쟁적인 평가하락은 중심 진영의 수출품을 피지배 진영에서 더 비싸지게 하므로 '불공정한' 경쟁으로 간주된다. 이 모든 것은 피지배국들이 중심 진영의 기술 발전 및 경제 발전 수준과 비교할 만한 수준을 달성하기 위해서는 평가하락과 인플레이션을 단념할 필요성이 있다고 강조하는 신자유주의 이데올로기 양념이 뿌려진 채 제공된다. 이런 이데올로기는 1989년 소비에트 연방 몰락 이후부터 도전받지 않는 진실이라는 지위를 얻었다.

피지배국들은 때때로 국제통화기금의 자극으로, 그리고 때때로 (국제통화기금의) 강압 때문에 (1980년대처럼 높은 수준의 평가하락 및 인플레이션과 아주 불안정한 환율에 기초한 것보다는) 1990년대에 낮은 평가하락과 낮은 인플레이션과 안정된 환율에 기초한 정책을 추구하기 시작했다. 때때로, 인플레이션을 배제하기 위한 방법으로서 통화 가치를 미국 달러의 가치에 묶었다.[82] 그러나 초기의 경제성장 후에 중심 진영에서 경제공황을 일으키는 그와 같은 체계는 공업화되고 있는

---

82) 수년 동안, 미국 달러에 대한 아르헨티나 페소 환율은 1 대 1이었다. 이런 방식으로 유통 중인 페소의 양은 중앙은행의 달러 보유고와 같게 설정되었다. 투기꾼들이 페소를 팔고 달러를 산다면, 중앙은행은 페소의 양을 줄이고, 이자율은 상승한다. 인플레이션은 격퇴되지만 실물경제는 축소된다. 인플레이션 정복은 1999년 1월 아르헨티나 대통령 카를로스 메넴(Carlos Menem)이 페소를 미국 달러로 교체하기 위해 제안을 제출했다는 것에서 명성을 얻었다! 아래의 제5장을 보라.

피지배국들에서도 재생산된다. 더욱이 (외국자본을 끌어들이고 붙잡고 있기 위해 필요한 높은 이자율에 동조한) 많은 자본 유입은 높은 수준의 부채와 결국 파산을 일으키지 않을 수 없다. 경제공황은 통화위기 및 증권시장 위기로 시작한다. 환율은 자유롭게 출렁이게 되고, 통화는 평가하락하고, 인플레이션이 다시 나타난다. 1994~1995년 멕시코 공황, 1997~1998년 아시아 공황, 1998년 러시아 공황, 1999년 브라질 공황을 제대로 알 수 있는 것은 이런 관점에서이다.[83)]

그러나 새천년 처음 몇 년간 이런 정책의 효과가 더욱 많이 나타나면서, 피지배국들에서 예산 확대와 낮은 이자율과 자본 통제(예를 들어, 중앙은행이 달러에 비율을 재는 체계를 통해)와 아마도 인플레이션에 기초한 정책으로 추가 다시 이동하려는 것 같다.[84)] 현재 금융 위기 및 통화위기가 전 세계 침체를 유발한다면, 이런 변화를 피할 수 없을 것이다. 이것은 정책 입안자들이 긴축정책에서 확장(케인스주의) 정책으로 전환해 공황의 발생을 저지하기 위한 헛된 시도로 다시 되돌아감으로써 객관적인 자본주의 발전 법칙에 대응하는 또 다른 방법의 표현

---

83) 1994년 브라질은 실물이 달러에 대해 최대 7.5%까지 평가하락하는 것을 허용함으로써 실물의 가치를 달러의 가치에 고정시켰다. 1998년 9월 아시아와 러시아에서 브라질로 전염이 퍼졌다. 투자자들은 브라질의 부채 수준(국가채무는 1890억 미국 달러였다)을 걱정하였고, 자신들의 자본을 빼가기 시작했다. 1999년 1월 대규모 자본도피(capital flight)로 브라질의 외환 보유고가 절반보다 더 축소한 후에 외환 관리(exchange control)는 해제되어야 했으며, 실물은 자유롭게 변동하도록 허용되었다. 국제통화기금의 415억 달러 구제금융 보따리와 다양한 국내 기구 및 국제기구가 자본 유출을 저지할 수는 없었다. 18개월 일찍 일어난 아시아 공황으로부터 전염되는 두려움 때문에 실물은 투기적 공격의 목표물이 되어 있었다. 하지만 한 국가는 오직 그것이 (그것의 경제) 약하다면 전염되기 쉽다. 멕시코의 경우가 그런 것이다. 높은 이자율은 생산자본의 목을 옥죌 뿐 아니라 실물의 높은 가치를 통해 무역에도 타격을 준다. (몇 년 동안 상대적으로 안정적이면서 높은 임금을 받는 새로운 층위의 노동자들이 출현했지만) 실업은 치솟았다. 통화수축정책(deflationary policies)은 인플레이션을 낮추었지만, 공황을 피하게 할 수는 없었다. 위에서 강조했듯이 이런 정책들은 공황의 원인이 아니며, 공황을 저지하려는 경제주체들의 의지에도 불구하고, 단지 공황이 나타나는 하나의 방식이다.

84) "서구 경제학자들의 마음뿐만 아니라 많은 아시아 정부 관료들의 마음속에 자본 통제(capital curb)의 시기가 돌아왔다는 생각이다"(Wade and Veneroso, 1998: 27) .

이다. 이것이 국제통화기금에 대해 비판이 증가하는 이유이다.

결국, 투자자들의 결정은 옳든 틀리든 간에 실재적이고 객관적인 요소들, 다시 말해 충분한 수준의 이윤율과 국제 경쟁력을 달성할 수 있는 국가의 능력에 기초한다. 이런 객관적인 요소들을 올바르게 예상하는 투자자들은 이득을 얻고, 다른 이들은 손해를 본다. 그러나 위에서 언급했듯이 이는 (금융) 자본가계급 내에서 재분배이다. 실제 손해를 보는 이들은 오직 계급 분석 차원에서만 드러난다. 오직 계급 분석만이 이런 드라마와 범인들과 희생자들에 관한 이유를 밝힐 수 있다.

제4장

경제통화동맹

1. 구제국주의와 신제국주의

제1장에서 유럽 계획에 처음부터 제국주의 본성이 내재해 있다는 것을 주장했다. 우리는 이제 이 주제를 아주 자세히 들여다봐야 한다. 제국주의의 주요 특징은 다음과 같다.

- 제국주의 중심은 그 중심의 과점 상호 간 경쟁으로부터 생겨난 국제가격 체계에 내재한 가치 전유를 통해 피지배 진영을 희생시킨 대가로 성장한다(피지배국들이 무역의 측면에서 악화로 인식하는 것).
- 이런 가치 전유는 상대적으로 장기간에 지속되는데, 왜냐하면 그것은 두 진영 사이의 영구적인 기술 격차 따라서 효율성 격차에 기초해 있는데, 이는 가치 전유(즉, 자본의 형성)와 연구 개발에 대한 투자와 기술혁신 간에 누적되는 과정의 결과이기 때문이다.
- 이런 자기 강화 과정의 재생산은 국제기구들과 적합한 제도(예를 들어, 특허권

소유)뿐만 아니라 필요하다면 군사력에 의해 보장된다.

- 이런 끊임없는 이점 때문에 기술 선진국들(따라서 중심 진영)은 경쟁국들에게 싸게 팔 수 있게 된다(이것이 국제 시장가격과 국제 생산가격의 괴리이다).
- 이런 점에서 피지배국이 제국주의 관계에 저항할 수 있는 능력에 따라 이런 진영 상호 간 동학 내에서 세 가지 경향이 나타난다.

  첫째, 중심 진영의 시장점유율은 피지배 진영 국가의 시장점유율을 희생시킨 대가로 피지배 진영 내 산업이 파괴되는 정도까지 성장한다. 이것이 고전 식민주의(classic colonialism)이다.

  둘째, 어떤 피지배국들은 이런 파괴의 과정에 저항하고 종속 발전 과정에 참여할 수도 있다(아래를 보라).

  셋째, 예외적인 방법으로서 어떤 피지배국은 이런 지배의 관계를 깨부수고, 제국주의 중심 진영에 참여할 수도 있다. 이런 변화는 두 진영의 내적 구성에 영향을 미치지만 두 진영의 존재나 차이는 없애지 못한다.

전통적으로 제국주의에 대한 연구는 세 가지 경우 가운데 첫 번째, 즉 '모국'과 식민지들 사이의 관계에 초점을 맞췄다. 이런 식민지 형태의 제국주의에서는 다음과 같은 특징이 있다.

- 식민지는 식민지 중심(colonial center)으로 원료를 인도해야만 하고, 식민지 중심으로부터 공산품을 수입해야만 한다.
- 이것 때문에, 식민지에서는 설사 자본주의적 경제성장과 다양화가 있다 하더라도 거의 겪지 못한다.

하지만 또한 좀 더 새로운 형태의 제국주의 관계가 있다(예를 들어, 몇몇 남미 및 아시아 국가들에 적용된다). 이런 관계 내에서 종속국가들은 어떤 정도의 자본주의적 경제성장 및 다양화를 이루기도 한다. 하지만 이것은 다음과 같은 의미에서 종속 발전과 자본주의 축적이다.

- 종속국들의 자본은 생산과 더 일반적으로는 경제활동을 식민지 중심(수출 지향)의 시장에 맞춰 조정하고, 그에 맞춰서 자신의 내적 구조를 다양화시킨다. 그 반대는 아니다.
- 식민지 중심은 이런 종속의 과정이 지속될 수 있도록 종속국들한테 필요한 것(원조와 기반 시설로서 자본을 포함)을 수출한다.
- 종속국들은 최첨단 기술이 아닌 선진 기술(즉, 상대적으로 노동 집약적 기술) 사용을 통해 식민지 중심이 필요로 하는 것을 생산해 식민지 중심으로 가치 이전과 지속적인 기술 종속을 보장한다.
- 종속국들이 더욱 앞선 기술을 기초로 식민지 중심과 경쟁할 수 없다는 것을 고려하면, 종속국들은 노동비용을 '절약'해야만 한다. 이는 사용가치 측면에서 임금이 식민지 중심에서는 상대적으로 높고, 종속국에서는 상대적으로 (때때로 절대적으로) 낮다는 것을 의미한다.[1)]

식민주의는 제국주의 국가가 식민지들로부터 원료를 빼앗고 식민지 시장을 자신들의 (공업) 생산물을 위한 판매처로 이용하는 것을 의미한다. 식민지의 자원을 쥐어짜면서, 식민지 산업(만약 산업이 존재한다면)이 사라지는 시점까지 산업을 공격한다. 이 시점에서 식민지가 식민지 중심의 생산물을 흡수할 능력은 파괴되고, 식민지는 운명을 체념한다. 식민지의 산업이 살아남는다고 하더라도 어떤 경우에도 공업화와 자본주의 발전의 충분한 과정은 일어나지 않는다.[2)] 이

---

1) 국제통화기금의 역할은 종속국들로 하여금 노동비용(임금) 하락을 통해 경쟁하도록 강제하면서 동시에 종속적 형태의 공업화를 조성하는 것이다.

2) 이는 만약 해외 자본 유입이 중단된다면 식민지의 운명이 자동적으로 개선될 수 있다는

것은 역발전과 저발전의 과정이다. 종속 발전은 식민지 중심이 주문한 생산의 판매처로서 종속국한테 중요한 것은 식민지 중심의 시장이라는 것을 의미한다. 어떤 종속국들은 상당한 자본주의 발전 과정을 겪기도 하지만, 그런 종속적인 형태로서이다. 물론 이 두 가지 제국주의 형태의 구별을 하려면 분석을 해야 한다. 현실에서는 두 가지 형태의 제국주의 관계 가운데 하나가 더욱 두드러진 채 혼합되어 있는 형태로 두 가지 형태가 공존할 수 있다.

여기에 제시된 주장은 몇몇 유럽연합 회원국들이(유럽연합 내에 있는, 그리고 바깥에 있는) 몇몇 피지배국들과 제국주의 관계를 맺고 있을 뿐만 아니라, 유럽연합 전체가 또한 피지배 진영의 몇몇 국가들과 집단적인(a set of) 제국주의 관계를 맺고 있다. 이것을 보기 위해 다음 사항을 고려한다. 계급 분석 관점에서 한 나라가 다른 나라와 제국주의 관계를 갖는다고 말하는 것은 단지 다음 사항을 보여주는 지름길이다.

- 유럽연합 회원국들의 자본주의 기업들은 피지배 진영의 기업들(또는 '독립' 생산자들)과 그와 같은 관계(즉, 유럽연합 회원국들은 피지배 진영 기업으로부터 체계적으로 가치를 전유한다)를 가진다.
- 이런 관계는 그런 관계를 (계속) 가능하게 만드는 법적인 구속력을 가지는 일련의 기구들과 군사 수단(military means)들에 지시를 내리는 일련의 국가 제도를 필요로 한다.

요즘, 제국주의 관계는 단지 몇몇 제국주의 열강과 몇몇 피지배 국가들 사이에서만 존재하는 것이 아니다. 그런 관계는 전체 제국주의 진영(자본주의 중심, 즉 선진국들)과 몇몇 개별 국가로서 또는 전체로서 피지배 진영(주변부, 즉 저발전

것을 뜻하지 않는다. 천연자원의 체계적인 강탈은 발전(어떠한 형태로서든)을 불가능하게 만든다. 더욱이 자본주의 저발전에 대한 대안은 다른 형태의 사회주의 형태의 발전이다.

국가들) 사이에 존재한다. 이런 체계적이고 집단적인 가치 전유가 가능하도록 하는 요소는 일련의 국제기구인데, 예를 들어 국제통화기금, 세계은행, 세계무역기구와 북대서양조약기구인데, 이런 기구들은 중심 진영 자본의 대리인처럼 활동한다. 하지만 이런 기구들이 스스로 제국주의 정책을 추구하는 것처럼 언급하는 것은 부적절하다. 피지배 진영에 대한 공통의 이해가 지배 진영 내에서 대립하는 이해를 배제하지 않는다고 고려한다면, 그런 기구들은 단지 피지배 진영에 대한 지배 진영의 이해를 대표하고, 지배 진영 내의 이해를 중재한다.

유럽연합은 다른 경우이다. 유럽연합은 (아직) 하나의 국가가 아니지만, 경제 부문과 회원국 사회의 다른 부문들에 대해 입법하고 그리하여 규제하는 합법 기구들을 가지고 있다. 이런 공통된 이해 형성을 통해 이런 기구들은 모든 회원국이 비유럽연합 국가들로부터 체계적인 가치 전유에 참가하는 것을 가능하게 해준다. 여기서 국제통화기금과 그 외 유사 기구들과 다르게 유럽연합 기구들이 비유럽연합 국가들에 대해 공통된(하지만 대립하는) 국가 차원의 이해만 대표하고 중재하는 것만이 아니다. 유럽연합 기구들은 또한 비교적 독립된 방법으로 그런 공통의 이해를 형성하는데, 왜냐하면 회원국들이 이런 기구들에 국가권력(sovereignty) 일부를 내주었기 때문이다. 그리하여 유럽연합 회원국들의 제국주의는 새로운 국경을 얻는다. 하나의 의미는 중심 진영이 가지는 특권을 개별적으로는 누리지 못하는 회원국들이 유럽연합에 가입하면 이런 특권을 (종속적 지위에 있다고 하더라도) 함께 가진다는 것이다. 따라서 엄격하게 말하면 유럽연합 제국주의는 다음을 가리킨다.

- 유럽연합 회원국들의 자본주의 기업과 비유럽연합 국가들의 자본주의 기업 사이의 제국주의 관계이다.
- 불평등한 몫, 이 가치가 유럽연합 회원국들 사이에 분할된다.
- 유럽연합 기구들, 따라서 그 기구들에 의해 지시받는 법적 구속력을 가지는 일련

의 법률과 규칙〔예를 들어, '로메 협정(Lome Conventions)'과 최근 아프리카카리브해태평양지역국가(African, Caribbean and Pacific Countries: ACP)와의 '아프리카카리브해태평양지역국가-유럽연합 협정(ACP-EU Agreement)', '중동부 유럽 국가와 연합 협정(Association Agreement)'〕, 이런 것들은 그런 관계를 가능하게 만든다.

• 군사력은 탐탁지 않은 국가들에 대해 이런 법률과 규칙을 지키도록 강요하기 위해 필요할 수 있다(우리가 보게 되듯이, 서유럽연합).

물론 전체로서 유럽연합의 제국주의(엄밀한 의미의 유럽연합 제국주의)는 엄밀하게 유럽연합 회원국들의 제국주의〔국가 단위의 제국주의(national imperialism)〕와 서로 관련된다. 지금은 엄밀한 의미의 유럽연합 제국주의는 국가 단위의 제국주의보다 여전히 의미가 약하지만, 이런 상황은 유럽 통일 과정이 진행됨에 따라 변화하게 되어 있다. 이 글의 목적을 위해, 유럽연합 제국주의의 이런 두 가지 측면의 효과를 나누어 구별하는 것은 필요하지 않다.

일단 산업 부문에서 제국주의 관계가 만들어지면(식민주의 또는 종속 발전 관계가 됨으로써) 다른 모든 관계는 같은 관점에서 볼 수 있게 된다. 그리하여 경제통화동맹의 진정한 본성은 달러의 화폐발권차익과 경쟁하기 위한 시도로서, 더 이상 경제 지배를 방해받지 않고 정치의 통일로 나아가는 주요한 조치로서 보이게 된다(이번 장 아래에서 더 많이 보라). 서유럽연합을 유럽연합이 제국주의 야욕을 충분하게 수행하기 위해 군사력을 발전시키기 위한 시도로서 볼 수 있게 된다(제6장을 보라). 공동농업정책은 유럽연합 밖의 약소국들에게 종속적 농업 발전 형태를 부과하는 것을 목표로 삼는 정책으로서 부각된다(제7장을 보라). 셍겐 제도를 유럽연합만의 필요에 따라 유럽연합 노동력의 재생산을 조절하는 것으로서 볼 수 있게 된다(제8장을 보라). 이것들은 유럽 계획이 중심으로 삼고 있는 제도화된 국제 가치 전유의 주요한 예들이다.

2. 유럽연합의 경쟁력

앞에서 기술 경쟁력의 우선적 중요성과 이것으로부터 주요 경제 지역의 하나로서 유럽연합한테 생겨나는 이점에 대해 논증했다. 이 절에서는 우리는 유럽연합의 경쟁력 수준과 유럽연합의 경쟁정책과 이렇게 더 높아진 경쟁력과 정책으로부터 유럽연합에 생겨나는 이점에 대해 실증적으로 검증할 것이다.

'유럽공동체설립조약'에 따르면, 회원국과 공동체의 활동은 공개시장(open market) 경제와 자유 경쟁의 원칙을 따라서 행해야 한다(제3조 제1항). 이 글에서 제시한 접근법의 측면에서 해석하면, 이 조항은 아래 두 가지 점에 대한 논의가 필요하다.

- 경제 단위들의 크기 및 경쟁력과 관련된 (전체로서, 그리고 회원국들의) 유럽연합의 경쟁력
- 경쟁 및 '자유'경쟁이라는 실질적 의미 및 자유 경쟁정책이 기여하는 실질적 이해에 의해 고려된 형태들

1) 유럽연합과 국제 경쟁력

이 글에서는 생산성을 다음과 같이 인식했다.

- 노동력을 절약하는 새로운 기술의 적용으로 나타난 효과(잉여가치율 증가의 효과보다는)
- 투자된 자본 단위당 산출량의 비율로서 측정된 것

유럽연합 내에서와 유럽연합과 나머지 국가들 간의 생산성 격차 분석은 이런

〈표 4-1〉 1997년 첨단 기술 제품 주요 무역국

	수입		수출		무역수지
	10억 ECU	세계 점유율(%)	10억 ECU	세계 점유율(%)	
유럽연합	60.1	20.4	52.6	17.2	−7.5
미국	68.3	23.1	83.7	27.4	+15.4
싱가포르	25.8	8.8	23.6	7.7	−2.2
일본	22.7	7.7	50.5	16.6	+27.8

출처: Eurostat(1998: 3).

원칙에 따라 수집된 자료에 의존해야 한다. 그러면 제3장 제3절에서 제시한 기술 선도력(technological leadership) 개념은 유럽연합이 (또는 회원국들 가운데 어떤 국가가) 그런 역할을 하는지에 대해 판정하는 것을 결정할 수 있게 한다. 불행하게도 그런 자료는 이용 가능하지 않다. 따라서 우리는 생산성 수준에 대해 간접적이면서 기껏해야 단지 근사한 지표에 의존해야만 한다.

판정을 위해 자료로 이용할 수 있는 그런 근사 지표 하나는 첨단 기술 제품(high-technology products: HTPs)[3] 관련 국제무역이다. 첨단 기술 제품 무역 수치가 생산성 외에 다수의 다른 요소에 의해, 예를 들어 환율 같은 것에 영향을 받는다는 것을 고려하면, 이것은 국가의 기술 선도력에 대한 모호한 지표이다. 그럼에도 불구하고 첨단 기술 제품의 무역 수치는 기술과 생산성 측면에서 국제 비교를 위한 어떤 기초를 제공한다. <표 4-1>은 첨단 기술 제품에서 세계 주요 무역국을 보여준다.

1997년 유럽연합과 미국과 일본은 세계 첨단 기술 제품 수입에서 51.2%를, 수출에서 61.2%를 차지했다. 주요 수출국은 미국이었다(세계무역의 27.4%). 유

3) 첨단 기술 제품은 ① 우주 항공, ② 통신, ③ 컴퓨터 및 사무기기, ④ 전자, ⑤ 소비 가전, ⑥ 과학, 의료, 광학기구, 인공기관, ⑦ 기계, ⑧ 핵 발전, 방사성 원소, 동위원소, ⑨ 화학, ⑩ 무기이다.

〈표 4-2〉 1997년 유럽연합, 미국, 일본의 첨단 기술 제품 수입의 절대치(ECU)와 백분율

(단위: 10억 ECU)

유럽연합(60.2)	미국(68.3)	일본(22.7)
미국으로부터 38.7 수입	ASE6으로부터 25 수입	미국으로부터 51.4 수입
일본으로부터 12.4 수입	일본으로부터 22.2 수입	ASE6으로부터 20.6 수입
ASE6[1)]으로부터 11.7 수입	유럽연합으로부터 16.4 수입	유럽연합으로부터 9.7 수입
EFTA[2)]으로부터 4.5 수입	싱가포르로부터 7.1 수입	싱가포르로부터 5.1 수입

주: 1) 홍콩, 인도네시아, 말레이시아, 필리핀, 한국, 타이
2) 유럽 자유무역지역: 아이슬란드, 노르웨이, 스위스
* 주 1)과 2)는 제4장의 모든 표에 적용됨.
출처: Eurostat(1998: 4).

럽연합의 점유율은 일본보다 약간 높았다. 하지만 일본이 첨단 기술 제품에서 278억 ECU의 흑자를 낸 반면, 유럽연합은 75억 ECU의 적자를 봤다. 무역수지 측면에서 일본은 가장 앞서는 기술 선도자였고(278억 ECU 흑자), 미국(155억 ECU 흑자), 싱가포르(23억 ECU 적자), 유럽연합(75억 ECU 적자)이 그 뒤를 따랐다. 하지만 유럽연합의 무역수지는 수년에 걸쳐 개선되었다는 것을 덧붙여야 한다. 1990년에 유럽연합은 190억 ECU 적자였다(Eurostat, 1998). 이 수치는 <표 4-2>에서 보이는 것처럼 더 세분될 수 있다.

따라서 유럽연합은 미국과 일본으로부터 대부분 첨단 기술 제품을 수입했고, 미국은 아시아 6개국과 일본에서 대부분 수입했고, 일본은 미국과 아시아 6개국에서 대부분 수입했다.4) 수출에 대해 말하자면, 1997년에 유럽연합이 첨단 기술 생산물을 미국과 아시아 6개국에 대부분 수출했고, 미국은 유럽연합과 아시아 6개국에 대부분 수출했고, 일본은 미국과 아시아 6개국에 대부분 수출했다는 것을 <표 4-3>에서 보여준다.5)

4) 싱가포르는 총 258억 ECU을 수입했고 이 가운데 38%는 아시아 6개국으로부터, 22.7%는 미국으로부터, 20.3%는 일본으로부터, 9.4%는 유럽연합으로부터 수입했다.

5) 싱가포르는 236억을 수출했고, 그 가운데 34.8%는 아시아 6개국에, 26.4%는 미국에,

〈표 4-3〉 1997년 유럽연합, 미국, 일본의 첨단 기술 제품 수출의 절대치와 백분율

(단위: 10억 ECU)

유럽연합(52.6)	미국(83.7)	일본(50.5)
미국에 27.5 수출	유럽연합에 25.4 수출	미국에 31.3 수출
ASE6에 12.3수출	ASE6에 17.4 수출	ASE6에 27.8 수출
EFTA에 7.6 수출	일본에 11.5 수출	유럽연합에 15.9 수출
지중해 분지에 7.4 수출	싱가포르에 6.4 수출	싱가포르에 9.4 수출

출처: Eurostat(1998: 5).

〈표 4-4〉 1997년 주요 첨단 기술 제품의 유럽연합 수입과 수출

	수입		수출		무역수지 10억 ECU
	10억 ECU	%	10억 ECU	%	
전자	22.5	31.5	14.7	23.9	−7.8
우주 항공	20.7	29.0	27.0	43.8	+6.3
컴퓨터, 사무기기	17.5	24.5	7.2	11.7	−10.3
기계	3.5	4.9	3.8	6.1	+0.3
과학, 의료	3.1	4.4	4.0	6.4	+0.9
화학	1.3	1.8	1.0	1.6	−0.3
통신	0.6	0.8	2.9	4.8	+2.3

출처: Eurostat(1998: 7, 9).

이제 유럽연합이 교역한 주요 첨단 기술 제품을 살펴보자(<표 4-4>). 1997년 가장 큰 흑자는 항공 우주(63억 ECU 흑자)와 통신(23억 ECU 흑자)이었다. 가장 큰 적자는 컴퓨터 및 사무기기(103억 ECU 적자)와 전자(78억 ECU 적자)였다.

<표 4-5>에서 보듯이 많은 양의 첨단 기술 제품이 유럽연합 내에서 거래되고 있다. 유럽연합 역내에서 수출이 유럽연합 역외와의 수출보다 크지만, 유럽

17.4%는 유럽연합으로, 8.2%는 일본으로 갔다.

〈표 4-5〉 1997년 주요 회원국의 첨단 기술 제품 무역

(단위: 10억 ECU)

	유럽연합 역외			유럽연합 역내		
	수입	수출	무역수지	수입	수출	무역수지
독일	14.7	12.5	−2.2	12.6	14.2	1.6
프랑스	16.6	21.8	5.2	15.4	17.2	1.8
영국	16.2	11.5	−4.7	7.1	11.3	4.2
네덜란드	9.5	3.3	−6.2	4.1	11.1	7.0
이탈리아	3.3	3.2	−0.1	5.7	3.7	−2.0
총액	71.5	61.6	−9.9		68.0	

출처: Eurostat(1998: 2).

연합 내부끼리 수입은 유럽연합 역외와의 수입보다 작다. <표 4-5>에서 언급한 5개국은 유럽연합 역내에서 수출의 85%와 유럽연합 역내에서 수입의 67%를 차지하고, 이뿐만 아니라 유럽연합 역외와의 수출의 85%, 유럽연합 역외와의 수입의 84%를 차지한다.

이제 몇몇 결론을 내릴 수 있다. 오직 크고 기술이 앞선 기업이 첨단 기술 제품의 생산과 시장에서 성공할 수 있는 경쟁에 참여할 수 있다는 것을 첨단 기술 제품을 규정하는 부문의 목록에서 명확하게 보여준다. 이것들은 과점자본이다. 여기에 도입된 과점(oligopoly)이라는 개념은 기술적인 선도자와 커다란 시장점유율뿐만 아니라 이런 기술 선도력과 시장 선도력에 바탕을 둔 지배적 지위에 기초한다. 이런 지배적 지위는 같은 부문 내 규모가 작거나 약한 기업에 대한 규모가 크고 기술이 앞선 기업의 관계, 즉 어떤 부문 내에서 작은 기업에 대해 큰 기업이 의식적으로 의지를 부과하기 위해 가지는 힘을 일컫는다. 이는 모든 합법적인, 준사법적인, 명백하게 불법적인 활동을 통해 일어나지만 단지 이 문제의 한 측면일 뿐이다. 사실 과점자본들은 또한 부문을 넘어서서 서로서로 경쟁하면서, 비과점자본들과도 경쟁한다.

어떤 기업의 기술 및 시장 선도력이 경쟁 과정 참여를 통해 (부문 간 및 부문 내에서, 다른 기술 및 시장 선도자들과 함께, 그리고 규모가 더 작고 기술적으로 뒤떨어진 기업들과 함께) 그런 경쟁의 조건을 만들고, 따라서 그것이 그런 힘을 가지지 못한 기업에 의해 받아들여져야 하는 것이라면, 그 기업은 과점이 된다. 예를 들어, 과점 경쟁으로부터 생겨나는 가격이 역시 비과점 기업들이 받아들여야만 하는 가격이 된다. 또는 과점 기업들 간의 시장 점유는 비과점 기업을 배제하는 것이지만, 반대의 경우는 그렇지 않다. 이런 경쟁의 조건은 비과점 기업들이 서로 경쟁하고, (할 수 있다면) 과점 기업들과도 경쟁하는 경계선이 된다. 비과점 기업들이 물론 서로 경쟁할 뿐만 아니라 과점 기업들과도 경쟁할 수도 있고 경쟁하기도 하는데, 그러나 비과점 기업들이 이런 경쟁이 일어나는 조건들(예, 가격)에 영향을 줄 수 없다. 그래서 각각의 현대자본주의 경제 내에서는 기업의 두 부문, 과점 부문(oligopolistic sector)과 피지배 부문(dominated sector)이 있다. 이 두 부문을 식별하는 선은 과점 부문 안과 밖의 경쟁으로부터 객관적으로 발생하면서 과점 부문에 객관적으로 우호적인 경쟁의 조건을 피지배 부문이 필연적으로 수용하는 것에 기초한다.

위의 것은 과점자본이 필연적으로 훨씬 더 효율적이라는 논거는 아니다. 규모와 생산성 사이에 분명한 관계가 있는 것이 아니다. 대규모 기업들이 더 효율적이거나 또는 기업 크기가 증대함에 따라 필연적으로 비례해 더 효율적으로 되는 것은 아니다. 그리고 그 반대의 것도 마찬가지로 거짓이다. 대규모 기업과 비효율성 사이에도 필연적인 관계는 없다. 자본의 집적과 집중이라는 현재의 관점을 고려하면, 과점자본들은 시장의 점유율을 유지하거나, 더 큰 시장점유율을 정복할 수 있을 정도의 크기로 종종 새로우면서 더욱 효율적인 기술을 개발하고(또는 구매하여) 적용할 수 있는 유일한 기업이라는 것이 참이다. 중소규모 기업들이 새로우면서 더욱 효율적인 기술을 개발할 수도 있고 적용할 수도 있지만(실제 때때로 그렇게 한다), 그것들의 이윤율이 과점 부문의 것보다 크다고 할지라도 과점

자본에 의해 객관적으로 또는 의식적으로 부과된 경쟁의 조건은 이런 중소규모 기업들이 일반적으로 과점자본의 지배적 지위를 심각하게 도전할 정도까지 성장하지 못하게 하는 것이기에, 중소규모 기업은 스스로 지배적인 과점 부문이 될 수 있는 임계량이 부족하다. 때때로 중소규모이면서 기술적으로 앞선 자본이 성장해 과점자본이 되기도 하며, 어떤 과점자본은 기술 선도력을 잃기도 하고 규모가 줄어들기도 하며, 그리하여 지배적 지위를 잃기도 한다. 하지만 과점 부문과 피지배 부문에 내재한 이런 변화는 이 두 부문이 나뉘어 존재하는 것에는 영향을 미치지 않는다. 물론 이렇게 넓은 두 개의 부문 각각은 수많은 개별 상품(commodity-specific) 부문으로 세분된다.

따라서 과점자본은 항상 가장 효율적인 기업이 아니고, 또 필연적으로 가장 효율적인 기업이 아니라고 하더라도, 가장 효율적인 기업은 보통 과점자본이다. 이것은 현대자본주의 경제의 가장 전략적이고 역동적인 부문, 즉 첨단 기술 부문에 더욱 잘 적용된다. 자신들의 경제 권력 덕택에, 과점자본은 자신의 이익이 국가기구들에 의해 정의되고 대표될 수 있고, 그리고 그 국가기구를 통해 국제기구들에 의해 그렇게 될 수 있게 하는 방법과 수단을 가지고 있다. 이런 대의(representation)의 과정은 거의 직접적이지도 않으면서 투명하지도 않다. 그것은 종종 신비로운 용어로 행해지는 다자(multi-party) 협상과 관련 있다. 하지만 직접적으로 또는 간접적으로 게임의 법칙을 좌우하는 것은 과점자본 부문이다.

자본의 집적과 집중은 국경에서 멈추지 않고, 국제적인 과점자본 형성을 초래하는데, 다국적기업으로 불리기도 하며, 세계 산출과 무역에서 가장 거대한 양을 차지한다. 가장 많은 숫자의 이런 기업들이 소수의 국가에 집중되어 있는 것을 고려하면, 세계는 제국주의 중심과 피지배 진영이라는 두 진영으로 나뉜다. 제국주의 개념과 따라서 이 두 진영 사이의 제국주의 관계라는 개념은 뒤에 있는 장들에서 설명할 것이다. 여기서는 중심 진영이 기술을 선도하는 국가들에 의해 형성된다고 생각하는 것으로 충분하다(위에서 정의된 것처럼). 이 진영은 (우연적

〈표 4-6〉 주요 국가 첨단 기술 부문 고용

독일		프랑스		이탈리아		영국		유럽연합 15개국	
3.8m	10.5%	1.4m	6.5%	1.4m	7.0%	1.7m	6.8%	10.7m	7.2%

출처: Eurostat(1988: 3, table 1).

인 방식보다는) 체계적이고 영구적인 방식의 국제가격 체계를 통해 가치를 피지배 진영(기술 낙후국들)으로부터 가치를 전유한다. 그리하여 자본을 축적하면서, 이를 기술혁신에 투자할 수 있게 되고, 기술 선도를 더욱 강화하게 된다. 어떤 국가들은 국제 경쟁자로서 사실상 제거되는 반면에, 다른 국가들은 꽤 높은 발전에 도달할 수 있으며, 동시에 기술 선도국들한테 종속된다. 더 나아가 이 두 개의 각 진영은 힘과 지배의 다양한 관계로 내적으로 결합한다. 유럽연합에 대해서도 이것은 사실이며, 유럽연합은 제국주의 중심에 속한다.

위의 <표 4-5>는 유럽연합 내에서 프랑스 과점자본의 지배적 지위를 나타낸다고 생각한다. 그러나 첨단 기술 제품에서 프랑스의 흑자는 전체적으로 항공우주 부문 때문이다(Eurostat, 1997: 11). 기술 선도력을 위해서는 이것은 너무나 협소한 토대이다. 그러면 우리는 다른 지표들 예를 들어, 첨단 기술 부문에 고용된 사람의 숫자 같은 것에 눈을 돌려야 한다(<표 4-6>).[6]

<표 4-6>에서 나타난 상황은 <표 4-5>에서 제시된 것과 아주 다르다. <표 4-6>에서 단연코 지배적 지위를 가지는 것은 독일이다. 첨단 기술 제품 주요 생산국 가운데 독일은 이 부문의 고용(전체 고용에서 10.5%)이 유럽 평균보다 높다(7.2%). 더 중요한 것은 첨단 기술 제품에서 독일의 고용이 다른 세 주요 생산국 각각 고용의 1/3보다 더 많이 차지한다는 것이다. 이런 결과는 첨단 기술 부문에 고용된 사람의 3/4 이상을 이 네 나라에서 찾을 수 있다고 고려될 수 있는지

6) 이 표에서 첨단 기술 부문은 ① 화학물질 및 화학 생산물, ② 사무기기 및 컴퓨터, ③ 라디오, 텔레비전, 통신, ④ 자동차, 트레일러, 세미트레일러, ⑤ 기계 및 장치, ⑥ 전기기기, ⑦ 의료·정밀·광학 도구로 정의된다. 이 정의는 대략 앞의 주 3)과 유사하다.

〈표 4-7〉 1996년 유럽연합 전체에서 회원국이 차지하는 특허출원 비율

HPCs	독일	프랑스	영국	이탈리아	네덜란드	스웨덴			
	41.4	16.3	11.9	8.02	5.89	5.33			
LPCs	벨기에	핀란드	오스트리아	덴마크	스페인	아일랜드	그리스	룩셈부르크	포르투갈
	2.53	2.46	2.24	1.91	1.36	0.39	0.11	0.10	0.04

주: HPC는 특허 획득이 많은 국가를 나타내고, LPC는 특허 획득이 적은 국가를 나타냄.
출처: Eurostat(1988: 2, table 1).

에 대해 더욱 잘 말해주고 있다. 아마도 지역적 집중에 대한 자료가 더욱 중요한 것 같다. 첨단 기술 부문 고용 비중의 측면에서, 상위 10개 지역 가운데 여섯 개는 독일에 있고, 두 개는 이탈리아에 있고, 하나는 프랑스와 영국에 각각 있다.

앞서 언급한 두 개의 지표 외에 세 번째 지표를 이용할 수 있는데, 특허 활동(patent activities)이다. 이것은 현재 목적에 가장 적합하다. 실제 특허 활동에 대한 자료는 과학적 발견의 성과와 그것의 경제적 적용 가능성을 기록하고 있을 뿐만 아니라 특허 이용권을 가지고 있지 못하는 국가들이 이 같은 적용[7]에서 제외된다는 것도 기록하고 있다. 기술 경쟁의 측면과 기술 선도로 인한 가치 전유(가격 체계를 통해) 측면에서 이런 자료는 단연코 가장 중요한데, 왜냐하면 이런 자료는 이를테면, 이런 특허를 소유한 국가들의 기술 선도를 고착화시키기 때문이다. 그리고 여기서 참된 모습이 온갖 생생함을 가지고 나타난다. 1995년 글에서 미헤브츠(Mihevc)는 "현재 특허 가운데 오직 1%만 제3세계의 사람들과 회사가 소유하고 있고, 특허의 84%는 외국인이 소유하고 있으며, 5% 미만만 실제 제3세계의 생산을 위해 사용되고 있다"(Mihevc, 1995: 172)라고 지적했다. 이렇게 믿기 어려울 정도로 편향된 양상이 중심 진영 내에서 재생산되며, 이에 유럽연합도 포함된다. <표 4-7>은 1996년 유럽연합 15개 회원국에 대한 특허출원(patent applications) 몫을 나타낸다.[8]

7) 경제적 적용을 뜻한다_옮긴이.

1996년 독일의 비중은 유럽연합 전체 특허출원에서 자그마치 41.4%나 되며, 그것은 프랑스, 이탈리아, 영국을 합친 비중보다 크다. 그러나 1989~1996년 기간에 특허 획득이 적은 국가들이 특허 획득이 많은 국가들보다 특허출원에서 더 높은 성장률을 만들었다. 첨단 기술 제품에서 독일의 선도적 지위는 역시 유럽연합에서 가장 활발한 특허 획득 지역을 살펴보면 확인된다. 가장 활발한 다섯 개 지역 가운데 네 개가 독일이고 하나가 프랑스이다.

이 첫째 절의 결론을 내리자면, 첨단 기술 부문의 경쟁에 참여하는 데 필요한 자본 투자의 순전한 크기를 고려하면, 잘 알려진 결함에도 불구하고 경험적 자료는 다음 주장을 지지한다.

- 가장 효율적인 기업들은 보통 과점자본이다.
- 유럽연합 안에서 기술 선진 부문을 선도하고 그리하여 경제의 나머지 부문을 선도하는 것은 독일의 과점자본이다.

독일이 유럽의 기술 선도자라는 것은 의심의 여지가 없는 것 같다. 더 정확하게는 유럽 과점자본 선도자는 독일 과점자본이며, 기술 경쟁에서 나머지 유럽 자본을 선도하는 것은 이런 선진 과점 부문이다.

2) 유럽연합의 경쟁정책

위에서 유럽 경제가 자유 경쟁 또는 완전 경쟁에 있거나 또는 그런 경향으로

---

8) 유럽특허기구(European Patent Organization)에 의해 단일한 특허 체계에 따라서 특허권이 승인되는데, 이 기구는 1973년 설립되었다. 유럽특허기구는 법률적인 기구인 행정협의회(Administrative Council)와 관리운영기구인 유럽특허청(European Patent Office: EPO)으로 구성된다. 유럽특허청은 1977년 설립되었다. 그 본부는 뮌헨에 있다. 그것은 3800명 정도의 직원이 있다. 1997년에 3만 9646건의 특허를 승인했고, 2518건을 기각했다.

향하는 것이 아니라는 것을 보여줬다. 그러나 주류 경제학은 이런 쓸모없는 경제 개념을 완고하게 주장한다. 이 주제에 많은 변형이 존재한다. 영과 멧커프(Young and Metcalfe, 1994: 120~122)는 경쟁의 개념을 몇 가지로 구별했다. 신고전학파 관점은 완전 경쟁 또는 자유 경쟁을 이상적인 상태로 강조하며, 그것으로부터 생긴 괴리를 적합한 정책으로 바로 잡아야 할 왜곡으로 간주한다. 완전 경쟁은 보통 수많은 조건이 적용되는 상태로 정의된다. 지금의 논의와 가장 직접적으로 관련되는 두 가지는 ① 어떤 기업도 자신의 행동을 통해 시장가격에 영향을 줄 수 없다와, ② 구매자와 판매자는 시장에 진입하고 퇴장하는 것이 자유롭다이다. 이것을 현실에서 존재하지 않는 '관념적인' 상태라고 인식하면서, 이것의 이론화는 주류 경제학의 모든 요소의 기초인데, 왜냐하면 그것을 경제가 향해서 가야 하는(또는 향해 가는) 상태라고 주장하기 때문이다.[9]

더욱 현실적인 개념은 유효 경쟁(workable competition)이다. 유효 경쟁은 '허용할 수 있는(acceptable)' 정도의 경쟁을 가진 시장을 위한 현실적인 목적과 목표로서 완전 경쟁을 삼간다. 이는 이론적인 개념이기보다는 정책 지향적 개념이다. 이런 접근법이 갖는 어려움은 허용할 수 있는 것에 대한 이론적 개념이 부재해 허용할 수 있는 정도의 경쟁이 주관적인 평가의 문제가 되거나 경제주체들 간의 힘의 관계 문제가 되는 것이다.

세 번째 접근은 오스트리아학파 관점(Austrian view)이다. 그것은 신고적학파의

---

9) 답변되지 않은 채 남아 있는 질문은, 시장이 합리적이라면 어떻게 해서 그것은 비합리성, 즉 반경쟁적 행동을 만들 수 있는가이다. 신고전학파 경제학은 이 질문에 어떤 대답도 하지 못하고 있다. 신고전학파 경제학은 경쟁에 대한 장애물들이 일어나는 방법을 탐구하지만 대답은커녕 상기 질문을 다루지도 않는다. 주류 경제학에서 완전 경쟁을 중시하는 진짜 이유는 순수하게 이데올로기적인데, 자본주의 체제를 가능한 모든 사회 가운데 최고로서 합리화한다는 점에서 그렇다. 더욱이 곧 보게 되듯이 경쟁정책의 격려자로서 완전 경쟁 개념의 이데올로기적 기능은 실제 자유롭게 경쟁하고 있는 그런 기업들 이해, 즉 과점자본들의 이해, 그러니까 경쟁정책이 견제해야 한다고 주장하는 그런 힘 있는 기업들의 이해를 조성하는 것이다.

접근법을 본질적으로 정태적인 것으로 비판하고, 경쟁은 끊임없는 기업가 경쟁의 과정이며, 그런 경쟁에서 〔최대화 원칙(maximization principle)보다는 오히려〕 이윤의 추구가 자본주의 경제의 기본적 추진 요소(driving factor)임을 강조한다. 오스트리아학파와 신고전학파 관점의 차이는 전자한테 이윤은 후자가 초과이윤(super-normal profits)으로 간주하는 것까지 포함한다는 것이다. 이 초과이윤은 독점 권력에서 필연적으로 생겨나는 것이 아니라 우월한 효율성과 기술에서 생겨난다. 그러므로 초과이윤은 필연적이며 국가정책에 의해 규제되지 되지 말아야 한다. 혁신에서 오는 효율성 이득(efficiency gains)은 시장의 불완전성에서 초래되는 어떤 단기적 비효율성보다 더 클 수도 있다.

보통 공동체의 경쟁정책은 신고전학파 관점(자유 경쟁의 덕목들을 강조)의 정태적 본성에다 오스트리아학파의 좀 더 역동적 관점(시장의 불완전성의 부정적 측면보다는 혁신에서 오는 효율성 이득을 강조)과 경쟁에 대한 더욱 정책 지향적인 관점(유효 경쟁의 개념으로 강조되었음)을 결합했다는 점에서 이 세 가지 개념으로부터 영감을 얻었다고 주장한다. 이는 이 글에서 채택된 관점이 아니다. 이 글에서는 위에서 언급된 세 가지 개념은 기껏해야 단지 자본주의 현실을 부분적으로 나타내고, 따라서 자본주의 현실을 특징짓는 경쟁 과정을 단지 부분적으로 나타내는 이데올로기적 관점이라고 주장한다. 초국적 기업이 유럽연합 내에서 의사 결정 과정에 미치는 영향력에 대해 제1장에서 말하였기에, 경쟁정책의 기능이 노동자의 이해나 중소 자본의 이해보다는 대자본의 이해를 추구하는 것임은 놀랍지 않을 것이다(서로 다른 이해의 균형을 맞추는 것이 다른 유럽연합 정책의 기본적 기능일 뿐만 아니라 이 정책의 기본적 기능이라고 하더라도). 유럽기업감시에서 보도했듯이, 유럽 전문가 및 중소기업 연합(The European Union of Craftsmen and Small and Medium-Sized Enterprises: UEAPME)은 사회적 대화(Social Dialogue)와 경쟁력 자문단 모두에 대한 접근이 거부되어 있다. 즉, 유럽연합의 정책을 만드는 것에 영향력을 가지고 있는 중요한(high-powered) 집단들에 대한 접근 말이다.

기본적으로 자본이 경쟁하는 방법은 두 가지가 있다. 부문 내에서와 부문 간이다. 부문 내에서는 자본이 기술 경쟁에 참여하고, 그리하여 어느 때보다 높은 수준의 효율성 또는 생산성을 얻기 위해 노력한다. 부문 간에는 자본은 가장 높은 이윤율을 실현할 수 있는 부문으로 이동함으로써 경쟁에 참여한다. 보통 어떤 부문에서 이윤율 상승은 새로우면서 더욱 효율적인 기술을 도입함으로써 나타나는 결과이기 때문에, 자본은 일반적으로 기술혁신 과정을 겪고 있는 부문으로 이동한다.[10] 물론 경쟁의 많은 형태가 있지만(예를 들어, 더욱 싼 투입물을 찾는 것), 이 두 가지가 가장 중요한데, 왜냐하면 자본주의 동학의 본질을 설명하기(그리하여 가치 및 잉여가치의 생산과 전유를 설명한다) 때문이고, 따라서 자본주의 체제의 재생산을 보장하기 때문이다. 그러면, 경쟁정책의 첫 번째 임무는, 경쟁정책이 자본주의 체제의 재생산을 위해 기능해야 한다면, 자본 이동성 장벽(진입장벽)을 금하는 것과 기술혁신의 자유로운 발전과 적용을 조성하는 것이다. 더 강한 자본은 이런 정책으로부터 이득을 얻고 다른 자본은 그렇지 못한다. 유럽연합의 경쟁정책은 이런 자유를 보장하고, 따라서 유럽의 과점자본들에게 우호적이다. 어떠한지 살펴보자.

새로운 사업을 시작하고 새로운 기술을 개발하고 도입하기 위해 필요한 투자의 규모를 고려하면, (부문 내 및 부문 간) 자본 이동 및 기술 경쟁의 자유를 강조하는 정책은 객관적으로 피지배 부문에 불이익을 주는 과점자본에게 우호적이다. 예를 들어, 과점자본들이 채택한 기술로부터 생겨난 가격은 과점자본에게 더 많은 이윤과 중소규모 자본에게 더 적은 이윤을 초래하는데, 중소규모 자본이 그런 기술을 도입할 능력이 되지 않는 한 그렇다. 그런 기술의 '자유로운' 도입을

---

10) 기술혁신으로 인한 어떤 부문의 이윤율의 상승은 ① 그 부문에서 효율성이 떨어지는 자본들뿐만 아니라, ② 그 경제의 다른 모든 부문으로부터 가치의 전유에 기초한다. 더욱이 그렇게 상승한 이윤율이 여전히 그 경제의 다른 부문들의 이윤율보다 낮다면, 어떤 부문에서 이윤율 상승이 반드시 자본 유입을 일으키는 것은 아니다. 제3장을 보라〔이것들 및 관련된 주제에 대해 더 자세한 것은 Carchedi (1991a: ch.3)를 보라〕.

보장하는 것을 목표로 하고 있는 정책은 그렇게 할 능력이 있는 이들에게 우호적일 수밖에 없다. 자본 이동성에도 똑같이 적용된다. 어떤 부문에서 더 높은 정도의 독점화가 일어날수록 피지배 진영에 있는 어떤 기업이 그런 부문에 진입하기가 더욱 어려워진다. 오직 과점 기업이 보통 담합 입찰에 참여하는 것을 고려하면, 담합 입찰의 금지는 피지배 기업에게 이익인 것 같다. 그러나 오직 과점 기업이 더 크고 더욱 수익성 있는 계약을 위해 입찰할 수 있다는 것을 고려하면, 그런 법률은 비과점 기업에게 평등한 경쟁의 조건을 보장하는 방법이라기보다 오직 과점 기업 간의 경쟁을 규제하는 방법(바로 설명될 이유들 때문에)이다.[11)]

비과점자본과 과점자본의 법률상 평등은 이 두 진영 간 불평등한 힘의 관계를 무시한다. 그것은 과점자본들 간의 경쟁으로부터 생겨나는 조건(가격, 기술 등등)들 위에서만 비과점자본이 과점자본과 형식적으로 자유롭게 경쟁한다는 사실을 무시한다. 이는 경쟁정책에 대한 신고전학파 관점의 이데올로기적 본성을 보여준다. 모든 자본이 평등하게 자유로운 경쟁을 한다고 주장함으로써, 이 관점은 평등을 설교하지만 실질적으로는 불평등하고 편향적인 처우(unequal and preferential treatment)를 키운다.

이것은 유럽연합 경쟁정책의 첫 번째 측면이다. 적어도 세 가지 측면이 더 있다. 두 번째 것은 가격 담합(price collusion), 카르텔, 담합 입찰(bid rigging) 등과 같은 경쟁 행위들(competitive practices)을 금지함으로써 국민적 자본의 이해를 보호하는 유럽연합 기구들의 역할과 관련된다. 이런 행위들에 불법의 지위를 부여하는 이유는 순수하게 경제적이다. 허용된 경쟁 행위들과는 대조적으로, 이런 행위들은 비유럽 자본에 대한 유럽 과점자본(따라서 유럽 국가들)의 경쟁력을 강화

---

11) 대자본의 지식 대표자들에게 자유 경쟁은 신고전학파 경제학이 의미하는 것과 아주 다른 것을 의미한다. 그들은 이 개념을 꽤 글자 그대로 해석하는 데 그것들의 사업 규모가 가격에 영향을 미치는지 미치지 않는지 중소 자본을 시장으로부터 객관적으로 배제하는지 배제하지 않는지와는 관련 없다.

시키지 않고 실제로는 약화시킨다. 예를 들어 어떤 기업이 높은 효율성(따라서 낮은 가격)보다는 담합 입찰을 통해 조달을 얻게 되면, 그것은 보다 효율적인 기업들(의 성장)에게, 따라서 경제 전체(의 성장)에 피해를 주게 된다. 따라서 이런 행위들은 피지배 부문에 대해 과점 부문의 경쟁력을 조성하지 않는 것을 목표로 하는 정책에 의해 억제되어야만 한다. 오히려, 경쟁정책의 목표는 유럽의 지배 부문의 경쟁력을 약화시키는 것을 막는 것이며, 따라서 (유럽의) 경제 전체의 경쟁력을 약화시키는 것을 막는 것이다. 말하자면 과점자본은 스스로에 대해 반드시 보호된다. 유럽연합의 다양한 기구들은 유럽의 자본이 해외로 팽창하는 것을 촉진하는 것뿐만 아니라 조달을 얻어내는 것에 규칙적으로 개입하는데, 유럽의 특정한 과점자본들이 돌이킬 수 없는 피해를 입지 않도록 한다.

불법 행위는 공식 용어로 시장 지배력 남용(abuse of market power) 또는 지배적 지위 남용(abuse of dominant position)이라고 불린다. 독점 금지법(anti-trust legislation)은 과점자본의 지배적 지위와 싸우는 것이 아니고(반대 주장에도 불구하고, 실제로는 독점 금지법은 과점자본의 지배적 지위에 우호적이다), 지배적 지위가 유럽의 과점 부문 전체의 경쟁력을 약화시키는 행위로 이어진다면, 지배적 지위의 남용과 싸운다. 공식적 이데올로기에 의한 이데올로기 전개(ideological twist)가 이런 기능을 부여한다. 불법 행위들은 그런 행위들이 존재하지 않을 때 형성될 수 있는 가격보다 더 높은 가격을 유발하기 때문에, 독점 금지법이 소비자에게 이익이 된다고 말해진다. 실제는 위에서 주장했듯이, 독점 금지법의 목표는 소비자와 정말 거의 관련이 없다. 소비자 이익의 보호(그런 경우가 있다면)는 (반대의 주장에도 불구하고) 이 법의 우선적인 목적이라기보다는 부산물이다. 강자들 가운데 아주 조금 많은 다수의 이익을 보호하는 것이 사회의 압도적 다수를 보호하는 것으로서 집단적인 의식 속에 몰래 숨어든다.

유럽연합 경쟁정책의 세 번째 목표는 현재의 경제적·정치적·이데올로기적 맥락과 더욱 관련된 것인데, 종종 경쟁력 없고 관료적이고 비효율적이라는 등등의 (옳은 또는 틀린) 비난을 받는 국영기업의 민영화를 옹호하는 것이다. 이런 기업들은 '시장의 힘(market forces)'의 유익한 효과로부터 보호되고 있기에, 그것에 노출되어야 한다는 것, 즉 민영화되어야 한다는 것이 일반적인 주장이다. 물론 종종 국가가 현대화하고 능률화하기 위해 거대한 투자를 한 후에 팔려고 내놓는 것은 국영기업 가운데 가장 수익성 있는, 그리고 더 수익성 있는 부분이다. 그런 기업들이 더 효율적으로 되기 전에 팔린다면, 그런 기업들은 보통 가치의 극히 일부에 넘겨진다.

민간 자본이 '합리성'을 가진다는 이런 믿음은 얼핏 보면 혼동할 수 있는 특징을 설명하는 것이다. 기술 경쟁의 굉장한 중요성을 고려한다면, 유럽연합이 과학기술 정책에 상당한 자원을 할당할 것이라고 기대할 수 있다. 그러나 실제로는 그 반대이다. 유럽연합에서 연구와 개발은 기본적으로 국민국가의 지원 문제일 뿐만 아니라 민간투자의 문제이다. 민간 부문 특히 대규모 기업과 공공 부문은 유럽협력계획(European collaborative projects)에 참여할 수 있고 또 참여하는데, 몇몇 계획은 에어버스 여객기(Airbus airliner)와 유럽우주기구(European Space Agency: ESA)처럼 매우 성공적이었다. 콩코드는 여러 해 동안 기술적으로 성공적인 항공기로 여겨졌다. 그러나 주요한 디자인 결함으로 밝혀진 최근(2000년 7월) 파리에서 사고 때문에 항공기는 운항이 중단되었으며, 철수될지도 모른다.[12] 그러나 이 같은 유럽 협력의 예는 유럽연합이 아니고 회원국 간의 합의로 촉진되고, 지휘된 것이다. 국가의 지출이 유럽연합의 지출을 훨씬 압도하는 것에서 볼 수 있듯이, 유럽연합은 실제 이 부문에서 의미 없는 역할을 했다.

과학기술 연구의 분야에서 유럽연합의 계획이 초기 단계인 이유를 특히 이것을 일본의 통산성(Ministry of International Trade and Industry: MITI)이 한 역할과 비교한다면 어렵지 않게 찾을 수 있다. 과학기술 연구를 위한 유럽연합의 기금

12) 2001년 9월 1일 운항을 재개했으나 승객 수가 좀처럼 늘어나지 않았고, 2003년 11월 26일 영국 브리스톨 공항 착륙을 마지막으로 퇴장했다_옮긴이.

은 확실한 형태를 갖추고 있지 않은 '유럽'의 과학기술을 진흥하지 않는다. 오히려 그 기금은 그런 계획과 관련된 사업 및 국가들의 과학기술 선도에 우호적이다. 또한 유럽연합 내에서 비교우위를 위한 그런 선도의 중요성을 고려하면, 유럽연합에서 연구 및 개발이 여전히 국민국가 정부와 특히 민간 부문의 문제, 즉 과점 부문의 문제라는 것은 놀랍지 않다.

마지막으로 유럽연합의 경쟁정책의 네 번째 요소는 이 정책을 담는 바로 그 일반적 서술은 구체적인 결정의 경우에는 해석의 여지를 충분하게 남긴다는 것이다. 결정이 사례별로 이루어지고, 분명한 운영 원칙(operational principles) 없이 이루어진다는 것을 고려하면 관련 자본들이 더욱 강력할수록, 최종 결정은 '자유 경쟁'보다는 그들에게 더 우호적일 가능성이 더욱 크다.

영과 멧커프(Young and Metcalfe, 1994)는 이와 관련된 두 가지 예를 들었다.

> 1988년 공동제조회사(joint manufacturing company, Vaccum Interrupters Limited)를 설립하기 위한 미국기업연구소(American Enterprise Institute: AEI)와 레이롤 파슨스(Reyroll Parsons) 사이의 합의는 유일한 유럽 공급자가 되게 함에도 불구하고 관련된 제품 혁신이 전적으로 소비자에게 혜택을 준다는 근거에는 제외된다고 간주했다(Young and Metcalfe, 1994: 133).

또 다른 예로 1990년 집행위원회는 알카텔 에사시(Alcatel Esaci)와 아엔테 나흐리헨 테히니크(ANT Nachrichen Technik)의 합작 회사가 위성을 위한 전자 부품을 생산하는 것을 허가했는데, "이 합의가 유럽공동체 내에서 경쟁에 불리한 영향을 미친다고 판단된 사실에도 불구하고, 그것이 해외 경쟁에 대해 유럽의 산업을 강화시킨다는 근거에서"(Young and Metcalfe, 1994: 133)였다. 더욱이 '유럽공동체설립조약' 제90조에서는 법률의 적용이 특정 임무의 수행을 방해한다면, '일반적인 경제 이익의 서비스를 제공하거나 수익을 독점하는(revenue-producing monopoly)

성격을 가지는' 일들은 조약의 법률에서 제외될 수 있다고 명시하고 있다.

요약하자면, 유럽연합 경쟁정책은 유럽 자본의 모순적인 욕구로부터 생겨나는 복잡한 법률의 몸으로 보아야 한다. 이 정책은 다음과 같다.

- 피지배 부문에 대해 과점 부문의 이익을 조성한다(반대로 주장되지만).
- 과점 부문을 강화시키는 것보다 오히려 약화시킬 수도 있는 경쟁 형태들〔가격 담합, 가격 차별(price discrimination), 담합 입찰, 진입 장벽, 카르텔 형성 등등〕을 금지함으로써 이 부문에서 스스로 피해를 입는 것으로부터 보호한다.
- 중대한 국면에서 해외 과점자본으로부터 과점 부문을 방어한다.
- 우호적인 환경 아래에서 국영 독점기업을 쪼개고 민영화해, 따라서 민간 과점자본에게 우호적이게 만든다.
- 가장 강한 과점자본들이 자신들에게 우호적인 결정이 내려지도록 강행할 수 있는 여지를 충분히 가지는 방식으로 만들어진다.

이것은 단순한 과정이 아니라 다양한 수준에서, 즉 부문 내에서와 부문 간의, 지역 내에서와 지역 간의, 유럽 국가들 내에서와 유럽 국가들 간의, 유럽연합(의 여러 기구들)과 나머지 국가들 내에서와 그 두 진영 간의 모순된 이해로부터 영향을 받는 복잡한 과정이다.

이 다섯 가지 요소 모두는 '유럽공동체설립조약' 제85조와 제86조에서 확인할 수 있고, 이것들은 유럽연합 경쟁정책의 기둥이다. 제85조는 경쟁을 금지하거나 제한하거나 왜곡함으로써 거래에 영향을 끼치는 일들에 존재하는 모든 합의와 결정과 행위를 금지한다. 특히 제85조에서는 가격 담합, '생산, 시장, 기술 개발, 투자'에 대한 제한, 시장 점유, 등가 거래에 대한 다른 조건의 적용, 계약과 관련 없는 조건에 종속되는 계약 조항 만들기를 언급하고 있다. 그러나 그런 합의, 결정, 행위는 '소비자들에게 그것들의 결과로 나타나는 혜택의 공평한 몫을 허락하게 하면서', 생산과 유통을 개선하거나 기술 및 경제 진보를 돕는 경우에 허용된다. 제85조는 회원국 사이의 교역에 영향을 끼치는 두 개 또는 그 이상의 사업 사이의 합의를 금지하는 반면, 제86조는 다른 사업들과 합의에 기초하지 않은 하나 또는 그 이상의 사업에 의해 지배적 지위를 남용하는 것을 금지한다. 그런 남용은 불공평한 구매나 가격이나 다른 거래 조건을 부과하는 것, 경쟁 열위를 낳는 조건을 부과하는 것, 참여하는 거래와 관련 없는 의무를 부과하는 것, 공급이나 시장이나 기술개발에 대한 제한을 부과하는 것으로 구성될 수 있다. 제86조는 무엇이 지배적 지위를 구성하는지를 구체적으로 명시하지 않고 있다.

'회원국의 적용 또는 그 법률 자체의 적용'에 대해 제85조와 제86조 위반 혐의건들은 유럽연합 집행위원회가 조사한다(article 89 EC). 반경쟁 행위(anti-competitive practices)에 대해서는 유럽연합 집행위원회가 위반한 쪽에 매출의 10%까지 벌금을 물릴 수 있다. 기업은 처음에 유럽 1심 재판소에 항소할 수 있고, 그런 후 유럽사법재판소에 항소할 수 있다. 켐프(Kemp, 1992)에 따르면, 카르텔 공격(attacking cartel)과 담합행위(concerted practices)에 대한 "집행위원회의 기록은 인상적이다. 왜냐하면 그것은 담합행위의 실질적인 숫자와 다양함의 축소를 엄격하게 추구해왔고, 성공적으로 이루어왔기 때문이다"(Kemp, 1992: 72). 그러나 위의 분석은 공식적인 표현들과 구체적 결정이라는 연막 뒤에서 누구의 이익이 대표되는지를 우리로 하여금 알 수 있게 한다.

이 장에서는 유럽 (경제)통합의 과정을 적합한 관점에서 볼 수 있게 하는 기본적인 요소들을 강조했다. 다른 두 주요 진영인 미국 및 일본과 경쟁하기 위해 유럽 국가들이 통합되어야 하는 필요 때문에 이 과정이 촉진되었다.[13] 이런 궁극

---

13) 실제로 우리는 이중의 과정을 목격한다. 한편으로 유럽연합에서 국민국가들의 통합은 유럽 합중국(a United States of Europe)으로 향하는 발걸음이지만, 다른 한편 이탈리아 북부와 바이에른 경우처럼 기존 국민국가들 내에서 분리주의로 향하는 경향이다. 이 주제는 여기서 논의할 수 없다.

적 목표로 향하는 첫 발걸음으로서 유럽경제공동체와 그것의 공동시장을 촉진하는 것은 새로운 제국주의 진영을 위한 자본의 욕구와 이해이다. 이런 움직임은 '독일', 즉 유럽 과점자본의 지도력 아래에서 일어나는데, 그 안에서 독일 과점자본들이 주도적 역할을 한다. '독일'의 지도력은 공통된 이점, 즉 유럽 자본이 생산 단계에서 더 커다란 잉여가치를 착취하는 것을 허용하기 때문에 인정된다. 이것은 다음 절에서 논의할 주제이다.

3. 경제통화동맹과 유로

위의 내용을 이제 유럽통화동맹(European Monetary Union: EMU)을 검토하는 데 이용할 수 있다.[14] 먼저, 주류 경제학 문헌들에서 통화동맹 주제에 어떻게 접근하는지 살펴보는 것이 유용하다. 여기서 핵심 개념은 최적통화지역(optimum currency area: OCA)이다. 앞으로 강조할 것은 미국과 유럽통화동맹에 대한 것이다. 1961년 로버트 먼델(Robert Mundell)이 논의를 시작했다. 그의 주장은 다음과 같다.

> 세계가 캐나다와 미국 두 나라로 구성되어 있고, 두 나라는 각각 다른 통화를 가지고 있다고 가정해보자. 또한 대륙은 국경과 일치하지 않는 두 지역으로 나누어져 있는데 동부는 자동차와 같은 재화를 생산하고, 서부는 목재(lumber products) 같은 재화를 생산한다고 가정하자(Mundell, 1961: 659)

처음에 두 지역은 완전고용으로 축복받았다. 이제 자동차에서 목재로 수요

14) 이 절의 예전 내용에 대해서는 Carchedi(1997)를 보라.

이동을 가정해보자. 즉각적인 영향으로 동부에서 실업과 서부에서 노동에 대한 추가 수요(excess demand)가 일어날 것이다. 미국이 동부의 실업을 완화하기를 원한다면, 화폐의 양을 늘릴 수 있는데, 하지만 그러면 서부에서 인플레이션 압력이 만들어지게 된다. 또는 미국이 자동차 생산을 늘리기를 원한다면, 미국 달러를 평가절하할 수 있는데 하지만 이것은 서부에서 인플레이션을 부추길 뿐만 아니라 목재 수출을 늘릴 것이다. 캐나다에도 똑같이 적용된다. 변동환율이 (그것이 두 국가 사이의 국제수지의 균형을 맞출 수 있을지 몰라도) 두 지역 사이의 국제수지의 균형을 맞추지는 못한다. 따라서 그것이 고정환율제보다 반드시 더 좋은 것은 아니다.

그러나 두 지역 사이에 노동 이동성이 있다고 가정해보자. 이런 경우, 서부로 노동의 이동이 노동시장뿐만 아니라 국제수지의 균형을 회복시키는데, 왜냐하면 서부로 이동한 동부 노동자들의 자동차 구매가 이제는 동부의 수요를 구성하는 것이 아니라 동부의 추가 수출을 구성하고, 목재의 구매는 이제 서부의 수출을 구성하는 것이 아니라 서부의 수요를 구성하기 때문이다. 이런 경우, 국제간 노동 이동성 때문에 환율의 변화가 필요하지 않다. 그래서 고정환율이 더 나아가 공동 통화가 최상의 정책이다. 노동이 다른 지역으로 이동하는 것이 아예 자유롭지 않아야 하며, 그렇지 않으면 균형이 회복되지 않을 수 있다는 것에 주의하라. 따라서 "최적통화지역은 활동이 특화되는 측면(자동차 또는 목재)에서뿐만 아니라 내부 요소의 이동성과 외부 요소의 비이동성(immobility) 측면에서 정의된 지역이다"(Mundell, 1961: 661).

이 이론의 결함을 알아내는 것은 어렵지 않다. 우선 그 이론은 균형에 기초하고 있다. 즉, 그 가정은 국가가 산출량을 안정시키려고 노력한다는 것이다. 이것은 현실과 닮은 점이 전혀 없다. 국가들은, 즉 그것들의 자본들은 산출량을 안정시키는 것이 아니라 최대화하려고 노력하며, 자본들은 단지 이윤율을 최대화하는 데 도움이 된다면 산출량을 안정시킨다. 그 이론은 현실적인 비균형(non-equilibrium) 상황에는 어떻게 대처할지에 대해서는 침묵하고 있다. 둘째, 애초의 균형 상황을 안정화하기 위해 노동은 동질적이거나 다중 숙련(multi-skilled, 벌목꾼이 자동차 기술자로 대체될 수 있어야 하고 반대도 가능해야 한다)일 뿐 아니라 이동이 완전하게 가능해야만 한다. 현실은 그렇지 않기 때문에, 최적통화지역은 한 품목의 생산을 특화하는 아주 작은 지역이 된다. 그래서 최적통화지역은 미국이나 유럽통화동맹과 맞지 않다. 그런 이론은 현실적으로 쓸모가 없거나, 역사적으로도 관련성이 없다.

2년 뒤에 매키넌(McKinnon, 1963)은 최적통화지역에 대해 수정된 해석을 내놓았다. 이곳은 다음과 같다.

> 통화·재정(monetary-fiscal) 정책과 대외 변동환율을 세 가지 (때때로 대립하는) 목표, ① 완전고용 유지 관리, ② 균형 잡힌 국제수지 유지 관리, ③ 안정적인 역내 평균 가격 수준 유지 관리에 가장 좋은 해결책으로 사용하도록 제시될 수 있는 지역이다.

여기서도 역시 작은 지역들을 강조한다. 그런 지역에서는, 비교역재(non-tradable goods)에 대한 교역재의 비율이 크고, "교역재의 가격이 외국 통화에 아주 잘 고정되어 있다"(McKinnon, 1963: 722). "수입 재화의 측면에서 가치를 유지할 수 있도록 통화를 고정하기 위해", "수입 재화가 국내 생산 재화보다 더욱 중요할 수 있다"(McKinnon, 1963: 722). 그러나 이것은 사실상 국내 통화를 외국 통화에 고정하는 것과 같다. 따라서 경제가 서로에게 개방되어 있으면서, 자신의 통화를 대표적인 수입 품목군에 고정하고 있는 많은 작은 지역은 자신의 통화를 서로에게 고정시켜야 한다. 확장하면, 그들 지역은 단일통화지역을 형성해야 한다. 매키넌은 이런 논거들이 "우리에게 왜 미국의 50개 주 각각이 환전(money changing)의 불편함을 제외하고서도 효율적으로 각자 통화를 발행할 수 없는 이유에 대한 어떤 통찰을 준다"(McKinnon, 1963: 722)라고 주장한다.

여기서도 역시 작은 지역들에 대한 강조가 유럽통화동맹의 발생을 설명할 수는 없다는 것을 어렵지 않게 볼 수 있다. 미국에 대해 말하자면, 부아송(Boisson, 1999)이 올바르게 말하듯이(Boisson, 1999: 4), 그런 통화지역은 내전의 결과로 나타나며, '합리적인' 경제 과정 때문이 아니다. 역시 현실적인 무용성과 역사적 무관함은 이 이론의 특징이다.

마지막으로 케넌(Kenen, 1969)은 최적통화지역에 대한 또 다른 개념을 제시했다. 케넌에게 아주 다양화된 국민경제들은 외부의 부정적 충격에 덜 영향을 받는다. 실제로 "수많은 활동에 참여하고 있는 국가는 역시 폭넓은 범주의 생산물을 수출하는 경향을 가진다"(Kenen, 1969: 49). 수출에서 방해가 "아주 잘 무작위화된다면(randomized)"(Kenen, 1969: 53) 외부 충격들은 결국 평균이 되는 경향을 가진다. 변동환율은 필요하지 않으며, 단일통화지역을 형성하는 것이 그들의 관심이 된다. 이 이론은 유럽통화동맹의 발생을 설명하는 것 같지만 확실히 미국의 경험과는 맞지 않다. 하지만 현실적으로 그것은 유럽통화동맹이나 다른 최적통화지역을 설명하지 않는다. 사실 전체 구성은 터무니없는 가설, 즉 수출 부문은 어떤 재화의 수출 증가가 다른 재화의 수출 감소로 상쇄된다는 것이다. 실제로는 어떤 재화에 대한 역외 수요의 감소가 다른 재화의 수출 증가로 상쇄되기보다는 나머지 경제 부문으로 번져가는 경향을 가진다.

마지막으로 이 이론의 함의에 주목해보자. 아주 다양화된 국가들이, 즉 제국주의 중심의 국가들이 단일통화지역을 형성해야 하는 반면, 이른바 '저발전 국가(less developed countries)'는 국민국가적 통화 체계와 변동환율을 선택해야 한다. 위의 분석으로 우리는 그런 제안 뒤에 놓여 있는 것을 볼 수 있다. 한편으로는 중심 진영 국가에 귀속되는 화폐발권차익(화폐발권차익 개념은 아래에서 또 다음 장들에서 더 많이 설명될 것이다)을 가진 기축통화(world currency)의 형성과, 다른 한편으로 가치의 손실과 종속 상태의 재생산을 수반하는 피지배국을 위한 평가절하 말이다. 요약하면 최적통화지역들은 전통적 경제학들이 이론화했듯이 상상의 산물이다. 다음 글에서 전개될 논지는 단일통화지역은 그런 단일통화 창조의 주요 수혜 계급의 지도력 아래에서 계급적 이해의 복잡하고 모순적인 조정 과정의 결과로 나타난다는 것이다. 끝으로 유럽통화동맹의 짧은 역사로 시작하고 그런 후 유럽통화동맹의 전신인 유럽통화제도를 분석하는 것이 유용하다.

원래 1958년 '로마 조약'은 경제통화동맹의 창조를 요구하지 않았다. 공동시장에서 경제통화동맹으로 나아가기로 처음 결정한 것은 나중에 이루어졌는데, 1969년 헤이그 정상회담에서이다. 이 첫 시도는 잠시 후 논의할 이유들 때문에 실패했고, 1974년 파리 정상회담(Paris Summit)에서는 보류되었다. 두 번째 시도는 1992년 '유럽연합 조약'과 함께 이루어졌고, 현재 거의 완성되었다. '유럽연합 조약'은 현재 '유럽공동체설립조약' 또는 짧게 EC 조약(EC Treaty)으로 불리는 1958년의 '로마 조약'을 수정했다.

경제통화동맹의 개념은 '유럽공동체설립조약'의 제3a조를 검토함으로써 가장 잘 이해할 수 있다. 제3a(1)조는 경제통화동맹의 경제적 측면을 언급하고 있으며, 그것은 기본적으로 공동시장이며 각 국민국가 경제정책 간 밀접한 협력을 덧붙이고 있다. 통화 측면에서는 오직 변경할 수 없는 고정환율로 각 국민국가 통화의 완전한 태환을 언급하거나 또는 역시 단일통화 도입을 언급하고 있다. 1969~1974년 실험이 환율을 고정시키는 시도보다 더 나아가진 못했지만, '유럽연합 조약' 제3a(2)조는 단일통화 도입을 명확하게 목표로 하고 있다.

현재의 시도에 초점을 맞추기 전에 1969~1974년 시도에 대해 순서대로 몇 마디 하겠다. 1969년, 경제통화동맹 창조를 위한 동기부여에는 세 가지 측면이 있었다. 우선 1968년 5월 사건으로 시작된 사회운동의 위대한 시절(great season)은 프랑스에서 인플레이션 정책을 초래했다. 1969년에 프랑스는 평가절하했고, 독일은 평가절상했다. 이는 공동농업정책에 부정적인 결과를 만들었다. 제7장에서 설명하듯이 농업 생산물의 가격은 계산 단위(a unit of account)의 조건으로 고정되었다. 환율이 상대적으로 고정적이고 안정적이어야 한다는 것이 굉장히 중요하게 고려되었다. 실제 한 국가의 통화가 평가절하되면, 농민들의 소득과 농산물 가격은 그 통화의 조건에서 자동적으로 상승한다. 이것에 대해서는 특별하게 이의가 없었다. 하지만 회원국이 평가절상을 하면, 농민들의 소득과 농산물 가격에 대한 효과는 반대가 되며, 그래서 이것은 정치적으로 허용되지 않았다. 1969년 환율 변화는 유럽경제공동체 내에서 도달했던 부서지기 쉬운 균형을 수정했다. 미래에 일어날 수 있는 통화위기와 이것이 공동농업정책에 지장을 주는 효과에 대한 예상 때문에 정책 입안자들은 경제통화동맹을 창조하기 위해 일하는 데 박차를 가해야 했다.

둘째, 제3장에서 설명했듯이 경제력의 정도가 다른 국가들 사이의 고정환율(그리고 이것은 단일통화에 대해 더욱 잘 적용된다)은 그 국가들 가운데 경제력이 가장 강한 국가한테 우호적이다. 유럽연합 내에서 그런 국가가 독일이다(제4장 제2절을 보라). 독일은 간접적이면서 종종 대립적인 방식일지라도 공동체(Community)의 경제·재정·통화 정책을 결정한다. 그러므로 독일과 강대국들은 경제통화동맹의 정책이 자국 정책의 확장이라는 조건에서 경제통화동맹을 찬성했다(기본적으로 낮은 인플레이션율이며, 평가하락은 아니다). 다른 한편, 약소국은 공동시장의 회원권을 박탈당할 수 있는 두려움 때문에 경제통화동맹이라는 방안을 받아들여야만 했다. 동시에 약소국들은 공동체의 정책 입안 기구의 회원권을 통해 공동체의 정책에 영향을 미칠 가능성에 대해 환영했다. 셋째, 경제통화동맹은 사회적 대립으로 격동하는 시절에 사소하지 않은 요인인 유럽 자본의 서로 다른 표현(manifestations) 사이에서 정치의 통합과 협력에 더욱 박차를 가했어야 했다.

이런 시도를 낳은 일련의 사건들의 중요성은 부차적이다〔분석의 하나로 Swann (1995: ch.7)을 보라〕. 현재 맥락에서 이런 계획이 실패하는 기본적인 특징과 이유를 분석하는 것이 더욱 적절하다. 경제통화동맹이라는 제도로 향하는 중요한 발걸음은 1972년 3월 상대적으로 고정된 환율제의 재도입이었다. 이 제도는 굴속의 뱀(the snake in the tunnel)[15]이라고 불렸다(아래에서 분석될 유럽통화제도의 전신). 굴은 미국 달러에 대한 유럽 국가 통화들의 광대역(wider band) 변동이고, 반면 뱀은 유럽 국가 통화들 서로에 대한 협대역(narrower band) 변동이다.[16] 외환시장 개입을 통해, 그리고 더욱 구조적인 수준에서는 국민경제 정책들의 조정(coordination)을 통해 각국 통화가 이 대역들 내에서 유지되도록 했다. 이런 계획은 성공하지 못했다. 한편으로는 환율은 고정된 것이 아닌 것으로 밝혀졌다. 상대적으로 짧은 시기 안에 몇몇 국가들은(영국, 아일랜드, 이탈리아) 이 제도를 확실하게 버렸고, 다른 나라들은 그 제도에서 벗어났지만 나중에 다시 합류했고(덴마크, 프랑스), 많은 국가들은 중심 환율(central rates)[17]을 바꾸어야 했다(즉, 평가하락하거나 평가상승해야만 했다). 다른 한편 국민경제 정책들의 조정을 실현하는 것에 실패했다.

역시 이 같은 실패의 이유는 정치 영역에서 찾아야 한다. 첫째, 유럽 노동계급의 높은 수준의 투쟁성 때문에 회원국들은 서로 다른 경제정책을 가진 서로 다른 국가 상황들에 대처하도록 강요되었으며, 그리하여 일치된 경제행위를 효과적으로 하지 못했다. 둘째, 미국의 완전한 패권은 그와 마찬가지로 높은 수준의 제3세계 노동계급의 투쟁성과 주요 경제 경쟁자로서 유럽과 일본의 출현으로 도전받았다. 이것은 반론의 여지가 없는 국제통화(international currency)로서 역할을 가진 달러의 손실을 의미했고, 따라서 달러가 투기적인 공격을 당할 수 있는 가능성을 의미했다. 하지만 달러에 대한 투기적 공격은 다른 모든 통화들에 영향을 주지

---

15) 스네이크 체제라고도 부르는 공동환율제도이다_옮긴이.

16) "'스미스소니언 협정(Smithsonian Accord)'에 따라서 달러와 관련된 중심 환율의 쌍방 변동폭은 2.25%였고, 최대 대역폭은 4.5%였다. 이것은 굴(tunnel)이었다. 그러나 하나의 통화가 그 대역의 최저에서 최고까지 상승하지만 동시에 다른 통화는 최고에서 최저까지 하락한다면 그때는 그것들의 상대적인 변동이 9%가 되는 것이기 때문에, 각료이사회는 그 조건을 공동체 역내 통화들에 대해서는 적용할 수 없다고 결정했다. 이것은 공동농업정책 가격 결정 체계에 받아들일 수 없는 효과를 가졌다. 그러므로 각료이사회는 유럽경제공동체 역내 환율 대역(뱀)을 2.25%로 제한하도록 결정했다"(Swann, 1995: 215).

17) 대미 달러 기준환율이다_옮긴이.

않을 수 없고, 따라서 환율에 영향을 주지 않을 수 없었다. 달러 매도는 보통 마르크 수요 증가에 조응했고, 이는 유럽통화제도를 방해하는 효과를 가지지 않을 수 없었다. 달러가 더욱 약세가 될수록 다른 통화 가치에 대한 척도로서 기능이 더욱 약해질 수 있었다. 이것은 유럽의 환율 안정성을 흔들지 않을 수 없었다.

더 일반적으로 자본주의 발전이 정의상 불균등 발전이라는 것을 고려한다면, 일반적으로 오직 불균등발전이 약소국들에 부과된다면, 경제정책의 수렴이 달성될 수 있으며, 약소국들은 그런 수렴(이런 국가들이 불리한 점뿐만 아니라 어떤 이점도 얻을 수 있다는 것이 그런 합의를 형성한다)으로부터 고통을 겪게 된다. 이것은 결국 현재처럼 도전받지 않는 자본가 지배의 시기보다 사회적 갈등의 시기(1969~1974년처럼)에 더욱 달성되기 어렵다.

1990년대 초에 소비에트 연방(Union of Soviet Socialist Republics: USSR)의 붕괴와 독일의 통일로 경제통화동맹이 출범하는 데 또다시 우호적인 새로운 상황이 나타났었고, 하지만 지금은 부분적으로 다른 이유들 때문에, 부분적으로 수정된 형태로 그러하다. 다른 한편, 통일의 결과로서 더 거대해진 독일 경제력과 정치력 때문에 독일이 유럽에서 자신의 지도력을 강화하는 수단으로서 통화동맹을 도입하려는 객관적인 가능성이 높아졌다. 공동체는 힘의 관계에서 이런 변화에 대해 자신의 전통적인 방식, 즉 독일의 더 거대해진 힘을 '건설적인 방식'에 담아서, 다시 말해 공동의 유럽 계획 속에 통합을 강화함으로써 대응했다. 다른 한편, 1970년대 초와 대조적으로 1990년대 초는 자본가의 힘이 강화된 시기였다. 이것 때문에 경제통화동맹의 비용을 유럽 노동계급에게 부과하는 것이 가능해졌다(아래를 보라). 바로 이런 새로운 상황이 경제통화동맹으로 향하는 유럽연합을 추진하게 했다. '유럽공동체설립조약' 제2조는 유럽연합의 목표들을 달성하는 수단 가운데 하나로서 경제통화동맹을 명확하게 언급하고 있다.

'유럽공동체설립조약'에서는 세 단계를 예상하고 있다. 첫째 단계는 '유럽공동체설립조약'이 작성되었던 때까지 완성된 것으로 가정되는데, 모든 회원국들의 환율이 환율조정장치의 협대역 안에서 움직이는 것으로 되어 있다. 자본 통제는 단계적으로 폐지되지만, 재조정은 여전히 허용되는 것으로 되어 있다(환율조정장치에 대한 자세한 설명은 밑에서 보라). 둘째 단계는 '유럽공동체설립조약'에서 예상한 것처럼 1994년 1월 1일 시작되었는데, 변동의 폭이 줄어들고, 재조정은 오직 예외적인 상황에서 허용되고, 국민경제들의 수렴이 실질적으로 실현되며, 유럽통화기구(European Monetary Institute), 즉 유럽중앙은행의 전신을 설립하기로 되어 있다. 회원국 가운데 다수가 수렴 기준을 충족한다면(아래에서 보라), 셋째 단계는 1997년 1월 1일 빠르게 시작하는 것으로 예상한다. 그러나 (그러했던 것처럼) 다수가 실현에 실패한다면, 1999년 1월 1일 전까지 수렴 기준을 달성한 나라들에 기초해, 그리고 늦어도 1998년 7월 1일까지 이루어진 선발에 기초해 경제통화동맹을 건설하는 것으로 되어 있다. 셋째 단계는 실제로 1999년 1월 1일 시작했다. 단일통화인 유로가 도입되었고, 유럽중앙은행이 만들어졌으며, 유럽중앙은행제도의 머리가 되었다. 마지막으로 2002년 유로 동전과 지폐가 도입될 것이다.[18]

경제통화동맹의 역사를 간략하게 살펴보았기 때문에, 이제 경제통화동맹의 전신인 유럽통화제도로 나아가자. 경제동화동맹에 대한 이해는 유럽통화제도의 분석에 달려 있다.

유럽통화제도의 두 가지 기본 특징은 환율조정장치와 유럽통화단위(European Currency Unit), 즉 ECU이다. 유럽통화단위는 미국 달러나 독일 마르크처럼 실물통화(real currency)는 아니었다. 오히려 그것은 계산 단위였고, 그것의 기본 기능은 중앙은행들 사이에서 결제 수단(means of settlement)로서 쓰이는 것이었다. 처음에 그것은 세 가지 다른 기능도 가지고 있었는데, 즉 ① 유럽통화제도에서 중심환율 결정을 위한 분모(denominator), ② 괴리 지표(divergence indicator) 건설과 운용을

---

18) 2002년 1월 1일 도입되어 두 달 동안 개별 국가에서 통화 교체를 위한 전환기를 거쳐서 2월 28일 공식 통화로 통용되었다_옮긴이.

위한 기준 단위(reference unit), ③ 개입(intervention)과 신용 체계(credit mechanism)에서 수행되는 조작을 위한 분모가 되는 것이다. 이 세 가지 기능은 잠시 후 검토할 것이다. 수년 동안 유럽통화단위는 유로 채권(Eurobond) 발행 액면가의 주요 통화가 되었고, 점점 민간 거래의 유통수단(vehicle)이 되었다. 그럼에도 불구하고 이것은 유럽통화단위의 계승자인 유로에 부여되는 것보다 아주 한정된 역할이었다.

유럽통화단위를 더 밀접하게 살펴보자. 그 출발에서 각 중앙은행이 가지고 있는 금준비(gold reserves)의 20%와 미국 달러 보유고의 20%와 같은 양의 유럽통화단위를 각 중앙은행에 승인함으로써 유럽통화단위가 창조되었다.[19] 일단 유럽통화단위의 가격이 미화 1달러(따라서 금 1온스)로 정해지면(잠시 후 우리는 미국 달러에 대해 유럽통화단위는 1.3001831로 설정되었음을 보게 될 것이다), 달러 보유고 및 금준비와 교환에서 바꾼 유럽통화단위의 양을 계산하는 것이 가능하게 된다. 이런 통화 교환(swaps)은 1년에 네 번 각 분기 시작 시점에 갱신되었다.[20] 유럽통화협력기금(European Monetary Cooperation Fund)이 이것을 수행했다.[21] 결론을 짓자면 중앙은행들이 금준비 및 달러 보유고와 교환한 유럽통화단위는 중앙은행들이 가지고 있던 금준비와 달러 보유고뿐만 아니라 미국 달러 및 금의 시장가격에 따라 변화했다.

유럽통화단위의 가치를 달러의 가치에 고정시키고 회원국들의 달러 보유고의 가치에 고정시킨 것은 유럽 경제에 비해 미국 경제가 상대적으로 우월하다는 것을 인정한 것이었다. 최근 유럽통화단위를 유로로 전환한 것은 이런 종속을

---

19) 금의 가격은 이전 6개월 동안 런던의 두 개 마감에서 매일 기록된 그 가격들의 평균으로 정해지고, 유럽통화단위로 전환되었다. 미국 달러는 어음 결제일(value date) 2영업일 전의 (그 국가의 통화에 대한) 시장시세로 평가되었다. 1979년 3월 13일 간사회의 결정 제2.1조〔Decision(NO.12/79) of the Board of Governors of 13 March 1979, article 2.1〕.

20) 위와 같은 문헌 제2.3조이다.

21) 유럽통화제도와 관련된 유럽경제공동체 이사회 규정에 나와 있는데, Council Regulation (EEC) NO.3181/78 of 18 December 1978 relationg to the European Monetary System 제1조와 제2조이다.

〈표 4-8〉 1ECU(유럽통화단위)에 대한 각국의 등가와 비중

①	②	③	④	⑤ (%)
0.828 DM	1.9358	0.4277301	2.51689	32.9
1.15 FF	4.4495	0.2584560	5.78516	19.9
0.0885 UKL	1.9364	0.1713514	0.671443	13.2
109.0 ITL	853.00	0.1277842	1109.06	9.8
0.286 HFL	2.1035	0.1359638	2.73494	10.5
3.66 BFR	30.6675	0.1193445	39.8734	9.2
0.140 LFR	30.6675	0.0045650	39.8734	0.4
0.217 DKR	5.3885	0.0402709	7.00604	3.1
0.00759 IRL	1.9364	0.0146972	0.671443	1.2
		1.3001831		100.0

주: ①, ②, ③, ④열은 1978년 12월 28일, 위원회가 발표한 ECU의 등가 계산 및 유럽 계산 단위 통신(Communication)에서 인용. 이 통신은 Ypersele(1985: 128)에서 Document 7로 재생산됨.

끝내는 것뿐만 아니라 국제 금융 부문에서 달러의 지배적 지위에 도전하려는 유로의 의지를 승인한 것이다. 물론 이것은 국제 경제 현장(economic scene)에서 미국에 도전하려는 유럽의 의지를 반영한다. 하지만 대외적으로 유럽연합의 이런 움직임은 대내적으로도 마찬가지로 중요한 움직임과 함께한다. 이것을 보기 위해 유럽통화단위의 구성을 고려해보자.

모든 회원국들의 통화들은 서로 다른 양의 유럽통화단위로 표시된다. 회원국들의 통화를 표시한 유럽통화단위의 양은 유럽통화단위에 대한 쌍방 중심 환율(bilateral central rates) 또는 줄여서 중심 환율라고 불렀다. 예를 들어 1978년 도입되었을 때, 유럽통화단위는 <표 4-8>의 ①열에서 보인 구성을 가졌다.

②열은 1978년 12월 1일의 미국 달러에 대한 환율을 제공한다. ③열은 ①을 ②로 나누어서 얻은 것인데, 따라서 ①열의 달러 등가, 즉 회원국의 통화가 1ECU로 바뀐 것을 달러로 표현한 등가를 제공한다. ③열의 총액은, 즉 1.3001831은 1ECU의 달러 가치다. ④열은 1ECU를 다른 국가 통화로 표시한 것이다. 이것은

달러로 표시된 1ECU의 가치(1.3001831)를 ②열의 각 환율을 곱해 얻는다. 따라서 1ECU는 DM 2.51689, FF 5.78516 등등과 같았다. 마지막으로 ⑤열은 1ECU에서 각 통화가 차지하는 비중을 달러로 표현한 것이다. 그것은 ③열 각 항목을 총액(1.3001831)으로 나눠서 얻는다.

제3장 제3절에서 한 국가의 환율은 그 국가의 경제력(또는 경제력의 결핍)과 이해의 표현이면서 그러한 것들을 위해 기능한다는 것을 봤다. 유럽통화단위가 오직 마르크만으로 구성되었더라면, 유럽통화단위에서 마르크의 비중(미국 달러로 표현된)은 100퍼센트이었을 것이고, 유럽통화단위의 수요와 공급은 오직 마르크의 수요와 공급에 미치는 요인들에 의해 궁극적으로는 독일 경제력에 의해 움직였을 것이다. 마르크 환율의 변화는 유럽통화단위 환율의 변화에 똑같이 반영되었을 것이다. 환율시장에서 유럽통화단위의 변동은 오직 독일 경제에 따라 좌우되었을 것이고, 따라서 오직 독일의 경제정책을 위해 기능했을 것이다. 마르크가 다른 통화들보다 유럽통화단위 구성에서 비중이 크기 때문에(약 33%이다. <표 4-8>의 ④열을 보라), 유럽통화단위의 가치는 다른 국가들의 자본들보다 독일 자본의 이해와 경제 지위를 더 많이 반영했다. 이것은 독일의 경제 우월성 때문에 자신의 이해에 더욱 밀접하게 유럽통화단위 가치를 부과하는 독일의 능력을 명백하게 양적으로 표현하는 것이다. 줄이자면, 그것은 유럽 계획(European project) 안에서 독일 지배의 양적인 표현이다. 이런 상황이 유럽통화단위가 유로로 전환하는 것에까지 기본적으로 변하지 않은 채 남아 있다.

독일 지도력 가설(German leadership hypothesis)은 다른 국가들에 대한 한 국가의 지배로서 간주되지 말아야 하고(다른 중앙은행들에 대한 한 중앙은행의 지배도 더욱 적음), ① 유럽의 선진 자본에 대해 독일의 선진 자본이 내부적으로 모순적인 지배로서, ② 나머지 유럽 자본에 대해 이 선진 부문이 지배하는 것으로서 간주되어야 한다. 역시 어떤 비평가〔예를 들어 Bladen-hovell and Symons(1994: 337)〕의 의견과 대조적으로 독일 지도력 가설은 정책에 부과하는 독일의 절대적인 힘

(더 정확하게는 독일 과점자본의 절대적인 힘)을 의미하는 것이 아니다. 오히려 각국 자본의 다양한 분파들이 이런 모순적인 이해를 협상하고 중재해야 할 뿐만 아니라 그 모순적 이해를 다른 계급 및 계급 분파들의 이해와 접합시켜야 하거나 비유럽연합 국가들의 이해에 대해 이런 이해의 복잡성을 방어해야만 하는 국가기구 및 초국가기구(supra-state institutions, 각국 중앙은행과 유럽중앙은행도 포함)를 통해 자신들의 이해를 표현한다. 마지막으로 제국주의 국가들이 피지배 진영에 대해 집단적으로 행동할 것인지 또는 제국주의 내부 충돌에 참여할 것인지에 대한 논의는 유럽연합의 맥락에서는 빛이 바랜 것 같다. 유럽연합의 국가들(자본들)은 둘 다 한다. 그 특성은 유럽연합 내에 독일의 선진 자본이 주도하는 지배적·선진 자본 부문이 있다는 것이다. 이 진영은 자신들 안에서, 그리고 나머지 유럽 자본들과 경합에 참여하면서, 동시에 비유럽연합 국가에 대해 전체 유럽연합의 이해를 대표한다.[22] 그러나 유럽통화단위로 되돌아가자.

유럽통화단위의 가치(미국 달러에 대해)는 일단 고정되었기 때문에, 유럽통화단위의 변동을 이 수준 주위로 제한하기 위한 체계가 독일 자본을 위해서 이런 특권적인 상황이 축소되지 않도록 하기 위해 고안되어야만 했다. 이것은 다음과 같이 행해졌다. 유럽통화단위에 대해 각국 통화가 고정되어 있는 가치를 통해

---

22) 대자본은 역시 자신의 조직들을 통해 이해의 대의를 만든다. 예를 들어 유럽통화제도 도입에 수반해 유럽통화동맹을 위한 연합이 설립되었다. 인터넷에 스스로 발표한 것에 따르면 이 협회는 "단일 시장(Single Market)의 성공을 위한 통화안정과 단일통화에 대한 목표에 동의한 유럽기업가들에 의해 설립되었다. 그 협회의 회장은 소시에테제네랄드벨지크(Société Générale de Belgique)의 회장 에티엔 다비뇽(Etienne Davignon)이다. 부회장은 토탈(Total)의 명예회장이자 유럽이사회 전 의장인 프랑수아 그자비에 오르톨리(François-Xavier Ortoli)이다. 사무총장은 베르트랑 드 메그레(Bertrand de Maigret)이다. …… 기업들과 은행들이 협회의 회원들인데, 세계적으로 거의 800만 명을 고용하고 있다. 중소기업들은 이탈리아 전경련(Italina Confindustria), 네덜란드·그리스·스웨덴 산업연합회(the Federations of Dutch, Greek and Swedish Industries), 프랑스 상공회의소(the Chambers of Commerce), 벨기에·아일랜드·핀란드·스페인의 경영자 연합 같은 전문 조직들을 통해 유럽통화동맹을 위한 연합의 활동에 참여한다".

(<표 4-8>의 ④열) 각국 통화들은 서로서로에 대해 고정된 가치를 가진다. 이것을 교차 쌍방 중심 환율(cross bilateral central rates) 또는 줄여서 교차 중심 환율(cross central rates)이라고 부른다. 예를 들어 독일 마르크(DM) 2.51689는 프랑스 프랑(FF) 5.78516과 같았다. 시장 교차환율이 통화들에 대한 수요와 공급의 결과 때문에 교차 중심 환율과 괴리되었기 때문에, 회원국들은 통화의 변동을 상대적으로 좁은 한도 내에서 유지하는 업무를 떠맡았다. 변동에 대한 이 한도를 대역(bands) 또는 쌍방 한도(bilateral limits)라고 불렀다. 1992년까지 이 한도들은 교차 중심 환율에서 위로 2.25% 아래로 2.25%로 정해졌다(이탈리아는 ±6% 대역을 허용했지만 1990년에 1990년 ±2.25%를 적용했다). 1993년 공황 이후 이 대역은 ±15%로 확대되었다(독일과 네덜란드는 제외된다. 이 나라들은 ±2.25%대역을 유지했다).[23)]

---

23) 예로서 FF와 HFL 사이에 서로 상대적인 최대 변동을 고려해보자. FF가 HFL에 대해 가치를 상실했다고 가정하자(즉, HFL은 FF에 대해 가치를 얻었다). FF가 최대 15% 평가절하되었고, 또는 HFL은 최대 15% 평가절상되었다. 정치적으로 프랑스에 대한 네덜란드의 평가절상 또는 네덜란드에 대한 프랑스의 평가절하 사이에는 차이가 있다. 프랑스는 평가절하와 관련된 부정적인 인상을 피하기 위해 전자의 선택을 선호했다. 계산적으로도 역시 이 두 가지 결과는 같지 않다. 그리하여 평균이 채택되었다. 예를 들어 1995년에 ECU1은 HFL 2.152와 FF 6.406과 같았다(*Financial Times*, 1995.3.7). 그러면 HFL2.152=FF6.406이었다. 즉, FF1=2.152/6.406=HFL0.3359, 그리고 HFL1=6.406/2.152=FF2.977이다. FF가 15% 평가절하된다면, 그것은 HFL2.152에 대해 (6.406+6.406의 15%)=FF7.3669로 하락한다. 이것은 HFL2.152=FF7.3669라면, HFL1=7.3669/2.152=FF3.423을 의미한다. HFL이 15% 평가절상된다면, 이것은 FF6.406에 대해 (2.152- 2.152의 15%)=HFL1.8292로 상승한다. 이것은 HFL1.8292=FF6.406, 그리하여 HFL1=6.406/1.8292=FF3.5021을 의미한다. 평균이 채택되면, (3.5021+3.423)/2=FF3.46255이다. 이것은 HFL에 대한 FF의 최대 평가절하이다(즉, FF에 대한 HFL의 최대 평가절상). 또는 교차 중심 환율이 HFL1=FF2.976이라는 것을 고려한다면, FF는 최대치 HFL1=FF3.457까지 HFL에 대해 평가절하되도록 허용된다(즉, HFL은 FF에 대해 평가절상될 수 있다). FF가 HFL에 대해 평가절상되는 경우도 마찬가지이다(즉, HFL은 FF에 대해 평가절하된다).

실제 최대 괴리 폭이 계산된 통화는 그 자체로 유럽통화단위의 구성 부분이다. 그 통화가 유럽통화단위의 구성 부분인 한 자신의 주위에서 변동할 수 있는데, 즉 100%에서 유럽통화단위 중 그 통화의 비중을 뺌으로써 유럽통화단위 주위에서 변동할 수 있다. 예를 쌍방 한도 안에서 통화를 유지하기 위해 중앙은행과 정부가 개입해야만 했다. 약세 통화의 경우 중앙은행과 정부는 긴축통화정책(이자율 인상 또는 신용 제한)에 의존하거나, 다양한 통화를 사용하는 조작을 지원하는 데 의존하거나, 재정 및 소득 정책을 긴축하는 것에 의존하거나, 중심 환율(central rate)의 재조정(평가절하)에 의존했다. 강세 통화의 경우 반대로 적용되었다.

이제 쌍방 대역(bilateral bands)이 어떻게 기술 후진국들의 경기대책 사용 가능성을 제한하는지 알 수 있다. 한 부문(예를 들어 자동차)을 선택해 독일(높은 생산성)과 이탈리아(낮은 생산성)의 예로 들어보자. 높은 생산성을 고려하면 독일은 해외시장에서 더욱 경쟁력이 있었다. 게다가 높은 생산성은 독일 노동자에게 더 많은 물질적 복지를 허용했다.24) 그리하여 독일 자본의 더 많은 이윤 추구는 높은 인플레이션에 덜 의존했다. 더욱이 인플레이션은 가격 경쟁력을 떨어뜨릴 수도 있었고, 따라서 평가절하가 필요해질 수도 있었는데, 독일이 하기 꺼렸던 일이었다. 왜냐하면 잠시 후 보게 되듯이 이런 것이 마르크를 국제통화로 만들려는 목표를 제한할 수도 있었기 때문이다. 따라서 인플레이션은 독일에게 제1의 적이었다. 이탈리아의 상황은 반대였다. 낮은 생산성 수준은 실질임금의 수준을 낮추는 수단으로서 인플레이션 정책을 위한 조건을 창출했다(즉, 잉여가치율을 상승시키고 그리하여 이윤율을 상승시키기 위해). 국제 경쟁력을

들어, 마르크가 유럽통화단위의 가치 가운데 30.2%를 구성한다면, 그것은 단지 100−30.2, 즉 69.8%로 유럽통화단위 주위에서, 즉 유럽통화단위를 구성하는 다른 통화들에 대해 변동할 수 있다. 그렇게 되면 마르크가 마르크로 표현된 유럽통화단위의 가치에 대해 변동할 수 있는 한계인 마르크에 대한 최대 괴리 폭은 0.698×5=±10.47%이다. 결론을 내리면, 최대 변동폭은 각 통화에 따라 다른데, 즉 낮은 비중을 가진 통화들에 대한 고점(15%에 가깝고)과 높은 비중을 가진 통화들에 대한 저점 말이다. 괴리 지표는 주어진 통화가 최대 폭으로 괴리된 정도를 보여준다. 이 지수가 최대 괴리 폭〔괴리 한계점(divergence threshold)〕의 75%까지 도달했을 때, 이 예에서 ±10.47×0.75=±7.85%일 때, 정부가 치유책을 선택한다는 가정이 있었다.

24) 이는 반드시 독일의 잉여가치율이 후진적인 다른 국가들의 것들보다 낮다는 것을 의미하지 않는다.

보호하기 위해 이탈리아는 평가절하에 의존해야만 했다.[25] 하지만 미국 달러와 비교해 상대적으로 높은 유럽통화단위의 가치와 환율조정장치 내에서 환율의 상대적인 고정성은 효율성이 낮은 국가가 경쟁적인 평가절하에 의존하는 가능성을 제한했다.

예를 들어 이탈리아 정부가 경기를 부양하기 위해, 즉 이윤율을 높이기 위해 화폐 창조에 의존하는 것을 고려했다고 가정하자. 이것은 인플레이션 압력을 만들 수도 있었고, 결과적으로 리라의 평가절하를 낳을 수도 있었다. 그러나 쌍방 대역은 큰 환율 변동을 배제했다. 그 결과 이탈리아는 중심 환율(<표 4-8>에서 ①열에 있는 것)을 수정함으로써 평가절하하는 것을 원하지 않는다면, 무역수지(balance of trade)의 악화를 겪거나 인플레이션율을 축소시켜야만 한다. 이런 간접적인 방식으로, 즉 환율조정장치를 통해 독일은 이탈리아의 인플레이션율에 제한을 둘 수 있고, 따라서 이탈리아에서 이런 경기대책의 (제한적인) 효과가 일어나는 것을 제한할 수 있다. 또는 독일이 마르크에 대한 압박을 제한하기 위해 이자율을 하락시켰다고 가정해보자. 이자율 차이가 금융자본의 이동에 역할을 하는 한, 금융조작자들은 마르크를 팔고 리라를 산다. 이것은 리라에는 평가절상하도록, 마르크에는 평가절하하도록 압력을 준다. 이런 과정이 리라를 높은 대역으로 가도록 위협한다면 이탈리아는 리라에 대한 압력을 완화하기 위해 이자율을 낮춰야만 한다. 그러나 이것은 원치 않는 인플레이션 효과를 주었을 것이다.[26]

---

25) 인플레이션은 기술 격차와는 상대적으로 독립된 수단이 될 수 있는데, 즉 1960년대 말과 1970년대 초 이탈리아에서처럼 높은 노동 투쟁성으로 인한 이윤율 손실을 만회할 수단으로서 말이다. 이것은 독일이 자신들의 노동계급을 '적절하게 관리'하지 못하는 정부들을 수상쩍어하는 이유이다.

26) 이것은 환율조정장치 안에서 환율이 안정적일 수 없었던 이유를 강조해주는데, 그것이 바로 회원국들의 불균등한 발전 때문이라는 것이다. 그러나 역시 두 번째 이유가 있다. 투자자들은 달러 가치 하락을 우려해 달러 투자에서 벗어날 때 안전 통화를 찾는다. 투자자들은 보통 다른 유럽의 통화들을 구매하지 않고 평가하락되는 위험이 없는(또는 적은) 마르크를 선호했다. 이런 마르크에 대한 추가 수요는 마르크와 다른 유럽 통화들 간

이런 방식으로, 외견상 중립적인 이런 체계는 특수한 경제정책과 이해, 즉 독일 과점자본의 지도력 아래에 있는 다시 말해 '독일의 지도력' 아래에 있는 유럽의 자본 가운데 선진 부문의 정책과 이해를 조성했다. 이것은 유럽의 노동에 대해 특수한 결과를 낳았다. 기술 후진국들은 인플레이션과 평가절하를 포기해야 했기 때문에, 그런 나라의 자본들은 노동일〔또는 노동주(week)〕 연장과 노동강도 강화를 통해, 즉 생산단계에서 절대적 잉여가치율을 높임으로써 경쟁해야만 했다. 이것은 사회보장제도를 해체하는 것과 임의로 노동자들을 해고하는 법률적 가능성, 즉 요즘 노동 유연성(labour flexibility)이라고 부르는 것을 높임으로써 조성되었다. 환율조정장치는 기술 후진국들에게 재분배 체계(인플레이션)를 통한 것보다 오히려 생산단계에서 더 많은 (절대적) 잉여가치를 착취하도록 강요했다. 이것은 독일에도 역시 절대적 잉여가치율을 높일 수 있게 했는데, 독일 기업가들도 노동을 다루는 데 더 많은 '자유'를 요구하기 때문이다. 그리하여 이것은 노동에 대한 환율조정장치의 경제적 중요성이었다. 동시에 이 체계는 중립적으로 보이는 관료 조직에 의해 부과되는 것 같았지만 의식적인 반노동 경제정책의 결과였다.

기술 선진국들이 자국 통화를 평가절상하고 기술 후진국들이 자국 통화를 평가절하하는 경향에 따른 법칙은 이를 의식적으로 제한하려는 시도들보다 더욱 강하다. 사실 유럽통화제도 시행 동안 마르크는 오직 평가절상되었고, 이탈리아 리라는 오직 평가절하되었다. 인플레이션에 대해 말한다면, 소비자 물가지수가 1980년도에 100이라면, 독일의 소비자 물가는 1987년까지 121까지 상승했지만, 이탈리아는 214까지 상승했다. 하지만 실업, 해외시장과 외국 통화의 손실, 대중의 불만이나 단순한 투기적 이동의 측면에서 환율조정장치의 부담을 약소국이 견딜 수 없게 된다면, 오직 유일한 해법만 남는다. 즉, 환율조정장치

의 환율에 영향을 미쳤고, 쌍방 대역에 압박을 주었고, 강제로 재조정되는 것이 가능하게 했다. 이런 방식으로 대규모 달러 유입은 재조정을 피하는 것이 목표였던 환율조정장치의 작동을 위협했다.

를 떠나는 것이다. 이것은 실로 1992년 9월 이탈리아와 영국에게 일어났던 것이다.[27)]

환율조정장치와 유럽통화단위에 적용된 것은 필요한 부분만 약간 수정하면(mutatis mutand) 경제통화동맹/유로에 적용된다. 자본을 위한 경제통화동맹/유로의 이점은 아주 많다. 공식적인 경제 교리에 따르면, 경제통화동맹은 통화안정 지역을 창조하기로 되어 있고, 결국 이것은 안정적이고 균형 있는 공황 없는 경제를 이룩하는 것에 기여하기로 되어 있다. 이것은 물론 현실과 전혀 관련이 없는데, 현실은 고집스럽게 계속해서 불안정한 불균형과 공황 경향의 상태이다. 게다가 공식적 경제학은 경제통화동맹이 부과한 규율이 기술혁신 도입을 통해 더 높은 경쟁력을 끌어들일 것이라고 제시한다. 하지만 위에서 말했던 것에서는 환율조정장치와 경제통화동맹 둘 다 기술 후진국들로 하여금 생산단계에서 더 많은 절대적 잉여가치를 착취하도록 강요하는데, 즉 오히려 기술혁신 도입을 늦추는 것임을 보여준다. 이런 기술 후진국들이 기술혁신을 도입하면, 유럽통화제도/경제통

---

27) 이탈리아는 1996년 8월 환율조정장치에 다시 가입했다. 이탈리아는 유럽통화제도에 처음부터 가입했었다. 유럽통화제도의 운영을 시작한 1979년부터 1989년까지 이탈리아는 다른 회원국들의 대역인 ±2.25%에 대치되는 것으로써 ±6%의 더 넓은 변동 대역을 누렸다. 1989년 이탈리아는 더 넓은 대역을 포기하고 대역을 ±2.25%로 축소하는 것으로 결정했다. 그러나 선택한 시기가 나빴다. 통일 뒤에 이어진 독일의 이자율 급등은 (다른 나라로부터뿐만 아니라) 이탈리아로부터 자본 유출과 외환 보유고 축소를 일으켰다. 그런 움직임이 침체를 알려주는 것임을 정부가 믿었다는 것을 고려하면, 이탈리아의 이자율 상승은 선택지가 아니었다. 투기꾼들은 이탈리아가 그런 협대역을 방어할 수 없을 것이고, 따라서 중심 환율을 방어하지 못할 것이라고 장담했다. 독일이 파운드와 리라를 지원하기 위해 거금 독일 마르크 440억을 들여서 개입했음에도 불구하고, 투기꾼들은 내기에서 이겼다. 외환 보유고의 대량 유출에 직면해 이탈리아는 1992년 9월 유럽통화제도로부터 철수했고, 따라서 리라가 변동하도록, 즉 평가하락하도록 허용했다. 그러나 이탈리아의 선진 산업자본은 단기적으로 이런 평가하락으로부터 수출 부문에서 이익을 얻으면서, 장기적으로 유럽통화제도에 남아 있는 것에 관심을 가졌는데, 이 절에서 제시된 이유들 때문에 따라서 경제통화동맹이 형성된다면, 그리고 그렇게 될 때 이탈리아가 경제통화동맹에 가입하는 데 있는 이해 때문에 그렇다.

화동맹에도 불구하고 그렇게 하는 것이고, 유럽통화제도/경제통화동맹 덕분이 아니다. 이데올로기가 덜한 차원에서, 공식 이데올로기는 환율비용과 헤징에 대한 절약에서 발생하는 무역조건의 개선 또는 공동농업정책을 관리하는 것에서 얻을 수 있는 단순화 같은 유로의 공통된 이점을 강조한다. 그러나 이것은 문제의 핵심이 아니다. 자동차 산업이 감소한 수요 때문에 고난을 겪을 동안 컴퓨터 산업이 굉장하게 증가한 수요로부터 이득을 얻을 것이라는 것을 아는 것이 결정적으로 중요한 것도 아니다.

그러면 화폐 통합(monetary integration)으로 자본이 얻는 이점은 무엇인가? 유럽통화제도의 도입으로 발생하는 이점을 가지고 시작해보자. 그래서 이것은 여전히 경제통화동맹 아래에서 타당하다. 우리는 인플레이션과 평가절하를 포기하는 가능성으로부터 생산단계에서 잉여가치율 증가로부터 선진 자본이, 따라서 자본 일반이 이득을 얻는다는 것을 봤다. 이것은 몇 가지 중요한 결과를 가진다.

첫째, 제2차 세계대전 후 유럽에서 높은 인플레이션율은 잉여가치율을 높이는 수단이었고, 따라서 노동의 투쟁성(labour militancy)이 높아진 시기에 이윤율을 높이는 수단이었다. 하지만 인플레이션은 노동자의 소득뿐만 아니라 다른 모든 계급의 소득도 부식시켰고, 거기엔 자본가의 전통적인 동맹자들의 소득도 포함되었으며, 그리하여 정부의 경제정책에 대해 일반화된 불만의 원인으로 가능하게 되었다. 생산단계에서 높은 절대적 잉여가치율은 이런 결점을 피하게 한다. 둘째, 인플레이션 수단(inflationary measures)이 생산된 가치를 재분배함으로써 평균이윤율을 높이는 반면, 생산단계에서 절대적 잉여가치율의 상승은 평균이윤율과 경제 기반(가치 및 상품의 생산) 둘 다 높인다. 셋째, 인플레이션 수단과 대조적으로 생산단계에서 높은 절대적 잉여가치율은 노동과정 내에서 노동에 대한 직접적인 통제의 증가와 노동자 조직의 (이념적·정치적·조직적) 약화를 조성한다.

마지막으로 이런 경제정책은 이중의 기만 아래에서 수행된다. 한편으로는 국민국가 정부들이 (자신들의 자본을 대신해) 원하는 반노동 정책은 마치 중립적으로 보이는 관료 조직이 부과한 경제정책인 것처럼 가면을 쓰는데, 회원국들은 그것에 대해 책임을 지지 않으며, 약간의 사회적이고 중립적인 합리성을 반영한다. 다른 한편, 궁극적으로 (기술이 앞선) 산업자본의 이해 속에 있는 경제정책이 마치 (독일의) 금융자본에 의해 부과된 것처럼 나타난다. 실제로 금융자본은 산업자본으로 하여금 가난한 국가의 경쟁 수단(인플레이션과 평가절하)을 포기하도록 강요하며 산업자본으로 하여금 더 많은 (잉여)가치를 생산하는 것을 수행하도록 요구하며, 그리하여 생산된 (잉여)가치를 더욱 우호적으로 재분배하는 것에 단순히 기능하는 것보다는 더 많은 (잉여)가치 생산을 위해 기능한다. 초국적 금융자본(유럽중앙은행)은 가장 앞선 유럽 산업자본들의 확대재생산이라는 이해 내에서 상대적인 자치권이라는 수단을 누린다. 이런 '독립성'이 없으면 유럽중앙은행은 이런 기본적 임무를 수행할 수 없으며, 유럽중앙은행의 독립성과 관련한 논제가 아주 많은 호들갑으로 구성되는 것은 이런 이유 때문이다. 하지만 유럽중앙은행은 기껏해야 정당들과 국민국가 정부로부터 독립적이지만 유럽 자본의 (가장 선진 부문의) 이해에 전적으로 굴종한다.

유로와 따라서 독일 지도력은 다른 유럽 국가들로부터 받아들여졌는데, 왜냐하면 청구서[28]는 노동자들이 지불하기 때문이다.[29] 노동에 대한 경제통화동맹과 유로의 경제적 의미는 부정적이지 않을 수 없다. 더 많은 유럽연합 회원국들이 독일에 (즉, 독일 자본의 지도력 아래에 있는 유럽의 선진 자본의 계획에) 묶일수록, 노동으로부터 더 거대한 양의 가치 강탈이 일어난다. 이것이 유럽통화제도와 경제통화동맹의 계급 관련 내용이다. 경제통화동맹은 유럽통화제도가 도입한 경제 전략의 지속과 확장이다. 유럽통화제도에 대한 분석이 경제통화동맹에 대한 적합한 이해를 위한 필수적인 전제 조건인 것은 이런 이유 때문이다. 하지만 역

28) 비용을 의미한다_옮긴이.

29) 노동 내에서 여성, 어린이, 외국인 노동자, 인종 및 다른 소수자 등등 같은 어떤 계층은 다른 이들보다 훨씬 불리하다. 이와 같은 중요한 점은 여기서 다룰 수 없다(Gill, 1997을 보라).

시 다른 이유도 있다. 경제통화동맹 내에서 환율조정장치는 사라지는 것이 아니라 경제통화동맹 비회원국들을 유로에 묶는다. 이것이 환율조정장치 II이고, 1999년 1월 1일에 설립되었다.

환율조정장치와 환율조정장치 II의 차이는 유로가 비유로(non-Euro) 통화들의 중심 환율의 중심축으로서 유럽통화단위를 대체했다는 것이다(European Commission, 1996). 더 구체적으로는 환율조정장치 II 참여와 관련해서 모든 비유로 지역 회원국들(그리스, 덴마크, 영국, 스웨덴)한테 자발성을 주었다. 앞의 두 나라는 환율조정장치 II에 참여했고, 뒤의 두 나라는 참여하는 것을 거부했다. 시장 개입 금리(intervention rates)는 백분율로 표현되어 있는 동의된 대역폭(bandwidth)을 쌍방 중심 환율에 더하거나 빼서 결정된다. 일반적으로 환율조정장치 II에 참여하고 있는 각 회원국의 통화에 대해, 유로에 대한 중심 환율과 ±15%의 기준 변동 대역(standard fluctuation band)이 규정된다. 1999년 1월 1일, 유로 중심 환율과 강제의 시장 개입 환율이 비유로 두 국가를 위해 만들어졌다. ±15% 대역은 그리스 드라크마(drachma)에 적용되었다〔상한 환율(upper rate) 7.62834, 중심 환율 7.46038, 하한 환율(lower rate) 300.143〕. 그러나 ±2.25%의 협대역은 덴마크 크로네(krone)를 위해 합의되었다(상한 환율 7.62824, 중심 환율 7.46038, 하한 환율 7.2925). 그리스는 2002년에 경제통화동맹에 가입하기로 계획되어 있고, 덴마크는 비회원을 선택했기 때문에(2000년 9월 28일), 환율조정장치 II는 조만간 덴마크에게만 적용될 것이다.[30] 그러나 새로운 회원국들이 유럽연합에 가입하지만 경제통화동맹에 가입하지 않는다면, 환율조정장치 II의 의미는 커질 것이다.

이런 대역들은 원칙상 그 폭에 자동적이고 제한 없는 개입이 행해짐으로써 뒷받침되는데, 그 개입이 물가 안정(price stability)이라는 목표와 상충하지 않는다면 초단기 자금 조달을 가능하게 한다. 이 점은 유럽중앙은행을 의무적인 개

30) 그리스는 2001년 1월 경제통화동맹 3단계에 가입했다. 비회원을 선택한 덴마크에게는 환율조정장치 II가 적용되었다_옮긴이.

입으로부터 자유롭게 한다는 점에서 중요하다. 아마도 통화안정과 단일통화로 향한 수렴은 경제통화동맹에 (아직) 가입하지 않은 유럽연합 회원국들로 향한 확대보다는 유럽연합을 위해 훨씬 더 중요한 목표였다. 사실 이것은 유럽중앙은행이 개입 수단을 가지고 어떤 통화에 대해 지원할지 말지를 경우에 따라 결정할 것이라는 것을 의미한다. 유럽중앙은행과 '외부의' 국가들은 유로와 관련한 환율 재조정을 (신중하게) 제안할 수 있는 권리를 가진다. 평가절하를 거부하는 나라는 더 이상 유럽중앙은행이 뒷받침해주지 않을 것이다. 이렇게 말하고 나면 환율조정장치 II가 비유로 회원국들의 경제정책을 유로 지역(Euro area)[31] 경제정책에 얽매이게 할 것이고, 그리하여 독일 지도력 아래에 있는 유로 지역의 지배적인 자본가 분파의 이해에 얽매이게 할 것이라는 것이 명백해질 것이다. 이런 방식으로 경제통화동맹과 유로의 도입은, 즉 유럽 통합뿐만 아니라 독일의 선진 자본의 지배적 지위 강화를 향해 나아간 발걸음은 유로 지역과 그 외부 지역의 노동자들로 하여금 대가를 치르게 할 것이다.

경제통화동맹 도입에 특유한 유럽의 자본을 위한 이점을 고려해보자. 다음은 한편으로 독일의 이해를 분석하고 다른 한편으로 경제통화동맹 국가 가운데 나머지 국가의 이해를 분석한다. 독일에게는 경제통화동맹과 유로가 중요하다. 왜냐하면, 그 이유는 다음과 같다.

- 1ECU에서 1유로로 전환은 유로의 가치를 돌이킬 수 없게 유럽의(그리고 특히 독일의) 선진 자본의 욕구에 일치하는 수준에서 고정된다.
- 경제통화동맹은 유럽통화단위를 관리할 때 환율조정장치가 추구한 것과 유사한 정책에 따라 유로를 관리함으로써 독일과 더욱 일반적으로는 과점자본의 경제적 이해에 가장 잘, 그리고 더 많이 복무하는 발판이다.

---

31) 유로존(Eurozone)의 공식 명칭으로서 유럽연합 회원국 가운데 유로를 사용하는 국가들을 일컫는다. 현재 28개 회원국 가운데 19개국이다_옮긴이.

유럽통화단위는 독일한테 중요했는데, 왜냐하면 마르크를 유로로 전환하고, 유로를 원칙적으로 독일 과점자본의 지도력 아래에 있는 유럽의 선진 자본의 이해에 복무하는 기축통화로 전환하기 위해 나아가는 첫 단계로 여겨졌기 때문이다. 마르크의 경제 기반은 아주 제한되어 있었다. 진정한 국제통화가 되기 위해 마르크는 공동체 전체에서 사용되는 통화, 즉 미국 시장과 비교될 수 있으면서 효율성 있고 기술이 앞선 생산 체계가 뒷받침하는 시장에서 사용되는 통화가 되어야만 했다(다른 옷을 입고 있을지라도). 이것으로 유로 수요가 달러 수요와 같거나 초월할 수 있도록 유로 표시 국제 거래의 규모를 촉진할 수도 있다고 대자본은 꿈꾸었을 수 있다. 이것은 결국 비통화동맹 시장들에서 유로 표시 금융 수단(financial instruments)을 자리 잡게 하는 것을 촉진하고, 따라서 유로 수요를 늘리게 한다. 이 과정이 성공적인 한에서는 세계의 중앙은행들과 다른 기관 투자자들은 자신들의 포토폴리오를 달러 표시 금융 수단에서 유로 표시 금융 수단으로 조정할 수도 있고, 그리하여 이런 선순환을 강화할 수도 있다.

하지만 유로가 달러의 진짜 도전자가 되려면 두 가지 전제 조건이 있다. 첫 번째 전제 조건은 유로에 대한 대부분의 글에서 바보스럽게도 무시되고 있는데, 기축통화는 주권국가(sovereign political entity)와 아주 강한 군사력에 의해 뒷받침되어야만 한다는 것이다. 현재로서는 경제통화동맹을 구성하는 11개 국가는 하나의 유럽 국가를 위한 정치적 외교적 지원이 부족하다. 회원국들의 정치 주권(political sovereign)과 독립성을 축소시키지 않는 단지 아주 제한적인 권력을 유럽 기구들(European institutions)에 이전했다. 힘이 더 약한 국가들은 유로를 기축통화로 이용하는 데 필요한 경제·사회 정책을 약하게 만드는 정치·외교 능력을 지니고 있다(그들의 종속적 지위에 의해 약화되었지만). 유럽연합의 미국과 나토에 대한 군사적 의존과 유럽연합의 군사 부문인 서유럽연합의 미국과 나토에 대한 군사적 의존에 의해 상황은 더 나빠진다. 뒤의 부분은 아래 제6장 제3절에서 자세히 다룰 것이다.

두 번째 전제 조건은 유로가 국제 투자자들의 신뢰를 필요로 할 것이라는 것이다. 이것을 위해 유로는 적어도 달러와 비교할 수 있는 국제 교환의 수단과 국제 가치의 저장소(depository)가 되어야만 할 것이다. 이것은 유로가 고정된 가치를 가지고 폭넓게 사용되면서 거래되는 통화가 되기 위해 기능하는 경제정책에 따라서 관리되어야만 한다는 것을 의미한다(국제 구매력). 이것은 독일의 선진 자본의 지도력 아래에 있는 유럽연합의 선진 자본의 이해(중재되고 협상된 방식일지라도)와 일치한다. 이런 이해는 마스트리흐트 수렴 기준에 의해 활자화되어 있으며, 그 기준을 상대적으로 엄격하게 해석하고 적용함으로써 대표된다.[32] 다른 회원국들의 이해가 독일의 이해에 종속되어 있는 것은 이 수렴 기준을 통해서이다.[33] 하지만 오직 독일이 유럽연합 내에서 지배적 지위를 유지하는 한에서 그럴 수 있다. 유럽연합 내에서, 그리고 다른 주요 국가들에 대해 독

---

32) 공식적으로 경제통화동맹 가입 조건은 다음 기준으로 만들어졌는데, 적자가 국내총생산의 3%보다 더 클 수 없으며, 국가 채무는 국내총생산의 60%보다 더 클 수 없으며, 인플레이션은 가장 낮은 인플레이션율을 가진 세 국가들의 평균 인플레이션율의 1.5%보다 더 높을 수 없으며, 장기 이자율은 가장 낮은 이자율을 가진 세 국가의 이자율의 2%보다 더 높을 수 없으며, 환율은 환율조정장치 내에 있어야만 한다는 것이다. 수치에서 그 기준은 제멋대로이고(왜 3%이고 다른 수치는 아닌지?) 비합리적이라고 반복해서 지적받았는데, 일본은 높은 부채 수준 때문에 경제통화동맹 회원 가입이 허용되지 않았다. 결국 경제통화동맹 가입은 (정치적으로 동기부여를 받은) 이른바 '객관적인' 기준을 고수함으로써라기보다는 정치적인 조작에 의하는 것을 더욱 따랐다.
이것들은 경제통화동맹의 도입 뒤에도 계속해서 역할을 했다. 1995년 11월 8일 독일 재무 장관 테오 바이겔(Theo Waigel)은 '안정 협약(stability pact)'에 대한 그의 제안을 말했다. 이것은 1996년 12월 13~14일 더블린 정상회담에서 승인되었다. 경제통화동맹 가입 후에 회원국들은 기본적으로 정상적 시기에 1%의 예산 적자와 어려운 시기에 3%에 지나지 않는 예산 적자를 목표로 해야만 한다. 이런 요건에 미달하는 국가들은 (국내총생산의 0.2%와 0.5% 사이의) 예치금을 지불해야만 하며, 적자가 2년 내에 조정되지 않는다면, 그것은 벌금으로 변한다. 물론 면책조항은 있다(*Europa van Morgen*, 1996).

33) 이는 '유럽공동체설립조약'의 조항 제3a(3)조의 의미인데, 이 조항은 경제통화동맹의 지시를 열거하는데, 물가 안정, 건전한 공공재정 및 통화 조건(monetary conditions), 지속가능한 국제수지이다.

일의 경제 약화는 위에서 언급했던 유로가 진정한 기축통화가 되기 위한 조건에 양립하지 않는 경제정책의 추구를 낳을 수 있다. 이런 이유들 때문에 단기, 중기에서는 유로가 달러를 대체하지 않을 것이라고 예측할 수 있다. 기껏해야 달러한테 하나의 경쟁자가 될 것이다. 그리고 이것은 미국에게는 실질적 걱정거리이다(다음 장을 보라).

경쟁력이 약한 국가들에 대해 말하자면(즉, 국제적으로 경쟁력이 약한 자본들의 높은 집적을 가진 나라들), 환율조정장치가 제공한 평가절하(재조정)에 의존할 수 있는 제한된 가능성조차도 단일통화가 없애버리는 반면, 안정성 기준(stability criteria)은 약소국의 경제정책을 더욱더 독일의 경제정책에 얽매이게 할 것이다. 하지만 이런 결점들을 보상하는 이점들이 있다. 이것들은 무엇보다도 이런 국가들의 자본들이 역시 유럽통화제도 참여로부터 얻은 것들이다. 앞에서 언급했듯이, 그 이점들은 노동에 대한 관리 및 감독의 강화에 기초(그리하여 정치, 이데올로기, 조직 기구들을 약화시키는 것에 기초)하면서 자본가의 동맹자들의 삶의 조건의 일반적인 악화나 자국 통화의 약세와는 관계가 없는 더 많은 상품들 속에 들어 있는 더 많은 잉여가치의 창조(변하지 않은 가치 및 상품의 양을 자본에 우호적으로 분배하는 것보다는)이다. 동시에 이 제도는 중립적으로 보이는 관료 체계가 부과한 것처럼 보이지만, 의식적인 반노동 경제정책의 결과이다.[34)]

하지만 경제통화동맹 회원국에 특유한 것인데, 경쟁력이 약한 국가들을 위한 이점들도 있다. 첫째, 기술 후진국들의 통화가 유로로 전환되는 것은 그런 국가들도 화폐발권차익에서 발생하는 이득에 참여하는 것이 허용되는데, 유로가 달러의 경쟁자가 되고 기축통화로서 달러를 대체하는 한에서 그러하다. 둘째, 공동시장에서 상품들의 자유로운 이동을 고려하면, 인플레이션을 통한 수요 자극의 효과는 다른 회원국들에게는 손실이 될 수 있다. 인플레이션을 포기하는 것

---

34) 명료한 분석을 위해 이것과, 그리고 영국의 경제통화동맹 회원 가입에 관련된 점의 현재 것에 대한 보충은 Bonefeld and Burnham(1996)을 보라.

의 불리한 점은 반대의 경우보다 작을 수 있다. 셋째, 경쟁적인 평가절하를 포기하는 것의 불리한 점도 반대의 경우보다 작을 수 있다. 경쟁적인 평가절하는 상업과 정치의 긴장을 만들고, 궁극적으로 비유럽연합(non-EU)의 통화에 대해 유럽연합 통화들을 약세로 만든다. 넷째, 공통 통화는 정의상 더욱 약세인 통화들의 통화위기와 더욱 약세인 통화들에 대한 투기적인 이동을 제거한다. 이런 공황들은 모든 나라들의 실물경제에 지장을 주는 효과를 가질 수 있지만, 기술 후진국들의 실물경제에 대해서는 더욱 심할 수 있다.

공통된 이점이 이해의 조화를 의미하지는 않는다. 자본의 여러 부문은 서로 다른 이해를 가지고 그래서 다른 경제정책을 조성한다. 그리하여 다른 정치적 함의를 가진 다른 정부들에 의해 종종 중재된 방식으로 경제정책이 수행된다. 많이 화제가 된 유럽중앙은행이 독립되어야 한다는 필연성은 모든 사람들(학자들부터 매체 비평가들까지)이 주장하는 것과 대조적으로 더 확장적인(즉, 인플레이션적) 정책을 위한 정치인들의 압력에 직면해 '건전한(즉, 비인플레이션적인)' 화폐 정책을 유지할 수 있는 필요는 아니다. 긴축정책은 중립적이지 않다. 유럽 자본의 현재 발전 단계에서 긴축정책은 수출 지원 수단으로서 인플레이션을 필요로 하지 않을 뿐만 아니라 노사 분쟁(industrial strife)과 실질임금 상승을 낳는 물가-임금 소용돌이를 부추기는 잠재력 때문에 인플레이션을 우려하는 선진 자본의 목적을 돕는다. 유로의 정신적 아버지는 긴축정책인데, 긴축정책에 대해 유로는 강한 유로와 같은 말이다. 긴축정책의 대변인들은 유럽 과점자본들의 이해를 대표하는 정부들(이른바 '사회 민주주의' 정부들과 정당들도 포함한다)뿐만 아니라 (유럽 중앙은행들의 간부들로부터 지지를 받는) 독일의 금융자본이다. 긴축정책의 대변인들은 우호적인 정치 국면(소비에트 연방의 몰락과 유럽연합 노동계급의 정치적·이데올로기적 패배) 때문에 경제통화동맹의 통과를 강행할 수 있었는데, 왜냐하면 그 대변인들은 중소 자본들의 이해도 대표했기 때문이고, 자본의 이해가 마치 유럽 노동계급의 이해인 것처럼 보여주려고 애썼기 때문이고, 경제통화동맹 가입 결정을 각국 시민들에게 문의하는 것 없이 12개국(현재 11개국에 추가 회원 그리스를 더해서)에서 행했기 때문이다. 2000년 9월 28일 덴마크에서 처음으로 유럽연합 가운데 한 국가의 시민들이 투표를 통해 자신들의 의견을 표현할 기회를 가졌는데, 대부분의 정치기구(political establishment)와 재계의 지지에도 불구하고, 회원 가입은 단호하게 거부되었다.

제5장

유로의 지정학

나는 미국 행정부에 있던 동안 이것과 관련된 주제들이 거론되었을 때, 어느 누구도 '그래, 미국 제국주의로 가자. 이것은 외교정책에 편익이 될 수 있다'고 말하는 것을 들은 적이 없다는 것을 꼭 말해야겠다. 그러나 나는 그것에 대해 말할 수 있는 정치학의 종류가 있다고 확신한다.

_프랭클(J. A. Frankel, 전직 대통령경제자문위원회 위원)

1. 도입

앞 장에서 유로의 부상과 의의에 대한 분석은 미국 달러와의 패권 다툼과 관련된 것이었다. 이는 다른 중요한 측면을 탐구하지 않은 채 남겨놓았는데, 그런 투쟁이 피지배 진영에 미치는 영향이다. 이런 영향의 주요한 측면은 달러화(dollarization) 과정인데, 그것은 1990년대부터 새로운 추진력을 얻었다.[1])

2000년 1월 24일 자 ≪로스앤젤레스 타임스(Los Angeles Times)≫는 동티모르의 독립운동에 대한 인도네시아의 사나운 억압 시도가 최근 실패한 뒤에 동티모르가 자치를 준비하면서, 미국 달러가 공식 통화(official tender)로 되었다고 보도했다(Paterson, 2000). 대중이나 공식 비평가들은 그 나라의 달러화에 대해 크게 비판적인 생각을 나타내지 않았던 것 같다. 하지만 같은 달 에콰도르가 자국 통화 수크레(sucre)를 미국 달러로 교체한다는 발표는 대중 시위의 돌풍을 부추겨 뉴스를 장식했다.

그 계획을 멈추게 하기 위해, 토착민들은 수도 키토에서 행진을 했으며, 토착민들은 대통령인 하밀 마우아드(Jamil Mahuad)를 끌어내고, '인민 의회(people's parliament)'를 세웠고, 그리하여 사실상 정치권력을 선언했다.

> 군대에 있는 몇몇 하급 장교들로부터 지원을 받아서 국회를 기습했다. 그들은 처음에 한 명의 육군 대령, 시위를 조직한 토착민 운동의 지도자, 전직 대법원 원장으로 구성된 3명의 군사정부에 의해 주도된 새로운 정부를 선포했다(Buckley and Dudley, 2000).

이것은 물론 큰 형님인 미국으로부터 환영받지 못했다.

> 그 대령은 …… 군 최고사령관인 카를로스 멘도사(Carlos Mendoza) 장군으로 교체되었으며, (그는) 이어서 군사정부를 해체하고 권력을 전직 대학교수였던 노보아(Noboa)에게 넘겼다. 선출된 정부에 권력이 넘어가지 않으면 에콰도르에 해외 원조를 자르고 외국인 투자를 막을 것이라고 위협한 미국 관료들과 논의한 후

1) 앞으로 내용은 일반적인 적용일지라도 남미의 조건을 생각하며 썼다. 2000년 4월 아르헨티나 노동자 연맹(Confederation of Argentinian Workers: CTA)에서뿐만 아니라 부에노스아이레스와 킬메스에서 내가 했던 세미나에 참가한 모든 이들에게 감사를 드린다. 그들의 논평들과 제안들은 이 장을 개선하는 데 가장 유용했다.

에 멘도사 장군이 그렇게 한 것이라고 말했다고, AP통신이 보도했다(Buckley and Dudley, 2000).

새 대통령이 수크레의 달러화를 추진한다고 선언했다. 에콰도르의 새 재무장관은 "옳은 법률로 보완되기만 하면 달러화는 안정, 성장, 민주주의를 창조하는 기본적인 도구이다"라고 말했다(Moss, 2000). 달러화를 도입하는 법안은 실제로 2000년 3월 11일 통과되었다. 하루 뒤에 에콰도르는 국제통화기금과 미국 달러로 갈아타고 경제를 정비하는 데 도움을 줄 다른 기관들로부터 20억 달러 대출을 받았다(MA.GA., 2000). 2000년 9월 10일 즈음, 수크레는 공식적으로 미국 달러로 교체되었다.

(다시) 배우게 된 오래된 교훈은 미국은 자신의 이해와 충돌하는 어떠한 대중운동이라도 특히 그 운동이 급진적 대안을 가진 민주적 기구들을 생산하는 것이라면 피를 부르더라도 숨통을 조여 죽이기 위해 어떤 것이라도 한다는 것이다. 하지만 또한 새로운 요소도 있었다. 에콰도르 부르주아지 가운데 몇몇 부문들과 미국 둘 다 달러화를 찬성한다는 것을 보여주었다. 그 그림은 사실 뚜렷하지 않다. 한편 에콰도르의 부르주아 한 분파는 달러화를 반대했는데, 예를 들어 오직 평가절하를 통해 경쟁할 수 있는 수출업자이다. 다른 한편 달러화는 미국 달러 대비 수크레 가치 손실 때문에 저축액이 작아지는 중간계급과 노동계급 부문들의 지지를 누리는 것 같았다. 하지만 전체적으로 에콰도르에서 달러화 구상이 승리했다고 말하는 것은 무방하다.

- 달러화가 가장 영향력 있는 부르주아 부문들의 이해를 원칙적으로 옹호하고 더욱 모순적인 방식으로 나머지 자본가계급과 중간계급의 이해를 옹호하기 때문이다.
- 달러화가 건잡을 수 없는 평가절하로부터 저축을 보호해줌으로써 중간계급과 많은 노동계급의 경제적인 이해를 보호하는 것 같기 때문이다.

- 현재 국면에서 달러화가 미국의 경제·외교 정책의 무기에서 가치 있는 수단으로 등장했기 때문이다.
- 마지막으로 달러화가 마우아드 정권이 권력을 유지하기 위한 필사적인 조치였던 것 같다는 점에서 임시적인, 즉 정치적인 이유들 때문이다(Acosta, 2000).

세 번째 점까지는 훨씬 일반적인 타당성을 가진다. 이 장 나머지 부분에서 그것들에 대해 설명하고 정교화할 것이다.

2. 달러화와 화폐발권차익

에콰도르 경제는 그 자체로는, 그리고 저절로 미국에 실질적인 이익이 별로 없다. 에콰도르 인디언 운동에 대한 억압은 경제적인 이유보다는 정치적이고, 이데올로기적인 것들 때문이었다(다른 국가들에게로 '전염'되는 것을 우려).[2] 그러나 주요 남미 국가들의 달러화는 미국에 아주 큰 이익이다. 그 이유는 밑에서 검토될 것이다. 이런 맥락에서 미국은 공공연하게 달러화를 촉진하지 않는다(아래를 보라). 오히려 숨김없이 그 가능성을 탐구하는 것은 종속국가들이다. 1999년 아르헨티나와 엘살바도르 대통령들은 공식적인 달러화를 요구했고, 1998년 멕시코 공무원들은 미국과 통화동맹을 탐구하기 시작했는데(Stein, 1999: 2), 역시 멕시코 경제 지도자들이 촉구한 입장이었다(*Latino Beat*, 1999). 공식적인 달러화는 브라질한테도 역시 '최선의 선택인 것 같다'. 페루와 캐나다조차도 그 구상을

2) "남미의 많은 지역에서 지난 10년의 이야기는 민주화 이야기였다. 하지만 최근의 전개(지난달 에콰도르의 준쿠데타와 1998년 베네수엘라에서 권위주의 지도자의 당선, 콜롬비아에서 게릴라 전투의 확대)는 그 힘이 이동할지 모른다는 미국의 근심을 불러일으키고 있다"(Lancaster, 2000).

탐구하고 있다.[3)] 위에 언급한 국가들 외에도 아르헨티나, 브라질, 인도네시아, 멕시코, 러시아, 베네수엘라, 에콰도르 정부 또는 그 나라 언론들이 달러화에 관심을 보여왔다(Shuler, 1999a: table 4). 아주 최근까지 생각할 수 없을 것 같던 것이 이제 구체적 가능성으로 나타나고 있다. 이런 의미에서 에콰도르의 달러화는 중요한데 왜냐하면 그 예는 다른 후보국들이 정치적·이데올로기적 반대를 극복하는 데 도움이 될 수 있기 때문이다. 달러화가 남미 전역에 퍼지고 뛰어넘을지는 여전히 논의 대상이다. 그렇게 된다면, 제국주의 간 관계뿐만 아니라 관련 국가들의 대부분 인구에도 중대한 영향을 줄 것이다. 그러므로 논제와 범위(stakes)를 명확하게 하는 것이 중요하다.[4)]

슐러(Schuler, 1999b)는 세 가지 형태의 달러화로 구별했다. 비공식적 달러화(unofficial dollarization)는 달러가 법화가 아니더라도 사람들이 달러로 금융자산을 가지고 있을 때 일어난다. 비공식적 달러화 척도는 미국 달러 지폐의 50~75%를 외국인이 가지고 있다는 것과 본원통화는 "부분적으로는 미국에서 달러 수요의 증가와 부분적으로는 해외에서 달러 수요의 증가로 증가한다"(Schuler, 1999a: sect.2)는 연준(Federal Reserve)의 추정에 의해 주어진다. 유통 중에 있는 통화가 4800억 달러 정도라고 고려하면, 3000억 달러는 외국에서 가지고 있다. 선호되는 도착지가 남미인데, "남미의 많은 지역은 이미 비공식적 달러화가 되었다. 1995년 즈음, 외국 통화 예금은 화폐 공급의 넓은 수단 가운데 하나의 몫으로서 아르헨티나에서 44%, 볼리비아에서 82%, 코스타리카에서 31%, 니카라과에서

---

3) 캐나다의 경우는 복잡하다. 퀘벡 주의 총리 뤼시앵 부샤르(Lucien Bouchard)는 퀘벡 주의 독립에 찬성했는데, 그런 다음에 단지 퀘벡 주의 중심 무역 지역을 구성하던 남미공동시장 국가들과 함께 공통 통화 지역에 들어가기 위해서였다. 이 공통 통화는 오직 미국 달러일 수 있다. 부르스 카츠(Bruce Katz)와 르네 실바(Rene Silva)가 쓴 인터넷 기사, "뤼시앵 부샤르의 아르헨티나 방문의 숨겨진 면(The Hidden Face of Lucien Bouchard's Argentina Visit)"이 있다. 이 기사는 저자들에게 요청하면 받을 수 있다.

4) 달러화는 어떤 통화에 의해 한 국가의 통화가 교체되는 것을 가리킬 수 있다(문화 제국주의의 좋은 예). 그러나 이 장에서는 미국 달러 사용을 가리킨다.

55%, 페루에서 64%, 우루과이에서 76%였다”(Stein, 1999: 2). 비슷한 운동이 또 다른 강한 통화에서도 인지될 수 있다는 것을 주목해야 한다. 분데스방크(Bundesbank)는 독일 마르크의 약 40% 정도를 외국인들이 가지고 있다고 추정했다(Schuler, 1999b, sec.2). 비공식적인 달러화의 다른 척도, 즉 국내은행 체계에서 외국 통화 예금 비율을 고려하면, 1995년 국제통화기금은 52개국이 높은 수준으로 또는 중간 수준으로 달러화가 된 나라라고 추정했다. 달러화를 가지고 미국 달러의 폭넓은 사용뿐만 아니라 독일 마르크의 폭넓은 사용을 이해한다면, 비공식적 달러화 국가는 남미 대부분의 나라와 옛 소비에트 연방 대부분의 나라들과 다양한 다른 나라들로 이루어진다. 분명히 이들은 단순한 추정일 뿐이지만, 그 문제의 크기를 나타낸다. 다른 한편 일본 엔화는 해외에서 거의 사용되지 않는 것 같다.

반공식적 달러화(semi-official dollarization) 또는 공식적 이중 통화 체계(officially bimonetary systems)는 외국 통화가 국가 통화에 비해 부차적인 역할을 할지라도, 외국 통화를 일상의 지불에서 두 번째 법화로 허용하는 국가들에서 일어난다. 6개국이 두 번째 법화로서 미국 달러를(바하마뿐만 아니라 캄보디아와 라오스), 다른 많은 나라들이 프랑스 프랑(몇몇 옛 프랑스 식민지), 독일 마르크(발칸 반도 국가들), 홍콩 달러(마카오와 남중국), 러시아 루블(벨라루스)을 사용한다(Schuler, 1999b).

공식적(또는 완전한) 달러화가 이 장의 초점이다. 이를 채택하는 나라는 국가 통화를 미국 달러로 바꾼다. 원래 자국 통화는 기껏해야 작은 가치를 지니는 동전 형태로 계속 존재한다. 달러화한 후 국가는 미국 통화제도의 부분이 되고 사실상 그 제도의 한 지역이 된다. 국가 통화가 미국 달러로 전환된 후, 그 나라 통화의 공급은 처음에 그 나라의 본원통화(유통 중인 지폐와 동전, 그리고 준비금으로서 지폐와 동전)에 의해 결정되고, 그 시점 이후부터는 그 나라의 국제수지에 의해 결정된다. 수출이 수입보다 많으면, 자본 유입이 자본 유출보다 많으면 본원통화는 증대하고, 반대의 경우에는 줄어든다. 1999년 28개국이 달러 또는 다른 외국 통화를 지배통화(predominant currency)로서 사용하고 있다.[5] 이들 가운데 15개국은 독립하지 않았고, 13개국은 독립한 지역이다. 단연코 가장 큰 국가는 파나마인데, 1997년 인구 2700만 명에 국내총생산이 87억 달러였다. 이 나라는 가장 유력한 후보 아르헨티나와 비교되는데, 같은 해 인구가 3300만 명에 국내총생산이 3000억 달러였다(Schuler, 1999b: sect.2). 파나마는 1904년부터 달러화되었고, 달러화 지지자들의 본보기이다. 그러면 파나마의 경제 성과를 요약해서 평가해보자.

우선 거시경제 자료는 건실한 것처럼 보인다. "성장률은 1961~1971년, 그리고 다시 1978~1981년에 8.1%였고, 다른 해들은 2.5%였다"(Bogetic, 1999). 그러나 지리적인 위치와 관련된 서비스 부문이 국내총생산의 75%를 지배하기 때문에 파나마는 중남미 국가를 거의 대표하지 못한다. 통화 지표들에 대해 말하자면, "인플레이션은 1961~1997년 시기에 매년 평균 3%였는데, 미국보다 거의 2% 낮았다. 실질 이자율은 5% 미만이었다"(Bogetic, 1999). 1997년과 1998년 인플레이션율은 각각 1.2%와 0.6%였다(Council for Investment and Development, 1999). 따라서 통화 전선에 대해서는 모든 것이 좋다. 하지만 실물경제를 검토해보자.

1997년과 1998년 실업률은 13.4%였다. 1980년부터 1989년까지 빈곤한 인구는 27.9%에서 31.8%로 상승했고, 파나마는 소득 불평등의 증가를 경험한 (전체 10년 동안 자료로 7개국 가운데) 중남미 4개국 가운데 하나였다(World Bank, 1993). "노동의 탄력적인 공급은 …… 실질임금을 최저 생활 수준(subsistence-equivalent level)으로 유지했다"(Moreno-Villalz, 1999: 425). 또는 다른 각도에서 보면 (유엔개발계획이 계산한) 인간개발지수(Human Development Index)는 인간개발의 넓은 척도를 제공한다. 음수는 악화를 나타낸다. 1990년에 파나마는 다섯 번째로 나쁜 성과를 내는 나라였고(-12.91%), 네팔, 브라질, 아이보리코스트, 자메이카가 오직 이 부럽지 않은 경주에서 이기고 있었다. 즉, 세계 모든 나라 가운

5) 위에서 언급했듯이, 이 목록에 에콰도르와 동티모르를 더해야 한다.

데 오직 4개국에서만 파나마보다 더 나쁘게 인간개발지수가 하락했다. 그러나 공식 문서들에서는 '임금을 쓸데없이 엄격하게 만드는 파나마의 법'에 대해 부끄럼 없이 비난을 해댔다. 미국 통화 당국에 대해 말하자면, 미국 재무부 차관 로런스 서머스(Lawrence Summers)가 1999년 연설에서 달러화에 대해 언급한 오직 두드러진 사실은 "달러화된 파나마는 중남미에서 30년 동안 고정 이자율을 가진 주택금융시장을 운영한 유일한 국가"(US Treasury, 1999)라는 것이었다. 로런스 서머스조차도 자랑할 것이 거의 없었다.

달러화의 세 가지 형태의 지리에 대한 개요를 간략하게 설명했는데, 이제 그 현상을 분석해보자. 첫 번째 중요한 점은 달러화를 적절하게 이해하는 것은 국제 화폐발권차익(international seigniorage) 개념을 명확하게 이해하는 것을 전제한다는 것이다. 이는 결국 국내 화폐발권차익(national seigniorage), 즉 국가가 법화를 발행하는 권한을 가지고 있기 때문에 국가 내에서 대중으로부터 가치를 전유함을 논의하는 것을 전제한다. 공식적 문헌에서 화폐발권차익을 인식하는 두 가지 방법이 있는데, 저량(한 번에 얻는 것)과 유량(시간에 따른 수입의 흐름)이다. 먼저 국내 화폐발권차익, 즉 자신의 경제주체들부터 국가의 가치 전유를 살펴보자.

저량으로서 고전적 화폐발권차익의 경우는 화폐를 가지고 구매할 수 있는 것보다 비용이 적게 드는 화폐 주조 권한을 가지고 있는 국가의 경우이다. 현대의 조건들을 적용하면 다음과 같다.

> 1달러 지폐를 발행하는 데 3센트 정도 비용이 들지만, 미국 정부는 1달러 지폐로 1달러 가치의 상품을 구매하는 데 사용할 수 있다. 1달러 지폐가 영원히 유통된다면, 순 화폐발권차익은 97센트일 것이다. 실제 화폐발권차익은 더 적은데 왜냐하면 18개월 정도 후에 미국 정부는 해지고 닳은 지폐와 주화를 무료로 교체하기 때문이다.[6] 더욱 일반적으로 화폐발권차익 개념은 그 1달러 지폐뿐만 아니라 전체 본원통화(유통 중인 지폐와 주화에 은행 준비금까지)에 적용된다. 이런 접근법 아래에

서 총화폐발권차익은 주어진 기간 동안 본원통화의 변화(change)인데, 인플레이션 에 대해 보정하기를 원한다면 그 기간 동안 평균가격 수준으로 나눈다(Schuler, 1999b: sect.4).

윗글은 틀렸다. 첫째, 1달러 지폐가 교체된다면, 화폐발권차익의 증가는 없는데, 왜냐하면 본원통화의 증가가 없기 때문이다. 그래서 어떤 주어진 시간에 본원통화의 변화는 화폐발권차익의 변화를 나타내지 화폐발권차익의 총량을 나타내는 것이 아니다. 둘째, 어떤 기간이 주어진다면, 그 기간에 걸친 화폐발권차익은 본원통화의 증가를 가격 수준의 증가로 나누어 계산한다. 이는 순 화폐발권차익을 계산하기 위해서뿐만 아니라 더 중요하게는 시점에 따른 가치의 전유를 비교하기 위해 행한다. 셋째, 총화폐발권차익은 전체 본원통화로 측정하지 않는다. 이전의 각 시기에 대해 각 시기 전체 본원통화는 가격수정인자(price deflator)로 나누어야 한다. 이렇게 말하고 나면, 다음 자료들은 관련된 숫자 크기에 대한 생각을 제공한다. 연준 자료에 따르면, 1960년 본원통화가 50억 달러, 1970년 81억 달러, 1980년 162억 달러, 1990년 314억 달러, 1999년 608억 달러이다(US Federal Reserve, 2000, 모든 자료는 12월 기준이다).[7]

---

6) Schuler의 글은 다음 주석을 포함하고 있다. "새로운 20달러짜리 지폐, 50달러짜리 지폐, 100달러짜리 지폐를 인쇄하는 데 두 배 정도의 비용이 드는데, 왜냐하면 이 지폐들은 위조로부터 보호하기 위해 더욱 정교한 그림을 가지고 있고, 그리고 1달러짜리 지폐보다 평균적으로 더 긴 생명을 가지기 때문이다".

7) 자주 인용되는 글에서 Fischer(1982)는 국가 집단들에 대해 국내 화폐발권차익을 측정했다(그는 실제 달러화의 경우에 잃을 수 있는 화폐발권차익을 측정했는데, 그것은 똑같다). 그는 고권화폐(high-powered money)의 절대적 수치를 사용하지 않고, 국내총생산에 대한 고권화폐의 비율을 사용했다. 그는 그 평균이 1976년에 약 8%라는 것을 밝혔다. 그는 "(달러화로) 전환 비용이 너무나 높은 것 같다"(Fischer, 1982: 305)라고 결론 내렸다. 그러나 Bogetic(1999)은 그때 이후로 국내총생산에 대한 통화의 비율이 하락했다는 것에 반대했다. 선택한 일곱 개 중남미 국가에 대한 그의 계산에 따르면, 1991~1997년(Fischer, 1982: 30, table 5) 기간에 국내총생산에 대한 유통 통화 비율은 평균 4.6%였

이제 수입(revenues)의 흐름으로서 화폐발권차익을 고려해보자.

> 연방준비제도(Federal Reserve System)의 소득은 (예금 취급 금융기관으로부터) 공개시장조작을 통해 얻는 미국 재무부 증권에 대한 이자에서 주로 발생한다. …… 비용을 지불한 후에 연준은 수입의 나머지를 미국 재무부에 보낸다. 1914년 연방준비제도가 운영을 시작한 이후부터 연방준비은행들의 순 소득의 95% 정도가 재무부에 지불되었다(US Federal Reserve, 1994: 17).

재무부가 연준에 지불한 이런 이자의 흐름은 대략 연간 250억 달러인데 화폐발권차익이 되는 것으로 고려된다. 하지만 이것은 틀렸다. 단순히 국가의 한 부서(재무부)가 다른 부서(연준)에 지불하는 것이다. 단순하게 내부 이전만 있는데, 자본가들과 노동자들로부터 국가가 가치를 전유하는 차원에서는 의미 없는 활동이다. 이런 이자가 재무부에 환불된다는 사실은 이 점을 더욱 분명하게 해준다. 그러나 공식적 문헌에서는 이자의 이런 흐름을 화폐발권차익으로서 고려한다.

이제 우리는 달러화와 관련해 국제 화폐발권차익, 즉 비공식적 또는 공식적 달러화를 도입한 국가들로부터 미국이 가치를 전유하는 것을 적합하게 이해할 수 있다. 저량으로서 화폐발권차익의 개념을 사용하면서, 비공식적 달러화를 가지고 시작하자. 국제 화폐발권차익은 상당히 많은 양의 본원통화(달러 지폐)가 미국으로 돌아오는 대신에 해외에 계속 머무른다는 사실로부터 미국에 생긴다. 한 국가가 미국에 수출을 하면 그 국가는 내재적 가치가 없는 종이, 달러를 얻는다.[8] 그 나라가 미국으로부터 수입을 하면 가치를 얻고, 내재적 가치가 없는 종이(지

다. 이 수치는 에콰도르가 아니었다면 훨씬 더 낮았을 것인데, 에콰도르의 국내총생산에 대한 유통 통화 비율은 12.2%였다. 아르헨티나는 그 비율이 3.7%였다.

8) 지폐의 가치는 구매력에 의해 주어지는데, 하지만 지폐가 구매할 수 있다는 조건에서이다. 지폐들이 중앙은행의 금고 안에 머물러 있거나 미국 바깥에서 유통되는 한, 달러는 미국 재화를 구매할 수 없게 된다.

폐)를 돌려준다. 그러나 그 나라가 미국 상품을 되사기 위해 달러를 사용하지 않으면(다른 통화에 일어나는 것처럼), 그 달러는 미국으로 가는 비용 없는 수입품을 나타낸다. 이것이 기축통화를 발행한다는 사실 때문에 일어나는 미국의 가치 전유이다(화폐발권차익). 달러가 미국 상품을 구매하기 위해 사용되지 않는 세 가지 기본적 이유가 있다. 첫째, 외환 보유고(international reserves)로서 보유되기 때문이다. 둘째, 단지 달러화된 경제 안에서 유통되기 때문이다. 셋째, 국제시장에서 국제 지불수단으로 사용되기 때문이다. 하지만 결국 이런 사용은 달러가 경제적으로나 군사적으로나 주도권을 가진 화폐이기 때문에 가능하다.[9] "미국 달러의 약 55%에서 70%가 이미 해외에서 유통되고 있는데, 매년 새로운 달러 발행의 75%를 포함한다"(Stein, 1999: 7). 중남미에 관한 한, 그 지역의 많은 부분이 이미 비공식적 달러화가 되었다(Stein, 1999: 2). 이는 동시에 미국의 국제 화폐발권차익의 수단이 되는 비공식적 달러화이다.

하지만 이번 장의 초점은 공식적 달러화이다. 공식적으로 달러화할 가능성이 가장 큰 나라 아르헨티나를 예로 들어보자. 1980년대 하이퍼인플레이션을 억제하려는 노력으로, 아르헨티나는 1991년 '태환법(Convertibility Law)'을 통과시켰고, 그래서 통화위원회(currency board)를 도입했다.[10] 이것에 근거해 대중은 요구만 하면 1페소에 1달러의 고정 비율로 달러를 페소로 또는 그 반대로 바꿀 수 있다. 그 결과 아르헨티나 연방은행은 유통되는 페소량 만큼 미국 달러를 준비금으로 가지고 있어야 한다.[11] 실제로는 준비금으로 페소 본원통화보다 미국

---

9) 특별인출권(Special Drawing Rights: SDRs)은 계산 단위로 남았는데, 기본적으로 기축통화로서 특별인출권 사용은 미국의 이해가 아니기 때문이다.

10) 통화위원회가 작동하는 방식에 대한 검토는 Hanke and Schuler(1999)를 보라. 통화위원회와 완전한 달러화 사이의 차이는 후자에서는 자국 화폐의 존재가 없어진다는 것이다(아마도 소액 동전은 제외하고). 이런 경우에 통화정책은 오직 미국의 영역이 된다. 몇몇 회원국이 다른 회원국보다 더 큰 발언권을 가질 수 있더라도, 통화정책이 집단적으로 만들어진다는 점에서 통화동맹과 달러화는 다르다.

11) 달러 지폐는 필수적이지 않다. 아래를 보라.

달러를 더 많이 가지고 있는데, 즉 150억 페소 본원통화에 대해 외환 보유고는 약 300억 달러로 미국 재무부처럼 대부분 달러 자산으로 가지고 있다. 페소를 빼내고 달러로 교체하는 것에 아무 문제가 없어야 한다. 이제 아르헨티나가 통화위원회 제도로부터 공식적 달러화로 바꾸었다고 가정하고, 주류 경제학에서 화폐발권차익에 대해 미치는 공식적 달러화의 효과를 어떻게 보는지 논의함으로써 시작하자.

잠시 후 분명해질 이유들 때문에 요즘 초점이 저량으로서가 아니고 유량으로서 화폐발권차익에 있다는 것을 주목해야 한다. 다음 글을 살펴보자

> 통화위원회 제도 아래에서 아르헨티나는 매년 약 7억 5000만 달러의 화폐발권차익을 번다. 화폐발권차익을 버는 방법은 아르헨티나가 실제 많은 달러 지폐를 준비금으로 가지고 있지 않다는 사실이다. 아르헨티나의 준비금은 단기의 달러 표시 증권 형태(대부분 미국 재무부 증권)로 있는데, 아르헨티나인은 이것에서 이자를 번다. 아르헨티나가 달러화된다면, 이 나라는 이 준비 증권(reserve securities)들을 달러와 교환할 것이다. 아르헨티나는 이자를 벌 수 있는 준비 증권들을 더 이상 가지고 있지 않다. 반면에 미국 달러에 대한 수요 증가는 연준으로 하여금 더 많은 통화를 발행하고, 더 많은 증권을 구매하도록 할 것이다. 이런 방식으로 아르헨티나가 이전에 얻었던 화폐발권차익은 이제 미국이 얻게 될 것이다.

혼동이 두드러져 있다. 먼저, 아르헨티나 정부의 국내 화폐발권차익의 손실, 즉 아르헨티나가 자국 경제주체들로부터 전유하고 있으면서, 화폐 차원에서 지폐의 명목 가치와 그 생산 비용 사이의 차액과 일치하는 가치의 저량에 대한 언급이 없다. 둘째, 미국의 국내 화폐발권차익을 연준이 가지고 있는 미국 국채에 기초해 재무부에서 연준으로 흘러가는 이자의 유량으로 오해하고 있다. 연준이 아르헨티나가 가지고 있는 미국 국채를 구매한다면, 재무부로부터 나오는 이자

의 유량은 증가한다. 그러나 이것은 국가의 한 부서에서 다른 부서로 이자 형태로 된 화폐의 단순한 이전이다. 화폐발권차익은 없다. 셋째, 여기서 국제 화폐발권차익은 아르헨티나가 외환 보유고로서 가지고 있는 미국 국채 때문에 아르헨티나로 들어가는 이자의 유량으로서 나타난다. 이는 이자 지불과 화폐발권차익을 혼동한 것이다. 그리고 넷째, 저량으로서 국제 화폐발권차익을 언급하지 않는다. 실제로는 다음 일들이 일어날 수 있다.

- 아르헨티나 정부는 더 이상 스스로 화폐를 발행하지 않기 때문에 국내 화폐발권차익을 잃는다.
- 미국에서 국내 화폐발권차익의 증가는 없다. 연준이 아르헨티나로부터 구매하는 미국 국채에 대해 미 재무부로부터 받는 더 많은 이자는 화폐발권차익이 아니고 미국 정부 내 화폐 이전이다. 더욱이 이자는 약 95% 정도 재무부로 돌아온다.
- 달러화 이전에 아르헨티나는 7억 5000만 달러를 미국 국채에 대한 이자로 받는다. 이것은 아르헨티나의 화폐발권차익이 아니다. 미국이 외환 보유고로서 페소를 보유한다는 사실 덕분에 아르헨티나가 미국으로부터 가치를 전유한다면, 아르헨티나는 미국으로부터 국제 화폐발권차익을 얻을 수 있다. 이런 혼동을 통해 지배국과 피지배국 사이의 힘의 관계는 암암리에 뒤집어진다.
- 미국이 아르헨티나에 이자 지불을 그만둔다면, 미국을 위한 화폐발권차익으로서 연간 7억 5000만 달러의 유량은 훨씬 적어진다. 미국 국채를 아르헨티나한테 판매함으로써, 미국은 아르헨티나와 채무를 계약한 것이고, 이것에 근거해서 이자를 지불해주어야 한다. 그 채무가 청산된다면, 이자 지불은 멈춘다. 공식적 문헌에서는 미국의 이자 지불의 종료와 미국의 화폐발권차익을 혼동하고 있다. 이런 방식에서는 우리가 잠시 후 보게 되듯이 아르헨티나에 의한 가치 손실 규모가 굉장히 감소한다.[12)]
- 아르헨티나는 미 재무부 채권 150억 달러를 미국 지폐 150억 달러와 교환하고,

150억 페소를 청산한다. 원칙상으로는 이 150억 달러는 준비금으로 묶여 있었는데, 이제는 미국 상품을 되사는 데 사용할 수 있다. 다시 말해 미국은 그만큼 화폐발권차익을 잃을 수 있다. 그러나 실제로는 그렇지 않다. 먼저 페소를 가지고 있으면서 달러를 받는 사람들이 수입을 위해 그 달러를 사용할 것이라고 기대할 이유는 없다. 그들이 공식적 달러화 이전에 그만큼을 수입하기를 원했다면, 아주 간단하게 페소를 달러로 바꿈으로써 그렇게 했을 것이다. 둘째, 본원통화에서 급격한 감소(최대 절반만큼)로 150억 달러가 수입품에 지출되기 훨씬 전에 정부가 발표해야만 할 심각한 디플레이션 효과를 초래할 수 있다. 국제통화기금 관료가 다른 맥락에서 말했듯이, 절반만큼의 화폐 공급의 축소는 국제통화기금 한테조차도 "아주 곤란한 통화정책일 수 있다"(Borensztein, 1999). 그래서 적어도 150억 달러 몫은 아르헨티나 경제 내에서 유지될 수 있고, 그리하여 미국의 화폐발권차익을 나타낸다. 단지 미국의 화폐발권차익 형태에서 변화가 있을 수 있는데, 오직 아르헨티나 내의 외환 보유고로부터 유통 중인 지폐까지이다.[13)]

- 마지막으로, 그리고 가장 중요한데, 위에서 화폐발권차익의 측정량이 화폐 차원에서 표현되었다. 그래서 국제가격 형성을 통한 가치의 전유 때문에, 측정량은 가치 차원에서 국제 화폐발권차익의 총량을 과소 추정한다.[14)]

---

12) 따라서 공식적 문헌에서는 화폐발권차익 공유를 미국이 더 이상 달러화된 국가에 지불하지 않아도 되는 이자 부분의 상환, 즉 달러화된 국가가 미국 국채를 달러 지폐로 바꾸게 되면, 못 받게 되는 이자 부분의 상환으로 잘못 인식하고 있다. 그와 같은 화폐발권차익 공유 합의가 없다면, 미국이 모든 화폐발권차익을 얻을 것이라고 말한다. 미국은 파나마에서 미국 달러 사용에 대한 모든 화폐발권차익을 얻고 있으며, 화폐발권차익 공유는 없다(Bogetic, 1999).

13) 논평자들은 당연히 전환율이 1달러=1페소가 된다고 생각한다. 그러나 신용화폐도 전환되어야 한다. 원칙적으로 아르헨티나중앙은행 또는 재무부는 그 나라 부채의 액면가를 페소에서 달러로 바꿀 수 있다. 이것으로 상환 연장이 되지 않은 순 부채에 대해서만 추가의 달러 지폐를 요구할 수도 있다(그러므로 그것은 재무부에 결속된 대중의 확신에 의존한다). 그러나 추가의 달러가 전환을 위해 필요할 것이라는 주장은 아래에서 언급한 이유들 때문에 더 낮은 전환율(예를 들어, 1달러=1.2페소)을 정당화하기 위해 사용될 수 있다.

우리는 공식적 문헌에서 국제 화폐발권차익 개념에 대해 저량과 유량 두 개념을 제시한 것을 봤다. 아르헨티나에서 비공식적인 달러화(통화위원회) 아래에서 저량의 측정량은 150억 달러이고 유량의 측정량(화폐발권차익이 아니고 이자이다)은 7억 5000만 달러, 또는 약간 차이가 있지만 비슷한 수치이다.[15] 그러나 저량과 유량의 개념은 대체될 수 있는 것으로 보인다. 그래서 이런 방법에서는 달러로 환산하면, 아르헨티나의 손실은 150억 달러 또는 연간 7억 5000만 달러 유출이 된다. 실제로는 아르헨티나의 손실은 엄밀한 의미의 화폐발권차익(150억 또는 그보다 적은)과 미국 국채에 대한 이자의 손실(연간 7억 5000만 달러) 둘 다이다.[16] 공식적 달러화로의 전환은 엄밀한 의미의 화폐발권차익을 줄일 수 있고, 하지만 다른 한편 이자 지불 유입을 줄일 수 있다.

어떤 개념의 화폐발권차익을 도입해야 할지 결정해야만 할 때, 주류 경제학자들과 정책가들 모두 거의 만장일치로 유량 개념을 선택한다. 이는 세 가지 이점이 있다. 첫째, 경제적 관점에서 달러화로 유인하는 것으로서 미국이 아르헨티나의 손실을 함께 나누는 것으로 묘사된다. 지금까지 미국이 손실에 대한 경향을 보여주지 않았다는 사실은 제외하면서, 미국은 150억 달러(또는 아마도 그것의 일부)를 지불하는 것이 아니라 7억 5000만 달러(많은 해 동안 협상되어야 한다)의 부분을 매년 지불하는 것으로 묘사된다. 거의 확실히 미국에서 아르헨티

---

14) 이런 가치 전유는 또한 불평등 교환으로 불린다. 위와 Carchedi(1991a: ch.7)를 보라.

15) 아르헨티나가 완전한 달러화를 한다면, 미국 합동경제위원회는 다음 공식을 제안했다. [(US$5800억×0.05)−US$10억]×0.028×1=(US$290억−US$1억)×0.028×1=US$7억 8400만(Bogetic, 1999). 이 합계는 매년 지불되어야만 한다. 여기 $5800억 원은 2000년에 추계된 본원통화이고, 0.05는 준비금의 기회비용에 대한 대리변수로서 90일 만기 미국 국채의 일괄 이자율(every rate, 5%)이고, 10억 달러는 연준의 순 운용 비용이고, 0.028은 아르헨티나의 전체 평균 달러 본원통화 몫이고, 1(또는 100%)은 미국이 그 전체량을 지불해야 한다는 것을 가리킨다. 7840억 달러와 7500억 달러와는 크게 차이가 없다는 것에 주의하라.

16) 여기서 초점은 국제 화폐발권차익에 있다. 아르헨티나 국가의 손실은 국내 화폐발권차익의 손실에 의해 악화된다.

나로 전체 이전은(그것이 실제 일어난다면) 150억 달러보다 적을 것이다. 둘째, 정치적 관점에서 화폐의 연간 유량은 중단될 수도 있고, 그리하여 달러화되고 있는 국가를 미국의 영향력 안에 묶어둘 수 있다.17) 그리고 셋째, 이데올로기적 관점에서 화폐발권차익을 이자의 흐름 속으로 무너뜨림으로써, 국제통화를 발행하는 것 때문에 지배적인 제국주의 강대국이 가치 전유를 한다는 것을 통찰할 수 없게 된다. 따라서 어떠한 채권국도 화폐발권차익을 받을 수 있는 것이 되고, 제국주의 개념은 중요성을 잃게 된다.18) 엄밀한 의미의 화폐발권차익을 고려하지 않는 것은 가치 차원에서 생각하도록 훈련되지 않는 사람들이 미국에 의한 화폐발권차익의 손실을 달러화되고 있는 국가에 더 많은 미국 수출품이 유입하는 것으로서, 화폐가 미국으로 유입하는 것으로서, 그리하여 긍정적인 요소로서 인식한다는 사실에 의해 더 쉽게 만들어진다.19)

---

17) 국제연합에 대해 미국이 기여한 것을 반영한 경험들이 나타내는 것과 비슷하다.

18) Bogetic(1999)은 "미국이 160억 달러로 추계된, 단순히 유통 중인 페소 통화에 대한 미국 달러 등가를 아르헨티나에 이전한다"는 바로(Barro)의 제안을 언급한다. Schuler(1999a)의 반론은 "아르헨티나는 일괄 지불을 할 수 있고, 그러면 그 나라의 국내 통화가 돌아오게 할 수 있고 다시 도입할 수 있으며, 미국 정부로부터 160억 달러를 사취할 수 있다"이다. 이것은 터무니없다. 아르헨티나가 달러화에서 벗어난다면 미국은 그 액수의 반환에 대한 조항을 쉽게 부과할 수 있고, 그 조항에 대한 존중을 쉽게 부과할 수 있다. 미국이 그런 제안을 선택하지 않는 이유는 방금 제시되었다.
아주 흥미롭게도 그 160억 달러는 달러화하고 있는 국가로부터 미국이 가치를 전유하는 것으로서 고려되지 않지만, 그 나라가 달러화에서 벗어난다면, 그 액수는 "갑자기 미국 재화와 서비스에 지출하는 데 이용할 수 있다. 이것은 당면한 국가 경제에 수십억 달러의 선물로 보일 수 있는데, 그것은 가장 적합하지 않는 것이다"(Testimony of Dr Michael Gavin, 1999). 명백히 거금 160억 달러를 들여서 달러화하고 있는 국가로부터 미국이 엄청난 액수의 달러로 선물을 받는 것이라고 해야 가장 적합하다!

19) 노동가치론의 관점에서 아르헨티나가 미국에 재화를 수출한다면, 그 나라는 교환에서 실물 가치를 가치 없는 종이(달러) 지폐에 양도한다. 아르헨티나가 달러 지폐를 미국 재화와 교환한다면, 즉 미국으로부터 수입을 한다면, 아르헨티나는 다시 실물 가치를 돌려받는다. 만약 아르헨티나가 미국 재화를 수입하기 위해 그 지폐들을 사용화지 않는다면(화폐발권차익 때문에), 그 나라는 미국에게 공짜로 실물 가치를 준 것이다. 반대로 아르헨티나가 미국으로부터 수입하기 위해 그 달러들을 사용한다면, 실물 가치는 돌아오

3. 달러화와 사회 계급

이제 우리는 달러화로부터 누가 이득을 얻고 누가 손해를 보는지에 대해 좀 더 일반적인 결론을 끌어낼 수 있다. 달러화되고 있는 국가를 가지고 시작하자. 본질상, 주류 경제학의 주장은 단순하다. 달러화된 국가는 경기를 부양하기 위해 달러를 발행할 수 없다는 것이다. 성장은 신용과 인플레이션을 통해 자극될 수 있지만, 달러화는 물가와 국제 경쟁력에 역효과를 주는데, 평가절하(정의상 가능하지 않다)를 통해 그런 것들에 대응할 수 없다는 것이다. 만약 인플레이션 위험이 줄어들고 평가절하 위험이 제거된다면, 국내 저축은 자극되고 이자율은 하락하고 유출된 자본은 돌아오고 해외 투자가 증가한다. 이 모든 것이 경제성장으로 이어진다. 더욱이 만약에 물가가 평가절하(평가하락)로 낮아질 수 없다면, 임금이 억제되어야만 할 것이다. 임금 하락은 이윤과 저축을 증가시키고 그리하여 투자를 늘린다. 고용은 증가한다. 이상한 나라의 앨리스에 대해서는 그만 이야기하자.[20]

노동의 관점에서는 다르다. 첫째, 미국(그리고 다른 제국주의 국가들)과 중남미의 기술(따라서 생산성) 격차를 고려하면, 국제시장에서 국내 생산자들이 매긴 가격이 평가절하를 통해 낮아질 수 없다는 것을 고려하면, 국제 경쟁은 오직 비용

며 이것은 미국의 손실이 되는데, 즉 미국의 화폐발권차익의 감소가 된다. 그러나 주류 경제학은 아르헨티나의 이런 수입을 미국에 이점이 되는 것으로 간주하는데, 왜냐하면 주류 경제학은 미국에서 생산된 가치를 실현하는 어려움에 초점을 맞추고, 따라서 아르헨티나에 그 가치를 실현할 가능성에 초점을 맞추기 때문이다. 노동의 관점에서 미국에 부정적인 요소(화폐발권차익의 손실, 즉 가치의 손실)인 것은 자본의 관점에서는 긍정적인 요소로서 간주되는데, 즉 아르헨티나에서 미국 가치의 실현으로서이다.

20) 많은 비평가들은 달러화 그 자체로는 만병통치약이 아니라고 강조한다. 그것의 목표에 도달하기 위해서는 무역이 증가해야만 하며, 기술 발전이 국제적 수준에 도달해야만 하며, 해외 자본이 낮은 세율을 통해 유인되어야 하는 등등이 있다. 하지만 물론 한 국가가 이것을 할 수 있다면, 애초에 달러화에 대한 필요가 없을 것이다.

절감, 즉 임금 인하를 통해서만 이루어질 수 있다. 이런 비뚤어진 효과는 달러화가 민영화 계획의 일환으로서 더 일반적으로는 신자유주의 정책의 일환으로서 나타난다는 사실에 의해 강화된다. 민영화(즉, 기본 공공재의 민영화)는 임금재의 가격에 영향을 주는 가격 인상으로 이어진다. 예산 삭감도 비슷한 효과를 갖는다. 빈곤과 사회 불평등이 증가하지 않을 수 없다. 둘째, 경쟁적인 평가절하에 기댈 수 없다면, 파산이 뒤따를 것이고 이는 실업률을 악화시킬 것이다. 셋째, 파산은 국제 채무에 대한 채무불이행의 위험을 증가시킬 것이다.[21] 국내 임금 정책에 대한 해외의 압력이 커질 것이다. 넷째, 통화정책의 부재로 국가의 자금 조달 부담이 재정정책 및 예산정책에 더 많이 지워질 것이다. 세금 지불을 피할 수 없는 이들(예를 들어, 가난한 이들, 특히 간접세를 통해)에 대한 재정 압박과 예산 삭감은 증가할 것이다. 이것은 방금 묘사한 과정을 강화할 것이다.

다섯째, ① 추가된 이윤(extra profits)을 저축하고, ② 추가된 저축이 그 나라에서 투자되고, ③ 추가된 저축이 생산적으로 투자되고, ④ 추가된 저축이 실질적인 고용을 만든다(경쟁력을 갖추기 위해서는 추가된 저축은 해외 경쟁자들만큼 자본 집약적이어야만 한다)는 확실성은 없다. 따라서 노동의 끔찍한 상황에 관한 한 1980년대와 1990년대 사이에 본질적인 차이가 없다(있다면, 노동의 끔찍한 상황이 더 악화되었다는 것이다). 1980년대 실질임금이 (때때로 극심하게) 높은 인플레이션율을 통해 낮게 유지된 반면, 완전한 달러화 아래에서 똑같은 결과가 명목임금 삭감을 통해 달성된다(또는 물가 급등보다 약간의 상승을 통해).[22] 단지 이제 (명목) 임금 하락은 국내 자본에 의해서가 아니라, '달러화에 의해 부과된 것 같다'. 유로 도입 후, 유럽연합의 경제정책과 놀라운 일치가 여기에 있다(Carchedi, 1996b를

21) 이것은 왜 멕시코 중앙은행장이 달러화가 '국가 위험에 잠재적으로 추가되는 것'일 수 있다고 생각하는 이유이다(Ortiz, 1999).

22) 에콰도르에서 명목임금의 하락은 공식적 달러화를 기다릴 필요가 없었다. 월 급여가 1998년 8월 150달러에서 2000년 1월에 50달러로 하락했다(Acosta and Schuldt, 2000).

보라). 유럽에서 역시 예산 삭감과 실질임금 하락은 독점자본 대신에 유로에 의해 부과된 것 같다. 요약하자면, 유럽통화동맹과 마찬가지로 달러화가 인플레이션율 인하를 달성한다면, 그것은 실질임금을 삭감함으로써, 그리고 사회 불평등 및 실업을 증가시킴으로써 그렇게 할 것이다.[23)]

그러나 자본의 관점으로 돌아가 보자. 임금 하락과 착취율 증가는 확실히 전체 국내 부르주아지에게 엄청난 이점인 반면, 그것들에는 치러야 할 조건이 있다. 주류 비평가들은 그 조건들을 빠르게 열거한다. 화폐발권차익의 손실, 독립적인 화폐 정책의 상실, 최종 대부자로서 중앙은행의 상실, 환율 정책의 상실이다. 하지만 주류의 반대 주장이 똑같이 빠르게 나온다. 화폐발권차익의 손실은 위에서 논의했다. 반대 주장은 이것이 다른 이점들에 비해서 상대적으로 중요하지 않으며, 어쨌든 이 손실(그것은 자국 중앙은행에서 준비금으로서 보유하는 미국 국채에 대한 이자의 손실을 의미하는 것이다)을 공유하는 것에 대해 미국과 협상할 수 있다는 것이다. 그러면 독립적인 환율정책의 상실, 즉 기본적으로 인플레이션을 상쇄하고 수출을 진작하는 평가절하의 상실이 있다. 그러나 어떤 주류 비평가들은 평가절하를 포기하는 것은 전혀 희생이 될 수 없다고 주장한다. 평가절하는 달러를 대부한 자국 기업들과 자국 통화로 같은 양의 달러를 되사야 하는 자국 기업들의 어려움을 증가시킨다. 더욱이 "경험적인 증거는 중남미에서 평가절하가 선진국에서처럼 경기 확장적이지 않고,

---

23) 이것은 엄밀한 의미의 달러화와 관련된다. 보통 달러화는 민영화와 보조금 축소, 노동 유연화 등등을 통한 실질임금 인하의 특징을 가지는 신자유주의 정책 보따리의 일환으로 제안된다. 사실 그런 정책 수단이 없다면 달러화는 작동할 수 없다고 주장된다. 이런 의미에서 달러화는 신자유주의의 '마지막 장(final chapter)'이다(Acosta, 2000). 민영화로 인해 국가에 축적되는 화폐는 사회 기반 시설과/또는 임금 인상을 위해 사용될 것이라는 주장은 마술 지팡이를 다룸으로써 달러화 전에 사회적 기반 시설의 부족과 낮은 임금을 낳은 모든 사회적·경제적·정치적 조건들을 감추어버린다. 더욱이 달러화하고 있는 국가는 아마도 자본이 아주 심하게 필요할 것이라는 것을 고려하면, 민영화로부터 얻는 수입(receipts)은 민영화된 기업들의 가치보다 훨씬 적을 것이다.

경기 축소적인 것으로 증명되었음을 압도적으로 보여준다”(Testimony of Prof. Guillermo A. Calvo, 1999).

마지막 반대 주장은 달러화된 국가는 통화정책을 미국 연준에 넘긴다는 것이다. 통화정책을 자국 경제 상황에 맞게 조정하는 기회가 전혀 남아 있지 않다는 것이다. 예를 들어, 침체의 경우에 경기를 부양하기 위해 또는 금융 위기의 경우에 은행제도 구제를 시도하기 위해, 화폐 공급을 더 이상 이용할 수 없다는 것이다. 더 나아가, 달러화된 국가에 대해 어떠한 책임을 지는 것도 바라지 않고 있음을 보여줬다. 이것은 달러화된 국가의 은행들이 연준 대출 창구로부터 대출하는 것이 허용되지 않는다는 것과 연준이 달러화된 국가의 필요에 맞추기 위해 자신의 이자율을 조정하지 않는다는 것을 의미한다(즉, 달러화된 국가가 경제난을 겪는다면 이자율을 인하하거나 인플레이션의 경우 이자율을 인상하는 것). 여기서도 역시 주류의 반대 주장이 있다. 예를 들어, 달러화된 국가의 통화 당국은 (아르헨티나에서처럼) 공황의 경우 대규모 해외 은행들에 즉각적인 신용거래를 가질 수 있도록 조치할 수 있다는 것이다. 똑같은 것을 국제적 관계를 갖고 있는 은행을 통해 할 수 있다(Calvo, 1999)는 것이다. 또는 “중앙은행이 수중에 이런 목적을 위해 사용할 초과 달러 준비금을 유지할 수 있다면, 자국 은행에 유동성 지원을 제공할 수 있다”(Testimony of Dr Michael Gavin, 1999: point 6)는 것이다. 마지막으로 몇몇 비평가들은 이미 현재 중남미의 이자율은 그곳의 경제순환의 국면과는 무관하게 미국의 것을 좇는다(Frankel, 1999)고 주장하고, 다른 이들은 중앙은행의 부재는 신용 완화 정책과 인플레이션을 피할 수 있다고 주장한다.

달러화 지지자들은 자신의 강력한 주장을 가지고 있는데, 달러화는 통화위기를 불가능하게 한다는 것이다(물론 달러에 대한 수요 폭증이 없다면). 이것은 자본뿐만 아니라 노동에게도 이점이라고 주장한다. 사실은 이런 공황으로 인한 대부분의 경제 손실은 가난한 이들에게 떨어진다(Testimony of Dr David Malpass, 1999). 그런데 국제 노동자 집단에 대한 신자유주의의 부정적 효과는 달러화를 밀어붙이려는 노력에서 쉽게 발견할 수 있다는 것에 주목하자. 하지만 그것 외에 여기서 주류의 반대 주장은 투자자들을 위해, 따라서 자본 이동을 위해 중요한 것은 '통화 위험'뿐만 아니라 '국가 위험(country risk)', 즉 채무를 상환할 수 있는 그 국가의 능력이라는 것이다.[24] 달러화는 통화 위험을 크게 줄이지만 국가 위험은 좀처럼 줄이지 못한다는 것이다(Rojas-Suarez,1999).[25]

상기의 차이들은 두 학파의 사상 간에 논쟁으로 되는 것과는 전혀 관계없다. 그런 차이들은 달러화를 고려하는 국가들 내에서 대립하는 계급 이해를 표현하는 그만큼의 주장들이다(논쟁자들이 그것을 알든지 모르든지). 아주 일반적인 의미에서 수출 지향의 대자본들은 달러화를 찬성한다. (그런 자본들이 가진 높은 수준의 국제 경쟁력을 고려하면) 그런 자본들은 상대적으로 국내시장(임금 하락 때문에 수축될 것이다)과 평가절하 모두에 상대적으로 독립적이며, 환율 위험의 손실로부터 이득을 얻을 것이다. 마찬가지로 금융 및 투기 자본은 달러화에 대한 강력한 지지를 보내며, 그런 자본들은 달러화에 뒤따르는 민영화로부터 엄청난 이윤을 얻을 것이다. 통화·정치·군사 의사 결정자들에게 더욱 침투하는 것은 이런 로비이다. 효율성이 떨어지는 자본들은 평가절하와 국내시장에 더욱 의존적이어서 달러화를 반대하지만 복합된 감정을 가질 수 있는데, 그들의 숨통을 죄는 높은 이자율이 달러화로 하락할 수도 있다는 것을 고려하면 그렇다. 중간계급 가운데 낮은 계층은 역시 그들의 저축에 미치는 평가절하의 위험 때문에 자국 통화를 없애는 것에 찬성할 수도 있지만 달러와 자국 통화 사이의 낮은 전환율(이는 그들의 저축을 감소시킬 수 있다)은 반대할 것이다. 달러화에 더욱 반대하는 이들은

---

24) 한 나라의 통화 위험은 자국 통화 계약과 그 나라의 달러 계약 사이의 이자율 차이로 측정된다. 국가 위험은 미 재무부 부채에 대한 이자와 달러로 표시된 그 나라의 부채에 대한 이자 사이의 차이로 측정된다(Bank of International Settlements, 1999: 59).

25) 그 나라가 달러화되는 한, 정의상 통화 위험은 제거된다. 몇몇 비평가들이 통화 위험의 축소에 대해 말하기 좋아하는 이유는 그 나라가 자국 통화로 복귀하는 가능성을 배제하지 않기 때문이다.

'독립된' 중앙은행으로부터 (즉, 자국 화폐와 신용을 창출할 가능성에 의해) 그들의 이해가 충족되는 사람들,[26] 달러화에 뒤따르는 민영화로 경제 및 정치적 권력이 없어지는 국가 관료 부문, 노동계급 및 빈곤층(그들이 중대한 것을 깨닫는 한), 더욱 일반적으로 실용적 또는 정서적·이데올로기적 이유들 때문에 국가 독립에 묶여 있는 사람들이다.

노동은 어떠한가? 요점은 위에서 언급했는데, 달러화가 통화위기를 불가능하게 만들면서 노동에게, 즉 이런 공황들로부터 최악을 겪을 수 있는 이들에게 이익이 된다는 것이다. 이 주장은 두 가지 이유 때문에 중요한데, 즉 달러화에 대해 대중의 지지를 모으는 것을 의미한다. 첫째, 대중은 통화위기 자체로부터는 고통을 당하는 것이 아니라 통화위기에 뒤따르는 금융 위기로부터, 그리고 금융 위기에 뒤따르는 실물경제의 추락과 붕괴로 고통을 겪는다. 달러화 때문에 통화 위기를 피한다고 할지라도 금융 부문에서 위기는 여전히 있을 것이며, 이것이 경제를 붕괴시킬 것이다. 둘째, 위의 주장에서 인과관계의 순서가 거꾸로 되어 있다. 공황이 먼저 통화 부문에서, 그다음 금융 부문에서, 그다음 가치의 생산 부문에서 나타나는 것으로 되어 있지만, 인과관계의 순서는 정확하게 반대이다. 초국적 투자자들(global investors)은 채무자들(기관이든 아니든)이 합의 사항을 이행할 수 없다고 생각하면, 자신들의 자본을 철수한다. 결국 이것은 그 나라의 경제난이 증가하고 있다는 표시이다. 초국적 투자자들이 한 국가의 '기초 체력'을 걱정하는 충분한 이유가 있다. 대중한테 실제 이점이 되려면, 우선 실물경제에서 공황의 제거여야 할 것이다.

노동은 얻는 것이 있다고 하더라도 거의 얻을 게 없다. 두 가지 점은 이미 언급했다. 첫째, 비단 임금이 더욱 감소할 뿐만 아니라, 이것에 대한 정당화는 비개인적인 개발, 달러화, 그 자체로 이른바 피할 수 없는 운동의 측면인 세계화에서

---

26) 에콰도르에서 중앙은행 임원들은 해고되어야만 했고, 달러화에 우호적인 새로운 임원들로 교체되어야만 했다(*El Comercio*, 2000a).

찾을 것이다. 둘째, 달러화가 수출에 피해를 주고, 최종 대부자의 상실이 병든 경제의 구출을 더 어렵게 만드는 한, 노동은 실업률 증가로 타격을 받을 것이다. 이것들이 일반적인 요점이다. 더 나아가 많은 것이 달러화가 어떻게 수행될지에 의존한다. 예를 들어 달러화하고 있는 국가는 자국 통화를 달러로 전환할 충분한 달러 준비금이 필요하다. 그 나라가 말하자면 국제통화기금으로부터 달러로 표시된 대출을 통해 필요한 달러를 얻는다면, 이 대출의 상환은 잘 알려져 있듯이 실질임금 하락이 수반되는 예산 삭감을 의미한다. 이 대출을 미국이 스스로 해준다면, 미국 국채에 대해 없어졌던 연간 이자의 (부분적) 상환이라는 이점이 있을 수 있다. 하지만 이 '이점'은 다음의 것으로 상쇄 이상의 것이 될 수 있다.

> 한 국가가 달러에 대한 현행 환율로 100억 달러만큼 유통 중인 자국 통화를 가지고 있지만, 달러 자산으로 단지 50억만 가지고 있다면, 미국은 나머지 50억 달러에 대한 대출을 늘릴 수 있을 것이다. 그러면 그 국가는 유통 중인 모든 자국 통화를 달러로 전환할 수 있다. 100억 달러에서 오는 화폐발권차익을 그 나라에 지불하는 대신에 연준은 그것의 일부 또는 전부를 계속 가질 수 있는데, 50억 달러 대출이 이자와 함께 상환될 때까지 그렇다(Schuler, 1999a: sect.6).

그리고 이것으로 충분하지 않다면, "어떤 위험 요소가 관련되어 있다는 것을 반영한다면, 대출은 화폐발권차익의 지불을 계산하는 데 사용한 것보다 높은 이자율을 수반한다"(Schuler, 1999a: sect.6).

달러화가 통화 평가절하로부터 저축을 보호한다고 주장한다. 그러나 저축은 다른 방식으로 영향을 받을 것이다. 우선 달러화가 어떻게 진행되느냐에 많이 좌우된다. 아르헨티나를 고려해보자. 보통 달러화가 평가절하 없이, 즉 1달러=1페소의 전환율로 일어날 것이라고 가정된다. 그러나 페소가 평가절하된다면, 150억 달러보다 적은 액수가 150억 페소와 교체된다면, 잉여 달러는 아르헨티나 정부한테 이용 가능한 구매력, 즉 화폐발권차익이 될 수 있다. 따라서 저축한 사람들과 사실상 사회의 나머지 사람들에게는 더 적은 구매력이 남게 될 것이다. 또는 에콰도르를 예로 들어보자. 전환율이 1달러=2만 5000수크레로 설정되었다. 전환율이 더 높게 설정되었다면, 더 많은 달러가 필요했을 것이다. 즉, 이런 전환율은 더 높은 전환율일 때보다 정부가 더 많은 가치를 전유하는 것을 의미한다. 이것은 화폐발권차익인데, 다시 말해 전체 대중의 가치 손실이다. 더욱이 '에콰도르 모델'은 특수하게 저축에 영향을 미치는 그만의 특징을 가지고 있다. 이 나라에서 예금은 달러화 전에 동결되었다. 계획은 달러화 후에 1달러=2만 5000수크레 비율로 예금을 풀려는 것이다. 전환율이 1달러=1만 2500수크레일 때, 수크레로 저축한 예금자들은 구매력의 차원에서 자신들의 저축의 절반을 잃게 될 것이다(1달러가 5000수크레 비용일 때 자신들의 수크레를 바꾼 사람들은 말할 필요도 없이). 전환율 하락으로 필요한 달러 양이 감소한다는 공식적인 주장은 이런 사실들을 추정상의 기술적인 모습 뒤로 숨긴다.

더욱이 물가가 임금보다 더 많이 상승한다면 임금과 따라서 저축은 달러화 후에 축소될 것이다. 물가와 임금이 같은 비율로 변동할 것이기 때문에 달러화가 임금의 구매력 손실을 의미하지 않는다고 반대할 수도 있다. 하지만 달러화 후에 물가는 임금보다 더욱 빠르게 상승할 수 있고, 상승할 것이다. 왜냐하면 임금수준을 정부기구와 고용주 협회가 부과하는 반면, 물가수준의 부과에 대해서는 그런 기구가 없기 때문이다. 오직 이제 평가절하가 더 이상 가능하지 않다는 것을 고려하면 물가는 아주 높은 수준까지 상승하도록 허용되지 않을 것이다. 이것은 특히 국제 경쟁에 제약을 받지 않는(또는 오직 간접적으로 제약을 받는) 비교역재에 대해 적용된다. 이것들은 정확하게는 식품, 운송 등등 같이 노동계급이 소비하는 그런 상품이다.[27)]

---

27) 에콰도르에서는 전환율의 고정 때문에, 따라서 저축 가치의 손실 때문에 소매업자들이 처하게 된 손실을 예상해, 자국 기업들은 가격을 인상하는 것에 머뭇거리지 않았다

4. 유로와 달러화

비공식적 달러화는 아까부터 말해왔다. 재미있는 질문은 왜 주요 국가들이 최근 몇 년간 공식적 달러화에 관심을 표시했는지이다. 첫째 이유는 1970년대 및 1980년대 높은 인플레이션/큰 폭의 평가절하의 중남미 모델이 불가능하게 되었다는 것이다. 그런 정책이 한편으로 자국 통화의 구매력 파괴와 다른 한편 착취와 빈곤 수준 증가와 관련된 '사회 불안정'을 낳았다는 것이다. 고통 증가에 대한 저항은 반자본주의 운동의 물결과 함께 자본의 지배를 유지하고 대중을 계속 궁지로 몰기 위해 그 잔혹함과 범죄에서 나치 독일과 경쟁하는 것을 서슴지 않는 군사 체제의 물결을 낳았다. 이런 체제를 위한 주요한 정당화 가운데 하나는 오직 그런 체제가 공산주의로 넘어가지 않도록 막을 수 있다는 것이었다. 소비에트 연방의 몰락으로 이런 체제들은 자기 정당화의 기본적 측면이 사라졌음을 보았다. 더욱이 거의 모든 곳에서 대중 저항이 군사적으로 이데올로기적으로 쭈그러져 있었다. 그런 상황은 '정상 상태'로 돌아가기 위한 무르익음이었다. 그러나 '민주주의'로의 회귀는 전통적으로 높은 착취율의 유지 관리로 활용되어야만 했다. 바뀐 정치적·이데올로기적 분위기 안에서, 달러화는 그런 기회 하나를, 오직 그런 기회 하나를 나타낸다. 그것은 여러 가지 이유들 때문에 많은 부문의 자국 부르주아들에게 우호적인데, 달러화는 특히 신자유주의 정책을 필요로 하고 그런 정책을 더욱 정당화하는 것 같기 때문이다.[28]

(Martone, 2000). ≪엘 코메르시오(El Comercio)≫(2000d)에 따르면, 임금은 '정부에 의해 고정'될 것이지만, 가격은 자유 경쟁 체제에서 고정될 수 없다. 마치 임금이 노동력의 가격이 아닌 것처럼!! 너무 높은 인플레이션율이 국제 경쟁력에 해롭다는 것을 고려한다면, 정부는 인플레이션을 낮게 유지하기 위해 개입할 가능성이 가장 높다.

28) 모든 부문의 부르주아지가 달러화에 우호적이지 않다. 예를 들어, 아르헨티나에서 상당한 규모의 자본 분파는 페소의 관리된 평가절하에 우호적인 것 같다. 그들은 수출 자본과 금융자본인데, 언제 평가절하가 일어날지 미리 알면, 그들은 페소를 높은 가격에 팔고 낮은 가격에 되살 수 있다.또한 해외 자본도 관리된 평가절하에 우호적이다. 예를 들

그러나 손바닥도 마주쳐야 소리가 나는 법이다. 달러화는 게다가 미국한테도 하나의 선택지가 되어야만 했다. 비공식적 달러화와 비교해 공식적 달러화가 미국에 가져다주는 이점을 미국 산업계에서 찾지 말아야 한다(비평가들의 초점). 보통 달러화된 국가와 무역을 위한 통화 전환의 비용 제거 및 미국 기업들에 대한 더 많은 무역과 투자 기회가 강조되는데, 만약 달러화가 달러화된 국가들에 더 커다란 성장을 불러일으킨다면 (그래 만약) 말이다. 현실은 그렇지 않다. 달러화의 매혹은 단지 화폐발권차익의 확장이 아니라 달러화되는 국가를 미국 제국주의에 굴복시키는 쪽을 향한 전진이다. 달러화는 역시 유로의 도전을 상쇄하기 위한 새로운 전략인데, 그것은 1990년대 이후 달러화가 왜 실질적인 선택지, 즉 유로의 도전을 상쇄하기 위한 새로운 전략이 되었는지 설명해준다. 이것은 공식적인 문헌에서 많이 인정한다.

> 달러를 사용하는 국가의 숫자가 증가하면서, 공식적 달러화는 달러가 최고의 국제통화로 유지되는 것을 도울 수 있는데, 유로가 지금 도전하는 상태이다. 큰 중남미 국가 하나의 달러화 또는 큰 중남미 국가들의 더 많은 달러화는 공식적으로 달러를 사용하는 인구 숫자를 크게 확대할 것이고, 당분간 달러 지역 인구가 유로 지역 인구보다 앞서 나가게 할 것이다(Schuler, 1999b: sect.4).

또는, "달러화가 성공적인 것으로 증명된다면, 미국 달러는 유로의 서반구 판이 될 수 있다"(Testimony of Senator Chuck Hagel, 1999).

달러화의 국경은 결코 중남미에 국한되지 않는다. 합동경제위원회(Joint Economic committee)를 위해 작성된 보고서에서 언급하듯이 "원칙상, 달러화는 미주 대륙의 모든 국가, 아시아, 태평양, 게다가 거의 모든 옛 소비에트 연방, 아프리카의

어 해외 금융자본과 아르헨티나 기업을 사들인 해외 생산자본이 그렇다.

절반 또는 그 이상으로 확대될 수 있다"(Testimony of Senator Jim Bunning, 1999). 달러화는 중남미 국가들을 넘어서 확대될 수 있는 반면, 이런 국가들과 관련되어 있는 미국에 추가의 이점을 준다. 팰코프(Falcoff, 1999)가 지적하듯이, 달러화는 남미공동시장[29]에 충격을 줄 수 있는데, 그 시장은 이론상 "단순히 한 반구의 무역 지역으로 향하는 구성 요소 가운데 하나이지만, 실제로는 중남미에서 미국을 유혹하는 경쟁의 극(rival poles)을 제공하는 브라질의 야망을 나타낸다". 다른 회원국들한테(특히 아르헨티나와 우루과이), 남미공동시장은 "소비에트 연방 붕괴 이후에 그 국가들이 찾고 있는 어떤 것을 나타내는데, 미국에 대해 그 국가들이 예전의 '비동맹'을 재개하게 하도록 허용하는 장치"이다. 그러면 미국한테 달러화는 일석이조가 되는데, 유로의 도전을 억제하고, 경쟁적 무역 지역을 끝내게 하고,[30] 그리하여 달러화 팽창의 장벽을 제거한다.

미국에 대한 경제 및 정치적 이점은 서로 관련된다. 공식적 문헌은 다음을 강조한다.

- 무역과 투자를 방해하는 거래 비용 절약 및 위험 감소
- '미국에 화폐발권차익의 누적', 이것으로 인해 미국은 달러화하고 있는 국가들이 보유한 미국 국채에 대해 이자를 지불할 필요가 없다는 것으로 오인[31]
- 그런 국가들과의 무역 증가
- "아마도, 미국의 영향력 확대로 나아가는 외교정책 편익"(Frankel, 1999)

---

29) 남미공동시장은 1991년 형성된 무역 지역이며, 아르헨티나, 볼리비아, 브라질, 칠레, 파라과이, 우루과이를 포함한다.

30) 아르헨티나의 완전한 달러화는 남미공동시장의 통합을 희생시켜서, 미국과의 무역 통합을 확대할 수 있다.

31) 로런스 서머스는 "달러화하고 있는 국가들은 국내 경제에서 사용하기 위한 달러를 얻음으로써 미국에 무이자 대출을 연장하고 있는 것 같다"(US Treasury, 1999)고 말했다.

때때로 미국과 화폐동맹의 가능성이 논의된다(미국 상원 은행위원회는 그 주제에 대해 몇 번 청문회를 열었다). 불가피하게 유럽 경제통화동맹과 비교가 이루어진다. 이번에는 이 선택권이 현실 가능성이 없다고 비평가들이 옳게 믿는 반면, 제시된 이유들은 유럽연합의 선전으로부터 무비판적으로 빌려왔다. 예를 들어, 유럽 통합의 박차는 그 지역에서 또 다른 전쟁에 대한 우려였는데, 이것이 미국에 대해서는 그렇지 않다고 주장한다. 하지만 그 외 유사한 동기는 유럽연합 건설에서 단지 부차적인 역할을 한다. 유럽 통합의 진짜 근본적 이유는 유럽 계획의 제국주의적 본성과 특히 독일 과점자본들의 지도력 아래에 있는 유럽 과점자본들의 제국주의적 본성이다. 이 계획은 통화동맹으로 이어지는 더욱 엄격한 통합의 형태들을 필요로 한다(Carchedi 1999b). 미국에 대해서는 경우가 다르다. 미국은 이미 선두에 있는 제국주의 강대국인데, 특히 중남미에서 그렇다. 달러화하고 있는 국가들 또는 이미 달러화한 국가들과의 통화동맹은 미국한테 쓸모가 없을 뿐만 아니라, 그런 국가들의 통화정책에 대한 관리도 포함할 수 있다(그런 정책은 미국의 이해에 반대될 수도 있다).

지금까지 미국은 달러화에 관해 냉담함을 보였다. 잠시 후 언급될 이점들에도 불구하고 그러했다. 이런 냉담함에는 몇 가지 이유가 있다. 첫째, 달러화는 통화동맹의 대기실로서 보일 수 있다. 둘째, 달러화의 커다란 물결은 아마도 연준에 그런 국가들의 통화 관련 이해를 고려하도록 압박을 줄 수 있는데, 특히 그런 국가들이 미국의 중요한 무역 동반자라면 말이다(Bergstern, 1999). 결국 이것은 달러의 건전성에 대해 신뢰를 약화시킬 수 있다(Acosta, 2000). 셋째, 화폐발권차익 공유의 주제는 "국회에서 설명하기 아주 어려울 수 있다"(Frankel, 1999).[32] 마지막으로 (아마도 가장 중요하게는) 달러화에 대한 미국의 적극적이

---

32) '화폐발권차익' 공유가 미국한테는 매력적이지 않지만, 그것의 결핍도 완전한 달러화를 고려하고 있는 국가들한테 매력적이지 않다. "화폐발권차익(실제는 미국 국채에 대한 이자)을 잃게 되는 전망은 잠재적 편익에도 불구하고 왜 오늘날 공식적 달러화가 드문지

고 공공연한 지지는 정치적으로 역효과를 낳을 수 있고, 민족주의·달러화 반대 운동을 촉진할 수 있다.[33] 자국 통화를 포기하는 것을[34] 조심스럽게 고려하는 국가들한테 경고하는 공식적인 진술은 이런 관점에서 봐야 한다. 이런 '신중한' 태도는 달러화에 대한 자국 부르주아들(가운데 분파들의)의 열망으로 더욱 쉽게 만들어진다.[35]

실제로 미국에 누적되는 이점들은 위에서 제시된 것들보다 훨씬 거대하고, 더욱 실질적이다. 그런 이점들은 아래와 같이 요약될 수 있다(초점은 오직 완전한 달러화에 특유한 것과 남미에 맞춘다).

- 평가절하를 불가능하게 함으로써, 달러화는 달러화되고 있는 국가들로부터 미국에 대한 국제적 기본 경쟁 수단을 박탈한다.
- 달러화가 중남미로 확대된다면 미국과 무역이 강화될 것이다. 국제가격 형성에 내재한 가치의 전유, 이른바 불평등 교환은 증가할 것이다(Carchedi, 1991a: ch.7를 보라).
- 그 지역에 대해 미국의 생산적·금융적 투자는 역시 증가할 수 있다(예를 들어 통화 위험의 제거 또는 실질임금의 가중된 하락 때문에). 금융 투자에 대한 이윤 및

를 설명하는 하나의 요소이다"(Schuler, 1999b: sect, 4).

33) 미국은 이 임무를 국제통화기금에 떠넘기기를 선호한다. 달러화하려는 에콰도르 정부의 의지가 공식화되자마자, 국제통화기금은 에콰도르 정부에 '자문을 해주기 위해' 전문가 팀을 (1월 12일에) 보냈다(*El Comercio,* 2000c). 2월 26일 국제통화기금 대표단은 달러화 법안을 논의하는 에콰도르 의회에 도착했는데, 그 법안에 대한 반대를 설명하기 위해서였다. 회기는 중단되었고, 그때 주말은 막판 협상을 위해 사용되었다(*El Comercio*, 2000d).

34) 로런스 서머스는 미국이 그 자체에 대해 이런 책임을 지는 것은 "적합하지 않은 것 같다"(*Latino Beat*, 1999)고 말했다. Sachs and Larrain(1999)은 책임 있는 통화정책을 가진 변동환율을 선호하며, 따라서 지정학적 요인 및 국제적 통화 요인에 대한 이해의 부족을 보여준다.

35) 이런 관심에 대해서는 Hanke and Schuler(1999: 16)가 말하고 있는데, 그런 부르주아 분파들을 위해 아르헨티나는 미국과 조약을 맺는 것 없이 일방적으로 달러화할 수 있다.

이자의 본국 송금이 증가할 것이다.

- 한 국가가 달러화하는 데 필요한 기금이 부족하다면, 국제 대부를 통해 얻어야만 할 것이다. 채무를 상환하지 않는 한 이자의 유출은 그 나라를 식민주의 또는 종속 발전의 상태로 유지시키는 데 도울 것이다. 채무를 상환화려면, 상환할 자금은 상품 수출을 통해 조달되어야만 할 것이다. 위에서 지적했듯이 이 상환 자금은 미국의 화폐발권차익이다.
- 가장 중요한 것은 엄청나게 증가한 달러 지역으로 달러의 최고 지위는 더욱 강화될 것이고, 따라서 미국의 화폐발권차익이 강화될 것이다. 이는 진짜 경쟁자 유로의 진전을 억제할 것이고, 자신들의 통화를 만들어서 미국 화폐발권차익의 확대를 제한할 수도 있는 경쟁 무역 지역(남미공동시장)을 효과적으로 죽일 것이다(Julia, 2000: 54~55).[36] 바로 지금 달러는 남미 무역의 '단지' 거의 절반을 차지한다. 나머지 절반은 달러와 유로의 경쟁 지역이 될 수도 있다.[37] 재무부 차관 로런스 서머스는 "달러화가 지역의 경향이 되지 않는다면, 멕시코 외에 개별 중남미 국가들과 미국 간 무역에서 현재의 미미한 확대는 미국을 위한 단기적인 영향이 제한될 수 있다"(US Treasury, 1999).[38]

---

36) 우연이 아니라, 에콰도르의 달러화 결정은 베네수엘라의 우고 차베스(Hugo Chavez) 대통령으로부터 비판받았는데, 그는 남미 단일통화에 찬성한다(*El comercio*, 2000b). 아르헨티나에 대해 말하자면, 달러화를 선택할 것인지 기각할 것인지는 여러 계급 부문들의 폭넓은 전략과 우선적으로는 자국 부르주아지들의 폭넓은 전략에 의해 결정된다. 현재 달러화를 찬성하는 이들의 이해는 이전 대통령 카를로스 메넴에 의해 대표된다. 미국과 더 완전한 통합은 남미공동시장에 반대되는 것이지만, 그들에게 몇 가지 이점을 가진다. 탈달러화 불가능성, 미국 화폐발권차익에 참여하는 것(종속적 지위에서지만), 신자유주의 정책에 대한 정당성 강화가 그런 이점이다. 달러화 반대와 남미공동시장 강화 찬성에 대한 그들의 이해는 아르헨티나 현직 대통령 페르난도 데라루아(Fernando de la Rua)에 의해 대표된다.

37) "달러 본원통화 소유는 미국에서보다 해외에서 더 빠르게 증대하고 있는 것 같다"(Shuler, 1999a: sect.8).

38) 필리핀은 아세안(Association of South East Asian Nations: ASEAN) 공통 통화 창조, 즉 (필리핀 무역 장관에 따르면) '이미 성숙 단계에' 있는 지역 전략을 지지한다(Chipongian,

• 상술한 것이 미국 경제 제국주의의 다섯 가지 측면이다. 그 다섯 가지 측면을 화폐 차원에서 양으로 측정한다고 고려하면, 그 다섯 가지 측면은 달러화하는 국가들로부터 가치 전유 총액을 과소 추정하게 만든다. 그 다섯 가지 측면은 달러화를 제도화하는 시점까지 달러화를 '선택'하는 그런 피지배국에 대한 미국의 정치적 지배를 강화하게 만들 것이다. 동시에 그 다섯 가지 측면은 국내적·국제적 착취와 정치적 지배에 저항하는 노동자 집단의 능력을 약화시킬 것이다.[39)]

결론을 짓자면, 공식적 달러화가 주요 국가들한테까지 확대된다면, 미국이 자신의 제국주의 힘을 강화하는 새로운 방법, 즉 제국주의 상호 간 투쟁의 새로운 측면이 될 것이다. 미국이 자신의 경제적·통화적 패권에 실질적으로 또는 잠재적으로 도전하는 것에 대해 주는 대답들 가운데 하나가 될 것이다. 하지만 그것은 동시에 종속국들에 대한 미국 무기고의 새로운 무기이며 특히 그들 국가의 노동계급에 대해 그러하다. 달러화는 이미 비공식적 달러화로서 자본주의 역사에서 전례 없는 규모로 국제 잉여가치 전유에 기여하고 있다.[40)] 국제 화폐발권 차익·불평등 교환, 이윤 본국 송금, 국제 투자와 대부에 대한 이자 유입과 상호관계를 통해 그렇게 한다. 공식적 달러화는 그들 국가의 노동계급들의 이미 처한 끔찍한 곤경을 악화시키고 미국의 지구적 지배를 강화한다. 물론, 이 모든 것은 공식적인 사례와 주류 경제학으로부터 거부된다. 하지만 에콰도르 인디언들은 선전과 학술적인 것에 의해 기만당하지 않았다. 에콰도르 인디언들이 키토에

2000). 아세안은 필리핀, 인도네시아, 말레이시아, 브루나이, 타이, 싱가포르, 베트남, 라오스로 구성된다. 일본과 한국(중국도 말할 것 없이)은 아세안의 구성이 아니기 때문에 이 목표가 조금이라도 현실적인지 의문스럽다.

39) 달러화에 대한 기각이 절대로 자유로운 변동환율의 수용을 의미하지 않는다는 것은 명확하다. '달러화주의자'와 '변동환율주의자' 간 논쟁은 이 장의 접근법에는 맞지 않다.

40) "남미는 세계에서 가장 극심한 소득 격차를 겪고 있다(사하라 이남 아프리카는 거의 비슷한 2등이다)"(Hakim, 1999).

서 행진하는 동안 말했듯이, 달러화는 "빈곤을 달러화할 것이고 부를 민영화할 것이고, 저항을 억압할 것이다"(Rother, 2000). 다만, 어떤 의학 전문가 집단도 그들이 참혹함과 악화의 시도를 더 이상 견디는 데 맞지 않다는 것을 절대로 선언하지 않을 것이고, 어떤 법무부 장관도 비인간적 조건의 감옥에서 그들을 풀어주지 않을 것이다.[41]

41) 이 장의 초고는 영국의 내무 장관이 전직 독재자 아우구스토 피노체트(August Pinochet)의 스페인으로 인도와 인권에 반하는 범죄 재판을 정지하는 결정을 내린 직후 마무리되었다.

제6장

무역, 발전, 전쟁

1. 유럽연합과 세계무역

앞의 두 장에서 기술 발전, 세계경제를 두 개의 주요 경제 진영으로 굳어지게 하는 것, 국제가격의 형성, 국제무역, 국제 가치 전유라는 여러 수준 사이의 관계에 대해 조사했다. 이런 분석을 이제는 더욱 구체적으로 할 수 있다. 첫 절에서는 가장 힘 있는 국가들의 상업자본이 최대 이윤을 추구하는 것을 마치 일반화된 자유무역을 통한 보편적인 비교우위 달성을 용이하게 하는 것에 목적으로 하고 있는 것처럼 가장하고 있는 국제무역기구들과 협정들을 검토한다. 제2절은 제4장 제1절을 기초로 하며, 한편에서는 유럽연합 사이에서, 다른 한편에서는 두 개의 특수한 국가 집단 사이에서 힘 관계가 그런 국가들에서 어떻게 (자본주의) 발전의 결핍 또는 종속 발전을 촉진하는지 고려한다. 마지막으로 제3절에서는 유럽연합의 군사 부문(military arm)을 다른 나라들에 자신의 무역과 (저)발전 정책을 부과하는 수단으로 평가한다. 그러면 세계무역, 세계무역기구 및 협정, 그런 기구들과 협정들에서뿐만 아니라 세계무역에서 유럽연합의 위상과 역할을 검토하며 시작해보자.

1) 관세 및 무역에 관한 일반 협정

오늘날 국제무역은 무역 '동반자들'의 무절제한 행동에 맡겨지는 것이 아니라 '공동으로 합의한' 몇몇 규칙(rules)에 제약을 받고 있다. 이런 규칙을 협상하는 가장 중요한 체계는 '관세 및 무역에 관한 일반 협정'의 계승자인 세계무역기구이다. 이런 협정들과 기구들을 통해 가장 힘 있는 국가들은 자신들에게 이점이 되는 무역 양상을 다른 국가들한테 부과한다. 이런 무역 양상이 자유무역을 필요로 하면, 이것은 그런 협정들의 취지가 될 것이다. 만약 가장 힘 있는 국가들이 무역 장벽(보호주의, 금수 조치 등)을 요구하면, 그러면 그렇게 될 것이다. 이것은 국제무역의 알파와 오메가로 무역 협상자들에게 잘 알려진 요점인데, 그러나 놀랍지 않게도 주류 국제경제학의 가시거리 밖에 있다. 이런 기본 원리를 설명하려면, 기술 선진국 대 기술 후진국의 대립하는 이해뿐만 아니라 두 진영 내 여러 국가들의 대립하는 이해에 대해 숙고하는 것이 필요하다. 이런 모순된 이해는 세계무역기구[1] 맥락 안에서 협상으로 다루어진다. 세계무역기구를 더 잘 살펴보기 위해, 그 전신인 '관세 및 무역에 관한 일반 협정'을 먼저 다루자.

'관세 및 무역에 관한 일반 협정'의 기원에 관한 전통적 설명은 1930년대 대공황(Great Crisis)으로 거슬러 올라간다. 실업에 대한 공황의 충격을 줄이기 위한 시도로 미국은 1930년에 '스무드-홀리 관세법(Smooth-Hawley Tariff Act)'을 통과시켰는데, 이는 수입관세를 59%나 올렸다. 1932년 여섯 개 국가는 그들의 관세를 인상함으로써 앙갚음했다. 국제무역은 붕괴해 이전 크기의 1/3이 되었다.

---

1) 국제통화기금과 세계은행은 지배 진영의 이해에 복무하는 또 다른 두 개 주요 기구이다. 요약이었지만, 제4장에서 그것들을 다루었다.

수출을 늘리려는 수단으로서 역시 몇 차례의 경쟁적인 평가절하를 사용했다. 이는 역시 무역에 부정적인 효과를 주었다. 그러자 지금처럼 경제학자들은 무역제한(trade restrictions)이 공황을 악화시키는 '실책'이고, '관세 및 무역에 관한 일반 협정' 같은 기구의 임무는 그런 실책이 되풀이되는 것을 막는 것이어야 한다고 생각했다. 가치 분석에 대한 무시는 그때도 다음 내용을 깨닫지 못하게 했지만 오늘날에도 여전히 그렇다.

- 무역 제한이란 심한 이윤율 위기에 휩싸인 국민적 자본들의 자연스러운 대응일 뿐이다.
- 개별 국민적 자본의 관점에서 그런 대응은 실책이 전혀 아니다.
- 개별 차원의 이점 추구가 보편적 이점으로 이어지기보다는 일반화된 몰락을 낳는 것이 자본주의 특징이다.

대공황 이후 제2차 세계대전이 뒤따랐는데, 이 때문에 국제무역 논제는 잠시 보류되었다. 전쟁으로 유럽에서도 경제성장의 새롭고 강력한 순환을 위한 조건이 만들어졌는데, 이곳에서 전쟁은 기업의 소멸을 통해 생산수단, 사회 기반 시설 등등의 물리적 껍데기로서 자본과 사회적 형태로서 자본 둘 다 파괴했다.

전쟁 후에 무역 논제는 새롭게 활기를 띠며 다시 부각되었다. 전시경제를 평화경제로 개조하는 것은 국제무역의 순조로운 작동을 전제로 했다. 징계처분 권리(disciplinary powers)를 가진 국제무역기구(International Trade Organization: ITO)를 창조하는 제안이 거부되었다. 그 대신에 '관세 및 무역에 관한 일반 협정'이라는 기구 하나가 1948년에 만들어졌는데, 그 임무는 보호주의로 떠밀리는 것을 억제하는 것에 목적을 둔 틀의 준비와 그 틀 안에서 협상이 일어날 수 있게 하는 것이었다. 협상을 용이하게 하기 위해 제네바(Geneva)에 사무국(Secretariat)이 설립되었다. 1993년 12월, '관세 및 무역에 관한 일반 협정'은 세계무역기구,

즉 WTO로 전환되었다. 앞으로 보게 되듯이, 세계무역기구는 '관세 및 무역에 관한 일반 협정'이 했던 것보다 더 강한 권한을 누리고 있다.

전통적인 해석은 '관세 및 무역에 관한 일반 협정'을 이끌어낸 두 가지 이유를 강조한다. 첫째는 자유무역을 촉진함과 동시에 합리적인 세계 경제체제를 촉진하는 기구를 창조하려는 바람이다. 제2장에서 이것은 내적으로 모순된 이론에 기초하고 있는 미신임을 보여줬다. 둘째, '관세 및 무역에 관한 일반 협정'은 제2차 세계대전 전에 세계경제를 혼란스럽게 만들었고, 제2차 세계대전을 낳은 보호주의의 재발 우려 때문에 설립되었다는 것이다. 하지만 조약은 현재와 미래의 상황에 기초해 조인되지, 과거에 일어난 것에 기초하지 않는다. 보호주의는 몇몇 나라들에서는 원치 않을 수도 있지만, 다른 몇몇 나라들에서는 바랄 수도 있다. 더욱 구체적으로 말하면, 보호주의는 다음과 같은 경우에는 언제나 회피되었다.

- 보호주의가 국내에서 생산된 (잉여)가치의 해외 실현을 방해할 때
- 보호주의를 회피하는 것이 피지배국들에 비해 지배 진영에 이익이거나 지배 진영 내 다른 국가들에 비해 지배국들에 이익일 때

두 번째 관점에 대해 말하자면, 제2차 세계대전 말은 지배적인 초강대국으로서 미국이 지배한 시대의 시작임을 보여주었다. 미국의 경제적·정치적 이해를 대표할 수 있는 국제기구가 필요했다. 그러한 이해는 미국이 ① 더 강했던 부문들에서 무역자유화와, ② 무역자유화를 하는 것이 미국한테 경제적으로 정치적으로 더 이점이 되는 국가들과 무역자유화였다. 곧 보게 되듯이, 유럽경제공동체가 형성된 후 여러 통상 회담(trade talks)에서 끊임없이 이런 협상을 요구한 것은 미국이었다. 앞의 관점에 대해 말하자면, 공황으로 향하는 경향은 자본주의 체제에 내재해 있는데, 불충분한 구매력과 이윤율 저하로써 스스로를 드러낸다는 것을 우리는 봤다. 해외시장은 수출품에 대한 판매처를 제공함으로써 국내

구매력 결핍의 해결책을 제공한다. 이런 판매처를 통한 해외시장에서 실현 가능한 이윤은 국제가격 체계를 통해, 즉 어떤 가격 구조를 통해, 그리고 그 구조를 고려하면 환율 체계의 작동을 통해, 해외 자본가들로부터 전유한 잉여가치가 드러나는 형태이다. 하지만 이것은 단지 임시 치유책이다. 국제무역을 통해 잉여가치를 잃는 자본가들은 결국 자신들의 노동자들로부터 잉여가치를 전유한다.[2] 이것은 잉여가치를 잃은 나라에 부정적 효과를 주지 않을 수 없다. 제4장에서 이 점에 대해 약간 자세히 다루었다.

결론을 짓자면 잉여가치가 해외에서 실현되기 위해서는 국제무역이 가능한 자유로워야만 한다. 하지만 그런 잉여가치를 전유하는 것은 더 강한 자본들(따라서 더 강한 국가들)이다. 따라서 자유무역은 반드시 경제 강대국들을 위한 것이다. 이것이 또한 다른 국가들 위한 것이라면 더 좋을 것이다. 하지만 무역에 제한을 부과하는 것(보호주의)이 지배 국가들을 위한 것일 때는 언제나 이것이[3]가장 개연성 있는 결과가 될 것이다. 자본주의 체제에서 고려하는 '효율성'은 이것이며, 자원의 최적 이용이 아니다. 경제공황이 일시적으로 지배 진영에서 피지배국들로 이동할 수 있는 것은 이런 종류의 '효율성'을 통해서이다.

하지만 서로 다른 경제력과, 따라서 서로 다른 이해를 가진 자본들이 각 국가 내에서 활동하기 때문에 그 결과 어떤 무역 체제가 어떤 자본들한테는 우호적이지만 다른 자본들한테는 그렇지 않을 수 있다. 제2차 세계대전 말부터 이중 운동이 생겨났다. 한편에서는 다국적기업의 힘이 중소 자본들에 비해 거대하게 증

---

2) 위에서는 해외시장에서 자신들의 재화를 판매해줄 국내 기업들에게 생산물을 판매하는 독립 생산자들을 고려하지 않았다. 이런 경우는 Carchedi(1991a: 259~261)에서 다루고 있다. 여기서는 자본주의 세계체제는 자본주의 생산관계와 따라서 자본주의 분배관계가 지배적인 체제라는 것을 언급하는 것으로 충분하다. 그러므로 독립 생산자의 생산물이 자본주의 시장에 판매된다면, 그것을 생산하기 위해 필요한 노동은 자본주의 생산관계 아래에서 지출된 것처럼 고려된다. 그 생산물은 자본주의 분배관계에 의해 결정된 가치를 실현한다.

3) 더 강한 국가들이 잉여가치를 전유하는 것을 의미한다_옮긴이.

가했다. 다른 한편에서는 몇몇 국가들의 다국적 자본들은 다른 국가들의 다국적 자본들을 희생시킨 대가로 이득을 얻었는데, 북미·유럽·일본의 다국적 자본들이 주인공들이다.[4] 따라서 국민국가의 정부들은 무역 협상에 참가할 때, 모순된 다양한 이해들의 균형을 맞추어야만 한다. 다국적기업들의 이해가 가장 중요했지만, 유일한 것은 아니었다. 고용에 대한 효과, 무역수지, 소득분배, 경제적 또는 군사적 전략 산업의 보호도 역시 고려되었다. 다국적기업들은, 즉 가장 강한 자본들은 자신들의 이해를 다른 사회적 주체들의 이해와 관련해 중재하고, 그렇게 중재된 방식으로 자신의 이해를 부과할 일련의 국가기구들이 필요했다.

국제기구들은 국제 무대 안에서 같은 일을 수행한다. 이것이 '관세 및 무역에 관한 일반 협정'의 다양한 협상이 일어나는 일반적인 틀이다. 덧붙이자면, 각각의 '관세 및 무역에 관한 일반 협정'은 그것이 나타나고 그것의 결과에 영향을 미친 특수한 상황의 측면에서 이해되어야 한다. '관세 및 무역에 관한 일반 협정'의 시작부터 여덟 개 협상 라운드(round)가 있었다. 이 장의 목적을 위해 단지 1958년 '로마 조약' 이후의 마지막 세 개가 다루어진다. 그것들은 케네디라운드(1963~1967), 도쿄라운드(1974~1979), 우루과이라운드(1986~1993)이다.

2) 케네디라운드(1963~1967)

케네디라운드에 선행했던 수년 동안은 (전쟁으로 축소되지 않았던) 미국의 더욱 거대해진 생산능력과 서유럽 경제의 빠른 재건이 촉진한 경제성장으로 특징지어졌다. 미국은 수출이 필요했고, 서유럽은 수입이 필요했다. 유럽의 수입을 위해서는 유럽의 견고한 경제성장이 필요했다. 그러므로 그런 성장은 미국에서 환영받

---

4) 1960년, 규모가 가장 큰 50개의 기업 가운데 42개는 미국 것이었고, 여덟 개는 유럽공동체 것이었다. 일본 기업은 전혀 없었다. 1994년 유럽연합과 미국은 각각 14개를 가지고 있었고, 일본은 22개를 가지고 있었다.

았다. 더욱이 유럽에서 경제성장은 특히 이탈리아, 스페인, 프랑스 같은 나라에서 공산주의를 반대하는 요새를 형성하는 것에 목표를 두었다. 마셜 계획 뒤에는 두 가지 근본 이유가 있었다. 마셜 계획의 원조를 위해 미국이 부과한 조건들 가운데 하나가 유럽 국가들이 유럽 통일로 나아가야 한다는 것이었다는 것은 흥미롭다. 이것은 "특히 중요한 점인데, 시작에서부터 '유럽 운동(European movement)'이 미국의 격려와 지지를 누렸다는 것을 보여주기 때문이다"(Swann, 1995: 5). 이것과 제1장에서 언급한 다른 이유들 때문에 유럽경제공동체는 1958년에 출범했다.

그러나 유럽 재건은 미국한테 좋기도 하고 나쁘기도 한 것(mixed blessing)으로 판명되었다. 유럽경제공동체의 경제력 성장과 유럽이 보호주의로 향해서 움직일 수 있다는 가능성은 미국 정책가들한테는 걱정거리였다. 다른 한편, 미국은 유럽에게 군사 우산(military umbrella)을 제공하고 있는 가장 강력한 군사 강대국이었고, 달러는 불변의 기축통화였다. 이 두 가지 요인은 유럽과 미국의 관계에 중요하게 작용했다. 이것은 ① 왜 유럽경제공동체 관세를 감축하기 위해 케네디라운드를 위한 계획을 취한 것이 미국이었는지, ② 왜 케네디라운드는 기본적으로 유럽경제공동체와 미국 사이의 협상 라운드였는지, ③ 왜 미국이 유럽경제공동체에 관세 감축을 부과하기 위해 애썼는지, ④ 왜 관세 감축이 미국이 예상하고 희망했던 것보다 낮았는지 설명해준다.

케네디라운드의 시작은 1962년 미국 의회에서 '통상확대법(Trade Expansion Act)' 통과였다. 이 법은 대통령에게 (단지 한 번에 한 종류의 재화 대신에) 전체 재화에 대해 관세를 인하하고, 관세 감축으로 타격을 받은 기업들과 노동자들을 보조할 수 있는 권한을 주었다. 일본 또는 피지배('저발전')국들은 협상에서 전혀 중요한 역할을 하지 않았다. 피지배국들은 유엔무역개발회의(United Nations Conference on Trade and Development: UNCTAD)가 1964년 설립되었을 때 선진 공업국들의 시장에 접근할 수 있었는데, 따라서 케네디라운드 바깥에서였다. 결국, 유럽 관세는 1/3만큼이나 인하되었고, 역시 미국의 몇몇 관세도 급격하게 인하되었다.

그러나 미국은 힘들지 않게 농산물에 대한 유럽공동체의 관세 감축을 강제했으며, 자신의 농업이 유럽보다 훨씬 효율적이라는 사실 때문에 원했던 것이었다. 제7장에서 자세히 설명하듯이, 농업관세의 감축은 많은 유럽 농부들의 파멸을 의미하는 것일 수 있었다. 이것은 아주 바람직하지 않은 전략적·정치적 결과를 낳을 수 있었다. 전략적으로는 그때 유럽은 이 부문에서 자급자족을 하지 못하고 있었다. 유럽 지역의 공급 감소는 미국 식료품에 더욱 커다란 의존을 의미하는 것이었다. 유럽공동체 계획의 팽창주의 본성을 고려하면(제1장을 보라), 이것은 전략적으로 바람직하지 않은 것으로 고려되었다. 정치적으로 농부들은 어떤 정치인도 (특히 기독민주당 및 우파 정당에 속하는 이들) 무시할 수 없는 강력한 로비를 형성했다. 유럽경제공동체는 농업관세 감축에 대해 강하게 단결하여 저항했다. 역시 미국은 제조업 관세 감축에 가장 우선순위를 두었으며, 유럽경제공동체한테 농업관세 인하를 강제함으로써 제조업 부문에서 긍정적인 결과를 얻는 것이 위태롭게 되는 걸 바라지 않았다.

3) 도쿄라운드(1974~1979)

케네디라운드가 종료된 후, 곧 국제경제의 힘 관계는 새로운 협상 라운드가 필요하게 된 방식으로 변했다. 이런 변화를 일으킨 많은 이유들 가운데 다음 세 가지를 언급할 수 있다. 첫째는 국제 경제 환경의 악화이다. 우리는 달러의 태환성이 미국의 절대적인 경제 지배력 상실 결과로 1971년에 정지되었다는 것을 제4장에서 봤다. 뒤따라서 일어난 평가절하에 석유 가격 급등과 1973년 석유 위기가 뒤를 이었다. 서방세계에서 새로운 경제공황이 펼쳐졌다. 흔히 주장되는 의견과 반대로 석유 위기가 공황을 일으키지 않았다. 오히려 석유 위기는 1970년대 초에 이미 수면 위로 드러난 불황과 공황으로 향하는 경향으로 인도한 촉매로서 작용했다. 공황은 국제무역에 대한 제동장치로서 작용했을 뿐만 아니라 보호주의 실천의 등장을 불러일으켰다. 케네디라운드에서 관세장벽의 증가를 배제했다는 것을 고려하면, 국가들은 할당량 제한, 수출 보조금, 산업 표준, 건강 및 위생 규정, 정부조달에 대한 외국 입찰자 차별 같은 비관세장벽(non-tariff barriers: NTBs)의 도입에 의존했다.

밀러드는 경제 불안 때문에 유럽경제공동체 내에서 보호주의가 증가했는데, 주로 허약한 산업들을 보호하기 위해서였다. 이런 요소는 다른 국가들에 비해 유럽경제공동체의 경쟁력의 상실과 함께 무역역조를 초래했다. 석유 위기 전에 제3세계 국가들과의 무역이 유럽경제공동체 내의 무역보다 더 증가했지만, 1973년부터 1981년까지는 그 반대가 되었다. 유럽경제공동체는 자신의 수출을 석유수출기구(Organization of the Petroleum Exporting Countries: OPEC) 국가들한테로 방향을 틀었다. 하지만 엄청난 무역 적자와 미국 시장에서 미국 자동차 제조업자들보다 적은 가솔린을 소비하는(석유 가격 인상 때문에 중요한 점이다) 일본 중소형 차와 경쟁하는 자동차 산업의 어려움 때문에 역시 미국에서 보호주의에 대한 요구가 더 강해졌다.

케네디라운드를 새롭게 바꿀 필요의 근거가 되는 두 번째 요소는 미국과 유럽경제공동체 간 관계의 변화였다. 미국은 여전히 세계의 지배 국가였지만, 1973년 영국, 아일랜드, 덴마크의 유럽경제공동체 가입은 유럽경제공동체의 역내 시장과 경제력을 더욱 증대시켰다. 미국은 여전히 유럽에게 군사 우산을 제공했고, 달러도 여전히 국제통화였는데, 이것이 미국의 상대적인 경제 축소를 저지할 수는 없었다. 더욱이 유럽경제공동체 회원국들 사이의 정치적 분열과 서로 다른 경제적 이해가 유럽경제공동체로 하여금 경제 능력에 부합하는 군사 부문을 형성하는 것을 방해했기 때문에, 미국은 반대로 되었을 경우보다 더 거대한 몫의 경제력을 보유할 수 있었다(제6장 제3절을 보라).

도쿄라운드의 근거가 되는 국제 경제 환경의 변화를 구성하는 세 번째 요소는 미국 및 유럽과 나란히 하는 세 번째 초강대국 일본의 강화였다. 이것은 일본과 미국의 관계와 일본과 유럽경제공동체의 관계를 바꾸었다. 제2차 세계대전 후, 미국이 먼저 일본 제국주의를 무장해제시키는 것과 그런 다음에 "자발적인 노동조합 위원회에 기초한 노동자들의 생산 통제"(Ichiyo, 1987: 14)에 기반을 둔 일본의 대규모 노동운동의 재기에 직면해 일본 자본주의를 공산주의 반대의 요새로 재건하는 것은 긴요한 일이었다. 일본 부르주아지들이 대량 해고와 '적색분자 숙청(red purges)'을 통해 이런 임무를 완수했다. 이것은 노동에 대한 관리를 통해 거의 절대적인 통제로 이어지게 했다. '우월한' 일본 경영기법들(management techniques)이 도입된 것은 이런 정치적인 분위기 안에서이다. 그 차이에도 불구하고 이 모든 기법들은 한편으로는 경영의 가부장적인 태도와 노동의 경영 관점 수용과 다른 한편으로는 유럽의 제1차 산업혁명을 연상시키는 노동강도와 노동일의 길이를 통해 극도로 높은 잉여가치율의 혼합에 기초해 있다. 노동계급의 패배와 경제성장에 따른 노동력 부족은 기술의 효율성을 상당히 높인 현대 생산기술의 도입을 초래했다. 그 결과 많은 이윤이 재투자될 수 있었고, 따라서 자본의 집적과 집중, 그리고 거대한 생산능력을 가진 거대 기업의 출현을 낳았다. 국가 관료 기구는 자신들의 이해를 대자본의 것과 동일시했다(그리고 여전히 동일시하고 있다)(Ichiyo, 1987: 24).

동시에, 한편으로 미국은 한국전쟁에 필요한 무기 생산을 위해 일본에서 마구 지출하기 시작했다. 다른 한편, 일본은 전쟁 피해에 대해 어떤 의미 있는 보상금을 지출하지 않아도 되었으며, 국방에 대해 미국이나 유럽경제공동체만큼 지출하지 않아도 되었다(미국보다 4~5% 낮게 지출했으며, 유럽경제공동체보다 2~3% 낮게 지출했다). 이런 재원들은 세계 자본주의 경제가 활기찬 성장을 경험하고 있던 시기에 (전쟁 이후 시기) 정확하게 생산 투자로 향할 수 있었다. 더욱이 일본은 '최혜국' 조항으로부터 이익을 얻을 수 있었는데, 그 조항을 통해 미국과 유럽경제공동체가 동의한 관세 감축은 다른 모든 나라들로 확대되어야 했고, 일본도 포함되었기 때문이다. 다른 한편, 일본은 단지 자신의 관세와 할당량과 비관세장벽을 아주 부분적으로 감축했다. 이것으로 북미와 유럽 시장 모두에 일본의 침투가 상당히 증가한 반면에 일본에 대한 북미와 유럽의 수출은 국산품에 대한 우호적인 분배 체계 때문에 방해되었다. 이 모든 요소들은 제2차 세계대전 후 일본의 유명하고 인상적인 경제성장을 결정했다. 그 결과 1968년과 1971년 사이에 일본에 대한 미국의 무역 적자는 네 배가 되었다.

바로 이런 배경에서 1974년에 도쿄라운드가 시작되었다. 상대국들보다도 관세 및 비관세장벽 축소에 더 관심을 가지고 있던 미국이 주도했다. 하지만 미국 의회가 새로운 제정법을 통과시키기 위해 동의해야만 했던 미국의 많은 수입 제한의 사례에서 보여준 것처럼, 미국 경제에서 몇몇 중요한 부문들은 외국 재화에 대해 관세를 유지하는 것에 더욱 관심이 있었다. 유럽경제공동체 역시 내부 분열이 일어났는데, 어떤 나라들은 다른 나라들보다 무역자유화를 더욱 찬성했다. 두 진영 내에서(미국과 유럽경제공동체) 내부 분열뿐만 아니라 세 진영 사이(미국, 유럽공동체, 일본)에서 힘 관계의 변화는 도쿄라운드를 어렵고, 아주 힘들게 했다.

유럽경제공동체는 프랑스의 주장대로 농산물은 나머지 회담에서 제외시키기를 원한 반면에 미국은 그것에 반대했다. 미국은 자신이 더욱 효율적인 농산물에서 자유무역을 요구했으며, 유럽경제공동체가 세계시장에서 보조 가격(제7장을 보라)으로 농산물을 덤핑하는 것을 포기하기를 기대했다. 유럽경제공동체는 농산물 수입품에 대한 다양한 추가 부담금이 관세가 아니라 농업 지원(farm support)의 형태라고 주장했다. 미국은 이 관세에 대한 보상을 원했고, 유럽경제공동체는 보상이 이루어지지 않는다면 미국이 취할 수도 있는 보복 수단에 대해 걱정했다. 역시, 유럽경제공동체가 공업품에 대해 미국한테 관세 삭감(tariff cut)을 해야 한다는 합의는 없었다.

비관세장벽도 의제에서 높은 순위에 있었다. 미국은 유럽의 할당량 제한과 무역장벽으로서 산업 표준과 건강 및 위생 규정을 사용하는 것에 반대했다. 미국은 또한 유럽 정부조달과 관련해 미국 기업의 응찰에 차별하는 것을 반대했다. 미국은 수출보조금을 반대했지만, 유럽경제공동체는 미국의 상계관세(countervailing duties) 부과를 반대했다. 더욱이 미국과 유럽경제공동체 모두 일본에 대해 공통된 이해를 가졌는데, 하나의 원천, 즉 일본으로부터 갑작스러운, 그리고 지장을 초래하는 수입 급증을 억제하는 것을 목적으로 하는 세이프가드 조항을 도입하기를 원했다. 일본은 물론 이 조항에 반대했다. 역시, 일본과 유럽 산업 간 수출자율규제(Vountary Exports Restraints: VERs)의 확산은 미국의 공격을 받았다. (이른바 '저발전') 피지배 국가들에 대해 말하자면, 그들은 기본적으로 강력한 세 경쟁자들 사이에 이루어지는 게임의 관중이었다. 예를 들어 세이프가드 조항은 실로 일본을 반대하는 쪽으로 나아갔지만, 또한 브라질, 멕시코, 싱가포르, 한국 같은 몇몇 신흥공업국(newly industrialized countries: NICs)도 목표로 했다. 또는 단지 지배 진영의 국가들이 원한다면, 관세 특혜(tariff preferences)가 그런 나라들의 제조품에까지 확대되었다.

최종 결과는 공업 제품에 대한 관세가 케네디라운드와 똑같이 35%만큼 인하되었다는 것이었다. 그러나 이런 결과의 의미는 급격하게 축소되는데, 협상에서 많은 재화를 제외시켰다는 사실과 일본이 수많은 공업 제품에 관세를 단지 아주 조금 감축할 것을 제안했고, 따라서 유럽경제공동체로부터 보복을 불러일으켜 주요 일본 수출품에 대한 관세 양허(concessions)를 축소하거나 없앴다는 사실 때문이다. 그 결과 일본의 화물차, 자동차, 오토바이, 소비 가전, 반도체, 초소형 회로에 대한 유럽경제공동체의 관세는 실제로는 변화가 없었다. 그 결과 1980년대에 미국은 일본 수입품을 막기 위해 일본의 수출자율규제에 의존한 반면에, 일본과 유럽의 많은 기업들은 미국의 장벽을 피하기 위해 미국에 투자했다. 대체로 도쿄라운드는 거의 성공하지 못했다. 하지만 경쟁자들이 협상에 참여했고, 보호주의가 증가하던 때에 어떤 결과들을 만들었다는 바로 그 사실이 전면적 규모의 무역 전쟁을 막은 중요한 요인이었던 것 같다고 언급된다.

4) 우루과이라운드(1986~1993)

케네디라운드와 도쿄라운드는 모두 미국이 주도했었는데, 케네디라운드는 유럽경제공동체의 출현과 유럽 보호주의에 대한 미국의 우려 때문이었고, 도쿄라운드는 미국을 강타한 경제공황과 무역 적자 때문이었다. 협상과 관련된 모든 나라들은 보호주의 증가 경향에 대해 우려했다. 그 같은 우려는 또한 우루과이라운드 뒤에 있는 기본 추진력 가운데 하나였다. 하지만 질적으로 새로운 발전이 있었다. 미국의 경제력이 케네디라운드 동안에는 거의 독보적이었지만, 도쿄라운드 동안에는 유럽경제공동체로부터 심각하게 도전받았다. 케네디라운드에서 미국에 완전히 종속되어 있던 일본은 도쿄라운드에서는 훨씬 중요해졌다. 그러나 이것은 첫 번째 새로운 발전인데 1980년대에 일본은 세계 강대국으로 떠올랐다. 우루과이라운드가 시작된 그때까지 미국 무역 적자는 우려스러운 규모에 도달했었고, 일본 무역 흑자는 미국 무역 적자의 절반 정도를 차지하고 있었다.

이때 새로운 무역 회담을 요구한 것 역시 미국이었는데, 처음에는 일본 수입품의 흐름을 저지하기 위해서였다. 유럽에서 증가하는 실업 때문에 유럽공동체가 무역자유화에 참여하는 것을 꺼리게 되었지만, 일본과 유럽공동체는 미국 보호주의에 대한 우려 때문에 미국의 요구에 동조했다. 더욱이 1985년 유럽공동체는 '단일유럽의정서'에 조인했고, 그것의 목적은 유럽경제공동체의 역내 시장을 완성하고 공동외교정책을 강화하는 것이었다. 이것은 유럽공동체가 미국으로부터 경제적으로 (아마도 더욱 보호주의 실천으로 나아가는 것), 그리고 군사적으로 더욱 독립할 수 있다는 것을 의미했다. 또다시, 더욱 밀접한 경제 유대가 이 새로운 발전을 위한 해결책으로서 간주되었다.

우루과이라운드 뒤에 있는 두 번째 중요한 발전은 실물경제에서 자본 수출과 그 투자의 역할이 굉장히 증가한 것이었다. 이것은 자본주의 발전의 불변의 특징이었지만, 이 특수한 시기에 그것은 무역 장벽을 피하고 (제3의 해외시장을 위해서도 가능한) 해외시장에서 직접 생산하는 필요 때문에 굉장히 증가했다. 예를 들어, 1988년 미국은 유럽공동체에 총 750억 달러를 수출한 반면, 미국 기업들은 유럽공동체에서 총 620억 달러를 생산했다(Tsoukalis, 1993: 297~298). 자본 흐름의 방향도 바뀌었다. 전통적으로 유럽과 일본에 투자한 것은 미국 기업들이었지만, 1980년대에 유럽과 일본이 미국을 따라잡기 시작했다. 1988년에 미국에서 유럽공동체의 투자 총액은 유럽공동체에서 미국의 투자 총액보다 더 커졌다. 역시 세 진영 각각은 자신의 '뒤뜰(back garden)'을 발전시켰는데, 미국은 중남미 투자에서 가장 큰 비중을 차지했고, 유럽공동체는 아프리카와 인도, 브라질에서 그러했고, 일본은 한국과 인도네시아에서 그러했다.

세 번째 새로운 특징은 서비스에서 무역의 중요성 증가인데, 기본적으로 운송과 관광과 통신이며, 특히 금융이었다. 금융의 중요성은 금융시장의 폭발적 성장과 함께 증가했다. 이런 성장은 보통 금융시장의 기능을 아주 용이하게 하는 새로운 기술에서 기인한다. 실제 이 거대한 증가의 뿌리는 실물경제에서 찾을 수 없는 투자 기회를 찾아서 세계 금융시장을 돌아다니는 엄청난 양의 국제 자본에서 찾아야 한다.

금융시장에서 벌어들일 거대한 이윤을 고려하면, 그리고 이 시장들이 자본 이동을 억제하는 법으로 제한된 것을 고려하면, 규제를 폐지하는 것, 즉 금융자본 투자를 용이하게 하는 것이 필수가 되었는데, 그것은 명백하게 자본이 부유한 국가들한테 이익이 되는 것이었다. 1980년대에 대부분 서구 국가들은 자본 통제를 폐지해 가장 효율적이고 부유한 금융기관들이 해외(foreign sources)에 투자할 수 있었고, 해외로부터 자본을 끌어올 수도 있었다. 금융 서비스의 가장 효율적인 제공자가 가장 높은 위치에 있는 미국과 함께 서구 국가들이었다는 것을 고려하면, 규제를 폐지한 이후 이 부문의 자유화를 요구했던 것도 이런 국가들이었다. 인도와 브라질이 이끈 개발도상국 집단은 이 제안을 반대했는데, 자신들의 약한 경쟁력 때문이었다. 덧붙이면, 미국은 일본의 자본시장이 일련의 법률 및 제도장치(institutional arrangements) 때문에 닫힌 채로 있는 것을 불평했다.

1982년 무역수지 적자 때문에 우려하고 있던 미국은 새로운 라운드의 '관세 및 무역에 관한 일반 협정' 협상을 시작하려고 노력했지만, 유럽공동체와 일본이 귀를 막았다. 침체의 한 가운데서 유럽은 더 나아간 무역자유화 라운드에 동의하는 분위기가 거의 없었는데, 특히 미국이 농업과 첨단 기술을 의제에 올리는 것을 원했기 때문이다. 일본 역시 농업을 협상 테이블에 올리는 것을 원치 않았다. 더욱이 일본에서 농업보호주의와, 따라서 높은 농산물 가격은 토지 가격을 매우 높였고, 따라서 부동산 가격을 매우 높였다. 이 가격들은 부동산에 투자하고, 자신의 자본 가치 평가를 그런 가격들에 강하게 의존하고 있던 일본은행들에 의해 역시 높게 상승했다. 농산물 자유화와 그에 수반되는 농업 가격 하락은 일본 금융 구조에 심각한 결과를 가져올 수도 있었다. 유럽과 일본이 꺼려하는 것에 맞닥뜨린 미국은 다른 나라들과 일련의 상호 협정에 대해 협상했다. 이와 함께 미국 보호주의에 대한 우려(그리고 유럽 보호주의에 대한 일본의 우려) 때문에 마침내 두 진영이 새로운 협상 라운드, 즉 우루과이라운드를 받아들였다. 회담이 (이전 라운드들처럼) 4년 만에 마칠 수 있었지만, 3년 더 연장되었다는 사실에서 서로 다른 이해를 맞추려는 시도에서 맞닥뜨린 어려움을 알 수 있다. 결과는 다음과 같이 정리할 수 있다.

첫째, 선진 산업국들은 공업 관세를 평균 5%에서 3.5%로 감축하는 데 동의했다. 그 결과 모든 유럽 수입품 가운데 40% 이상이 이제 면세가 되었다. 이 감축은 지배국들의 이해와 일치하며, 그 국가들 내에서 생산성 수준이 높은 주요 경제행위자들, 즉 보통 생산성 수준이 높은 과점자본의 이해와 일치한다.

둘째, 농업의 모든 무역 장벽을 부유한 국가들에서 36% 관세 감축으로 전환되는 것에 동의했다. 농부들에 대한 유럽연합의 지원은 6년에 걸쳐 20% 삭감하기로 했다. 이런 삭감은 역시 미국과 유럽공동체 둘의 이해를 반영했다. 한편으로 미국은 농업에서 유럽공동체보다 더욱 생산적이었고, 자신의 무역 적자를 축소하기 위해 농업 무역을 자유화하는 것을 목표로 했다. 다른 한편, 유럽공동체는 이제까지 엄청난 흑자를 낳게 한 농업보조금정책(subsidized agricultural policy)을 추구했다. 두 무역 진영은 이 부문의 자유화에 찬성했다. 동의한 수치는 공동농업정책과 같았고, 이 정책은 대규모 생산자에게 치우치게 우호적이었다(제7장을 보라).

셋째, 서비스와 투자와 지적재산과 관련한 주된 결과는 '서비스 무역에 관한 일반 협정(General Agreement on Trade in Services: GATS)'의 조인이었다. 조인국들은 한 나라에서 도입한 양허가 다른 모든 나라에서도 적용되는 것을 보장한 차별 금지(non-discrimination) 조항에 동의했다. 지적재산에서 무역에 대한 새로운 법률은 사용료 지불을 제공했고, 특허권·상표권·저작권 보호(security)를 강화했다. 동시에 국가 간 투자를 제한하는 법률은 완화되었다. 이 점은 유럽연합에 아주 중요했는데, 유럽연합은 현재 세계 해외직접투자에서 36%를 차지하고 있으며, 세계 해외직접투자 가운데 19%를 받고 있다.

지적재산(특허권, 상표권, 저작권)과 관련해서 말하자면, 국제 과점자본들은 종종 연구 개발에서 거대한 투자의 결과인 자신들의 발명과 기술 진보를 보호해야만 한다. 타이와 한국 같은 몇몇 동아시아 국가로부터 지식의 '사적 권리(privacy)'에 대한 보호를 원한 것은 주로 미국, 유럽, 일본의 다국적기업들이었다. 하지만 더욱 중요하게는 기술혁신에 대한 접근을 제한함으로써 지배 진영은 피지배 진영이 기술적으로 경쟁하는 것과 그리하여 국제가격 체계를 통한 가치 이전을 하지 못하도록 제도화했다(제3장을 보라).[5] 마찬가지로, 해외 투자(cross-border investments)에 대한 방해물 제거는 더 커다란 이윤의 기회가 더 많이 있는 세계 어느 곳이나 투자하려는 다국적기업의 필요를 반영했다. 위에서 언급했듯이 이런 필요는 서방세계를 강타했던 장기 경제공황 때문에 확대되었다.

---

5) 예를 들어, McDowell(1994)의 말에 따르면, 인도는 정보기술의 발전과 이 부문에서 무역자유화가 다국적기업들의 욕구를 위해 기능하는 것에 반대했다.

마지막으로 피지배국들은 자신들의 산업을 보호하는 것에 관심이 있었다. 더욱이 부채 위기(debt crisis)는 피지배국들이 부채를 상환하지 못하는 위험과 따라서 이 국가들이 지배국들로부터 수입이 중단되는 위험을 높였다. 하지만 피지배국들이 지배국으로부터 수입이 필요한 만큼이나 지배국들은 피지배국들에게 수출하는 것이 필요했다. 따라서 부채 위기는 협상에 새로운 긴급 요소를 더했다. 종속국들에 적용된 차별 금지 원칙은 단지 종속국들의 경제 붕괴를 피하기 위한 방법이었고, 따라서 종속국들의 종속적인 축적을 계속 유지하는 방법이었다.

새로운 요소는 피지배국들이 처음으로 공동 진영(common block)을 형성하는 것에 실패했다는 것이다. 한편으로 신흥공업국은 높은 수준의 생산성에 도달했다(첨단 기술과 높은 잉여가치율의 결합을 통해). 높은 잉여가치율이 낮은 수준의 국내 구매력을 의미한다는 것을 고려하면, 신흥공업국의 발전은 수출 지향(export-oriented)이었다. 신흥공업국한테 새로운 '관세 및 무역에 관한 일반 협정'은 기본적으로 미국 시장에 대해 더욱 자유로운 진입을 의미했다. 다른 한편, 인도와 브라질 같은 다른 저발전 국가들한테 새로운 '관세 및 무역에 관한 일반 협정'은 더 좋은 원료 가격, 물가 안정 기금, 국제 금융 및 화폐 체계의 개혁을 의미했다. 서비스·지적재산권·무역 투자 조치(trade related investment measures)에 대한 새로운 법률을 '관세 및 무역에 관한 일반 협정' 회담에 포함시키는 것에 강하게 반대한 것은 피지배국들 가운데 주로 후자 집단이었다. 그런 국가들은 이런 제안들을 불공정한 것으로(새로운 법률이 추가되기 전에는 그것에 반대하는 보호주의를 중단해야 하고 후퇴시켜야 했기 때문이다), 그리고 기본적으로 서구 다국적기업들이 세계시장을 정복할 수단으로 간주했다.

5) 세계무역기구(1995)

소비에트 연방의 몰락과 소비에트 진영(Soviet block) 해체의 결과로 미국, 유럽연합, 일본이 이론의 여지가 없는 세계경제 강대국으로 등장했다. 이 삼각 체제 내에서 미국은 다른 두 세계경제 선도자들의 힘의 성장 때문에 축소되었던 자신의 주도권을 부분적으로 회복했다. 이렇게 판이 새롭게 짜진 것은 '관세 및 무역에 관한 일반 협정'을 세계무역기구로 전환하는 것 이면에 있는 기본적인 이유이다. 세계무역기구는 '마라케시 협정(Marrakesh Agreement)'에서 잉태되었는데, 이는 1994년 4월 15일 마라케시 각료 회의(Marrakesh Ministerial Meeting)에서 조인되었다. 세계무역기구는 1995년 1월 1일 설립되었다. 이 기구는 다음을 제공했다.

- 재화, 서비스, 무역 관련 지적재산권(trade-related intellectual property rights: TRIPs)에서 무역협정 협상을 위한 제도의 틀
- 회원국들의 무역정책을 규제하는 일련의 법적 의무들

세계무역기구는 보통 '관세 및 무역에 관한 일반 협정'의 단순한 연속으로 보여진다. 하지만 연속 외에 역시 중요한 차이들이 있다. 우선 1947년 '관세 및 무역에 관한 일반 협정'은 임시 무역협정으로 인식되었기 때문에, 그 자체로는 법적 실체(legal entity)가 아니거나 제도의 구조를 가지지 않았다. 그러나 그 협정이 시작된 후 곧 그 협정은 상설 기구(standing body)를 필요로 했다는 것이 분명해진다. 수년의 과정에서 조직 구조가 점차 등장했다. "1990년대 초부터, 기름칠이 잘된 '관세 및 무역에 관한 일반 협정' 기계"는 모습을 갖추었다(Hoekman and Kostecki, 1995: 13). 다른 한편, 세계무역기구는 조직 구조를 가지고 태어났을 뿐만 아니라, 자신의 법적 실체를 가진 국제기구이다. 이런 법적인 변화(그 자체로는 상대적으로 중요하지 않은)는 '관세 및 무역에 관한 일반 협정'과 세계무역기구 간 두 번째 차이, 즉 세계무역기구에 부여된 굉장히 커진 힘의 관점에서 필수적이었다. 세계무역기구는 협정을 만들기 위한 토론장이었을 뿐만 아니라('관세 및 무역에 관한 일반 협정'이 그랬던 것처럼), 역시 협정을 집행할 수도 있으면서 집행

하는 기구였다. '관세 및 무역에 관한 일반 협정'은 국제무역 협상들을 가능하게 했지만 이 점을 뛰어넘는 권한을 가지지 못했었다. 세계무역기구는 다자 회담을 위한 틀을 제공할 뿐만 아니라 다국적 협정들을 관리하며, 승인을 통해 협정들을 집행한다. 이것 때문에, 의사 결정 및 집행 과정이 상당히 바뀌어야만 했다.

세계무역기구 내 의사 결정 과정을 이끄는 규칙들을 고려해보자. ① 차별 금지, ② 호혜, ③ 시장 진입, ④ 공정 경쟁이 있다. 첫 번째 규칙인 차별 금지는 최혜국(Most Favoured Nation: MFN) 원칙에 들어 있다. 이 원칙에 따라 세계무역기구의 한 회원국이 다른 회원국에 부여한 최고의 대우(best treatment, 예를 들어, 관세 감축)는 세계무역기구의 다른 모든 회원국들한테 자동적으로 확대된다. 큰 국가들이 세계무역기구의 다른 회원국들한테 같은 규칙을 적용해야 하기 때문에, 최혜국은 "큰 국가들이 중소 국가들에게 관세를 인상하는 것으로써 시장 지배력을 이용하지 않을 것이라는 보증을 제공한다"(Hoekman and Kostecki, 1995: 26~27)고 여겨진다. 실제로는 사정이 다르다.

예를 들어, 관세 감축을 보자. 중심 진영의 한 국가가 중심 진영의 다른 국가에 대해 관세를 감축한다면, 이런 대우를 다른 모든 국가들한테, 따라서 피지배 진영에까지도 확대해야만 한다. 피지배 진영이 약한 경쟁자라는 것을 고려하면, 그것은 중심 진영의 국가들(자본들)한테 부정적인 결과를 가지지 않는다. 하지만 한 피지배국이 시장을 다른 피지배국에게 개방한다면, 최혜국은 피지배국이 훨씬 강력한 경쟁자들인 중심 진영의 국가들한테 이런 대우를 확대할 것을 요구한다. 그 결과는 약한 경쟁자들한테 해로울 수 있다. 법적 평등 뒤에서, 최혜국은 중심 진영의 국가들(자본들)의 이해를 위해 기능한다.

두 번째 원칙인 호혜는 한 국가의 약속은 다른 국가의 비슷한 약속에 의해 호응된다는 것을 의미한다. 여기서도 역시 형식적 또는 법적 측면은 서로 다른 경제 현실, 즉 다른 국가들의 경제력의 비대칭적 효과를 숨긴다. 구체적으로 "작은 나라들은 수출 잠재력의 측면에서 대규모 국가들에게 공급할 것이 거의 없다. …… 소규모 경제국들(즉, 대부분의 개발도상국들)이 협상 테이블에 가져갈 것이 거의 없는 것은 어쩔 수 없는 현실이다”(Hoekman and Kostecki, 1995: 29).

세 번째 원칙인 시장 진입은 개방적 무역 체계에 대한 헌신을 강조한다. 이런 차원에서 말한다면, 이 원칙은 세계무역기구 목표의 불필요한 되풀이인 것 같다. 실제로 이 원칙이 강조하는 것은 “입법 추진(implementing legistation)을 통해 다국적 협정들이 국내법으로 전환되어야 한다는 것이다”(Hoekman and Kostecki, 1995: 31). 이런 방식으로 세계무역기구를 통해 국제무역에서 주요 행위자들인 중심 진영의 국가들은 피지배 진영의 정부들로 하여금 중심 진영 자본들의 이해를 위해 기능하는 입법을 반드시 하게끔 한다.

네 번째 원칙인 공정한 경쟁은 세계무역기구 맥락 안에서 특수한 의미를 갖는다. 기본적으로 국제 경쟁의 효과가 어떤 나라에 아주 해롭게 된다면, 그 나라에 상쇄 수단을 허용한다. 이것은 약한 경쟁자들, 즉 피지배 진영 국가들에 대해 안전판(safety valve)이 되는 것 같기도 하다. 실제로는 여기서도 역시 크고 강한 국가들한테 피지배국들이 상쇄 수단을 적용하는 것에 대한 극히 제한된 가능성을 법률 조문(legal provisions)에 숨기고 있다.

이 모든 것이 충분하지 않다면, 피지배국들의 허약함은 분쟁의 해결과 관련된 법률 조문 속에서 더욱 심해지는데, 그 조문은 분쟁해결기구(Dispute Settlement Body: DSB)가 다룬다. 분쟁해결기구는 하나의 검사단(panel)을 설치하는 권한을 가진다. 이것은 3명의 검사자(panelist)로 구성되고 사무국이 그들의 이름을 제안하는데, 그들은 국제공무원을 은퇴했거나 무역 문제 전문가들이다.

> 이해 상충 규정이 없으며, 검사자들은 노동자, 환경, 인권을 보호하는 종종 국내법 또는 정부 책임을 거의 인정하지 않았다. 따라서 세계무역기구에서 도전받은 모든 단일 환경 또는 공공 건강법이 불법으로 판결되었다는 것은 놀랍지 않다 (Working Group on the WTO/MAI, 1999).[6)]

검사단은 분쟁해결기구와 분쟁 당사자들에게 제출될 보고서를 작성한다. "세계무역기구 심판 위원회(tribunal)는 비밀리 운영된다. 문서, 공판(hearing), 소송사건(brief)은 비밀이다. …… 외부 항소는 없다"(Working Group the WTO/MAI, 1990). 보고서는 6일 내에 분쟁해결기구가 채택해야만 하고, 그런 경우 피소국은 보고서의 권고에 따라야만 한다. 피소국이 따르지 않는다면, 제소국(complainant)은 보복 허락을 요청할 수 있다. 이것은 승인되는데 왜냐하면 그것을 거부하기 위해서는 총의가 필요하기 때문이다.

이것은 역총의 합의(negative consensus)이다. 총의 합의(positive consensus)를 위해서는 분쟁해결기구에서 대표성을 가지는 모든 국가들이 보복을 수긍하는 것에 동의하는 것이 요구된다. 따라서 어떤 나라도 거부권을 가진다. '관세 및 무역에 관한 일반 협정' 아래에서 피소국을 포함해서 어떤 나라도 검사단의 설치 또는 그 검사단 보고서의 채택을 막을 수도 있다. 피소국이 피지배국이라고 해도 거부권을 가진다. 세계무역기구 아래에서, 분쟁해결기구가 검사단을 설치하고 그것의 권고를 채택할 권리를 가질 뿐만 아니라 이런 권고를 거부하기 위해서는

---

6) 유럽연합의 국가들이 호르몬 처리된 쇠고기에 내재한 건강상 위험을 걱정했기 때문에 유럽연합은 그런 쇠고기의 수입을 금지했다(기본적으로 미국으로부터). 1998년 세계무역기구는 자유무역이라는 이름으로 유럽연합의 금지에 반대하는 판결을 내렸고, 따라서 실제로 유럽 소비자들은 잠재적인 건강상 위험에 노출되었다. 세계무역기구 설립 전에 기업은 생산물이 시장에 나오기 전에 그것이 해롭지 않다는 것을 증명해야만 했지만, 세계무역기구 때문에 그 생산물이 해롭다는 것을 증명해야 하는 것은 수입국이기 때문에 이런 결정을 내리는 것이 가능해졌다. 그런 증명은 오직 생산물이 그 시장에 소개된 후에 제공될 수 있기 때문에 해로운 생산물의 경우 사람들은 조치가 취해지기 전에 실제로 병에 걸리거나 죽어야만 한다. 다른 예로, 미국은 멸종 위기에 있는 바다거북을 죽이는 방식으로 잡은 새우를 자신의 시장에 판매하는 것을 금지했다. 환경을 훼손하는 이런 방법을 사용하는 아시아 4개국(인도, 말레이시아, 파키스탄, 타이)은 그 법에 이의를 제기했고, 세계무역기구라는 이름으로 이 국가들에 우호적인 결정을 내렸다. 세 번째 예로 미국은 '세계자유벌목협정(Global Free Logging Agreement)'을 원한다. 하지만 여기서도 자유무역이라는 이름으로 임산물(forest products)의 관세를 제거하면, 세계 자생림(native forest)이 멸종에 처해 있는 바로 그런 때에 벌목이 증가할 것이다.

역총의 합의가 요구되는데, 다시 말해 보복을 거부하기 위해서는 (피소국을 포함해서) 모든 나라들이 동의해야만 한다. 따라서 종속국들은 거부권을 잃게 된다.

공식적으로 말하면, 반대의 경우, 즉 피소국이 중심 진영의 국가이고, 제소국이 피지배 진영의 국가일 때도 똑같이 적용된다. 하지만 한번 더 이런 법적 평등성이 다른 경제 현실을 숨긴다. 호크만과 코스테츠키(Hoekman and Kostecki, 1995)가 숨김없이 보고하듯이 "큰 국가(large players)들이 검사단 권고로 불쾌하다면", 그 나라들은 권고를 단순히 시행하지 않을 수도 있다(Hoekman and Kostecki, 1995: 50). 이런 경우 피지배국의 보복은 효력이 없거나 순전하게 자기 손해일 개연성이 아주 높다. 따라서 제소국은 보복을 삼갈 것이다. 피소국에 대해 말하자면, 중심 진영의 국가이고 권고를 시행하지 않기를 고집한다면, 이론상 세계무역기구는 그 국가한테 기구를 떠날 것을 요청하는 것이 가능하지만, 실제로 이것은 실천 불가능하다. 이 모든 것의 결과는 종속국들이 자신들의 거부권을 잃는 것과 "대규모 무역국이 …… 그들이 좋아하지 않는 변화를 채택하도록 강요받을 수 없다는 것이다"(Hoekman and Kostecki, 1995: 50).

피지배 진영의 허약함은 추가된 세 가지 요소 때문에 악화되었다. 소비에트 진영의 해체 때문에 많은 피지배국들은 동유럽 경제상호원조회의에서 대체 판매처 또는 공급을 찾을 수 있는 그런 제한된 가능성조차도 잃어버렸다. 또한 '협력'과 무역에서 해외 정책을 고려할 수 있는 역할과 이것을 가지고 정치적인 이유(소련을 반대하기 위한)를 위해 우호적인 무역협정을 얻을 가능성도 줄어들었다. 마지막으로 반식민주의 운동의 붕괴에 따라 '제3세계 국가들'은 집단적으로 행동하는 것을 멈추었고, 그리하여 그들의 공통된 이해를 대표하는 것이 상당히 약화되었다. 이것은 "세계무역기구의 설립으로 …… 대부분 개발도상국들이 게임의 법칙을 따르려는 더욱 큰 의향을 나타낸"(Hoekman and Kostecki, 1995: 10) 이유를 설명한다. 물론, 이런 맥락에서 '의향'이라는 용어의 사용은 아주 완곡한 표현이다.

세계무역기구 내에서 바뀐 게임의 법칙이 소비에트 연합의 몰락과 반식민주의 운동의 붕괴 후 지배국과 피지배국 간 힘 관계 변화를 반영한다는 것을 위에서는 명확히 하지 못했다. 무역으로부터 가장 큰 편익을 거두는 것이 국제 과점 자본(보통 초국적 기업으로 언급된다)이라는 것을 고려한다면, 이런 기업들이 중심 진영에 집중되어 있다는 것을 고려한다면, 세계무역기구 법률은 이런 기업들에게 기본적으로 이익이 된다. 증거는 세계무역기구가 아우르는 다양한 무역 범주를 고려함으로써 제공될 수 있다. 이 범주는 '관세 및 무역에 관한 일반 협정', '서비스 무역에 관한 일반 협정', '무역 관련 지적재산권 협정'이다. '관세 및 무역에 관한 일반 협정'이 계속 세계무역기구 아래에 존재하고, 그 조직 구조가 세계무역기구 구조의 부분이 되었던 반면, '서비스 무역에 관한 일반 협정'과 '무역 관련 지적재산권 협정'은 우루과이라운드에 의해 창조되었고, 세계무역기구에 특유한 것이 되었다.

기본적으로 '관세 및 무역에 관한 일반 협정'은 유형재(material commodities, 재화)의 무역정책을 규정한다. 그것은 관세, 수입 수량 제한, 통관절차(예를 들어, 수입국을 대신해 수출국에서 선적 전 검사), 수입 경쟁 또는 수출 산업에 대한 보조금, 국영무역, 기술 규제와 표준, 무역 관련 투자 조치, 정부조달을 아우른다. 이 모든 부문들에서 무역 장벽에 대한 주요한 축소가 여러 '관세 및 무역에 관한 일반 협정' 라운드에 의해 이루어졌고, 물론 중심 진영의 국가들에서 강한 보호무역정책이 다시 등장하지 않는다면, 세계무역기구는 이런 길을 따라 계속 전진할 것이다.

'서비스 무역에 관한 일반 협정'에 대해서도 똑같이 말할 수 있다. 서비스는 대체로 무형재로 정의된다. 이 범주는 은행 업무, 보험, 통신, 화물 및 승객 수송, 관광, 상담업을 아우른다. 중심 진영의 국가들은 재화의 생산과 서비스의 제공 모두에서 기술을 선도한다. '관세 및 무역에 관한 일반 협정'과 '서비스 무역에 관한 일반 협정' 둘의 목적이 가능한 한 무역 장벽을 축소하는 것이라는 것은 이런 이유를 위한 것이며, 따라서 중심 진영 국가들의 이해이다. '서비스 무역에 관한 일반 협정'의 중심 원칙은 '관세 및 무역에 관한 일반 협정'처럼 차별 반대이며, 최혜국 원칙에 반영되었다. 이와 같이 말하고 나면, 형식적 평등과 호혜를 강조하는 이런저런 유사한 원칙이 단지 가장 커다란 거래자들, 즉 국제 과점자본들을 옹호한다는 것은 분명하다. 따라서 더 큰 무역 자유는 중심 진영의 국가들, 다시 말해 그런 국가에 기반을 둔 다국적기업들의 이해를 위해 기능한다. 그렇지 않을 경우에는 언제나 보호주의 반대 정책들은 자유무역을 옹호하는 바로 그런 나라들에 의해 성공적으로 반대된다. 아마도 가장 뚜렷한 예는 농업인데, 그것은 오직 우루과이라운드와 함께, 그리고 오직 이 부문에서 보호주의를 요구하는 미국과 유럽연합 내 조건의 변화가 있었기 때문에 의제에 다시 올려졌다(제7장을 보라).

무역 관련 지적재산권에 관한 문제는 다르다. 지적재산은 사적 소유 지식으로서 아주 잘 이해될 수 있다. 지식은 특허권, 저작권, 상표권 등등을 통해 사유화될 수 있기 때문에, 경쟁자들이 허락 없이, 즉 비용을 지불하지 않고 사용하는 것을(또는 그것을 가지고 만든 재화를 재생산하는 것을) 금한다. 이는 자본주의 관점에서 완전히 타당하다. 그러면 질문은 ① 왜 지식이 지적재산(intellectual property: IP)으로서 무역 의제가 되었는가, ② 세계무역기구는 어떻게, 그리고 누구의 이해 속에서 지적재산의 무역을 관장하는가이다. 첫 번째 질문은 복잡하지 않다. 각 생산과정은 생산수단을 필요로 한다. 각 생산수단은 어떤 하나의 지식 형태를 포함한다. 그 생산수단들에 대한 접근은 (특히 구매를 통해) 동시에 그 특수한 지식 형태에 대한 접근을 보장한다. 그러나 누군가 그 지식에 대해 비용을 지불하는 것 없이, 즉 그 생산수단들에 대해 비용을 지불하는 것 없이 그 지식에 접근할 수 있다면, 그는 그 생산수단들을 만들 수 있고, 따라서 그 생산물들을 생산(그리고 판매)할 수 있다. 따라서 선진 지식을 복제하는 것은 그것을 독점하고 있는 이들의 이해에, 대부분 중심 진영의 과점자본에 반하는 것이다.

따라서 우루과이라운드에서 미국이 주도하는 중심 진영의 국가들은 지식의 복제가 해적 행위와 절도가 된다고 주장한 반면, 피지배국들은 지적재산 보호에 대한 경제협력개발기구 수준의 채택은 자국민의 후생에 손실이 될 수 있다고 대응했다는 것은 당연하다. 예를 들어 종자와 비료에 대한 특허권은 식량 생산에서 투입 비용을 증가시켰고, 제약품에 대한 특허권은 의료 비용을 높였다. 이것이 진실일 수도 있는 반면에, 조금 전 언급된 후생 주장에 기초해서 피지배국들을 편드는 것은 오해될 수 있다.

국가가 본질적으로 일종의 계급 구성물이라면, 정부의 협상자들은 계급의 여러 이해를 대표한다. 정부 협상자들은 오직 자국 자본가계급의 이해를 대표하는 데 필요한 한에서만, 자국민들의 후생에 대해 신경 쓴다.[7] 정부 협상자들은 후생 주장에 기초해 특허권, 상표권, 저작권 등등의 보호에 반대한다. 하지만 이것은 단지 지적재산권(intellectual property rights: IPRs) 도입이 기술 후진국(자본)으로 하여금 더욱 발전한 국가(자본)를 따라잡는 것을 더욱 어렵게 하고, 따라서 기술 낙후(technical backwards)와 가치 체계를 통한 가치 손실의 악순환을 끊는 것을 더욱 어렵게 만들 것이라는 두려움을 숨기고 있는 얇은 장막이다(제3장과 제4장을 보라). 따라서 지식 획득에 대한 규제가 무역에 미치는 지대한 영향 때문에 지적재산권은 무역 의제가 되었다(그리고 다음 절에서 보게 되듯이, 발전에 대해서도). 세계무역기구는 지적재산을 '보호함으로써' 동시에 중심 진영의 이해, 즉 다국적 자본의 이해를 보호하는데, 그런 이해는 본질적으로 중심 진영 자본의 표현이다. 이런 맥락에서 제4장에 이미 언급한 몇몇 자료를 되풀이하는 것으로 충분하다. "특허권의 단지 1%만 제3세계의 개인과 기업이 소유하고 있고, 그것들 가운데 84%는 외국인들이 소유하고 있다"(Mihevc, 1995: 172). 또는 1999년 「인간개발보고서(Human Development Report)」에서 언급되듯이, " '무역 관련 지적재

7) 이것은 물론 엄청난 단순화이다. 이렇게 하는 목적은 계급 기반 분석에 대립하는 것으로서 국가 기반 분석을 논박하는 것이다.

산권 협정'은 균형이 맞지 않다. 그것은 다국적기업들에게 좋은 환경을 제공하며, 기술에 대한 그들의 지배적 소유권을 강화하며, 개발도상국을 방해하고 이전 비용을 증가시킨다"(United Nations Development Programme, 1999: 35).

이 모든 것이 일반특혜관세제도(General System of Preferences: GSP)에 부가된다면, 그리하여 피지배국들이 서로 교역을 위해 보장한 비차별 무역을 지배국 공업품에도 양허하게 된다면, 피지배 진영의 국가들이 이제는 어떻게 세계무역기구를 통해 최강대국들과 이런 국가들의 다국적기업들에게 휘둘리게 되는지 분명해진다. 지배 진영, 그리고 특히 미국은 자신의 다국적기업들의 이해를 기본적으로 구현하는 무역 규정들을 시행하고 강행하기 위한 기구를 만들었다. 하지만 이것이 전부가 아니다. 많은 피지배국들은 공업품의 수입에 지불하기 위해 농산물 수출에 의존했다. 하지만 "제3세계 농산물 생산의 다수는 지역 소농들이다. 어떤 경우에서는 수출을 위해 상품을 생산하는 것이 식량 생산 중단을 의미한다"〔아부그레가 Mihevc(1995: 146~147)에서 인용〕. 따라서 피지배 진영에서 무역과 기아의 이런 양상 사이에 직접적인 인과관계가 있다. 이것에 대한 책임은 세계무역기구뿐만 아니라 세계은행, 국제통화기금에 있다. 농업 부문이 이 모든 정책으로부터 편익은 얻는다면, 편익을 얻는 것은 대농들인 반면, 소농들은 자신들의 경제 환경이 더욱 악화되는 것을 보게 된다(제7장을 보라).

이런 맥락에서 이번에는 생명공학에 대해 몇 마디 하겠다. 생명공학은 가난한 국가들로 하여금 기아를 극복할 수 있게 할 바로 그 기술로 알려졌다. 방금 말한 것(과 제7장에서 추가될 것)은 기아의 근본 원인을 강조하는데, 기술적이라기보다 사회경제적이라는 것이다. 기술 그것은 그런 사회경제적 조건들의 표현이며, 다시 말해 기술은 그 안에 자본의 모습을 찍어내는 것이며, 사회경제적 조건들에서 일어나는 문제에 대해 지속적이면서 효과적인 해결책을 제공하지 못한다. 잠시 이 점을 곱씹어보자. 단연코 생명공학에서 연구 개발에 투자된 재원 가운데 가장 많은 액수는 민간 차원에서 제약, 화학, 종자 생산의 다국적기업에 투자되고 있으며, 점점 더 집중되고 있다. 대학을 포함해서 공공 연구 기관은 자회사와 합작 투자회사(joint venture)로서 또는 다국적기업이 부과한 계약을 통해 사실상 점점 더 민간 자본의 통제 아래에 놓이고 있다. 그러면 이런 연구 기관에서 어떤 종류의 생명공학이 일어나겠는가?

생명공학은 기존의 유전 물질(genetic material)을 이용한다. 식물 유전자원의 95%는 세계의 가장 가난한 국가들에 존재하고 있다고 추산된다(MIhevc, 1995: 211). 그래서 놀랍지 않게도 가장 부유한 국가들, 다시 말해 그 국가들의 다국적 기업들은 이런 자원들의 (물론 가장 가난한 국가들에 의한) 민영화를 반대했고, '공동 유산(common heritage)'으로 하는 것에 찬성했다. 이런 식물 유전자원들은 공짜로 다국적기업들이 전유했고, 이 기업들은 유전공학을 통해 그런 식물 유전자원들을 이용하게 되었다. 그 성과(예를 들어, 종자)는 터무니없는 가격으로 피지배국에 되팔리고 있으며, 그래서 오직 가장 큰 생산 단위들만 그런 가격을 지불할 수 있다. 이런 생산 단위는 정확히 수출 지향의 생산 단위들이며, 그러므로 기아를 극복하는 것은 고사하고 완화할 수도 없다.

피지배 진영이 이런 기술들을 공짜로 이용하는 것이 가능해야 한다는 주장이 있을 수 있다. 그러나 이것은 자본주의 합리성의 원리에 반대된다. 자본주의 옹호자들에게(예를 들어, Hoekman and Kostecki, 1995: 146) 특허권 보호(와 이에 수반되는 특허 제품의 높은 가격)는 대규모 기업들이 연구 개발에 참여하도록 유인하는데 필수적이다. 더 나아가 더욱 장기적인 관점에서, 보통 피지배국의 자본들은 이런 기술 때문에 필요한 대규모 투자를 이용하는 것이 가능하지 않다. 이 피지배국의 자본들은 단지 공짜로 그런 기술들을 전유한다면 경쟁할 수도 있다(중심 진영이 공짜로 피지배국들의 유전자 저장고를 전유한다는 것을 고려하면, 합리적인 전제이다). 하지만 다시 한 번, 특허권은 한쪽 진영만 보호하지 다른 진영은 보호하지 않는다. 전통적이면서 소규모인 생산 단위들이 무너진 후에도, 이것은 피지배 국가들에서 스스로 식량 부문을 발전시킬 가능성이 있는 어떠한 것도 억압한다.

마지막으로 이것은 모두 중립적이지 않은 기술의 잘못된 적용의 결과이고, 피지배 진영이 이런 기술들에 자유로운 접근을 할 수 있고, 또 연구 개발에 투자된 대규모 자본의 수혜자가 된다면 모든 것은 좋은 것이라고 주장할 수도 있다. 하지만 이런 기술에 내재한 자본주의 본성이 활기차게 등장하는 것은 바로 이점에서이다. 농업에서 생명공학은 병해충 저항 식물 종류를 개발하는 데 적합하게 맞춰지는 것이 아니라, 다국적기업들이 역시 살충제 생산에 관심을 가진다는 것을 고려하면, 생명공학은 제초제와 살충제 사용의 증가에 저항력을 가지는 작물을 개발한다. 환경적인 효과는 말할 것도 없고 사회경제적 효과도 치명적이다. 오직 근본적으로 다른 형태의 과학이 이런 편향을 조정할 수 있다.

결론을 맺자면, 미헤브츠(Mihevc, 1995)가 적절히 언급하듯이 지적재산권에 관한 세계무역기구 법률은 "실제로는 다국적기업에, 따라서 지배 진영에 부여되는 보호주의 형태를 구성하며", 지배 진영은 "지적재산권 부문의 보호주의 체제를 옹호하며, 반면에" 세계의 유전자원(genetic resources)뿐만 아니라 "재화와 서비스 부문의 자유무역 원칙을 찬성하는 주장을 한다"(Mihevc, 1995: 211). 세계무역기구의 기본 기능은 각국 자본의 다양한 부문의 다양한 이해를 중재함으로써 이런 정책을 형성하는 것이다. 프리먼(Freeman, 1998a; 1998b)이 간결하게 언급했듯이 세계무역기구는 국제통화기금과 세계은행과 함께 중심 진영이 피지배 국가들의 자원을 빨아먹는 세 번째 다리가 되었다.

6) 세계무역에서 유럽연합의 위상

유럽연합 집행위원회가 회원국들로부터 위임받은 권한에 기초해 무역 협상을 수행했다. 유럽연합한테 역외무역의 중요성은 <표 6-1>의 수치로 요약되어 있다.

<표 6-1>의 기록에 따르면, 유럽연합은 세계에서 가장 큰 무역 지역으로 고려될 수 있다. 유럽연합 역내무역은 <표 6-2>가 보여주듯이 더욱 거대하다.

〈표 6-1〉 1996년 세계무역 몫의 비율

(단위: %)

	수출	수입
유럽연합	20.2	17.9
미국	15.9	19.9
일본	10.5	8.5

주: 유럽연합에 대한 수치는 유럽연합의 역외무역을 일컬음.
출처: Eurostat(1997: 26~28).

〈표 6-2〉 1996년 유럽연합 역내무역과 유럽연합 역외무역

(단위: 10억 ECU)

	수출	수입
유럽연합 역외	623.4	580.0
유럽연합 역내	1058.4	1011.8

출처: Eurostat(1997: 11, 12, 21).

1996년에 가장 중요한 유럽연합 역내 흑자 국가들은 네덜란드(유럽연합 총역내무역의 +37.3%), 독일(+19%), 벨기에 및 룩셈부르크(+12.4%), 이탈리아(+10%)였다. 가장 중요한 적자 국가들은 오스트리아(-11.4%), 그리스(-8.7%), 영국(-8.2%), 스페인(-6.9%)이었다. 유럽연합 역외 무역수지를 고려하면, 독일이 가장 큰 흑자(유럽연합 총역외무역의 32.6%)를 냈고, 이탈리아(24.7%), 프랑스(16.4%), 스웨덴(12.1%)이 뒤를 이었다. 가장 큰 적자 국가들은 네덜란드(-27.2%)와 영국(-17.2%)이었다(Eurostat, 1997: 99).

거래한 재화에 대해 말하자면, 유럽연합은 원료, 에너지, 잡화를 수입했다는 것을 <표 6-3>에서 보여준다. 다음 절에서 보게 되듯이, 특히 에너지, 즉 전략적으로 중요한 요소를 위해 세계시장에 대한 유럽연합의 의존은 중요하다. 수출 측면에서 유럽연합은 화학제품, 공업품, 기계 및 수송 장비, 그리고 아주 적은 정도로 음료와 담배를 수출한다. 전체적으로 유럽연합은 낮은 기술 제품을 수입하고 첨단 기술 제품을 수출한다. 이것은 제4장 제2절에서 제시한 자료와 일치한다.

〈표 6-3〉 1996년 유럽연합 역내무역의 부문별 재화

(단위: 10억 ECU)

	수입	수출	수지
식품 및 가축	42.0	30.8	−11.2
음료 및 담배	3.6	10.3	+6.7
연료 외 원료	35.0	11.4	−23.6
에너지	79.5	15.3	−64.2
유, 지, 밀랍	2.2	1.9	−0.3
화학제품	44.9	80.7	+35.8
생산 제품	75.6	103.5	+27.9
기계 및 수송 장비	187.2	281.7	+94.5
잡화	94.3	79.5	−14.8
기타	15.5	8.1	−7.4
총계	579.8	623.2	+43.4

출처: Eurostat(1997: 69~71).

<표 6-4>는 지역별 상품의 역외무역을 보여준다. 오직 세 개의 주요 무역 동반자만 기록되어 있다.

각 회원국들은 지리적 차원에서 다른 지역들보다는 몇몇 지역들과 더욱 밀접한 관계를 가진다. 따라서 아일랜드와 영국한테는 미국 및 일본과의 역외무역이 더 크며(백분율 측면에서), 덴마크와 스웨덴한테는 유럽자유무역연합과의 역외무역이 더 크며, 독일에게는 중동부 유럽과의 역외무역이 더 크며, 이탈리아·그리스·프랑스에게는 지중해 분지와의 역외무역이 더 크며, 포르투갈한테는 아프리카카리브해태평양지역국가와의 역외무역이 더 크며, 스페인한테는 중남미와의 역외무역이 더 크다. 하지만 이런 특수한 유대를 제외하면, 전체로서 유럽연합은 제3세계 국가들 또는 국가 집단들과 특수한 관계를 가진다. 이것을 위해, 유럽연합은 무역 동반자들과의 '자유무역협정'·연합 협정·다른 특혜 협정의 다층

〈표 6-4〉 1996년 유럽연합의 무역 동반자별 역외무역

(단위: 10억 ECU)

	수입	수출	수지
미국	112.5	114.3	+1.8
일본	52.5	35.6	−16.9
스위스	42.6	51.3	+8.7
총계	580.0	623.2	+43.2

출처: Eurostat(1997: 44~45).

그물망을 발전시켰다. 이런 협정들의 실체는 제3세계 국가들 또는 국가 집단에 대해 전체로서 유럽의 지배를 보장하는 것이다. 이 협정들 가운데 두 가지 아프리카카리브해태평양지역국가와의 '로메 협정', 중동부 유럽 국가들과 유럽 (또는 연합) 협정을 예로 보여줌으로써 그러한 점을 실증할 것이다.[8] 다음 절에서 이 논지를 입증할 것이다.

8) 1955년에 유럽연합은 다른 협정들도 명기했었다. ① 유럽연합과 유럽자유무역연합 간 '유럽경제지역협정': 유럽경제지역은 재화, 사람, 자본의 자유로운 이동을 제공한다. 그 협정은 1994년 1월 1일 효력을 발휘했다, ② 지중해 국가들과 협정(키프로스, 몰타, 터키. 1996년 1월 1일 이후 터키는 관세동맹으로 유럽연합에 묶였다): 공통관세정책 외에 이것은 공업품의 자유로운 이동, 무역의 기술적 장벽에 대한 공통 입법, 유럽연합 경쟁 및 지적재산 규칙의 시행을 제공했다, ③ 독립국가연합 회원국들(Commonwealth of Independent States: CIS)과 '동반자 및 협력 협정(Partnership and Co-operation Agreements: PCAs)': 이 협정은 독립국가연합으로부터 수입품에 대한 양의 제한을 제거했고, 철강 제품과 섬유 제품은 예외로 했다. 독립국가연합에 대한 유럽연합의 직접투자와 기금 및 배당금의 유럽연합으로 송금 둘 다 제한이 풀릴 것이다, ④ 아시아 국가들과 협정들(agreements and arrangements in Asia): 이는 역시 '비특혜 동반자 및 협력 협정'이다. 유럽연합 집행위원회는 아시아에 대해 정책의 우선순위를 더 높게 부여하는 것이 필요하다고 강조했다. 이것은 물론 일본을 가리킨다, ⑤ 다른 지역과 협정: 그것은 아르헨티나, 볼리비아, 브라질, 칠레, 파라과이, 우루과이가 회원국인 남미공동시장과 진행 중인 협상들을 가리킨다. 단기 목표는 상업 및 경제 협력 협정이고, 장기 목표는 지역 간 연합 설립이다.

2. 유럽연합과 종속 발전

앞 절에서 유럽연합 제국주의를 국제무역 맥락에 놓은 반면, 이번 절에서는 아프리카카리브해태평양지역국가와 중동부 유럽 국가라는 피지배국 두 진영에 대한 유럽연합 제국주의의 특수한 측면에 초점을 맞춘다. 여기서 제시된 논지는 전체로서 유럽연합은 아프리카카리브해태평양지역국가와 식민지 형태의 제국주의 관계를 갖지만, 중동부 유럽 국가의 몇몇 국가들과는 다른 형태의 제국주의 관계를 만들 수 있다는 것이다. 아프리카카리브해태평양지역국가로부터 시작하자.

아프리카카리브해태평양지역국가와 유럽연합의 무역 및 원조 관계는 이런 국가들이 유럽의 옛 식민지를 포함할 뿐만 아니라 유럽연합이 가장 선호하는 국가들이기 때문에 특히 흥미롭다. 30년간 원조와 우대가 있었던 뒤라서, 이 국가들이 적어도 어느 정도 경제성장에 도달했을 것이라고 기대할 수 있다. 하지만 전혀 그렇지 않다. 원래 '로마 조약'은 유럽경제공동체(와 그 회원국들과)와 여전히 식민지였던 해외 국가들 및 지역들 사이에 일방적인 연합을 위해 제공되었다. 1960년대는 탈식민지화 시대였다. 이것은 공동체와 옛 식민지 사이의 관계에 변화를 요구했다. 변화에 대한 필요는 영국의 가입으로 강화되었는데, 확대된 공동체와 영연방 국가들 간 관계에 대한 문제를 제기했다. 결국, 공동체와 옛 식민지 간 관계는 '로메 협정'으로 제도화되었다. 여러 차례의 '로메 협정' 가운데 네 차례가 1975년, 1980년, 1985년, 1989년에 있었다. 제4차 협정은 69개국에서, 즉 국제연합의 1/3이 받아들였다. 이것은 1990~2000년 시기를 아우른다. 제5차 협정은 2000년 3월에 효력이 발휘되었다.

'로메 협정'의 첫 번째 특징은 아프리카카리브해태평양지역국가에 대한 '개발' 원조인데, 기본적으로 보조금이다. 1995~2000년 기간 동안, 130억 ECU 기금 가운데 120억 ECU가 보조금 형태이고, 10억 ECU가 위험 자본 형태(대출,

자본참가, 유사 자본 원조)이다. 이른바 아프리카카리브해태평양지역국가들의 개발에 우호적인 가장 중요한 특징들은 스타벡스(Stabex, 수출소득안정화제도), 광산물제도(Sysmin), 구조 조정 보조금이다. 스타벡스, 즉 '수출소득안정화제도(System for Stabilization of Export Earnings)'는 특산품의 불안정한 수출 소득의 해로운 효과에 대해 아프리카카리브해태평양지역국가에 보상하는 것이 목적이다. '로메 협정' I과 II 아래에서 스타벡스 기금의 지불은 자격 요건에 제약이 전혀 없었지만, '로메 협정' III은 지불 조건에 대한 몇 가지 기준을 도입했고, '로메 협정' IV는 이 지불 조건을 더 강화했다. 그것은 소득의 손실이 일어난 부문에 우선순위가 주어져야 한다고 규칙을 정했다. 자금 이동의 이용은 오직 그런 부문에서 어려움이 극복되는 경우에 다양화를 촉진하기 위해 허용되었다.[9] 그런 어려움의 구조적 본성을 고려하면, 이 조건은 실제로는 다양화 목적을 위해서 따라서, 독립적인 발전을 위해 스타벡스 기금을 사용하는 것에 대한 금지규정이다.

광산물제도는 '광산물안정화제도(System for Stabilizing Minerals)'를 가리킨다. 이 제도는 광업 부문에 상당히 의존하고 있으면서 그 부문에서 어려움을 겪고 있는 아프리카카리브해태평양지역국가에 적용된다. 이런 경우에 광산물제도는 옛날 수준에서 생산을 재개할 수 있거나, 합리화 또는 다양화하는 데 이용할 수 있는 융자를 해준다. 따라서 광산물제도는 식민지들의 광산물 생산을 지속시키는 수단, 즉 유럽연합을 위해 매우 중요한 경제 투입이다. 여기서도 역시 다양화는 방금 언급한 이유들 때문에 빈말이 된다.

마지막으로 구조 조정은 경제에서 불균형을 줄이는 것을 목표로 하는 일련의 정책들로서 정의된다. 그것은 장기 발전, 산출 및 고용의 성장 가속, 자립 경제,

---

9) 말할 필요도 없이 다양화와 공업화는 오직 이런 것이 원조국들의 이해와 충돌하지 않는다면 촉진되었다. 예를 들어, 네덜란드는 탄자니아의 낙농업을 촉진하기 위해 매년 20만 유로를 탄자니아에 지불한다. 동시에 네덜란드가 탄자니아에 분유를 수출하기 위해 자국의 분유 생산자에게 지불하는 보조금의 양은 세 배만큼이나 된다(Van der Lann, 1999).

사회의 참을성을 강조한다. 원조 및 개발 정책에 무심한 관찰자라도 중심 진영이 기부한 기금에서 얼마간은 중심 진영이 피지배 진영에 부과한 경제정책의 참을 수 없는 결과를 줄이기 위해 사용되어야 한다는 것을 안다. 따라서 로메 보조금은 구식민지 관계를 계속 유지하기 위해 유럽연합이 아프리카카리브해태평양지역국가한테 돌려주는 부스러기이다. 보조금이 줄어들고 있다는 사실은 이 관계에 대한 유럽연합의 관심이 떨어지고 있다는 것을 나타낸다.

'로메 협정'의 두 번째 특징은 아프리카카리브해태평양지역국가의 수출품에 대해 유럽연합이 부여하는 우대이다. 실제로 모든 아프리카카리브해태평양지역국가 수출품은, 그 대부분은 1차 상품인데, 유럽연합의 관세 면제에 속한다. 이런 대우의 중요성은 유럽연합에 대한 아프리카카리브해태평양지역국가의 수출품은 이 국가들의 총수출의 40%를 구성한다는 사실에서 드러난다. 예외가 있는데 바로 농산물이다(아래를 더 보라).

로메 계획에 대한 평가는 아주 심각하다.

> 공업 수출품에 대한 자유로운 접근에도 불구하고, 그리고 아프리카카리브해태평양지역국가의 대부분 농업 수출품에 대해 보호주의 공동농업정책을 축소했음에도 불구하고, 20년 이상의 기간 동안, 유럽연합에 대한 아프리카카리브해태평양지역국가의 수출은 실망스러웠다. 유럽 시장에서 그 국가들의 몫은 1976년 6.7%에서 1993년 3.4%로 감소한 반면에, 우대를 더 적게 받은 개발도상국들은 더욱 성공적으로 성과를 냈다(Davenport et al., 1996: 63).

1994년 이 몫은 더욱 감소해 2.8%가 되었다(European Centre for Development Policy Management, 1996: 21). "동시에 아프리카카리브해태평양지역국가는 유럽연합 시장에 아주 종속적인 상태로 남았고, 그들의 수출품을 원료로부터 성공적으로 다양화하는 데 실패했다"(Hewitt and Koning, 1996: 63). 수출의 몫을 가까스로 늘린 몇몇 국가들의 사례가 있지만 이것이 우대 때문이었는지는 의문스럽다. 첫 번째 결론은 이러하다. 우대 제도는 잘해봤자 불충분하고, 최악의 경우에는 제한된 종속 발전의 정도에 대해서조차도 장애물이었다.[10)]

2000년 2월에 새로운 아프리카카리브해태평양지역국가 유럽연합 협정이 '로메 협정'을 대체하면서 합의에 도달한 것은 부분적으로 이런 비판들(다른 이유들은 잠시 후 언급될 것이다) 때문이었다. 향후 5년의 기간 동안, 135억 유로가 유럽개발기금(European Development Fund: EDF)을 통해 아프리카카리브해태평양지역국가에 지급되기로 했다. 물론, 13억 유로는 지역 협력을 위한 것이고, 22억 유로(유럽투자은행이 관리하는 것)는 '투자 기금(investment facility)', 즉 민간 부분의 개발을 위한 것이다(Elfo-Thorffin, 2000: 25). 이런 몇몇 수치는 새로운 협정 뒤에 있는 다른 '철학'을 보여주기에 충분하다. 만연한 신자유주의 이데올로기를 고려하면, 원조보다는 지역 협력, 민간 부문, 무역을 더 크게 강조하고, 원조는 개발 도구로서는 실패했다고 말해진다. 사실, 실패한 것은 원조가 아니라 이런 특수한 종류의 '원조'이다. 편하게 잊은 것은 개발원조의 70%는 유럽연합에 매어 있다는 것, 즉 유럽연합이 재활용한다는 것이다〔*The ACP-EU Courie*(p.27)의 나이지리아 대통령 오바산조(Obasanjo)의 연설에서 인용〕. 그러므로 이것을 원조정책으로 간주하는 것은 어떤 착각을 갖는 것이다. 더 나아가, 더 거대한 재원이 민간 부문의 성장을 위해 배정되며, 또 이것이 실제 원조임을 편하게 잊어버린다. 정부와 공공 기관에 대한 '원조'(주류 경제학에게는 나쁜 것)를 실제로는 유럽연합 민간 기업들에 대한 수출보조금이라고 부름으로써, '투자 기금'을 실제로는

---

10) 어쨌든 이런 우대 지위는 곧 끝날 수도 있을 것 같다. 아프리카카리브해태평양지역국가로부터 유럽연합의 바나나 수입을 예로 들어보자. 최혜국 조항이 다른 회원국들로부터 유사한 제품에 대해 평등한 대우를 요구한다는 것을 고려하면, 세계무역기구는 다른 바나나 생산자들, 즉 기본적으로 미국이 소유한 남미의 거대한 바나나 농장들도 같은 조건으로 유럽 시장에 접근해야 한다는 것을 법률로 만들었다. 이것은 아프리카카리브해태평양지역국가의 소규모 바나나 생산자들한테는 확실한 몰락을 의미한다.

민간 부문에 대한 원조라고 부름으로써 (아프리카카리브해태평양지역국가와 유럽연합 회원국들 자신이 만든) 지배 이데올로기는 국제 협력과 지원의 신뢰를 떨어뜨리고 있고, 심지어는 극단적으로 희석된 형태인 '로메 협정'으로서 그렇게 하고 있다.

새로운 협정에는 한 가지 요소가 더 있다. 베를린 장벽 붕괴 후에 유럽연합의 지정학적 관심사는 아프리카카리브해태평양국가로부터 중동부 유럽 국가로 이동했다.[11] 그러면 유럽의 이런 관심 증대가 중동부 유럽 국가에 주는 효과를 살펴보자. 소비에트 연방 몰락 후에 유럽연합은 중동부 유럽 국가와 수많은 유럽 협정, 즉 연합 협정을 조인했다. 이런 협정들의 요지는 관련 국가들에서 기원하는 대부분 산업 생산물은 관세와 수량 제한 없이 유럽연합에 들어갈 수 있다는 것이다(유럽석탄철강공동체의 몇몇 철강 생산물과 어떤 섬유 및 옷 생산물은 제외된다). 농업에서 여러 유럽 협정은 유럽연합에 비해 낮은 1인당 소득과 적은 공업 수출품을 가진 국가들한테 우호적인 것으로 뜻했던 일반특혜관세제도 아래에서 인정된 특혜를 강화했다. 그 결과 중동부 유럽 국가는 유럽연합의 중요한 동반자가 되는 정도까지 자신들의 무역을 유럽으로 쏟았다. 1996년 중동부 유럽 국가는 재화 부문에서 유럽연합 역외수입의 8.5% 차지했고, 유럽연합 역외수출의 11.1% 차지했다(Eurostat, 1998: 1). 중요한 질문은 무역의 양상과 개발의 측면에서 중동부 유럽 국가에 대한 효과는 무엇인가이다.

먼저 농업을 살펴보자. 제4장 제1절에서 보았듯이 식민주의 아래에서 중심 진영의 국가들은 피지배 진영 국가들한테 농산품과 원료의 순 수입국이고, 공업품에서는 순 수출국이다. 이 모형은 과잉생산이 오직 산업 부문들의 특징이 되고, 농업 부문의 특징이 되지 않는다는 상황에 들어맞는다. 다른 한편, 여기서

11) 중동부 유럽 국가에는 알바니아, 보스니아 헤르체고비나, 불가리아, 크로아티아, 체코공화국, 에스토니아, 마케도니아(former Yugoslav Repulic of Macedonia: FYROM), 헝가리, 라트비아, 리투아니아, 폴란드, 루마니아, 슬로바키아, 슬로베니아가 포함된다.

〈표 6-5〉 식품, 음료, 담배 부문에서 유럽연합과 중동부 유럽 국가 간 무역

(단위: 10억 ECU)

	1991	1992	1993	1994	1995	1996
중동부 유럽 국가들로부터 수입	2.2	2.2	2.1	2.3	2.6	2.7
중동부 유럽 국가들로 수출	1.7	2.3	3.2	3.4	4.2	4.7
수출입 수지	−0.5	+0.1	+1.1	+1.1	+1.6	+2.0

출처: Eurostat(1996; 1998).

〈표 6-6〉 광물 원료를 포함해 주요 원료에서 유럽연합과 중동부 유럽 국가와 무역

	1991	1992	1993	1994	1995	1996
중동부 유럽 국가들로부터 수입	2.4	3.1	3.4	4.0	5.7	5.5
중동부 유럽 국가들로 수출	1.0	1.4	1.7	1.7	3.0	3.4
수출입 수지	−1.4	−1.7	−1.7	−2.3	−2.7	−2.1

출처: Eurostat(1996; 1998).

조사된 상황은 <표 6-5>가 보여주듯이 유럽연합의 구조적인 과잉 농산물 특징도 가진다는 점에서 새롭다.

1991~1996년 기간 동안 유럽연합은 농산·식품의 순 수입국(1991년 5억 ECU 적자)에서 순 수출국(1996년 20억 ECU 흑자)으로 변했다. 이것은 중동부 유럽 국가에 대한 유럽연합의 수출 규모가 거의 세 배가 된 것과는 대조되게 중동부 유럽 국가로부터 유럽연합의 수입 규모가 약간 증가했기 때문이다. 사람들은 "여러 연합 협정이 중동부 유럽 국가의 식품 및 농업 무역을 개선하는 데 기여를 하는지 또는 단순하게 공동농업정책을 보호하는지" 의심하지 않을 수 없다(Bojnec, 1996: 452). 중동부 유럽 국가의 농업 부문은 유럽연합의 농산품을 흡수하는 시장으로서 기능하는 산업 부문으로 합쳐진 것 같다. 다른 한편, 고전적 식민지의 양상(유럽연합이 원료에 대해 수출보다 수입을 더 많이 한다)이 광물 연료(mineral fuels), 윤활유, 관련 원료를 위해 등장한다(<표 6-6>).

〈표 6-7〉 공업품에서 유럽연합과 중동부 유럽 국가들과 무역

(단위: 10억 ECU)

	1991	1992	1993	1994	1995	1996
중동부 유럽 국가들로부터 수입	11.3	16.7	20.7	27.1	38.1	40.7
중동부 유럽 국가로 수출	14.3	20.1	27.3	34.1	50.1	59.9
수출입 수지	+3.0	+3.4	+6.6	+7.0	+12.0	+19.2

출처: Eurostat(1996; 1998).

공업품을 살펴보자. <표 6-7>에서 보여주듯이, 이 부문의 무역은 거의 같은 기간에 네 배가 되었고, 이 부문에서 유럽연합의 흑자는 구조적인 것으로 되었고(1991년 30억 ECU에서 1996년 192억 ECU로), 따라서 선진국들(유럽연합)에서 상품의 과잉생산이 일어난다는 논지를 뒷받침한다.

이렇게 '공산주의 몰락 이후(post-communist)' 처음 10년의 결과는 유럽연합 간에 적자로 구조화된 무역수지이다. 거시적인 예 세 가지는 폴란드(1988년 6억 400만 ECU 흑자에서 1994년 17억 ECU 적자로, 1996년 76억 ECU 적자로), 루마니아(1988년 16억 ECU 흑자에서 1994년 1억 3400만 ECU 적자로, 1996년 8억 ECU 적자로), 헝가리(1988년 1억 9600만 ECU 적자에서 1994년과 1996년 12억 ECU 적자로)이다. 1996년에 체코공화국은 42억 ECU 무역수지 적자를 냈고 폴란드 다음으로 가장 크다.[12] <표 6-7>의 부문별 분해가 이를 보여주고 있다(<표 6-8>을 보라).[13]

<표 6-8>에서 잡화(miscellaneous manufactured goods)의 적자 수지(하지만 줄어드는)를 화학제품과 기계 및 수송 장비(첨단 기술 제품[14])의 더 큰 흑자 수지가 더 많이

12) 1988년과 1994년 자료는 1995년 ≪유럽경제회보(Economic Bulletin for Europe)≫(p.114, table 5.3.2)에서, 1996년 자료는 1998년 유럽통계(Eurostat: 4)에서 인용했다.

13) <표 6-8>에서 1991년 자료는 '주로 원료별로 분류된 공업품' 범주를 '잡화' 범주에 포함시킨다. 1996년 자료는 두 범주를 분리한다. 그 결과 <표 6-8>은 잡화에 대한 1996년 자료를 얻기 위해 두 범주를 합했다.

14) 1995년 중동부 유럽 국가들에 대한 유럽연합의 가장 중요한 수출품은 도로 차량(road vehicles), 산업기계 및 전기기계, 의약품, 사무용 기기 및 컴퓨터, 화학제품을 포함했다.

〈표 6-8〉 부문별 공업품에서 유럽연합과 중동부 유럽 국가와 무역

(단위: 10억 ECU)

	화학제품		잡화		기계 및 수송 장비	
	1991	1996	1991	1996	1991	1996
수입	1.5	3.3	7.4	24.0	2.3	13.4
수출	2.0	8.1	5.1	23.7	7.2	28.1
수지	+0.5	+4.8	−2.3	−0.3	+4.9	+14.7

출처: Eurostat(1996; 1998).

상쇄하기 때문에 무역수지 흑자가 된다. 중동부 유럽 국가들의 첨단 기술 제품 수출이 증가하는 반면, 이 국가들의 수입은 더욱더 늘어나서 이 재화들의 무역수지 적자는 1991년 5억 ECU+49억 ECU=54억 ECU에서 1996년 48억 ECU+147억 ECU=195억 ECU로 증가했다. 더 나아가, 중동부 국가들의 유럽연합 시장 침투는 역외가공무역(outward processing trade: OPT)의 규모가 증가하고 있기 때문이다. 이는 유럽연합 기업들을 위한 중간재(intermediate inputs)를 중동부 유럽의 기업들이 가공하는 것이다.[15] 따라서 중동부 국가들로부터 유럽연합으로 수출을 나타내는 수치는 이 국가들의 수출 경쟁력에 비해서 크기가 부풀려졌다.

재화 부문에서 교역하는 것 외에, 유럽연합과 중동부 유럽 국가들은 서비스 부문에서도 교역을 한다. 여기서도 역시 중동부 유럽 국가들은 유럽연합의 수출과 수입에서 중요한 위치를 차지한다. 1995년 서비스에서 유럽연합 총역외무역 가운데 수출의 4.5%와 수입의 4.9%를 중동부 유럽 국가들이 차지했다(Eurostat, 1998: 6). 주요 행위자에 대해 말하자면, <표 6-9>는 단지 두 개의 주요 수입국과

유럽연합에 대한 중동부 유럽 국가의 가장 중요한 수출품은 옷, 철강, 가구, 코르크와 목재, 석탄, 코크스와 연탄, 신발을 포함했다. 기술 종속의 양상이 분명했다.

15) "유럽연합에 대한 동유럽(폴란드, 헝가리, 루마니아, 불가리아, 체코공화국, 슬로바키아)의 총수출품에서 역외가공의 몫은 1994년 18.5%에 도달했고, 섬유와 옷이 유럽연합에 대한 전체 역외가공무역 수출품의 75%를 차지했다"(Economic Bulletin for Europe, 1995: 109).

〈표 6-9〉 서비스에서 중동부 유럽 국가들과 유럽연합의 무역수지

(단위: 10억 ECU)

	수출		수입		수지	
독일	(1.3)	1.9	(2.5)	3.3	(−1.2)	−1.4
오스트리아	(2.5)	2.9	(1.0)	1.4	(+1.5)	+1.5
유럽연합 15개국	(7.2)	8.1	(6.7)	8.5	(+0.5)	−0.4

출처: Eurostat(1998).

수출국을 보여준다. 다른 유럽연합 회원국들은 훨씬 뒤에 있으며, 보여주지 않는다. 자료는 1995년 것이다. 비교를 위해, 괄호 안에 1993년의 수치를 넣었다.

1993~1995년 시기에, 전체 무역수지는 작은 흑자에서 작은 적자로 돌아섰다. 서비스에서 대규모 수출국은 오스트리아였는데, 15억 ECU 흑자 수지를 냈다. 가장 큰 수입국은 독일인데, 14억 ECU 적자 수지를 냈다. 서비스의 수출과 수입을 품목별로 해부하면, 세 가지 주요 품목(major voices)은 수송, 여행, 기타 사업 서비스이다.

마지막으로 유럽연합은 중동부 유럽 국가들에 투자한다. 그 수치로부터 다음을 알 수 있다. 1995년 유럽연합에서 중동부 유럽 국가들로 해외직접투자 유출이 56억 ECU가 되었고, 유럽연합 역외유출의 12.6%를 나타냈다. 중동부 유럽 국가들은 유럽연합의 해외 투자를 위한 중요한 투자처가 되었다. 반대로 중동부 유럽 국가들로부터 유럽으로 해외직접투자는 무의미했는데, 1억 ECU 또는 유럽연합 총역외유입의 0.04%였다. 제국주의 양상이 더 분명할 수는 없다. 중동부 유럽 국가들에 투자하는 데 가장 관심 있는 국가들은 독일(21억 ECU), 프랑스(10억 ECU), 네덜란드(9억 ECU), 오스트리아(5억 ECU)였다. 이 5개국은 중동부 유럽 국가에 대한 유럽연합 해외직접투자 유출의 약 82%를 차지했다(Eurostat, 1998: 8).

독일이 행한 지배적 역할은 이런 맥락에서도 나타난다. 첫째, 중동부 유럽 국가들의 주요한 유럽연합 무역 동반자는 독일이다. 중동부 유럽 국가들에 독일의

해외직접투자 21억 ECU는 그 나라들에 대한 유럽연합 전체 해외직접투자의 38%를 넘는다. 이것은 유럽연합이 동부로 확대하는 것에 독일이 가진 관심의 주요 이유이다. 둘째, 의제 2000(Agenda 2000)을 가지고 유럽연합 집행위원회는 1997년 11개국 가운데 6개국과 유럽연합에 가입하는 것을 요청하는 협상을 시작했다. 이 6개국 가운데 3개국인 체코공화국, 헝가리, 폴란드는 독일과 직접 국경을 접하고 있다는 사실과 슬로베니아는 독일의 연장인 오스트리아와 국경을 접하고 있다는 사실에서, 독일의 관심사가 동유럽에 접경한 유럽연합 회원국으로 있는 것이 아니라는 것을 고려하면, 독일은 역시 새로운 국가들의 가입에 영향력을 행사하고 있다는 것을 보여준다.[16)]

지금까지 경상수지 적자는 어쨌든 부분적으로 자본 유입으로 벌충되었다. 이것으로 인한 문제는 다른 많은 이유들 때문에 해외 자본의 유입이 멈출 수도 있다는 것이다. 이것은 상당한 혼란(disruptions)과 곤란(hardships)을 만들 수 있는데, 멕시코 공황(Carchedi, 1997를 보라)과 아시아 공황의 예에서 보듯이 말이다. 더 나아가, 이런 해외 자본 유입의 한 부분은 민영화 인수(privatization receipts) 때문이며, 다시 일어나지 않는다. 중동부 유럽 국가들은 무역 흐름 측면(대규모 무역 적자는 중동부 유럽 국가들을 유럽연합의 요구와 국제통화기금 및 세계은행 같은 국제기구들의 요구에 노출시킨다)에서뿐만 아니라 자본 흐름의 측면에서도 유럽연합에 종속되어 있다.

줄이자면, 위의 자료들은 동유럽 쪽으로 확대 과정에서 독일의 이해와 지도력의 지배적인 영향력을 보여준다. 이 과정은 원료와 관련짓는 한 (농산품 및 식품을 제외하고) 중동부 유럽 국가와 식민지 관계에 기초하고, 농산품·공업품·해외직접투자와 관련지으면 종속 발전 관계에 기초한다. 재화 무역에 관한 한, 유럽연합과 중동부 유럽 국가들 사이의 무역은 공업품이 중심이며, 중동부 유럽

16) 다른 2개국은 키프로스와 에스토니아이다.

국가의 무역수지는 순 적자와 적자 증가의 특징을 가진다. 중동부 유럽 국가는 기술이 뒤처진 산업 부문과 기술이 뒤처진 생산방식을 운영한다. 이것은 불평등 교환을 만드는 확실한 방법이며, 따라서 경제 종속의 재생산을 만드는 확실한 방법이다. 이것은 유럽연합 회원국들의 중심에 참여하기 위한 길을 배제하는 것 같다. 그러면 질문은 중동부 유럽 국가 가운데 어떤 국가가 종속 발전으로 향하는 경향을 강화할 수 있고, 어떤 국가가 공업 쇠퇴(deindustrialization)의 과정을 겪을 것이며(또는 그런 과정을 시작할 수도 없을 것인지), 따라서 어떤 종류의 식민지 지배에 빠질 것인지(또는 남아 있을 것인지)이다.

여기서 제시된 논지, 즉 중동부 유럽 국가의 경제 불안은 그들이 세계 제국주의 체제 속으로 통합된 것 때문이라는 것과 대조적으로, 주류 경제학(official economics)은 이런 경제 불안이 세계 자본주의 체제에 중동부 유럽 국가가 불충분하게 통합된 것 때문에 발생했다고 주장한다. 두 개의 논거가 끊임없이 등장한다. 첫 번째 논거는, 유럽 시장에 대한 침투 증대로부터 알 수 있듯이 중동부 유럽 국가가 생산성 증대와 현대화를 달성했다는 것이다. 하지만 유럽연합에 대한 중동부 유럽 국가의 수출 증대는 이것 때문이 아니다. 오히려 이런 수출 증대는 중동부 유럽 국가가 옛 경제상호원조협의회 국가들 대신에 유럽연합 쪽으로 수출의 방향을 변경한 결과이다. 이런 무역의 방향 변경은 유럽공동체와 중동부 유럽 국가 간 여러 연합 협정의 일환으로서 1990~1991년 냉전 무역 장벽의 축소와 경제상호원조회의의 소멸로 인해 가능하게 되었다. 소비에트 연방 몰락 전에, 중동부 유럽 국가들의 공업품이 유럽공동체로 침투가 부족했던 것은 낮은 질, 열악한 마케팅 등등, 즉 '공산주의'의 유산 때문이 아니었고, 유럽공동체가 정치적으로 동기 부여한 보호주의 때문이었다(Gowan, 1995: 21).

두 번째 논거는 '충격요법'에 초점을 맞춘다. 중동부 유럽 국가를 유럽연합에 통합하는 것을 지지하는 사람들은 거대한 유럽연합 시장에 대한 수출 가능성과 저렴한 유럽연합 투입물에 대한 접근 때문에 해외 무역이 중동부 유럽 국가에 아주 중요하다고 말한다. 더 작은 국가들일수록 유럽연합 시장에 진입하는 것에서 더 커다란 이점이 생겨나고, 따라서 그 나라 경제에 대해 더 커다란 해외무역의 효과가 생겨난다는 것이다. 건전한 경제정책은 통화 강세를 필요로 한다고 주장한다. 중동부 유럽 국가가 낙후된 상태를 벗어나는 데 새로운 기술이 본질적으로 중요하다는 것을 고려하면, 통화 강세를 통해 앞선 기술의 생산수단을 싸게 수입할 수 있다. 다른 한편, 통화 강세는 수출에 부정적 효과를 지닌다. 이런 효과들은 낮은 물가 때문에 반드시 상쇄되며, 이것은 신자유주의 교리 내에서 임금억제정책과 같은 의미를 지니는 낮은 인플레이션을 요한다. 줄이자면, 논지의 본질은 중동부 유럽 국가가 경쟁적인 평가절하를 통해서가 아니라, 아주 효과적인 '고부가가치의' 생산과 낮은 인플레이션, 즉 낮은 임금을 통해 경쟁해야만 한다는 것이다. 이것이 다른 국제기구들(국제통화기금과 세계은행처럼)뿐만 아니라 유럽연합이 요구하는 구조 조정이다.[17] 이것은 경제에서 국제 경쟁력이 없는 커다란 부문이 사라질 수밖에 없다는 것을 의미한다. 피할 수 없이 폐업과 높은 실업률이 뒤따른다. 하지만, 이것은 단지 첫 번째 국면인 '충격요법'이라고 주장한다. 국제 경쟁력이 있는 새로운 경제구조가 중동부 유럽 국가에서 나타나면서, 고용은 증가할 것이고, 그것으로 경제 후생도 성장하게 된다고 한다. 이것이 중동부 유럽 국가를 자본주의 황금기로 안내해야 하는 충격요법의 알파와 오메가이다.

더 구체적으로 '충격요법'은 ① 효율성이 떨어지는 (국영 독점) 기업들의 빠른 퇴출(initial disappearance), ② 기술이전 때문에 (민간 소유와 자유 경쟁의) 기술 선도 기업들이 그런 기업들을 교체하는 것, ③ 예전의 중앙계획경제에서보다 향상된 삶의 수준으로 해석되는 이런 선진 기술의 ('고부가가치의') 생산물 수출 때문에 회복이 촉진되는 것을 예측한다.[18]

---

17) 종속국가들은 역시 평가절하를 통해 경쟁할 수 있다. 하지만 이것은 중심 진영이 필요로 하는 종속 발전을 촉진하지 않는다.

18) 이다음 내용은 Gowan(1995)에 매우 의존하고 있다.

① 첫 번째 점에 대해 말하자면, 중동부 유럽 국가의 경제는 실로 파괴되었고, 아주 많은 기업들이(특히 소비재 부문에서) 사라졌다. 예를 들어, 헝가리에서 소비 가전 부문의 주요 생산 기업 두 개가 1991년과 1992년에 파산을 선언했고, 철강 주요 생산 기업들은 사라질 지경이었다(Gowan, 1995: 24, 31). 그러나 중동부 유럽 국가는 일단 국제 경쟁에 노출되었기 때문에, 폐업과 파산은 전혀 불충분한 경쟁력 때문이 아니었다. 반대로 중동부 유럽 국가가 꽤 경쟁력이 있었다는 것을 보여주는 증거가 있다. 1990~1991년에 중동부 유럽 국가의 수입품에 대해 유럽연합이 무역 장벽을 낮춘 뒤에, "1989년을 100으로 잡는다면, 유럽공동체에 대한 폴란드의 수출은 1992년 현재 미국 달러로 208.2로 증가했다. 체코슬로바키아의 수출은 250으로, 헝가리의 수출은 178.6으로 도약했다"(Gowan, 1995: 21). 오히려 기업 도산율이 높은 원인은 다른 데 있다.

첫째, 서구 국가들은 경제상호원조회의 해체, 따라서 지역의 무역 및 생산의 연계를 없애야 한다고 주장했다. 이것은 커다란 혼란을 불러일으키지 않을 수 없었다. 둘째, 경제상호원조회의 내 이런 생산과 무역 연계를 유럽연합과의 연계로 대체하는 것은 중동부 유럽 국가들과의 유럽 협정과 옛 소비에트 공화국들과의 다른 협정들에 포함된 무역자유화에 대한 조치들에 부딪혀 허우적댔다. 이것들은 유럽연합에 우호적이도록 아주 비대칭적이었다. 예를 들어, 유럽 협정들은 오직 관세장벽에 초점을 맞추면서, 유럽연합의 섬유 및 농산물에 대한 관세장벽뿐만 아니라 비관세장벽은 배제한다. 셋째, 국제 금융기관들은 대출을 중단하고 위협하며 정부 적자 축소와 공적 지출 삭감을 주장했다. 이것은 제2차 세계대전 이후 가장 극심한 침체의 시기에 중대한 신용경색(credit crunch)을 유발했다. 그 결과는 재앙이 아닐 수 없었다. 물론 유럽연합 회원국들도 경제 곤경(economic distress)이 아주 덜한 시기에서도 자신들의 경제에 그와 같은 정책 수단들을 적용하지 않으려 한다.

② 두 번째 점, 서구의 것과 경쟁할 수 있는 새로운 산업구조의 출현에 대해

말하자면, 반대 경향을 위에서 보여주었다. 우선, 충격요법의 틀 내에서 취해진 정책 수단들은 중동부 유럽 국가의 기계를 교체하고 현대화하는 것을 촉진하기보다는 그 국가들이 유럽연합과 경쟁할 능력을 축소하는 데 목적이 있다. 다음은 이 점을 분명하게 해준다.

- 교육 기반 시설과 연구 개발을 위한 지출은 더 높은 교육 및 의료 비용을 위한 또는 예산 삭감을 위한 국제금융기구들의 요건에 따라 계속 축소되었다(이것은 피할 수 없이 그런 지출의 쇠락을 낳았다).
- 해외직접투자와 관련해서 충격요법 이론가들은 해외직접투자를 중동부 유럽 국가의 기술 향상과 이런 국가들이 이룰 수 있다고 여겨지는 수출 주도 경제 회복을 위해 본질적인 것이라고 생각한다. 이는 해외직접투자가 기존 시장을 따라잡기 위해 기존 공장을 사기보다는 새롭고 기술이 향상된 생산 시설을 설치한다고 전제한다. 하지만 현실은 전혀 반대이다.
- 비합리적인 국영 체제에 경제 합리성을 불어넣은 것으로 여겨지는 민영화에 대해 말하자면, 미신과 현실을 분리하는 것이 다시 한 번 유용하다. 우선, 민영화된 기업들을 구매하기 위해 중동부 유럽 국가로 가는 해외직접투자의 흐름이 상대적으로 작다고 하더라도, 구매된 기업들의 숫자는 많다(1993년 말까지 5만 5000개). 이것은 민영화된 기업들이 거저나 다름없이 해외 자본들에 팔린 사실 때문이다. 이것은 민영화 전에 이 자산들의 구조 조정을 금지하고 있는 것의 결과일 뿐만 아니라 경기 침체의 결과인데, 경기 침체 때 그 자산들이 팔렸다. 민영화 이데올로기는 체제의 경제적 합리성을 이행하는 자는 민간 자본이기 때문에 국가보다는 민간 자본이 구조 조정을 수행해야 한다고 주장한다. 실제로, 구조 조정 전에 잠재적 수익성이 있는 기업들을 판매함으로써, 민간 자본들은 그것들의 실제 가치보다 훨씬 낮은 가격으로 구매할 수 있다. 덧붙이면, 충격요법 이론가들이 바랐던 현실 세계의 모습과 반대로, 대규모 해외 자본들은 끊임없이 각

국 정부에 그 나라 시장의 독점력을 자신들에게 부여하도록 요구했다. 마지막으로 민영화된 기업들을 구매할 수 있는 각국 자본의 소유자들은 주로 부패한 옛 정부 관료, 통화 투기꾼, 단순한 사기꾼이었고, (적어도 신자유주의 사고에서) 자본주의 경제 합리성을 이행하는 사람에 대한 예는 거의 없었다.

③ 마지막으로, 자본주의가 더 높은 생활수준을 가져다준다는 주장에 대해 말하자면, 일간지를 흘깃 보더라도 중동부 유럽 국가와 옛 소비에트 연합 대중의 후생을 얼마나 야만스레 공격했는지 드러난다. 사망률 증가, 건강 위기, 빈곤, 영양실조는 아주 급격하게 증가했다. 국제통화기금은 서구의 진열장인 폴란드에서조차도 "생활수준이 아무리 빨라도 2010년까지는 1989년 수준으로 돌아갈 수 없을 것이다"(Gowan, 1995: 55)라고 추정했다. 아마도 그럴 수 있다. 하지만 다른 피지배국들의 경험은 이것이 단지 잘못된 이론에 기초한 또 하나의 틀린 예측일 수 있다는 것을 보여준다. 그리고 중동부 유럽 국가들의 (몇몇 국가들의) 수출 주도 경제 회복이 실제로 실현된다 하더라도, 그것은 종속 (따라서 제한된) 발전의 또 하나의 예일 것이다.

어느 정도의 성장과 공업화를 달성하더라도 중동부 유럽 국가의 기술 발전의 수준은 선도적인 유럽연합 회원국들보다 계속 뒤처질 것이기 때문에, 국제시장에서 중동부 유럽 국가의 상품 판매는 끊임없는 가치 손실이라는 특징을 가질 것이다. 이런 구조적인 가치 손실을 통해 그런 국가들의 자본축적은 좌절될 것이며, 선진국 중심 진영의 자본축적에 이점이 될 것이다. 그러므로 선도적 유럽 국가들에 대한 중동부 유럽 국가들의 수출과 수입은 선도적 유럽 국가들의 시장의 포화 수준, 따라서 경제순환에 달려 있다. 중동부 유럽 국가들은 유럽연합 시장이 흡수하지 못하는 유럽연합의 상품들을 수입할 수 있는 경화(hard currency)[19)]

---

19) 세계적으로 거래되는 통화이며, 가치를 신뢰할 수 있고 안정적인 저장고로서 기능한다. 경화 지위를 가지게 하는 요소는 구매력의 장기 안정성, 해당 국가의 정치 및 예산 관련 조건

를 충분히 벌어야만 할 것이다. 중동부 유럽 국가들의 상대적 후진성은 낮은 임금을 필요로 할 것이다. 구매력의 상실, 따라서 중동부 유럽 국가 대중의 소비 능력의 상실은 일시적 현상이 전혀 아니며, '선진' 국가들이 지시한 조건 위에서 중동부 유럽 국가들이 수용한 자본주의 체제의 구조적 특징이 된다. 선도적인 강대국들을 대신해 국제금융기구들이 부과한 모델의 적용으로 초래되는 실업 때문에 선도적인 유럽연합 회원국들의 자본축적의 욕구에 따라 이런 국가들로부터, 그리고 이런 국가들로 중동부 유럽 국가들의 노동자들이 밀려왔다 밀려갔다 할 것이다. 유럽연합이 중동부 유럽 국가들에게 부과하려고 하는 수출 주도 모델은 단지 국제경제에서 이런 새로운 역할을 그런 국가들이 수행해야 한다는 것에 대한 합리화이다.

따라서 현실은 비교우위 덕택에 모든 국가들이 무역에서 관세와 비관세장벽 해제로 이득을 얻을 것이라고 여겨지는 목가적 모습과는 아무 상관이 없다. 단지 다국적기업들의 이해에 기여한다면, 무역 장벽들은 원칙적으로 제거된다. 하지만, 다국적기업들이 이점을 얻는 과정과 수단은 단선적이면서, 단순한 것이 전혀 아니다. 다국적기업들은 유럽연합과 같은 다양한 국제기구들을 통해서뿐만 아니라 자신의 국가 정부를 통해 이해를 나타내야만 한다. 국가 정부는 대기업들의 이해뿐만 아니라 중소 자본과 다른 대립하는 계급 및 집단들의 이해도 대표해야만 한다. 국제기구들은 더 넓은 무대 안에서 똑같은 기능을 가지는데, 즉 그런 기구들은 다른 국가들의 부문들과 계급들과 계급 분파들의 이해의 균형을 맞춘다. 어떤 무역 장벽을 제거할지 제거하지 말지(또는 새롭게 도입할지) 결정하는 것은 이런 행위자들 간 힘의 관계이다(그것은 여러 국가들의 경제력의 간접적 표현이다). 하지만 서로 다른 이해들의 본질이 종종 공식적인 이데올로기로 인해 알아볼 수 없게 바뀌는 이런 복잡한 게임을 제외하면, 한 가지가 분명하게 두드

과 전망, 발권 중앙 은행의 정책 입장이다. https://en.wikipedia.org/wiki/Hard_currency(검색일: 2017.1.12)_옮긴이.

러진다. 요즘 국제무역의 1/3을 국제기업 100개 내에서 다른 공장들 간 무역이 차지하며, 다른 국제기업들 사이에서 1/3을 차지한다. 즉, 다국적기업 100개가 국제무역의 2/3를 수행한다. 대립하는 이해들을 대표함으로써 부과된 제약 내에, 무역의 자유는 다국적기업 100개가 자신들의 규칙에 따라 누리는 자유이다 (Strange, 1998: 13).

3. 유럽연합과 공동방위정책

경제통화동맹을 도입하기 전에 유럽연합은 미제국주의에 실질적인 위협이 되지 않았다. 몇몇 유럽 국가들(자본들)이 몇몇 부문에서 미국 자본의 강력한 경쟁자가 겨우 될 수 있었지만, 미국 경제 전체는 유럽연합의 어떤 단일국가나 유럽연합 전체로부터 자신의 세계 지배 역할에 중요한 도전을 받지 않았다. 그런 첫 번째 도전은 경제통화동맹의 도입으로, 따라서 유로의 도입으로 일어났다. 이것에 대해서는 기본적으로 두 가지 이유가 있다. 첫째, 기술 선진국들 따라서 지배적인 제국주의 국가들은 기술 후진국들이 생산한 잉여가치의 부분을 전유한다는 것을 보여줬다. 이것은 불평등 교환이라고 불린다. 이 체계는 기술 선진국 통화들의 객관적으로 결정된 평가상승과 기술 후진국 통화들의 평가하락을 통해서이다. 이것은 기술 후진국을 희생시킨 대가로 기술 선진국의 자본축적을 증대시킨다.

지배적인 제국주의 국가가 되는 두 번째 이점은 자신의 통화가 기축통화가 된다는 것이다. 그 나라는 단순히 불환지폐를 (어느 한도 내에서) 발행함으로써 국제 가치를 전유한다. 이것이 미국 달러의 역할이다. 하지만 유로가 이 특권을 위협할 수 있다. 명백하게 미국은 가능한 한 이런 일이 일어나는 것이 억제되기를 열망한다. 중요한 점은 미국 달러의 진정한 경쟁자가 되기 위해서는 유로가 강력한 경제 지역(유럽연합)의 통화가 되는 것으로 충분하지 않다는 것이다. 좀 더 필요한 것이 있다. 첫째, 이 통화는 기축통화인 것처럼 관리되어야만 한다(제4장 제3절을 보라). 그리고 둘째, 이 통화는 충분한 군사력으로 뒷받침되어야만 한다. 실제 달러와 마찬가지로 유로가, 오직 유럽연합 또는 유럽연합의 개별 회원국을 위해 경제적 또는 지정학적 중요성을 가진 국가들을 정복하고 유럽 제국주의에 복속(즉, 유럽연합의 투자를 '보호'하기 위해 또는 식민지 강탈이나 그런 국가들의 종속 발전을 위해 기능하는 경제정책을 부과하기 위해)시키는 데 필요한 군사력으로 뒷받침될 수 있다면, 기축통화로서 받아들이게 될 것이다. 유럽연합 전체는 미국에 도전할 경제력을 가지고 있고, 유로가 마치 기축통화인 것처럼 관리하려고 시도하고 있지만, 경제력에 비해서 군사력이 부족하다. 미국은 이런 힘을 가용할 수 있으나, 유럽연합은 그렇지 못하다. 미국이 달러의 경쟁자로서 유로의 출현을 억제하려고 노력하는 것은 정확하게 군사력 수준에서이다. 그러면 질문은 왜 유럽연합은 자신의 군사 부문(miliary arm)을 발전시키지 않는가? 그 대답은 유럽 군사력의 아주 모순적인 출현 과정에 놓여 있다. 가장 중요한 특징 몇 가지를 검토해보자.[20)]

---

20) 이것은 1999년 유고슬라비아에 대해 벌였던 북대서양조약기구의 전쟁을 설명하는 중요한 요소 하나이다. 하지만 역시 다른 원인들도 있다. 이 주제가 여기서 적절하게 다루어질 수 없지만, 차례대로 몇 마디 하겠다. 첫째, 이 전쟁은 제국주의 간 대립 때문에 일어나지 않았다고 말한다. 위에서는 그 반대라고 주장하는데, 미국이 제국주의 경쟁자의 발흥을 억지하기 위해 애쓴다는 것이다. 미국과 소련 사이의 대립과 같은 제국주의 간 대립이 지금 미국과 유럽연합을 포함한 다른 지역 사이에 다시 생겨날 수 있다는 것을 배제할 수 없다. 둘째, 소련의 붕괴로 북대서양조약기구는 방어적인 조직에서 공세적인 조직으로 변모했다고 말한다. 다른 관점은 아래에서 제시될 것이다. 셋째, 이것은 세르비아의 공격과 인종 청소로부터 알바니아계 코스보인들을 방어하기 위한 '인도주의' 전쟁이었다고 말한다. 북대서양조약기구와 미국이 중차대한 인권유린을 무시할 뿐만 아니라 실제로는 이런 것을 지지하는 수많은 예를 고려하면, 그런 주장은 놀랍다. 하지만 더욱 놀라운 것은 (코소보인과 세르비아인에 대해) 인권에 대한 범죄가 그 나라에서 일어났는데도, 이런 거짓을 기꺼이 받아들이는 여론의 경향이다.

북대서양조약기구가 유고슬로비아에 개입한 것에 대해서는 조금 전 언급한 것 외에 적

무역과 (저)발전 정책을 부과하기 위해 유럽연합에 군사 부문이 필요하다는 점은 더욱 공식적인 용어로 반복해서 표현되었다. 예를 들어, 생말로(Saint-Malo)에서 1998년 12월 4일 체결된 공동방위정책(Common Defence Policy) 협정 뒤에 나온 다섯 가지 점이 포함된 성명에서 영국과 프랑스는 다음과 같이 주장한다.

> 유럽연합은 국제 무대에서 완전한 역할을 하는 지위를 갖는 것이 필요하다. 이것을 위해, 유럽연합은 자주적인 행동을 할 능력을 가져야만 하는데, 이는 국제 위기들에 대응하기 위해 신뢰할 만한 군사력과 그것의 사용을 결정할 수 있는 수단과 그렇게 할 준비 상태가 뒷받침되어야 한다(*The New York Times*, 1998.12.5).

유럽연합한테 어려움은 한 나라가 지배적인 경제력을 가지고 있지만(독일), 군사력에 대해서도 똑같이 말할 수 없다는 것이다. 군사력 측면에서는 한 나라가 다른 나라들에 대해 분명한 우위를 가지고 있지 않을 뿐 아니라, 각 회원국들도 자신의 이해를 증진시킬 스스로의 군사 수단을 여전히 가지고 있다. 이것은 군사 부문에서 유럽의 허약함을 설명하는 중요한 요소이다.

어도 세 가지 진짜 이유가 있다. 첫째, 미국/북대서양조약기구는 미국의 군사 조직이 최상의 위치에 있으며, 그것에 도전하는 것은 현명하지 못하다는 것을 나머지 세계에 보여주기를 원했다. 이것은 특히 러시아에 적용되는데, 바로 서구 제국주의에 대한 러시아의 종속에 대해 비판하는 것이 그 경로를 반대로 바꾸게 할 수도 있는 경우에 그렇다. 둘째, 미국과 유럽연합은 발칸 지역에서 경제 이해를 가지는데, 즉 그 지역은 불가리아, 마케도니아, 알바니아를 통해 풍부한 카스피 해 석유 지대의 석유를 지중해로 수송하는 데 필요한 송유관을 위한 안전 회랑(safe corridor)이다. 발칸 지역이 미국과 유럽연합의 세력권 안으로 떨어져야만 했던 것은 이런 이유 때문이었다. 그리고 셋째, 미국/북대서양조약기구는 '인도주의' 목적의 (예를 들어, 인종 집단 또는 인권에 대한 방어) 이유가 붙거나 테러 반대 수단으로서 정당성을 갖는 개입의 선례를 만들고 싶었다. 쿠바나 심지어는 러시아 또는 중국(이 두 개의 다민족 국가에서 민족 전쟁은 선전을 통해서뿐만 아니라 비밀 첩보 활동을 통해 고의적으로 조성될 수 있다) 같은 '악당들'에 대한 전쟁은 유고슬로비아의 파괴에서 그것들의 판례, 정당화, 근거를 찾을 수도 있다(Carchedi, 1999).

이것은 애초부터, 즉 제2차 세계대전 후 첫 방위조약부터 그러했다. 1948년 '브뤼셀 조약(Brussels Treaty)'이 조인되어 서유럽연합이 설립되었다. 회원국은 벨기에, 프랑스, 룩셈부르크, 네덜란드, 영국이었다. 서유럽연합의 목적은 경제·사회·문화의 문제와 집단적인 자위에서 협력이었는데, 어떤 회원국이 군사 공격의 목표물이 되는 경우 "다른 회원국들이 그렇게 공격받은 당사자에게 자신들의 권한 안에 있는 모든 군사적인, 그리고 다른 도움과 원조를 제공해야만 한다"(제5조)는 것이다. 또한, "북대서양조약기구의 군사 조직(military staffs)을 복제하는 것이 바람직하지 않다고 인식해", "서유럽연합은 군사 문제들에 대한 정보와 조언을 위해 북대서양조약기구의 적절한 군사 당국에"(제4조) 의존할 것이라고 약속했다. 따라서 서유럽연합은 북대서양조약기구의 유럽의 기둥으로서, 서구 제국주의의 방위에 목적을 둔 군사 체계의 확장으로서 태어났다.

이것은 프랑스한테는 충분하지 않았는데, 이 나라는 전통적으로 미국 주도권으로부터 (상대적으로) 독립된 유럽방위계획의 지지자였다. 1950~1954년에 프랑스의 의지는 새로운 계획인 유럽방위공동체(European Defence Community: EDC)에 초점을 맞췄는데, 플레벤 계획(Pleven Plan, 모네가 입안자이다)이 그 계획을 옹호했다. 유럽 국방 장관과 각료이사회가 유럽 군대를 북대서양조약기구 아래에 두는 것을 제시하는 제안을 냈는데, 합동 지휘관과 공동 예산과 공동 무기 조달을 가진 것이었다. 독일을 제외하고, 참여 회원국 모두는 자국 군대를 유럽 군대와 별개로 식민지 및 다른 목적들을 위해 유지할 수 있었다. 그것은 독일 군대를 다시 설립하는 것 없이 독일을 재무장(냉전에 따른 필요)하는 제안이었다.

이 계획은 "다양한 국가의 명령을 견지하면서 하나로 통합된 유럽 군대라는 드골의 구상"(Howorth, 1997: 13)과는 대조되었다. 이런 차이들에도 불구하고 두 계획은 공통된 특징 하나를 가졌는데, '"유럽은 자기 군대가 없는 유럽이 될 수 없다"(Howorth, 1997: 12)는 믿음'이었다. 결국, 프랑스 의회가 거부한 후 1954년 8월 31일에 유럽방위공동체를 설립하려던 시도는 실패했다. 그 결과 독일은

1954년 서유럽연합에 1955년 북대서양조약기구에 가입했다.[21] 드골의 초강대국 야망에 대해 말한다면, 북대서양조약기구의 다른 유럽 국가들과 공유되지 않았다는 것을 고려하면, 그것은 무산된 것이다.

유럽방위공동체 설립의 실패 덕분에, 서유럽연합은 1954년 브뤼셀에서 조인된 수정 조약에 기초해 새로운 추진력을 얻었다. 약간의 수정에도 불구하고, 1954년 조약은 정보와 자문을 위해 북대서양조약기구에 의존해야 한다(제4조)는 자위(제5조)에 관해 협력을 다시 요구했다. 따라서 이전 조약처럼 1954년 조약은 단지 유럽방위공동체의 범위 안에 있는 것이었고, 사실상 북대서양조약기구의 주도권을, 따라서 미국의 주도권을 승인했다. 유럽에 중거리 핵전력(Intermediate Nuclear Force: INF) 무기를 배치하려는 북대서양조약기구의 1979년 12월 결정 때문에 촉발된 '유럽 미사일(Euromissiles)' 위기에 대한 대응으로서 어느 정도 관심이 일어난 1980년대 초까지 서유럽연합은 유명무실한 존재였다. 그러나 '소비에트 위협'이 존재하는 한, 서유럽연합을 강화함으로써 북대서양조약기구가 약화되는 단기적인 우려가 더욱 독립적인 유럽 군사 부문을 갖는 장기적인 이점보

---

21) 프랑스 의회 내에서 유럽방위공동체를 반대하는 논거들은 다양했다. 몇몇은 소비에트 진영이 유럽방위공동체를 새로운 군사적 위협으로서 인식하기 때문에, 그것이 군사 경쟁을 부추길 것이라고 주장했고, 다른 이들은 북대서양조약기구가 새로운 독일의 군사력에 대해 억지력을 만드는 것보다 유럽방위공동체가 더 못할 것이라고 우려했고, 여전히 다른 이들은 두 패전국 및 작은 세 나라와 같은 정도의 중요성을 부여하기를 원하지 않았다. 하지만 프랑스 바깥에서 유럽방위공동체에 대한 정서는 우호적이었다. 유럽방위공동체에 대한 협정에 6개국 정부가 서명했고, 다른 5개국 의회에서 승인했을 뿐만 아니라 드와이트 아이젠하워(Dwight Eisenhower) 대통령도 그 협정에 찬성했다. 이런 입장의 근거는 아마도 유럽의 최우선 전략·전술적 핵 발전은 통합된 유럽 국민총생산의 7%를 비용으로 나가게 할 수 있지만, 소비에트 연방에게는 국민총생산의 30%를 지출하도록 강요하는 효과가 있다는 미 해군 자문가의 의견(보수 반동 진영에서 폭넓게 공유되었음) 때문에 분명해진 것이었다. 이것 때문에 소련 경제가 붕괴되었을 수도 있고, 따라서 생활수준 향상을 불가능하게 했을 수도 있다(Galtung, 1972: 214). 이 의견은 1971년에 표출되었고, 소련 붕괴까지 냉전 시기의 상수였다.

다 더 중시되었다. 베를린 장벽의 붕괴로 그때 북대서양조약기구에 대해서는 더욱 축소된 역할과 서유럽연합에 대해서는 더욱 커진 역할을 기대할 수도 있었을 것이다. 그러나 우리가 잠시 후 보게 되듯이 실제는 그렇지 않았다.

1991년 마스트리히트 정상회담(Maastricht Summit)에서 서유럽연합 회원국들의 선언에는 "목표는 유럽연합 방위의 구성 요소로서 단계에 따라 서유럽연합을 건설하는 것이다. 이것을 위해 유럽연합의 요청으로 방위의 의미를 가지는 유럽연합의 결정과 조치를 정교하게 만들고 시행하기 위해 서유럽연합을 준비한다"고 적혀 있다. 1992년 페터스베르크 선언(Petersberg declaration)에서는 그 운영 범위를 '인도주의 및 구호 임무, 중재 임무, 중재를 포함해 위기관리에서 전투력의 임무'로까지 확대했다. 이것은 단순히 방위보다는 서유럽연합을 위해 상당히 확장된 범위를 나타낸다. 따라서 세계 어느 곳에서나 개입(즉, 공격)은 '인도주의 및 구호 임무, 중재 임무, 중재를 포함해 위기관리에서 전투력의 임무'로 정당화될 수 있는데, 그런 개입이 유럽연합의 이익이 되는 것으로 인식되는 때는 언제나 그렇다. 북대서양조약기구의 1999년 유고슬로비아에 대한 '인도주의' 공격은 이것이야말로 아주 현실적이면서 잘 일어날 수 있는 가능성을 가진 것임을 보여준다.

하지만 마스트리히트 선언(Maastricht declaration)이 덧붙이는 것처럼 "목표는 서유럽연합을 대서양 동맹(Atlantic Alliance)의 유럽 기둥 강화 수단으로 발전시키는 것이다. 서유럽연합은 대서양 동맹에서 받아들인 지위에 맞게 행동할 것이다". 서유럽연합은 자신의 활동을 발전시키고 있지만, 사실상 북대서양조약기구에 지속적인 종속, 따라서 미국에 지속적인 종속이라는 제한 내에서이다.[22] 미국이 서유럽연합의 강화에 찬성하는 것은 이런 제한 내에서이다. 가까운 장래에 유럽연합은 2등급의 제국주의 강국으로 남을 것이다. 하지만 장기에는 반드

22) 현재 서유럽연합은 정회원 10개국, 참관인 5개국, 준회원 3개국, 준동반자(associate partner) 10개국으로 구성된다.

시 그렇지 않다. 힘 관계는 유럽연합에 더욱 우호적일 수도 있다. 이 새로운 상황은 새로운 세계 갈등의 조짐일 수도 있다.

두 가지 요소가 이런 지속적인 허약함을 설명하는 데 도움을 준다. 첫째는 서유럽연합의 역할과 북대서양조약기구에 대한 관계와 관련해 서유럽연합 자체 내에서, 즉 회원국들 사이에서 분열이다. 이런 의견 분열의 주요 측면은 자주적인 유럽 군사력을 발전시키는 것에 대한 영국의 침묵이다. 영국은 항상 군사 협력에 찬성했지만 군사 통합에는 반대했다.23) 이에 대해서는 역사적·이데올로기적 이유가 있는데, 예를 들어 "국권을 잃어버리는 것에 대한 영국의 우려 또는 진정으로 거대한 영향력을 찾음으로써 가능한 강대국 지위에 가까운 지위를 보유하려고 애쓰는, 제2차 세계대전 말에 만들어진, 영국의 선택"(Chuter, 1997: 114)이다. 그러나 이런저런 유사한 요소들은 의식적인 경제정책과 경제 이해의 측면에서 설명되어야 한다. 그러므로 국권 개념에 대한 애착, 따라서 그것을 잃는 것에 대한 두려움은 영국이 역사적으로 제국주의 강대국이었던 시기의 잔재이다. 이것은 어떻게 이데올로기가 자신들을 규정했던 경제 상황보다 오래 살아남는지에 대한 예이다. 이 이데올로기가 제국주의 시대를 넘어서서 살아남은 이유는 그것이 영국 자본 가운데 가장 약한 부문들의 이해를 방어했고, 여전히 방어하고 있다는 것이다. 그런 이데올로기들은 가장 엄밀한 형태의 유럽 경제통합으로부터 대부분을 잃게 될 것이라고 주장하거나, 유럽 경제통합에 합류하는 것을 반대하거나(1973년 전에) 또는 (1973년 이후에는) 유럽 경제통합의 범위를 깊게 하는 것에 반대하는 이데올로기적 무기로서 국권의 상실이라는 논거를 사용하는 이데올로기들이다.

강대국의 지위를 보유하기 위한 영국의 시도에 대해 말한다면, 영국은 처음에는 유럽경제공동체에 가입하지 않는 것에, 그리고 1973년에는 그것에 가입하

23) 서유럽연합의 허약함의 표시는 영국이 서유럽연합에는 기꺼이 가입하려 하지만, 유럽방위공동체에는 반감을 가지는 데에서 나타난다.

는 것에 아주 특별한 경제적 이해를 가졌다는 것을 제1장에서 보았다. 원래 영국은 하나의 자유무역지역으로부터 대부분 얻을 수 있다고 생각했지만, 유럽자유무역연합이 형성되고 나서 바로 영국은 무역 흐름과 자본의 집적과 집중 둘 다 유럽경제공동체 가입을 요한다는 것을 깨달았다. 그러나 영국은 완전한 통합은 뒤처진 산업자본 부문이나 금융자본 부문들의 이해가 아니기 때문에 경제통합의 범위를 제한하기를 원했고, 지금도 그렇게 원한다. 영국의 금융자본에 관해서는 경제통화동맹을 고려해보자. 경제통화동맹 내에서 파운드는 유로로, 즉 중재된 방식이지만 독일의 과점자본의 이해를 반영하는 기준에 따라 관리되는 통화에 흡수될 것이고(제4장 제3절을 보라), 영국은 경제 일반에서 좀 더 특수하게는 금융시장에서 종속된 역할을 해야만 할 것이다. 이제 독립적인 유럽 군사력은 하나의 (연방) 유럽 국가 같은 것으로, 따라서 유럽연합 속으로 영국의 완전한 경제통합을 압박하는 강력한 요소가 될 것이다. 이것은 서유럽연합이 기민한 군사력을 갖추는 것에 대한 영국의 반대를 설명해준다.[24] 그러나 우리가 잠시 후 보게 되듯이, 경제통화동맹이 통합 과정에 준 탄력은 그 정책을 쓸모없게 만들 수도 있다.

1997년 '암스테르담 조약'에 앞서 진행된 협상들(정부 간 회담)은 서유럽연합의 문제와 씨름을 했는데, 이런 측면에서 볼 수 있다. 영국은 서유럽연합을 북대서양조약기구 아래에 계속 두는 것과 북대서양조약기구의 한 자치 부문으로 유지하는 것에 찬성했지만, 독일과 프랑스는 서유럽연합을 유럽연합의 두 번째 기둥인 공동외교안보정책 아래로 두기를 원했다. 이 차이는 프랑스와 독일이 더 많이 찬성하는 하나의 (연방주의) 유럽 국가로 향한 운동에 저항하려는 영국의

24) 물론 주요 정치 행위자들 사이에 차이가 있다. 1970년대와 1980년대에 보수당은 유럽 각국 경제를 부양할 그 방법으로서 유럽공동체의 긴축적인 금융 및 재정 정책에 공조한 정책으로 기울었다. 반면에 노동당은 수입 통제, 국가 개입, 쇠퇴하는 산업에 대한 보조금 정책에 더욱 기울었다(Newman, 1989).

바람을 드러내준다. 더욱이 유럽의회는 세 기둥을 보유하는 것에 반대했고, (내무·사법 협력뿐만 아니라) 공동외교안보정책을 유럽공동체 아래에 두고 싶어 했다. 이렇게 한다면 공동외교정책의 형성을 촉진할 수도 있을 것이라고 주장되었지만, 현재 그것은 현실적으로 존재하지 않는다(최근 옛 유고슬로비아에 대한 개입 실패가 보여주듯이). 동시에, 그렇게 했다면, 유럽연합의 외교정책의 민주주의적 내용을 늘릴 수도 있다고 주장되었다. '암스테르담 조약'의 성과는 프랑스와 독일의 바람과 대조적인 영국의 반대 때문에 서유럽연합이 유럽연합에 통합되지 못한 것이다. 그러나 이 정책이 장기적으로 지속 가능할 것인지는 의문스럽다(아래를 보라).

서유럽연합의 허약함에 대한 두 번째 이유는 우월한 미국 군사력이다. 미국은 자신의 의지를 직접적으로 부과하기보다는 북대서양조약기구를 통해 자신의 군사적 우월성을 드러낸다. 북대서양조약기구는 1949년 창설되었는데, 공식적으로 소련의 팽창주의를 억제하기 위해서였지만, 실제로는 도전받지 않는 세계 지배를 이루기 위해 군사력을 통해 소비에트 연방의 몰락에 이바지하기 위해서였다. 1991년에 소비에트 연방의 몰락과 해체로 북대서양조약기구(와 그 뒤에 있는 미국)는 자신의 군사력이 훨씬 더 증가한 것을 보았다. 미국이 북대서양조약기구를 통해 서유럽연합에 대해 군사적 우월성을 드러낸 최근의 예가 세 가지 있다.

첫 번째는 옛 유고슬로비아의 분할과 관련된다. 미국과 유럽공동체(특히 독일) 둘 다 유고슬로비아의 분할과 사실상 재식민지화로부터 이득을 얻었지만, "중부 유럽 전체에 경제적 지배를 추구하기 위한"(Chossudovsky, 1997: 252) 방법으로서 미국은 특히 일방적 독립에 찬성하지 않았지만, 독일은 찬성했다. 그러나 미국은 '데이턴 협정(Dayton Accord)'의 시행을 통해 서유럽연합에 대해 자신의 절대적인 군사 우월성을 유지했다. 사실은 서유럽연합 회원국들은 북대서양조약기구의 기반 시설을 사용함으로써(가능하다면 미국의 참여 없이도), 서유럽연합과 유럽안보협력기구[25]의 틀 내에서 결정된 군사작전을 수행할 수 있다는 것에 합의

한 것이었다. 여러 공식 성명에서 보여주듯이, 그 토대는 유럽 안보방위 독자성(European Security and Defence Identity: ESDI)[26]의 발전을 위해 놓였다. 하지만 운영 구조를 제공하고 그 발전에 대한 감시를 유지하는 것이 북대서양조약기구라는 것을 고려하면, 유럽의 군사독립은 허구인 것이 분명하다. 힘 관계의 측면에서 미국은 유럽의 어떤 군사 계획도 통제할 수 있고, 거부할 권한을 가지고 있다.

미국이 서유럽연합에 대해 자신의 군사력을 보여주는 두 번째 방식은 정치 및 군사 부문에서 협력을 시작하기 위한 북대서양조약기구와 러시아 간 최근 협정으로부터 생겨난다. 1997년 5월에 '북대서양조약기구와 러시아 간 상호 관계, 협력, 안보에 관한 기본 협정(Founding Act on Mutual Relations, Cooperaton and Security between NATO and the Russian Federation)'이 조인되었다. 이것은 구속력 있는 조약(러시아가 바랐던 것)이 아니고, 단순하게 국가 및 정부의 정상 간 약속이다. 러시아와 북대서양조약기구는 상설 합동 위원회를 열 것이지만, 러시아와 북대서양조약기구는 비상시와 위기 상황의 경우 각자 결정할 것이다. 분명히 러시아는 북대서양조약기구에 대해 상대적으로 종속적인 지위를 받아들였다. 이것은 러시아와 많은 유럽 국가 두 쪽이 강화시키고 싶어 하는 유럽안보협력기구의 영향력을 감소시킨다. 명백하게 그 이유는 미국이 유럽안보협력기구 내에서보다 북대서양조약기구 내에서 더 큰 영향력을 가지기 때문이다.[27]

---

25) CSCE, 즉 유럽안보협력회의(Conference on Security and Cooperation in Europe)는 1974년 헬싱키 회의에서 시작했고, 뒤이어 유럽안보협력기구로 전환되었다. 1992년에 평화 유지, 조기 경보, 위기관리에서 유럽안보협력기구의 역할을 발전시키기로 결정했다. 북대서양조약기구는 유럽안보협력기구의 임무를 지원하는 데 이용 가능한 자원을 대고, 경험을 제공했다. 유럽안보협력기구는 유럽의 모든 국가들로 구성되는 반면, 서유럽연합에서 중동부 유럽 국가와 발트 3국 국가들은 미국 및 캐나다와 함께 단지 준동반자(Associate partners)의 지위를 가졌다.

26) Howorth(1999)가 지적하듯이, '독자성(identity)'라는 기분 좋으나 모호한 개념은 어떤 기구들의 심기를 건드리지 않으려는 의미를 담은 시도이다.

27) 서유럽연합의 강화로 향한 진전이 부족하다는 프랑스의 인식과 1995년 12월 5일에 발표된 프랑스가 북대서양조약기구에 (적어도 부분적으로) 재가입하기로 한 결정으로 인

마지막으로 미국의 군사 우월성과 서유럽연합의 종속성을 드러내는 세 번째 방식은 한편으로는 중동부 유럽 국가에 대한, 다른 한편으로는 아랍 국가들에 대한 북대서양조약기구의 정책이다. 북대서양조약기구의 동유럽으로 팽창에 관해 말하자면, 폴란드, 체코슬로바키아, 헝가리는 벌써 북대서양조약기구의 회원이 되었고, 다른 중동부 유럽 국가도 뒤따를 것이다. 이 정책의 특수한 목적은 미국의 영향력을 군사 부문에서 경제 부문으로 확대하는 것이며, 따라서 유럽연합(특히 독일)과 이 국가들의 경제 유대를 상쇄하는 것이다. 이를 달성하는 데 쓰이는 수단이 군수품 조달(military procurements)이다. 실제로 북대서양조약기구 회원이 된다는 것은 새로운 회원국이 자신의 무기를 북대서양조약기구가 사용하는 무기와 호환되는 것으로 갱신하는 것을 의미한다. 예를 들어, 새로운 회원국들이 이미 소련의 미그기를 대체하기 위해 F-16 전투폭격기를 구입하기 시작했다. 따라서 새롭고 거대한 사업은 미국의 군산복합체에게로 열려 있으며, 미국 군산복합체는 이미 전 세계 무기 무역의 절반을 지배하고 있다. 더 나아가 이런 무기들을 일단 구입하면, 유지 관리와 예비 부품과 추가 교체를 위해 더 많은 비용을 지출해야 한다. 이런 국가들한테 그런 엄청난 지출을 위한 기금이 부족하다는 것을 고려하면, 그런 국가들은 미국의 신용에 의존해야만 할 것이고, 따라서 미국에 경제적으로 종속될 것이다(Dinucci, 1998: 26). '더 이상 쓸모없는' 엄청난 무기를 빨리 교체해야만 한다면, 러시아에 대해서도 똑같이 적용될 것이다.

아랍 국가들에 대해 말하자면, 미국 정책은 걸프의 석유 매장량을 겨냥하고 있다. 미국은 사우디아라비아 다음의 두 번째 석유 생산국이지만, 현재 소비 속도로 오직 10년 정도 견딜 수 있다고 추정되는 매장량을 가지고 있다. 이라크의

해 북대서양조약기구의 영향력은 더욱 강화되었다. 프랑스는 1966년 북대서양조약기구를 탈퇴했는데, 통합 유럽 이면에 있는 그런 패권 계획(hegemonic project)에는 강하고 독립된 군사 기구가 필요하다는 것을 알았기 때문이다.

매장량도 역시 10년을 견딜 것이지만 사우디아라비아는 80년을 견딜 수 있다. 하지만 이것이 유일한 요소는 아니다. 중동 석유 수출의 57% 정도는 아시아 국가들(그중에 25%는 일본에만 간다)한테 가고 25%는 서유럽에게 간다. 따라서 이 매장량의 통제는 미국이 동맹국들을 포함해서 모든 국가들에 대해 경제 및 군사 지도력을 유지하는 데 근본적인 전략적 중요성을 가진다(Dinucci, 1998: 27). 이것은 북대서양조약기구가 세계 평화와 민주주의에 대한 새로운 위협을 '공산주의'에서 '아랍 근본주의'로 대체한 것을 포함해서 중동에서 북대서양조약기구의 정책을 설명한다.

이런 발전의 결과로서 북대서양조약기구의 정치적 함의는 변화를 겪었다. 1980년대 말까지 그 기구의 기본 기능은 '공산주의 위협'에 대한 '방어'의 하나가 되는 것으로 인식되었지만, 소비에트 연방의 몰락으로 북대서양조약기구의 새로운 모습은 '아랍 근본주의'로부터 보호를 포함해 '국제사회'를 위한 세계적 '안보'를 제공하는 것이다. 이것은 국가들 사이의 전쟁 방지, 전복된 민주 정부의 재수립, '비민주적 정부'의 몰락 촉진을 포함한다. 물론 북대서양조약기구 스스로 어떤 전쟁이 억지되어야 하는지, 어떤 정부가 민주적인지, 어떤 전쟁이 수행되어야 하는지 결정한다(필요하다면, 국제법을 무시한다). 북대서양조약기구는 현재 세계 민주주의, 평화, 질서, 인권의 보증인으로서 세계의 집단의식 속에서 계획되고 있다. 이는 1990년대부터 가장 강하게 부상했다. 이는 서유럽연합의 내적인 허약함과 함께 미국이 지배하는 군사력에 대해서 대안적인 군사력의 중심을 만드는 목표를 가지고 있는 계획들, 예를 들어 서유럽연합과 유럽안보협력기구를 방해하는 두 가지 요소이다.

유럽의 군사적 허약함은 군사력이 경제력과 조응하면서 더 나아가 경제력을 촉진할 수도 있는 진정한 초강국이 될 수 있는 잠재력에 강한 제동장치가 된다. 그러나 이런 허약함에 기여하는 중요한 요소, 즉 더 거대한 정치적 군사적 통합으로 나아가는 것을 영국이 꺼려하는 것은 경제 요인들에 의해 약화되고 있으며, 예상보다 빠르게 없어질 수 있다. 예를 들면, 단일한 유럽 증권시장(영국을 포함)이 더 큰 다른 증권시장과 경쟁하기에 충분할 정도로 크지 않다는 인식이 커지고 있다. 다음은 이 점을 더욱 분명하게 해준다.

> 11개 유로 국가들의 증권시장과 영국은 지난해(즉, 1997년) 말에 약 5조 500억 달러로 평가되었는데, 미국 전체 시장 크기의 절반 정도이며, 일본 시장 규모의 두 배가 넘는다. …… 그러나 성장 잠재력은 거대하다. 유럽 경제는 미국보다 약간 크며, 유럽연합 정부들은 향후 몇 년 내에 3000억 달러만큼 가치가 나가는 수많은 기업을 민영화할 공산이 크다(Buerkle, 1998).

따라서 통합은 의무이다. 런던이 유럽에서 가장 큰 300개 기업의 주식을 거래하는 단일 체계를 발전시키는 방향으로 가는 첫 단계로서 프랑크푸르트(독일 자본의 금융 중심이며, 우연이 아니라, 유럽중앙은행이 있는 곳)와 연맹을 추구한 것은 우연이 아니다. 결국 다른 유럽증권거래소들은 단일한 유럽 증권거래 체계가 된다는 점에서 이것에 가입해야만 할 것이다. 그것의 이점은 더 많은 유동성, 가능한 더 낮은 이자율, 더 낮은 거래 비용, 투자자들한테 외환시세상 위험 제거이다. 보상은 수수료와 요금의 측면일 것이다. 유로의 도입으로 투자가 용이해질 것인데, 투자 담당자들이 오직 한 개 통화 조건에서 여러 국가의 법인 기업의 손익계산서를 비교할 수 있을 것이기 때문이다. 런던 증권거래소의 최고 경영자가 "다수 회원 거래소들이 그런 변화를 지지한다면, 런던은 유로로 증권을 표시하는 것으로 바꿀 수도 있다"(Buerkle, 1998)고 선언한 것은 주목할 만한 가치가 있다. 이것은 영국에 유로를 도입하도록 압박하는 중요한 요인이 되는 것 같다. 같은 이유로 영국은 조만간 경제통화동맹에 가입해야만 할 것이다. 이런 점에서 공동의 군사력에 대한 영국의 태도가 변화할 수도 있다. 영국의 태도 변화로 인해 통합되고 상대적으로 자주적인 군사 능력을 낳을 수 있다면, 그런 태도 변화는 유럽을 더욱 영향력 있는 '국제 행위자'로 만들게 할 것이다.

서유럽연합 강화에 기여하는 다른 중요한 요소는 역설적이게 북대서양조약기구와 미국의 강함이다. 유럽연합의 제한된 군사 능력은 북대서양조약기구가 1999년 유고슬로비아에 '인도주의' 개입을 한 후 더욱 명확해졌다. 북대서양조약기구는 스스로 '위기관리'에서 유럽이 더 큰 역할을 하도록 다그쳤다. 서유럽연합은 어쨌든 북대서양조약기구에 종속된 채 남을 수도 있고, 서유럽연합의 확대된 역할은 어떤 군사작전의 부담을 미국(북대서양조약기구)으로부터 유럽(서유럽연합)으로 이전시킬 수도 있다. 이것은 1999년 6월 쾰른 정상회담에서 표현된 서유럽연합을 유럽연합으로 통합하고 싶은 바람을 설명해준다(*Europa van Morgen*, 1999; European Council, Cologne, 3~4 June 1999, Conclusions of the Presidency, Appendix III, point5). 이것은 '암스테르담 조약'이 이런 통합을 성취하지 못한 뒤에 얼마 있지 않아서였다.

서유럽연합의 강화는 그것의 부당한 결과가 점점 더 명확해져 갈 때 바로 일어났다. 딱 하나의 예를 보자. 1994년 이탈리아의 군비 지출은 국민총생산의 2%였다. 이것은 200억 달러가 넘었다. 이것은 비교적 크지 않은 액수일 수도 있다. 하지만 첫째, 이것을 대안적으로 사용한다면, 기적을 만들 수도 있다. 예를 들어 전 세계 수준에서 초등교육에 보편적으로 접근하면 70억 달러와 80억 달러 사이의 비용이 들게 되는데, 이는 이탈리아가 홀로 무기에 쓰는 것의 1/3보다 조금 많다는 것을 제8장에서 언급할 것이다. 둘째, 군비 지출은 국민총생산의 2%이지만 중앙정부 지출의 4%이다. 이탈리아 정부가 소비수단 또는 교육, 그리고 공공 의료 또는 주택을 위해 연간 중앙정부 지출의 4%를 가난한 이들에게 분배될 수 있도록 쓴다면, (사용가치 측면에서) 실질임금은 훨씬 높아질 수 있다. 셋째, 무기 매매는 구입한 국가의 상당한 자원을 게걸스럽게 먹어치운다. 1989년 이후 세계의 특징 가운데 하나는 미국, 유럽, 러시아의 군비 지출이 감소한 반면, 많은 피지배(개발도상)국들에서 지난 몇 년간 매년 15~20% 정도 증가했다는 것이다. 무기 매

〈표 6-10〉 1995년 군비 지출, 군비 지출/국민총생산, 군비 지출/중앙정부 지출

(단위: 10억 US 달러)

	군비 지출	군비 지출/국민총생산	군비 지출/중앙정부 지출
세계	864	2.8	9.9
서유럽	300	2.9	7.3

출처: Unites States Arms Control and Disarmament Agency(1996: table 1).

매는 그런 국가들의 발전을 위한 기본 부담(dead weight)이다. 무기를 요구하는 것이 그런 국가들이라는 것은 부정될 수도 있다. 하지만 첫째, 그런 무기를 요구하는 것은 그런 국가들의 부패한 엘리트들이고(종종 내부 탄압 목적을 위해), 둘째, 이것이 살상 도구를 판매한 제국주의 중심 진영의 책임을 면제해주지 않는다. 더 나아가, 개발도상국들에서 대부분 갈등은 과거에 제국주의 중심의 식민지였던 것에서 생긴 결과이며 또는 은밀하더라도, 직접적으로 그런 과거 때문에 초래된다.[28] 마지막으로 대부분 다른 재화의 사용이 인간의 복지(well-being)를 직접적으로 또는 간접적으로 증가시키지만, 무기의 사용은 반대의 결과를 낳게 한다. 기관총 하나는 비용이 얼마 들지 않지만, 반비례하게 더욱 큰 경제 파괴와 돈으로 측정할 수 없는 엄청난 고통을 인간에게 가할 수 있다.[29]

한 국가에 대해 말한 것은 유럽연합과 세계 수준으로도 확장된다(<표 6-10>을 보라).

---

28) 다음은 확실히 우연이 아니다. "주요한 무기 공급자들은 유엔안전보장이사회 상임 이사국들, 즉 미국, 러시아, 영국, 프랑스, 중국이다. 앞의 3개국은 현재 세계시장을 지배하고 있다. 냉전 종말 뒤 공업화된 국가들에서 무기 수요의 감소로, 무기 제조업체들은 개발도상국에 판매하는 것과 신흥국들의 새로운 시장 개방에 더욱 의존해야만 했다"(Kempster, 1998: 2).

29) "유엔은 (대부분 개발도상국가에서) 200만 명의 어린이들이 지난 10년 동안 군사 충돌로 죽었고, 이 수치의 세 배가 심각하게 다쳤거나 영구 불구가 되었다고 추산했다. 수백만 명 넘게 기아, 질병, 터전을 잃는 것, 성폭행 등의 전쟁 효과로 자신의 삶을 영원히 망쳤고, 어떤 이들은 상처와 정신적 외상과 싸워야 했다"(Kempster, 1998: 1).
켐프스터(Kempster)는 한편으로 군비 지출과 다른 한편으로 사회 투자 부족·해외 부채 부담(개발도상국들의 부채 가운데 약 20%가 무기 조달에 기인하는 것 같다고 추정된다)·환경 파괴의 역관계를 강조한다.

유럽연합의 위선은 "지난해(즉, 1997년) 유럽의회가 방위에 국민총생산의 1% 넘게 쓰는 아프리카카리브해태평양지역국가에 대해 개발원조를 중단한다는 것을 제안"(Broek, 1998: 3)한 반면, 유럽연합 스스로는 2.9%를 쓰고 있다는 사실에서 드러났다.

이런 기금을 대안적으로 사용하는 것뿐만 아니라 무기의 사용이 초래하는 피해가 축소되면, 세계의 노동자 집단한테, 그리고 전체 인류한테 기적이 일어나게 할 수 있다. 그러나 자본주의 아래에서 군수산업의 그런 전환이 달성될 수 있다고 상상하는 것은 순전히 환상이다. 자본주의는 모순과 전쟁을 낳고 군수산업을, 따라서 군대를 필요로 한다.[30] 자본주의 아래에서 전환은 인간의 복지와 상관없이 오직 이윤을 얻을 수 있다면 받아들여질 수 있다. 옛 소비에트 연방의 최근 경험이 본보기이다. 그것의 군수산업은 러시아의 심각한 경제공황 때문에, 즉 무기 대신에 생산할 수 있는 민수품(civilian goods)을 위한 시장의 부족 때문에 전환될 수가 없다(Menshikov, 1998).

불행하게도 유럽 노동계급의 허약함은 그곳에서 미제국주의와 유럽연합 제국주의 모두의 팽창 정책(expansionist policies)의 강세에 조응하고 있고, 1970년대 대중 사회운동의 패배로부터 시작된 일련의 대실패로부터 아직 회복되지 않았다. 1999년 유고슬라비아에 대한 전쟁에서 유럽 사회민주주의 국가들의 열정적인 참여는 최악의 그림에 단지 역사의 마지막 붓 칠을 한 것이었다. 새천년의 시작에서 우리가 자본주의 발전의 새로운 단계에 대해 좀 더 구체적으로 제국주의 범대서양 상호 관계에 대해 말할 수 있는 것은 이런 요소들의 상호 관계이다. 이 새로운 단계는 중대한 위험들로 가득하며 새로운 세계 갈등의 조짐일 수 있다.

---

30) 결국 군대는 진정한 독재 조직인데, '(군인들의) 개인성을 박탈'하고 그들이 명령받은 것을 생각 없이 하도록, 즉 죽이는 것을 훈련시키는 것이 목적인 군사훈련으로 드러났듯이 말이다(Dumas, 1998: 6). 전환은 동시에 군대의 정신을 재교육하는 것을 의미한다.

제7장

공동농업정책

1. 주요 특징: 녹색 환율과 가치의 전유[1]

오늘날 농업은 유럽연합의 소득 활동에서 직접적인 역할이 상대적으로 작다. 농업은 국내총생산의 3% 미만이고, 고용된 민간 노동인구의 6%(800만 명이 넘음)를 차지한다. 이런 평균 수치는 국가와 지역의 많은 차이를 숨긴다. 그리스에서 농업의 고용 몫은 22%이고, 포르투갈에서는 18%이지만, 벨기에와 독일과 룩셈부르크와 영국은 3% 정도이거나 그보다 작다(European Commission, 1994a: 17). 그러나 농업은 적어도 두 가지 이유 때문에 유럽연합 경제에서 중요한 부문으로 남아 있다. 첫째, 농업은 농촌 지역 고용에서 큰 몫을 대표한다. 둘째, 농업이 유럽연합 수출에서 단지 작은 몫을 차지하지만, 미국 다음 두 번째로 큰 농업 수출자이다.

---

1) 이번 절의 내용은 암스테르담 대학의 헤릿 메이스터르(Gerrit Meester) 교수와 몇 차례 논의에서 큰 도움을 받았다. 그러나 책임은 오직 필자에게 있다.

〈표 7-1〉 유럽농업 지도 및 보증 기금

(단위: 10억 ECU, 보증 기금 비율 %)

	1973 (EC9)	1980 (EC9)	1985 (EC10)	1986 (EC12)	1992 (EC12)	1996 (EC15)
보증 기금	3.6	11.3	19.7	22.1	31.2	40.8
지도 기금	0.01	0.3	0.7	0.8	2.8	3.7
유럽연합 총예산	4.7	16.5	28.8	35.8	60.3	85.1
유럽연합 예산에서 보증 기금 비율	77	68	68	62	52	48

출처: Tracy(1996: 13, table 1.3).

공동시장은 출범 후 바로 공동농업정책을 만들었다. 공동농업정책 아래에서 농업 세출은 유럽연합 예산으로부터 아주 많은 자금을 조달했다. 농업에서 발생한 세입은 수입 농산물에 대한 세금과 또 생산자 세금에서 얻은 것이다. 이와 같은 세입은 1970년대 초 연간 10억 ECU 미만에서 1991년과 1992년 40억 ECU 이상으로 증가했지만, 1992년 공동농업정책 개혁 이후 현재 15억 ECU까지 떨어졌다. 공동농업정책의 세출이 농업 세입보다 훨씬 많은 것을 고려하면, 유럽연합 예산은 추가 자금을 제공해야 한다. 결합된 재원이 유럽농업 지도 및 보증 기금(European Agricultural Guidance and Guarantee: EAGGF)으로 들어간다. 지도(Guidance) 부문에서는 구조 개혁에 자금을 대고, 보증(Guarantee) 부문에서는 가격 지원에 자금을 댄다. <표 7-1>에서 이것을 보여준다.

<표 7-1>에서 두 가지 점이 생겨난다. 첫째, 가격 지원을 위한 소득 이전은 구조 개혁을 위한 소득 이전에 비해 훨씬 커 보인다. 둘째, 보증 부문은 절대적인 크기에서는 같은 기간 동안 증가했지만, 공동체 총예산의 비중에서는 1973년 77%에서 1996년 48%로 축소되었다.

이 수치들을 이해하기 위해 우리는 1958년으로, 그리고 유럽경제공동체의 공동정책에 농업을 포함시킨 이유들로 돌아가야 한다. 1958년 '로마 조약'은 조약 체결국의 대립하는 국가 이해들을 정교하게 맞춘 균형이라고 일반적으로 지

적된다. 더욱 구체적으로는 다음 점들이 보통 강조된다. 첫째, 독일이 공업의 높은 효율성 때문에 공업품 자유무역에서 이득을 얻은 반면, 프랑스는 농업 부문의 높은 생산성 때문에 농산품 자유무역에서 이득을 얻는다고 여겨졌다. 각각의 경쟁력을 같게 만들기 위해 두 재화 부문에서 자유무역이 도입되어야만 했다. 둘째, 1958년 농업은 생산성이 낮았으며 소득이 낮은 업종이었고 노동인구의 20%를 고용했다. 각국 정부들은 생산과 생산성 증대를 자극하는 동시에 안정된 가격 수준을 유지하는 데 목표를 삼아야만 했다. 마지막으로 제2차 세계대전의 기근에 대한 기억은 유럽이 식량 생산에서 자급자족해야 한다는 인식을 만드는 데 큰 역할을 했다.

여기서도 역시 계급 분석에 기초한 다른 해석은 그 계획의 본성을 밝히는 데 도움을 준다. 공동경제정책에서 농업의 도입은 평등의 근거와는 전혀 관계가 없지만 경제통합을 달성하기 위한 필수 절차이다.[2] 둘째, 유럽 농부들에게 최소한의 소득을 제공하려는 바람은 사회 정의를 위한 이유들 때문에 동기부여된 것이 아니다. 오히려 농업 사회(farming community)가 유럽의 집권 여당 세력 특히 기독민주당과 다른 보수정당들이 기댈 수 있는 어마어마한 로비를 만들었다. 농부들을 위해 보장된 소득(가격 지원)의 어떤 크기를 정하는 것은 냉전으로 만들어진 정치적·이데올로기적 분위기에서 아주 민감하고 중요한 정치적인 논제였다. (하락하는 것보다는) 안정된 농산물 가격은 질서 있는 방식으로 농업 노동력을 방출하는 데 도움을 주었던 것 같다. 마지막으로 식품 생산에서 자급자족의 진짜 목적은 기근의 방지 같은 것은 아니었다(전쟁같이 예외적인 상황에서는 타당한 목적이다). 오히려 식량의 충분한 공급은 그 자체로는 제국주의의 특징은 아니지만, 제국주의 정책의 절대적인 전제 조건이었으며, 지금도 그러하다.

이런 이해들로 인해서 '유럽공동체설립조약'의 제39조에 마련된 공동농업정

---

2) 더욱이 아래에서 녹색 환율에 대한 진전된 분석은 이 체계가 프랑스보다는 독일에 우호적이라는 것을 보여줄 것이다.

〈표 7-2〉 녹색 환율과 시장 환율: 처음 상황(1962)

	프랑스	독일
시장 환율	AUA 1 = FF 4.93707	AUA 1 = DM 4
녹색 환율	AUA 1 = FF 4.93707	AUA 1 = DM 4

책의 목표가 만들어졌다. 그 목표는 ① 농업 생산성을 증대하는 것, ② 농부들에게 정당한 생활수준을 보장하는 것, ③ 시장이 안정되게 하는 것, ④ 공급의 확실성을 보장하는 것, ⑤ 합리적인 가격으로 소비자에게 공급을 보장하는 것이다. 하지만 '로마 조약'은 이런 목표들을 달성하는 방법에 대해서는 언급이 거의 없다. 공동농업정책이 시작된 것은 단지 곡물(cereals)을 위한 시장 체계가 도입되었던 1962년이었다. 몇몇 시기로 구분할 수 있다.

1) 원래 제도: 1962~1968

원래의 여섯 회원국이 각자 통화와 환율을 가졌던 것을 고려하면 유럽경제공동체 내 가격 단일화는 두 가지 요건에 제약을 받았다. 첫째, 물가는 공통분모로 표현되어야만 했다. 공통분모는 농업계산화폐(Agricultural Unit of Account: AUA)였는데, 1962년에 도입되었다(*Official Journal of the European Communities*, 1962).[3] 농업계산화폐는 통화가 아니고 회계 도구(accounting device)이다. 농업계산화폐는 금의 조건으로 규정되고, 그 가치는 순금 0.88867088그램에 고정되었는데, 이는 또한 미국 달러의 가치였다. 달러의 금 태환성을 고려하면, 그것은 농업계산화폐

3) 계산화폐(unit of account)는 (다른) 많은 이유 때문에 선택되었는데, 분모로서 한 국가의 통화를 선택해야 하는 필요를 피하게 해주고, 해당 가격 또는 양이 공동체 전체에서 같다는 사실을 강조해주며, 마지막으로 시장의 통합을 유지하기 위해 화폐의 발전과 함께 조정이 필요하다는 것을 의미한다(European Parliament, 1992: 10).

1단위가 미화 1달러에 고정되었다는 것을 의미했다.

하지만 농업계산화폐로 매긴 농산물 가격은 각국 통화로 매긴 가격으로 전환되어야만 했다. 두 번째 요건은 이런 전환을 위해 사용된 환율은 안정적이야 했는데, 그렇지 않으면 전환율(conversion rates)의 변동 때문에 비교우위(열위)의 결과가 나타날 수 있었다. 이 환율을 녹색 환율(green exchange rates)이라고 불렀고, 또는 줄여서 green rates라고 했다.[4] 달러에 대한 환율의 안정성을 고려하면, 녹색 환율은 농업계산화폐 표시 농산물 가격을 시장 환율을 통해 각국 통화 가격으로 전환하는, 즉 시장 환율과 녹색 환율을 등식화하는 편리성을 위해 결정되었다. 엄밀하게 말하면, 시장 환율과 녹색 환율이 괴리가 생기는 것이 가능했지만, 이런 괴리는 아주 작았다. "그때 국제통화기금의 규칙 아래에서 통화 동등성을 선언한 국가들은 자국 통화와 미국 달러 간 변동폭을 액면가치의 ±1로 제한해야 하는 의무를 졌다. 환율은 사실상 고정되었고", 각국 중앙은행의 개입으로 변동 허용치 내에서 유지되었다(Irving and Feran, 1975: 3). 이 글의 목적을 위해 <표 7-2>에서 예시한 것처럼, 시장 환율과 녹색 환율이 일치했다고 가정할 수 있다. 예를 들어, 밀 1톤을 농업계산화폐로 매긴 가격을 100 AUA로 정한다면, 가격이 프랑스 프랑으로는 FF 493.707였고, 독일 마르크로는 DM 400였다.

녹색 환율을 적용한 농업계산화폐 표시 가격은 공동체가 고정시킨 것, 즉 목표 가격, 한계 가격(threshold price), 지원 가격이었다. 이것의 예를 보기 위해 곡물, 보리, 옥수수에 대한 가격 지원을 살펴볼 수 있다(다른 농산물도 비슷한 제도를 가졌다). 이것은 <그림 7-1>에 예시되어 있다(de Bont, 1994; Harris et al, 1983; Irving and Fearn, 1975; Silvis and Mookhoek, 1994를 보라).

---

4) 녹색 환율의 비슷한 말은 녹색 화폐(green money), 농산물 화폐(agri-money), 농업 목적을 위한 공식 전환율(official conversion rates for agricultural purposes), 대표율(representative rates)이다.

우선 공동체(기본적으로 각료이사회)는 각 재화 범주〔듀럼 밀(durum wheat), 보통계 밀(common wheat), 보리, 호밀, 옥수수〕에 대한 목표 가격을 고정했다. 이것은 농부들이 독일 도시 뒤스부르크(Duisburg)에서 받아야 하는 시장가격이었다. 뒤스부르크는 공동체에서 주요 적자 지역의 중심, 즉 시장가격이 인상되어야 하는 지역이었기 때문에, 목표 가격은 시장가격이 변동할 수 있는 범위 내에서 가격대역(price band)의 상한을 형성했다. 하한은 개입 가격(intervention price), 즉 최대흑자 지역인 프랑스 도시 오름(Ormes)의 시장가격으로 정해졌다. 개입 가격은 뒤스부르크와 오름 간 수송 비용에 유통 차익(marketing margine)을 더한 목표 가격보다 낮았다. 농부들이 개입 가격보다 높은 가격에 농산물(의 일부)을 판매할 수 없다면, 개입 판매점(intervention stores)은 개입 가격에 과잉생산물을 사게 된다. 수요가 개입 가격보다 시장가격이 높을 때와 같다면, 농부들은 개입 사무실(intervention office)에 농산물을 가져가는 것보다 시장에서 팔려고 한다.

보통 시장가격은 유럽공동체의 과잉생산물 때문에 개입 가격이 되는 경향을 가졌다. 하지만 몇몇 생산물(옥수수와 경질소맥)의 경우, 공동체가 자급자족에 미치지 못하면 시장가격이 목표 가격이 되는 경향을 가질 수 있었다. 농부들이 개입 기관(intervention agency)으로부터 지불받는 것을 기다리는 것보다 시장에 생산물을 판매하는 것을 선호한다면, 또는 품질이 떨어진다는 이유로 개입 기관으로부터 농산물이 거부될 경우 자비로 개입 판매점에서 자기 생산물을 폐기해야만 하는 두려움 때문에, 시장가격이 개입 가격보다 낮아지는 것이 가능하다. 개입 사무실에 저장된 과잉생산물은 세계시장가격으로 세계시장에서 판매될 수도 있다. 세계시장가격은 보통 역내 시장가격보다 낮았기 때문에 무역업자들(traders)은 역내 시장가격과 세계시장가격 간 차액만큼의 수출보조금을 받았다. 세계시장가격 역시 역내 시장가격보다 높을 수도 있었다. 이런 경우 가변 부과금이 수출품에 적용되었고, 보조금이 수입품에 적용되었다.

보통 세계시장가격은 목표 가격보다 낮다는 것을 고려하면, 밀이 공동체에

〈그림 7-1〉 곡물과 보리와 옥수수를 위한 원래의 가격지원제도

들어오는 가격을 목표 가격 수준까지 끌어올리기 위해 세계시장가격에 수입 가변 부과금(variable import levy)이 더해진다. 이것이 한계 가격이었다. 이 가격은 로테르담(Rotterdam, 유럽공동체의 곡물 주요 수입항)으로부터 뒤스부르크까지 수송비를 목표 가격에다 감안함으로써 만들어졌다. 한계 가격이 역내 시장가격보다 높으면, 수입은 중단되었다(<그림 7-1>에 묘사된 것이 이 경우이다). 반대의 경우 수입이 이어졌다. 유럽연합 집행위원회는 다음과 같이 지적한다.

> 지원을 위한 개입의 다른 형태들도 이용 가능했었는데, 예를 들어 영국식 제도의 정부 보조금(deficiencies payments)이다. 그런데 이 정부 보조금은 공동체의 작은 예산 규모에서 대규모 지불을 수반할 수도 있었다. …… 반면에 시장 지원은 공동농업정책 지출액을 상쇄할 수 있고, 그 지출액을 대는 데 사용할 수 있는 수입 부과금 세입(import levy revenue)을 약속했었다(European Commission, 1994a: 63).

이 제도는 아주 보호주의였다. 미국이 농업 효율성에서 훨씬 높고, 해외시장 쪽으로 지향한 것을 고려할 때, 미국은 처음부터 그 제도를 반대했었다. 하지만

"미국은 다른 이유로 대부분 비경제적 이유로 유럽 통합을 지원했기 때문에, 유럽경제공동체의 농산물시장의 폐쇄를 참아야만 했다"(Rieger, 1996: 106).

2) 농업화폐제도: 1969~1971

원래의 공동농업정책 제도는 (상대적으로) 안정성 있는 환율 환경을 위해 적합했다. 하지만 1960년대 말로 가면서, 화폐 혼란(monetary turbulences)과 환율 불안(volatility)이 나타나기 시작했다. 이는 농산물 가격에 중요한 영향을 미쳤으며, 프랑스 프랑이 평가절하되고 독일 마르크가 평가상승된 후에, 1969년 출범한 농업화폐제도(agrimonetary system)의 근원이 되었다.[5] 먼저 US$1=FF 4.93707에서 US$1=FF 5.55419로 평가절하를 살펴보자. 밀 1톤의 가격이 농업계산화폐 100=US$100라고 가정하자. 녹색 환율이 시장 환율을 따른다면, 프랑스 농부들은 FF 493.707 대신에 농업계산화폐 100=US$100=FF 555.419를 받을 것이다. 이는 농산물 가격의 상승을 일으킬 수 있을 것이고, 아마도 인플레이션 운동이 일어날 것이다. 이것을 피하기 위해 프랑스에는 개입 가격을 위해 옛 녹색 환율, 즉 US$1=FF 4.93707을 유지하는 것이 허용되었다(<표 7-3>을 보라).

하지만 이제 프랑스 무역업자들은 프랑스 농부들로부터 밀 1톤을 FF 493.707에 사서(시장가격과 개입 가격이 일치한다고 가정한다) 독일에 수송해 DM 400에 독일 개입 기관에 팔 수 있다. 밀 1톤은 시장 환율 FF 555.419에 교환될 수 있는데, 다시 말해 555.419-493.707=FF 61.712(독일 무역업자들이 이 사업에 개입했

---

5) 1968년에 이미 이사회 규정(Council Regulation) 653에서 "모든 회원국들의 통화 비율이 동시에, 그리고 같은 방향으로 움직일 때는 자동적으로" 그리고 "회원국들의 통화 사이 비율 관계에서 변화가 있는 경우 필요하다면 각료이사회의 결정으로"(*Official Journal of the European Communities*, 1968a)라며 농업계산화폐의 가치 변화에 대해 감안하고 있다. 이사회 규정 1134(*Official Journal of the European Communities*, 1968b)에서는 이사회 규정 653의 시행을 위한 규칙을 정하고 있다.

〈표 7-3〉 녹색 환율과 시장 환율: 프랑을 평가절하한 경우

	프랑스	독일
시장 환율	AUA 1 = FF 5.55419	AUA 1 = DM 4
녹색 환율	AUA 1 = FF 4.93707	AUA 1 = DM 4

다면, DM 45의)의 이윤이 남는 가격이다. 프랑스에서 독일로 가는 밀 수출품은 순전히 이런 환율 변동 때문에 증가한다. 이런 비교열위를 교정하기 위해 독일로 가는 프랑스 농업 수출품에 대해 수출 부과금(export levy)이 부과되었다. 밀 1톤 판매를 원하는 프랑스 무역업자는 프랑스에서 FF 493.707을 받을 것이고, 독일에서는 DM 400=FF 555.419을 받을 것이다. 하지만 이런 흑자 차액(positive difference)은 무역업자가 독일에 수출하기 위해 지불해야만 하는 똑같은 액수의 부과금 때문에 상쇄되었다.[6] 마찬가지로 프랑스 무역업자는 프랑스에서는 FF 493.707에 또는 독일에서는 DM 400에 밀 1톤을 살 수 있다. 외환시장에서 DM 400를 구매하기 위해서는 FF 555.419이 필요하게 된다. 수입은 악화된다. 따라서 수입보조금이 독일로부터 프랑스가 수입한 농산물에 승인되었다.

US$1=DM 4에서 US$1=DM 3.66로 독일 마르크가 평가절상된다면 반대로 적용되었다. 녹색 환율이 US$100=DM 366로 변하면, 독일 농산물 가격의 하락을 유발했을 것이고, 따라서 소득을 낮추었을 것인데, 이는 독일이 정치적인 이유 때문에 피하고 싶었던 것이다. 독일에 옛 녹색 환율, 즉 US$1=DM 4를 유지하는 것이 허용되었다(<표 7-4>를 보라).

하지만 이제 독일 무역업자들은 프랑스 농부들로부터 밀 1톤을 FF 493.707에 살 수 있는데, 이 금액은 외환시장에서 DM 366의 비용이 든다. 이 밀은 독일로 수송되었고, DM 400에 독일 개입 사무소에 팔렸다. 독일 무역업자들은 DM

6) 밀 1톤에 대한 부과금은 (493.707×100/555.419)−100=11.11%였을 것이다. 즉, 밀 1톤에 대한 부과금은 555.419×11.11%=61.70705이다. 그러면 555.419−61.70705=493.71이다.

〈표 7-4〉 녹색 환율과 시장 환율: 마르크를 평가절상한 경우

	프랑스	독일
시장 환율	AUA 1 = FF 5.55419	AUA 1 = DM 3.66
녹색 환율	AUA 1 = FF 4.93707	AUA 1 = DM 4

400-DM 366=DM 34의 이윤을 인지할 것이다(수송비 및 다른 비용은 제외한다). 수입이 선호되기 때문에, 독일이 수입한 프랑스 밀에 수입 부과금이 부과된다. 마찬가지로 독일 무역업자들은 밀 1톤을 독일 개입 사무소에 DM 400에 프랑스에서는 FF 493.707에 판매할 수 있다. 이 가격은 시장 환율로 DM 366으로 교환된다. 독일 수출품은 열위가 된다. 따라서 프랑스로 가는 독일 수출품에 보조금이 승인되었다.

평가절하와 평가절상의 결과로 부과되거나 승인된 부과금과 보조금은 국경 조정금(monetary compensatory amounts: MCAs)이라고 불렸다. 따라서 평가절하의 경우(프랑스), 수입에 대해 보조금을 승인하고, 수출에 대해 부과금을 부과해 음의 값 국경 조정금이 적용되었다. 평가절상의 경우(독일), 수입에 대해 부과금을 부과하고, 수출에 대해 보조금을 승인해 양의 값 국경 조정금이 적용되었다. 국경 조정금은 시장 환율보다 높은 녹색 환율 위해 보상되는 경우 양(positive)이라고 불렸고, 시장 환율보다 낮은 녹색 환율을 위해 보상되는 경우 음(negative)이라고 불렸다.

또한 국경 조정금이 없었다면 환율조정 뒤에 비회원국들과 무역 결과로 역내 무역 왜곡이 일어날 수도 있었다. 따라서 평가절상 국가한테는 수입품에 대해 부과금이 부과되었고, 수출품에 대해서는 보조금이 승인되었다(*Official Journal*, 1971). 평가절하 국가들에는 반대로 적용되었다.

덧붙이면, 국경 조정금이 없었다면 수출 환급(export refund)과 수입 부과금 때문에 무역 왜곡(trade distortion)이 일어났을 것이다(European Parliament, 1992: 11~12를 보라). 독일 마르크가 US$1=DM 4에서 US$1=DM 3.66로 평가절상되었고, 녹

〈표 7-5〉 녹색 환율은 불변인 채 마르크를 평가절상한 경우

	프랑스	독일
시장 환율	AUA 1 = FF 493.707	AUA 1 = DM 3.66
녹색 환율	AUA 1 = FF 493.707	AUA 1 = DM 4

〈표 7-6〉 녹색 환율은 불변인 채 프랑을 평가 절하한 경우

	프랑스	독일
시장 환율	AUA 1 = FF 555.419	AUA 100 = DM 400
녹색 환율	AUA 1 = FF 493.707	AUA 100 = DM 400

색 환율은 US$1=DM 4 그대로 불변이라고 가정해보자(<표 7-5>를 보라). 프랑스 무역업자들이 수출한다면, 수출 환급은 FF 493.707(프랑스 개입 가격)에서 세계시장가격을 뺀 것이다. 이 FF 493.707은 외환시장에서 DM 366와 교환될 것이다. 독일 무역업자들이 수출을 한다면, 그들은 DM 400에서 세계시장가격을 뺀 것과 같은 수출 환급을 받는다. 이렇게 더 많은 수출 환급 때문에 독일로부터 유럽공동체로 수출이 촉진되었다. 국경 조정금이 적용되었다.

이제 프랑스가 US$1=FF 493.707에서 US$1=FF 555.419로 평가절하한 반면, 녹색 환율은 불변인 것을 고려해보자. 한계 가격과 개입 가격이 같다고 가정하자. <표 7-6>에서 이것을 보여준다. 이제 프랑스 무역업자들이 수입하게 되면, FF 493.707에서 세계시장가격을 뺀 것과 같은 부과금을 지불하게 되거나, 또는 독일에서 수입업자들이 수입하게 되면, 세계시장가격에서 DM 400를 뺀 것과 같은 부과금을 지불하게 된다. 하지만 DM 400에 대해 FF 555.419을 지불해야 한다. 이는 공동체에서 프랑스로 수입을 촉진했다. 이런 경우에도 국경 조정금이 적용되었다. 이 절에서 논의한 국경 조정금은 고정되었음을 인지하는 것이 중요하다.

1973년에 이 제도는 각료이사회가 인정했듯이(*Official Journal*, 1973) '아주 복잡

한' 것이 되었다. 또한 역내 공동시장에 국경 조정금은 낯설었고, 특히 공동체는 '회원국들 사이에 수입과 수출에 대한 관세와 그와 같은 효과를 가지는 모든 부과금을 금지해야 한다'는 '유럽공동체설립조약' 제9조에 의해 그것은 금지되었다. 그럼에도 불구하고 국경 조정금이 도입되었고, 즉 농산물 가격이 균등화되었는데,[7] 왜냐하면 이것이 "독일 문제(German Problem)"(Weinstock, 1975: 120~121)에 대한 해답, 즉 독일 농부들의 소득이 확실하게 감소하는 것을 피하는 데 필요한 해답이었기 때문이다. 다른 한편, 음의 값 국경 조정금은 약세 통화 국가들한테 훨씬 중요하지 않았는데, 왜냐하면 그런 국경 조정금이 없다면 농업 소득의 확실한 증가(정치적으로 불쾌하지 않는 성과)가 있을 것이지만 인플레이션이 반드시 뒤따르지는 않을 것이기 때문이다.[8] 유럽경제공동체의 원칙들을 명백하게 위반한 농업화폐제도는 처음부터 독일의 이해, 즉 독일의 보수적인 지배계급의 이익을 반영했으며 키웠다.

3) 농업화폐제도: 1971~1979

1960년대 말로 가면서 서구의 긴 경제성장 시기는 끝나가고 있었다. 실물 부문에서 충분한 이윤 창출처를 찾지 못하던 증가한 자본의 양은 금융시장으로 흘러 들어갔고, 거기에서는 높은 이윤율이 가능했었다. 금융자본의 이런 대량의 투기 전환 때문에 개입을 통해 중심 환율을 유지해야 하는 중앙은행의 능력이

---

7) 예를 들어, 위에 있는 <표 7-3>의 조건에서 프랑스 농부는 수출 부과금 부과 후에 프랑스에서 FF 493.707 또는 독일에서도 똑같은 가격을 받았을 것이다.

8) 평가절하와 인플레이션 간 필연적 관계는 없다. 수입 가격이 상승하고 더 많은 구매력이 수입품에 지출되는 한, 더 적은 구매력이 국내에서 생산된 생산물에 지출되어서 가격이 하락한다. 인플레이션이 뒤따르는 경우는 오직 국내 생산물을 위해 이용 가능한 화폐량이 증가할 때이다. 단 하나의 예를 언급한다면, 1992~1993년에 이탈리아는 꽤 큰 평가절하에 의존했다. 하지만 인플레이션의 정도는 작았다.

무너지기 시작했다(Carchedi, 1991: ch.5를 보라). 1971년 5월 서독은 국제통화기금 규칙에서 규정한 변동폭 준수를 그만두도록 강요받았으며, 마르크에 변동환율을 적용했다. 같은 해 8월 달러의 금태환은 정지되었고, 베네룩스 3국과 이탈리아도 자국 통화에 변동환율을 적용했다. 농업화폐제도는 시장 환율과 녹색 환율 간 괴리(disparity)와 관련된 국가를 위해 만들어졌는데, 예전에 그들 환율은 변동환율 이전의 수준에 고정되어 있었다. 이런 괴리를 (위를 보라) 상쇄시키기 위해 국경 조정금이 도입되었는데, 시장 환율의 변동성을 고려하면, 이제야말로 국경보조금은 사실상 변동적이었다. 따라서 국경 조정금은 미국 달러를 참조해 계속해서 계산되었다.

국제환율제도(international exchange system)의 불안정성은 1972년 시작되었다. 그 결과 그해에 금이 온스(ounce)당 35달러에서 38달러로 상승해 미국 달러는 평가절하되었다. 역시 새로운 제도가 도입되었다. 한편으로 달러에 대한 변동대역들은 ±1%에서 ±2.25%로 상승했다. 이런 변동을 일으키는 환율을 미국 달러에 대한 중심 환율(central rates relative to the US dollar)이라고 불렀다. 다른 한편 유럽경제공동체 재무 각료이사회(The EEC Council of Financial Ministers)는 회원국 통화 간 변동폭을 각국의 중심 환율에 대해 ±1.125로 제한하기로 결정했다. 이 협정은 '굴속의 뱀'이라고 불렀는데, 뱀(snake)은 유럽경제공동체 국가들 서로에 대한 협대역 변동이고 굴(tunnel)은 미국 달러에 대한 유럽경제공동체 국가들의 광대역 변동이다.

1973년에 달러는 더욱 평가절하되었고, 벨기에와 덴마크, 프랑스, 독일, 룩셈부르크, 네덜란드는 자국 통화를 달러에 대해 ±2.25% 대역 내로 유지하지 않을 것이라고 결정했다. 오히려 그런 국가들은 세계통화들의 '합성(basket)[9]'인 특별

9) currency basket은 국제통화제도에서 기준환율을 산정할 때 필요한 기준 값을 구하기 위해 가중치를 부여하는 통화들의 구성을 의미하는 것으로, 여기서는 국제통화기금 특별인출권을 구성하고 있는 통화들의 꾸러미를 의미한다. currency basket은 통화들의 꾸러

인출권의 차원에서 규정된 자국 중심 환율에 대해 ±2.25 대역을 유지했다. 이것은 '공동변동환율제(joint float)'로 알려졌다. 이런 기술적 변화는 미국의 지배력 축소의 표현이었고, 따라서 달러의 지배력 축소의 표현(달러 평가절하로 드러난)이었다. 한편으로 중심 환율에 대한 규정은 미국 달러로부터 특별인출권으로 전환되었고, 다른 한편으로 몇몇 유럽 국가들의 중심 환율은 미국 달러에 대해라기보다는 각국 서로 간에 대해 변동하기 시작했다.

공동농업정책에 대해 말하자면, 이는 국경 조정금의 잦은 변동을 의미한다. 그 제도는 아주 다루기 힘든 것이 되어버렸다. 그래서 적어도 변동환율제에 참여한 회원국들인 서독, 네덜란드, 벨기에, 룩셈부르크, 덴마크에 대해서는 고정된 국경 조정금을 도입하는 것이 결정되었다. 고정된 국경 조정금은 농산물의 (불변 상태로 있는) 시장 환율과 녹색 환율 간 고정된 관계를 요했다. 시장 환율이 변동하고 있다는 것을 고려하면, 녹색 환율도 역시 변동할 수밖에 없었다. 이는 농산물계산화폐를 특별인출권에 대해 회원국들의 중심 환율의 평균으로 규정함으로써 달성되었다. 그리하여 공동변동환율제 내에 있는 국가가 자국 중심 환율을 변화시키면, 고정된 국경 조정금을 똑같이 유지하기 위해서는 녹색 환율도 역시 변화시켜야 했다(1973년 9월 네덜란드의 예). 녹색 환율이 불변이라면, 고정된 국경 조정금은 역시 변했다(1973년 6월 독일의 예). 영국과 아일랜드, 이탈리아 같은 자유 변동환율 국가(free floater)에 대해 말하자면, 그 국가들의 국경 조정금은 변동되었다.

미를 구성하는 비중에 따라 기준환율 산정을 위한 기준 값을 계산한다는 측면에서는 통화들의 합성이라는 의미가 들어 있다. 이런 의미에서는 currency basket을 '통화 합성'이라고 의역하는 것이 좋다고 생각한다. 그런데 현재 국제통화제도에서 가장 대표적인 currency basket인 국제통화기금 특별인출권은 회원국들의 외환 보유고를 보충해주는 외환준비 자산으로서 역할도 한다. 여기서 currency basket은 화폐 보유고로서의 의미를 가진다. 이런 의미까지 포함하려면 currency basket을 '통화 바구니'로 직역하는 것이 좋다고 생각한다. 이 책에서는 '통화 합성'으로 번역하겠다_옮긴이.

이 제도의 기본적인 결함은 두 가지이다. 그것은 너무나 복잡했으며, 유럽과 미국의 변화된 경제 관계를 반영하지 못했다. 유럽의 중심 환율들은 특별인출권을 통해 여전히 달러와 관련되어 있었다. 하지만 유럽 내에서 통합의 강화뿐만 아니라 미국과 유럽 두 진영 간 관계의 변화는 각국의 통화들을 고정할 수 있고, 그리하여 평가절상과 평가절하를 축소할 수 있는 단일 유럽통화를 요구했다.

4) 유럽통화제도, 유럽통화단위, 국경 조정금: 1979~1984

이 통화는 1979년에 유럽통화제도[10)]의 필수 요소로서 도입되었고 유럽통화단위라고 불렸다. 이것은 제4장에서 다루었다. 공동농업정책의 목표를 위해 유럽통화단위는 몇 가지 이점을 줄 것으로 여겨졌다. 첫째, 유럽통화단위는 환율 변동에 대해 안정된 참조 기준을 제공할 것 같았다. 각국 통화들을 유럽통화단위에 고정시킴으로써 각국 통화들은 안정성을 얻을 수 있고, 따라서 평가절하와 평가절상 둘 다를 피할 수 있을 것 같았다. 둘째, 유럽통화단위의 도입으로 각국 통화들 가운데 하나를 나머지 통화들을 위한 기준으로서 선택해야만 하는 정치적으로 곤란한 문제를 피할 수 있을 것 같았다. 셋째, 유럽통화단위의 도입은 그런 목적을 위해 달러를 사용하는 가능성(역시 정치적으로 중요한 특징인데)을 배제할 수 있을 것 같았다. 마지막으로 그러나 역시 중요한 것으로, 유럽통화단위는 단일유럽통화의 전신으로서, 즉 환율 변동과 환율 변동이 초래하는 모든 부정적 결과들에 대해 유일하고 확실한 해결책으로서 보였다. 1979년부터 지금까지 국경

---

10) "농업계산화폐로 표현된 가격에서 유럽통화단위의 가격으로 전환된 결과 값은 농업계산화폐로 고정된 모든 액수를(그리고 모든 녹색 환율을) 계수 1.208953로 곱해서 얻었는데, 유럽통화단위의 가치가 이전의 농업계산화폐의 가치보다 더 낮았기 때문이다"(European Parliament, 1992: 13). 1975년에 유럽경제공동체가 유럽개발기금과 유럽투자은행 운영 목적을 위한 계산화폐를 도입했다는 것을 유의하라. 이것은 유럽통화단위와 매우 비슷한 유럽경제공동체 회원국 통화들의 '합성'이었다(Irving and Fearn, 1975: 54~56을 보라).

조정금은 유럽통화단위와 비교한 중심 환율과 녹색 환율 간 차액과 비교해 계산되었다. 처음에 이 제도는 환율에 안정을 주는 효과를 가졌는데, 모든 회원국들이 자신들의 중심 환율을 변경하지 않으려고 노력했기 때문이다. 그러나 결국 제4장에서 살펴봤듯이 환율의 안정이라는 것은 환상에 불과한 것으로 밝혀졌다.

5) 전환 제도: 1984~1992

1984년 각료이사회는 양의 값 국경 조정금을 폐지하고 새로운 양의 값 국경 조정금으로 전환하기로 결정했다. 옛 국경 조정금 폐지에 관해 말하자면, 녹색 환율의 평가절상 뒤에 힘 있는 국가들(특히 독일)에서 농산물 가격 하락이 있는 경우에 농부들은 보상을 받았다. 새로운 양의 값 국경 조정금에 대해 말하자면, 전환 제도(switch-over mechanism)가 도입되었다. 기본적으로 강한 통화 국가가(독일) 자국의 중심 환율을 평가절상할 때마다 새로운 양의 값 국경 조정금을 부과하는 대신에, 약한 통화 국가들에 대한 기존의 음의 값 국경 조정금을 높였다. 이는 기술적으로 **녹색 중심 환율**(green central rates)을 도입함으로써 달성되었다. 녹색 중심 환율은 이른바 '전환 지수(switch-over factor)'를 곱한 중심 환율과 같았다. 그 이유는 그 당시 "유럽통화단위 가격의 상승이 아주 제한되고 있었기" 때문이다(European Parliament, 1992: 42). 따라서 그것은 농산물에 대한 중심 환율의 증가 때문에 선택되었다.

농산물 가격이 유럽통화단위로 표시되었기 때문에, 그리고 녹색 중심 환율이 중심 환율보다 높았기 때문에, 녹색 환율의 녹색 중심 환율로의 전환은 독일을 제외한 모든 회원국들의 통화에서 농산물 가격 상승을 낳았다(평가절상 때문에 하락한 독일 농산물 가격은 상승한 녹색 중심 환율에 의해 따라서 상승한 독일 마르크 가격에 의해 보상받았다). 가설에 근거해서, 독일이 ECU 1=DM 4에서 ECU 1=DM 3.5로 평가절상되었다고 가정해보자. 그러면 밀 1톤=ECU 100으로 독일 농부는 DM 400 대신에 DM 350을 벌게 되는데, 정치적으로 바람직하지 않은 효과이다. 이런 경우 전환 지수가 적용되어서 녹색 중심 환율은 밀 1톤=DM 400가 된다. 녹색 환율은 ECU 1=DM 3.5로 떨어지지 않고, ECU 1=DM 4 그대로 유지된다. 독일 농부의 소득은 떨어지지 않는다. 그러나 다른 회원국들에서 녹색 환율이 똑같은 백분율만큼 증가해야 한다. 각국 통화들로 표시된 가격이 상승한다. 동시에 다른 회원국들의 중심 환율과 새로운(상승한) 녹색 환율의 차액도 증가한다. 이 때문에 이 국가들이 무역 왜곡 효과를 상쇄하기 위해 기존의 음의 값 국경 조정금의 증가를 필요하게 된다.

따라서 이 제도는 농산물 가격에서 가장된 상승을 만들었다.

> 회원국 상위 10개국(Community of Ten)과 관련해 말하자면, 유럽통화단위로 표시된 공통 가격(common prices)이 1983~1984년부터 하락한 것으로 기록되어 있는데, 녹색 환율로 조정한 결과로서 그 국가들의 통화로 표시된 공통 가격은 커다란 연간 상승을 보였지만 …… 프랑스와 아일랜드와 이탈리아에서는 해당 기간 동안 자국 통화로 표시된 가격에서 연간 4%를 넘는 명목 상승이 있었다(European Parlianment, 1992: 43).

공식적으로 전환 제도를 도입한 이유는 (반대 이유를 위한) 양의 값 국경 조정금보다 음의 값 국경 조정금을 없애는 것이 더욱 쉬울 수 있다는 데 있다(음의 값 국경 조정금이 농산물 가격을 상승시킬 수도 있다는 것을 고려하면, 정치적으로 받아들일 수 있는 결과이다). 결론을 말하자면, 우선 어떤 새로운 양의 값 국경 조정금도 적용될 수 없었다(European Parliament, 1992: 15). 이것은 상대적으로 약한 국가들의 음의 값 국경 조정금의 증가를 요구했다. 공식적인 이유와는 반대로 진의(real point)는 이 제도의 도입으로 가장 강한 국가인 독일의 경제 이익을 조성하는 것이었다. 독일 마르크의 평가절상이 낳는 정치적으로 바람직하지 않은 효과(독일에서 농산물 가격의 하락)는 다른 국가들의 물가수준을 희생시킨 대가로, 즉 이런 국가들에 인플레이션 운동을 초래함으로써 얻었다. 1984~1988년 동안, 독일의 평가절상은 농산물 공통 가격을 13.7%나 상승시켰다(European Parliament, 1992: 42). 다시 말해 다른 회원국들의 농산물 가격의 상승이 독일의 공업력(industrial power)에 의해 일어났고, 독일이 자국의 농산물 가격 안정을 유지하려는 관심을 반영했다.

6) 1992년(맥섀리) 개혁

1970년대와 1980년대 동안 공동농업정책 제도에 자금을 조달하는 데 어려움이 증가했다. 생산이 증가하고 생산성이 높아지면서 공동체는 많은 농산물에 대해 순수한 수출자가 되었다. 1990~1991년 즈음 유럽연합은 유지(oils and fats)와 신선 과일을 제외하고는 모든 주요 식품에서 자급자족하게 되었다. 따라서 한편 개입 비용과 수출보조금 모두 점점 부담이 되었고, 다른 한편 수입 부과금은 원래 공동농업정책 비용의 1/3을 차지했는데 점점 중요하지 않게 되었다.[11] 이는 1992년 개혁 도입을 초래했고, 그 개혁은 세 기둥에 기초했다. 첫째, 곡물에 대해 약 33%, 쇠고기에 대해 15%의 개입 가격 축소가 있었다. 둘째, 가격 하

---

11) 농산물에서 과잉된 비용을 줄이기 위한 시도는 만스홀트 계획(Mansholt plan)과 함께 1968년까지 거슬러 올라간다. 이 계획은 시장 및 가격 지원에서 구조 개선으로 전환하는 것을 강조하는 데 목표로 삼았다. 대농장을 창조하는 것이 필요했고(역시 작은 농장들의 합병을 통해) 기계화 도입으로 생산성을 높여야만 했다.
"만스홀트 계획은 커다란 충격으로 다가왔다. 공동농업정책이 거의 만들어지자마자 농부들은 자신들 가운데 많은 이들이 필요 없게 될 것이라는 소식을 접했다. 놀라울 것 없이 만스홀트 박사(Dr. Mansholt)는 '소농의 저승사자(peasant killer)'라는 이름을 얻게 되었다. 명백하게 그 계획은 정치적으로 뜨거운 감자인데, 너무 그러해서 각료이사회는 그 계획을 무시했다"(Swann, 1995: 257).
이와 관련해서 중요한 사실은 1968년 공동체가 아직 식량 생산에서 자급자족하지 못했다는 것이고, 또한 1990년대 초에도 그러했다는 것이다. 이런 점에서 농업 로비 단체들은 어느 정도 자신들의 힘을 잃기 시작했다.

락에 대해서는 직접 소득 지불(direct income payments)로 보상하기로 했다. 가격에서 직접 소득 지원으로의 전환은 비교역 왜곡(non-trade distorting)으로 여겨졌다. 그리고 셋째, 곡물에 대해 보상금은 자신의 경작지를 15% 줄이는 것에 동의하는 농부들을 위해 만들어졌다〔휴경 제도(set-aside system)〕. 이 조건은 오직 대규모 생산자들, 즉 곡물류 92톤을 초과하는 생산 수준을 가진 이들에게 적용되었다. 이는 농부들이 자신들의 과잉생산물을 축소하는 것을 독려하는 것이 목적이었다. 개혁 제안은 축산물(animal products)에 대해서는 덜 과감했다. 이것들은 여전히 오늘날 제도의 요소들이며 잠시 후 논의될 것이다.

브라우어와 판 베르컴(Brouwer and van Berkum, 1996: 28)은 곡물에 대한 1992년 개혁의 첫 2년 기간을 평가했다. 1994~1995년에 생산이 감소해 1억 6000만 톤 정도가 되었고, 다시 말해 개혁 이전 3년간 평균보다 6%에서 7% 감소한 것이다. 동시에 생산성이 5% 증가해 7%가 되었는데, 생산성이 떨어지는 땅을 휴경했기 때문이다. 생산은 또한 보리(barley)에서 밀로 전환되었는데, 밀의 생산성이 높기 때문이다. 개입 가격의 감소와 함께(위를 보라) 이렇게 증가한 산출량은 곡물을 인간의 소비로부터 동물용 사료로 전환시키는 결과를 낳을 수 있다. 이것은 식량의 전락(food degradation)인데 제7장 제2절에서 논의될 것이다.

7) 단일 시장과 새로운 화폐 혼란: 1992~1993

단일 시장은 1992년에 완성되었는데, 회원국들 사이에 모든 부과금과 보조금 제거를 목적으로 했다. 국경 조정금이 각국의 국경에서 부과된 것을 고려하면 그것은 사라져야만 했다. 이 새로운 제도는 국제 화폐시장이 상대적으로 차분했던 시기 동안 유럽연합 집행위원회가 국경 조정금을 배제하면서 고려되었다. 이렇게 변동이 없었기 때문에 유럽공동체 각국 통화들이 실질적으로 고정환율로 묶였다고 여겨졌다. 그러므로 녹색 환율을 시장 환율에 고정시키는 것이 가능하다고 다시 한 번 생각하게 되었다. 통화 약세 국가들한테 그 두 개 환율 간 차이가 아주 커지는 경우에 각료이사회의 개입 없이도 녹색 환율은 자동적으로 시장 환율로 전환될 수 있었다. 이런 전환은 아주 빠르게, 즉 3일 후에 일어날 수 있었다. 통화 강세 국가들한테(환율조정장치 내에서 2.25% 대역을 가진 국가들) 녹색 환율에서 변동은 오직 중심 환율의 동등성(parities)이 재조정된 경우에 가능할 수 있었다.

1992년 가을, 화폐 혼란 때문에 그런 계획이 완전히 변경되었다. 실제 모든 국가들의 환율에서 커다란 변동이 일어난 것을 고려해 각료이사회는 급격하게 유럽연합 집행위원회의 제안을 수정했다. 줄이자면, 조금 전 설명한 제도에 더해서 전환 제도가 유지되었다. 이것은 독일 마르크(유럽통화제도 내 가장 강한 통화)의 평가절상 때문에 각국 중심 환율이 조정될 때마다, 녹색 중심 환율을 올리기 위해 전환 지수가 인상되어야만 했다는 것을 의미한다. 녹색 환율 인상으로 더 많은 유럽통화단위가 개입을 위해 사용된다는 것을 고려하면 이것은 유럽연합에게 예산 부담의 가중으로 이어졌다. 이 제도는 1995년에 끝났다.

8) 현재 제도

시장가격 지원에 대한 현재 제도는 원래 제도의 몇몇 요소들을 유지하고 있지만 수정된 형태이며, 이는 주로 유로의 유럽통화단위 교체 때문이다.

- 가변 수입 부과금은 역외 생산자들이 한계 가격보다 높은 가격으로 유럽연합 내에서 판매하도록 강제하는 것인데, 세계시장가격 수준에 따라 매일매일 조정되었다. 세계시장가격은 로테르담의 가격이다. 우루과이라운드(제6장을 보라) 뒤에, 부과금은 관세로 대체되기로 했다.
- 수출 환급 역시 세계시장 상황에 따라 변했는데, 유럽연합 역내 가격(보통 한계 가

격보다 약간 낮았다)과 더 낮은 세계시장가격 간 차액에 대해 유럽연합 수출업자들을 보상하는 것이다. 수출 환급은 유럽연합 전체에 동일하게 적용되었다. 1999년 1월 1일 전에 수출 환급과 수입 부과금은 유럽통화단위 표시 공통 가격과 유럽통화단위로 전환된 세계시장가격에 기초해 계산되었다. 1999년 1월 1일부터는 수출 환급을 계산하는 데 유럽통화단위에서 유로로 대체되었으며, 수입 부과금과 세계시장가격도 유로로 전환되었다(*Official Journal*, 1998b: article 2, paras 1 and 2).

- 유로가 도입되기 전에 개입 가격(과잉 공급으로 시장가격이 개입 수준 아래로 떨어졌을 때 유럽연합이 농산물을 구매하는 가격)은 유럽통화단위로 고정되었고, 녹색 환율을 통해 각국 통화로 전환되었다. 유로의 등장으로 개입 가격은 유로로 고정되었고(*Official Journal*, 1998b: article 2, paras 1 and 2), 유로와 각국 통화 사이에 변경 불가능한 고정환율로 경제통화동맹의 각국 통화로 전환되었다(*Official Journal*, 1998b: article 10, para. 3).
- 비경제통화동맹(non-EMU) 회원국들은 뚜렷한 평가절상이 있는 경우 농부들에게 보상 지원을 승인할 수 있다(*Official journal*, 1998b). 화폐 보상금의 절반은 유럽연합에 의해, 나머지 절반은 각국 정부에 의해 지급될 수 있다(그러나 각국 정부가 그렇게 해야 할 의무는 없다)(*Official Journal*, 1998b: article 6).[12)]
- 개입 가격의 인하는 경작 가능 작물을 재배하던 것을 특정 비율로 휴경하는 조건을 갖춘 농부들에게 지급된 보상금으로 상쇄되었다. 이 조건은 곡물을 최대 92톤 생산하는 농부들로 규정된 소농들에게는 적용되지 않으며, 그들은 경작 가능 작물을 심은 모든 지역에 대해 보상금을 받는다. 휴경 지역은 식량(human food)이나 사료(animal food) 생산을 위해 사용될 수 없었다. 하지만 다른 용도로는 허용되었다.

---

12) 비참여 회원국들은 유로로 자신들의 농부들에게 지불하는 것을 선택할 수도 있다. "이것을 선택하는 회원국은 (평가절상 또는 평가절하의 경우에) 수혜자가 자국 통화로 지불된 경우보다 더 많은 액수를 받지 않는다는 것을 확인시키는 데 필요한 절차를 밟아야만 했다". 이 조항은 쓸데없이 "그런 세출을 감시하고 통제하는 데 더욱 복잡한 것이 필요함을 의미했다"(*Official Journal of the European Communities*, 1998a).

현재 형태의 공동농업정책에 대한 평가는 다음 절에서 이루어질 것이다. 여기서는 그 정책의 지지자들이 말한 몇 가지 결점들을 언급하는 것으로 충분하다. 첫째, 원래의 가격 지원에서 많은 수정이 있었던 것과 실험적이고 사후적인 계획의 도입 때문에, 공동농업정책 운영은 점점 더 복잡해졌고 기만적이게 되었다. 둘째, 이 모든 노력에도 불구하고, 유럽 전체에 농가 소득의 차이가 지속되었다. 그리고 셋째, 공동농업정책의 자금을 조달하는 비용이 훨씬 커졌으며, 미래에 새로운 회원국 가입이 일어나면 그 비용이 훨씬 더 커질 것이다. 더욱이 공동체가 자급자족에 도달했기 때문에, 농업 개혁의 내용에서 볼 수 있듯이 각국 농업 로비 단체들과 유럽연합 전체 농업 로비 단체들은 농업보호주의 정책을 부과할 힘을 어느 정도 잃어버렸다. 그럼에도 불구하고 이런 로비 단체들은 여전히 어떤 정치가도 무시할 수 없는 위력 있는 집단이었다. 이는 왜 농업이 케네디라운드와 도쿄라운드에서는 배제되었지만 우루과이라운드에서는 더 이상 배제되지 않았는지 설명해준다. 이런 내부 요소들이 다른 외부 이유들과 함께 뒤섞였다. 특히 유럽공동체와 미국 간의 관계는 중요했는데, 미국은 항상 '무역 및 관세에 관한 일반 협정' 회담에서 이 부문을 포함시키려는 열망을 가지고 있었기 때문이다.

공동농업정책과 관련해서 말하자면, 우루과이라운드의 결과로서(제6장 제1절 제4관을 보라) 6년 안에 ① 관세 외의 통관 시 보호조치(border protection measures, 주로 가변 수입 부과금)는 관세로 전환되며, 관세는 36% 축소되기로 했다, ② 다른 국가들은 유럽공동체 소비의 3%(시행 기간 시작에)~5%(시행 기간 끝에) 사이에서 유럽공동체에 수출하는 것이 허용되기로 했다, ③ 직접수출보조금 지출은 36% 축소되며, 보조금을 받은 수출 규모는 20% 축소되기로 했다, ④ 역내 시장 지원은 20% 축소되기로 했다(하지만 많은 예외 사항에 대해 동의가 이루어졌다).

또한 다른 협상 개최를 1999년에 시작하는 것에 동의했다. 이런 협상은 새로운 일반적 라운드의 무역 협상이 아니고 우루과이라운드에 대한 검토였다. 그

준비는 세계무역기구가 1999년 12월에 시작했다. 가장 발전이 안 된 국가들은 세계무역기구에 대표단을 파견하지 못했기 때문에 그런 국가들의 이해(농업과 다른 부문에서)는 적게 대표될 수밖에 없었다.

2. 농산물 가격, 보호주의, 세계 기아

앞 절에서는 공동농업정책의 주요 특징과 발전에 대해 검토했다. 공식적이면서 아주 종종 옹호하기 좋아하는 문헌에서는 몇몇 주요한 성과를 강조한다. 그것들에 대해 평가해보자.

1) 국제가격과 식량 전유

첫 번째 주장은 공동농업정책이 농산물 가격에 하방 압력을 일으켰고, 따라서 식량에 대한 생산과 소비를 크게 자극했다는 것이다. 최근 20년 동안 식량류에 대한 가계 소비 비율이 28%에서 20%로 떨어졌다고 지적된다(European Commission, 1996b: 7).[13] 보통 인정하는 두 가지 결점은 그 제도의 엄청난 복잡성과 과잉생산이다. 하지만 가격 지원이 단순화되고 있으며 1992년 개혁 이후 과잉생산이 크게 줄었다는 것이 또한 언급된다. 1995년에 농업 생산물 재고는 2만 8000톤이었는데 일주일 생산량보다 적었고, 밀 재고는 1990년 2500만 톤에서 500만 톤으로 줄었고, 쇠고기 재고는 생산량의 5%보다 더 떨어졌다(European Commission, 1996b: 10). 이 첫 번째 관(款, subsection)에서는 다음 두 가지 주장을 논증할 것이다. 첫째, 국제 농산물 가격의 형성은 제국주의 중심(따라서 유럽연합)이 피지배

13) Tracy(1993: 82)는 1989년에 16.5%라고 언급했다.

국가들로부터 국제 가치를 전유하는 것을 숨긴다. 이는 가격이 떨어지든지 말든지 상관없이 세계 기아로 드러난다. 둘째, 농산물 가격 하락은 가난한 국가들의 소득에 부정적인 효과를 준다. 이는 세계 기아를 악화시킨다.

첫 번째 주장을 증명하기 위해, 제4장에서 도달한 결과에 기댈 것이다. 부문 내(기업들이 다른 생산과정들을 도입함으로써 경쟁하는 것을 고려한다)와 부문 간(각 부문은 정의상 다르면서 비교할 수 없는 생산과정들을 가진다고 고려한다)에 자본의 유기적 구성(불변자본과 가변자본 간 관계)이 다르다고 가정된다. 그러므로 부문 내 및 부문 간 다른 기술 때문에 투자된 자본 단위당 생산하는 새로운 가치와 따라서 잉여가치의 양이 다르다. 이 관에서는 제국주의 중심은 생산수단과 소비수단(더 구체적으로는 식량류) 둘 다 생산하는 반면, 피지배 국가들은 오직 식량류만 생산한다는 가정 아래 제국주의 중심과 피지배 국가들 간 관계에 초점을 맞출 것이다. 그러면 그 체계의 객관적인 운동 법칙은 생산수단과 식량류에 들어 있는 가치를 어떻게 재분배하는가와 식량 전유에 대한 결과, 즉 세계 기아는 무엇인가라는 질문이 생긴다.

먼저 어떤 운동 법칙이 관련되는지 분명하게 밝혀보자.

(잉여)가치 재분배의 첫 번째 원인은 서로 다른 부문에서 생산된 상품들의 교환, 즉 서로 다른 사용가치의 교환에서 생긴다. 앞의 장들에서 봤듯이, 자본의 유기적 구성이 서로 다르다고 고려하면, 유기적 구성이 낮은 부문들은 높은 부문들한테 가치를 잃는다. 전유한/잃은 가치의 양을 밝히기 위해, 우리는 서로 다른 부문에 있는 모든 자본들이 같은 이윤율을 실현한다고 가정할 것이다. 이런 방법은 현실의 운동, 즉 자본들이 낮은 이윤율을 가진 부문에서 높은 이윤율을 가진 부문으로 이동하는 것을 관찰함으로써 정당화된다. 서로 다른 이윤율로 인해 이와 같이 (잉여)가치의 재분배 경향의 수정이 만들어진다. 이것은 불평등 교환인데 왜냐하면 이런 가치의 전유(경향적이든 실제이든)는 서로 다른 부문의 생산물이 서로서로 교환될 때 일어난다. 한 부문의 모든 상품은 다른 부문의 상품들

에 가치를 똑같은 양으로 이전한다(또는 다른 부문의 상품으로부터 똑같은 양으로 가치를 얻는다)고 가정했다. 이것은 부문 내에서는 어떤 기술적인 차이도 없다는 가정을 함의하고 있기 때문에 그러하다. 이제 이 가정을 버린다.

가치 재분배의 두 번째 원인은 서로 다른 기술(유기적 구성)을 가지고 생산된 같은 종류의 상품(같은 사용가치)을 다른 종류의 상품과 교환할 때 생긴다. 여기서 생산성 수준이 다르기 때문에 전유한/잃은 (잉여)가치의 양을 밝히기 위해 상품들은 같은 가격으로 팔린다고 가정한다. 역시 이 방법은 현실의 운동, 즉 같은 부문의 모든 생산물들은 같은 가격으로 판매되도록 강제하는 가격경쟁의 관찰에서 보증된다. 같은 상품에서 서로 다른 가격이 존재하는 것은 오직 이런 가격 수준의 경향으로부터 괴리이다. 이런 상품들은 서로에게서 가치를 전유하지 못한다(같은 부문 내 생산물들은 서로 교환되지 않는다는 것을 고려하면). 오히려 그 상품들은 판매될 때에, 즉 서로 다른 기술 수준 때문에 다른 부문들의 상품들과 교환될 때에 그런 부문들로부터 (다른 양의) 가치를 전유한다.

따라서 가치의 재분배를 조사할 수 있게 하는 운동 법칙은 부문 간 이윤율의 균등화 경향과 부문 내 가격의 균등화 경향이다. 이제 우리는 위에서 제기한 질문 즉 국제 식량 전유와 세계 기아에 대한 두 가지 운동 법칙의 결과가 무엇인지를 다룰 수 있다. 우선 생산수단(이하 *MP*)을 생산하면서 수출하는 제국주의 중심에 속하는 한 국가(A)와 소비수단(이하 *MC*)을 더 구체적으로는 식량을 생산하면서 수출하는 피지배 진영에 속하는 다른 국가(B)를 고려해보자. 국가 B는 20만 *MC*를 생산하는데, 그 가운데 10만 *MC*는 국내 소비(여기서는 단순화를 위해 10만 *MC*를 임금과 이윤 간에 분할하는 것을 고려하지 않는다)를 위해 충분하다고 여겨지며, 나머지 10만 *MC*는 수출을 위해 이용한다(즉, A가 생산한 100*MP*와 교환). 알다시피 가치량은 또한 화폐량으로 이해할 수 있다. <표 7-7>을 고려해보자.

평균이윤율(p)은 30%이다. 국가 B는 10 V, 즉 200,000×10/140=1만 4286*MC*를 잃는다. 이것은 국가 B한테 소비 감소이다. 이제 국가 A가 생산성

〈표 7-7〉 국가 A와 국가 B의 이윤율 균등화로 인한 국가 B의 식량 손실

A	$80c+20v+20s=120V$	$100MP$
B	$60c+40v+40s=140V$	$200{,}000MC$ 가운데
		100,000은 국내 소비용
		100,000은 수출용

〈표 7-8〉 국가 A의 자본재 부문 생산성 증가로 인한 국가 B의 식량 손실

A	$90c+10v+10s=110V$	$110MP$
B	$60c+40v+40s=140V$	$200{,}000MC$ 가운데
		100,000은 국내 소비용
		100,000은 수출용

을 개선해서 가치(120 *V* 대신에 110 *V*)를 더 적게 생산하지만 더 많은 *MP*(100*MP* 대신에 110*MP*)를 생산한다고 가정하자. 이것은 <표 7-8>에서 보여준다.

이제, 평균이윤율이 25%이다. 국가 B는 15 *V*=200,000×15/140=2만 1429를 잃는다. 국가 B의 소비는 그만큼 감소한다(국가 A가 생산성이 상승하기 전 상황과 비교하면 소비가 7143*MC*만큼 더 많이 감소한다). 국가 B는 더 적은 *MP*를 수입하려고 노력할 수 있고, 따라서 더 적은 *MC*를 포기하려고 애쓸 수 있다. 하지만 다른 한편 국가 B는 산업화하기 위해 또는 국가 A를 따라잡으려고 노력하기 위해 가능한 한 많은 *MP*를 구입하는 것이 필요하다. 반대로 (이윤율 문제에 부딪힌, 따라서 실현 문제에 부딪힌) 국가 A는 국가 B한테 강압이나 덜 명백한 제국주의 수단(국제기구를 통한 대부 등등)을 통해 될 수 있는 한 많은 *MP* 구매를 강요한다. 국가 A가 국제간 교역할 수 있는 *MP*의 생산성을 예전 수준에 비해 더 많이 높일수록 국가 B는 *MC*를 더 많이 이전시켜야만 하고 국가 B에서는 더 많은 기아가 나타나기 마련이다.

이제 <표 7-9>의 예처럼 두 나라의 농업 부문을 살펴보자. 국가 A의 농업

〈표 7-9〉 국가 A의 소비재 부문 생산성 증가로 인한 국가 B의 식량 손실

A	$80c+20v+20s=120\ V\ 200\,MCp=48.5\%$
B	$60c+40v+40s=140\ V\ 150\,MCp=11.5\%$

부문은 제국주의 중심에 속하며, 국가 B의 농업 부문은 피지배 진영에 속한다.

여기서는 이윤율의 균등화가 아니라 가격의 균등화가 존재한다. 재분배를 위해 이용 가능한 총가치는 120+140=260이다. 상품 총량은 350이다. 경향적 단위 가격은 260 *V* / 350*MC* =0.7429이다. 따라서 국가 A는 0.7429×200=148.5를 실현하며, 다시 말해 이윤율은 48.5이며 반면에 국가 B는 0.7429× 150=111.55를 실현하며, 이윤율은 11.5%이다. 국가 A와 국가 B가 자신들의 상품을 같은 가격에 판매한다면, 국가 A는 다른 부문들(국가들)로부터 더 많은 가치를 전유하고 반면에 국가 B는 다른 부문들(국가들)한테 가치를 잃게 된다. 다른 국가들(부문들)의 가치가 *MP*에 포함된다면, 국가 B가 각각의 *MC*에서 얻는 것보다 국가 A는 더 많은 *MP*를 얻는다. 이는 국가 B의 경제성장을 저해하고, 따라서 국가 B의 *MC*생산을 간접적으로 저해한다. 국가 B를 희생시킨 대가로 국가 A가 다른 부문들(국가들)에서 생산된 상품들을 구매할 가능성은 커진다. 국가 A의 생산성이 더 많이 증가하면 이런 차이가 더욱 두드러진다.

<표 7-8>과 <표 7-9>에서 예증된 분석의 결과를 결합하면, 국가 A의 생산성 증가로 인해 B가 고통을 겪는다는 것을 볼 수 있다. 국가 B는 국가 A의 *MP* 부문 생산성 증가의 결과로서 식량 손실과 국가 A의 *MC* 부문 생산성 증가의 결과로서 *MP*의 손실에 대응해야만 한다. 세계 기아는 따라서 자본주의 가격 형성 체계에 내재한 국제 가치의 재분배에 내포되어 있다. 국가 B의 생산물 가격의 하락과 수출 수준의 불변으로 인해 문제가 악화될 수밖에 없다.

농산품 판매 증가를 달성하기 위한 방법 하나는 제국주의 중심에서 수요가 있는 식량류를 재배할 경작 지역을 국가 B가 늘리는 것이다. 유럽연합과 관련해서

말한다면, 피지배 국가들로부터 유럽연합의 식량 수입은 유럽연합의 식량 소비를 위해 피지배 국가들의 토지를 이용하는 것을 의미한다. 반대로 유럽연합이 피지배 국가들에 식량을 수출하는 것은 피지배 국가들을 위해 유럽연합의 토지를 이용하는 것을 의미한다. 곡물(유럽연합의 생산물)에서 쌀, 감자, 설탕, 채소와 감귤류 과일(피지배국들의 생산물)에서 바나나, 콩, 타피오카, 당밀, 커피콩, 코코아콩, 해바라기 씨, 야자유, 목화, 차, 담배, 땅콩, 천연고무를 교역한다고 고려하자. 유럽연합은 역내에서 소비되는 식량 생산을 위해 피지배국들의 토지 22만 8000km²를 이용하고 피지배국들은 자국 내 소비되는 식량 생산을 위해 유럽연합 토지 9만 7000km²를 이용하는 것으로 추산된다(Friends of the Earth Europe, 1995: table 3. 13 of Supplement). 유럽연합은 역내 소비를 위한 식량 생산을 위해 피지배국들의 토지를 순수하게 13만 km²(그리스의 크기)를 이용한다.[14] 이 토지는 피지배국들의 식량 생산을 위해 이용될 수도 있다(예전에는 대부분 이용되었다).

이번 관에서 하려는 두 번째 주장은 불평등 교환을 통한 식량 전유 외에 납세자 자금 조달 수출보조금과 유럽 과잉생산물의 덤핑으로 세계시장에서 물가를 떨어뜨렸다는 것이다. 이것은 한편으로 피지배 진영 식량 생산자들(특히 소농들)로 하여금 이 농산물들을 위한 시장 접근을 막았다. 이것은 세 가지 부정적 효과를 낳았다. 첫째, 그것으로 식량 수입품에 대해 대부분 경화 부족을 선언하게 됨으로써 피지배 진영 국가들의 국제수지 문제를 악화시켰다. 둘째, 그것은 많은 피지배 진영 국가들한테 식량 수입 의존을 만들었다. 셋째, 그것은 몇몇 기업의 손아귀에 식량 생산과 분배의 놀라운 집중을 초래했다. "세계 곡물의 70%가 단지 여섯 개 기업에 의해 영위되었다"(PANOS, 1997: 63). 우루과이라운드 뒤의 무역자유화 조치는 역시 피지배 진영 생산자들로 하여금 강제로 보호주의 관세를 축소하도록 함으로써 이런 경향을 확실하게 강화할 것이다. 이것은 더 많은

---

14) 이 수치는 유럽연합 12개국과 관련 있다. 이 자료들은 1990년에서 1993년에 걸쳐서 연도가 다른 여러 문헌들로부터 인용했다.

소농들로 하여금 파산할 수밖에 없도록 할 것이고, 따라서 집적과 실업과 빈곤을 증가시킬 것이다.

다른 한편, 세계시장가격 하락은 식량 수입에 의존하는 국가들의 식량 구매를 용이하게 했다. 종종 이것은 피지배 국가들의 빈민과 극빈층한테 도움이 되지 않았고, "값싼 식량이 정치적으로 불안한 도심지들에 제공될 수도 있다는 것을 의미했다"(Middleton et al., 1993: 129). 더욱이 우루과이라운드 아래 동의된 수출보조금 삭감은 세계 식량 가격을 올릴 것이고, 따라서 낮은 소득의 식량 부족 국가들의 식량 수입 어음에 부정적인 영향을 줄 것이다. 예측은 다양하다. 국제연합의 식량농업기구(Food and Agricultural Organization: FAO)에 따르면, 이런 국가들의 식량 수입은 1987~1988년보다 2000년에 55% 더 높아질 것이다. 소농들과 관련해서 말하자면, 낮은 시장가격으로 인해 그들이 토지로부터 일단 쫓겨나면, 대기업들이 그들의 자리를 차지하며, 시장가격이 다시 상승하더라도 그들이 돌아갈 토지는 없다. 이런 가격 상승으로부터 이득을 얻는 것은 대농과 대기업이다. 그들의 토지를 여전히 경작하는 소농들에 대해 말하자면, 그들이 가격 상승으로부터 혜택을 볼 수도 있지만, "미국과 유럽공동체에서 엄청난 보조금을 받는 생산자들과 경쟁에 직면하게 될 것이다"(Middelton et al., 1993: 130). 그 효과들은 위에서 언급했다.

위의 내용으로 우리는 잘 정립되어 있는 주류 경제학 이데올로기의 네 가지 교리에 구멍을 낼 수 있다. 주류 경제학 이데올로기는 가격 하락이 생산성 증대에 뒤따르는 농산품 공급 증가와 수요 간 균형을 회복시키며 따라서 유럽 대중에게 더 많은 소비를 보장한다고 가정한다. 첫째, 앞의 장들에서 보여줬듯이, 자본주의 체제는 시장균형으로 향하는 경향이 없으며, 만약 수요와 공급의 일치에 도달한다 하더라도 공황의 필연성에 내재되어 있는 불균형이 나타나고 먼저 도달했던 시장균형을 뒤엎을 것이다. 둘째, 가격 하락은 기술혁신과 실업과 따라서 구매력 축소의 결과이다(시장에 공급된 사용가치량의 증가 결과이기보다는). 따라서 가격 하락은 자본주의 생산관계 내 기술혁신(실업)이 초래한 가처분소득 감소의 결과이기 때문에, 적어도 부분적으로 가처분소득 감소에 조응한다. 셋째, 우리가 보았듯이, 이렇게 증가한 농산품의 양 가운데 소비를 위해 이용할 수 있는 꽤 많은 부분은 불평등 교환을 통해 피지배 진영으로부터 전유된다. 그리고 넷째, 가격 하락은 소농들을 토지로부터 몰아내며 따라서 규모가 크고 효율적인 농장의 농지(farm holdings)로 집적되는 것을 촉진한다. 이런 과정의 결과를 평가해보자.

2) 패배자와 승리자

공동농업정책 지지자들이 만든 두 번째 주장은 그 정책으로 농업의 합리화, 즉 농장의 규모가 더욱 커지는 경향을 촉진했다는 것이다. 이는 확실히 사실이다. 자본주의는 자연스럽게 집적과 집중으로 향하는 경향을 만든다. 그러나 공동농업정책이 농업의 집적과 집중을 어떻게 촉진했는지, 이와 같은 자본주의 합리화 과정으로부터 누가 이득을 얻었는지 질문이 제기되어야 한다.

먼저, 공동농업정책이 개입 가격을 인상하는 경우, 그 정책은 생산성이 더 높은 농장, 즉 일반적으로 대농들에게 우호적인데, 이들이 투자 자본 단위당 더 많이 산출하기 때문이다. 공동농업정책이 개입 가격을 인하하는 경우, 효율성이 높은 농장보다 생산성이 낮은 농장들에게 타격을 주는데, 후자의 이윤 폭이 축소하기 때문이고 그리하여 경제난을 겪을 경우에 그들이 끌어올 수 있는 자금이 빈약하기 때문이다. 따라서 양(+)의 가격 운동은 규모가 작은 생산자보다는 규모가 큰 생산자에게 더욱 우호적이고 음(−)의 가격 운동은 규모가 큰 생산자보다는 규모가 작은 생산자에게 더 큰 타격을 준다.

공동농업정책이 집적과 집중을 촉진한 두 번째 방법은 소득 이전을 통해서이다. "한 추정(CEC, 1991.7)에서 공동농업정책 지출의 80%가 단지 20%의 농부들

〈표 7-10〉 규모별 농지의 수(in 1,000s)

	전체	1ha 이하	1~5ha	5~10ha	10~20ha	20~50ha	50ha 이상
EC 10							
1970	7,667		3,087	1,244	1,115	850	201
1975	7,100	703	2,728	1,044	938	867	325
1977	6,802		2,632	1,012	895	865	330
1979	6,820	1,362	2,494	923	847	852	338
1983	6,515	1,338	2,342	866	762	830	355
1985	6,359	1,321	2,275	826	751	816	367
1987	5,005		2,312	813	719	780	373
EC 12							
1987	6,920		3,411	1,163	936	946	473

출처: European Commission(1994a: 53).

에게, 압도적으로 대농과 부농들에게 간다고 나타났다. 이것은 부분적으로 지출을 생산에 묶은 결과이면서 지출을 '북부' 생산물에 치우치게 한 결과이다"(European Commission, 1994a: 27).[15] 그 결과 소농장(1~10ha)의 숫자는 감소했고, 중농장(10~50ha)의 숫자는 대농장(50ha 초과) 숫자의 증가에 동반되었는데, <표 7-10>에서 보여준다. 대농장은 현재 높은 산출 비율을 차지한다. 그러나 유럽 농업의 구조는 여전히 아무런 보호주의 장벽 없이 미국의 경쟁에 바로 맞서는 데 필요한 규모와 생산성 수준이 전혀 아니다.

그 결과 "모든 유럽 농산물의 75%는 이제 유럽의 농장 25%에서 나온다"(Middleton et al., 1993: 127). 이 수치는 미국의 수치와 크게 차이나지 않는데 미국은 농지의 집적 결과로 "1991년 농업 지원금의 84%(85억 달러)가 총소득에서 상위 30%를 차지한 농장에 갔다"(Roodman, 1997: 139). 그 결과로 소농장들

15) 북부 농산물(가축과 곡물)을 위한 지원 제도가 남부 농산물(과일, 채소, 와인)을 위한 지원 제도보다 훨씬 두터웠다.

이 상대적으로 가격 지원을 거의 받지 못하면서 농업에서 소득 불평등이 증가했다. 더욱이 가격 지원으로 농가 소득의 급격한 감소를 피했지만, 국민소득에서 농업의 몫은 계속 하락했고, "농업으로부터 다른 부분으로 인력의 이동은 상당했지만, 대부분의 국가에서 농업과 나머지 경제 부문 간 1인당 소득의 격차가 더 커지는 것을 피할 정도로 충분하지는 못했다"(Tracy, 1993: 162).

3) 유럽의 농업보호주의 가치론

가치와 가격과 세계 기아 사이에 있는 관계와 관련하여 제7장 제2절 제1관에서 도달한 결론을 요약해보자. 흔히 주장하는 의견과 반대로 피지배국들에서 일어나는 기아의 궁극적인 원인은 한쪽으로 치우친 소비관계, 즉 한 진영이 너무 많이 소비하기 때문에 다른 진영이 너무 적게 소비한다는 사실에 있지 않다. 국가들 사이에 (그리고 국가들 내 계급들 사이에) 식량 소비의 측면에서 두드러진 불평등은 확실히 자본주의의 특징이다. 그런 불평등은 힘 관계에서 그와 같은 두드러진 여러 불평등이 드러나는 많은 형태 가운데 하나이다. 그러나 이런 힘 관계는 오직 자본주의 생산관계가 만들어내는 객관적 법칙의 측면에서 설명될 수 있다. 이런 법칙이 한번 밝혀지면, 자본주의의 미친 논리가 분명해진다.

- 제국주의 진영이 너무 적은 잉여가치를 생산하기 때문에 다시 말해 제국주의 중심의 구매력에 비해 너무 많은 상품을 생산하기 때문에 세계 인구 대부분은 너무 적은 상품(너무 적은 식량)을 소비한다.
- 더 많은 잉여가치(이윤)량을 실현할 필요, 따라서 필수적인 구매력을 찾아야 하는 필요가 제국주의 중심 진영의 자본을 수출 시장으로 밀어 넣는다.
- 이런 국제 경쟁의 과정으로부터 일어나는 국제가격에 내재한 잉여가치의 재분배는 제국주의 진영에서 생산된 각 상품에 대해 피지배 진영이 생산한 상품(식

량)을 점점 더 많은 양으로 교환하도록 만든다.

- 물량에서 이것은 피지배 진영(의 대중)한테 더 적은 식량을 의미하고, 따라서 세계 기아를 의미한다.
- 세계시장가격의 하락으로 이런 결과가 악화될 수밖에 없다.
- 유럽연합과 관련해서 말하는 한, 이야기는 간단하다. 불평등 교환이 유럽연합 소비 증가의 유일한 원인이 아니라고 하더라도 둘 사이에는 직접적인 관계가 있다.

이렇게 삐뚤어진 체계에 보호주의가 반드시 필요한 것은 아니다. 그러나 보호주의 정책은 국제 가치 전유를 두드러지게 한다. 공동농업정책과 같은 가격지원제도는 유럽사회의 다른 부문들로부터 농업 부문으로 가치의 이전에 기초한다. 이런 가치 이전은 유럽 경제의 그런 부문들의 이윤율이 하락하게 하며 따라서 그런 부문들로 하여금 생산성을 높이도록 압박을 가하며, 따라서 불평등 교환을 통해서 가치 전유를 늘리도록 압박한다. 위에서 설명했듯이 이는 세계 기아를 증가시킨다. 공동농업정책에서처럼 가격지원제도 때문에 농업의 과잉생산이 초래되면, 보호주의 정책은 제국주의 중심의 식량과잉과 피지배국들의 기아를 만들게 된다. 이것들은 몇몇 국가들의 식량과잉이 다른 국가들의 기아가 함께 존재하는 이유이다.

주류 경제학에서도 이런 악의 뿌리가 한쪽으로 치우친 분배에 있다는 것을 볼 수 있다. 하지만 주류 경제학에서 볼 수 없는 것은 이렇게 한쪽으로 치우친 분배가 자본주의 생산관계와 그리하여 분배관계의 필연적 발현이라는 것이다. 이것이 의미하는 것은 그야말로 기술혁신으로 인한 가치 생산의 감소가 현실에서 실업의 증가와 사용가치 생산의 증가로서 발현하는 것이다. 따라서 이렇게 감소한 가치는 생산 부문 간 이윤율 균등화 경향과 생산 부문 내 가격균등화 경향을 통해 재분배된다. 이런 재분배는 현실에서 한쪽으로 치우친 소득분배로서 분명해진다. 자본주의 생산관계는 필연적으로 자본주의 분배관계를 생산한다.

생산관계를 전복하지 않고 분배관계를 뿌리 뽑으려고 시도하는 것은 주류 경제학이 교묘하게 영속화한 위험한 환상이다.

문제는 원래 도덕적인 것, 즉 '부유한 국가들'이 자국의 잉여생산물을 '가난한 국가들'에 주는 것을 꺼려하는 것이 아니다. 이것은 인간의 기본욕구 충족의 관점에서 엄밀히 비도덕적이라도 자본주의 관점에서는 완전히 합리적이다. 체제가 가치(주요 식량 형태로 된)의 전유 때문에 작동한다면, 빼앗은 것을 되돌려 준다는 것은 어불성설이다. 다른 정책을 취한다는 것은 유럽연합이 농부들로 하여금 피지배국들을 위해 생산하도록 지원한다는 것을 의미할 수도 있다. 그런 정책의 비용은 국가기구가 자본가계급 또는 노동계급으로부터 잉여가치를 전유하는 것을 통해 조달될 수 있다. 자본가계급을 통해 비용을 조달하는 것은 이윤율의 위기를 악화시킬 수 있고, 노동계급을 통해 비용을 조달하는 것은 실현의 위기를 악화시킬 수 있다. 그러나 이것은 분명히 악이어서 불평등 교환과 따라서 잉여가치(역시 식량 형태로 된)의 전유는 없어져야 한다. 같은 이유들 때문에 자본주의 체제는 유럽연합 내의 빈민들에게 잉여생산물을 분배하는 것을 금한다. 그런 정책은 식량에 대한 수요를 축소시킬 수 있고 따라서 개입 가격을 인상시킬 수 있다. 그러므로 과잉농산물의 아주 작은 부분만이 이런 방식으로 처분될 수 있다.[16] 우리의 문제를 적합한 관점에서 다룰 수 있게 도움을 주는 통계수치 하나가 있다. 1987년부터 9년 동안 거의 10억 ECU 가치가 있는 식량이 유럽연합의 빈민들에게 분배되었다(European Commission, 1996b: 9). 이것은 단지 1996년 한 해 동안의 유럽농업지도보증기금의 보증절(Guarantee section)의 2.5%(400억 ECU 이상)보다도 적다.

풍요와 낭비와 함께 존재하는 빈곤과 기아와 굶주림이라는 극심한 부도덕은 체제의 오작동이나 도덕상 냉담의 결과가 아니다. 오히려 그것은 체제가 작동하

16) 예를 들어 1980년 영국에서 자신의 연금을 가지고 있던 나이든 연금 수령자에게 적은 양의 버터를 나누어주었다.

는 방식의 표현이다. 이런 상황은 위에서 언급했던 과잉농산물의 규모를 축소하려는 시도들 때문에 악화된다. 다음에서 이런 과잉생산물을 축소하려는 두 가지 주요한 방법인 휴경 제도와 식량 파괴 및 식량의 전략에 대해 초점을 맞출 것이다.

휴경 제도와 관련해서 말하자면, 과잉농산물은 이 제도 때문에, 즉 농민들이 생산하지 않도록 하기 위해 지급하는 대가 때문에 감소했다〔European Commission, 1994a; Marsh, 1977을 보라. Swan(1995: ch.8)에서 인용된다〕. 휴경 토지의 규모는 실제 그 제도가 없을 때 과잉생산물이 있을 수 있는 것의 반대로 나타났다. 이는 잠재적인 과잉생산물의 징후였다. 그와 같이 그 제도는 과잉생산(잉여가치의 과소생산)을 해결하지 않고 숨겼다. 유럽연합에서 과잉농산물이 사라진다 해도, 세계시장에 식량의 덤핑과 휴경 제도와 식량 전략 및 식량 파괴는 잠재적 과잉생산물, 즉 존재하지만 선명하게 드러나지 않는 과잉생산물이 존재하는 명백한 징후이다.

몇 가지 기본 사실들로부터 이 문제를 적합한 관점에서 다루는 데 도움을 받을 수 있다. 한편, "1994/1995(유럽연합 12개국)년에 전체 '기본 지역' 4900만 ha 가운데 '상업적' 생산자들이 3300만 ha를 가졌고, 이 가운데 600만 ha를 휴경했다. 그리고 '소농들'은 1200만 ha를 가졌다". 그러므로 소농들은 휴경 요건에서 제외되었다(Tracy, 1996: 20). 이는 쓸모 있는 토지의 12.25%가 의도적으로 경작되지 않았다는 것을 의미한다.[17] 미국도 물론 휴경 제도를 가지고 있었다. 이는 1970년에 도입되었고 1985년 '식량안전보장법(Food Security Act: FSA)'에 이르기까지 약간씩 변화를 겪었는데, 그 법 아래에서 "가격 지원을 점차 축소하기로 했고, 경작지 축소가 지원을 위한 조건이 되었다"(Tracy, 1996: 52). <표 7-11>

---

17) 휴경 제도는 환경 파괴를 감소시킬 수도 있다. "많은 공업국들은 환경적으로 민감한 토지에 대해 경작 행위를 제한하거나 중단시키기 위해 금융 혜택을 제공하는 환경정책들을 도입했다. 예를 들어 미국에서 보존유지계획(Conservation Reserve Program: CRP) 아래 농부들은 '침식 가능성이 높은' 경작지 약 1440만 ha(미국 경작지의 약 8%를 차지)에서 생산을 중단하는 것에 대해 혜택을 받았다"(Tobey and Smets, 1996: 75).

〈표 7-11〉 미국 경작지 감소

(단위: %)

	경작지 감소 비율	
	밀	옥수수
1987	27.5	20
1988	27.5	20
1989	10	10
1990	5	10
1991	15	7.5
1992	5	5
1993	0	10
1994	0	0
1995	0	7.5

출처: Tracy(1996: 54).

는 미국에서 휴경의 크기를 보여준다.

현재 제도의 다른 폐해는 식량 파괴이다. 식량 파괴에 대한 통계는 위급한 속성과 이 현상의 민감성 때문에 얻기 힘들다. 그러나 일화와 언론에 나타난 증거는 이것이 회원국들이 벌이는 관행이라고 시사한다. 식량의 전락은 더 체계적이다. 이 개념은 명확하지 않다. 여기서 물리적 전락(physical degradation)과 경제적 전락(economic degradation)으로 구분할 것이다. 기아나 영양실조를 고려하면, 물리적 전락은 인간의 소비에 적합한 식량을 다른 것으로 변형하거나 식량의 영양을 감소시키는 것을 가리킨다. 경제적 전락은 노동이 생산물에 가치를 부가하는 대신에 그 생산물을 처음부터 더 적은 가치를 가질 수도 있는 것으로 변형시키더라도 위에서 말한 변형을 수행하기 위해 노동을 사용하는 것을 일컫는다. 이것은 가치를 파괴하는 노동(value destroying labour)의 예이다(Carchedi, 1991a: ch.5).

먼저 고기를 보자. 신선육(fresh meat)은 1등급 고기이다. 그러나 과잉생산된 고기가 냉동되면, 자동적으로 2등급 고기가 된다. 영양 성분의 손실이 없다면,

물리적인 전략은 없다. 고기 냉동은 미래의 소비나 수송 따라서 다른 장소에서 이 특수한 생산물의 실현(사용)을 위해 필수적이지만, 경제적 전략도 역시 없다. 우유와 버터와 포도주의 경우는 다르다. 과잉생산된 우유는 분유로 변형될 수 있다. 이것이 인간의 소비를 위해 사용되는 한 전략은 없다. 반대로, 고기의 경우처럼, 우유를 거리가 먼 장소에서, 그리고 미래에 사용 가능하도록 만들기 위해 그것은 필수적인 변형일 수 있다. 하지만 분유가 지금처럼 닭과 돼지 사료를 위해 사용된다면, 물리적 전략과 경제적 전략이 함께 발생한다. 아니면 우유는 버터로 변형될 수 있다. 역시 여기서는 전략이 없다. 하지만 버터가 인간의 소비에 적합하지 않은 기름으로 변형된다면, 전략이 일어난다. 또는 포도주의 경우를 생각해보자. 포도주가 증발해 단지 알코올 성분만 남는다면, 그리고 그것을 화학 산업에서 사용된다면, 전략이 생긴다. 곡물에 대해 말하자면, "오늘날 닭과 양과 돼지와 가금류들이 유럽연합 곡물 산출량의 57%를 먹는다. …… 그 외 7%를 수출한다. 따라서 유럽연합의 인민은 자신들이 먹는 곡물 양의 세배를 생산하고 있다"(Roodman, 1997: 140). 1974년까지 공동체는 변형 비용(denaturing premiums)을 지불했었다. 밀에 대해 말하자면 이는 인간 식량으로 사용될 수 없다는 것을 확인하기 위해, 염료 또는 생선 기름을 사용하는 것을 의미한다. 예를 들어 1972년 변형 비용은 770만 ECU에 달했다(Harris et al., 1983: 64, table 4.2).

따라서 우리는 한편으로 휴경과 전략을 겪고 있다. 다른 한편으로 "세계 인구 7명 가운데 1명, 즉 8억 명이 여전히 만성적으로 영양실조를 겪고 있다. 세계 아동의 1/3은 영양실조를 겪고 있다. 대부분의 기아는 개발도상국들에서 발생하는데, 아프리카 인구의 37%와 아시아 인구의 20%와 중남미 인구의 13%를 차지한다". 그러나 "개발도상국 농업에 대한 원조는 1982년 100억 달러에서 1992년 72억 달러로 감소했다(1985년 미국 달러를 기준으로 한다)"(PANOS, 1997: 64). 이는 "식량농업기구의 표현으로 세계 기아 '문제를 다루려는 정치 의지의 감소'"를 보여준다. 더 나아가 "식량에 대한 세계의 수요는 인구 증가와 소득 증가의 결과로 향후 15년에서 25년 동안 50%까지 상승할 것으로 예상된다". 반면에 "세계 식량 생산은 1960년대에 매년 3%, 1970년대에 2.4%, 1985년과 1995년 사이 최근 10년 동안 1.6% 증가했다. 세계식량기구는 2010년까지 그 수치는 1.8%로 될 것이라고 예상한다"(PANOS, 1997: 64). 마지막으로 "밀 재고는 20년 만에 가장 낮은 상태이며, 반면 옥수수 재고는 50년 만에 가장 낮은 상태이다. 이런 부족으로 세계시장가격이 30~50% 상승했으며, '소득이 낮은 식량 부족 국가들'의 식량 지출액이 추정치로 US$30억 증가했다"(PANOS, 1997: 64).

몇몇 분석가들이 세계 식량 생산 증가율 감소는 성장 한계에 이르렀다는 것을 보여준다고 믿는 반면에, 다른 이들은 "기존 기술을 지금까지 도입하지 않은 지역으로 확대함으로써, 그리고 물 사용의 효율성을 높임으로써"(PANOS, 1997: 64) 더욱 개선할 수 있는 기회가 많다고 믿는다. 식량농업기구에 따르면, 식량 생산 증가율 하락은 기술적 성격의 요인들보다는 더딘 인구 증가와 선진국들에서 수요의 포화 상태와 피지배국들에서 불충분한 구매력 때문이다. 이런 시인은 흥미롭다.

위에서 주장했듯이, 중심 진영에서 수요의 포화는 생물학적인 것이 아니고 경제적인 것이다. 다시 말해 구매력의 부족은 체제가 되풀이되는 공황으로 향하는 경향을 가지기 때문이다. 그러므로 장기의 경제 불황이 서방 선진 세계를 덮쳤던 1970년대에 수요 감소가 시작된 것은 우연이 아니다. 마찬가지로 피지배 국가들에서 불충분한 구매력은 피지배 국가들로부터 가치를 뽑아내어서 제국주의 중심으로 쏟아부은 결과이다.

많은 개발도상국들의 수출에서 대부분을 형성하고 있는 농산품의 무역조건이 1970년대와 1980년대에 급격하게 축소되었다. 세계 농산품 수출에서 개도국의 몫은 1960년대 초 40%에서 1993년 27%로 감소했고, 반면에 같은 기간 유럽연합의 몫은 20%에서 45%로 증가했다(PANOS, 1997: 70).

선진국들에서 기원하는, 즉 자본주의 생산관계 맥락 내에서 기술혁신과 효율성 상승에 기원하는 장기 공황의 짐을 피지배국들의 대중이 빈곤과 궁핍과 기아의 형태로 떠안았다.

3. 공동농업정책과 환경

공동농업정책을 평가할 때, 하나를 다루지 않았는데 그 정책이 환경에 미치는 영향이다. 이 주제는 특별하게 따로 다룰 필요가 있다.

1) 의지의 선언

공동농업정책의 여러 목표를 열거하고 있는 '로마 조약' 제39조에 환경에 대한 언급이 없다. 그러나 이 결점은 '마스트리흐트 조약'으로 없어진다. 제3조(k)에서 "공동체의 활동은 …… 환경 부문의 정책을 포함한다. 이것은 공동체의 모든 정책은 환경정책의 목표들을 반드시 존중해야 한다는 것을 의미한다". 사실 제130r(2)조는 "환경보호 요건이 공동체의 다른 정책의 정의와 시행에 포함되어야 한다"고 명시하고 있다. 그러므로 이것은 농업정책에도 적용된다. 이런 배경을 위해서는 공동체의 환경정책을 다루고, 그러고 나서 공동체의 환경정책과 공동농업정책의 관계를 검토해보자.

공동체의 환경정책의 여러 목표는 제130r(1)조에 서술되어 있다. 그것은 ① 환경의 질을 보존하고, 보호하고, 개선하는 것, ② 인간의 건강을 보호하는 것, ③ 천연자원의 신중한 이용과 합리적 이용, ④ 지역의 또는 전 세계의 환경문제를 다루기 위해 국제적 수준에서 수단을 마련하는 것이다. 이런 목표의 추구는 다섯 가지 원칙에 기초한다.

첫 번째 원칙은 지속 가능성(sustainability)이다. 베르호베 등(Verhoeve et al., 1992: 14~15)은 이와 관련해 두 가지 결점을 지적했다. 첫째, 지속 가능성의 개념이 정의되지 않았다. 둘째, 지속 가능해야 하는 것에 관해 '유럽연합 조약'은 모호하다. 그것은 '지속 가능한 경제 및 사회 진보'와 '개발도상국들의 지속 가능한 경제 및 사회 발전'과 '환경을 소중하게 생각하면서 지속 가능하고 인플레이션이 없는 성장' 사이에 구별을 하지 않는 것 같다. '유럽연합 조약'의 용어에서는 진보와 발전과 성장을 서로 바꿀 수 있는 것 같으며, 반면에 일반적인 사용에서는 성장이 발전보다 더 제한된 범위를 갖고 있다. 이런 명확한 정의 부족 때문에 공동체의 구체적인 환경정책에 어떤 효과가 발생할 것인지는 불확실하다. 중요한 것은 '유럽공동체설립조약' 제2조에서 "환경을 소중하게 생각하는 지속 가능하고 인플레이션이 없는 성장"을 언급하고 있다는 것이고, 다시 말해 환경보호와 지속 가능성이 경제정책(적어도 이론상에는)의 구성 요소가 되었다는 것이다. 결론을 짓자면 두 번째 원칙은 환경정책을 다른 정책 특히 경제정책에 통합하는 것이었다.

세 번째 원칙으로, 제130r(2)조에 환경정책이 높은 수준의 보호를 목표로 삼아야 한다는 것을 서술하고 있다. 이것은 회원국들 간 가장 높은 수준으로 해석될 수도 있다. 그러나 같은 조에서 바로 "공동체 내 다양한 지역의 다양한 상황을 고려"라고 덧붙이고 있다. 이는 원칙의 효력을 제한하는 것 같고, 각 국가들이 서로 다른 환경 기준을 가지고 있다는 것을 고려하면 평균 또는 훨씬 낮은 기준을 채택할 가능성에 길을 열어주고 있다. 네 번째 원칙은 사전 예방 원칙인데 이것에 따라서 환경 위협을 피하기 위해 적절한 조치가 취해져야 한다.

마지막 원칙은 오염자부담원칙(polluter-pays principle: PPP)인데, 이것의 인기를 고려하면 아주 상세하게 검토할 필요가 있다. 비행에 관해서는 이 원칙은 나무랄 데가 없다. 그러나 보통 그렇듯이 이 원칙이 "오염 유발에 책임이 있는 이들에게 오염 방지 및 통제 수단의 비용을 물게 하는 것이 요구된다"는 것으로 해석된다면, 그럴 경우 "대개 강한 정책 진술을 뒷받침하는 조치가 없다"(Tobey and Smets, 1996: 64~65). 예를 들어, "유럽 6개국(벨기에, 덴마크, 프랑스, 독일, 네덜란드, 영국)의 농업에서 환경보호 수단에 대한 상세한 사례연구는 농업 부문의 환경보호 비용은 생산 비용과 비교하면 무의미하다"(Tobey and Smets, 1996: 68)는 것을 밝혔다. 또한 "오염 집약 산업에서조차도 생산 비용에 대한 오염 감소 지출은 적다"(Tobey and Smets, 1996: 69).

하지만 가장 중요한 점은 오염자부담원칙이 실제 농업 활동과는 무관하게 만들어졌다. 루드먼(Roodman, 1997)은 "사회가 오염자에게 부담시키는 것을 시작한다는 것은 말이 안 되는 소리이다. …… 우리가 먼저 오염자에게 구매하는 것을 멈추지 않는다면"(Roodman, 1997: 134)이라고 아주 설득력 있게 말했다. 농업 지원은

> 작물의 다양성 감소와 잘 침식하는 농작물의 과잉생산과 토양침식과 수분 부족을 더 잘 겪는 경향이 있는 한계 토지 경작과 습지와 임지를 농업 생산용으로 전환하는 것을 부추긴다. 농산품의 높고 안정된 가격은 역시 경작 활동과 비료 및 농약 사용과 초과된 거름 양과 토지이용 집약도에 영향을 준다(Tobey and Sments, 1996: 82).[18]

따라서 "미국과 유럽에서 연구는 지역에서 보조금 수준과 사용된 농업용 화학물질 사이의 명확한 관계를 밝혔다"(Roodman, 1997: 141).

농업보조금이 환경 파괴에 책임이 크다면, 그런 보조금에 비해서 하찮은 정

---

18) 이것은 사실이다. 환경적 이유가 아니라 경제적 이유 때문에 경제협력개발기구가 1972년 오염자부담원칙을 도입했다는 것을 강조하는 것도 마찬가지로 중요하다. 그 경제적 이유는 ① 오염 방지 수단에 보조금을 지급하는 것을 통해 오염을 초래하는 산업이 비교우위를 실현할 수도 있다는 배려 때문이고(Tobey and Smets, 1996: 74), ② 그때 이런 수단의 비용이 생산에서 발생할 수 있는 (아주 낮은) 음(−)의 가능성은 과잉농산물을 감소시키는 데 기여할 것으로 여겨지기 시작했기 때문이다.

도의 환경보호와 오염 감소는 오염자부담원칙의 실질적 효과에 대해 아주 냉철한 평가를 낳을 수밖에 없다. 루드먼(Roodman, 1997)의 충고는 훌륭하다.

> 농업에서 단지 돈을 많이 버는 농장들을 보조금 명단에서 빼기만 해도, 예산 비용을 급격하게 축소할 수 있고, 소농장을 북돋울 수 있고, 환경을 파괴하는 농업 활동에 대한 인위적인 혜택을 줄일 수 있다. 산출보다는 소득에 대해 보조금을 유지하는 것을 기초로 한다면(사실 보조금을 복지 급여로 전환하는 것) 효율성을 훨씬 더 개선할 수 있을 것이다(Roodman, 1997: 142).

이런 권고는 오염 감소에 대한 신고전학파의 접근과는 대조된다. 예를 들어, 토비와 스메츠(Tobey and Smets, 1996)는 간단한 그림을 그렸는데 세로축은 달러를 나타내고, 가로축은 오염 배출을 가리킨다. 이 그림에서 사회의 한계피해(Marginal Social Damage: MSD)곡선은 우상향하고, 농장의 한계정화비용(Margianl Abatement Cost: MAC)곡선은 우하향한다는 것을 보여주는데, 한계정화비용은 "농장 오염 배출에서 추가된 환경 비용을 나타낸다"(Tobey and Smets, 1996: 81). 두 곡선의 교차점은 균형점인데, 즉 바람직한 수준의 환경의 질이다. 이것은 신고전학파 모형의 결함을 보여주는 좋은 예이다. 지금부터 사회의 한계피해곡선만 분석할 것이다.[19] 첫째, 실제 무한한 자연의 구성 요소 사이에 상호 연관을 고려하면 사회의 한계피해곡선의 모양과 피해량의 좌표를 알 수 있는 방법이 없다. 그러므로 사회의 한계피해곡선을 화폐로 환산해 액수로 나타내는 것은 불가능하다. 농부가 그런 지식을 습득할 가능성도 아주 낮다. 둘째, 농부가 사회의 한계피해곡선을 안다고 해도 농부는 그것에 신경을 쓰지 않을 것이고, 농부

---

19) 한계정화비용곡선의 모양은 오염 배출이 낮으면 오염 감소를 위해 추가로 지출된 화폐액이 오염 배출의 수준이 높을 경우보다 오염을 더 적게 줄인다는 (임의의) 가정에 근거하고 있다.

가 오염을 멈추는 한계정화비용곡선 위의 점은 사회의 한계피해와 무관하다. 농부가 왜 사회의 한계피해와 한계정화비용곡선의 교차점에서 오염을 멈추는지 근거가 없다. 이 '균형'점은 의미 없다. 그러므로 그 그림으로 농부의 실제 행동(오염자부담원칙이 경제정책의 수단이 되는 것을 목표로 삼고 있다는 것을 고려하면, 하나의 필요조건이다)을 설명할 수 없다. 마지막으로 위 내용을 무시하는 것을 원한다고 하더라도, 교차점은 개별 농부의 '균형'점이다. 하지만 이것 역시 자연의 재생산이 균형 상태가 되는 점이라고 가정할 근거는 없다. 시장 체계는 천연자원에 가격표를 붙일 수는 있지만 환경의 지속 가능성과 자연보호와는 아무 관계가 없다.

절차의 측면에 대해 말하자면, '단일유럽의정서'는 각료이사회의 만장일치를 요구했으며, 유럽의회의 역할을 넓히지 않았고 순수하게 협의 기능으로 유지되었다. '유럽연합 조약'에서는 이것을 조건부 다수결 원칙으로 바꾸었으며 의회의 권한을 협력과 공동결정 절차로까지 확대했다. 그러나 '유럽연합 조약'의 제130s조는 이런 각 절차들이 언제 채택되어야 하는지에 대해는 명확하지 않다. 제130s조의 제1항은 환경정책의 목표들이(윗글을 보라) 제189c조에 따라서, 즉 협력 절차에 따라서 달성되어야 한다고 서술하고 있다. 하지만 제130s조 제3항에 따르면 "다른 부문에서[20] 달성할 목표의 우선순위를 정하는 일반적 조치 계획은 제189b조에서 서술하는 절차에 따라서 각료이사회의 활동에 의해 채택되어야 한다", 즉 공동결정 절차를 말한다. 이와 같이 명확성의 부족에도 불구하고 일반적으로 "협력 절차는 환경 입법을 도입하는 데 표준 수단이 되었다"(Verhoeve, et al., 1992: 31)고 말할 수 있다. 사법재판소는 의무를 지키지 않은 회원국들에게 벌금을 부과할 수 있다. 물론 이것은 환경문제에서도 적용된다.

줄이자면, 형식적으로 '유럽연합 조약'은 경제성장이 지속 가능해야 한다고

---

20) 이 조에서 어떤 부문을 가리키는지 명확하지 않다.

서술함으로써, 높은 수준의 환경보호를 목표로 삼음으로써, 각료이사회에서 조건부 다수결 투표제의 원칙과 환경 관련 제안에 대해 의회와 각료이사회 간 공동 결정의 원칙을 도입함으로써, 유럽연합의 환경정책을 강화했다. 다른 한편, 이런 긍정적 특징들은 지속 가능성 개념에 관한 명확성 부족과 높은 수준의 환경보호와 관련된 조건과 공동 결정과 협력 절차의 적용 가능성과 관련된 모호한 서술 때문에 크게 제한된다.

2) 결속 기금

유럽연합 환경정책의 주요 수단은 결속 기금(Cohesion Fund)이다. 그것은 1993년에 설립되었고 7년 동안 160억 ECU를 기부받았다. 결속 기금의 목적은 "교통 기반 시설 분야의 환경 및 범유럽 수송 통신망 부문에 재정기여(financial contribution)를 제공하는 것이다"(EC, art. 130d). 그 기금은 한 계획의 공공 지출에서 80~85%의 자금을 조달했는데 구조 기금(Structural Fund)보다 훨씬 큰 비율이다(제8장에서 검토한다). 그 재원은 빈약했다. 1999년 약 30억 유로에 달했는데, 다시 말해 그 예산의 3.5%였다(European Commission, 1999: 9).

'마스트리흐트 조약'과 경제통화동맹의 공식적인 출발이 시기상 동시대인 것은 우연이 아니다. 마스트리흐트 기준(Maastricht criteria) 준수와 그에 수반되는 예산 제약은 회원국 간 경제적·사회적 수렴을 조성하는 데 필요한 공공투자정책에, 말하자면 교통 기반 시설에 장애가 될 수 있다고 인정되었다. 동시에 이런 수단들의 부정적 효과도 배제할 수 없었으며, 이런 수단들에 내재해 있는 환경 훼손을 복구하기 위해 기금을 사용할 수 있도록 규정이 만들어졌다. 결속 기금은 "엄격한 예산 규율 때문에 공공투자의 축소로 심각한 피해가 생길 수 있는"(European Commission, 1994a: 5) 부문의 계획에 자금을 댄다. 구조 기금을 강화하는 대신에 새로운 기금을 설립한 이유는 두 가지이다. 먼저 결속 기금은 교통 기반 시설과 이것이 환경에 미치는 영향에 초점을 맞추는 반면, 구조 기금은 어떤 부문도 배제하지 않는다. 다음으로 결속 기금은 국내총생산이 공동체 평균의 90%이거나 그 미만인 회원국들이 재정 지원을 이용할 수 있도록 하는 반면에, 구조 기금에는 이런 제한이 적용되지 않는다.

교통망 개선은 유럽의 수준에서 생산 및 분배의 효율성을 높이기 위해 간접적이지만 중요한 조건이다. 결속 기금이 자금을 댄 계획들은 유럽의 다른 계획들, 특히 범유럽 수송 통신망과 상호 보완적인 것을 의미한다. 원칙에서는 모든 경제주체들이 이렇게 개선된 교통망을 이용하는 데 평등한 기회를 가지는 것으로 되어 있지만, 실제로는 개선된 교통 기반 시설은 더욱 높은 효율성 때문에 유럽 내 시장과 인접 국가들의 시장으로 수익을 내기 위해 더 많이 접근할 수 있는 기업들에게 우호적일 것이다. 더욱이 고속도로망 개선은 한줌의 유럽 자동차 제조업체(과점자본)들한테 편익을 줄 것이다. 고속도로 체계의 확대와 대중교통 체계의 축소와 자동차 생산과 사용의 증가 사이에 관계가 있다. 자동차 산업이 초래한 오염 및 환경 악화(environmental degradation)를 고려하면, 결속 기금이 개입한 두 부문 사이에 내재한 모순이 있는 것 같다. 실제 결속 기금의 환경 계획은 기껏해야 범유럽 수송 통신망이 낳은 훼손을 약간 복구하려는 시도로 볼 수 있다.

다음 사실이 강조되어야 하는데, 환경 계획(과 사회 기반 시설 계획)에 대한 결속 기금의 자금 조달은

> '과도한' 재정 적자를 쌓지 않으려고 진정하게 노력하는 수혜 대상 회원국들에 의해 좌우된다. 어떤 국가가 공공 재정을 각료이사회가 설정한 제한 시간 내에 통제하는 것을 거부한다면, 결속 기금으로부터 지원은 중단될 수 있다(European Commission, 1994a: 6).

환경정책에 대한 유럽연합의 철학을 요약하자면 이렇다. 시작부터 환경문제의 원인이 되는 경제·금융·예산 정책에 실제 장애를 일으키지 않는 조건에서 환경정책은 받아들여진다. 이것은 환경정책의 시행에서 자연 서식지를 깨끗하게 만들 기회와 민간 기업이 그런 정책들을 시행하는 것을 통해 경제성장을 촉진할 가능성을 보는 이들에게 정신이 번쩍 들게 하는 생각이다. 환경에 대한 관심을 경제성장의 요건에 종속시키는 것은 유럽연합의 환경 철학뿐만 아니라 자본주의 경제체제의 여러 본성에도 내재해 있다.

3) 공동농업정책을 녹색으로 덧칠하는 쪽으로?

이제 실태를 살펴보자. 농업 지역이 경작지, 영년생 작물(permanent crops) 지역과 영구 채초지(permanent meadow) 및 영구 목초지를 의미하는 것이라면 유럽연합의 토지이용은 <표 7-12>에서 보여준다.

보호 지역(fully protected areas)의 규모가 아주 작다는 것은 분명하다. 다른 한편 농지의 전체 규모를 고려하면 다음 수치에서 이미 자행된 훼손의 정도를 볼 수 있다. 옛 소련을 포함해 유럽 전체에서 전체 농지의 23%, 즉 218만 8000km²가 훼손되었는데, 다시 말해 침식이나 오염 때문에 농업용으로 적합하지 않게 되었다. <표 7-13>에서 더 자세하게 보여준다.

〈표 7-12〉 1990년 유럽연합의 토지이용

(단위: %)

구분	비율
농업	59
산림	24
기성시가지	8 [1)]
보호 지역	0.4
기타지역	8
수면	1

주: 1) 이 8% 가운데 34%는 도로와 철길임.
출처: Friends of the Earth Europe(1995: 15).

중간 수준으로 훼손된 지역과 심하게 훼손된 지역과 극심하게 훼손된 지역을 하나의 범주로 묶으면, 유럽 농지의 거의 20%가 가벼운 훼손보다 더 심한 훼

〈표 7-13〉 1991년 농지 악화의 정도

(단위: km2)

극심한 훼손 (농업 목적을 완전히 상실했다)	31,000
심한 훼손 (이 토양을 복구하고 생산성을 완전하게 회복하려면 대규모 토목공사가 필요하다)	107,000
중간 수준 훼손 (돌이킬 수 없는 피해를 막으려면 조치가 필요하다)	1,444,000
가벼운 훼손 (관리 방법을 바꾸면 완전하게 재생될 수 있다)	606,000

주: 농지는 벨기에 면적 크기임.
출처: Friends of the Earth Europe(1995: 52).

손을 겪었다. 이는 중앙아메리카 및 멕시코(24.1%)에 이어 2위에 해당된다. 세계 평균(10.5%)을 포함해서 세계의 다른 모든 지역도 유럽 전체와 비교해서 중간 수준으로 훼손된 지역과 심하게 훼손된 지역과 극심하게 훼손된 지역의 비율이 낮았다. 북미의 비율도 4.4%이다(Middleton et al., 1993: 114).

농업은 환경오염에 특히 지하수의 오염에 그리하여 농지 자체의 오염에 커다란 역할을 한다. "농지에다 엄청난 양의 물을 흘려보내는 것 때문에 토지 침수(waterlogging)와 염류화(salinization)가 일어난다"(Roodman, 1997: 144).

> 주요 문제는 침식으로 생태권에 인산염을 사용하는 것뿐만 아니라 가용성 비료와 농약의 침출 때문에 일어난다. 더욱이 우리는 일반적으로 과소평가된 대기오염을 고려해야 한다. 공기에서 나오는 질소의 85%가 농업의 암모니아 배출 때문에 일어나고 있다(Friends of the Earth Europe, 1995: 57).

질소와 인의 배출은 북해에 충격적인 영향을 주고 있는데 "바닷말(algae)의 급속한 증가를 낳으며, 산소 부족과 물고기의 떼죽음과 심지어는 고기의 중독과 그리하여 인간 먹이사슬의 중독을 초래한다"(Friends of the Earth Europe, 1995:

57). 더욱이 "전체적으로 높은 질산 농도 때문에 뭍물의 일부는 더 이상 먹는 물의 자원으로 가능하지 않다. 게다가 먹는 지하수 샘의 여러 곳에서 너무 많은 질산이 검출되었다"(Friends of the Earth Europe, 1995: 57).

유럽연합 집행위원회는 대체로 비슷한 결론에 도달했다.

> 가격 지원에 자극을 받아 생산성 증대를 추구한 것이 천연자원의 질에 부정적 결과를 초래하고 있다. 원하지 않은 결과에 질산 비료의 사용으로 인한 오염, 농지 확대와 저장 확대로 인한 활동과 가축 농사의 아주 인공적인 방법 때문에 유발된 경관의 파괴가 포함된다. 단순한 시장 지원으로 이런 문제들을 만족할 만하게 다룰 수 없으며, 환경 및 동물 보호 규정에도 불구하고 그런 문제를 악화시킬 수 있다.

반면에 휴경 제도는 그런 복잡한 문제를 해결할 수 없다(European Commission, 1994a: 29). 결론을 짓자면 공동농업정책의 과잉생산물과 세계 기아 사이에 관계가 있는 것처럼 공동농업정책의 과잉생산물과 환경 악화의 증가 사이에도 관계가 있다. 공동농업정책의 지원금 제도는 오직 집약된 다시 말해 오염을 유발하는 생산방법을 통해 국제적으로 경쟁할 수 있는 대농장 농지로 집적을 촉진한다.

유럽과 옛 소련을 나타내고 있는 〈표 7-14〉에서 보여주듯이 농업은 토양 악화에도 중요한 역할을 한다. 농업은 엄격한 의미에서 토양 악화에 책임이 있는데 "적절한 예방책 없이 비탈이나 산허리에 경작하는 것뿐만 아니라 적합하지 않은 비료 사용이나 단일 재배나 휴경 기간의 단축 같은 해로운 토지 이용 활동 때문이다"(Freinds of the

〈표 7-14〉 토양악화의 원인

(단위: %)

공업	9
농업	29
과방목[1]	23
삼림파괴	39

주: 1) 목초 생산량에 비해 과도하게 방목한 경우를 일컫는다_옮긴이.

출처: Friends of the Earth Europe(1995: 62).

Earth Europe, 1995: 62). 공업 활동에 대해 말하자면, 그런 활동은 공업 집적의 결과로서 폐기물 축적으로 인한 토양 악화에 기여한다(Friends of the Earth Europe, 1995: 62).

더욱이 농업은 농업 투입물에 들어 있는 암모니아 때문에 숲 가꾸기에 주요한 위협이 되었다. 이것은 임업 경영의 현대적 활동(빠르게 자라는 나무의 단일 재배, 많은 물을 필요로 하기 때문에 수분 평형을 위태롭게 하는 유칼립투스와 같은 외래종의 도입, 개벌 등등)뿐만 아니라 교통과 발전소와 공업으로부터 발생하는 다른 종류의 대기오염에 더해져서, 산림파괴를 초래했는데,[21] 유럽의 모든 숲의 1/4에서 25%만큼의 잎 제거로 타격을 입었다. 하지만 더욱 걱정스러운 것은 생물다양성에 대한 위협이다. "각 식물종과 관련된 곤충이 적어도 10가지 종이 있으며, 전체로서, 그리고 개별로서, 아주 다양한 토양 유기체가 있고, 이뿐만 아니라 새와 다른 고등동물이 있다"(Friends of the Earth Europe, 995: 72). 그 결과 원시림과 비교해서 조림 지역에서 많은 유전적 다양성을 잃어버렸다. 위에서 말한 요인들에다 자연 지역의 조성은 미래의 스트레스에 적응할 수 있는 숲의 능력을 위태롭게 한다. "그리고 이런 스트레스는 예측 가능한데, 오존층 파괴는 중파장 자외선 복사(UV-B radiation)를 증가시킬 것이고, 교통과 농업으로부터 질소 방출은 수용 가능 수준의 20배를 초과하고, 기후 변화는 기온과 증발 건조를 더 높일 것이고" 강우 양상을 변화시킬 것이고, 가뭄의 기간을 늘릴 것이다(Friends of the Earth Europe, 1995: 72~73).

줄이자면, 농업정책이 초래한 유럽 환경의 악화에는 물과 토양과 공기의 질, 생물 다양성, 풍경, 서식지가 포함된다. 더욱이 오직 여기서 말하는 더 중요한 측면은 집약적 생산방법은 식물 생산을 위해 화학물 사용과 동물 생산을 위해 호르몬 사용에 의존한다는 것이다. 이런 방법들이 환경과 건강에 초래하는 결

21) 남부 유럽은 역시 산불 때문에 크게 영향을 받았는데, 산불은 농업 활동(예를 들어 방목을 위해 숲이 우거진 지역을 태우는 것)과 범죄 행위로 인해 일어났다.

과에 대한 대중의 관심 증가 때문에 공동농업정책은 네 가지 범주의 정책 수단을 동원했다.[22)]

(1) 가격 지원책

기본적으로 이것은 농산물 가격 하락을 의미한다. 이것이 ① 산출을 줄이고 따라서 식물 보호 투입물과 비료도 줄이고, ② "농업 활동이 환경에 가져오는 부정적 결과들"을 줄이는 "조방농업(extensive farming)[23)] 체계의 강화"(Brouwer and van Berkum, 1996: 6)를 북돋울 것이라고 가정한다. 이런 결론은 자본주의 생산의 경쟁적이고 역동적인 본성을 무시하는 정태적 가정에 기초하고 있다. 투입물 가격 하락은 공급 감소보다 오히려 더 강화된 경쟁을 초래한다. 경쟁 증가는 기본적으로 생산성 증가와, 따라서 (집약농업의 약화보다는) 집약농업(intensive farming)[24)] 체계의 강화에 기초한다. 이것은 농약의 사용 감소보다는 증가를 의미한다. 가격 하락이 산출량을 줄인다면, 소농들이 망하도록 강제함으로써 이들의 산출량을 줄일 것이다. 하지만 더욱 집약된 생산방법 때문에 대농장들의 생산성과 총산출액은 증가할 것이고, 그와 함께 역시 농약의 사용도 증가할 것이다. 더욱이 "농부들은 더욱 집약적인 생산방법과 농약 투입 증대를 필요로 하는 생산물 쪽으로 작물을 바꿀 것이다(예를 들어 과일, 채소, 감자)"(Brouwer and van Berkum, 1996: 149). 마지막으로 이런 수단들은 극심한 동물 분뇨 문제를 일으키는 집약적인 가축 부문처럼 가격 지원이 무시되는 생산물에는 적용되지 않는다.

---

22) 다음 범주의 구분은 브라우어와 판 베르큄(Brouwer and van Berkum, 1996: *passim*)으로부터 인용했다.

23) 일정한 면적의 토지를 이용하여 영농 활동을 할 때, 자연물과 자연력의 의존도를 높이는 대신에 자본과 노동력을 적게 사용하는 원시적 형태에 가까운 농업 생산방법을 말한다_옮긴이.

24) 일정한 면적의 토지를 이용하여 영농 활동을 할 때, 자본과 노동력을 많이 사용하는 농업 생산방법을 말한다_옮긴이.

(2) 구조정책

이 정책은 두 가지 주요 축을 중심으로 한다. 첫 번째 축은 불리한 농업 지역(less-favoured agricultural areas: LFAs)에 대한 특별 지원 계획이다. 이 지역은 산지나 인구 감소 위험이 있는 지역이나 특유한 장애로 영향을 받는 지역이다. 이런 지역의 농부들에게 보상 수당을 승인하는 조건은 시골의 보존과 환경보호를 목표로 하는 활동을 포함할 수도 있다. 그러나 그런 "조건은 국가적 수준의 불리한 농업 지역 계획에 아주 제한된 정도로 설정되어 있는데, 이 계획의 자연보전에 대한 분명한 혜택을 오히려 작게 만들었다"(Brouwer and van Berkum, 1996: 151). 두 번째 축은 유럽농업 지도 및 보증 기금을 유럽사회기금과 유럽지역개발기금(European Regional Development Fund: ERDF)과 함께 통합한 1988년 구조 기금의 개혁이다. 뒤처진 지역의 개발에 속도를 높이는 것과 농촌 개발을 촉진하는 것과 농업 구조의 조정에 속도를 높이는 것에 목적으로 하고 있는 계획들은 구조 기금으로부터 공동융자를 받을 수 있다. "정책들이 특히 환경에 미치는 영향과 관련한 사전·사후 평가는 방법에 중심을 둔다"(Brouwer and van Berkum, 1996: 59). 여기서도 역시 평가는 깜짝 놀랄 만하다. 1989~1993년 동안 구조 기금에서 자금을 조달받은 정책들은 "환경보호라기보다는 (농업을 포함해서) 경제활동을 진작하는 데 초점을 맞추었다"(Brouwer and van Berkum, 1996: 59).

(3) 부속 조치

이것은 구조정책 외의 조치를 가지고 농업 구조의 변화를 촉진하는 것을 목표로 한다. 첫 번째 조치(규정 2080/92)는 농지의 대안적인 사용으로서 조림을 촉진하는 것을 목표로 삼았다. 그러나 1993~1999년 시기에 조림을 위해 계획된 150만 ha 가운데 아주 작은 부분만이 1996년에 실제 산림 지역에 추가되었다. "주요한 이유는 식목 비용과 유지 관리와 소득 손실에 대한 아주 작은 보상이다. 더욱이 규정과 보상의 수준은 열린 풍경을 유지하기 위한 조치와 경쟁하고 있다"(Brouwer and van berkum, 1996: 152). 두 번째 조치는 농업 지역의 변화를 북돋우기 위해 55세를 넘긴 농부들의 은퇴를 촉진하는 것을 목표로 삼았다. 그 조치는 이른 은퇴의 결과로 다른 농부들에게 이전된 농지가 환경에 도움이 되는 방식으로 사용되어야 하는 점에서 환경 요건을 갖추었다. 이 조치는 프랑스와 그리스와 스페인과 이탈리아에서 이른 은퇴의 측면에서 성공했다. 독일에서는 그 효과가 무의미했던 반면에 룩셈부르크와 네덜란드와 영국에서는 그와 같은 조치들을 시행하지 않았다.

(4) 기타 시책

이는 기본적으로 유기농과 관련된다. 가장 중요한 두 가지 유럽연합규정(EU regulations)은 1991년의 규정 2092와 1992년의 규정 2078[25])이다.[26]) 규정 2092 (Official Jouranl, 1991)는 유기농법을 사용하거나 합성 화학물(synthetic chemicals)을 사용하지 않고 생산했다고 거짓 광고를 하는 생산물로부터 소비자를 보호하는 것을 목적으로 한다. 이 규정에서는 유기농법을 ① 적합한 햇수의 순환 계획에 들어 있는 콩과 작물이나 풋거름 작물이나 심근성 작물의 재배와, ② 유기물질로 된 토양을 포함시킴으로써 비옥함과 생물학적 활동을 유지하거나 증진시키는 것으로서 정의했다. 더욱이 해충, 병, 잡초는 적절한 종과 변종의 선택, 적절한 순환 계획, 기계 경작 방법, 해충의 천적 보호와 불꽃 제초로 통제되어야만 한다. 생산과 마케팅의 모든 단계에서 검사를 받아야만 한다. 따라서 이 규

---

25) 'Council Regulation (EEC) NO 2092/91 of 24 June 1991 on organic production of agricultural products and indications referring thereto on agricultural products and foodstuffs'와 'Council Regulation (EEC) No 2078/92 of 30 June 1992 on agricultural production methods compatible with the requirements of the protection of the environment and the maintenance of the countryside'를 가리킨다_옮긴이.

26) 브라우어와 판 베르큄은 부속 조치에 규정 2078/92을 포함시키지만 여기서는 그것을 기타 시책에 포함시켰다.

정은 유기농법을 적극적으로 촉진하는 것이 아니라 유기농법으로 생산되지 않았기 때문에 값이 싼 농산물과의 불공정한 경쟁으로부터 이 부문을 보호한다.

두 번째 규정 2078(*Official Journal*, 1992)은 더욱 적극적인 것이다. 환경보호에 대한 요건은 공동농업정책의 구성 요소라는 것을 천명하고 있으며, 생물학적인 영농의 결과로 산출액 감소 또는 비용 증가로 인해서 초래된 소득 손실에 대해, 그리고 농부들이 환경을 개선하는 데 담당한 역할에 대해 보상하는 것을 목적으로 한다. 이 규정은 일부는 회원국들에 의해, 또 일부는 유럽농업지도보증기금에 의해 자금이 조달된 공동체 원조 계획(Community aid scheme)을 구성했다. 그 규정은 다른 것들 가운데서 ① 비료나 식물 보호제(plant protection product)의 사용을 상당하게 줄이는 또는 이미 줄인 것을 유지하고 있는 또는 유기농법을 도입하거나 지속하고 있는, ② 환경 및 천연자원 보호 요건과 양립하는 다른 영농 활동을 이용하고 있는, ③ 환경과 관련된 목적을 위해 특히 생물 계통 보존지 또는 자연공원의 설립이나 수자원 체계의 보존을 위해 농지를 이용하는 관점을 가지고 농지를 최소 20년 동안 휴경하는 농부에게 지불할 연간 지원금의 성격과 액수를 명시하고 있다.

지금 이용할 수 있는 자료를 가지고는 아직 이 규정들을 평가할 수 없다. 1993년에 유기농 경작지는 유럽연합 12개국 농업 지역 가운데 단지 0.3%였다는 사실(Brouwer and van Berkum, 1996: 153)을 단지 1, 2년 더 일찍 만들어진 두 규정의 효험을 부정적으로 평가하는 데 사용할 수 없다. 그러나 1997년에 끝난 그 규정들을 위한 5년간의 재정 지원에서 "전체 농업 지원의 1%에도 턱없이 부족했다는 것을 보여준다"(Tobey and Smets, 1996: 76)고 1996년 평가한 것을 고려하면, 이 규정들의 효과는 아주 작다고 예측하는 것은 무방하다. 생물학적인 농법은 오직 가격 상승에도 불구하고 수요가 증가하는 경우에 역할이 증가할 가능성이 있다. 하지만 생물학적인 농법이 환경에 미치는 유익한 효과가 어떤 것이든 그런 효과는 범유럽 수송 통신망 같이 유럽연합의 다른 "시장 지향 또는 구조” 정책들 때문에 상쇄될 것이다(Venneman and Gerrisen, 1994: 118). 이런 정책에 따른 에너지 사용의 증가뿐만 아니라 수송의 발전은 유럽의 환경에 심각한 결과를 초래할 것이다. 결속 기금은 이런 모순적인 정책에 기여한다(위를 보라).

요약한다면, 유럽연합의 농업정책 수단들은 희망을 거의 주지 못하는 것 같다. 하지만 종종 농지의 환경 악화는 덜 구체적인 농업 조치들을 통해 악화될 수 있다고 주장한다. 가장 흔하게 언급되는 것은 온실가스 배출거래권제도(marketable emission permits)와 환경세이다. 둘 다 오염자부담원칙의 구체적인 적용으로 간주할 수 있다.

① 온실가스 배출거래권제도: 이것은 국가 당국에서 발행하며, 소유자는 일정량의 폐기물을 처분할 수 있도록 허용된다. 이런 방식으로 배출 거래권 시장이 만들어졌다. 논리는 배출 거래권이 더 많이 필요한 사람들은 더 높은 가격을 지불할 의향을 가질 것이고, 따라서 배출 거래권의 합리적인 배분으로 이어진다는 것이다. 그러나 이 제도에 반대를 제기하는 비판이 적어도 세 가지가 있다. 첫째, 이 제안을 전개하는 이론 틀(신고전학파 이론) 내에서조차도, 시장 분배의 합리성은 초기 부존자원을 무시하는 시장에 존재하는 많은 구매자와 판매자에 의존한다. 여기서 이것은 명백히 틀렸다. 다르게 말하면, 배출 거래권을 구매한 이들은 인상된 가격을 지불할 능력이 있는 사람들을 제외하면 반드시 대부분 배출 거래권이 필요한 사람들이 아니다. 둘째, 배출 거래권이 (수요와 공급의 차원에서) 합리적으로 분배된다 하더라도 배출 거래권으로부터 발생하는 오염의 분배가 반드시 환경에 피해를 적게 주는 것은 아니다. 그리고 셋째, 생물종을 파괴할 권리와 우리의 자연 서식지 재생산을 위태롭게 할 권리를 양으로 측정할 수 있는지와 그런 권리들에 가격표를 붙이는 것을 어쨌든 도덕적으로 받아들일 수 있는지와 관련해 아주 다루기 힘든 문제가 생겨난다. 배출 거래권의 가격은 한도가 없어야 하며, 대안적이고 오염을 발생시키지 않고, 환경 친화적인 생산 체제로 관심이 전환되어야 한다.

② 환경세: 이것은 천연자원의 지속 가능하지 않는 사용에 대해 처벌하는 것과 함께 새로운 일자리 기회를 제공하는 것을 목적으로 한다. 이 생각은 소득을 환경 측면에서 바람직하지 않은 활동으로부터 바람직한 상태(또는 유럽 기구들에)로, 그리고 환경 측면에서 바람직한 부문들로 이전하는 것에 기초한다. 또한 조세 중립성이 보장되어서 일정액의 환경세는 환경보호 활동을 포함해 바람직한 부문에 대한 같은 액수의 세금 감면으로 상쇄되어야 한다는 것이 보통 강조된다. 이 문제는 너무나 복잡해서 여기서 만족할 수 있을 정도로 자세하게 다룰 수 없다. 단지 몇 가지를 언급하는 것으로 충분할 것이다. 요즘 환경오염의 가장 큰 원천은 자동차이다. 자동차의 부정적인 효과는 그것의 생산과 소비(사용)를 막음으로써 상쇄될 수 있다. 앞의 경우는 쉽게 처리할 수 있다. 세금이나 보조금이나 국가 개입의 다른 형태가 존재한다면, 자동차 생산 업체는 정부가 자신들의 활동에 장애를 만들지 않는 다른 지역 또는 국가로 옮겨갈 수 있다. 환경세의 제한된 적용은 가능하지만 오직 국제 경쟁의 맥락에서 수익성에 기반을 둔 비용/가격 체계를 크게 바꾸지 않는 한에서이다. 이런 종류의 환경세는 오직 세계적인 수준에서 똑같이 적용된다면 효과가 있을 수 있는데, 명백하게 비현실적인 가정이다.

하지만 오염의 가장 큰 원천은 자동차의 생산보다는 사용에서 생겨난다. 생산과 소비에 대한 자본주의의 특유한 사회적 관계를 무시한다면, 자동차의 사용을 막고 대안적인(공공의) 교통 체계를 촉진하는 것이 그럴 듯해 보일 수도 있다. 하지만 일단 자본주의 생산관계 및 소비관계를 고려하면, 민간 교통 체계에서 공공 교통 체계로 전환은 자동차 생산의 감소를 의미하며, 따라서 자동차 산업에서 수백만 개의 일자리뿐만 아니라 석유 산업과 도로 건설과 기타 등등에 영향을 주는 중대한 사회 변화를 의미한다. 처음부터 '자동차를 이용한 이동(auto-mobility)' 뒤에 강력한 경제적 이해가 있다. 기본적으로 자동차-석유 로비(auto-oil lobby)이다. 이 같은 이해관계는 자동차 시대의 시작만큼이나 오늘날 강력하다. 공공 교통 쪽으로 변화는 자본주의 경제 및 정치의 힘 관계에서 커다란 변화를 필요로 하는데, 어떤 정부나 유럽 기구도 하기를 원하거나 할 수 있는 것이 아니다. 자동차 사용을 막으려는 환경세가 민간 교통 체계를 의미 있는 수준으로 바꿀 수 없고, 따라서 그 체계 때문에 일어나는 생태계 훼손을 바꿀 수 없다. 촉매변환장치와 고속도로 방음벽 같은 기술적인 해결책에도 똑같이 적용된다. 이런저런 유사한 '치유책'이 시장의 '불완전한' 기능을 교정함으로써 자본주의가 만든 최악의 생태적 기록을 개선하는 것을 의미하는지 생각해볼 때, 어떤 의미 있는 개선도 기대할 수 없다. 그런 대책들은 오직 더 폭넓은 사회적인 변화라는 맥락 안에서 자리할 때, 사회적으로 생태적으로 연관된다.

기아와 환경 파괴에 폭넓고 근본적인 대안의 부분이 되지 못하는 기술적인 해결책의 제한성에 대한 다른 예는 녹색혁명에서 제공된다. 원래 곡물의 유전공학적인 변종은 커다란 산출량 증가를 보장했고, 그런 약속을 지키는 것 같았다. 그러나 더 자세히 검사해보니 이와 같은 변종은 대다수의 해충과 병에 더욱 취약한 것으로 밝혀졌다. 이는 비료와 농약 사용의 증가를 초래했다. 더욱이 단지 부농들만이 이런 비료와 농약(당연히 선진국들에서 생산된다)을 사용할 수 있어서 빈농들은 더욱 가난해졌고 부농은 더욱 부유해졌다. 새로운 씨앗들은 관개에 세심한 주의가 중요하다는 것을 고려하면, 물에 대한 접근에도 그런 점은 똑같이 적용된다. 이 역시 부유하고 거대한 농장들만 재정상 이용 가능하다. 또한, 거대한 농장들은 새로우면서 노동력을 절약하는 기계를 도입하며 따라서 실업을 높인다. 그리고 마지막으로 가난한 사람들은 필수적인 구매력이 부족하기 때문에 산출량 증가로부터 이득을 얻지 못한다.

결론을 내리자면, 1992년에 출판된 보고서에서 유럽의회는 공동농업정책을 아래와 같이 평가했다.

> 그 제도는 점점 복잡해졌고 그 변화들은 (수년 동안) 점점 제도에서 투명성을 없

했고 …… 유럽연합 집행위원회 내 전문가들을 제외하고는 회원국의 행정부와 민간 부문의 아주 소수의 사람만이 제도를 전체적으로 이해한다(European Parianment, 1992: 50~51).

이 제도의 기술적인 측면을 파악하기 위해서는 상당한 인내와 헌신이 필요하다는 것은 사실이다. 하지만 마찬가지로 유럽 농업정책의 내용을 만든 힘 관계와 경제적 이해를 밝히는 것을 목표로 한다면 그런 측면들을 이해하는 것은 필요조건이라는 것도 사실이다. 결국 힘 관계와 이해관계에 대한 지식은 한편에서 이 정책과 다른 한편에서 기아와 환경 악화 사이에 있는 관계를 밝히기 위한 필수적인 전제 조건이다.

공동농업정책이 오염과 기아에 주는 영향을 감소시키는 것을 목적으로 하는 시장 지향의 경제·재정 대책들은 이와 같은 부정적인 결과들이 복잡한 그물의 사회경제 관계의 표현이라는 것과 제안된 기술적인 대책은 단지 이런 관계의 표현일 뿐이라는 것을 무시한다. 오염과 기아가 영구히 악화될 운명이라면 바뀌어야 하는 것은 시장 관계를 포함한 그런 사회경제 관계이다. 시장 지향의 대책들은 기껏해야 임시적이고 부분적인 해결책을 제공하며, 따라서 문제의 본질은 건드리지도 않은 채 그대로 둔다. 따라서 공동농업정책을 이해하게 되면, 그것이 '극소수 사람들'의 배타적인 영역이 되는 것을 막을 수 있을 것이다. 공동농업정책이 우리의 자연 서식지뿐만 아니라 전 세계 수백만 사람들의 물리적 생존에도 영향을 주기 때문에 이 정책을 제대로 이해하는 것은 공동농업정책의 근본적인 개혁과 그 정책의 결정 과정의 민주화로 나아가는 첫걸음으로서 가능한 가장 많은 사람들에게 확대되어야 할 것이다.

제8장

사회정책

1. 풍요 속의 빈곤

1997년 6월 자크 시라크(Jacques Chirac) 프랑스 대통령은 헬무트 콜(Helmut Kohl) 독일 총리와 기자회견에서 유럽의 빈곤에 대해 이야기하면서 "그런 것은 여기에 없다"고 말했다. 자크 시라크나 다른 유럽 정치인들이나 그 문제에 대한 경제 전문가들도 '그런 것'이 정확하게 무엇인지 전혀 답을 제공하지 않았다. 앞 장들에서 논의된 빈곤뿐만 아니라 경제순환상 실업과 환경 파괴와 그 외 모든 사회 문제들을 낳는 것은 유럽연합의 자본주의 본성 그것과 그 본성에서 수반되는 경제정책들이라는 것을 앞 장들에서 주장했다. 이것은 유럽연합에 특유한 특징이 아니다. 오히려 이런 것들뿐만 아니라 다른 사회 곤경은 가치와 잉여가치를 생산하고 전유하는 자본주의 체제에서 직접 발생한다. 몇몇 수치는 이런 문제들로부터 도달한 종말론적 측면의 예가 된다.

1998년과 1999년 「인간개발보고서」는 이것이 무엇을 의미하는지 생생하고 자세하게 보여준다.

지구 전체에서 소득이 가장 높은 국가들에서 살고 있는 세계 인구의 20%가 전체 민간 소비지출의 86%를 차지한다. 가장 가난한 20%는 아주 작은 수치 1.3%를 차지한다. …… 10억을 훌쩍 넘는 인구가 기본적인 소비 욕구를 박탈당하고 있다. 개발도상국에 사는 44억 명의 인구 가운데 거의 3/5에게 기본적 위생 시설이 부족하다. 거의 1/3은 깨끗한 물에 접근하지 못한다. 1/4은 적합한 집을 가지고 있지 않다. 1/5은 현대의 공공 의료 서비스에 접근하지 못한다. 어린이의 1/5은 5학년에 진학하지 못한다. 1/5 정도는 충분한 음식물 에너지와 단백질을 섭취하지 못한다. …… 산업화된 국가 5500만 명을 포함해 전 세계 20억의 인구는 빈혈에 걸려 있다(United Nations Development Programme: UNDP, 1998: 2).

1996년 전 세계 실업은 10억 명 인민에게 영향을 미쳤는데, 거의 전 지구 노동력의 1/3이다(International Labour Organisation, 1996). "개발도상국의 약 1700만 인구가 매년 설사병과 홍역과 말라리아와 폐결핵같이 치유 가능한 전염병 및 기생충 관련 질병으로 죽었다"(UNDP, 1998: 50).

이런 문제들은 종속국들(이른바 '저발전' 또는 '개발도상' 국가들)에 한정되지 않는다. 경제협력개발기구 국가들의 상황은 다음과 같다.

1억 명이 넘는 인구가 소득 빈곤이다. …… 최소 3700만 명이 직업이 없다. 젊은이(15~24살) 가운데 실업률은 믿기 힘들 정도의 높이로 도달했는데, 프랑스에서 젊은 여성의 32%와 젊은 남성 22%가, 이탈리아에서는 각각 39%와 30%가, 스페인에서는 각각 49%와 36%가 실업 상태이다. …… 거의 2억 명 인구의 기대 수명이 60세가 되지 않는다. …… 1억 명이 넘은 인구가 집이 없는데, 이는 번영 속에서 충격적으로 높은 수치이다(UNDP, 1998: 27).

또한 산업화된 국가들에서 인간의 빈곤과 배제는 성공의 통계 속에 숨겨져 있다. 국가들 내에서 커다란 격차들을 밝혀내면 …… 세계에서 가장 부유한 국가들의 8명 가운데 1명은 인간 빈곤의 몇몇 측면인 장기 실업, 60세 미만의 수명, 국가 빈곤기준보다 적은 소득 또는 사회를 살아가기 위해 필요한 읽고 쓰는 능력의 부족으로부터 영향을 받고 있다(UNDP, 1999: 28).

제국주의 중심과 피지배 진영 간의 격차는 믿기 어려울 정도로 놀랍다.

산업화된 국가(동유럽과 독립국가연합은 제외)에서 한 사람당 민간 소비지출이 1만 5910달러(1995년 물가로)이지만, 남아시아는 275달러, 사하라 사막 이남 아프리카는 340달러이다. …… 세계 인구의 15%가 있는 산업화된 국가들은 세계 소비지출의 76%를 차지한다(UNDP, 1999: 50).

또한, 가장 "부유한 국가에 사는 세계 인구의 5%가 수출 거래 확대의 82%와 해외직접투자의 68% 누리고 있으며 하위 5%는 가까스로 1%를 넘긴다" (UNDP, 1999: 31). 그리고 "후천면역결핍증(Acquired Immune Deficiency Syndrome: AIDS)은 이제 가난한 사람들의 전염병이고, 인간면역결핍 바이러스(human immunodeficiency virus: HIV)에 전염된 사람의 95%는 개발도상국에 있다"(UNDP, 1999: 42).

아마도 자본주의 세계에서 필연적인 불균등 발전과 그 결과로 나타나는 대다수 인민들의 곤경은 다음 수치들에서 가장 생생하고 충격적으로 요약된다. 1997년 가장 부유한 225명의 사람들은 "1조 달러가 넘는 연결 자산을 가졌으며, 이는 세계 인구 가운데 가장 가난한 47%(25억 명)의 연간 소득과 같다" (UNDP, 1998: 30). "가장 부유한 3명의 자산은 가장 개발이 안 된 모든 국가들의 연결 국민총생산을 초과한다"(UNDP, 1999: 38). 다음 내용을 고려하면, 그런 수치 뒤에 있는 가당찮음이 더욱 생생하게 전면으로 드러난다.

모든 사람을 위한 기초 교육, 모든 사람들을 위한 기본 의료 서비스, 여성들의 생식을 위한 의료 서비스, 모든 사람들을 위한 적절한 식량, 모든 사람들을 위한 안전한 물과 위생 시설에 대한 보편적인 접근을 만들고 유지하는 데 부가되는 비용은 연간 약 400억 달러이다. 이것은 세계에서 가장 부유한 225명의 연결 자산의 4%에도 못 미친다(UNDP, 1998: 30).

초등교육에 대한 보편적 접근을 보장하려면, 70~80억 달러로 충분하다(UNDP, 1999: 38). 400억 달러는 또한 "세계 소득의 0.1%인데, 간신히 반올림했다"(UNDP, 1999: 37). 기부국들은 전체 국민총생산 가운데 오직 2.5%만 개발 협력에 할당하고 있으며, 이런 약간의 것조차도 제6장에서 설명했듯이 기부국들의 이익을 조성하는 데 제공된다.

이런 거대한 실패에 직면해 경제 전문가들은 단지 하나의 단조로운 처방만 내리는데, 더 진전된 자본주의 '발전'이 자본주의 발전으로부터 '아직' 이익을 '얻지 못한' 모든 사람들에게 골고루 보고를 가져다줄 것이라는 것이다. 앞 장들에서 이 주장의 이론상 결함을 보여주었고, 다음 수치들에 의해 입증된다. "100개국이나 되는 나라가 지난 30년 동안 심각한 경기 하락을 겪었다. 그 결과 이 100개국에서 1인당 소득이 10년 전, 15년 전, 20년 전, 심지어는 30년 전보다 낮았다"(UNDP, 1998: 37). "1960년에 가장 부유한 국가들에 사는 세계 인구의 20%는 가장 가난한 인구 20%의 소득의 30배였고, 1999년에는 74배였다. 거의 2세기에 걸쳐 이런 추세가 지속되고 있다"(UNDP, 1999: 36). "가장 부유한 국가와 가장 가난한 국가의 격차는 1820년에 약 3 대 1, 1913년에 11 대 1, 1950년에 35 대 1, 1973년에 44 대 1, 1992년에 72 대 1이었다. 더욱 놀라운 것은 1820년 영국 사람들은 1992년 에티오피아 사람들보다 소득이 약 6배 많았다는 것이다!"(UNDP, 1999: 38).

이런 참혹한 인간 전락(human degradation) 뒤에 있는 똑같은 원인들이 급속하게 진행되는 환경 악화의 근원이다. 하지만 여기서도 역시 이런 악화를 일으키는 것은 부유한 국가들이고, 이런 악화의 결과들을 견뎌야 하는 것은 가난한 국가들이다.

> 탄소 배출의 약 60%는 산업화된 국가들로부터 일어난다. 그러나 개발도상국들에 주로 영향을 미칠 것이다. 예를 들어 지구온난화가 해수면을 높인다면 방글라데시는 커다란 지역을 잃게 될 것이다. …… 또한 바로 몰디브 제도(Maldive Islands)의 존재에도 심각한 위협이 될 수 있다. …… 가난한 국가들은 광범위하게 벽을 건설할 능력이 되지 않으며, 가난한 인구들은 물 부족 증가와 생산적인 농지 부족의 증가에 대가를 치를 능력이 없다(UNDP, 1998: 57).

> 전 세계에 가난한 사람들은 일반적으로 더러운 공장과 혼잡한 도로와 쓰레기 처리장과 가장 가까운 곳에 산다(UNDP, 1998: 66).

그리고 마치 이 모든 것으로는 충분치 않다는 듯이 가난한 국가들은 산업화된 국가의 폐기물을 버리는 곳으로 되고 있다(UNDP, 1998: 73).

한쪽으로 치우친 소득분배가 지속되는 한 유럽은 조금도 나아질 것이 없다. 1977년 5월 유럽 인구의 17%, 즉 5700만 유럽인은 가난한 가정(빈곤하고 궁핍한 정도이다)에 살았고, 포르투갈이 가장 점수가 나빴고(29%), 덴마크가 가장 점수가 좋았다(9%). 소득 불평등은 한편에서는 수익 규모와 자본이득의 목적에서 임금노동자의 불안정한 일자리와 다른 한편 탈세 때문에 증가했다. 가장 번영한 국가인 독일에서조차도 경제 불안과 격차의 증가를 피할 수 없었다. 1996년 10월부터 1997년 10월 사이에 거의 50만 개 일자리가 사라졌고, 복지 수급자 숫자가 1995년 9.1% 증가했고, 유럽중앙은행이 있는 프랑크푸르트 거주자 5명 가운데 1명은 빈곤선 아래로 전락했다. 다른 한편 1993년 독일 실업률이 상승하고 있을 때 백만장자 가계의 숫자는 24% 증가했다. 1994년 독일 인구의 약 10%는 그 나라 자산의 약 50%를 소유했다(Vinocour, 1997a; 1997b).

프랑스에 대해 말하자면, 14%에서 20% 사이의 국부가 1%의 손아귀에 있다. 또 1992~1993년에 3100만 명에게 제공되었던 무료 급식이 1996~1997년에는 6100만 명에게 제공되었다. "1993년부터 1996년까지 기초생활보장 복지 급여(basic welfare subsistence payment)를 받는 가계의 숫자가 27% 증가했다. 1989년과 1994년 사이 최고 소득자들의 수입은 17% 증가한 반면, 중간 아래는 단지 3% 늘었다". 영국에 대해 말하자면, 소득자료조사국(Income Data Services)의 조사는 "주요 기업의 대표들은 지난해(1996) 평균 소득이 57만 파운드로 11.5% 증가했는데, 즉 전국 개인 수입증가의 두 배가 넘었다"(Vinocour, 1997a). 유럽연합 내에 이렇게 격차가 엄청나고, 또 커지는 이유는

> 분명하다. 소득 크기의 하단에서는 시간제 일자리, 단기 계약직, 직무 자질(jobs qualification)에서 요건 변화가 전반적인 인원 축소와 결합되어 제한된 자질을 가진 많은 사람들을 빈곤으로 떨어뜨린다. …… 상단에서는 더 많은 유럽인들이 상대적으로 부유(해졌다)(Vinocour, 1997a).

흔히 제시되는 논지는 기술혁신이 숙련도와 자질이 더 높은 일자리와 더 좋은 노동조건을 만든다는 것이다. 현실은 그렇게 좋지 않다. 아마도 기술혁신이 노동계급 가운데 아주 제한된 특권층에게 더욱 즐거운 일자리를 가져다주겠지만, 역시나 새로운 형태로 노동이 자본에 종속되는 것을 만들어낸다. 예를 들어 컴퓨터는 인간 생산성에서 커다란 진보를 안겨주었다. 하지만 유전공학에서 큰 진전은 아주 위험하다. 이것은 한편으로 인간의 고통을 악화시키고 있으며 다른 한편으로 이미 자본주의 노동 분업을 반영하면서 이윤을 창출하기 위해 기능하는 새로운 형태의 생물을 만들어내고 있다. 자본이 가진 꿈 하나는 생물을 복제

하는 것이다.[1)]

하지만 새로운 형태의 노동 억압에 옛 형태가 살아 있으며, 또 잘 살아 있다는 것을 숨길 수 없다. 기술혁신과 신자유주의 정책과 좌파의 허약함이 뒤섞여서 유럽의 노동에 가져온 곤경을 더블린에 있는 생활 및 노동 조건 개선 유럽 재단(European Foundation for the Improvement of Living and Working Conditions, 1997)이 수치로 측정했다. 컴퓨터가 노동의 중요한 특징이 되었다(노동자의 38%가 컴퓨터를 사용한다). 이것 때문에 노동자들의 노동조건이 개선되었는가? 유럽의 실업률 수준이 평균 11.5%에 이른 반면, 유럽의 고용된 노동자 절반은 일주일에 40시간 넘게 일하며 거의 25%는 45시간 넘게 일한다. 다른 한편 시간제 노동자의 비율이 높다. 14% 일자리가 일주일에 30시간 미만이고 그 일자리 대부분이 여성이다. 노동시간도 역시 분산된 특징(노동자 52%가 매달 최소 토요일 하루를 일하고, 노동자 29%가 매달 최소 일요일 하루를 일하고, 노동자 21%는 야간에 일을 하는 데 적어도 때때로 그렇게 한다)과 불규칙성(33%는 시간이 불규칙하고 13%는 교대 근무를 한다)을 가진다.

스트레스가 많은 물리적 환경(소음, 오염된 공기, 열, 추위, 진동)으로부터 영향을 받고 무거운 짐을 운반해야만 하는 노동자의 비율이 거의 1/3이고, 반면에 40%는 고통스럽고 피곤한 자세로 일해야만 한다. 이렇게 높은 비율은 그 재단이

---

1) "돌리(Dolly)라고 이름 지어진 최초의 유전자 복제 양 …… 이 2주 전에 태어났다(1997년 7월). 돌리는 인간 유전자가 들어 있는 태아 세포를 가지고 복제했다. 복제 전문가들은 그 일을 획기적인 사건이라고 말했다. 이론상 인간의 질병을 치료하기 위해 여러 호르몬이나 다른 생물학적 생산물을 만들기 위해 인간 유전자를 가진 동물들이 이용될 수도 있다. 역시 그 동물들은 인간의 유전병에 걸릴 수도 있고 새로운 치료법을 시험하기 위해 이용될 수도 있다. 그리고 유전자 변형의 동물들은 또한 지금보다 낮은 거부반응을 가져 인간에게 이식될 수 있는 장기를 생산할 수도 있다. …… 인간에 대한 유전공학은 이제 실제로 전망을 가지게 되었다"(Kolata, 1997).
사람들은 '인간'이 이윤을 창출하기 위한 실험실에서 탄생될 수도 있을 것 같은 생각에 단지 부르르 떨 수도 있다.

1991년에 유사한 조사를 수행했던 때와 같이 1996년에도 기본적으로 같았다. 다른 한편 노동의 속도는 1991년과 1996년 사이에 빠르게 높아졌다. 1996년에 절반이 넘는 노동자들이 높은 속도와 빡빡한 마감 시간에 노출되어 있었다. 노동한 시간과 함께 건강 문제가 증가했다. 해당 노동자의 30% 정도는 자신의 일이 건강에 영향을 미쳤다고 믿었다. 요통과 스트레스와 팔다리의 근육통은 일과 관련된 가장 흔한 건강 문제이다. 새로운 기술 배우기는 미신이다. 노동자 가운데 37%는 단순 반복(short repetitive) 업무를 수행해야 하며, 45%는 업무 순환(task rotation) 체계가 없으며, 일자리의 57%는 손발을 단순하게 움직이는 것과 관련되었다. 당연하게도 지난 12개월 동안 모든 노동자의 거의 1/4이 일과 관련된 건강상 이유로 결근을 했다고 주장한다. 잦은 결근은 일의 고됨과 함께 크게 증가했다(고통스럽거나 피곤한 자세 때문에 세 배, 반복적으로 움직이는 것 때문에 두 배). 마지막으로 직장에서 폭력이 중대한 문제이다. 1200만 명의 노동자들은 정신적 폭행을 당하고 있고, 600만 명은 신체적 폭행을 당하고 있고, 300만 명은 성희롱을 당하고 있다.[2)]

줄이자면, 이것은 자본의 유럽이고 노동의 유럽이 아니다. 유럽연합은 이런 곤경을 어떻게 완화하려고 노력했는가? 이 질문에 대답하려면 유럽연합의 사회정책을 논의해야 한다.

---

2) 자본주의 생산관계 내에서 기술혁신의 도입 효과는 오직 긍정적(주류의 문헌들에서 주장하는 것)이지도 또는 오직 부정적이지도 않다. 오히려 이런 효과들은 경향과 상쇄 경향의 측면에서 봐야 한다. 내가 수년에 걸쳐서 주장했듯이 기술혁신은 자질이 있고 숙련된 노동을 요구하는 새로운 일자리를 창조함과 동시에 기존의 일자리에 자질을 낮추고 비숙련화한다. 전자는 경향이고 후자는 상쇄 경향인 데 왜냐하면 한동안 자질과 숙련을 요구하는 새로운 일자리는 비숙련과 자질 낮추기에 제약을 받기 때문이다(Carchedi, 1977; 1983; 1987; 1991; 1992).

2. 유럽연합의 사회정책

사회정책은 원래 아주 종속된 역할을 했었지만, 출발부터 유럽공동체 목표들 가운데 하나였다. 유럽연합 사회정책 발전의 가장 기본적 단계들은 유럽사회기금을 설립한 '로마 조약', 몇몇 사회 분야에서 조건부 다수결 투표제를 도입한 '단일 유럽의정서', 사회헌장(Social Charter), 즉 유럽사회노동헌장(Community Charter of the Fundamental Social Rights of Workers)을 도입한 1989년 스트라스부르 정상회담(Strasbourg Summit), 1995년 4월 유럽연합 집행위원회가 발표한 1995~1997년 새로운 행동계획(new Action Programme)이다.

이 단계들을 약간 자세하게 살펴보자. '유럽경제공동체 조약(EEC Treaty)' 제117조는 노동자들을 위한 노동조건과 생활수준을 개선하고 조화롭게 할 필요성을 인정하고 있다. 제118조는 사회 부문에서 다음과 같은 협력 분야를 밝히고 있는데, ① 실업, ② 노동법과 노동조건, ③ 직업훈련, ④ 사회보장제도, ⑤ 직업재해의 예방, ⑥ 직업 관련 위생, ⑦ 사용자와 노동자 사이에 단결 및 단체교섭권이다. 이런 의지는 제118a조 때문에 약화되는데, 그 조항에 따라 최소 요건을 부과하는 각료이사회의 지시들은 "중소규모 사업(undertaking)의 창출과 발전을 억제하지 말아야 한다". 제119조는 남성과 여성의 동일 노동에 대한 동일 임금의 원칙을 견지한다. 마지막으로 제123조부터 제125조는 유럽사회기금을 정립하고 있다. 이 기금의 목적은 노동자의 고용을 촉진하고, 노동자들의 지리상 및 직업상 이동을 높이고, 직업훈련과 재훈련을 조성하는 데 있다.

이런 목적들은 유럽연합 사회정책 초기의 사회적 맥락을 반영한다. 1950년대와 1960년대는 활기찬 경제 발전의 시기였다. 이런 상황 아래에서 상대적인 노동 부족과 노동의 상대적인 비이동성과 자질을 갖춘 인력 부족으로 경제성장이 방해받았다. 더욱이 상대적으로 낙후된 회원국들이 선진국들을 따라잡을 수 있고, 이 과정이 경제 수렴 및 사회 수렴으로 이어질 것으로 가정되었다. 유럽공동체의 큰 개입 없이도 상대적으로 낙후된 국가들은 훨씬 앞선 국가들과의 사회적 격차를 줄이는 데 충분한 경제 수단을 얻을 수 있는 것 같았다. 그 당시 유럽 자본은 규모 있는 초국가적인 사회정책이 필요하지 않았는데 왜냐하면 유럽(경제)공동체에 그런 격차가 위협이 될 것이라고 인식하지 않았기 때문이다. 아마도 더욱 중요한 것은 이 시기는 자본의 노동에 대한 정치 및 이데올로기 지배의 시기였다. 이는 처음에 유럽사회기금이 가졌던 변변치 않은 역할을 설명해준다.

1960년대 말로 향하면서 유럽공동체의 접근법은 바뀌었다. 가본적인 이유는 1960년대 말에 폭발해 1970년대 중반까지 이어진 거대한 물결의 노동자 투쟁성과 평등주의 열망이다. 이런 거대한 사회운동은 자본과 노동자의 힘 관계를 노동자에게 우호적으로 바꾸었다. 결국 이것은 유럽공동체로 하여금 사회정책에 대해 신경을 덜 쓰던 것을 더욱 적극적으로 개입하는 것으로 바꾸게 했다. 1972년 파리 정상회담에서 유럽사회기금과 함께 지역정책(유럽지역개발기금, 아래를 보라)을 마련하기로 결정했다. 또한 유럽연합 집행위원회는 1974년 발효된 사회행동계획(Social Action Programme)을 고안하도록 지시를 받았다. 이는 정리해고와 관련된 회사의 노동자를 위한 알 권리(right of information)와 여성의 직업훈련과 사회보장제도에 대한 평등한 접근권과 관련된 새로운 지시들을 만드는 돌풍을 몰아치게 했다.

그러나 1970년대 중반의 하반기는 세계경제가 침체 상태였고, 그것에 조응해 노동자와 여성과 학생과 다른 사회 부문의 투쟁성도 몰락 상태였다. 이것은 사회정책에 대한 유럽공동체의 태도를 바꾸게 했다. “더 부유한 국가들은 주로 더 가난한 국가들에 혜택을 주는 유럽공동체 정책을 위해 돈이 지불되는 것을 꺼렸고, 더 가난한 국가들은 자신들을 위해 돈이 지불될 수 없는 유럽공동체 정책에 대해 동의하는 것을 꺼렸다”(Purdy and Devine, 1994: 288). 그러므로 “이런 지시들을 시행한 그때 경제 및 정치의 맥락이 급격하게 바뀌었고, 결국은 사회행동계획에 품었던 큰 기대는 큰 실망으로 바뀌었다”(Purdey and Devine, 1994: 287).

하지만 상황은 변하기 마련이었다. 1980년대 유럽연합 사회정책은 새로운 관심을 얻었는데, 하지만 이제 다른 이유 때문이었다. 1984년 자크 들로르가 유럽연합 집행위원회 의장으로 선출되었다. 자크 들로르는 마치 개인적인 선호의 문제인 것처럼 사회정책을 되살린 것에 폭넓은 신뢰를 받았다. 사실 그는 실업 증가와 그것으로부터 일어날 수 있는 경제 및 사회 관련 문제에 대한 유럽의 더욱 역동적인 자본의 걱정을 설명해준 것이다. 유럽연합의 사회정책에서 새로운 전환은 자본의 후원 아래, 즉 자본의 강함과 노동의 약함이라는 조건 아래에서 일어났다. 그러므로 유럽연합 사회정책은 전과 다른 계급 내용을 가질 수밖에 없었다.

사회정책에 대해서 이렇게 되살아난 관심은 먼저 유럽사회노동헌장이라는 결과로 나타났고, 이 헌장은 영국을 제외한 모든 회원국이 조인했다. 이것은 "순전히 선언적이었고, 법적 효력이 없었다"(Purdy and Devine, 1994: 283). 그 헌장은 '마스트리흐트 조약'의 사회헌장(Social Chapter)의 기초가 되었다. 영국의 고집대로 사회헌장은 '마스트리흐트 조약'에 포함되지 않았지만 보충 협약(Protocol) No.14로 채택되었다. 그 결과 영국은 사회헌장을 다루는 문제에 참여하는 것을 원하지 않는다면, 다른 회원들이 결정을 하며, 오직 그 결정은 그런 회원국들한테만 구속력을 가진다. 사회헌장은 제117조의 세 가지 목적, 즉 고용과 노동법 및 노동조건과 사회보장에 대해서만 언급하며, 그 목적에 '경영과 노동 간 대화'와 '종신 고용(lasting employment) 관점에서 인적자원개발'을 덧붙였다. 여기서도 역시 우리는 자본의 집착이 유럽공동체의 인식을 어떻게 형성시켰는지 볼 수 있다.

높은 실업률과 사회 긴장이 있는 시기에 1994년 유럽연합 집행위원회(European Commission, 1994b)의 백서에 따라 '최우선 순위'인 일자리 창출뿐만 아니라 인적자원의 개발 및 사회의 대립을 줄이기 위한 수단으로서 사회적 대화가 강조되는 경향이 있다. 그러므로 노동관계 부문에서 초점은 1960년대 말과 1970년대 초 단결권 및 단체교섭권에서 1990년대에 경영과 노동 간 대화로 옮아간다. 사회적 대화는 '마스트리흐트 조약' 제118b조에서 제도화되었는데 그 조항은 "유럽연합 집행위원회는 유럽 수준에서 경영과 노동 간 대화를 발전시키기 위해 노력해야 한다"고 명기하고 있다. 역시 경영과 노동 간 대화는 고용 촉진과 직업훈련과 회원국 간 노동이동을 용이하게 하기와 최소 요건 만들기와 인종주의 억제 등등 같은 목표와 함께 1995～1997년 행동계획(Action Programme)의 주요한 특징 가운데 하나였다.

위에서 언급한 사회문제들을 유연하게 다루기 위해 필요한 더 강력한 입법 권한을 유럽연합에 부여하기 위해 사회헌장은 회원국들로 하여금 노동 현장에서 건강 및 안전, 노동조건, 노동자에 통보 및 협의, 남성과 여성의 평등한 고용기회, 실업자 취업 같은 문제에 다수결 투표제로 결정하는 권한을 부여한다. 자본에게 이런 것들은 상대적으로 중요하지 않은 부분들이다. 사회보장제도나 노동 계약 종료에 대한 노동자 보호나 다른 회원국 출신의 시민들에 대한 고용조건 같은 더욱 중요한 문제에 대해서는 만장일치제가 요구된다. 다른 부문들, 즉 임금, 단체 결사의 자유, 파업권 및 직장폐쇄권 같이 자본에게 아주 중요한 것은 회원국들의 독점적 문제로 남겼다. 명확하게 유럽연합은 자본/노동 관계의 가장 중요한 측면에 영향을 끼치는 것에서 배제되고 단지 중요성이 떨어지는 것에 대해 다수결 투표제로 결정할 수 있다. 유럽연합 법률의 고안과 시행에 자본이 아주 강한 영향력을 행사한다는 것(제1장 제4절을 보라)을 고려하지 않더라도 이렇게 제한된 입법 범위는 유럽연합이 사회정책에 부여하는 제한된 범위를 분명하게 보여주는 것이다. 이제 유럽연합이 사회정책을 수행하기 위해 어떤 정책 수단을 개발했는지 살펴보자.

3. 재분배의 빈곤

사회정책은 재분배정책과 같은 말이다. 이것을 위해 유럽연합은 재원을 마련하

〈표 8-1〉 1998년과 1999년의 추정 세출

	1998(백만 ECU)		1999(백만 Euro)	
유럽농업지도보증기금	40,937	(49.0)	40,940	(47.8)
구조적 활동	28,595	(34.2)	30,658	(35.9)
연구 개발	2,999	(3.6)	2,999	(3.5)
대외 활동	4,508	(5.4)	4,275	(5.0)
기타	6,490	(7.8)	6,685	(7.8)
총액	83,529	(100.0)	85,557	(100.0)

주: 괄호 안 수치는 백분율임.
출처: European Commission(1998: 8~12; 1999: 8~12).

는 것이 필요하다. 재원을 마련하고 재분배(지출)하는 수단이 예산[3]이다. 첫 번째로 언급되어야 할 점은 예산이란 대출 금지와 제한된 규모의 특징을 가진다는 것이다. '로마 조약'은 균형 예산의 원칙을 세웠다. 블레이든 호블과 시먼스(Bladen-Hovell and Symons, 1994)가 지적하듯이 "잇따른 수정은 오직 제한된 범위의 특별한 목적(국제수지를 지원하는 것과 유럽공동체 내 투자를 촉진하는 것)을 위한 대출에 대해 제한을 완화하는 데 도움을 주었다"(Bladen-Hovell and Symons, 1994: 368). 이것은 유럽연합의 활동 범위에 상당한 제한을 가했다. 이 제한은 회원국들의 훨씬 높은 국내총생산 평균과 대조적으로 유럽연합 국내총생산의 약 1.2%밖에 되지 않는 예산 규모 때문에 더욱 악화되었다. 실제 예산 규모를 살펴보자. 유럽연합의 지출은 <표 8-1>[4]에서 제시되어 있다.

---

3) 옛 식민지와 관련된 무역 및 원조 정책에 대한 자금 조달은 유럽개발기금을 통해서였는데 유럽연합 예산 안으로는 들어오지 않았다.

4) 예산을 투입(commitments)을 위한 책정(appropriation)과 지불(payments)을 위한 책정으로 구분할 수 있다. 전자는 시행하는 동안 회계연도가 몇 년간으로 늘어날 것으로 예상되는 지출이다. 후자는 오직 그 회계연도와 관련된다. <표 8-1>에서 추정 세출은 지출을 위한 책정을 가리킨다(즉, 오직 당해 연도에 대한 것). 예산에 세워진 세입은 지출을 위한 책정(투입을 위한 것이 아니다)에 대기 위한 목적이므로 <표 8-1>에서 총액은 기

농업은 여전이 가장 큰 세출 항목이다. 유럽농업지도보증기금의 보증절(제7장을 보라)은 여전히 1999년 유럽연합 재정 투입의 47.8%를 차지했는데, 1988년 59%에서 하락했다. 구조적 활동, 즉 유럽사회정책은 1988년 18.5%에서 1999년 36% 가까이 증가했다. 이 항목은 유럽사회기금, 유럽지역개발기금, 유럽농업지도보증기금의 지도절, 수산업지원재정기금(Financial Instrument for Fisheries Guidance: FIFG), 결속 기금을 포함한다. 유럽연합의 연구 정책은 개별 회원국들의 연구 정책을 보완하는 것을 목표로 하고 있다(제4장을 보라). 그 정책은 정보통신 기술, 산업 기술, 생명공학, 에너지, 환경, 건강과 같이 명확하게 정의된 소수 분야에 초점을 맞춘다. 대외 활동(external action)은 중동부 유럽 국가의 경제구조 조정을 위한 기금, 광범위한 유럽 지중해 지역(Euro-Mediterranean area)에 참여하고 있는 회원이 아닌 지중해 국가들을 위한 기금, 중남미 국가들 및 아시아 국가들과 협력을 위한 기금, 옛 소비에트 연합의 신생독립국가들을 위한 기금, 식량 및 인도주의 원조를 위한 기금을 포함한다. 덧붙이면 이 예산을 통해 기금이 마련되는 무수히

대 세입을 보여주는 아래 <표 8-2>의 총액과 같다. 투입을 위한 책정은 <표 8-1a>에 주어져 있고, <표 8-1>보다 반드시 크다.

〈표 8-1a〉 1998년과 1999년의 추정 세출

	1998(백만 ECU)		1999(백만 Euro)	
유럽농업지도보증기금	40,937	(45.0)	40,949	(42.2)
구조적 활동	33,691	(37.0)	39,260	(40.5)
대외 활동	6,039	(6.6)	6,224	(6.4)
연구 및 기술 개발	3,491	(3.8)	3,450	(3.6)
행정 지출	4,353	(4.8)	4,502	(4.6)
기타	2,502	(2.8)	2,544	(2.6)
총액	91,013	(100.0)	96,929	(100.0)

주: 괄호 안의 수치는 백분율임.
출처: European Commission(1998: 7; 1999: 7).

많은 다른 정책들이 있다.

이제 세입 측면을 고려해보자. 원래 분담금 체계는 회원국들의 직접 분담금(direct contributions)에 의존하는데, 각 국가는 자신의 규모에 따라 다른 비율로 분담한다. 이 합의는 '로마 조약' 제200조에 성문화되어 있다. 프랑스, 서독, 이탈리아는 더 많은 분담금을 내며, 벨기에와 네덜란드는 더 적게 내고, 룩셈부르크는 아주 적게 낸다. 분담금은 또한 유럽농업지도보증기금, 유럽사회기금, 유럽지역개발기금 같이 세출의 여러 범주에 따라 다양하다. 이 체계에 영향을 미치는 원칙은 실제 지불은 지불할 능력의 차이를 반영해야 한다는 것이었다. 더욱이 프랑스와 서독은 상대적으로 유럽개발기금에 더 많은 분담금을 냈는데, 프랑스는 공동체의 원조 부담에서 옛 식민지들이 가지는 비중 때문이었고, 서독은 그 지역 접근으로부터 얻을 것으로 기대되는 경제적 이점 때문이었다.

하지만 '로마 조약'은 또한 다른 분담금 체계를 제공했다. 제201조는 직접 분담금을 공동체 독립 재원으로, 즉 법에 의거한 공동체의 재원으로 점점 대체하는 것으로 계획했다. 그 결과 1970년 독립 재원 체계가 도입되었다. 유럽 6개국이 독립 재원은 역외공통관세(첫 번째 재원)의 수입에서, 농산물 수입 부과금(두 번째 재원), 부가가치세, 즉 줄여서 VAT(세 번째 재원)에서 끌어와야 한다는 것에 동의했다. 회원국들은 수금비를 위해 역외공통관세와 농산물 부과금의 10%를 취할 수 있었고, 나머지는 유럽공동체 본부에 지불해야만 했다. 부가가치세에 대해 말하자면 회원국들은 부가가치세의 1%까지 공동체에 지불해야 했다.

1970년대에 시간이 흘러가면서, 이 체계는 압박을 받았다. 한편으로 '관세 및 무역에 관한 일반 협정' 협상들(제6장을 보라)과 유럽공동체가 농업 생산에서 점점 더 자급자족할 수 있게 되었다는 사실로부터 초래된 관세의 점진적 제거 때문에 첫 번째 재원과 두 번째 재원으로부터 세입이 감소했다. 다른 한편 회원국들의 국민총생산에서 소비자 지출 몫이 감소해 부가가치세 세입이 부진했다. 유럽공동체의 지출의 필요가 증가하고 있을 때였다. 그러므로 1984년 퐁텐블로 정상회담

<표 8-2> 1998년과 1999년의 추정 세입

	1998(백만 ECU)		1999(백만 Euro)	
농산물 및 설탕 수입 부과금	1,671	(2.0)	1,921	(2.2)
관세	11,144	(13.3)	11,894	(13.9)
부가가치세	34,135	(40.9)	30,374	(35.5)
네 번째 재원	35,908	(43.0)	39,260	(45.9)
지난해 이월금	44	(0.0)	1,478	(1.7)
기타	628	(0.8)	631	(0.7)
총액	83,529	(100.0)	85,558	(100.0)

주: 괄호 안의 수치는 백분율임.
출처: European Commission(1998: 23; 1999: 23).

(Fountainebleau Summit)에서 부가가치세율을 1.4%로 인상하는 것에 합의했다. 이 조치 또한 충분치 않다는 것이 명백해졌을 때, 1988년 각 회원국의 국민총생산과 관련해 계산한 네 번째 재원을 도입하는 것을 결정했다. 네 번째 재원의 일반 세율(uniform rate)은 매년 결정되었다. 예를 들어 1992년에 세율은 각 회원국 국민총생산의 0.17%였다. 독립 재원의 성장은 1996년 유럽연합 전체 국민총생산의 1.2%로 제한되었는데, 1999년에는 1.27%로 증가했다. 유럽연합은 이제 전적으로 독립 재원 체계에 의존하고 있다. 1998년과 1999년 추정 세입은 <표 8-2>에 제시되어 있다(이 글을 쓸 때 실제 세입의 수치를 아직 이용할 수 없었다).

재분배 수단으로서 예산에 초점을 맞춰보자. 첫째, 분담금을 내는 국가와 분담금을 지불받는 국가를 분석해보면 1994년에 독일과 영국은 순 분담금 규모가 가장 큰 납부자였고(각각 130억 ECU와 150억 ECU), 그다음으로 프랑스, 네덜란드, 이탈리아가 뒤를 이었고, 스페인과 그리스와 포르투갈과 아일랜드는 순 수혜금 규모가 가장 큰 수혜자였다(Court of Auditors, 1995: 10, 17).[5] 왜 더 큰 나라

5) 룩셈부르크는 1994년(2억)에는 순 수혜자였으나 1995년에는 순 납부자(1억)였다. 오스트리아와 스웨덴과 핀란드에 대한 수치는 없는데, 그 국가들은 1994년에는 아직 유럽연합에 가입하지 않았기 때문이다.

들이 순 납부자인지와 그 나라들의 '더 큰 책임감'과는 아무 관계가 없다. 오히려 앞의 장들에서 말했던 것에 따르면, 그런 국가들이 순 납부자가 되는 이점은 자국의 가장 앞선 자본이 국제 잉여가치를 전유할 수 있도록 제도를 계속 유지하는 것임이 분명하다. 하지만 물론 이것이 그런 국가 정부들로 하여금 이런 '불공평한 대우'에 대해 항의하는 것을 막지는 못한다.

둘째, 앞 장들에서 재분배를 통해 생산 양식에 뿌리를 두는 사회문제들을 없앨 수 없다고 주장했다. 하지만 재분배정책은 노동계급의 삶의 조건을 다르게 만들 수도 있고 다르게 만든다. 그러면 이런 측면에서 유럽연합의 기록은 어떠할까? 이미 언급했듯이 균형 예산의 원칙을 고려하면 예산을 통해 재분배하는 수단은 아주 제한되어 있다. 더욱이 이런 기금들의 절반가량이 농부를(위의 <표 8-1>을 보라) 지원하기 위해, 주로 대규모 농업 기업에 이득을 주기 위해 사용된다(제7장을 보라). 그러므로 유럽의 노동자 집단한테 분배되는 것은 단지 유럽연합 국민총생산의 1%보다 약간 많은 정도이다. 다음 같은 결론이 나올 수밖에 없다. 재분배정책은 아주 제한적일 뿐만 아니라 노동보다는 자본에게 이득을 준다. 노동은 쌀을 제공한 다음에 싸라기를 돌려받는다.

이제 예산의 주요 재분배 통로를 살펴보자. 이 통로는 유럽사회기금과 유럽지역개발기금이다.

4. 고용정책

명확하게 다른 측면에 있는 실업(장기 실업, 청년 실업 등등)을 퇴치하는 것을 목표로 삼은 기구는 유럽사회기금이다. 이 기금은 "인적자원 투자, 실업과 전쟁, 노동시장의 작동"(European Commission, 1994b: 26)을 조성하는 것을 목표로 했다. "예를 들어, 유럽사회기금은 사전 훈련, 상담, 기본 기술 향상, 지역사회 채용 또는 업무 경험, 구직 지원, 지리상·직업상 이동을 촉진하기 위한 지원에 공동융자할 수 있었다"(European Commission, 1995: 6).[6] 말보다는 돈이 결정하는 것이기 때문에, 유럽사회기금에 할당된 자금을 유럽연합 예산과 유럽연합 국민총생산과 관련시켜서 고용정책에 대한 유럽연합의 투입을 측정해보자. 1999년 여전히 높은 장기 실업률 속에 있었고, 유럽사회기금은 총지불 책정액 856억 유로 가운데 96억 유로를 할당받았다. 이것은 유럽연합 예산에서는 변변찮게 8.2%와 국민총생산에서는 존재하지도 않을 만큼인 0.08%였다.

그러나 유럽사회기금은 고용을 촉진하기로 되어 있는 유일한 자금 원천이 아니다. 1989년 이후 네 개의 구조 기금, 즉 유럽농업지도보증기금의 지도(EAGGF guidance, 제7장을 보라), 유럽사회기금, 수산업지원재정기금[7], 유럽지역개발기금(아래를 보라)은 여섯 가지 공동 목표를 가지고 있다. 목표 1은 발전이 뒤처진 지역, 즉 1인당 국내총생산이 유럽연합 평균의 75%에 못 미치는 지역의 개발과 구조 조정을 촉진하는 것이다. 그런 지역은 지중해 남부와 아일랜드와 옛 동독으로 이루어진다. 이 지역들은 유럽연합 전체 인구의 22%를 차지한다. 목표 2는 산업의 쇠퇴로 심하게 영향을 받을 지역을 개조하는 것이다. 목표 3은 장기 실업을 퇴치하는 것과 젊은 층과 실업자의 취업 촉진과 관련된다. 목표 4의 취지는 노동자들이 산업의 변화와 생산 체계의 변화에 쉽게 적응할 수 있게 하

---

6) 유럽사회기금이 작동하는 방식에 대해 말하자면, 처음 계획하던 시기인 1994~1999년 시기에는 회원국들은 유럽사회기금 재원의 사용을 위한 계획을 작성하고, 유럽연합 집행위원회에 신청서를 제출한다. 회원국은 계획을 제출한다. 그다음 신청 국가와 함께 유럽연합 집행위원회는 공동체지원계획(Community Support Framework)을 작성한다. 이것은 우선순위와 기금의 액수와 운영 계획(operational programmes)을 마련한다. 운영 계획은 공동체지원계획에 서술된 우선순위의 시행을 위한 조치를 마련한다. 마지막으로 절차를 빠르게 하기 위해, 계획, 즉 공동체지원계획과 운영 계획이 유럽연합 집행위원회와 협의 전에 그리고 단일계획문서(Single Programming Document)로서 동시에 제출될 수 있다. 유럽사회기금은 어떤 계획들에 대해서는 총비용의 50%까지 자금을 댈 수 있고, 다른 계획들에 대해서는 총비용의 75%까지 자금을 댈 수 있다.

7) 수산업지원재정기금은 단지 완성도를 위해 언급하지만 그 재원은 거의 관련이 없다.

〈표 8-3〉 1999년 목표별 구조 기금

(단위: 백만 Euro)

목표	EAGGF의 지도	FIFG	ERDF	ESF	총액
1	2,573	473	11,580	5,378	20,004
2			2,942	673	3,615
3				2,190	2,190
4				914	914
5a	1,539	333			1,872
5b	1,008		1,013	388	2,359
6	53	2	119	68	242
총액	5,173	808	15,654	9,611	31,196

출처: European Commission(1999: 19).

는 것이다. 목표 5는 목표 5A, 즉 공동농업정책의 개혁으로부터 생기는 농업 구조 조정과 목표 5B, 즉 시골 지역 개발의 촉진으로 나뉜다. 마지막으로 여섯 번째 목적의 의도는 인구밀도가 아주 낮은 지역의 개발을 촉진하는 것이다. 1999년 수치는 <표 8-3>에서 보여준다.

이런 여섯 가지 목표의 목적을 고려하면 단지 목표 3과 목표 4만이 오직 고용 기회를 조성하기 위한 것으로 고려될 수 있다. 그 두 가지 목표에는 변변치 않은 금액인 31억 400만 유로, 즉 총할당액의 10%가 할당되었다. 다른 네 가지 목표들(총할당액의 90%)의 목적은 자본과 노동 모두 구조 기금으로부터 이득을 얻게 하는 것이다. 노동자 집단이 구조 기금으로부터 얼마의 금액을 받는지 아는 것은 불가능하다. 하지만 오직 노동자에게 31억 유로 전액이 지급된다면, 일자리 창출 정책에 대한 약속은 말뿐인 것이고 고용 창출에 미치는 효과는 극히 제한된다는 것이 이 총액의 아주 적은 액수에서 드러난다.

하지만 더 많은 액수를 이 목적에 할당한다고 하더라도 실업의 주기적 발생은 피할 수 없다. 신고전학파 이론과는 반대로 이른바 '시장 실패(실업, 사회적 격차 등등)'는 자본주의 축적과 경쟁의 필연적 결과이며 궁극적으로 자본주의 생산관계의 필연적 결과이다. 자본주의는 균형 상태로 있지 않으며 또는 균형 상태로 향하는 경향도 없다(제3장을 보라). 재분배정책은 이런 불평등이 아주 극심한, 그리고 잠재해 있는 불안으로 인식되는 한에서만, 그런 불평등을 약간 수정하려는 목표를 가진다. 노동자들을 위한 개선이 배제되지는 않으나, 그런 개선이 상당한 규모의 사회운동에 의해 만들어지지 않는다면, 오직 유럽 선진 자본들의 이해를 위해 기능하는 경우에 그런 개선이 일어난다.

이런 이해는 유럽연합 사회정책뿐만 아니라 그 정책에 영향을 미치는 연대의 개념도 형성시키는데, 따라서 노동자 집단의 전략이 기초해야 하는 바로 그 연대 개념을 약화시킨다(제8장 제6절을 보라). 1994년 백서에서 유럽연합 집행위원회는 "고용되어 있는 일자리의 소득을 높이는 것보다 새로운 일자리를 창출하는 생산성 이득을 이용하는 것에 기초한 새로운 연대를 만들"(European Commission, 1994b: 18) 필요성을 서술하고 있다. 물론 이것은 새로운 연대가 아니고, 임금 상한으로 인해 증가한 이윤이 재투자될 것이라는 것뿐만 아니라 투기 부문보다는 실물 부문에, 자본 집약적 생산방식보다는 노동 집약적 생산방식에 투자될 것이라는 희망으로 노동자들이 받아들이는 낡은 방식의 임금 상한제(wage ceiling)이다. 이런 조건들이 충족될 것이라는 보장은 미뤄지면서(그리고 그런 조건들은 경제공황의 시기에 충족되지 않는다), 유일하게 확실한 것은 임금 하락이다.

유럽연합 집행위원회는 또한 피지배 진영 노동자들과의 '연대'도 보여준다.

> 유럽연합은 다른 지역들이 더 낮은 임금, 더 긴 노동시간, 더 어려운 노동조건에 기초한 더 낮은 노동비용을 토대로 경쟁하는 것이 필요할 수도 있다는 것을 인정하지만, 노동자 착취가 국제 경쟁의 수단으로 되어야 한다는 것은 국제협력의 관심 안에 있지 않다(European Commission, 1994b: 60).

이것은 기술 후진국들이 더 낮은 임금에 기초해 경쟁하는 것을 포기해야 한다는 요구인데, 더 낮은 임금은 그런 국가들(자본들)이 국제적으로 경쟁할 수 있는 기본 방식이다. 유럽연합 집행위원회의 '새로운 연대'는 유럽연합 역내의 더 낮은 임금을 유럽연합 역외의 더 높은 임금으로 탈바꿈시키는 낡은 방식의 반복이다.

5. 지역정책

경제 격차는 국가 간에도 국가 내에서도 존재한다. 경제 격차는 "상당할 뿐만 아니라 오랜 시간에 걸친 놀라운 지속성을 보여준다. 가난한 지역은 가난한 상태로 머물러 있는 경향이 있고 부유한 지역은 부유한 상태가 지속되는 경향이 있다"(Armstrong et al., 1994: 174). 또는 슈타인레(Steinle)는 다음처럼 주장한다.

> 일반적으로 선진 지역은 다른 지역에 비해서 정체되어 있으며 …… 뒤처져 있으면서 대부분 유럽의 주변부인 지역에서는 몇몇 예외를 제외하고는 따라잡기 징후가 없다. …… 반대로 중간 수준의 지역에서는 아주 활발한 움직임이 있다. 가장 많은 지역이 뒤처져 있으며, 다른 지역에서는 따라잡기 징후가 분명하게 나타난다(Camagni, 1992: 351에서 인용).[8]

---

8) 더욱 일반적으로 "단기의 측면에서 가장 영향을 받은 지역은 농업에서든 공업에서든 노동 집약적 생산에 의존하는 지역들, 즉 동유럽으로부터 새로운 경쟁 때문에 쇠퇴하는 공업 지역과 농촌 지역이라는 것을 예상할 수 있다"(Camagni, 1992: 310). 또한 목표 1의 지역들과 관련해서 말하면 "불리한 지역이 수축한다면 양극화는 더욱 분명해진다. 뒤처진 지역은 누진적으로 격차가 벌어지고 있으며, 아마도 다음 10년 동안에도 계속 그럴 것이다"(Camagni, 1992: 365).

〈표 8-4〉 1990년 지역 실업률

(단위: %)

국가	전국 평균	지역 최대치	지역 최소치
독일	5.2	10.4	3.0
스페인	16.1	24.1	12.4
포르투갈	5.1	12.4	2.8
영국	6.3	15.7	3.9
이탈리아	10.2	21.7	3.4

출처: Armstrong et al.(1994: 173).

<표 8-4>는 1990년에 문제가 도달한 정도를 나타낸다.

유럽지역개발기금은 지역 격차 축소를 목표로 삼고 있다. 그 수치를 다시 살펴보자. 1999년 예산에서 유럽지역개발기금에 156억 유로를 투입했다. 이것은 예산의 18%이며 유럽연합 국민총생산의 0.2%이다. 이 수치는 유럽사회기금의 약 두 배이지만 전혀 인상적이지 않다. 하지만 유럽지역개발기금은 지역정책의 유일한 재정 수단이 아니다. 1999년 156억 유로가 이 기금에 할당되었지만 목표 1, 목표 2, 목표 5, 목표 6은 총 281억 유로로 지역개발을 조성하는 목표를 가지고 있다(위에서 <표 8-3>을 보라). 이것은 예산의 33%이고 구조 기금을 위한 할당액의 90%이다. 이 할당액의 10%는 오직 노동한테만 혜택을 주는 것으로 간주되는 것과 반대로, 그 자금은 자본과 노동 모두에 혜택을 줄 수 있다. 이런 수치들을 제대로 계급의 관점에서 본다면, 누구에게 혜택을 주는지와 관계없이 더 많은 기금이 있을 경우에 더욱 균형 있는 지역 발전이 일어날 수 있는지에 대한 물음이 생겨난다. 역시 답은 부정적이다.

기술이 앞서 있고 경제력이 강한 기업들이 어떤 지역들에 집중되는 경향이 있고, 그러면 성장이 높은 지역이 된다는 것을 지역 연구에서는 되풀이해서 보여주고 있으며, 관찰은 이런 결론을 뒷받침해준다. 지역 사례에 대해 앞 장들에서 제시된 분석을 확장하면, 성장이 높은 지역은 성장이 낮은 지역으로부터 자원을 전유하며, 이것이 경제성장과 동시에 지역경제 낙후를 만들고 유지시키는 결과를 낳는다는 것을 보여준다. 낙후 지역이 '식민지'로서 선진 지역과 관계한다면, 낙후 지역은 선진 지역에 아마도 값싼 원료와 생필품뿐만 아니라 값싼 노동력을 제공할 것이다. 낙후 지역이 '종속 발전' 지역으로서 관계한다면, 그 지역에서도 역시 상당한 축적률이 일어날 수 있는 반면, 동시에 성장률이 높은 지역에 (잉여가치를 넘겨주면서) 종속되어 있게 된다. 하지만 한편으로 국가들 사이에 이런 비교와 다른 한편 국가 내 지역들 사이에 그런 비교로 아주 충분한 분석을 수행할 수 없다. 예를 들어 낙후 자본들(지역들)은 자신들의 낙후를 재생산하는데, 왜냐하면 그 낙후 자본들은 기술에서 더욱 앞선 자본들(지역들)의 이익을 반영하는 체계와 환율 수준을 통해 가치를 빼앗기기 때문이다. 잃은 가치는 그런 낙후 지역에 재투자될 수 없으며, 그래서 저발전은 재생산된다. 이 점은 특히 유럽연합의 지역 (저)발전과 관련된다. 이것에 대해 잠시 정교하게 살펴보자.

일반적으로 기술 선도자(국가)는 평가절상하는 경향이 있고, 기술 낙후자(국가)는 평가절하한다는 것을 봤다. 이것은 기술 낙후자로부터 기술 선도자로 가치 이전을 뜻한다. 마찬가지로 낙후 지역은 자신들의 생산성 수준에 비해서 과대평가된 환율에 기초하는 국제시장에서 경쟁해야 한다. 사실 각국 환율은 거대 다국적 자본, 즉 가장 효율성 있는 자본의 무역 흐름(독점적이지 않더라도, 최소한 주요하게)으로 결정된다. 이것은 변동환율의 경우에도 적용된다. 하지만 이것은 환율의 수준이 국가 정부(통화 당국을 통해)와 민간 및 대중의 경제 이해관계 사이에 비공식적이지만 아주 구체적인 정치 관계에 의해 크게 영향을 받는 고정환율에 대해서도 사실이다. 당연히 이런 비공식 협상들에서는 거대 다국적 자본과 가장 효율적이면서 수출 지향의 생산자들이 더 큰 발언권을 가진다. 따라서 환율의 수준은 그 나라의 뒤처진 지역들에 모여 있는 비효율적인 기업들의 이해보다는 그런 자본들의 이해를 반영하게 된다.[9] 이런 지역들이 독립된 국가들이라면, 이 지역들에서는 평가절하를 할 것이다. 그 지역들은 그렇지 않기 때문에, 자신들의 대외무역에 처벌을 주는 환율을 받아들여야만 한다. 다르게 말하면, 그런 지역의 실제 환율(virtual exchange rate)이 과대평가된다. 또는 그런 지역의 실제 무역수지(virtual trade balance)는 계속 적자가 된다(Camagni, 1992). 이런 간접적인 방식으로 선진 지역들은 낙후 지역들로 하여금 가치를 강제로 (국내 경쟁자들보다는) 해외 경쟁자들에게 잃게 하며, 따라서 저발전의 상태를 재생산하게 한다.

이런 부정적인 과정은 경제통화동맹의 창조로 확대되었다. 위의 제4장에서 유럽중앙은행의 의사 결정 과정에서 유로의 환율 수준 결정에서 가장 영향력을 행사하는 것은 가장 앞선 자본들과 국가들의 경제 영향력이며, 우선 독일과 독일의 과점자본이라고 주장했다. 저발전 국가 및 지역들과 관련하는 한, 이런 환율 수준은 과대평가되는 경향을 가지며, 이는 그런 국가와 지역들에 부정적인 영향을 훨씬 많이 줄 것이다. 따라잡기 경쟁도 더욱 편향될 것이다. 그런데 이것은 현실에서 비교우위론이 어떻게 거짓으로 판명되는지 보여준다. 일단 유리한 출발을 하게 되면, 지역(및 다른) 격차를 줄이기보다는 강화하는 누적 과정이 작동한다. 물론 몇몇 저발전 지역은 발전을 겪을 수도 있고, 몇몇 선진 지역은 낙후 상태로 전락할 수도 있다. 하지만 이것은 저발전을 없애지 않으면서, 저발전의 지도를 변하게 할 뿐이다. 이런 과정의 결과는 캄마니(Camagni, 1992)가 잘 이야기하고 있다.

> (가능한 모든 부문에서) 비효율적인 지역들은 경쟁의 장에서 강제로 퇴출된다. …… 그런 지역들의 운명은 사막화(노동 이동성이 높은 경우)이거나 엄청난 실업과 지하경제의 확대, 비공식 경제의 확대 또는 심지어는 범죄 경제의 확대(노동 이동성이 낮은 경우)이다(Camagni, 1992: 362).

---

9) 물론 제도의 통로를 통한 그런 이해의 대변은 직접적이면서 중재되지 않은 것과는 전혀 다르다.

이것들은 단지 지역 격차를 만들고 재생산하는 몇몇 제도들일 뿐이다. 하지만 지역 격차가 어떤 수준을 넘어서면 자본주의 발전에 장애가 될 수 있다. 위에서 언급한 것에 단지 두 가지 사례를 덧붙인다면, 사회 기반 시설이 생산물의 수송이나 효율적인 통신에 불충분할 수도 있다. 또는 낙후 지역들에서 구매력은 생산을 흡수하기에 불충분한 수준으로 떨어질 수도 있고, 지역에 사회 긴장을 만들어낼 수도 있다. 이것이 사실이라면, 그리고 경제순환 국면이 이를 허용한다면, 지역정책뿐만 아니라 국가정책이 도입된다. 이런 정책들은 여러 가지 형태를 가지는데, 예를 들어 정부 보조금 및 장려금과 쇠퇴하는 산업의 집중이 높은 지역들의 민간 부문을 위한 다른 금융 혜택, 공공투자〔이탈리아 남부 지역(Italian Messogiorno)에 국유 산업 경우처럼, 때때로 극빈 지역에 마지못해 투입된다〕, 지역고용계획, 직업훈련계획, 사회 기반 시설의 건설, 고용률이 높은 지역으로부터 노동 이동성(이민)을 높이는 것을 목표로 하는 대책 등등이다. 유럽연합의 지역정책을 가장 장 이해할 수 있는 것은 이런 틀 안에서이다.

이런 일반적인 고려 사항은 경제순환의 맥락 안에 놓아야만 한다. 암스트롱 등(Armstrong et al., 1994)이 썼듯이, 유럽 국가들은 세 시기를 겪었다. 첫 번째 시기에 훗날 유럽공동체 회원국이 된 국가들 가운데 오직 두 국가 영국과 이탈리아〔남부개발기금(Cassa per il Mezzogiorno)과 함께〕만 지역정책을 가졌다. 두 번째 시기는 1950년대부터 1970년대 초까지인데 대부분 유럽 국가들은 이탈리아와 영국의 사례를 좇았고, 몇몇 형태의 지역정책을 마련했다. 그 이유는 낙후 지역들에 더욱 대규모의 구조적 투자를 요구했던 높은 수준의 사회 긴장과 그 시기를 특징짓는 활기찬 경제성장의 결과로서 경제 수단의 이용 가능성이었다. 세 번째 시기는 1970년대 중반부터 현재까지인데, 장기 경기 침체로 초래된 예산 삭감에 직면해 지역정책들은 경시되었다. 하지만 동시에 이 세 번째 시기에는 이 지역에서 유럽공동체의 노력 증가가 있다.

이것은 아주 재미있는 물음을 던지게 하는데, 왜 유럽공동체 지역정책이 국가 개입이 축소되고 예산 제약에 대한 강조가 높아지던 시기에 강화되었는가이다. 몇 가지 이유가 제시될 수 있다. 첫 번째 요인은 더욱 균형 잡힌 지역개발을 아주 필요로 하고 있지만, 요구되었던 정책을 시행할 재정 수단이 부족했던 남부 지역 국가들의 유럽공동체 가입이었다. 유럽공동체가 지역개발정책에 대해 더욱 강조한 것은 이런 국가들의 정치적 압력의 반영이다. 둘째, 독일통일의 효과이다. 유럽지역개발기금의 약 80%는 '목표 1'로 규정된 지역을 위해 배정되었는데, 그 지역은 지중해 남부와 아일랜드뿐만 아니라 가장 중요한 것은 명백하게 이데올로기적 이유를 위해 동독을 포함한다. 지역 이전(regional transfers)에 대해 유럽공동체가 더욱 강조하는 것에서 독일의 정치적 영향력은 명백하게 외부의 것이 아니었다.

그러나 지역 격차 축소를 위한 소득 이전은 저발전 지역으로부터 더욱 발전된 지역으로 유출되는 것 때문에 상쇄될 수도 있다. 낙후 지역은 자본재 부문이 부족할 수도 있다. 이는 정부 지출로부터 생겨나는 소득 승수 효과의 상당한 몫이 선진 지역에 혜택을 준다는 것을 의미한다.[10] 단토니오(D'Antonio)의 추산에 따르면 "남부 지역(Mezzogiorno)을 위한 새 법률 64/1986로 활성화된 투자 사업의 총순소득 승수는 1.79인데 이는 남부와 중부·북부(Centre-North) 두 지역으로 55% 대 45%의 비율로 나뉜다"(Camagni, 1992: 373에서 인용). 이것은 낙후 지역에 공공 개입의 효과를 줄이고, 기술 종속성과 경제 후진성의 관계를 재생산하는 경향을 만든다.

줄이자면, 지역정책은 공동체 내 지배 이익(과점자본들의 이익)이 지역 격차로부터 큰 어려움을 겪는 한에서만 공동체에 관심의 분야가 된다. 지역정책은 일반적으로 모든 재분배정책처럼 잘해봤자 자본의 축적과 착취의 결과를 악화시킨다. 최근에 그런 정책들이 유럽 인민의 삶의 조건에 상당한 개선을 만든 것 같

---

10) 소득 승수는 새로운 가치를 창조하는 것이 아니고 이미 존재하는 가치, 즉 상품의 실현을 설명하는 것임을 기억하라.

지만, 그것은 단지 경제성장의 장기 국면과 종속국들로부터 제국주의 중심으로 거대한 가치 이전이 결합된 효과 때문이다.

6. 이민정책

이민정책을 논의할 때 보통 두 가지 입장이 나타난다. 어떤 사람들은 이주(즉, 외래) 노동자들의 (강제) 본국 송환은 국내(즉, 토착) 노동자들을 위해 더 많은 일자리를 만들고 임금을 높이고, 따라서 경제성장에 필요한 구매력을 제공한다고 주장한다. 이런 주장은 그런 대책으로 (약간의) 토착 노동자들이 일자리를 쉽게 구하는 것이 가능하게 되는 반면에, 새로운 일자리 창출보다는 기존 일자리의 재분배라는 것을 간과한다. 토착 노동자들이 얻는 구매력을 이주 노동자들은 잃게 된다. 토착 노동자들을 위한 '긍정적' 효과(임금 상승과 실업 감소)가 일단 끝나면, 자본주의 경제의 내적 동학 때문에 더 많은 실업이 뒤따른다. 그것 외에도 이 시점에서 욕먹기 위해 남아 있는 이주 노동자는 아무도 없을 뿐만 아니라 실업과 공황은 '너무 많은 노동 공급'과 따라서 너무 낮은 임금과 구매력 때문에, 즉 자본가의 낮은 구매력보다는 노동(의 공급이 너무 많거나 노동이 너무 적게 소비한다는 것)의 낮은 구매력 때문에 일어난다는 자본의 관점을 노동이 받아들였기 때문에 노동자들의 투쟁력이 아주 약화되었던 것 같다.

다른 이들은 강제 본국 송환을 위한 논지를 반박하는 시도로 이민이 임금을 낮춤으로써 이윤율과 투자를 높이고, 따라서 성장과 고용을 촉진한다고 주장한다.

이 논지에서 공황의 원인은 높은 임금이다. 여기서도 역시 공황을 일으키는 것은 자본 자체가 아니라 노동, 즉 노동의 불충분한 공급이다. 두 해석은 주류 경제학의 서로 다른 흐름에 의존하며, 주류 경제학의 독단이 사회에 폭넓게 주입된다는 것을 고려해보면, 둘 다 직관에 호소하고 있다. 그렇기는 해도 그 둘은 틀렸다. 공황과 그리하여 실업은 너무 높은 임금이나 너무 낮은 임금 때문에 발생하지 않는다.

제3장에서 논증했듯이, 공황은 궁극적으로 자본 그 자신에 의해, 즉 더 효율적인 기술을 도입하면서 동시에 노동력을 몰아내는 자본의 끊임없는 추진에 의해 일어난다. 높은 임금이 실제 이윤율을 떨어뜨리는 반면, 낮은 임금률은 단지 잠재적으로만 이윤율을 상승시키는데, 왜냐하면 그것은 동시에 대중의 구매력을 축소하기 때문이다. 잠재 이윤이 실제 실현된 이윤이 될 수 있는 것은 오직 구매력이 증가하는 경우 또는 그렇게 될 때이다. 하지만 그때 자본은 자신의 곤란을 해외에 수출한다. 더욱이 이런 이윤이 일단 실현되면, (가치의) 생산 활동에 대한 투자는 개별 자본가의 능력 또는 의향보다는 경제순환의 국면에 의존한다. 임금의 수준은 공황을 일으키지도 또 무한정 막을 수도 없다.

먼저 경기 확장을 살펴보자. 처음에 임금률 하락(아마도 공황 또는 이민에 뒤따르는 풍부한 노동력 때문에)은 잠재 이윤율을 상승시킨다. 동시에 고용과 따라서 (잉여)가치 생산이 증가한다. 총구매력도 역시 증가한다. 이런 총구매력(생산된 총가치와 총잉여가치)의 증가가 임금률 하락으로 인한 총구매력 감소를 상쇄하는 한, 이윤율은 실현의 곤란 없이 상승한다. 경제성장의 기간이 늘어난다. 그러나 결국 임금률은 상승하기 시작한다(아마도 노동 공급의 고갈 때문에). 임금률 상승은 이윤율을 하락시키지만 동시에 대중의 구매력을 증가시킨다. 실현의 곤란이 없는 경우에조차도 이윤율이 하락한다. 이윤율 하락을 저지하기 위해 기업들은 기술혁신의 속도를 높인다. 이는 기술 선도자들에게 우호적이지만 전체 이윤율과 전체 성장과 전체 고용의 하락을 초래한다. 임금이 공격받게 된다. 따라서 경기 확장 국면에서 임금률 상승은 공황의 출현을 빠르게 만드는 반면, 낮은 임금률은 공황의 출현을 지연시킨다(그러나 공황을 피할 수는 없다).

경기후퇴를 살펴보자. 임금률 하락(아마도 실업 증가 때문에)은 대중의 구매력을 축소시키지만 잠재 이윤율을 상승시킨다. 고용 축소로 구매력은 더욱 감소하고, 잠재 이윤은 실현될 수 없다. 이 때문에 실제 이윤율이 하락한다. 불황과 공황이 악화된다. 구매력을 증가시키기 위해 임금률이 상승한다면, 실제 이윤은 감소한다. 이런 구매력의 증가가 실업 증가로 인한 구매력 감소를 상쇄하는 한, 실현의 곤란은 없으나 이윤율은 하락한다. 여기서도 역시 불황과 공황은 악화된다. 따라서 임금률 하락과 임금률 상승 모두 하강 국면을 악화시킨다. 차이는 구매력이 감소하고 있지 않더라도 임금률 상승으로 불황과 공황이 악화되는(주류 경제학의 한 흐름에서 임금률이 인하되어야 한다는 증거로서 인정하는 것) 반면, 임금률 하락으로 불황과 공황의 악화는 구매력 부족으로서 나타난다(따라서 주류 경제학의 다른 흐름에서 임금률 인상을 요구한다).

줄인다면, 임금률의 수준은 (경기상승 국면에) 공황의 발생을 늦추거나 앞당기면서 또는 (경기하강 국면에) 이런저런 방식으로 공황을 악화시키면서 단지 경제순환의 모습을 조정할 수 있을 뿐이다. 하지만 임금률의 수준은 공황의 원인이 아니며, 또 치유책도 아니다. 이런 결론은 이주 노동자를 위해 중요하다. 신고전학파 방식에서 임금 하락이 (높은 이윤율, 투자, 성장, 고용을 통해) 공황으로부터 벗어나는 길이라면, (노동계급에 대한 비용을 축소하기 위해, 즉 노령연금, 교육 시설, 보건 시설 등등 같은 노동계급에게 가는 자원을 축소하기 위해) 이주 노동자를 추방하고 동시에 임금률을 단속하는 것이 타당하게 된다. 케인스주의 방식에서 임금 상승이 (구매력 증대와 수요 자극을 통해) 공황으로부터 벗어나는 길이라면, (노동공급을 축소하고, 토착 노동자들의 협상력을 높이기 위해) 이주 노동자를 추방하면서 임금률을 올리는 것이 타당하게 된다. 두 경우에서는 이주 노동자 추방을 위한 경제적 근거와 그리하여 유럽 노동의 이주 노동자와 토착 노동자 사이에 모순되는 객관적 이해관계의 근거를 찾았던 것 같다.

반대로 임금률을 조작해 공황에서 빠져나올 수 없다면, 이주노동 추방은 이것이 임금률에 미치는 효과를 통해 단지 경제순환의 모습을 조정할 뿐이며, 공황으로부터 벗어나는 길을 제공하지 않는다. 공황은 계속해서 노동계급의 이 두 부문에 타격을 줄 것이다. 이주 노동자와 토착 노동자 간 모순되는 경제 이해관계의 논거는 주류 경제학의 분석에 기초한 미신이다. 주류 경제학에 있는 독단의 수용은 유럽 노동의 이주노동 부문과 토착노동 부문이 모순된 이해관계를 가진다는 생각의 수용으로 이어질 수밖에 없다. 이것은 노동이 스스로의 전략을 발전시키지 못하는 놀라운 무능력을 설명할 때 크게 도움이 된다.

이것이 사실이라면, 노동의 전략이어야 하는 것의 본질을 포착할 수 있다. 본국 송환이 해결책(의 한 부분)이 아니라면, 다시 말해 노동자 집단 가운데 이주 노동자 부문과 토착 노동자 부문 사이에 객관적인 모순이 없다면, 이주노동 부문과 토착노동 부문의 전략은 서로에게서 기존 일자리를 빼앗는 것에 초점을 맞추지 말아야 하며, 국제 연대에 기초한 새로운 경제 관계의 맥락 내에서 더 많은 일자리를 얻기 위한 투쟁에 초점을 맞추어야 한다. 본국 송환을 반대함으로써, 본국 송환을 반대하는 논거를 발전시킴으로써 노동은 자신의 정책이 될 수 있는 국제 연대에 기초한 정책을 위한 객관적 근거를 찾을 수 있다. 도덕적 논거는 중요할지라도 충분하지 못하다. 유럽의 노동한테 이주 노동자들의 본국 송환은 경제 측면에서도 쓸모없고, 이데올로기 측면에서도 자멸을 가져오는 것이다. 더욱이 연대는 평등주의를 필요로 하며, 결국 이것은 자주 관리를 필요로 한다. 따라서 국제 연대, 평등주의, 자주 관리는 노동이 유일하게 이기는 수가 되는 노동의 전략에서 세 가지 기둥이다. 이 주제는 맺음말에서 다시 다룰 것이다.

이 점을 더 자세하게 다루기 전에 유럽연합 내 이주노동에 특유한 몇몇 문제들과 그에 따른 전략을 고려해보자.

첫 번째 특유한 문제는 유럽연합의 민주주의 결핍과 관련된다. 제1장 제4절에서 봤듯이, 노동이 유럽연합 법률에 영향을 미칠 가능성은 회원국들 내 (이미 제한된) 노동의 힘보다 훨씬 적다. 이런 결핍은 유럽연합 이민자들한테 두드러져 있다. '유럽연합 조약' 제8조에서 회원국 국적을 가진 모든 사람은 유럽연합의 시민이라고 명시하고 있다. 이것은 회원국들의 영토 내에서 자유롭게 이동하고 거주할 권리,[11] 지방의회 및 유럽연합 의회 선거에 투표 및 출마할 권리, 외교적 보호권 및 외교적 대표권, 유럽의회에 청원할 권리, 행정감찰전문인제도(Ombudsman)에 건의할 권리를 부여한다.

그러나 이런 권리의 행사는 ① 이런 권리가 있는지에 대한 지식의 부족과 수용국의 언어와 제도에 대한 지식의 부족 때문에, ② 이런 시설을 이용하는 데 일부 정당화된 두려움 또는 불편함 때문에 아주 제한된다.

비유럽연합 이민자들한테 이런 어려움은 더욱 심각해진다. '유럽연합 조약'은 불법 이민자들은 말할 것도 없고, 제3세계로부터 온 유럽연합 내 합법적 거주자 900만 명으로부터 위에서 이야기한 제한된 권리조차 배제한다. 이들은 유럽연합의 16번째 회원국이라고 불리고 있다. 더욱이 '유럽연합 조약'은 유럽연합의 시민권을 얻는 데 한 회원국의 국적을 취득하는 것에 의존하게 한다. 그러므로 이는 이렇게 제한된 권리를 누리기 위해 이민자들로 하여금 기본적으로 자기 국적으로부터 배제되는 것을 목적으로 하는 국민국가의 법률에 의존한다.

노동 조직으로부터 배제와 시민권과 정치 권리로부터 배제는 이주 노동자들을 불법으로 몰아넣는다. 이는 이주 노동자들을 공갈하는 데나 합법 이주 노동자와 토착 노동자들의 협상력을 약하게 만드는 데 이용하는 부도덕한 기업가한테 이용당하기 쉬운 사람으로 만든다.[12] 노동은 불법 이민자들의 합법화를 위

---

11) 그러나 "이 조약에 서술된 제한과 조건, 그리고 조약을 시행하기 위해 채택된 대책들에 의한 제한과 조건에" 제약을 받는다.

12) 비유럽연합 노동자에 대한 착취율 증가는 이런 국가 정책의 의식적인 또는 무의식적인 결론일 수 있다. 예를 들어 캐나다에서 비이민고용허가계획(Non-immigrant Employment Authorization Program: NIEAP)을 통해 받아들인 이주 노동자들은 특정 고용주의 특정 일자리에 특정한 기간 동안 매이게 된다. 이는 이주 노동자들의 임금과 노동조건 협상력을 축소시켰고, 따라서 강제와 착취를 증대시켰는데, 왜냐하면 이주 노동자들은 "그들에게 제공된 조건이 어떠하더라도 받아들여야 하고 그렇지 않으면 추방당하기 때문이다"(Sharma, 1997: 19). 1993년에 이주 노동자들의 70%는 이런 임시 비자 노동자들로 구성되었다. Sharma가 주장하듯이 "노동력을 이동의 자유가 없는 형태로 재정립한 것은 (또는 지속시킨 것은) …… 고용주들이 노동자계급의 단결력을 더욱 약화시키고, 자신들

한 빠르고 투명한 절차뿐만 아니라 모든 합법적 이민자들 위한 유럽연합의 시민권을 요구해야 한다. 이런 요구는 평등주의와 연대와 자주 관리를 강조하는 관점에서 표현되어야 한다.

두 번째 특유한 문제는 이민자들의 유럽연합 진입권(right to entry)에 관한 것이다. 쇄국정책은 이민을 중단하는 것을 의미하지 않는다. 쇄국정책이 의미하는 것은 합법 이민은 급격하게 줄어드는 반면에, 불법 이민이 피지배국의 절박한 대중들로부터 쇄도와 오직 더 높은 정상 이윤율 덕분에 살아남을 수 있는 유럽연합 기업들의 끌어당김 때문에 지속된다는 것이다. 이는 정도의 차이는 있더라도 모든 유럽연합 회원국에 적용된다. 그리스, 포르투갈, 스페인, 이탈리아와 같이 전통적으로 이민을 보내는 국가들은 이민을 보내는 국가이면서 동시에 이민을 받는 국가가 되었다. 1995년에 이탈리아와 스페인은 비회원국과 그리스로부터 각각 100만 명이 넘는 노동자와 50만 명이 넘는 불법 이민자를 받았다(Gddes, 1995: 201).

토착노동이 (새로운) 이주 노동자들을 자본과 투쟁하는 데 잠재적인 도움을 주는 주체 대신에 자본이 하듯이 일자리를 위한 경쟁자로 인식한다면, 노동의 힘은 약화될 것이다. 그러나 노동이 이주 노동자들을 사회주의 관점에서 일자리 투쟁과 임금 인상 투쟁을 함께 하게 될 같은 구성원으로 생각하게 되면, 그때는 사회주의 계획이 각 회원국에서 더욱 진전될 뿐만 아니라 노동이 자본의 협박으로부터 자유롭게 될 뿐만 아니라, 이 정책은 국제 연대에 기여하게 될 것이고, 따라서 이민 수용국에서 사회주의 계획이 강화될 것이다. 노동은 이민자를 사회주의 발전 계획에 통합하는 것을 목표로 하는 개방정책을 조성해야 한다. 이 정책은 이민 수용국들에서 사회주의 경제성장을 조성하는 대규모 원조 계획 같은 것을 통해 비유럽연합 국가들로부터 강제이민의 명분을 없앨 필요를 강조하는 더욱 폭넓은 것을 의미한다. 개방정책이 가질 구체적 모습은 그것을 얻기 위해 싸울 구체적 조

의 이윤율을 보장하기 (또는 높이기) 위한 시도의 맥락에서 보아야만 한다”(Sharma, 1997: 29).

건에 좌우될 것이다. 여기서 이야기할 수 있는 모든 것은 이 정책이 사회주의 조직 원칙에 따라 운영되도록 하기 위한 필수 시설을 이민 수용국으로 하여금 만들 수 있도록 허용하기 위해 개방정책의 구체적 모습이 조절될 수도 있다는 것이다.

세 번째 특유 문제는 유럽연합 내 이민 범죄화(criminalizaton of immigration)와 관련된다. '셍겐 협정(Schengen Agreement)' 제7조는 제일 먼저 "불법 이민과 안보를 위태롭게 하는 행위로부터"(Tractatenblad van het Koninkrijk der Nederlanden, No.102, 1985) 회원국을 보호할 필요를 언급한다. 같은 접근법을 좇아서 '유럽연합 조약'은 마약 중독 및 밀매 퇴치와 국제 규모의 사기와 테러 행위와 심각한 형태의 다른 국제 범죄를 다루는 같은 조인 제K.1조에서 망명과 역내 이민과 제3국가들로부터 이민을 다룬다. 더욱이 '유럽연합 조약'은 제6조에서 국적에 따른 차별과 제119조에서 성별에 따른 차별을 금지하지만, 민족(ethnic) 또는 인종(racial)에 따른 차별을 금지하지 않는다. 사회헌장조차도 전문에서 "모든 형태의 차별을 퇴치하는 것이 중요하다"고 선언하지만 분명하게 단지 "성별, 피부색, 인종, 의견, 신념에 따른 차별"만 언급하며 따라서 민족 차별은 간과한다(European Commission, 1990). 이런 접근법의 결과는 재앙이다.

첫째, (합법 및 불법) 이민과 비유럽연합 국가로부터 망명 신청자를 다루기 위해 강화된 대책과 수단이 개발되었다. 가장 주목할 만한 것이 셍겐 제도이다.[13] '셍

---

13) 셍겐 제도의 전신은 트레비 그룹(Trevi group, 유럽 국가들이 테러 행위 문제에 대해 협력할 수 있도록 하기 위해 1976년에 설립되었다)과 몇몇 임시 그룹이 있다[예를 들어 이민 임시 그룹(Ad Hoc Group on Immigration)은 누구나 예상할 수 있듯이 정부의 망명 신청자 오용보다는 망명 신청자들의 오용을 끝내기 위해 설립되었다]. 트레비 그룹은 "1980년대 중반에 그 업무를 이민, 비자, 망명 신청자, 국경 통제를 포함해 자유로운 이동에 대한 보안과 안전의 모든 측면을 포괄하는 것으로 확대했다"(Weber, 1993b: 142). 따라서 이민 및 망명 정책은 유럽연합이 이런 정책에 관계하기 시작한 후부터 계속 형사사법[criminal (in)justice]의 측면에서 존재했다(유럽연합은 항상 개별 국가들이 규제해야 할 문제로 되는 것에 대해 고려했었다). 유럽경찰(Europol)이 트레비 그룹을 잇는 것으로 여겨졌다('유럽연합 조약' 제K.1 조). 초기 다른 단계에서 유럽경찰은 정보수집 기구(intelligence gathering operation)가 되려고 의도했다. 유럽연합의 이민정책과 망명

겐 협정'은 1985년 6월 14일 조인되었다. 이 협정에 따르면, 벨기에, 프랑스, 독일, 룩셈부르크, 네덜란드는 점진적으로 공통의 국경 통제를 폐지하고 조인국들과 그 외 회원국들과 제3국가들의 모든 국민들에게 이동의 자유를 도입하는 것에 동의했다. 동시에 '셍겐 협정'은 범죄 퇴치에 협력하는 것을 목표로 하고 있다. '셍겐 협정'은 의회의 관여를 요구하지 않았고 시행을 위한 준비(arrangements)와 확약(guarantee)을 정하지 않은 정부 간 조약이었다. 시행을 위한 준비와 확약을 정하는 것은 1990년 6월 19일 동일한 5개국이 조인한 셍겐 협정(Schengen Convention)의 임무였고, 이 협정은 의회 승인을 받아야 했다. 이때의 셍겐 협정으로 인해 역시 관련 국내법이 개정되었다.[14)]

정책에서, 유럽 통합 과정의 가장 부끄러운 측면 가운데 하나이다. Bunyan(1993)과 Webber(1993a; 1993b)를 보라. "정부 간 협력의 우산 아래에 있는 이 모든 임시 그룹들은 …… 각료이사회가 지원하는 상설 기구들로 교체되는"(Bunyan, 1993: 15) 추세이다.

14) 1998년 '셍겐 협정'은 독일, 프랑스, 벨기에, 룩셈부르크, 네덜란드, 스페인, 포르투갈, 이탈리아가 시행했고, 오스트리아, 덴마크, 스웨덴, 노르웨이, 핀란드, 아이슬란드도 참여하기로 계획했다. 영국과 아일랜드는 셍겐 제도의 회원국이 아니었다. '셍겐 협정'은 정부간주의 체제를 유지하기로 선택한 '유럽연합 조약'에 통합되지 않았다. '셍겐 협정' 제131조는 협정의 시행을 위한 각료 집행위원회(Executive Committee of ministers)를 설립했다. 13개 계약 체결국(15개 회원국에서 영국과 아일랜드가 제외된다) 각각은 각료 집행위원회에 1석을 차지할 권리를 가졌다. 각료 집행위원회는 일상적 운영을 중앙교섭집단(Central negotiating Group)과 실무 단위(working parties)에 위임했다. 위원회의 결정은 만장일치로 채택되어야 하기 때문에(제132조), 절차는 꽤 번거로웠다. 이런 결점을 없애기 위해 '암스테르담 조약'이 "'셍겐 조약(Schengen Acquis)'(즉, 유럽연합이 근거하고 있는 법률의 본체)을 유럽연합의 틀에 통합하는 의정서"를 통해 셍겐 제도를 포함했다. 그 결과 각료이사회는 "스스로를 집행위원회(Executive Committee)로 대체하게 된다(제2조)". 셍겐 조약은 2002년까지 유럽연합 회원국들에서 시행되어야 한다. 그 결과 영국과 아일랜드는 그때까지 이 제도에 참여해야만 할 것이다(셍겐 조약을 시행하는 셍겐 지역은 26개국으로 이루어져 있다. 이 가운데 22개국은 유럽연합 회원국으로서 완전한 셍겐 협정을 시행하고 있는 국가들이고, 나머지 4개국은 유럽자유무역협정 회원국으로서 셍겐 조약과 관련된 특수 협정을 맺고 셍겐 조약을 시행하는 아이슬란드, 노르웨이, 스위스, 리히텐슈타인이다. 유럽연합 회원국 가운데 영국과 아일랜드는 참여하지 않고 있고, 루마니아, 불가리아, 크로아티아, 키프로스는 참여를 요구받고 있으며, 곧 참여하는 것을 추진하고 있다. 아소르스 제도, 마데이라 제도, 카나리아 제도는 유럽 대륙

셍겐에서 만들어진 관리 체계의 중요한 부분이 셍겐 정보 체계(Schengen Information System: SIS)인데 셍겐 협정의 제92조에서 제119조까지 성문화되어 있다. 셍겐 정보 체계는 정보를 스트라스부르(Strasbourg)에 있는 중앙 컴퓨터('기술적인 지원 기능')에 제공하고, 중앙 컴퓨터로부터 정보를 검색하는 것에 초점을 맞춘다. 이것의 목적은 역내 관리를 강화하기 위해 필요한 모든 정보, 예를 들어 도난 차량 및 여권 관련 정보뿐만 아니라 범죄를 저지르는 유럽연합 시민과 원치 않은 외국인들(unwanted foreigners)에 대한 개인 정보를 수집하는 것이다. 셍겐 협정 제94조는 유럽회의의 권고(1981년 1월 28일 개인의 자동 처리와 관련해 개인 보호를 위한 협약)를 받아들였으며 그리하여 종교적 신념, 정파, 인종, 성적 취향에 대한 정보 수집을 금하고 있다. 하지만 필요할 경우 조사의 목적으로 이런 정보 수집을 허용하는 권고 자체 때문에 이런 안전장치는 매우 약화되었다(Bunyan, 1993: 26). 동시에 비유럽연합 이민자들에 대한 관리는 강화되었는데, "이는 아마도 이민자들에 대해 어떤 국가적 정책들의 심각성 증가로 인해 촉발되었는데, 극단적 민족주의 때문이 아니더라도 결국 최근의 외국인 혐오 수준의 증가로 강화되고 있는 것 같다"(Convey and Kupiszewski, 1995: 942~943).

토착 노동자들이 자신들의 더 확대된 이동의 자유('셍겐 협정' 제7조가 나타내는 목적은 역내 국경 철폐와 역내 국경을 역외 국경으로 이동시키는 것이다)와 비유럽연합 시민들에 대한 더 높은 장벽과 교환하는 것을 받아들이는 위험이 존재하지만, 그 핵심은 역내 이민의 자유를 더 확대하는 것과 비유럽 시민들이 유럽연합

밖에 위치하지만, 유럽연합 특별 회원국이고, 셍겐 지역의 일부이다. 모나코, 산마리노, 바티칸 시티는 셍겐 지역의 회원국은 아니지만 셍겐 지역과 국경을 트고 있다. 셍겐 지역 회원국의 인구는 약 4억 2000만 명이다. 프랑스는 2015년 11월 파리 공격과 이어진 공격으로 비상사태를 선언했고 셍겐 지역 다른 회원국들과의 국경을 통제하고 있다. 이민 위기 결과로 2016년 말부터 오스트리아, 덴마크, 독일, 노르웨이, 폴란드, 스웨덴은 일시적으로 셍겐 지역 다른 회원국들과의 국경을 부분적으로 또는 전면적으로 통제하고 있다_옮긴이).

에 들어오는 것에 대해 제약을 높이는 것은 노동의 필요라기보다 자본의 필요로 형성되는 것이다. 자본에게 노동자들의 이동과 정책의 자유가 필요하지만, 동시에 자본의 필요에 부합하지 않을 수도 있는 이동 형태를 통제하고 억제하는 것도 필요하다. 기본적으로 누가 불법 이민인지 정하는 것은 자본이다. 이는 마약상과 그와 유사한 범죄자뿐만 아니라 자본에게 (더 이상) 이용될 수 없는 이민자들이다. 줄이자면 자본은 노동력으로서 인민의 자유로운 이동이 필요하며, 따라서 국경을 가로지르는 노동력의 이동은 (토착 및 이주) 노동을 위해서라기보다는 다만 자본을 위해 편리함을 주기 위해서일 뿐이다.

불법 이민을 억제하고, 통제하고, 방지하는 것은 비용이 많이 드는 일이다. 이런 억압적 조치(repressive measures)의 비용은 추정되지 않았지만 당연하게 유럽연합이 이민자들을 유치하기 위해 쓸려고 하는 비용을 초과한다(그리고 개방정책을 반대하는 주장이 의존하는 것은 이 비용이다). 하지만 이런 비용이 최소라고 하더라도(이것은 사실과 전혀 상관없다), 환영과 보살핌 대신에 통제와 억압이 선택되었다는 사실은 이런 대책은 노동이 필요로 하는 자유가 아니라 자본이 필요로 하는 자유를 반영한다는 명백한 표시이다.

더욱이 앤드루 게디스(Andrew Geddes)가 언급하듯이 이민이 범죄의 문제로 이해된다면, 그때는 이민 반대 정책이 국민국가의 수준 및 초국가적 수준에서 정당화될 뿐만 아니라 인종주의 이데올로기를 옹호하는 집단들을 주류의 정치 논쟁에 더욱 가깝게 끌어들이게 될 것이다(Geddes, 1995: 207~208). 이것은 유럽연합이 인종주의와 외국인 혐오를 저지할 초국가적 수준의 법률 조문을 개발하지 못한 이유를 설명하는 요소일 수 있다. 회원국들에 대해 말하자면, 회원국들은 이런 현상들을 다루기 위해 아주 제한된 능력을 개발했다. 1995년에 "인종주의와 외국인 혐오 퇴치에 가장 적합한 것으로 …… 유럽연합 집행위원회가 밝힌 일곱 개 조약 가운데" 오직 세 개만 모든 회원국들로부터 승인되었다(Geddes, 1995: 199). 또한 "인종차별의 희생자를 위한 법률적 보상은 국민국가의 법률 조문에 의존한다"(Geddes, 1995: 211). 1995년 15개 회원국들 가운데 오직 4개국(영국, 네덜란드, 프랑스, 벨기에)만이 포괄적인 인종주의 반대법을 개발했다. 하지만 이런 국가들조차도 인종주의 폭력과 선전에 대해 느슨한 태도를 보인다.

이런 복잡한 과정을 통해 만일에 하나로 된 새로운 유럽 국가가 등장하는 때가 오더라도, 그 국가는 민주적인 정신을 가진 어떤 유럽 시민도 환영하지 않을 특징을 가지게 될 것임을 이민정책과 망명정책에서 보여준다.

> 비밀의 문화와 …… 인종주의 및 파시즘의 배경을 …… 이민 및 망명에 대한 정책과 함께 고려하면, 유럽의 국가는 역외 국경에 '방역선'을 설치해놓고 있고, 전체 공동체에 영향을 미치게 할 역내 관리를 위한 매우 엄격한 기구를 설립해놓고 있다. 그것은 해명을 요구할 민주적이거나 합법적인 기구 없이 관료들의 손아귀에 권력이 모여 있는 독재국가의 모든 특징을 가지고 있다(Bunyan, 1993: 33).

노동은 이민과 망명의 비범죄화, '솅겐 협정'과 다른 억압적 기구의 철폐, (정말 민주적인 의사 결정 과정을 통해) 진입 기준 다시 만들기를 요구해야 한다.

자본의 논리와 정책을 받아들이면서 유럽의 토착노동은 단기적으로 전술의 승리를 얻었을지라도 전략의 싸움에서는 분명하게 패배할 것이다. 유럽의 노동은 전체 노동이 더욱 커다란 대표권과 참여권을 얻기 위한 수단으로서 이주 노동자들을 위한 더욱 커다란 대표권과 참여권을 요구해야 한다. 존재하는 진입 장벽을 걷어내야만 하고 진입 기준은 노동이 힘을 잃는 것보다 더 많은 힘을 얻을 수 있는 수단으로서 세워져야 한다. 이주 노동자들에게 토착 노동자들이 누리는 똑같은 권리가 부여되도록 생각해야 한다. 이런저런 정책들은 인민의 자주 관리에 기초한 민주적인 제도의 요소로서 그 두 부문 간 노동의 연대와 평등을 강조하는 관점에서 만들어져야 한다. 줄이자면, 노동의 전략은 이주노동 같은 것은 없다는 의식에 기초해야 한다.

맺음말

제8장에서 유럽연합이 만들어낸 정책들의 암울한 모습을 묘사했다. 실업과 궁핍과 억압과 환경 악화와 유럽뿐만 아니라 거의 전체 인류에 피해를 주는 모든 악에 대한 대안이 있는가? 첫 번째 선택은 걷잡을 수 없는 신자유주의의 시기 동안에 가장 심하게 확산된 것인데, 이 체제의 내적인 '합리성'이 가능한 모든 사회 가운데서 가장 최선의 것으로 이어질 것이라는 희망으로 자본의 게임의 법칙을 받아들이는 것이 될 수 있다. 대부분의 노동조합과 사회민주주의 정부가 때로는 '새로운 현실주의' 또는 '산업 민주주의'라고 불리는 자본과의 협력 정책의 토대로서 임금과 다른 요구들에 '책임 있는 억제(responsible restraint)'를 하고 있다. 하지만 더 낮은 임금이 더 높은 성장과 고용으로 이어진다는 논지는 많은 오류에 기초하고 있다. 첫째, 위에서 본 것처럼 더 낮은 임금은 더 많은 잠재 이윤을 의미하지만 궁극적으로는 노동자들의 구매력 축소 장벽에 부닥쳐 잠재 이윤의 실현 실패를 의미한다. 둘째, 더 낮은 임금이 더 많은 실제 이윤을 낳게 하더라도, 이윤은 생산적 활동 및 성장을 만드는 활동에 재투자 되지 않을 수 있다. 경기 침체와 공황의 시기에, 더욱 가능성 있는 투자처는 금융 및 투기 부문 투자이다. 그리고 마지막으로 생산적 투자의 경우에조차도 자본은 더욱 효율성 있는 생산수단에 지출될 것이고, 그리하여 고용에 대한 효과는 아주 작거나 없을 수

있다. 임금 감소가 성장과 고용(고용에 대한 예산 삭감은 경제통화동맹의 맥락에서 중요한 특징이다)을 높이기 위한 수단이라는 신고전학파 주장은 근거가 없다.

신자유주의 치료법은 기회를 가졌으나 실패했다는 것을 고려하면, 어떤 이들은 추를 다시 케인스주의 정책으로 되돌려야 할 때, 즉 확장적 화폐·재정·예산 정책에 의존해야 할 때라고 주장한다. 이것이 실현의 어려움을 완화하고, 따라서 생산과 고용에 새로운 자극을 줄 수 있다고 지지자들은 주장한다. 이런 오류들은 역시 앞 장들에서 폭로했었다. 소득이 자본으로부터 노동으로 재분배되는 한 재고는 줄어든다. 그러나 문제는 그 돈(즉, 가치의 화폐 형태)이 어디서 오는가이다. 그 돈이 노동으로부터 따라서 궁극적으로 실질임금의 하락으로부터 오는 한, 잠재 이윤은 상승하지만 잠재 이윤의 실현은 저해된다. 그 돈이 자본으로부터 오는 한, 더 많이 팔리기는 하지만 이윤은 적어진다. 생산과 고용의 총계 수준에 대한 효과는 자동으로 따라오는 것이 아니다. 만약에 이런 재분배가 (자본에게) 수용할 수 있는 한계 내에 있다면, 즉 자본이 이윤율 하락을 기꺼이 받아들이려고 하고 받아들일 수 있다면, 성장과 고용은 떨어지지 않을 수도 있다. 이것이 온건 급진파 노동조합주의 이면에 내포된 가정이다. 하지만 이 정책들 또한 철저하다면, 성장과 고용은 떨어질 것이다. 더욱이 명쾌한 재분배정책은 오직 경제가 상승 국면에 있고 노동자 집단이 그런 정책을 부과할 수 있는 경우에 객관적으로 가능하다. 현재 국면은 그렇지 않다.

마지막으로 어떤 이는 재분배정책의 유용함을 반드시 거부하는 것 없이, 재분배정책보다 더 나아갈 필요성을 주장한다. 예를 들어, 유럽기업감시(Corporate Europe Obsevatory, 1997: ch.6.1, p.3)는 "금융과 자본(finance and capital)에 대한 민주적 통제를 회복할" 필요성에 초점을 맞춘다. 자본은 성장하지 않으면 반드시 죽는다는 것과 이런 성장은 격동스럽고 무정부적이라는 것은 위에서 보여줬다. 이것은 금융 및 투기 자본에 더욱 잘 적용된다. 자본에 대한 진정한 민주적 통제는 자본의 폐지를 의미한다. 다음으로 「인간개발보고서」는 자본주의의 한계를 인정하는데(United Nations Development Programme, 1998: 14, 86, 104~105 등등), 예를 들어 제3세계로부터 자원이(그리고 그 자원을 가장 필요로 하는 제3세계 사람들로부터) 제국주의 국가들의 사치재나 쓸모없는 상품생산으로 들어가는 것이다. 「인간개발보고서」는 소비 유형의 변화, 다른 종류의 상품생산, 피지배국들에서 기술혁신 촉진을 지지하는 주장을 한다(United Nations Development Programme, 1998: 87, 91, 96). 하지만 이 모든 것은 생산된 사용가치를 다르게 배치하는 것뿐만 아니라 전 세계 소득을 다르게 분배하는 것이 이 경제 체제가 지닌 착취하는, 그리고 비합리적 본성에 영향을 줄 수 없다는 것을 간과하고 있다. 기술혁신에 대해 말하자면 자본주의 생산관계 내에서 (제국주의 내에서나 피지배국들 내에서) 더 많은 기술혁신은 아주 해로운 결과를 낳는 공황의 궁극적 원인이라는 것을 이 책에서 논증했다.

어떤 사회체제의 본질이 그 체제의 사회관계에 있다면, 그리고 자본주의 체제의 개선이 전 세계 노동자 집단을 그 심각한 곤경으로부터 해방시키는 것에 전혀 이르지 못한다면, 자본주의 사회관계와 정반대되는 새로운 사회관계(우선 경제관계)가 창조되어야 한다. 자본주의 사회관계가 생산수단 소유자와 비소유자의 분리, 불평등, 경쟁에 기초하고 있다면, 새로운 사회관계는 (국제)연대, 평등주의, 자기결정권에 기초해야 한다. 이 세 가지 개념 각각은 나머지 두 개념을 함의한다. 평등은 생산수단 소유자와 비소유자 간 차이의 폐지, 즉 노동자 집단의 자기결정권을 함의한다. 또한 경쟁이 불평등으로 이어질 수밖에 없다는 것을 고려하면 평등은 연대를 함의한다. 마찬가지로 연대는 특권이 없는 상태(평등)를 함의하는데, 결국 그것은 자기결정권을 함의한다. 그리고 자기결정권은 생산수단의 소유자와 비소유자 간 차이가 사라진 상태를 함의하는 데 그것은 결국 평등과 연대를 함의한다.

위에서 경제개혁(뿐만 아니라 다른 개혁)을 위한 투쟁을 부정하지 않고 지지했고 독려했다. 여기서 경제개혁은 (급진적) 사회민주주의 계획과 다르지 않다. 차이는 사회민주주의 계획 내에서 그런 개혁을 위한 투쟁은 (아무리 급진적이라고 하더라도) 자본의 관점에서 (따라서 자본주의 생산·분배·소비 관계 내에서) 수행되며 그리하여 그런 개혁을 다른 사회로 향한 투쟁과 단절시킨다.[1] 업무량의 감소, 가능한 공공 일자리를 통한 새로운 일자리 창출, 자본에 대해 법적인 형태 및 다른 형태의 제약 부과, 최저보장소득, 생산되는 상품 종류들을 환경에 덜 해로운 생산물로 전환 하는 것 등등은 과거 경험에서 보았듯이, 이런 대책들이 가능한 한 지금 벌써 시행되는 것으로서 사회의 모든 부문에서 연대와 평등주의와 자기 결정권의 사례와 구체화로 되지 않는다면, 자본주의 재생산의 조건과 똑같은 것이 된다. 이는 사회개혁과 노동자들의 생활조건 및 노동조건 개선을 위한 투쟁이 반드시 케인스주의 및 주류 경제학 분석을 의미하는 것이 아님을 뜻한다. 반론으로 제3장에서 보았듯이 케인스주의와 가치론 사이에 기본적인 양립 불가능성이 있다. 이 두 접근법을 합성하는 것에 이르려는 어떤 시도도 오직 내적인 모순을 가지게 되며, 오직 내적으로 허약한 정치 계획으로 이어지게 된다.

의심의 여지없이 어떤 독자들은 잘 알려져 있는 반론을 제기할 것이다. 아마도 가장 자주 있었던 주장은 "그렇다면, 당신은 어떤 노력을 할 수 있나요?"일 것이다. 제러미 시브룩(Jeremy Seabrook)이 적절하게 언급하듯이 "이런 수수께끼 질문은 체제의 옹호자들에게 더욱 적합하게 되돌려져야 하는데, 피폐해진 대지, 고갈된 자원, 오염된 물과 공기의 장소에 그들은 어떤 노력을 하자고 제안하는가?"(Seabrook, 1990: 188). 그들이 제안하고 있는 것은 현재와 똑같은 문제를 더 많이 만드는 것이고 따라서 더 많은 공황과 실업과 빈곤과 생태 파괴이며, 그리고 현존 사회체제의 탄생부터 현재까지 관련된 모든 특징을 더 많이 만드는 것이다. 이 책에서 제안하는 것은 위에서 언급한 근본적으로 대안이 되는 세 가지 원칙에 기초하는 사회이다. 그런 사회의 청사진이 아닌 현실적인 예상을 카르케디(Carchedi, 1999a)에서 개요를 제시했다. 이런 예상의 현실성은 그것을 벌써 실

1) 이것은 역시 네덜란드 경제학자 70인의 선언과 분석(Verklaring, 1997), 그리고 유럽 경제학자 331인의 선언과 분석(Open letter, 1997)에도 적용된다. 이런 입장은 통화주의 통설에는 도전하지만 자본주의 체제의 비합리성에는 도전하지 않는다.

현한 것과 현재 잠재성을 가지고 있지만 아직 실현되지 않은 것과 노동운동 및 사회운동의 계속 되는 열망과 새로운 사회를 창조하기 위한 이런 운동들의 (지금까지) 실패한 시도들에 대한 분석에 기초하고 있다. 잠시 후 여기서 오직 한 가지 예가 제시될 것인데 다른 형태의 노동의 기술적 분리에 관한 것이다.

평등주의 정신과 이타주의 정신은 인간 본성에 반대된다는 '냉소적인 주장'이 있다. 이 책에서는 이 정신이 역사적으로 특수한 생산과정(따라서 생산관계), 즉 자본주의 생산과정에 뿌리를 둔다는 것을 보여줬다. 더욱이 단순한 관찰로도 우리는 평등주의 정신과 이타주의 정신이 자본주의 아래에서조차도 존재한다는 것을 알 수 있는데, 예를 들어 친구 사이에서나 부모와 자식 사이에서나 전체를 위해 어떤 이들이 스스로를 희생하는 상황에서 그렇다. 또한 사회 인류학에 관한 얕은 지식으로도 협동에 기초했던 사회형태가 있었다는 것을 알 수 있다. 마거릿 미드(Margaret Mead)가 1931~1933년에 수행했던 뉴기니(New Guinea)의 아라페시족(Arapesh)에 대한 유명한 조사를 약간만 인용하는 것으로도 충분할 것이다.

> 사람들은 각각 하나의 정원만 가꾸지 않고 자신의 다른 친척 집단과 협동해서 몇 개의 정원을 가꾸었다. 그 정원 가운데 하나는 그가 주인이고, 다른 정원에서는 그는 손님이다(Mead, 1962: 37).

또한 사냥에도 똑같이 개인주의가 없는 특징이 있다.

> 역시 사냥을 할 때, 사람은 혼자서 하지 않는다. 주최자이든 손님이든 사냥감을 먼저 본 사람이 가지게 되며, 여기서 필요한 유일한 요령은 다른 사람보다 더 많이 사냥감을 보지 않는 것이다(Mead, 1962: 39).

식량 분배에서도 마찬가지이다.

이상적인 식량 분배는 각자 다른 사람이 기른 식량을 먹고, 다른 사람이 잡은 사냥감을 먹고, 자신이 키우지 않았을 뿐만 아니라 멀리 있어서 이름도 모르는 사람이 키운 돼지고기를 먹는 것이다. …… 사회에서 지위가 가장 낮은 사람은 …… 스스로 잡은 것을 먹는 사람이다(Mead, 1962: 45).

마지막으로 '냉소적인 주장'에 매달리고 있는 불가능성에 직면해, 비평가들은 '기술적인 불가능성 주장'으로 도망간다. '공산주의'의 실패가 보여줬듯이, 협동과 이타주의는 원시적이고 작은 규모의 사회에서 가능할지 모르나 현대의 복잡한 사회에서는 가능하지 않다는 것이다. '기술적인 불가능성' 주장에 대한 대답을 여기서 요약하겠다. 소비에트 체제의 몰락에 대해 말하자면, 그 원인은 기술적인 것이 아니라 사회적인 것인데, 즉 그 체제는 연대와 평등주의와 자기결정권에 기초하지 않았다고 볼 수 있다. 소비에트 체제는 순수한 자본주의체제를 향해서 더욱 가까이 가고 있던 거짓된 체제였다. 이런 거짓된 본성이 소비에트 체제를 계급사회 자본주의의 맹공에 취약하게 만들었다(Carchedi, 1993).

그러면 노동 분업과 이것에서 가정되는 연대·평등주의·자기결정권에 기초한 사회와의 양립 불가능에 대해 잠시 다루어보자. 이 논지에 대해 가장 흔하게 듣는 반대는 현대 기술과 이것 때문에 필요한 노동 분업은 노동과정의 대안적인 구성을 위해 너무 복잡하다는 것이다. 이런 비판이 간과하는 것은 직무의 파편화와 자질 낮추기(de-qualification)는 기술적으로 결정되기보다는 사회적으로 결정된다는 것이다. 노동 분업 범위의 한쪽 끝에서는 대개 실무 훈련을 통해 배우는 데 단지 몇 주 또는 몇 달밖에 필요하지 않은 일자리가 있는데, 예를 들어 사무 업무, 텔렉스와 딕터폰을 다루는 것, 문서 작성, 문서 보관 등등이다. 노동자들 사이에서 이와 같은 업무 순환은 그것이 이윤율에 미치는 효과로 인해 제약을 받지, 극복할 수 없는 기술 장애 때문이 아니다. 노동 분업 범위의 다른 한쪽 끝에는 굉장한 전문 지식과 전문 기술이 필요한 일자리가 있다. 그러나 이런 전문 지식과 전문 기술을 얻는 데 필요한 시간은 상당히 짧아질 수 있다. 그러나 훨씬 더 중요한 것은 무기와 쓸데없는 생산물 생산, 판매 노력, 억압적 국가기구 등등을 폐지해 사회가 얻는 시간은 모든 사람들에게 다른 분야에서 몇 번의 삶을 보장하는 기회를 충분히 제공하고도 남을 수 있다는 것이다.

일자리 재설계에 대한 사회학 문헌들에서 중요한 기여를 얻을 수도 있는데, 일단 그 문헌들이 가진 이데올로기적 메시지를 버린다면, 즉 일자리 재설계는 ① 더 좋은 노동조건을 위한 진정한 관심(몇몇 일자리 재설계 전문가들한테서 진정한 이타적 동기를 배제하지 않는 것)보다는 자본주의 생산관계에 내재한 모순(즉, 잦은 결근, 낮은 품질 등등)에 의해 촉진되며, ② 노동자들 자신의 업무가 되기보다는 노동자 집단의 지식을 무시하거나 전유하는 전문가들의 업무이며, ③ 노동자들이 자신의 노동과정 구성에 대해 생각하고 필요할 때는 그 구성을 바꾸는 열린 과정에 참여하는 것에 기초하고 있는 것이기보다는 닫힌 업무이며(즉, 자본의 관점에서 눈에 보이는 개선이 있는 것이거나 실험은 배제되는 것), ④ 직무의 재구성인데, 일자리 만족 및 직무 내용의 증가(즉, 더 다양한 업무)는 오직 노동자들로 하여금 생산성을 높이고 더 높은 노동강도를 유지하고 더 강화된 노동 통제를 받아들이게 하는 방법이다. 생산성이나 노동강도나 자본의 통제를 높이지 않는 일자리 재설계 계획은 그것이 노동조건에 커다란 개선을 낳을 수 있는 사실에도 불구하고 고려되지 않는다.

하지만 이런 반대 논지들은 중요하긴 해도 문제의 핵심을 건드리지 못하고 있다. 계획, 생산, 분배, 배분, 사회적 소비를 포함하는 모든 노동과정은 몇몇 종류의 노동의 기술적 분업에 기초하고 있다. 진정한 인간 사회의 궁극적 목표가 사람들 각자가, 그리고 사람들 모두가 자신의 잠재성을 가능한 최대한도까지 발전시키는 것을 가능케 하는 것이라면, 그러면 모든 노동과정은 그 목표에 부합하는 방식으로 구성되어야 한다. 달리 말하면, 업무의 분류를, 즉 직무를 전체적으로 정해야 하는 사람은 그 과정에 참여하고 있는 노동자들이며, 이는 모든 참여자들에게 자신의 최대 발전과 자아실현을 보장한다. 그러나 이런 업무들 가운데 어떤 것은 바람직하지만 다른 것은 그렇지 않으며, 어떤 것은 내부 발전에 더 많은 가능성을 주지만 어떤 것은 더 적게 주며, 어떤 것은 사람들로 하여금 사회적인 의사 결정 과정을 준비하게 하지만, 다른 것은 그렇지 않는 등등의 것이 있다. 따라서 각 직무는 ① 바람직함, ② 자기 개발의 가능성, ③ 사회적 의사 결정 과정에 참여 가능성의 측면에서 거의 같아야 한다. 직무들이 균형 잡혀야 한다는 것은 이런 의미에서이다.[2] 직무들이 노동자들의 욕구에 가변적이어야 하고 조정 가능해야 한다는 것도 역시 이런 의미에서이다. 선호하는 새로운 조직 구성이 나타나면 언제나, 새로운 노동자들이 참여하면 언제나, 그와 비슷한 일이 발생하면 언제나, 직무들은 바뀔 수 있어야 한다.

이것은 어떤 노동과정에서 일을 하고 있는 사람 모두가 모든 업무를 수행해야 한다거나 또는 그렇게 하기를 원한다 하더라도 그렇게 할 수 있다고 의미하는 것이 아니다(예를 들어, 공항에 있는 노동자들 모두가 조종사가 되어야 하는 것은 아니며, 또 차례로 그렇게 해야 하는 것도 아니다). 그것은 다음을 의미하는데, 첫째, 균형 잡힌 직무의 속성을 고려할 때 모든 사람은 노동과정에서 긍정적 측면과 부정적 측면을 평등하게 가지며, 둘째, 노동자들 스스로 균형잡기를 수행하며, 셋째, 자발적인 내부 이동과 외부 이동은 각 개인의 자기 개발 가능성이 최대한까지 노출될 수 있도록 보장한다(사회학적인 개념으로 수직 이동은 없으며 오직 균형 잡힌 직무들 사이에서 수평 이동만 있다). 따라서 노동의 기술적 분업의 대안은 균형 잡힌 따라서 변화에 열려 있는 직무 체계에 기초하고 있을 뿐만 아니라 이런 직무들 사이에서 노동자들의 순환에 기초하고 있다. 노동과정들 사이에서도 역시 마찬가지로 균형이 잡혀야 한다.[3]

---

2) 이 개념을 Albert and Hahnel(1991)로부터 빌려왔다.

3) 그러나 어떤 업무가 너무 매력이 없어서, 그 노동과정에서 이용되는 바람직한 업무와 균형을 맞출 수가 없어서, 균형 잡힌 직무 구조가 불가능하다면, 각 노동자는 차례로 그 업

자본주의 아래에서 노동의 기술적 분업은 직무의 파편화, 육체노동으로부터 정신노동의 분리, 단순 반복 및 소외, 그리하여 자질 낮추기(de-qualification)에 기초하고 있다. 노동의 기술적 분업의 대안은 직무들의 재구성으로(직무들은 가능한 가장 많은 수의 직무를 포함한다), 각 직무 내에서 육체노동과 정신노동의 결합으로, 단순 반복의 최소화로, 따라서 각 개인의 잠재성을 최대한 발전시키는 쪽으로, 즉 다시 자질 높이기(re-qualification)로 향하는 경향을 가진다. 자본주의 아래에서 다시 자질 높이기는 직무에서 자본의 기능(관리 및 감독 업무)과 오직 육체노동을 수행하는 사람과 오직 정신노동을 수행하는 사람 사이의 분리를 폐지해 모든 직무의 질을 동등하게 높이는 것을 목표로 삼아야 한다.

자본주의 아래에서 새로운 기술은 실업과 경제공황을 초래한다. 대안 경제체제 아래에서 생산은 생산자의 욕구(따라서 소비자의 욕구)에 맞게 조절된다. 기술혁신 때문에 어떤 실업도 일어나지 않으며, 오직 더 많은 여유만 따라오며 따라서 경제공황도 일어나지 않는다. 생산성 개념도 역시 바뀌는데, 자본주의 생산성 개념과는 비교할 수 없는 것이 된다. 한편으로 자연 파괴, 자본주의 폐기물, 실업과 노동수단 모두 사라진다. 다른 한편 강조되는 것은 생산 증가가 아니라 모든 노동자들의 완전한 발전이다. 직무와 직무 순환 등등의 균형잡기와 관련한 갈등은 사라지지 않으나, 참여 구성원들이 주체적으로 평등주의와 연대에 기초해, 그리고 각 개인의 행복은 다른 모든 개인의 행복을 위한 조건이라는 생각에 기초한 과정을 통해 전체적으로 함께 해결한다.

근본적인 대안 사회에 부합하는 노동의 기술적 분업의 가능성에 대한 이런 논의는 새로운 사회로 가는 길이 불가능하지 않다는 것을 보여준다. 그러나 그

무에 공평하게 시간을 보내야 할 것이다. 이것은 역시 긍정적인 업무가 부정적인 업무 때문에 부분적으로만 보상받을 수 있는 직무를 채우는 노동과정에 있는 노동자에게도 적용된다. Albert and Hahnel(1991)은 "평등은 (시간의 합리적인 길이에 대한) 평균에서 온다"(Albert and Hahnel, 1991: 30)고 했다. 이것은 노동과정 사이에서뿐만 아니라 노동과정 안에서도 직무 순환이 평등주의의 기술적 노동 분업에 필수적인 특징인 이유이다.

것은 너무나 어려우며, 그 어려움은 유럽과 전 세계의 수준에서 심해진다. 그러나 자본주의 자체의 발전은 근본적인 대안 의식이 만들어질 수 있는 객관적인 조건을 조성한다. 자본주의의 산물 가운데 하나인 생태 문제는 점점 더 지구 전체에 영향을 미치고 있다. 환경 관련 재앙(산성비, 지구온난화, 오존층에 난 구멍, 생물 다양성의 상실, 이런 것들 때문에 일어나는 자연의 모든 재앙)의 원인에 대한 계급 분석은 전 세계 계급의식을 창조하는 것에, 따라서 국제 연대가 참사를 피하기 위해 필요하다는 의식을 창조하는 데 도움을 줄 수 있다. 생명공학은 대안적 집단의식에 이르는 또 하나의 길이 될 수 있다. 심각한 건강상 위험과 더욱이 이윤 창출의 명령에 따라 생물을 주조할 가능성은 자본주의 체제에 대한 근본적 비판에 역시 기여할 수 있고, 따라서 자본주의 체제가 다른 체제로 대체되어야 한다는 의식에 기여할 수 있다. 소비자 보호 단체, 여성·어린이·소수민족의 착취에 반대해 싸우는 단체와 운동, 군국주의 반대, 인간면역결핍바이러스/후천면역결핍증(이런 것은 빈곤층에 더욱 많이 타격을 준다)의 확산조차도 국가 전역의 문제와 심지어 지역의 문제도 자본주의 발전에 뿌리를 두는 더욱 일반적인 문제들이 현실에서 지역화된 형태라는 의식이 확산하는 출발점이면서, 그러한 의식을 불러일으키는 것이 될 수 있다.

위에서 언급한 몇몇 단체와 운동은 일반화된 대안의식이 생겨날 수 있는 거름이 될 수 있다. 이것을 마치 노동조합과 산업 투쟁의 의미가 사라지는 것처럼 여겨서는 안 된다. 오히려 반대로 노동조합과 산업 투쟁은 중심성을 유지하는데, 자본주의 체제의 재생산을 위한 자본주의 생산관계의 중심성 때문이다. 다만 노동조합과 산업 투쟁이 반드시 폭넓은 대안 운동의 촉매는 아니다. 희망 있는 발전은 사회운동 노동조합주의이다. 이것은 세 가지 요소에 기초한다. 첫째, 노동조합의 요구는 조합을 둘러싼 사회 맥락적 이해관계와 상충하지 말아야 한다. 둘째, 노동조합 회원들은 자신들의 요구를 만들 때 적극적이어야 한다. 조합원들의 수동성이 관료주의 및 권위주의 구조로 인해 조합원들이 배제된 결과라는 것은 고려한다면, 그런 활동을 위해 비관료주의 노선에 따라 노동조합을 개혁하는 것이 필요하다. 셋째, 대부분의 투쟁이 지역적이거나 국내적이더라도, 관점과 전략은 국제적이어야 한다. 최종 목표는 노동을 압박하는 방법으로서 자본의 재배치에 반대하기 위해 협력을 얻는 전략을 발전시키는 것이다. 최근의 성공 사례는 1996년 캐나다 자동차 노동자들(Canadian Auto Workers)의 집단 협상 계획인데, 21일간 파업 후 공장 장악에서 정점을 이뤘고, 이 때문에 제너럴 모터스(General Motors)는 다른 곳에서 생산을 재개하기 위해 원료를 내보내는 시도를 하고 있었다. 이 공장 장악은 일반 대중을 전혀 소외시키지 않았기 때문에, 실제로 지지를 얻었다(Moody, 1997: 61). 다른 예는 1997년 유피에스(UPS: United Parcel Service)의 아주 성공적인 파업인데, 미국노동총연맹 산업별 조합회의(AFL-CIO)로부터 지지를 받았고, 대중으로부터 폭넓게 지지를 받았다(*Notizie Internazionali*, 1997: 6~11).

협력을 얻는 전략은 사회 동반자 이데올로기에 기초한 노동조합주의에 대단한 개선을 만들었다. 이 전략은 다음 세 가지 원칙에 기초한 전략으로 변화해야 한다. 첫째, 공황의 결과는 공황을 일으킨 자들이, 즉 노동이 아니라 자본이 짊어져야 한다. 그러므로 마찬가지로 사회민주주의 세력이 옹호하는 정책에 대해 노동은 자신에게 유리한 소득분배를 요구해야 한다. 둘째, 이것이 자본의 협박을 부추긴다면, 즉 노동자 축출, 폐업, 자본도피 등등을 부추긴다면, 노동은 겁을 먹을 게 아니라 기업을 장악하고 스스로 운영할 준비를 해야 한다. 이 전략이 성공할 확률이 더 클수록 대중의 지지는 더 많을 것이다. 셋째로, 그리고 가장 중요한데, 노동이 운영하는 기업들은 위에서 말한 세 가지 원칙에 따라서, 즉 연대(기업 내에서도, 그리고 가능한 외부 세계와 관계를 맺고서도), 평등주의(역시 내부적으로도, 그리고 가능한 한 외부적으로도), 자기결정권(즉, 기업에 대한 집단적 소유권)에 기초해 운영하는 것을 시작해야 한다. 이 계획에 내재한 어려움은 엄청난데, 그러나 세계 수준에서(또는 적어도 제국주의 중심에서) 동시에 일어나는 주요한 근본적 변화가 없다면, 이 전략 말고는 다른 대안은 없는 것 같다.

노동으로 하여금 순전하게 방어적인 시야와 정책을 넘어설 수 있게 하고, 새로운 사회가 기초할 수 있는 근본적으로 다른 통찰력과 삶의 경험을 만들어내게 하는 것은 연대와 평등주의와 자기결정권에 기반을 둔 사회관계에 노출시키는 것이다. 우리가 3000년대 시대로 들어설 때 가장 중요한 질문은 이런 의식이 예측할 수 있는 미래에 등장할 가능성이 있냐는 것이다. 현재 자본주의 이데올로기의 (특히 그것의 신자유주의 형태에서) 독성을 고려한다면, 우선 커다란 재앙이 일어날 수 있는 것이 가능하다. 예를 들어 커다란 경제공황 뒤에 일반화된 파시즘 통치의 시기 같은 것이나 제3차 세계대전이나 인간의 생존을 직접적으로 위태롭게 하는 지구적인 생태 재앙이나 유전자 조작의 '발전'에 따라 인간 본성에 폭넓게 개입하는 것이다. 이것은 최악의 예언이 아니라 가능한 결과이고 실현 가능성이 있는데, 왜냐하면 오늘날 현실에 벌써 들어 있기 때문이다. 하지만 마찬가지로 반대의 결과, 즉 각 개인의 완전한 발전이 모두에게 완전한 발전의 조건이 되는 사회적 삶의 형태가 가능하며, 그와 같은 지구적 재앙을 좇아가는 것이 아니라 그런 재앙의 발생 가능성이 증가하는 것을 함께 널리 의식하는 것을 따르며 그에 따라 그런 재앙을 피하기 위한 투쟁을 추구할 수도 있다. 이 책이 그런 의식을 확산하는 데 기여하기를 희망한다.

어떤 이는 바로 지금 그런 전략은 성공할 가능성이 없으며, 이상향을 꿈꾸지 말고 현재의 상태에 자신을 맡기라고 주장할 것이다. 하지만 어떤 주어진 시기에 자본과 노동 사이의 힘 관계를 고려해 어떤 요구가 현실적인지 가늠하는 것과 이 사회의 비인간적 본성에 도전하는 어떤 요구를 선험적으로 포기하는 것은 서로 다른 일이다. 이상향에 대해 말하자면, 이 책 전체에서 비추고 있는 다른 유럽에 대한 희망이 사실 하나의 이상향인데, 하지만 실현 가능한 이상향이다. 마침내 이상향의 실현으로 나아가지 않겠는가?

저자 후기

2001년에 이 책이 출판된 후 세 가지 큰 사건이 유럽을 뒤흔들었는데, 비우량 대출 재앙이 불붙인 2007~2009년 세계 금융 위기, 유로 위기, 유럽연합 탈퇴를 위한 영국 시민들의 투표(브렉시트)이다. 이 세 가지 사건을 적합하게 이해하는 이론 수단을 제공했다는 의미에서 이 책은 검증 기간을 마쳤다. 이 후기는 이 책이 처음 출판된 뒤에 일어난 일을 보완한다.

1. 비우량 대출 재앙과 2007~2009년 세계 금융 위기

2007~2009년 세계 금융 위기를 이해하기 위해서는 먼저 금융 위기 일반에 관해 몇 마디 하는 것이 필요하다.

기본 주제는 (여기서는 암시만 줄 수 있고, 곧 출판될 필자의 책에서 자세하게 전개하고 있다) 금융 위기는 잉여가치를 생산하는 부문의 경제에서 선행된 악화 때문에 더 구체적으로는 이윤율 하락 때문에 일어난다.

두 가지 이윤율[1]이 1963년부터 1975년 사이에 하락했고, 그러고 나서 1975년부터 2007년까지 상승했다. 이 두 이윤율은 생산 부문과 비생산 부문(기본적으로

〈그림 1〉 세계 이윤율과 G7 이윤율(1963~2008)

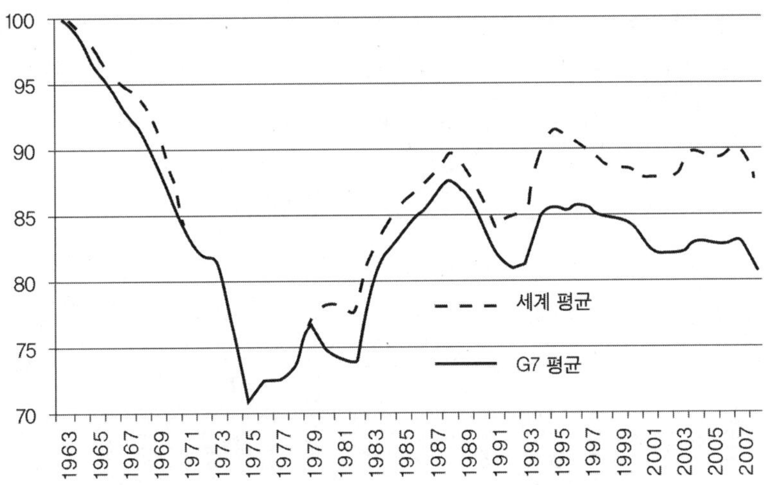

출처: Carchedi and Roberts(2013: 90).

금융과 상업)으로 구성되어 있지만, 착취율의 엄청난 증가는 다루지 않는 자료를 토대로 계산했다. 하지만 경제의 건강 상태를 나타내는 이윤율은 투자된 자본에 대해 생산된 잉여가치의 비율이며, 따라서 (생산 부문에서부터 비생산 부문까지) 자본가들 사이의 분배와 그리고 자본과 노동 사이의 분배(착취율)와 무관하다. 거의 1980년대 중반부터 시작된 두 가지 이윤율 상승의 이유는 착취율 상승이다. 하지만 2007~2009년 세계 금융 위기에 앞선 시기 2001~2007년을 살펴본다면, <그림 1>에서 G7 이윤율이 경향적으로 하락하는 반면 세계 이윤율은 경향적으로 약간 상승하는 것을 볼 수 있다. 따라서 두 가지 이윤율은 생산 부문의 착취율 변화를 배제하고 계산되어야 한다. 적합한 통계 자료의 부족으로 이런 수정 값을 계산할 수 없다. 하지만 예외가 하나 있는데 미국의 평균이윤율이다.

다른 나라들에서도 수정 값을 얻을 수 있다면, <그림 2>처럼 <그림 1>이

1) 세계 이윤율과 G7 이윤율을 가리킨다_옮긴이.

〈그림 2〉 미국 평균이윤율

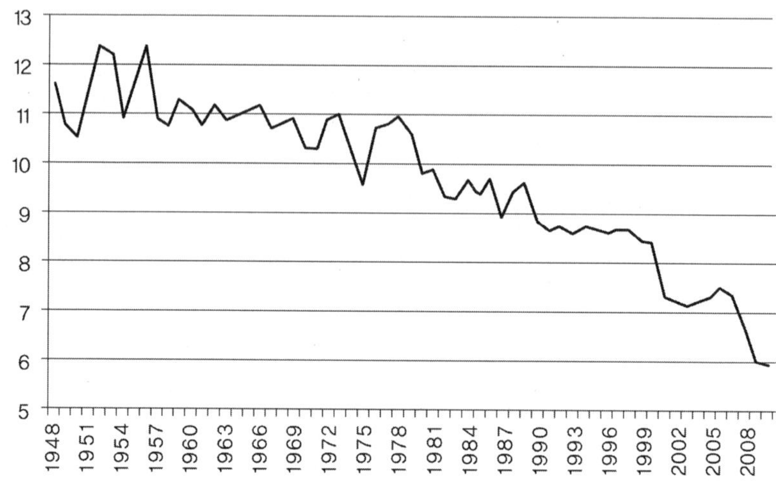

주: 생산 부문이며, 착취율은 균등화한 것임.
출처: Carchedi, in Carchedi and Roberts(forthcoming)(해당 자료는 카르케디의 허락을 받아 실었음_옮긴이).

하향세를 보여줄 수 있다. <그림 3>은 간접 증거를 제공한다.

생산 부문의 이윤율이 하락하면, 자본은 단기에 더 높은 이윤율을 얻을 수 있는 금융으로 이동한다.

투자된 자본 단위당 더 적은 가치 생산으로 인한 생산 부문의 이윤율 하락(위의 <그림 2>처럼)은 금융 위기의 기체(substratum)[2], 즉 궁극의 원인이다. 더 적은 가치가 생산되면 더 적은 가치가 실현될 수 있고, 부문들 간에 더 적은 가치가 분배될 수 있다. 이는 금융 위기의 본질적 근원이다. 하지만 물론 각 공황은 자신만의 특수한 특징을 지닌다.

금융 위기에 관한 문헌은 파산의 규모와 숫자에 초점을 맞추고, 이런 파산들이 언제 금융 위기를 구성했는지에 대해 임의로 기준을 설정하고, 각 공황의 특

2) 물질의 성질이나 상태의 토대를 말한다. 아리스토텔레스는 질료라는 의미와 개별 사물로서 실체라는 의미로 사용했다_옮긴이.

〈그림 3〉 세계 GDP에 대한 세계 비금융 부문 부채 비율

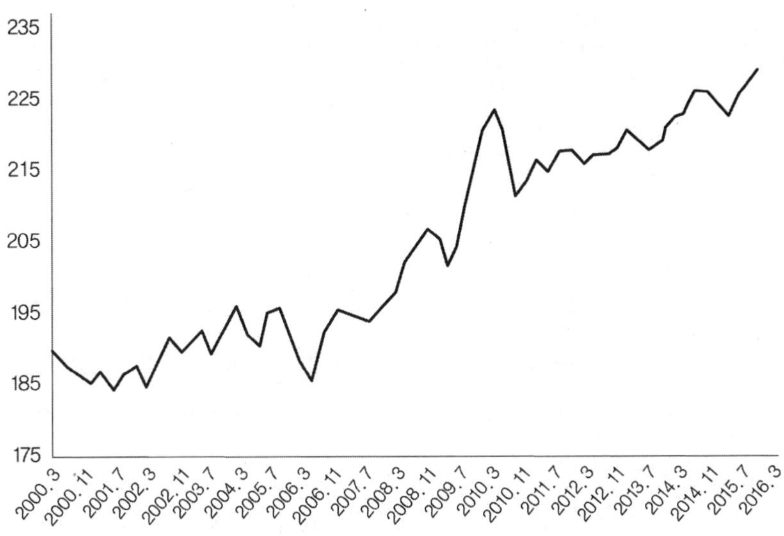

출처: BIS, Independent Strategy.

수한 특징에 초점을 맞춘다. 하지만 중요한 문제는 각 금융 위기의 각각 국면에서 원인이 아니고 이 모든 파산의 특수한 특징 뒤에 있는 공통의 원인이다. 이 공통의 원인은 금융 이윤의 음의 성장률이다. 이에 근거하면, 제2차 세계대전 후 아홉 차례의 금융 위기가 다음과 같이 확인된다.

<표 1>은 전후 30년 동안 미국 자본주의 발전에서 1961년과 1963년에 상대적으로 가벼운 공황을 제외하고는 금융 위기가 없었다는 것을 보여준다. 1945년에서 1974년까지 29년 동안 단지 그 두 차례의 금융 위기가 있었다. 하지만 1974년부터 2007년까지 약간 더 긴 33년 동안 일곱 차례의 심각한 금융 위기가 있었다. 그 이유는 제2차 세계대전 후 30년 동안 자본주의는 활기찬 재생산의 시기를 겪었다. 금융자본은 생산의 바퀴에 기름칠을 하기 위해 필요했고, 이와 달리 그 뒤의 시기에서는 어려움이 커진다 할지라도 체제를 재생산하기 위한 강한

〈표 1〉 금융 위기와 금융 이윤의 음(−) 성장률

1961	1963	1974~1975	1980~1982	1984	1993	1998	2000	2007~2008
−1.19	−1.7	1974: −1.89 1975: −0.86	1980: −15.34 1981: −14.16 1982: −9.9	−3.87	−9.4	−14.41	−3.16	2007: −27.38 2008: −68.32

마약으로서 필요했다.

금융 기업들이 벌어들인 이윤, 즉 금융 이윤은 생산 기업이 실현하는 이윤인 생산 이윤과 총이윤에서 공제되는 것이다. 이것은 금융 이윤이 상승하면 생산 이윤 또는 총이윤이 하락함을 말하는 것은 아니다. 그것들은 함께 상승할 수 있다. 먼저 금융 이윤과 총이윤을 살펴보자. 그것들은 함께 상승하며 높은 양의 상관관계[3](0.83)를 갖는다.

역시 금융 이윤과 생산 이윤에 대해서도 똑같이 적용된다(상관관계가 똑같이 0.83이다).

거시경제 수준에서 금융 이윤은 총이윤과 생산 이윤을 대가로 증가하기 때문에, 원칙적으로는 금융 이윤은 총이윤 또는 생산 이윤보다 낮아야 한다. 금융 이윤에 물을 대는 우물이 말라버릴 위험이 도사린다. 제2차 세계대전 후 전체 기간 동안 총이윤이 금융 이윤보다 훨씬 높았기 때문에 총이윤과 금융 이윤 사이의 비교(<그림 4>에서처럼)로 금융 부문의 위험성을 보여주진 못한다. 더 나은 지표는 금융 이윤과 생산 이윤 사이의 비교이다. <그림 5>에서 보여주듯이 단지 1970년대 말까지(앞서 말했듯이 금융 위기가 상대적으로 없었던 시기) 생산 이윤이 금융 이윤보다 수월히 높았는데, 그 기간 후에 생산 이윤은 위험하게 금융 이

3) 통계학에서 연구 대상 간 상호 관련성을 알아보기 위해 상관 연구를 수행하는데, 관련성의 정도를 상관 계수로 나타낸다. 상관 계수는 −1.0에서 +1.0 사이의 값을 가지며, 그 절댓값이 클수록 상관성이 높다는 것을 의미한다. 그러나 이것이 반드시 연구 대상 사이의 인과관계를 의미하는 것은 아니다_옮긴이.

〈그림 4〉 총이윤과 금융 이윤

(단위: 10억 달러)

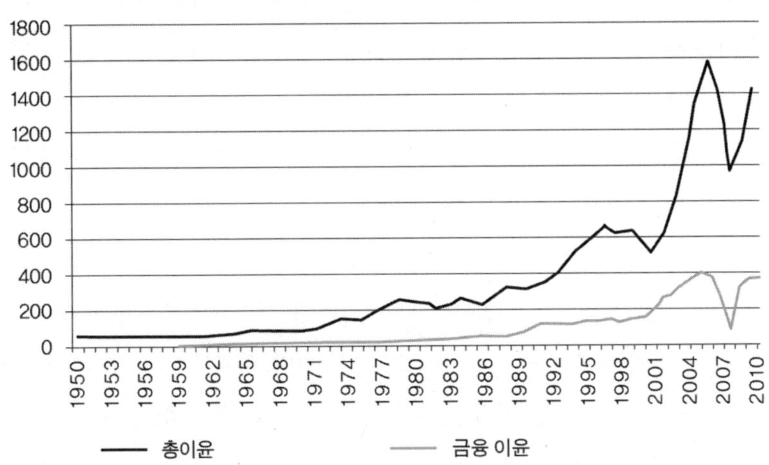

출처: Carchedi, in Carchedi and Roberts(forthcoming)(해당 자료는 카르케디의 허락을 받아 실었음_옮긴이).

〈그림 5〉 금융 이윤과 생산 이윤

(단위: 10억 달러)

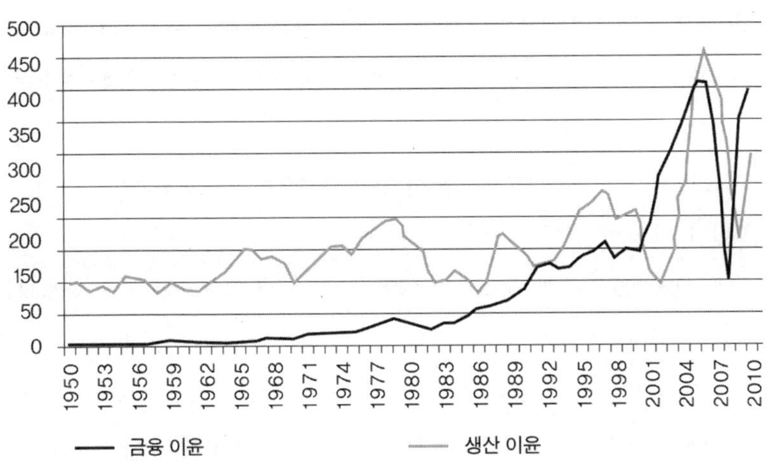

출처: Carchedi, in Carchedi and Roberts(forthcoming)(해당 자료는 카르케디의 허락을 받아 실었음_옮긴이).

윤에 가까워지기 시작했다. 금융 이윤의 필수 림프액(lymph)이 누진적으로 말라 버렸다. 2000~2001년에서 2007~2009년 공황 초까지 금융 이윤은 실제로 생산 이윤보다 높은데, 이는 임박한 금융 재앙의 분명한 암시이다. 공황이 발생했을 때, 금융 이윤과 생산 이윤 둘 다 깎아지른 듯 하락했다.

금융 이윤은 2009년까지 생산 이윤보다 더 많이 하락했다. 그러고 나서 금융 이윤은 생산 이윤보다 더 많이 상승했다.

금융 이윤은 왜 금융 위기가 일어나기 전에 상승하는가? 생산 부문의 이윤율 하락 또는 정체와 노동 및 자본의 구매력 하락을 겪으면 자본은 생산 부문에서 더 많은 이윤을 벌 수 있는 금융 부문으로 이동한다. 하지만 이는 단지 이윤율 위기를 미룰 뿐인데, 비생산 부문은 단지 허구적인 이윤, 즉 회계 장부에만 존재하는 이윤을 만들 수 있을 뿐이기 때문이다. 금융 이윤이 현금화될 때, 생산 부문에서 만든 이윤을 감소시킨다. 어떤 시점에서 금융 위기가 폭발한다. 금융 위기의 궁극의 원인은 같지만(생산 부문에서 선행된 이윤율 위기), 발현 양식은 국면의 많은 요소에 의존한다. 이는 2007~2009년 세계 금융 위기에 대해서도 적용된다.

이 공황은 2007년 영국에서 폭발해서 서구 사회와 이 지역을 넘어서 확산되었다. 2007~2009년 공황은 금융 부문과 비금융 부문을 강타했다. 하나의 논쟁점은 이것이 생산 부문으로 확산된 금융 위기인지 아니면, 금융 부문을 결정짓는 이윤율 위기가 금융 부문으로 확산된 것인지이다. 증거는 후자가 사실이라고 시사한다.

앞선 시기(2003~2005)에 정부는 1990~1991년의 기술 거품(technical bubble) 뒤의 경제 피해를 제한하기 위해 통화 완화 정책을 추진했다. 신용 완화가 현재 공황의 직접적인 원인 가운데 하나였지만(주택 부문에서), 확실히 궁극의 원인은 아니었다. 또한 수요를 자극하기 위해 이자율 인하가 필요했고, 하지만 수요 자극은 결국 미국 경제의 장기 이윤율의 위기 때문에 필요했다. 더욱이 주택담보대출 기준이 심하게 낮아졌는데, 그렇게 하지 않으면 신뢰할 수 없는 대출자로 보일 수 있었던 사람들에게 구매를 허용해주기 위해서였다. 미국 주택 소유자 수십만 명이 재정 수단이 부족했지만 유혹에 빠져 집을 샀다(이것을 이른바 비우량 주택담보대출이라고 불렀다). 이것이 한편에서는 임금과 더 일반적으로는 소득이 계속 감소하고, 다른 한편에서는 새로 지어지는 주택 숫자가 계속 늘어나는데, 주택 가격이 급등한 이유이다. 이 같은 가격 상승은 투기 거품을 만들었다. 이것은 미래에 주택담보대출 위기(mortgage crisis)를 일으킨 확실한 비결이었다. 하지만 오직 비우량 주택담보대출로부터 위험이 온 것은 아니다. 상대적으로 적은 수의 주택 가격 상승조차도 충분히 다른 모든 (팔리지 않은) 주택들의 견적 가격을 끌어올렸고, 따라서 그런 주택 소유자들의 대출 능력도 높아졌다. 이것은 쉽게 그들의 신용도를 높여주었다. 이는 아주 과대평가된 담보물에 기초해 2차 주택담보대출을 얻을 수 있었던 근거가 되었다. 실제로 주택 소유자들이 이런 초과 신용〔비방하는 방식으로 홍청망청 지출(spending spree)이라고 일컬음〕을 자신들의 구매력이 하락하는 것을 떠받치기 위해 사용했는데, 하지만 동시에 과대평가된 신용도에 기초했기 때문에, 주택 소유자들의 주택담보대출 상환 가능성을 더 약하게 만들었다. 덧붙이면 수백만 명의 주택 소유자들은 주택담보대출 차환 목적의 이자율 인하에서 이득을 봤다. 많은 대출자들은 납부금이 2년 동안 고정이고, 2년 후에는 많아질 수 있고, 더욱이 2004년부터 상당히 상승한 연준 이자율 수준에 의존할 수 있다는 이야기를 듣지 못했다. 이자율 인상과 더불어 실업 증가는 채무불이행과 압류의 물결을 촉발했다. 수백만 명이 주택을 잃었다. 결국 이것은 주택 가격에 급격한 효과를 주었고, 몇 년간 있었던 주택 호황을 뒤집었다. 그 효과는 경제 전반으로 그리고 건설 산업으로 확산되었고, 2007년 11월이 산업의 산출액 절반이 감소했다.

닥쳐오는 공황의 첫 징후는 채무불이행이 증가하기 시작했던 2006년에 나타났다. 그럼에도 불구하고 대부는 지속적인 속도로 진행되었다. 은행들은 지불불능 위험을 다른 투자자들에게 이전할 수 있는, 따라서 그런 위험에 대비해서 보험을 들어주는 금융 수단(파생 상품)을 이미 만들어놓았다. 우리는 이런 금융 수단이 실제 어떠한 것이었는지와 왜 그것들이 실패했는지에 관한 두 가지 예를 아래에서 살펴볼 것이다. 2007년에 더더욱 많은 채권자들이 파산했다. 압류가 뒤따랐다. 사업을 유지하는 데 어려움을 겪고 있던 노던록(Northern Rock)이 신용을 얻기 위해 2007년 9월 12일 영란은행에 접근했을 때 영국에서 공황이 폭발했다. 이는 은행의 지불 능력에 대해 전반적인 걱정을 유발했다. 노던록의 금융 건전성에 대해 영란은행과 영국 정부의 보장에도 불구하고, 수천 명의 고객들은 저축에서 10억 파운드 넘게 인출했다. 정부는 노던록의 파산을 막기 위해 2008년 2월 17일 국유화를 하도록 강요받았다. 2008년 10월 8일 영국 정부는 5000억 파운드 규모의 은행 구제책을 발표했다. 주요 특징은 정부가 납세자들의 돈을 사용함으로써(즉, 대중으로부터 대출해) 그리고 은행 스스로 신청하면 재정난을 겪고 있는 은행들의 주식을 살 수 있고 따라서 부분적으로 국유화할 수 있다는 것이다. 노던록의 국유화는 공공 부문 부채를 870억 파운드 증가시켰다(Chote, 2008).

미국에서는 비우량 주택담보대출 시장에 많이 투자한 거대 투자은행 베어스턴스(Bear Sterns)가 소유한 두 개의 헤지펀드가 쓰러졌을 때 공황이 폭발했다. 고객들과 채권자들의 엄청난 인출로 유동성 위기가 일어났고, 이는 결국 파산 위기를 만들었다.

> 베어스턴스가 파산하도록 내버려 두었더라면 월 가의 다른 금융기업들한테 아주 위험했을 것인데, 왜냐하면 베어스턴스가 대출자와 채권자 모두에게 서로 단단히 연결되어 있기 때문이다. 베어스턴스가 부채를 갚지 못한다면 이 회사에 대부해준 어떤 기업들도 부채를 갚지 못할 수도 있다는 근거로 의심이 일어날 수 있었다. 이는 채무불이행의 위험한 물결을 촉발할 수도 있었다(Goldstein, 2008)

결국 다른 거대 투자은행 제이피 모건체이스앤드컴퍼니(J. P. Morgan Chase & Co.)가 신용공여(line of credit)를 제공했기(그러나 이는 연준이 보증하는 것이다) 때문에 파산을 피했다. 파산했을 경우에는 미국 납세자들이 구제금융에 대금을 치러야 했을 것이다.

2008년 7월 11일에 인디맥(IndyMac: Independent National Mortgage Corporation)이 파산했다. 파산하기 전에 이 회사는 로스앤젤레스 지역에서 가장 큰 저축대부조합이었고, 미국에서 일곱 번째 큰 주택담보대출 회사였다. 인디맥의 파산은 미국 역사상 네 번째로 큰 것이었다. 2008년 9월 8일 재무부는 정부가 지원한 두 개의 주택담보대출 보증 회사 패니메이(Fannie Mae)와 프레디맥(Freddie Mac)을 법정 관리 체제로 전환했다. 그 두 회사가 2008년 현재 지불되지 않은 주택담보대출 12조 달러 가운데 거의 절반을 보증했다. 미국 주택 시장에서 두 회사의 규모와 중심 역할을 고려할 때, 파산하도록 내버려 둘 수가 없었다. 정부는 두 회사의 경영을 맡았다. '붕괴의 월요일(Meltdown Monday)'이라고 부른 2008년 9월 15일에 뱅크오브아메리카(Bank of America)는 메릴린치(Merril Lynch)를 500억 달러에 인수했다. 같은 날 정부는 리먼브라더스(Lehmn Brothers)의 구제금융을 거부했고, 이 회사는 회사 전체를 구매할 인수자를 찾지 못해 파산 신청을 해야만 했다. 리먼브라더스의 파산이 거대 보험회사 AIG의 재정난을 촉발하는 데 이바지했다. 연준은 AIG를 구제하기 위해 긴급 자금 대출 850억 달러를 제공해야만 했다. ≪비즈니스위크(Businessweek)≫는 다음과 같이 보도했다.

> AIG의 문제는 채무불이행에 대비해 주택저당증권(Mortgage Backed Securities: MBS)과 다른 위험한 부채를 보장해주는 보험에서 생겨났다. AIG가 악성 부채(soured debt)에 대해 보험금을 지불하지 못한다면, 투자자들은 그 효과 때문에 이번 주에 투자은행 리먼브라더스가 쓰러진 것보다 더 거대한 위험이 미국 금융 체계에 일어날 수 있다고 우려할 수 있다(*Businessweek*, 2008.9.16).

9월 26일 워싱턴 뮤추얼(Wasington Mutual)이 파산을 선언할 차례가 되었다. 지주 회사의 주 운영 자회사(primary operating subsidiary) 워싱턴 뮤추얼 저축은행(Washington Mutual Savings Bank)은 패쇄되었고, 법정 관리에 들어갔다. 이는 역사상 가장 큰 미국 은행 파산이었다. 자산 규모로 미국 4위 은행 와코비아(Wachovia Corp)는 9월 29일 웰스파고(Wells Fargo)에 팔렸다. 이런 예들이 분명하게 보여주듯이 더욱 많은 은행들과 다른 기관 투자가들은 자신들의 파생 상품[4] 투자가 부실 대출에 기초해 있다는 것을 알았다. 이는 주택 가격을 더욱 하락시켰다. ≪뉴욕타임스(The New York Times)≫가 보도했듯이 2009년 초 상황을 의회 조사국(Congressional Research Service)은 다음과 같이 묘사했다.

> 가장 크면서 가장 취약했던 은행, 신탁투자회사, 보험회사 가운데 어떤 것은 파산 선언을 하거나 아니면 구제금융을 받아야만 했다. 2008년 10월 신용 흐름은 동결되었고, 대출 기관의 확신은 떨어졌고, 전 세계 국가들의 경제는 차례로 침체에 빠져 들었다. 공황은 전 세계 금융 체계의 근본적 취약성을 드러냈고, 각 정부들이 통화 완화 정책과 수조 달러 투입과 국제통화기금이 몇 가지 지원책을 함께 폈음에도 불구하고 공황은 계속 진행되었다.

위에서 봤듯이 가장 큰 은행들과 보험회사들 가운데 어떤 것은 유동성 투입으로 정부가 구제해야만 했다. "2009년 6월까지 이 같은 투입의 크기는 상당했는데, 세계에서 가장 큰 20개의 은행 가운데 거의 절반이 직접적인 정부 지원을 받았다"(Bank of England, 2009: 17). 즉, 2009년 7월 현재, 최근 공황 시작부터 미국과 영국과 유로존에서 투입된 정부자금이 14조 8100억 달러에 달했다(Bank of England, 2009: 17). 이것으로 금융 위기를 멈추게 하지 못했는데, 그러는 동안

4) 파생 상품의 개념에 대해서는 아래를 보라.

에 압류의 결과로 주택 가격이 전반적으로 하락해 금융 위기는 최우량 주택담보대출로 확대되었고, 그러고 나서 실물경제로 확대되었으며, 세 개의 자동차 기업들한테 영향을 주었는데, 운영자금을 마련해야 하고 융자를 차환해야 하는 기업들한테 어려움이 가중된 것 때문이었다. 그러면 적어도 공황을 늦추기 위해 체제에 필요했던 재정 대책들의 헛된 시도가 어떻게 투기 거품을 더욱 부풀게 해서 거품이 마침내 터졌을 때 공황을 오직 더욱 악화시키는 데 이바지했는지 살펴보자.

임금 축소에도 불구하고 수요를 자극하기 위해, 통화 당국은 통화량을 늘렸다. 이는 기본적으로 미국 연준이 화폐를 발행해서 대중으로부터 단기 국채(treasury bills)를 구입함으로써 달성된다. 단기 국채 판매자들은 일부 소비하고 일부는 자신들의 은행 계좌에 예금한다. 은행은 이 예금의 두 배로 신용을 제공한다. 그 결과 이자율이 하락했다. 하지만 더 중요한 것은 은행들이 매일매일 결제(clearance)를 위한 기능을 가지고 있던 동업자 예금(interbank deposits)을 투기 목적을 위해, 즉 투기 활동에 자금을 대기 위해 이용하기 시작했다. 또한 금융 규제 철폐로 신용이 자극되었고, 그 결과 은행들은 신용 창출을 자신의 지불준비금의 두 배로 만들었는데, 이는 안전한 수준을 훨씬 넘어서는 것이었다. 다른 한편, 금융 체계(은행들)는 초과 공급된 화폐를 투자할 새로운 방법을 찾는 것이 필요했고, 투자처를 찾을 가능성뿐만 아니라 대출자의 신용도가 떨어지는 상황에서도 신용을 제공할 필요가 있었다. 이때 주택담보대출 시장과 주택담보대출 증권화에서 수요를 자극하는 방법을 찾았다. 바로 여기서 비우량 주택담보대출과 공황이 나타났다. 이것을 더 명확하게 알기 위해 세 가지 개념, 즉 주택저당증권, 부채담보부증권, 신용부도스왑의 핵심을 짧게 설명하겠다.

상업은행이 주택을 구매하려는 대출자에게 대부한다고 가정해보자. 전통적으로는 상업은행은 예금자의 돈을 이용해서 대출해주는데, 이는 그 대출자가 갚아야 하는 빚이다. 만약 대출자가 채무불이행의 상태가 되면 은행은 위험을 떠

〈그림 6〉 주택저당증권

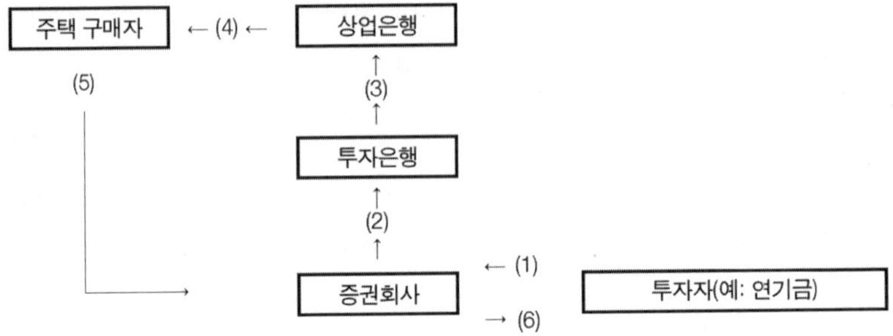

* (1)에서 (4)까지는 대부자본의 흐름이고, (5)와 (6)은 대출 상환임.

안게 된다. 투기 부문이 팽창하면서 은행은 채무불이행 위험을 다른 쪽, 즉 일반 대중에게 돌리기 위해 다른 전략에 기댔다. 흔하게 사용된 방법은 다음과 같다.

상업은행(또는 중개인)이 많은 주택담보대출을 한데 묶어서 이것들(원금과 이자를 받아낼 권리를)을 다른 은행, 즉 투자은행에 판다. 상업은행은 주택 구매자로부터 주택담보대출의 원금과 이자 납입금을 받아낼 권리를 포기하지만, 자신한테 필요한 자본을 투자은행으로부터 받는 권리를 얻게 된다. 상업은행은 그 대출건에 대해 할인을 받는데, 왜냐하면 미래가 아니라 현재 투자은행으로부터 수금할 수 있고, 그리고 동시에 주택담보대출 납입금의 채무불이행 가능성의 위험을 피할 수 있기 때문이다. 따라서 상업은행은 자신의 소유가 아닌 자본을 대출해주게 된다. 투자은행은 상업은행한테 자본을 제공해야만 하지만 그것을 소유하고 있지 않아도 된다. 그 자본을 마련하기 위해 투자은행은 증권회사를 만드는데, 상업은행에 지불하기 위해 필요한 자본과 교환될 주택담보대출을 이 회사에 이전한다. 그 자본을 마련하기 위해 이 증권회사는 채권을 발행하는데 투자은행은 이를 대중한테 판매한다. 그들은 민간의 개인일 수도 있고 아니면 헤지펀드나 연기금 등등일 수도 있다. 이런 식으로 증권회사는 투자은행에 이전할 자금을 모은다. 결국 투자은행은 그 자본을 상업은행에 지불하기 위해 사용하고, 그런 다음 상업은행은 주택 구매자에게 그 돈으로 대출해준다. 채권 소유자는 주택 대출에 대해 간접적으로 자본을 제공하고, 주택 소유자는 증권회사에 대출금을 상환하는데 결국 증권회사는 그 돈을 채권 소유자에게 원금과 이자를 지불하기 위해 사용한다. 그런 증권에 대한 수요가 꽤 높으면, 그 가격은 자산 가치를 초과하고(미래에 있을 원금과 이자 지불의 흐름) 채권 발행자는 이윤을 번다. 이 채권이 주택저당증권, 즉 증권화된 대출이다. 이는 많은 파생 상품 형태 가운데 하나, 즉 기초 자산(예를 들어 저당 주택)으로부터 가치가 파생된 계약이다.

이 채권(즉, 투자 기금)의 구매자한테 있는 이점은 이론상 쉽게 팔릴 수 있다는 것인데(또는 적어도 그렇게 믿는데), 예를 들어서 주택 시장이 곤란해져도 그렇다는 것이다. 하지만 채무불이행의 경우, 그런 채권을 발행한 회사로 지불의 흐름이 멈춘다면, 이 회사는 채권 소유자의 대출 상환 요구를 맞출 수 없게 된다. 채권 발행 회사가 파산하면, 채권 소유자는 자신의 자본을 잃게 된다.

이런 사례의 '금융 공학'에 내재한 위험은 증권회사가 대출 발행에 대해 상당한 비용을 거두면서 주택 구매자의 채무불이행이 일어날 경우에는 어떤 위험도 무릅쓰지 않는 것을 고려하면, 대출자(주택 구매자)의 상환 능력을 소홀히 다룬다는 것이다. 이 과정은 대출자(주택 구매자)의 상환 능력을 적절하게 평가하는 신용평가기관의 실패로 더욱 촉진되었다. 주택저당증권을 부채담보부증권으로 전환함으로써 더욱 많은 주택담보대출 공급의 추진이 강화되었다. 이는 증권회사가 주택 구매자의 주택담보대출을 담보물로 이용해서 대중에게 채권을 발행할 수 있다는 것을 의미한다. 하지만 주택담보대출은 여러 위험도를 가지고 있다. 아주 위험도가 높은 담보물을 가지고 발행된 채권이 있고, 위험도가 낮은 담보물에 기초해서 발행된 채권도 있다. 그래서 채권은 발행인(증권회사 은행)이 세 가지 트랑쉐(tranche)로 분할한다. 위험도가 낮은 투자(위험도가 낮은 담보물을 가진 채권)를 추구하는 투자자들은 더 낮은 이자를 가지지만 채무불이행이 일어날 경우 맨 뒤에 손실을 보는 사람이다. 그 극단은 더 높은 수익을 좇고 더 큰 위험을 무릅쓰려고 하는 사람들이다. 나머지 트랑쉐는 다른 두 트랑쉐 중간에 위치한다. 이런 식으로 해서 단지 한 유형의 투자자를 목표로 삼을 때보다 더 많은 기금을 모을 수가 있다.[5] 그러나 실제로는 많은 부채담보부증권이 지불불능 상태라는 것을 대중의 눈으로부터 숨기기기 위해 은행들은 다른 신용도를 가진 여러 가지 부채담보부증권을 채권으로 다시 포장했는데, 그 채권들의 위험도는 알려지지 않았지만, 결국 가치가 없는 것으로 판명 났다. 피터 고완(Peter Gowan)은 다음과 같이 말했다.

> 그러나 부채담보부증권으로 묶어서 만든 상품들은 출처가 알려지지 않은 수많은 것들에서 왔고, 그것들의 신용도와 현금 유동성 능력도 알려지지 않았으며, 그것들은 '장외시장'에서 팔렸으며, 가격을 결정하는 거래소 시장이 없었고, 거래 상대방의 위험을 최소화하기 위해 조직된 시장에는 훨씬 못 미쳤다. 줄인다면 그것들은 아무리 좋아봐야 극심한 위험성을 지녔는데 왜냐하면 그것들을 구매하는 사람들에게 거의 전적으로 불투명했기 때문이다. 최악의 경우에는 그것들은 신용 사기로 판명되었는데, 2007년 종반 몇 개월 동안 그런 부채담보부증권 안에서 가장 안전한 부채 트랑쉐로 여겨지던 것이 투기 등급으로 전락했다(Gowan, 2009: 15) .

이런 부채담보증권은 미국 은행 체계로 들어갔고, 그런 다음 유럽을 포함한 서구 사회로 들어갔다. 은행들은 이제 많은 양의 이런 금융 수단을 자신들의 대차대조표에 자산으로 소유하게 되었다. 일단 이 많은 부채담보증권이 가치 없는 주택저당증권에 기초하고 있다고 알려지게 되자(주택 시장에서 채무불이행 때문

---

5) 잠재적으로 지불불능인 주택담보 대출자에게 채권을 발행함으로써 오직 이득만 얻고 손해는 전혀 보지 않는 채권 발행인의 행동은 '도덕적 해이'라고 불렸다. 하지만 이런 행동이 도덕적인지 아닌지 말고(그것은 계급으로 결정된 관점에 의존한다), 문제는 이런 행동은 일반적으로 이윤을 벌고픈 욕구와 이런 특수한 경우에는 실물경제에서 더 이상 가능하지 않은 높은 수준의 이윤율을 추구하도록 자본에 추가로 가해진 압박 때문에 결정된다.

에), 이 부채담보증권(채권)의 시장가격은 붕괴되었고, 부채담보증권 시장은 바싹 말라버렸다. 은행들은 대차대조표에서 부채담보증권이 몹시 과대평가되어 있기 때문에 자신들의 자산이 재무 건전성을 반영하지 못한다는 것을 알고 있었다. 은행 체계의 부채담보증권의 위험 노출 과다(overexposure)를 고려하면, 은행이 가지고 있던 부채담보증권을 실현하는 데 실패하는 것은 파산을 의미할 수도 있었다. 이것은 아주 현실성 있는 위험이었다. 은행들이 서로 부채를 가지고 있다는 것을 고려하면, 임의의 한 은행의 파산은 다른 은행에 대한 자신의 대출을 갱신하지 못하는 가능성을 의미했다. 이는 도미노 효과에 불을 붙일 수도 있었다. 은행들은 겁에 질려서 서로 간의 부채를 갱신해주지 않으려고 했다. 모든 은행은 자산으로 가지고 있던 부채담보증권을 대손상각하는 부정적 효과를 상쇄하기 위해 가능한 많은 현금을 보유하려고 했다. 각 은행은 스스로를 위해 유동성을 유지하길 원했고 따라서 다른 은행들에 제공했던 신용을 갱신해주지 않으려 했다. 이는 은행들이 자신들의 자산을 팔아야만 했다는 것을 의미한다. 자산담보부증권 시장이 메말랐기 때문에 은행들은 가장 좋은 자산을 팔아야만 했다. 이것이 충분하지 않을 때, 어떤 은행들은 지불불능의 위험에 처했다. 예금자들은 걱정이 되어 예금을 요구하기 시작했다. 하지만 이는 불가능한 것은 아니지만 어려웠는데 왜냐하면 그런 자산의 비유동성뿐만 아니라 신용이 지나치게 확대되어 있었고, 따라서 은행 인출 사태의 위험이 증가해 있었다. 이런 과정은 실물경제로 파급되었다. 은행은 비금융 기업들한테도 역시 대출을 제공하려 하지 않았다. 이런 기업들도 역시 재정난을 겪기 시작했고 이는 전반적 공황을 초래했는데, 특히 그런 기업들과 많은 부채를 가진 계열사들에서 그랬다. 이런 도미노 효과의 규모는 중앙은행의 병든 금융기관에 대한 개입과 유동성 투입으로 억제된 반면에, 그런 병든 금융기관의 대차대조표상 부채담보증권의 대량의 대손상각은 피할 수 없었다. 은행 부문은 이제 비우량 주택담보대출에 기초한 많은 채권들의 가치가 하락하자 엄청난 손실을 입게 되었다.

〈그림 7〉 신용부도스왑

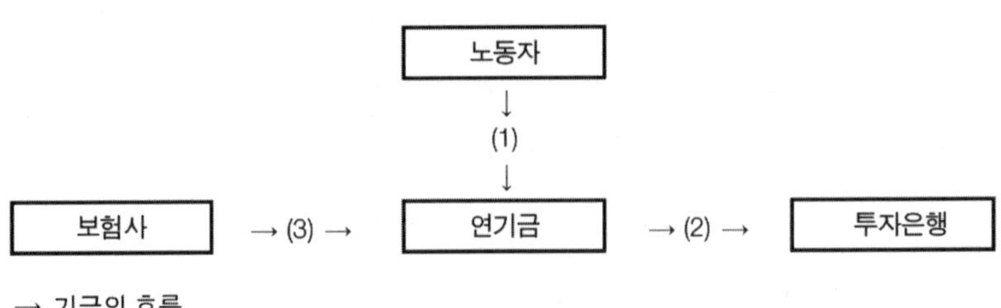

투기 거품에 특유한 세 번째 특징은 신용부도스왑이다. 연기금이 투자할 자금을 가지고 있다고 가정해보자. 법규에 따르면, 오직 아주 안전한 사업에 투자할 수 있다. 동시에 연기금은 자신의 투자에 대해 높은 이자율을 원한다. 하지만 안전한 투자는 보통 낮은 이자율을 지급받는다. 예를 들어서 연기금이 투자은행에 투자하기를 (투자은행의 채권 사기를) 좋아한다고 가정해보자. 하지만 신용평가기관이 매긴 투자은행의 신용 등급이 연기금의 법규가 요구하는 것보다 낮다고 가정하자. 이렇게 상대적으로 부정적인 신용 등급을 고려한다면 연기금은 투자은행의 채권을 살 수 없다. 여기서 신용부도스왑이 들어온다. 연기금은 채무불이행에 특화된 보험회사에 자신의 신용(신용 등급이 좋지 않은 회사로부터 채권 구매)에 대해 보험을 들 수 있다. 필요조건은 이런 보험회사가 신용평가기관으로부터 높은 신용 등급을 받고 있는 것이다. 그러면 연기금은 보험 기관에 보험료를 지불하고 보험회사는 투자은행이 부채에 채무불이행을 할 경우 연기금한테 보험금을 지급한다. 이런 식으로 투자 기금의 채권은 신용 등급이 올라가는데, 그 채권들이 높은 신용 등급의 보험사로부터 보장되기 때문이다. 또는 그런 것 같기 때문이다.

문제는 보험사는 신용평가기관으로부터 아주 좋은 등급을 받은 곳이기 때문에 투자은행이 채무불이행 선언을 하게 될 경우에 필요한 돈을 준비하도록 요구받지 않는다는 것이다. 보험사는 채무자가 채무불이행하는 확률을 계산해서 만든 모형에 따라 충분하게 자본을 준비하는 것 같지만, 보험에 들어 있는 자본 전체 또는 아주 합리적인 금액을 준비하고 있어야 하는 것은 아니다. 그런 이유 가운데 하나는 그 확률 모형에서는 전반적인 신용 부도의 가능성을 제공하지 않기 때문이다. 더욱이 보험사는 연기금과 같은 다른 많은 금융 수단에 보험을 들어주고 있다. 신용평가기관이 보험회사의 신용 등급을 낮추지 않는 한 아무런 제한 없이 낮은 신용 등급의 대출 제공자로부터 채권을 구매한 투자자들에게 보험회사는 계속 보험을 들어줄 수 있다. 물론 이유는 보험사가 보장하고 있는 부채에 대해 계속해서 보험료를 걷을 수 있기 때문이다. 하지만 보험회사 스스로는 금융 붕괴에 대비해 보험을 들고 있지는 않다. 거품이 터지고 대출자들이 채무불이행을 하게 되면, 보험사는 채권자(연기금) 신용의 일부나 전체를 보장하지 못하며 채권자는 자신의 자본에 손실을 보게 된다. 채권자가 자기 자본을 투자하지 않았다면(노동자의 연금을 수금해 투자하는 연기금 같은 경우처럼), 손실을 겪는 이는 자본을 제공한 이들이다. 이런 식으로 노동자의 연금이 (때때로 급격하게) 줄어드는 것이다.[6]

채권자(예를 들면, 위에서 말한 연기금)한테 해야 하는 자본 지불 때문에 보험사는 자본금 상태가 기준 미달이 되고 따라서 높은 신용 등급을 잃어버리기 때문에 문제는 더욱 악화된다. 그러면 이런 보험사에 의존해 낮은 신용 등급의 대출자들(위에서 예를 든 투자은행)에게 대출해주는 그러한 모든 채권자들(예를 들어 다른 연기금들)은 자신들의 계약을 임의 처분(unwind)해야만 할 것이다. 이는 대출자들한테 더해진 재정난을 의미하지 않을 수 없다. 따라서 한 대출자가 파산하면 도미노 효과를 일으킨다. 이는 채권자들(예를 들어, 연기금)한테 재정난과 채

6) 또한 엄청난 손실을 겪는 쪽은 비우량 주택저당증권을 (간접적으로_필자) 샀던 연기금 같은 채권 소유자이다. 비우량 주택저당증권의 가치가 최근 몇 달 동안 급격하게 하락했고 지금은 대부분 등급의 자산이 원래 가치의 20~40% 사이인데, 더 정확히 말하면 신용평가기관이 안전하다고 한 자산이다(BBC, 2007).

〈그림 8〉 신용부도스왑과 헤지펀드

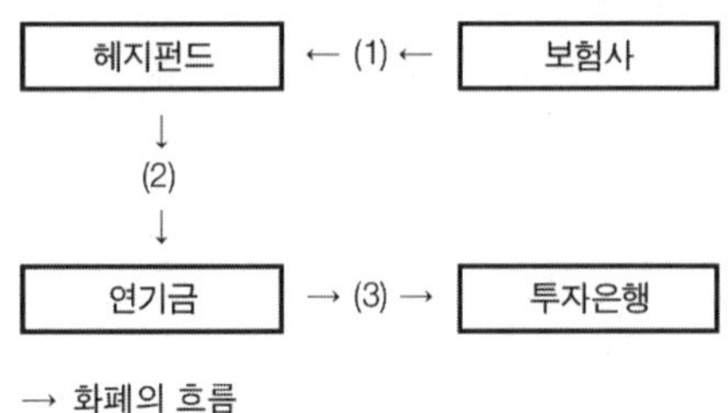

→ 화폐의 흐름

권자들에게 자본을 제공한 이들한테(노동자) 자본 손실을 일으킬 뿐만 아니라, 보험회사의 높은 신용 등급에 의존했던 다른 모든 채권자들과 따라서 채권자들의 대부에 의존했던 대출자들한테도 그러하다.

하지만 '금융 설계자(financial architects)'의 독창성은 여기서 멈추지 않는다. 앞서 든 예를 다시 살펴보자. 보험사는 투자은행의 채무불이행 위험에 대해 연기금에 보험을 들어주는데, 왜냐하면 자신의 평가에 따르면 투자은행이 채무불이행 상태가 되지 않을 것이기 때문이다. 반대로 헤지펀드는 다른 견해를 가질 수 있으며 채무불이행의 확률이 아주 높다고 생각할 수 있다. 헤지펀드가 신용부도스왑을 산다. 이제 연기금은 보험회사로부터 위험 보장을 받는 게 아니라 헤지펀드로부터 위험 보장을 받고 헤지펀드는 연기금에 지불해야 하는 경우에 대비해 보험사에 보험을 든다. 대출자(투자은행)가 채무불이행 상태가 될 경우 헤지펀드는 연기금에 지불해야 하고, 보험회사로부터 지불받아야 한다. 헤지펀드는 대출자의 채무불이행에 대해 내기한다. 따라서 헤지펀드는 채권자가 대출자에게 대부해준 만큼의 액수에 대해 보험을 들어줄 수 있지만, 더 많은 액수에 대해서는 보험사에 보험을 가입한다. 내기가 맞는 것으로 밝혀지면, 헤지펀드는 차액을 벌게 된다. 하지만 이것이 위에서 묘사한 모든 영향들 때문에 보험회사의 신용 등급을 떨어뜨리게 한다.

<그림 8>에서 (3)은 연기금의 투자은행 투자이고, (1)과 (2)는 투자은행의 채무불이행 발생 시 연기금으로 가는 화폐 흐름이다. 채무불이행의 경우 헤지펀드는 연기금한테 지불하고 스스로는 보험사로부터 지불받는다.

이런 예들에서 보여주듯이 2007년 금융 거품의 폭발 이전 몇 년간 금융 및 투기 부문은 아주 대규모이면서 놀라울 정도로 복잡한 비잔틴(Byzantine) 양식의 파생 상품들을 급격하게 늘렸고, 그 파생 상품들의 '기초 자산'은 태양 아래 거의 모든 것이었는데, 왜냐하면 거의 모든 것은 스스로를 투기에 제공하고 있기 때문이다. 이런 과정은 위에서 논의한 것과 같은 새로운 금융 기법, 이른바 금융 공학 때문에 기술적으로 가능하게 되었는데, 이 금융 공학은 금융 규제 철폐에 따른 것이다. 투기 채무와 거래는 생산 부문에 기초한 균형에서 벗어난 수준까지 팽창했고, 이는 부채가 상환되는 것을 불가능하게 만들었다. 이것은 실제의 성장이 아니라 가상이었고, 무분별한 투기와 사기에 기초한 것이었다. 금융기관들의 부패하고 사기성 있는 대출 및 회계 처리와 은폐된 회계 체계는 금융 거품의 팽창을 가속화했다. 금융 거품의 진짜 규모는 비우량 주택담보대출을 신용도가 더 높은 다른 대출들과 섞어서 새로운 상품으로 포장하는 것과 이런 금융 '상품들'을 높은 신용도를 가진 채권으로 다른 투자자들에게 판매하는 은행의 행위 때문에 은폐되었다.

하지만 역시 국제적인 차원이 있다. 더욱 낮은 소득의 사람들이 비우량 주택담보대출을 받으면서 규모가 늘어난 이런 자산들은 질이 더욱 좋은 부채들과 함께 다시 포장되었고, 높은 질의 금융 '상품'으로 평가를 받았고, 전 세계에 판매되었다.[7] 이런 식으로 대규모의 가치 없는 신용이 전 세계 시장에서 팔렸다. 그 결과 금융 위기는 미국에서 다른 나라들로 확대되었는데, 이런 나라들 모두 미국의 '악성' 금융 수단을 구매했고, 스스로 그와 같은 금융 행위에 참여했었다.[8]

---

7) Pagliarone(2008: 79)에서 쓰여 있듯이, 주택저당증권은 해외 투자자들에게도 팔렸는데, 주로 일본은행, 중국인민은행, 영란은행에 팔렸다.

〈그림 9〉 세계 유동성이 세계 GDP에서 차지하는 비율

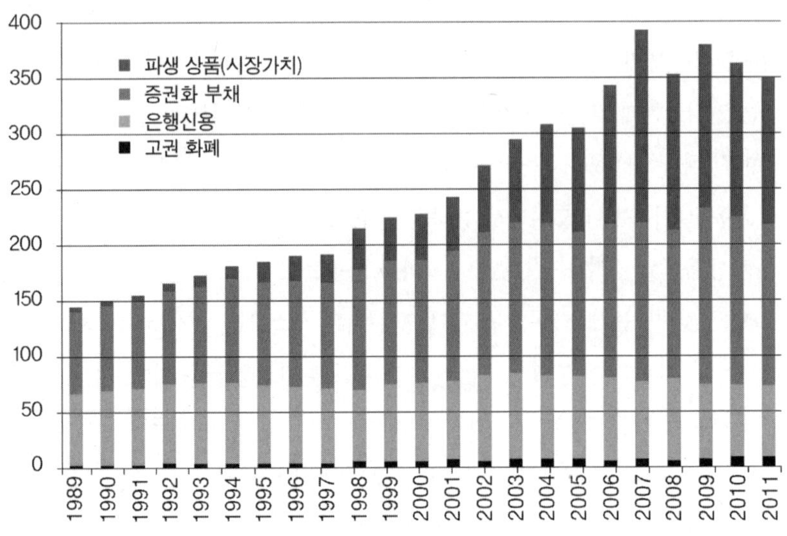

출처: Roberts(2012).

하지만 이것 외에도 서구에서 금융 위기는 다른 나라들의 실물경제에 깊이 영향을 끼쳤다. 예를 들어 중국 및 다른 아시아 국가들과의 무역수지 적자는 이런 국가들의 (달러) 외환 보유고를 늘렸고, 이 국가들은 그 화폐로 미국 단기 국채를 매입했다. 그 화폐는 미국 금융기관으로 환류해 소비자와 주택 구매자에게 대부하는 데 사용되었다. 미국 신용시장의 파열로 그런 국가들의 무역은 곤경을 겪었고 크기가 재조정되었다. <그림 9>는 2001~2007년 공황 이전 시기 동안 파생 상품이 도달했던 규모의 거대함을 보여준다.

> 각국 중앙은행들은 화폐 공급(고권화폐)을 세계적으로 늘렸지만 공급된 화폐량은 은행 대출과 채무 증권과 파생 상품 형태로 된 신용 또는 대출의 증가에 비하면 아주

---

8) 2008년 11월 현재 세계 금융 기업들은 1조 달러의 손실을 입었다(Giacché, 2008: 46). 이 저자는 세계 GNP에 대한 세계 부채의 비율이 1980년 130%에서 2007년 350% 증가해 가장 높은 기록이었다고 적고 있다(Giacché, 2008: 48).

적었다. 고권화폐는 1980년대 말 세계 GDP 대비 4%에서 2011년 11%로 증가했다. 하지만 모든 신용의 형태는 세계 GDP의 150%에서 시작해 이제는 세계 GDP의 350%를 넘었기 때문에 고권화폐보다 약 30배 많다(Carchedi and Roberts, 2013: 99).

2. 유로 위기

2007~2008년 투기 거품의 폭발은 은행 부문에 '유동성'을 대량 투입(기본적으로 신용의 확대)함으로써 피했다. 그러나 은행은 이 유동성을 생산 부문에 대출해주기보다는 투기를 위해 사용했다. 그 화폐로 은행은 건실한 자금이 아닌 이자율이 2~5% 사이로 변동하는 국가가 발행한 채권을 구매했다. 이런 은행들은 이자율 차이로 어마어마한 이득을 챙겼다. 그러나 악성 부채에 대한 노출로 더욱더 많은 유동성 투입이 필요했다. 정부는 은행을 살리기 위해 더 많은 부채를 만들어야 했다. 그런 결과 정부 적자와 부채는 엄청나게 증가했다. 그런 국가는 채무불이행 위험을 무릅쓰면서 더 높은 이자율에 채권을 발행해야만 했고, 따라서 거대한 빚더미에 깔렸다. 은행에 대한 압박은 일시적으로 완화되었으나 위협적인 국가 부채 위기가 발생했다. 여러 국가들은 악순환에 빠져들었다. 2007년부터 2011년까지 경제협력개발기구 회원국들의 적자 총액은 일곱 배 늘어난 반면, 부채는 급등해 기록적인 규모 43조 달러였고 거의 세계 GDP와 맞먹었다. 유로존에서 부채는 7조 7000억 달러 수준에 도달했다. 이런 맥락에서 유로 위기가 발생했다. 이것은 세계 금융 위기가 유럽에서 취한 특수한 형태이다. 그것은 허약한 국가들의 국가부채 채무불이행 위험이었으며, 유로존 체계와 유로의 생존에서 있을 수 있는 결과였다.

이 책에서 유로의 기원과 발전에 대한 요점을 정리했었다. 기본 주제가 유럽 계획은 처음부터 미국의 경제력을 상쇄할 능력이 되는 경제 진영을 만드는 것을 목표로 했다는 것이었다. 그런 조건 가운데 하나가 미국 달러의 경쟁자가 될 수 있는 단일하고 강한 통화 창조였다. 이것은 단지 정치 문제가 아니었다. 기본적으로 금융 및 경제의 문제였다. 금융 차원에서 강한 통화는 국제 자본을 끌어들일 수 있고 월 가에 도전할 수 있는 유럽의 금융 중심을 창조할 수도 있었다. 경제 차원에서 중요한 것은 국제 화폐발권차익이었다. 이것은 경제 지배국 미국의 통화처럼 국제 교환 수단이고 외환 보유고의 수단으로서 통화를 가진 국가가 국제 가치를 전유하는 것이다.

현재 국면은 달러와 유로 사이의 투쟁이 중단된 상태이다. 한편으로 약한 달러가 국제통화로서 역할을 약화시켰지만 다른 한편 미국의 수출을 유리하게 만들고 있다. 최근 공황에서 미국은 통화 강세의 효과로 국제통화로서 미국 달러의 역할을 방어하기보다는 통화 약세로 수출을 촉진하는 것을 선택했다. 더욱이 유로존에 있는 한 국가 또는 더 많은 국가의 금융 체계에서 '무질서한' 채무불이행으로 유로가 약화 또는 퇴장하게 되면, 미국에도 재앙스러운 영향을 줄 수 있었다. 이는 두 통화 사이에 더 이상 경쟁 관계가 없다는 것이 아니라 지금 국면에서는 화폐발권차익 투쟁이 다른 더 직접적인 위험보다 덜 중요하다는 것을 의미한다.

현재로서는 다른 경제공황 및 금융 위기가 가까운 미래에 닥쳐오고 있기 때문에 유럽연합의 미래는 역시 독일 지배 엘리트들의 여러 분파의 이해에 달려 있다. 한 분파는 금융에서 강한 다른 국가들의 비슷한 분파들과 함께 장기 전략을 재정립하기를 원하는데, 동양을 향한 독일의 팽창이다. 중국을 보자. 이런 움직임에는 몇 가지 이유가 있다. 첫째, 중국은 원료의 거대한 매장량을 가진 나라이다. 둘째, 중국의 경제성장 수준과 시장은 유럽보다 훨씬 크다. 중국은 독일 공업품 소비시장과 투자처로서 엄청난 잠재력을 가지고 있다. 셋째, 독일의 상대적인 기술 우월성은 양자 무역에서 중국의 잉여가치를 전유하는 이상적인 조건이다. 넷째, 양자 무역 관계가 현재 속도로 계속된다면, 2020년 즈음 중국은 독일의 가장 큰 무역 동반자가 될 것이다.[9] 다섯째 중국한테 독일은 투자 기회가 가장 좋은 유럽 국가이다. 중국은 비유럽 국가 가운데 미국 다음으로 두 번째로 독일에 투자를 많이 하는 국가이다. 마지막으로 중국의 궁극 목표로서 가능성이 큰 것은 유럽연합과 가까운 유대를 구축함으로써 유럽에서 미국 영향력을 줄이는 것이다. 독일은 유럽에서 전략적 발판이다. 이런 요소들은 독일 팽창주의가 유럽에서 그 이해를 줄이고 동양으로 주의를 돌리기 위한 이상적인 조건이다.

주장하건대, 약한 유로와 결별하고 북부 유로를 도입하는 것이 이와 같은 새로운 전략적 이해의 일환인 것 같다. 이것은 독일, 즉 독일 지배계급의 그런 분파가 허약한 국가들의 채무불이행을 다그쳐서(또는 최소한 반대하지 않으면서, 그뿐만 아니라) 그런 국가들(예를 들어 그리스)이 유로존을 떠나도록 하는 이유이다. 하나의 방법은 국제기구들을 통해 아주 심각한 재정난을 겪고 있는 국가들에게 대량 학살이 일어날 수 있으면서 결국 충족시키기에는 불가능한 조건들을 부과하는 것이다. 그리스가 가르쳐준다.

북부 부르주아지의 그런 분파한테 가장 좋은 해결책은 이런 국가들이 경제를 '유로화(eurorize)'[10]하는 것, 즉 유로존을 떠나는 반면 유로(가능하다면 북부 유로)를 사용하는 것인데, 미국 경제체제의 부분이 아니면서 달러화된 몇몇 남미 국가들(1904년 파나마, 2000년 에콰도르, 2001년 엘살바도르)과 같은 것이다.[11] 유로가 사용되는 경제 지역이 줄어들지 않는 반면에 강한 국가들이 허약한 국가들을 재정 측면에서 책임지지 않아도 된다. 유로는 달러에 도전할 수 있는 강한 '북부' 유로가 될 수 있는데, 왜냐하면 달러가 약화되고 있기 때문인데, 2011년

---

9) http://blogs.lse.ac.uk/europpblog/2014/07/17/germany-and-china-have-an-emerging-special-relationship-which-has-the-potential-to-go-far-beyond-trade/

10) 유로를 통화로 사용하는 것이다_옮긴이.

11) '리스본 조약(Lisbon Treaty)' 50조에 대한 지배적 해석에 따르면, 유로를 떠나는 국가는 유럽연합을 떠나야만 한다. 하지만 어떤 무엇도 어떤 국가가 유럽연합을 탈퇴하고 유로 사용을 일방적으로 유지하는 것을 막지 못한다. 물론 이것은 브렉시트에는 적용되지 않는데 이 후기의 세 번째 절에서 논의될 것이다.

처음 국채 신용 등급이 낮아지면서 보여준 것이다.[12)]

그러나 허약한 국가들의 채무불이행은 채무의 상호 관련성을 고려할 때 독일과 미국을 포함해서 더 강한 국가들로 파급되는 은행 파산의 연쇄반응을 촉발할 수 있다. 이것은 엄청난 신용 확대를 통해 현재까지 미룰 수 있었던 전반적 금융 위기를 촉발할 수도 있다. 강한 국가들은 이번에도 자국 금융 체계를 구하기 위해 개입해야만 할 것이다. 독일 부르주아지의 다른 분파가 현재의 유로를 약한 통화로서조차도 유지하기 원한다는 것은 아마도 이런 미지의 것들 때문이다. 그들은 충분한 재정 지원과 공황 대책(즉, 반노동 대책)을 고려하면 유로존은 무너지지 않을 것이고 유로는 회복되어 달러에 대한 지위를 강화할 것이라고 희망한다. 따라서 허약한 국가들의 채무불이행을 막아야 한다. 이것이 독일 매파와 비둘기파로 변장한 매파 사이에 있는 차이의 본질이다.

이것이 자본의 딜레마이다. 노동의 관심은 달라야 한다. 유로를 유지할지 말지에 관한 결정을 더 큰 전략에서 파악해야 하는데, 그러면 그 문제는 자본주의 생산관계에 도전하고 사회주의 생산관계로 교체하는 계획의 일환이 된다. 이것은 근본적인 정치 전략 문제인데, 여기서 다룰 수 없다. 여기서 할 수 있는 것은 유로를 떠날지 말지에 관한 문제의 한 측면, 즉 경쟁적인 평가절하를 할 수 있는 상태로 되돌아가는 것의 유불리와 국가 경제에 주는 효과에 초점을 맞추는 것이다.

유로를 떠나는 것에 찬성하는 이들은 경쟁적 평가절하를 더 이상 사용할 수 없기 때문에 유로존의 허약한 국가들의 경제성장이 하락했다고 말한다. 유로를 떠나는 것과 경쟁적 평가절하에 기대는 것으로 수출과 생산과 임금과 이윤을 개선할 수 있다고 주장한다. 이 주장을 평가하기 위해 유로의 도입이 독일과 이탈리아 사이의 무역수지에 영향을 미쳤는지와 얼마만큼 미쳤는지를 계산해보자.

---

12) 2011년 8월 1일 스탠더드앤드푸어스(standard & poor's)가 미국 국채를 AAA에서 AA+로 낮추었다. 2010년 10월부터 2012년 2월까지 러시아는 미국 국채를 반으로 줄였고, 미국 국채를 1조 달러 가지고 있었지만 중국도 역시 계속 팔았다.

〈그림 10〉 독일과 이탈리아 간 무역수지

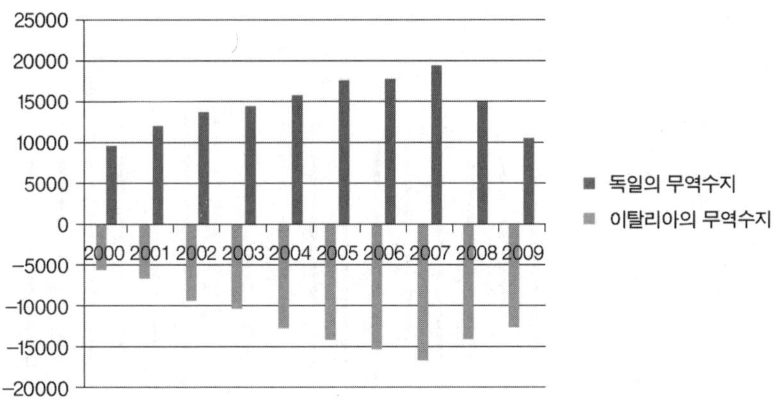

출처: Eurostat(2010: p.191, e 143).

2000년부터 2009년까지 이탈리아와 독일 사이의 무역수지는 특별한 방향으로 움직였다. 이는 또한 2002년 1월 단일통화가 도입되기 전인 2000~2001년 기간에도 적용된다. 따라서 독일과의 무역에서 이탈리아의 무역수지 악화의 유일한 원인 또는 주요 원인을 이탈리아가 경쟁적인 평가절하를 사용할 수 없기 때문이라고 할 수 없다. 오히려 이탈리아의 무역 적자는 주로 독일에 비해 낙후된 기술, 즉 낮은 노동생산성 때문이다. 반대로 이탈리아와의 무역에서 그리고 대부분의 다른 유럽연합 동반자들과의 무역에서 독일의 무역 흑자는 주로 기술 우월성, 즉 높은 노동생산성 때문이다.[13] 독일과 이탈리아의 국내총생산을 살펴보고 그런 후 1인당 국내총생산, 즉 노동생산성을 살펴보고, 마지막으로 수행된 노동시간을 살펴보자.

---

13) 노동생산성은 총가치를 노동 단위로 나눈 것이다. 이는 정의상 오직 생산 부문에만 적용된다. 미국 경제의 생산 부문의 자료는 이용할 수 있지만 다른 나라들은 자료가 부족하다. 따라서 뒤에 나오는 것은 이용 가능한 통계, 즉 전체 경제에 대한 GDP 수치에 의존해야 하기 때문에, 노동생산성은 GDP 나누기 전체 경제의 노동시간(L)으로 정의된다.

〈그림 11〉 독일과 이탈리아의 GDP

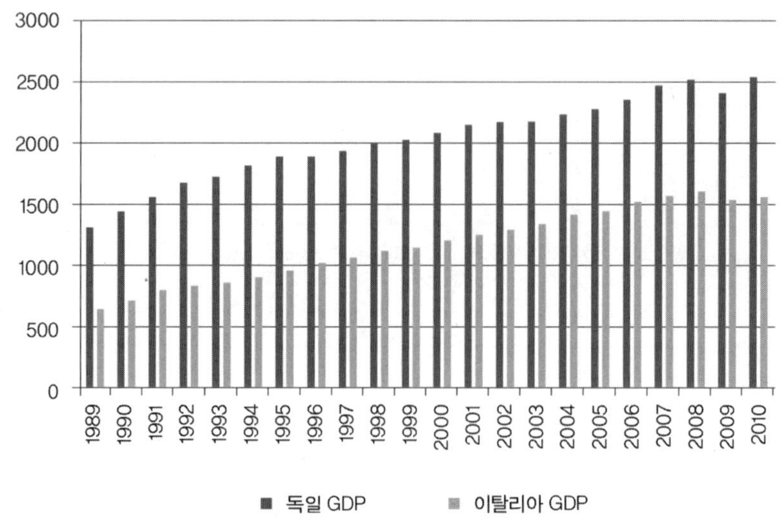

출처: https://stats.oecd.org/index.aspx?queryid=60702#

두 나라의 국내총생산은 증가하고 있다(<그림 11>). 그러나 국내총생산의 증가는 생산수단의 효율성 증가 또는 잉여가치율의 증가 때문에 가능하다. 주류 경제학은 명백한 이데올로기적 이유 때문에 두 가지 경우를 구별하지 않는다.

① 독일에서 1인당 국내총생산은 이탈리아보다 꾸준히 높은(<그림 12>) 반면 노동시간은 이탈리아에 비해 줄어들고 있다(<그림 13>). 그러면 국내총생산의 증가(<그림 11>)는 이탈리아에 비해서 높은 효율성 때문이고, 이는 잉여가치율 증가를 배제하지 않는 것이다.[14]

14) 독일 공식 통계에 따르면 실업률이 2005년 530만 명에서 2008년 290만 명, 2010년 340만 명으로 떨어졌다. 하지만 이 수치는 조작되었다. 2005년 슈뢰더 정부는 노동시장 개혁을 추진했다. 개혁 전에 실업자는 마지막 3년간 급여의 2/3를 실업수당으로 받았다. 개혁 후에 마지막 급여의 3분의 2에 해당하는 실업급여를 받는 기간이 1년으로 줄었고, 그 이후에는 실업급여가 마지막 급여의 절반으로 떨어졌고, 하루에 3시간 동

〈그림 12〉 독일과 이탈리아의 1인당 GDP

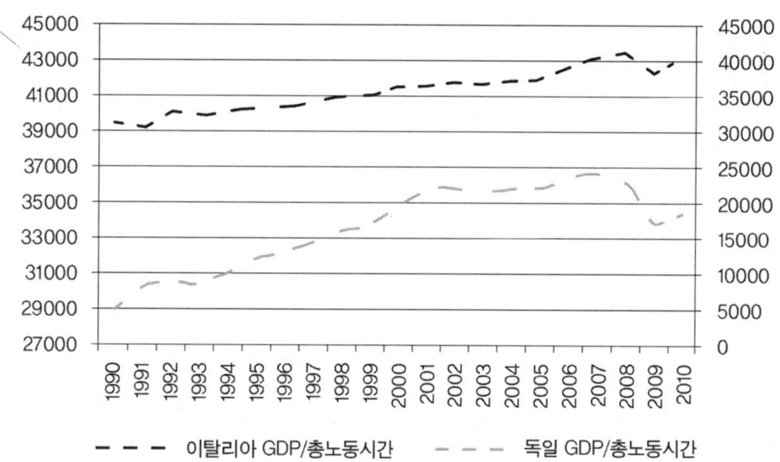

출처: http://stats.oecd.org/Index.aspx?DataSetCode=PDB_GR

② 이탈리아에서 1인당 국내총생산은 독일보다 꾸준히 낮은(<그림 12>) 반면에 노동시간은 독일에 비해서 증가하고 있다(<그림 13>). 그러면 이탈리아의 국내총생산 증가는 착취율 증가 때문이다.

안 일할 수 있는 능력으로 규정된 실업자의 노동 능력을 조건으로 붙였다. 이런 식으로 실업자는 기아임금(hunger wage: 굶어죽지 않을 정도의 임금_옮긴이)의 노동시장에 내몰렸고 약 290만 명의 장기 실업자는 공식 통계에서 사라져버렸다. Lestrade, 2010을 보라. 다른 보고에 따르면 2008년 655만 명의 고용인은 최저 한계 임금보다 낮은 임금을 받고 일했으며, 1998년 이후 230만 명이 늘어난 수치이다("Thorsten Kalina und Claudia Weinkopf," Niedriglohnbeschäftigung(2008), Universität Duisburg Essen (2010), http://www.iaq.uni-due.de/iaq-report/2010/report2010-06.pdf). 다른 수치에 따르면, 1999년과 2009년 사이 미니잡(mini-job: 이 개념은 독일에서 만들어졌는데, 보통 낮은 임금의 시간제 일자리를 가리키는 한계 고용의 형태이다. 최근의 법에 따르면 미니잡의 한 달 소득은 450유로 미만이고, 소득세가 면제된다. 미니잡 노동자는 대부분 여성과 노인들이다_옮긴이)을 가지고 있는 노동자들은 47% 증가했고, 임시 노동자들(temporary workers)은 131.4%만큼 증가했다.

http://cdn1.myeurop.info/sites/default/files/media/images/Capture_4.PNG를 보라. 높은 착취율로 향하는 높은 생산성은 자본에게 이상적인 방법이다.

〈그림 13〉 독일 노동시간에 대한 이탈리아 노동시간의 비율

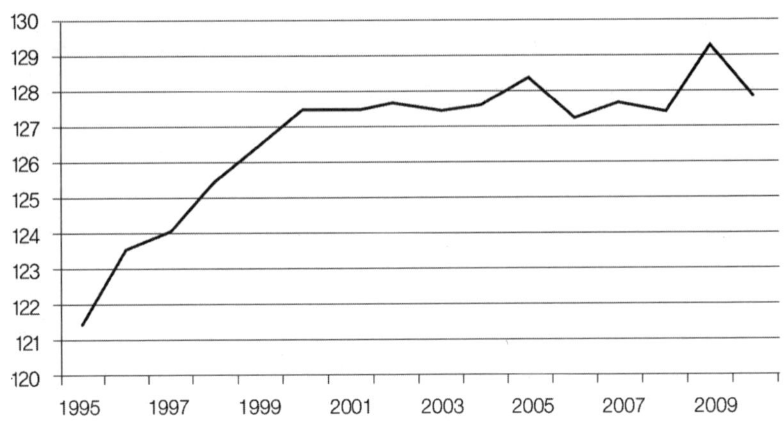

똑같은 결과가 제조업 부문에도 적용된다. 고용인당 추가된 가치가 독일에서는 6만 7500유로이지만 이탈리아에서는 5만 1000유로인 반면에 노동시간은 이탈리아에서는 연간 1778시간으로 독일보다 360시간 더 많았다(di Branco, 2012: 3). '게으른 남부인'이라는 말은 이제 그만하자.

독일의 노동생산성이 이탈리아보다 꾸준히 높은 반면에 두 나라의 변화율은 하락 추세를 보이면서 서로 아주 비슷한 변화 양상을 보인다는 데 주목해야 한다(1992년 8%의 이례적인 급등을 제외하면, 1993년부터 2010년까지 상관 계수가 0.78이다).

이것은 이탈리아의 경제에서 상대적 약점인데, 이탈리아의 경제성장은 착취 증가에 의존하는 반면 독일의 경제성장은 노동생산성 상승에 의존하고 있다. 따라서 이탈리아의 무역 적자 원인을 유로로 돌리는 것은 오류이다. 이탈리아 무역 적자의 원인은 독일에 비해서 낙후된 기술 기반이다. 유로 때문에 경쟁적인 평가절하를 사용하지 못하는 것이 이런 기술 취약성과 접목되어졌던 것이다. 그러면 왜 허약한 국가들은 유로에 가입하려고 했는가? 또는 더 정확하게 말해 왜 그런 나라들의 자본은 그렇게 하려 했는가?

기술이 약한 국가들(이탈리아를 포함)의 자본은 아시다시피 기술 수준에서 독

〈그림 14〉 독일과 이탈리아의 노동생산성 변화율

(단위: %)

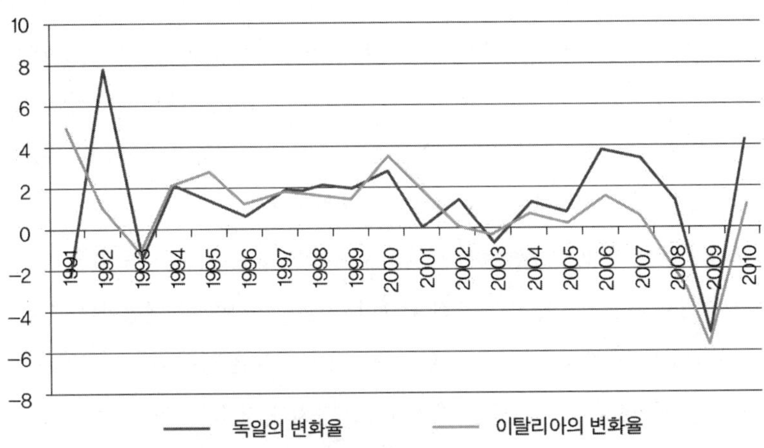

출처: http://stats.oecd.org/Index.aspx?DataSetCode=PDB_GR

일과 경쟁할 수 없다는 것을 알고 있다. 또한 경쟁적인 평가절하는 인플레이션을 일으키고(아래를 보라) 결국 더욱 치열한 경쟁적인 평가절하로 이어지게 한다는 것을 알고 있다. 국제간에 경쟁하는 유일한 방법은 국내 노동력의 잉여가치율을 높이는 것임을 자본은 알고 있다. 한 측면에서는 노동시간 연장과 노동강도 강화와 함께 실질임금 축소이다. 다른 측면에서는 사회보장제도의 해체와 노동자를 임의로 해고하는 법률적 가능성을 높이는 것, 즉 노동 유연성이다. 이런 곤경은 유로 도입의 결과인 것처럼 보인다. 따라서 반노동 대책은 약간 멀리 있는 '유럽연합' 관료 기구에서 기인하는 것처럼 보이면서 자본의 약점에 주의가 쏠리는 것이 흐트러진다. 실제로는 유로 가입은 허약한 국가들의 자본들의 실패의 결과이다. 유로를 떠나는 것이 이런 약점을 메워주지 못하며 그것 자체로는 반노동 정책을 줄여주는 쪽으로 나아가게 할 수 없다.

거시경제학은 수출 주도 생산의 증대는 경제성장을 촉진하지만 이런 개선이 많은 상쇄 요인들 때문에 제한될 수 있고 무력화될 수 있다고 주장한다. 예를 들어 통화의 평가절하는 한쪽에서는 수출품의 가격을 낮추지만, 다른 쪽에서는 수입품의 가격을 높인다. 이는 인플레이션 운동을 일으킬 수 있다. 또는 다른 나라들도 같은 정책을 사용할 수 있어서, 평가절하한 원래 국가의 이점을 없애버린다. 이것들을 상쇄 요인이라고 부를 수 있다. 하지만 평가절하에 우호적인 거시경제학의 기본 논지는 평가절하가 수출 주도 생산을 촉진하며 결국 이것으로 소비와 투자와, 따라서 경제성장을 자극한다는 것이다.

그러나 생산 증대가 수출국의 경제성장과 반드시 같은 것은 아니다. 자본주의 경제는 이윤율이 상승하는 조건 위에서 생산이 성장할 때 번창한다. 수출국이 수입국한테 가치를 잃게 된다면, 수출국의 이윤율은 하락하고, 수입국의 이윤율은 상승할 것이다. 이윤율은 가치와 잉여가치가 더 적게 생산되었기 때문에 떨어지는 것이 아니라 수출국이 더 많이 생산하더라도 경쟁적인 평가절하의 사용으로 가치와 잉여가치를 잃었기 때문에 떨어지는 것이다. 이 논지를 세 단계로 논증할 수 있다.

첫째, 비방을 많이 받지만 아주 탄탄한 마르크스의 생산가격 이론은 두 상품이 각각의 생산가격(즉, 이윤율이 균등화된 후에)에서 교환될 때, 자본의 유기적 구성이 낮은 상품의 생산자는 자본의 유기적 구성이 높은 상품의 생산자한테 가치를 잃는다고 주장한다. 여기서는 같은 국가 경제 안에서 같은 통화를 사용하는 교환에 초점을 맞추고 있다. 이 이론은 필요한 부분만 약간 수정하면 국제경제에도 그리고 지불수단으로서 통화가 다를 때도 적용할 수 있다. 또 국제 생산가격에 내재한 잉여가치 전유의 첫 번째 원천이 있는데, 국내 생산가격의 경우와 거의 똑같다.

둘째, 두 나라가 지불수단으로서 통화가 서로 다르다고 가정해보자. 이탈리아는 유로를 버리고 리라(Lire)를 다시 사용하는 반면, 독일은 유로를 유지하고 있다고 가정해보자. 처음에 1000리라=1유로이고, 이탈리아에서 상품 a의 가격이 1000리라이며 독일에서 상품 b의 가격이 1유로라고 가정하자. 독일 자본가는

1유로를 1000리라로 바꾸어서 (이탈리아에서 생산된) 상품 a 한 개를 산다. 이탈리아 자본가는 1유로를 받아서 (독일에서 생산된) 상품 b 한 개를 산다. 이 가격이 국제 생산가격이라는 가정 아래서 이탈리아 생산자가 상품 b 한 개를 생산한 독일 자본의 유기적 구성보다 낮은 유기적 구성으로 상품 a 한 개를 만든다면, 이탈리아 생산자로부터 독일 생산자에게로 가치의 전유가 발생한다. 두 나라의 국제수지는 균형 상태이다. 하지만 그 이면에 이탈리아 수출자의 가치 손실과 독일 수입자의 가치 전유가 있다. 그러므로 이탈리아의 평균이윤율은 하락하고 독일의 평균이윤율은 상승한다. 무역수지 균형은 기술 후진국의 이윤율 악화를 숨긴다.

셋째, 리라의 평가절하, 즉 2000리라=1유로를 가정해보자. 독일 생산자는 1유로를 2000리라와 바꾸어서 상품 a 두 개를 산다. 하지만 이탈리아 생산자는 상품 a 두 개에 1유로를 받았기 때문에 단지 상품 b 한 개를 살 수 있다. 이제 교환은 상품 a 두 개와 상품 b 한 개를 바꿈으로써 일어난다. 줄이자면 이탈리아 생산자는 상품 a 한 개를 독일한테 손해를 보고, 독일은 상품 a 한 개를 얻게 된다. 사용가치의 측면에서 이탈리아에서 상품 a 한 개의 손실은 소비의 손실(상품 a가 소비수단이라면) 또는 투자의 손실(상품 a가 생산수단이라면)이다. 가치의 측면에서 이탈리아는 독일한테 가치 손실을 입게 되고(손실을 본 상품에 투하된 가치), 따라서 가치의 평균이윤율이 하락한다. 가치의 평균이윤율은 그 상품에 투하된 잉여가치에 의해서(상품 a 한 개가 상품 b 한 개와 교환된다면 이윤율 균등화 때문에)뿐만 아니라 전체 가치에 의해서도(상품 a 두 개가 상품 b 한 개와 교환된다면) 하락한다. 따라서 경쟁적 평가절하에 내재한 가치의 손실은 (국제) 생산가격의 형성에 내재한 가치의 손실보다 큰데, 뒤에서는 잉여가치의 비율에 손실이 있는 반면 앞에서 손실을 보는 것은 잉여가치에 불변자본과 가변자본을 더한 전체 부분이다.

그러면 왜 이탈리아 자본가는 앞의 예와 같은 무역을 하는가? 자본가들은 경제에서 가치 차원은 깨닫지 못하고 화폐 차원만 인식하기 때문이다. 수출자가 상품 a 두 개를 생산하지만 국내시장에서는 둘 다 팔지 못한다고 가정해보자. 상품 a 한 개를 국내시장에 팔 수 없거나 국제시장에서는 가격이 너무 비싸서 수출할 수 없다면, 수출자는 상품 a 한 개의 가치에 해당하는 손실을 보게 된다. 그때 정부는 경쟁적 평가절하를 사용할 수 있다. 이전의 환율 1000리라=1유로에서는 수출자가 단지 상품 a 한 개를 수출할 수 있지만(그래서 나머지 한 개가 팔리지 않으면 손실이 된다), 새로운 환율 2000리라=1유로에서는 전체 생산물 상품 a 두 개를 수출할 수 있다.

수출자는 수출된 상품 a 두 개에 대해 1유로를 받기에 2000리라와 교환된다. 따라서 상품 a 한 개가 팔리지 않았을 때에 비해서 화폐이윤율이 상승한다. 이는 이탈리아 경제 전체에 똑같이 적용된다. 그러나 가치 이윤율은 하락하는데 왜냐하면 상품 a 한 개, 따라서 이 상품의 가치를 빼앗기기 때문이다. 가치 이윤율의 하락은 화폐이윤율의 개선으로 감춰진다. 상품 a 한 개가 소비수단이라면 이탈리아에서 소비가 줄어든다. 만약 그것이 생산수단이라면 새로운 순환은 축소된 크기로 시작된다. 경쟁적 평가절하에 따른 화폐이윤율 상승 때문에 일어난 처음의 희열 다음에는 같은 경제 정책 때문에 일어난 경제 악화가 반드시 뒤따르게 된다. 이것이 평가절하의 경제 효과가 오래 지속될 수 없는 이유이다.

지금까지 수출주도 수요가 판매되지 않은 재고를 줄인다고, 즉 그것은 추가 생산을 촉진하지 않는다고 가정했었다. 그러나 처음 생산량 상품 a 한 개가 수출주도 수요 때문에 두 개로 늘어났다고 가정해보자. 불변자본과 가변자본(임금)과 이윤이 증가한다. 자산과 노동력 수요가 증가하고 이는 소비와 투자 증가로 이어진다. 이 시점에서 케인스 승수가 들어온다. 더 많은 투자와 생산과 소비의 연쇄, 즉 경제성장이 뒤따른다. 이것이 그 이론이다.

실제로 생산과 투자와 소비가 성장할 수도 있지만 더 중요한 것은 평균이윤율의 성장이다. 그리고 이것은 유발투자가 더 높은 자본의 유기적 구성을 갖는지 아니면 더 낮은 자본의 유기적 구성을 갖는지, 즉 유발투자의 연쇄가 끝날 때 자본의 유기적 구성의 평균이 상승하는지(평균이윤율이 하락) 아니면 하락하는지(평균이윤율이 상승)에 달려 있다. 투자 연쇄의 각 단계에서 이득(commission)이 가장 효율적인 자본가들에게로 간다면(그들은 더 높은 자본 효율성, 즉 더 높은 자본의 유기적 구성 때문에 더 낮은 단위 가격으로 상품을 생산하고 판매하기 때문에), 효율성이 낮은 자본들의 경쟁력은 악화된다. 결국 이들은 시장에서 퇴출된다. 이것이 가장 가능성 있는 결과이다. 필자는 이것을 마르크스 승수라고 부른다(Carchedi, 2012).

아마도 케인스 승수에 기초한 것 같은데, 경쟁적인 평가절하를 사용하고 경제성장(과 고용)을 다시 시작하기 위해 유로를 버리고 자국 통화로 되돌아가자는 좌파 내부의 요구가 얼마나 잘못되었는지 필자는 위에서 보여줬다. 이는 허약한 국가들이 유로를 유지해야만 한다는 것을 의미하지 않는다. 유로를 유지하든 떠나든 자본주의 생산관계의 변화에 중심을 둔 근본적 변화를 위한 더 큰 전략에 맞춘 결정이어야 한다.[15)]

경쟁적 평가절하에 의존하는 국가들의 진짜 문제는 강한 국제 경쟁자에 비해서 비효율적인(낮은 생산성) 생산 체계이다. 이는 자본의 문제이다. 노동은 이것이 또한 노동의 문제로 믿는, 즉 미래에 경제가 성장한 뒤에 받을 보상의 비용으로서 가능하다면 더 낮은 임금과 더 높은 착취율과 더 높은 실업률을 받아들임으로써 생산 기구의 현대화에 적극적으로 기여해야 한다는 그릇된 생각을 가지지 말아야 한다. 이것은 개혁주의 관점, 즉 케인스 승수에 기초해 이론을 세운 자본과 노동의 동맹이다. 하지만 마르크스 승수는 생산성 증대가 기술 실업 증

---

15) 경쟁적 평가절하가 경제성장을 촉진한다는 주장의 지지자들은 아르헨티나를 예로 들기를 좋아한다. 하지만 아르헨티나의 전임 재무 장관 도밍고 카바요(Domingo Cavallo)는 분명하게 "2003년 성장은 다시 시작되었고, 실업률이 떨어지기 시작했다. 그러나 이것은 평가절하 때문이 아니었다. 주요 요인은 달러의 평가하락과 운 좋은 상품 가격이었다. 콩 가격(국제시장에서 형성된 가격)이 2001년 톤당 120달러 아래에서 2000년대 말까지 톤당 500달러 이상으로 급등했다. 최근 8년간 아르헨티나의 빠른 성장 원인을 '페소화(pesofication: 페소를 통화로 사용_옮긴이)'와 2002년 평가절하로 돌리는 것은 매우 잘못된 것이며 오해이다"(Domingo Cavallo, "Looking at Greece in the Argentinean mirror," 15 July 2011. http://voxeu.org/index.php?q=node/6758)라고 말했다.

가와 평균이윤율 하락 및 공황으로 향하는 경향에 내재한 모든 재앙을 의미한다는 것을 보여준다.

자본과 동맹을 시작함으로써 노동은 자본주의 국제 경쟁에서 적극적인 행위자가 될 수 있다.[16] 노동은 허약한 국가들에 기술혁신의 효과를 만드는 데 참여해 그런 국가들의 노동력에 모든 부정적인 결과를 가져오게 할 수 있다. 노동의 문제는 다르다. 노동은 노동의 이득이 공황의 출구가 되는 것과 전혀 관계없으며 자본을 약하게 하는 것임을 인식하면서, 공황의 대가를 치르는 것을 피하기 위해 그리고 더 나은 삶과 노동조건을 요구하기 위해 노력해야 하고, 동시에 자본주의로부터 다른 사회로 이행에 필요한 객관적 조건과 의식을 만들기 위해 노력해야 한다. 노동의 투쟁은 반자본주의와 국제주의가 되지 않으면 안 된다.

3. 브렉시트에 관해

세 번째 사건은 2016년 6월 영국의 유럽연합 탈퇴 투표이다. 유럽연합-영국 관계의 새로운 모습은 이 관계(국제 관계에서부터 무역협정과 정책 개발 등등까지)를 어떻게 재협상할 것인지에 달려 있다. '리스본 조약' 제50조에 따르면 재협상은 2년 안에 완결되어야 한다. 그러므로 영국과 유럽연합 모두를 위한 경제적인 결과를 밝히기에는 너무 이르다. 현재 국면에서 할 수 있는 모든 것은 몇몇 가정과 추측이다. 이런 이유로 이 절은 짧을 수밖에 없다.

브렉시트의 영향은 아마도 정치 측면에 있을 것이다. 유럽연합한테 가장 큰 위험은 브렉시트가 유럽연합의 정치 측면 해체로 향하는 첫걸음이 될 수도 있다는 것이다. 이것이 사실로 입증된다면, 한쪽에서는 '강한' 유로를 가진 노르딕

---

16) 대자본에 맞선 노동과 소자본 사이의 동맹이라는 적당한 수정에도 똑같이 적용된다.

국가들의 새로운 연합과 다른 쪽에서는 자신들의 통화를 가진 '남부' 국가들의 다른 연합이 나타날 수 있다. 앞 절에서 논의했듯이 북부 국가들의 새로운 연합에 관한 가정이 실제 사실과 경향에 기초했다 하더라도, 지금 단계에서 이것은 예상의 문제이다. 아니면 유럽연합이 브렉시트로부터 살아날 수 있다.

그런데 영국의 유럽연합 탈퇴를 위한 투표 뒤에 있는 추진력은 무엇인가? 기본적으로 생활수준 하락과 이민 증가인데, 이민 증가는 자국민들에 대한 '일자리 빼앗기'로 인식되었다. 유럽연합한테 위험은 아주 실질적인데 왜냐하면 두 요소 모두 유럽연합의 다른 회원국들도 가지고 있는 특징들이기 때문이다. 이것이 유럽의 지배계급들과 유럽연합 엘리트들이 가장 걱정하는 것이다. 한 가지는 분명한데, 브렉시트는 유럽연합의 깊은 정치 위기의 기폭 장치가 될 수도 있으며 이 정치 위기는 미국에 도전할 수 있는 제국주의 진영을 창조하려는 원래 계획에 가장 큰 위협이 된다.

하지만 유럽연합 엘리트들은 또 다른 위험도 걱정도 하고 있는데, 즉 브렉시트가 큰 정치 위기를 일으킬 뿐만 아니라 이 위기가 다른 큰 경제공황 및 금융위기를 폭발시키는 건 아닌지이다. 유럽연합에 즉각적인 경제 위험은 (고용 증가를 포함한) 생활수준 하락, 아주 높은 수준의 실업, 일반화된 반이민 정서의 증가(이는 반이민 경제정책을 초래), 보호주의 선호 정서이다. 이것들은 결국 이른바 긴축 대책들, 즉 유럽연합(뿐만 아니라 다른 나라들도)이 장기 경제 불안에 대응해온 방법의 결과이다. 그리고 이는 결국 장기 이윤율 위기에 대응하기 위해 취했고 또 그렇게 하고 있는 두 가지 가능한 방법 가운데 하나이다. 이윤율 위기는 유럽연합 위험의 궁극 원인인데 저자 후기 첫째 절에 서술했다. 생활수준 하락을 서술한 연구는 아주 많다. 여기서는 단지 하나의 연구를 언급하는 것으로 충분하다. 「매킨지 글로벌 인스티튜트(MCKinsey Global Institute)」(2016)에서는 다음과 같이 서술했다.

선진 25개국 가계의 65~70%, 즉 5억 4000만~5억 8000만 명에 이르는 인구의 2014년 실질 시장 소득(자본으로부터 받은 임금과 소득)이 2005년과 비교해 같거나 또는 하락한 소득분배 구간에 위치한다. 정부 이전과 세율 인하가 가처분소득에 대한 효과를 줄였는데, 가계의 20~25%는 2005년에서 2014년 사이에 가처분소득이 불변 또는 하락한 소득분배 구간에 속하는데, 이는 1993~2005년 동안에는 2% 줄었던 것과 비교된다.

대부분의 소득 구간에서는 2002~2012년 동안 소득 불변 또는 하락을 겪었지만 젊고 학력이 낮은 노동자들은 가장 심한 타격을 겪었는데, 이는 프랑스, 이탈리아, 미국의 자료를 나이와 학력에 따라 소득을 나눈 우리의 2차 분석에 따른 것이다.

정부 정책과 노동시장 관행은 소득 불변 또는 하락의 정도를 결정하는 데 이바지했다. 예를 들어 스웨덴에서 정부가 일자리 유지에 개입했는데, 오직 20%에게만 시장 소득은 불변이거나 하락한 반면에 대부분 사람들의 가처분소득이 개선되었다. 미국에서는 정부 세금과 정부 이전으로 전체 소득 구간 81%의 시장 소득 하락이 거의 모든 가계의 가처분소득 증가로 바뀌었다.

동시에 약 100만 명의 이민자와 난민이 2015년 12월 21일까지 유럽에 들어왔는데, 2014년보다 세 배에서 네 배 많았고, 실업률은 10% 수준에 머물렀다. 한쪽에서 이민자와 난민의 증가와 다른 쪽에서 생활조건 악화의 결합에 영국인들은 어떻게 반응했는가?

충분히 많은 숫자의 유권자들이 '너무 많은 이민'과 유럽연합에 의한 '너무 많은 규제' 때문에 자신들의 삶이 어려워졌다는 브렉시트를 찬성하는 보수당과 영국독립당의 주장을 믿은 것 같다(영국은 이미 경제협력개발기구에서 규제가 가장 없는 국가이지만). 그런 주장은 세계 자본주의 경제 침체, 뒤이은 장기 불황, 보수당 정부의 긴축정책과 관련된 것이 아니었다.

그렇다. 많은 유권자들은 그런 이민 및 규제 주장을 받아들이지 않았다. 하지만 그들은 주로 젊은 층이었고, 런던과 맨체스터 같은 다인종 지역에 살고 있는 사람들과 남부 도시의 부유층 가계였다. 그러나 그들의 숫자는 탈퇴에 투표한 사람들과 비교하면 충분하지 않았다. 탈퇴 투표자들은 나이가 많으며 주로 런던에서 멀리 떨어져 있고 어떤 이민자도 볼 수 없는 북부나 또는 웨일스 작은 읍내와 도시에 살고 있으면서 대부분 낮은 임금의 일자리, 공공 부문 삭감, 주택 및 도심 쇠퇴, 일반적인 무시를 겪은 사람들이었다.

이것들과 함께 유럽연합과의 무역 또는 유럽연합의 재정 지원으로부터 아무 이득을 얻지 못한 프티 부르주아 소상공인의 완고한 인종주의 요소들이 있다.

유럽연합의 나머지 국가들에서 유럽연합 반감은 브렉시트를 초래한 것과 아주 비슷하다. 이런 의미에서 브렉시트가 다른 나라들도 유럽연합 탈퇴를 선택할 수 있는 선례가 될 수도 있다. 따라서 유럽연합은 잠재적인 붕괴 위험 상태에 있다. 유럽의 좌파한테 일부 책임이 있다. 최근의 대규모 이민과 난민 물결 뒤에 석유 유입 따라서 석유 수출 국가 통제를 목표로 한 (유럽 국가들을 포함해서) 몇몇 국가의 제국주의 정책이 있다는 것을 강조하는 데 실패했다. 유럽연합 회원국들의 국경을 패쇄하는 것은 비인간적이다. 하지만 그런 나라들에서 부와 일자리가 창조되어서 경제가 발전할 수 있도록 돕는 어떤 (실현할 수 없는) 계획도 완전히 위선인데, 식민주의 정책은 그런 국가들이 독립된 발전 수준에 도달할 가능성을 파괴하고 가장 중요한 무기 수출자가 유럽이라는 사실의 관점에서 그렇다. 하지만 유럽의 좌파는 이민자들이 "우리의 일자리를 빼앗는다"와 유럽 노동자들의 실업을 야기한다는 우익의 선동 앞에 아무 말이 없다. 되풀이되는 경제공황 및 금융 위기 분석에서 실업의 원인은 이윤율의 장기 하락 내의 자본주의 순환이고(Carchedi, 2011) 유럽 노동자들 대신에 방어력 없고 낮은 임금의 이주 노동자들에게 일자리를 주는 이는 (노동자들이 아니고) 자본가들임을 틀림없이 보여준다.

이 글을 쓰고 있는 현재(2016년 10월) 유럽의 전망에 먹구름이 몰려오고 있다. 새로운 경제공황과 금융 위기가 형성되고 있다. 공황이 유럽연합을 피해가지 않을 것이다. 대중의 불만이 잘못 이용되면 완전한 파시즘이 아니더라도 우익의 운동과 정당, 인종주의, 보호주의의 불길을 더욱 키울 수 있다. 역사는 되풀이되기도 하는데, 이번에는 희극이 아니라 더욱 심하고 커다란 비극일 것이다. 이런 현실을 계급적으로 분석하는 것에 기초한 조직된 좌파의 부재가 이런 전개에 더욱 큰 책임이 있다. 현시점은 더더욱 이 책 제목과 관련된다. 우리에게 필요한 것은 다른 유럽이다.

역자 후기

이 책은 2001년에 출판되었다. 시간의 흐름에 민감한 사람은 그동안 유럽연합에서 많은 일이 일어났는데, 그때 출판된 책을 번역 출판하냐며 문제를 제기할 수도 있을 것이다. 그러나 현상의 변화인지 본질의 변화인지를 살펴보면 생각이 달라질 것이다. 15년 전이나 2016년 말을 지나고 있는 지금이나 유럽의 경제는 자본이 지배하고 있으며, 그리하여 정치와 사회와 국제 관계가 자본의 이익을 위해서 운영된다는 사실은 변하지 않았다. 특히 유럽연합은 유럽 선진국의 과점자본인 다국적 자본의 더 많은 이윤과 편익을 도모하기 위해 운영되고 있고, 그런 과점자본들이 유럽연합의 자본 일반의 이해를 대변하고 있다는 것은 15년 전이나 현재나 변하지 않는 사실이다. 이런 것들은 유럽연합의 할아버지 격인 1958년 공동시장인 유럽경제공동체의 출범부터 지니고 있던 특징이다. 이 책은 세계적인 마르크스주의 정치경제학자 굴리엘모 카르케디가 유럽연합이 무엇을 위해 탄생했고 운영되는지에 관해서 자본주의를 날카롭게 해부하는 마르크스의 노동가치론에 기초하여 정확하게 분석하고 있기 때문에, 자본주의 사회경제 체제가 끝나지 않는 한 현재성을 지닌다. 따라서 유럽연합을 과학적으로 이해하려면, 유럽연합의 본성을 알려면, 이 책을 탐독해야 한다. 그러면 유럽 재정 위기, 그렉시트, 브렉시트 같은 최근 몇 년 동안 유럽에서 있었던 중대한 사건들이 왜 일어났는지, 그 사건들의 본질은 무엇인지 이해할 수 있다.

유럽연합의 형성, 즉 경제통합에서 가장 중요한 측면은 경제 요인이다. 저자에 따르면 세계 경제는 두 진영으로 나뉜다. 제국주의 중심 진영과 피지배 진영이다. 제국주의 중심 진영은 선진 기술을 가진 다국적 자본, 즉 과점자본들이 있는 국가들이고, 피지배 진영은 낙후 기술을 가진 자본들이 있는 후진국 또는 종속국들이다. 자본주의 경제에서 선진 기술 자본은 가격 체계를 통해 낙후 기술 자본이 노동자를 착취해서 생산한 가치를 전유한다. 쉽게 말해 빼앗는다. 이는 국내시장에서도 국제시장에서도 마찬가지이다. 그래서 자본주의 경제는 외관상 등가교환을 하지만, 가격 체계를 분석하면 불평등 교환이 흔하다. 이 불평등 교환을 통한 가치 전유로 제국주의 중심의 과점자본들은 더 많은 이윤을 벌고, 더 높은 이윤율을 실현하여, 규모가 더 크고 또 더 많은 계열사를 가진 자본으로 계속해서 성장하며, 세계 곳곳으로 진출하여 노동자들을 착취한다.

제국주의 중심 진영은 국제통화를 가지고 있다. 세계 최강 제국주의 국가인 미국의 달러는 국제 거래에서 주로 사용되는 화폐이다. 미국은 국제통화인 달러를 가지고, 각국의 외환 보유고로서, 달러화된 국가에서 통용되는 공식 화폐로서, 다른 국가들이나 피지배 진영 국가들로부터 화폐발권차익을 전유한다.

바로 이런 경제 이득을 위해서 유럽의 과점자본은 유럽의 경제통합을 추진했으며, 유럽연합과 단일통화인 유로라는 결과물을 만들었다. 그래서 유럽연합의 본성은 제국주의이며, 유럽의 최대 경제 강국인 독일 과점자본의 지도력 아래 있는 유럽 과점자본들이 유럽연합 내 약소국으로부터 가치 전유와 유럽연합 역외 피지배 진영 국가들로부터 가치 전유를 체계적으로 하는 것이 목적의 핵심이다.

선진 기술 자본인 다국적 자본이 왜 초과이윤을 획득하여 더 높은 이윤율을 실현하는지 그래서 왜 자본들은 기술혁신 경쟁을 치열하게 벌이는지 알려면, 마르크스 노동가치론의 핵심을 먼저 이해해야 한다. 이 책에서 그 핵심들을 잘 정리해서 설명하고 있지만, 익숙하지 않는 사람들에게는 어려울 수도 있기에 이 글에서는 좀 더 풀어서 설명하고자 한다. 그리고 새로운 가치, 좀 더 엄밀하게 나누면 노동자의 임금과 잉여가치에 해당되는 부분은 왜 노동자의 노동만으로 생산되고 기계나 도구나 원료는 오직 자신이 지닌 가치의 마모분만 새로운 상품에 이전시키는지, 따라서 왜 노동자가 노동으로 생산한 잉여가치만이 이윤의 원천인지에 관해서는 이 책에서 간략하게 서술하고 있기에 쉽고 자세하게 설명해서 이해를 돕고자 한다. 이 설명은 마르크스가 『자본』에서 서술하고 있는 내용과 사용하고 전개하는 논리를 바탕으로 하고 있고, 어떤 부분은 현 시대의 상황과 한국의 상황에 맞춰서 바꾼 부분도 있으며, 어떤 것은 그대로 인용하는 부분도 있다. 학술 논문이 아니기에 굳이 인용 표시는 하지 않음을 밝힌다.

먼저 가치와 가격이 어떻게 결정되는지 알아보자. 고어텍스 방한복 한 벌 가격=100만 원, 소형자동차 한 대 가격=1000만 원이라고 할 때, 다음과 같은 등식이 성립된다.

고어텍스 방한복 10벌=화폐 1000만 원=소형자동차 한 대

따라서 다음과 같은 등식이 성립된다.

고어텍스 방한복 10벌=소형자동차 한 대

이 등식은 화폐로 상품의 가치 평가가 이루어지기 전에 이미 상품끼리 등식이 성립한다는 것을 보여주며, 이는 두 상품의 공통 요소가 각 상품에 같은 크기로 들어 있기 때문에 등식이 성립한다는 것을 의미한다. 두 상품 소유자가 각자 가진 상품은 자신에게 필요 없고 상대방이 가진 상품이 필요하면 서로 교환도 할 수 있다. 그럼 어떤 공통 요소 때문에 방한복 10벌과 소형자동차 한 대가 등치되어 교환이 가능할까?

어떤 생산물이 상품이 된다는 것은 유용성, 즉 사용가치를 가지고 있기 때문이다. 다시 말해 사람들의 욕구를 충족시킬 수 있기 때문이다. 방한복은 추위를 막고 몸을 보호하는 수단으로서, 자동차는 운송 수단으로서 그 사용가치를 가지고 있다.

그러나 방한복과 자동차는 물리적 속성과 화학적 속성과 그 쓰임새(사용가치)도 다르고, 셀 수 있는 단위도 다르다. 눈으로 관찰 가능하지만 서로 같은 기준의 단위로 비교할 수 없는 두 상품의 모습과 두 상품의 물리적 속성과 화학적 속성을 제외하고, 논리적인 사고로 분석하면 두 상품이 가지고 있는 공통된 속성은 단 하나만 남는다. 바로 인간 **노동**의 생산물이라는 것이라는 것이다.

방한복 10벌과 소형자동차 한 대가 같은 가치를 지니고 서로 교환 가능한 것은 두 상품에 같은 양의 인간 **노동**이 들어 있기 때문이다. 그러나 방한복을 만드는 노동과 소형자동차를 만드는 노동은 그 구체적 형태가 다르다. 이렇게 상품의 쓰임새, 즉 사용가치를 창조하는 노동을 **구체적 유용노동** 또는 **구체노동**이라고 한다. 두 특수한 노동의 구체적 형태는 다르지만 인간 노동의 지출이라는 측면에서 둘 사이의 차이는 없어지며, 동등한 인간 노동이 되고 상품은 가치를 가지게 된다. 상품이 가치를 지니는 이유는 동등한 인간 노동, 즉 **추상노동**이 상품에 들어 있기 때문이다. 가치의 크기는 상품에 들어가 있는 노동의 양, 즉 **노동시간**으로 측정된다.

그렇다면 10시간 걸려서 만든 방한복 한 벌이 100만 원의 가치를 가진다면 같은 방한복을 20시간 들여서 만들면 200만 원의 가치를 가지는가? 그렇지 않다. 상품의 가치는 **사회적 필요노동시간**으로 측정된다. 사회적 필요노동시간이란 정상적인 사회적 생산 조건(사회적으로 평균적인 기술 조건)에서 평균적인 숙련과 노동강도를 가지고 어떤 상품의 생산에 지출되는 노동시간이다.

그런데 방한복을 만드는 노동과 자동차를 만드는 노동은 그 노동의 내용이 다르며, 노동의 복잡성이 다를 수 있고, 같은 형태의 노동이라도 숙련도나 강도가 다를 수 있다. 그래서 같은 노동의 단위로 환산해야 한다. 강도가 높은 노동은 강도가 낮은 노동의 배수로 환산되고, 숙련도가 높은 노동은 비숙련노동의 배수로 환산되며, 복잡노동은 단순노동(=인간 노동 일반)의 배수로 환산된다.

서로 다른 종류의 노동이 단순노동으로 환산되는 비율은 생산자들의 배후에서 진행되는 하나의 사회적 과정에 의해 결정된다. 이는 경험적으로 관찰된다.

그래서 방한복 한 벌 만드는 데 들어간 사회적 필요노동시간을 단순노동시간으로 환산했을 때 10시간이면, 10벌은 100시간이 된다. 방한복 10벌=소형자동차 한 대, 이렇게 두 상품이 같은 가치를 가져서 등치가 되고 교환될 수 있는 것은 두 상품의 양을 만드는 데 들어간 사회적 필요노동시간을 단순노동시간으로 환산한 시간의 길이가 100시간으로 같기 때문이다.

따라서 가치의 실체는 인간의 추상노동이며, 가치의 척도는 노동시간이며, 가치의 크기는 노동시간의 길이이다. 그래서 상품의 내재적 가치 또는 절대가치는 노동시간으로 측정된다. 그러나 우리는 화폐로 상품의 가치를 표현한다. 화폐로 표현된 상품의 가치가 바로 가격이다. 어떻게 화폐가 상품의 내재적 가치를 상대적으로 표현하는 외재적 척도가 되었을까? 마르크스는 『자본』 1권에서 네 단계의 가치형태 발전을 가지고 설명하고 있다.

제1형태는 두 상품이 맺는 가치 관계로서 어떤 상품의 가치를 가장 단순하게 표현하는 '단순한, 개별적 또는 우연적 가치형태'이다. 이 가치 관계는 다음과 같이 표현된다.

> x양의 상품 A=y양의 상품 B
>
> 또는 x양의 상품 A는 y양의 상품 B의 가치를 가지는 것을 표현함.

> 20엘레[1]의 리넨=한 벌의 겉옷
>
> 또는 20엘레의 리넨은 한 벌의 겉옷과 같은 가치를 가짐.

---

1) 독일에서 길이를 재던 단위로 55~85cm에 해당한다.

이는 가치 표현의 양극인 상대적 가치형태와 등가형태를 나타내고 있다. 여기서 등식은 등식의 좌변에 있는 x양의 상품 A 또는 20엘레 리넨의 가치의 크기를 y양의 상품 또는 한 벌의 겉옷을 통해서 나타낸다. 좌변에 있는 x양의 상품 A나 20엘레 리넨을 상대적 가치형태라고 하는데, 각각의 가치가 y양의 상품 B 또는 한 벌의 겉옷과 비교해서 표현되기 때문이다. 우변에 있는 y양의 상품 B나 한 벌의 겉옷은 좌변에 있는 상품의 가치를 그만큼 표현해주는 것이라고 해서 등가형태라 한다. 이런 양상은 노동생산물이 상품으로 전화하는 교환이 우연히 그리고 가끔씩만 이루어지는 매우 초기적인 역사적 단계에서만 뚜렷한 모습을 드러낸다.

제2형태는 '총체적 또는 전개된 가치형태'이다. 이는 다음과 같은 등식으로 표현된다.

z양의 상품 = u양의 상품 B
= v양의 상품 C
= w양의 상품 D
= x양의 상품 E
등등

20엘레의 리넨 =1벌의 겉옷
=10파운드의 차
=40파운드의 커피
=1쿼터의 밀
=2온스의 금
=1/2톤의 철
등등

이는 상품생산이 어느 정도 발전되고 교환이 그만큼 발전되어 리넨의 일정한 양이 사회에서 생산되고 있는 모든 상품의 일정한 양으로 교환이 되지만, 상품을 교환하기 위해서는 각 상품의 교환 비율이 있어야 하고, 각 상품이 교환되는 비율을 알기 위해서는 리넨의 자리로 대체되어서 비율이 정해진다.

제2형태에서 발전한 점은 한 상품의 가치를 제1형태보다 좀 더 완전하게 그 상품 자체의 사용가치로부터 구별해낸다. 이는 어떤 노동생산물이 관습적으로 다른 여러 상품과 교환될 때 비로소 실제로 나타난다.

제3형태는 '일반적 가치형태'이다. 이는 전개된 가치형태가 뒤집어진 것인데, 다음과 같은 등식으로 표현된다.

한 벌의 겉옷
10파운드의 차
40파운드의 커피
1쿼터의 밀 등등의 상품 = 20엘레의 리넨
2온스의 금
1/2톤의 철
x양의 상품 A

이 형태에서는 모든 상품의 일정한 양, 즉 모든 상품의 가치가 리넨이라는 단일 상품의 일정한 양으로 측정되어서 교환된다. 따라서 가치가 통일적으로 표현된다. 일반적 가치형태는 상품 세계에서 분리된 하나의 단일한 상품 종류(리넨)를 통해서 상품 세계의 가치를 표현하며 따라서 모든 상품의 가치를 각각의 상품이 리넨과 같다는 방식으로 나타난다. 이 형태가 비로소 실질적으로 상품들을 가치로 연결시킨다. 따라서 상품들이 교환가치로서 나타나게 만든다.

제4형태는 화폐 형태인데, 다음과 같은 등식으로 표현된다.

20엘레의 리넨
한 벌의 겉옷
10파운드의 차
40파운드의 커피 등등의 상품 = 2온스의 금
1쿼터의 밀
1/2톤의 철
x양의 상품 A

일반적 등가형태의 상품이 귀금속으로 된 화폐로 교체되면 화폐 형태가 된다. 귀금속은 그것이 지닌 속성들(녹고, 분리되고, 합쳐지고, 가지고 다니기 편리하고, 적은 양으로 등가를 표현하는 등등) 때문에 일반적 등가형태의 상품을 교체한다. 일정량의 상품 가치가 일정량의 금으로 표현되는 것은 일정량의 상품과 일정량의 금을 생산하는 데 들어간 노동시간, 즉 가치가 같기 때문이다. 금은이 화폐로 기능하게 된 것은 화폐가 되기 전부터 노동생산물로서 다른 상품들과 관계를 맺고 있었기 때문이다. 그래서 금은 다른 상품의 가치를 상대적으로 표현한다. 즉 상대적 가치를 표현하고 있을 뿐이다. 가격 형태는 다른 상품의 상대적 가치를 화폐로 기능하는 금의 양으로 환산해서 단순하게 표현한 것이다. 그래서 다음과 같이 표현하면 리넨의 가격 형태가 된다.

20엘레의 리넨=2온스의 금

또는 금 2온스가 2파운드스털링 주화로 주조된다면,

20엘레의 리넨=2파운드스털링

따라서 화폐 형태에서 상품의 상대적 가치를 가격으로 표현하게 되므로, 화폐를 상품 가치의 외재적 척도라고 한다. 역사적으로 귀금속 상품화폐는 주화를 거쳐 강제 통용권을 가진 지폐로 바뀌었고, 주화와 지폐는 귀금속 상품화폐의 중량 단위를 화폐 단위로 이어받으면서 상품화폐의 가치를 관념적으로 표현하게 되었다. 따라서 지폐는 내재적 가치는 없으면서 구매력을 가지고 있다. 그러므로 화폐 형태는 가치형태의 제1형태인 '단순한, 개별적 또는 우연적 가치형태'에서 가치 표현의 양극 가운데 하나인 등가형태에서 발전한 것이다. 다시 말해 화폐는 인간의 노동생산물에서 발전한 것이다.

그렇다면 이윤이란 어떻게 발생되는가? 이윤이란 주류 경제학의 용어에 따르면 부가가치 가운데 임금을 제외한 나머지라고 할 수 있다. 다르게 말하면, 이윤은 새로 생산한 상품의 가치 가운데, 상품생산에 들인 생산 비용인 기계, 도구, 원료, 공장, 임금 등의 비용 외에 새롭게 더해진 가치라고 할 수 있다. 그러면 다음과 같은 등식으로 표시할 수 있다.

P=pc+p (상품의 가격=P, 생산 비용=pc, 이윤=p)

그래서 이윤은 한 사회의 경제에서 순수하게 증가한 가치의 부분이어야 한다.

보통 사람들은 상품을 싸게 사서 비싸게 팔아 남기는 것을 이윤이라 생각한다. 그렇다면 상품의 가치보다 싸게 사서 가치대로 팔거나, 상품의 가치대로 사서 상품의 가치보다 비싸게 팔면 이윤이 남는 것일까? 이런 논리대로 생각하면, 이윤이 사회 전체에서 순수하게 늘어난 가치(부가가치)에서 차지하는 부분이 되는 것일까?

먼저 상품을 가치보다 싸게 사서 가치대로 파는 경우를 고려해보자. 상품의 거래가 사기나 허위가 되지 않기 위해서는 거래에 대한 모든 조건은 정당하고 공평해야 한다.

한 사회가 세 명의 상품생산자로 이루어져 있고, 그 세 명은 상품 가치보다 10% 싸게 살 수 있는 권리를 가진다고 가정하자. 여기서 입증된 논리는 상품생산자를 무수히 늘린다고 해도 변함없는 타당성을 가진다. 생산자 1은 컴퓨터를 생산하고, 생산자 2는 고어텍스 방한복을 생산하며, 생산자 3은 소형자동차를 생산한다. 생산자 1은 생산자 2로부터 고어텍스 1000만 원어치를 900만 원에 구입해서 100만 원의 이득을 보고, 생산자 2는 생산자 3으로부터 소형자동차를, 생산자 3은 생산자 1로부터 컴퓨터를 그렇게 한다고 하자. 그러면 남의 상품을 살 때는 10% 싸게 사서 이득을 보았지만, 자신의 상품을 판매할 때는 10% 싸게 팔아 손해를 보기에 사회 전체적으로 이득이 없다.

다음으로 모든 사람이 상품의 가치보다 10% 비싸게 팔 수 있는 권리를 가진다고 가정하자. 생산자 1은 컴퓨터 1000만 원어치를 생산자 2에게 1100만 원에 판매하고, 생산자 2는 방한복 1000만 원어치를 생산자 3에게 1100만 원에 판매하고, 생산자 3은 소형자동차 1000만 원어치를 생산자 1에게 1100만 원에 판매하게 된다. 모두가 자신의 상품은 10% 비싸게 판매하지만 남의 상품도 10% 비싸게 구매해야 하므로, 사회 전체적으로 이득이 없게 된다.

따라서 판매와 구매 행위, 즉 교환 행위를 통해서는 새로운 가치가 창조되지 않으므로 이윤도 창조되지 않는다. 그러므로 이윤의 창조는 교환 과정이 아닌 생산과정에 있는 것이다.

이윤의 원천은 잉여가치이다. 이는 마르크스가 붙인 이름이다. 이 잉여가치는 노동력이라는 특수한 상품의 사용가치 때문에 창조된다. 노동자를 구매하는 대가로 지불한 임금보다 더 많은 일을 시키면서 잉여가치가 창조된다.

임금은 노동자의 생산비이다. 하루 10시간 노동하는 노동자를 10만 원에 고용한다면 그것은 노동한 대가를 지불하는 것이 아니라 노동자의 생산비를 지불하는 것이다. 노동자의 생산비란 하루 동안 노동자가 먹고 자고 입는, 즉 생활하는 데 들어가는 생활비이다. 물론 자식의 교육비나 노동자 스스로의 여가비 같은 것도 포함된다. 자본가는 임금으로 그 사회에서 통용되는 또는 평균적인 생활비를 지급한다. 그리고 노동자의 사용가치인 노동력을 임금보다 더 많이 사용하여, 다시 말해 임금에 해당하는 시간보다 더 많은 시간 동안 노동하여 잉여생산물을 생산하게 한다. 이것이 바로 잉여가치가 된다.

자본가는 상품생산을 위해 생산수단(기계, 도구, 원료 및 중간재)과 노동력을 구매한다. 생산수단 가운데 기계와 도구는 내구연한을 가지는데, 그 기간에 감가상각이 되면서 생산되는 상품에 그것들의 가치가 이전된다. 예를 들어 노트북 생산 기계가 10억짜리이면서 내구연한이 10년이라면, 이 기계는 1년에 1억씩 감가상각되고 매달 1/12억씩 감가상각되며 그만큼의 가치가 생산되는 상품에 이전된다. 1년에 생산되는 노트북이 500대라고 하면 노트북 한 대에 이전된 기계의 가치는 20만 원이 된다.

노트북 한 대 생산에 들어가는 원료 및 중간재 가치가 30만 원이면, 이 가치는 노트북 한 대의 생산에 투입되면서 노트북 가치에 그대로 이전된다.

하루 10시간 노동하는 노동자의 임금이 10만 원이고, 노동자 1명이 생활하는 데 필요한 생활필수품을 생산하는 데 필요한 시간이 5시간이라고 가정하고, 노동자 2명이 기계 한 대를 작동해서 10시간 동안 노트북을 두 대 만든다고 가정하자. 그러면 노트북 두 대를 생산하는 데 필요한 것은 다음과 같다.

· 기계 한 대(10억 원 가치)
· 노트북 두 대 생산을 위한 원료 및 중간재(60만 원 가치)
· 노동자 두 명(한 명당 하루 임금 10만 원, 생활필수품 생산을 위한 필요 시간은 5시간, 따라서 노동 1시간의 가치는 2만 원)

노동자가 생활하는 데 필요한 재화와 서비스를 생활필수품이 대표한다고 가정하고, 하루 생활필수품(10만 원 가치)을 생산하는 데 걸리는 시간이 5시간이라면(즉 필요노동시간이 5시간이라면), 노동자가 1시간 일할 때 창조하는 가치는 2만 원이고, 따라서 노트북 생산노동자 1명이 10시간 일할 때 노트북 생산에서 창조하는 노동의 가치는 20만 원이다.

그러면 노트북 두 대의 가치는 기계의 마모로부터 이전된 가치 40만 원+원료 및 중간재부터 이전된 가치 60만 원+노동자 2명이 10시간 동안 창조한 가치 40만 원(여기에 노동자 자신의 임금 20만 원이 포함)으로 총 140만 원이 된다. 따라서 노트북 한 대의 가치는 70만 원이다.

상품의 가치를 나타내는 등식은 $C=c+v+s$ 이다. 그러면, 전체 상품의 가치는 140만 원=100만 원+20만 원+20만 원으로 표현된다.

C(commodity)는 상품의 가치를 나타낸다. *c*는 불변자본(constant capital)을 나타내는데, 기계, 원료, 중간재, 토지에 대한 비용으로 상품 생산과정에서 가치가 변하지 않고 생산된 상품에 그대로 이전된다고 해서 붙인 이름이다.

*v*는 가변자본(variable capital)을 나타내는데, 상품 생산과정에서 가치가 변한다고 해서 붙여진 이름이고, 고용한 노동력의 임금 총합을 가리킨다. 노동자의 노동력이란 일할 수 있는 능력으로서, 구매한 가격인 임금보다 더 많은 일을 시킴으로써 생산과정에서 더 많은 가치를 창조할 수 있으므로 가치가 변하는 것이다. 그리고 임금에 해당하는 가치는 노동자가 생산과정에서 새롭게 생산한다.

s(surplus value)는 잉여가치를 가리키며 노동자가 생산과정에서 자신의 임금에 해당하는 시간(필요노동시간)을 넘어서서 노동하는 시간(잉여노동시간) 동안 생산한 가치를 말한다. 잉여노동시간 동안 생산된 생산물을 잉여생산물이라고 하며, 이 시간에 대한 대가는 지불되지 않으므로 부불 노동이라고 한다.

그래서 노동자는 각각 10시간(노동일) 하루 노동 가운데 5시간은 자신의 임금을 위해서 노동(필요노동)하고, 나머지 5시간은 대가를 지불받지 못한 채, 자본가에게 돌아가는 잉여가치 생산을 위해 노동(잉여노동)하는 것이 된다. 따라서 노동자는 자신이 받는 임금의 가치도 노동을 통해서 생산하고, 동시에 자본가(기업가)의 이윤이 되는 잉여가치도 생산하게 된다. 그래서 주류 경제학의 용어를 빌리자면, 모든 부가가치를 노동자들이 생산하게 된다.

노동자 2명이 각자 하루 10시간 노동 동안, 다시 말해 총 20시간 동안 잉여노동을 한 시간은 총 10시간이고 1시간당 2만 원의 가치를 생산하여 총 20만 원의 잉여가치를 생산했다. 즉, 각자 5시간 동안 10만 원씩 총 10시간에 20만 원의 잉여가치를 생산했다. 이 잉여가치가 들어 있는 노트북 두 대를 가치대로 판매하여 화폐를 받으면, 잉여가치에 해당하는 부분은 이윤이 되는 것이다. 그래서 자본가는 노트북 두 대를 팔아서 20만 원의 이윤을 벌게 된다.

자본가가 노동자로 하여금 임금에 해당하는 필요노동시간을 초과하는 잉여노동을 시켜서 잉여생산물을 생산하도록 하여 잉여가치를 창조하도록 하는 것을 착취라고 한다. 따라서 잉여가치는 노동자에게 지불되지 않는 부불 노동, 즉 잉여노동의 수행 다시 말해 노동자를 착취하여 얻는 것이며, 노동자의 착취를 통해서 생산된 잉여가치가 바로 이윤의 유일한 원천이다. 잉여가치에서 산업자본가에게는 산업이윤으로 상업자본가에게는 상업이윤으로 금융자본가에게는 이자로 부동산 자본가에게는 지대로 분배된다.

상업이윤은 산업자본이 생산한 상품을 상업자본이 판매해주는 대가로 분배받는 잉여가치이고, 이자는 금융자본이 산업자본에게 자금을 대부해준 대가로 분배받는 잉여가치이며, 지대(임대료)는 부동산 자본이 산업자본에게 공장 부지나 창고나 사무실을 대여해준 대가로 분배받는 잉여가치이다.

그래서 산업자본은 상품을 생산할 때 자신이 가져가야 하는 이윤과 상업자본가, 금융자본가, 부동산 자본가에게 분배해줘야 하는 이윤을 고려하여 노동자를 착취하게 된다.

잉여가치에는 절대적 잉여가치가 있고 상대적 잉여가치가 있다. 선분으로 나타내면 이해하기 편하다.

a —— b —— c
a – b' – b —— c

ac의 길이는 하루 노동시간(10시간)이고, ab는 필요노동시간(5시간)이고 bc(5시간)는 잉여노동시간이다. 이 필요노동시간에 대한 잉여노동시간의 비율을 잉여가치율이라고 한다. 노동자가 자신의 임금에 해당하는 필요노동시간과 이를 초과해서 자본가에게 무상으로 제공하는 잉여노동시간의 비율을 보여주는 것이기에 잉여가치율은 자본이 노동자를 착취한 착취도를 나타낸다. 잉여가치율은 가변자본에 대한 잉여가치의 비율 또는 노동력 가치에 대한 잉여가치의 비율 또는 임금재 가치에 대한 잉여생산물 가치의 비율로 나타낼 수 있다. 이는 가변자본의 가치와 가변자본이 증식한 가치의 비율을 보여준다.

이를 정식으로 나타내면 아래와 같다. 이는 노동력 가격인 임금과 노동력의 가치가 일치한다는 가정에 기초한 정식인데, 노동자들의 임금인 가변자본이 노동력의 가치로 구성되어 있고 노동력의 가치는 노동자들의 생활필수품인 임금재의 가치로 매겨진다는 것을 보여준다. 그리고 앞의 세 정식은 가치 간의 관계를 나타내고, 마지막 정식은 그 가치들을 생산하는 데 필요한 시간을 보여준다.

$$\text{잉여가치율} = \frac{\text{잉여가치}}{\text{가변자본}} = \frac{\text{잉여가치}}{\text{노동력 가치}} = \frac{\text{잉여생산물 가치}}{\text{임금재 가치}} = \frac{\text{잉여노동시간}}{\text{필요노동시간}} =$$

$$\frac{\text{20만 원}}{\text{20만 원}} = \frac{\text{10시간}}{\text{10시간}} = 1 = 100\%$$

필요노동에 비해 잉여노동을 늘려서 잉여가치를 더 많이 생산하는 방법은 두 가지가 있다. 먼저 하루 노동시간(=노동일)을 늘리면 되는데, 그러니까 10시간에서 11시간 또는 12시간으로 늘리면 잉여노동시간은 각각 6시간, 7시간으로 늘어나서 잉여가치 생산량이 늘어난다. 이렇게 하는 것을 절대적 잉여가치 생산이라고 한다. 그렇게 할 경우 잉여가치율은 각 6/5×100=120%, 7/5×100=140%로 늘어나 100%를 초과하게 된다.

그다음으로 두 번째 선분처럼 하루 노동시간은 그대로인데 필요노동시간을 줄여서 상대적으로 잉여노동시간의 크기를 늘리는 방법이 있다. 즉 하루 노동시간 10시간 가운데 잉여노동시간이 5시간에서 7시간으로 늘어나면 자본가에게 가는 잉여가치가 늘어난다.

이는 기술혁신을 적용한 생산성 증가를 통해서 가능하다. 기술혁신으로 노동자의 하루 생활필수품을 생산하는 시간이 5시간에서 3시간으로 줄어든다면, 필요노동시간은 3시간이 되고 그만큼 노동력의 가치는 하락하고, 노동력 가치와 노동력 가격인 임금이 일치한다면, 임금도 하락한다. 그러면 임금은 6만 원이 된다. 노동력 가치가 줄어든 만큼 잉여가치가 늘어나 2시간 동안 생산한 생산물, 즉 4만 원에 해당하는 가치가 잉여가치에 추가된다. 잉여가치율은 이제 7/3×100= 233.3%가 되어 예전보다 훨씬 더 많이 노동자를 착취하게 된다. 자본, 즉 기업은 이렇게 상대적 잉여가치를 늘려서 이윤을 더 많이 얻기 위해 기술혁신을 하려고 한다.

생산성을 향상시켜서 상품을 생산하는 데 필요한 노동시간을 축소해서 얻는 효과는 생활필수품에만 있는 것이 아니라 다른 상품들에도 있는데, 기술혁신 기업에게 특별 잉여가치(=초과이윤)를 가져다준다. 바로 이 초과이윤을 서로 더 많이 얻기 위해 자본은 기술혁신 경쟁을 벌인다. 초과이윤은 다른 자본이 노동자로부터 착취한 가치를 전유하는 것이다.

다시 노트북 생산으로 돌아가서 이 산업부문에 기술혁신을 도입해서 생산성을 높인 기업이 나타났다고 가정하자. 만약 이 자본이 노동자 1명이 다룰 수 있는 15억 원 가치의 새로운 기계를 도입하여 노동일 10시간 동안 네 대의 노트북을 생산할 수 있고 계산의 편의상 1년에 1000대를 생산한다고 가정해보자. 새로운 기계는 내구연한이 늘어나기 때문에 이를 15년이라고 하자. 그러면 1년 감가상각 비용이 1억 원이며, 기계 마모로 노트북 한 대에 이전되는 가치는 10만 원이다. 노트북을 생산하기 위해 필요한 것은 다음과 같다.

· 노트북 생산 기계(15억 원 가치)
· 노트북 4대를 생산하는 데 필요한 원료 및 중간재(120만 원 가치)
· 노동자 1명(하루 임금 10만 원, 생활필수품 생산 필요 시간은 5시간, 따라서 노동 1시간의 가치는 2만 원)

그러면 생산된 노트북 네 대의 가치는 각 노트북에 이전된 기계 마모분의 가치 총합 40만 원(=10만 원 × 4)+노동자 1명이 10시간 동안 지출한 노동의 가치

20만 원+원료 및 중간재 가치 총합 120만 원=180만 원이 된다. 따라서 노트북 한 대의 가치는 180만 원/4=45만 원이 된다.

노트북 네 대에 포함된 총잉여가치는 10만 원이고, 노트북 한 대당 포함된 잉여가치는 2만 5000원이 된다.

그런데 사회 전체에서 기존 기술로 노트북을 생산하는 것이 아직 보편적이어서 노트북의 사회적 가치는 70만 원이다. 그래서 새로운 기술로 노트북을 생산한 자본가가 한 대당 70만 원의 가치로 판매하면 한 대당 27만 5000원의 이윤을 얻게 된다. 이 이윤 가운데 2만 5000원은 자신의 노동자에게 착취해서 얻은 잉여가치에 해당하고, 나머지 25만 원은 특별 잉여가치(=초과이윤)가 된다. 새로운 기술로 생산한 노트북 네 대를 총 280만 원에 판매하게 되면 총 100만 원의 초과이윤을 얻게 된다.

그런데 이 자본가는 노트북을 한 대당 70만 원에 판매하지 않고 시장점유율을 높이기 위해 한 대당 60만 원에 판매한다면 한 대당 15만 원의 초과이윤을 얻게 되고 네 대의 노트북 판매로 총 60만 원의 초과이윤을 얻게 된다. 바로 이런 초과이윤 획득 때문에 자본은 기술혁신 경쟁을 벌인다. 다른 자본들의 시장까지 빼앗게 되면, 훨씬 더 많은 이윤을 실현하게 될 것이다.

위에서 보듯 기술혁신을 하게 되면 기계+원료+중간재, 즉 불변자본의 크기는 상대적으로 증가하나 그것을 다루는 노동자의 수는 상대적으로 줄어든다. 따라서 기술적 실업이 발생하게 된다. 그래서 기존 기술에서는 노동자 2명을 고용하여 하루 총잉여노동시간이 10시간이고 생산된 잉여가치가 20만 원이었는데, 새로운 기술에서는 노동자 1명을 고용하여 총잉여노동시간이 5시간이고 생산된 잉여가치는 10만 원이 된다. 그러므로 기술혁신을 하면 노동자가 축소되기 때문에 생산되는 잉여가치량이 감소하게 된다.

따라서 노트북 생산자본 대부분이 새로운 기술을 도입하게 되면 노트북의 사회적 가치는 45만 원이 되어 그 가치로 판매해야 하기 때문에 이윤율도 감소하게 된다. 기술혁신 이전과 기술혁신 이후의 노트북 산업부문의 이윤율을 계산해서 비교해보면 바로 드러난다. 연간 이윤율로 계산해보면 다음과 같다.

$$\text{이윤율} = \frac{\text{잉여가치}}{\text{불변자본}+\text{가변자본}} = \frac{s}{c+v} \text{ 일 때,}$$

$$\text{기존 이윤율} = \frac{\text{5000만 원}}{\text{(10억 원+1억 5000만 원)+5000만 원}} = 4.17\%$$

$$\text{새로운 이윤율} = \frac{\text{2500만 원}}{\text{(15억 원+3억 원)+2500만 원}} = 1.37\%$$

주: 연간 노동 일수는 250일임.

새로운 이윤율은 기존 이윤율의 약 1/3 수준으로 하락했다. 초과이윤 획득을 위한 기술혁신 경쟁이 가변자본의 크기는 상대적으로 축소하고 불변자본의 크기는 상대적으로 증대시켜 가변자본에 대한 불변자본의 비율, 즉 자본의 유기적 구성(c/v)이 상승한다. 기술혁신 도입이 모든 산업 부문에서 전반적으로 일어나면, 사회 전체 자본의 유기적 구성이 고도화되어 사회 전체의 이윤율, 즉 일반이윤율의 하락을 낳으면서 공황을 일으키는 원인이 된다.

새로운 기술이 도입될수록 생산성은 높아져 상품의 가치는 감소하지만, 생산되는 상품의 양, 즉 사용가치의 양은 증가한다. 바로 이것이 가치와 사용가치의 대립이며 모순이다. 기업이 기존만큼 가치를 실현하기 위해서는 생산성 증대로 산출량이 증가한 비율에 가깝게 상품 판매도 늘려야 한다. 자본은 실현의 문제에 직면하게 된다. 자본이 생산한 상품을 모두 실현하더라도 자본의 유기적 구성의 고도화로 이윤율은 하락하게 된다. 자본의 유기적 구성의 고도화란 사회 전반에 걸친 기술혁신의 도입을 의미하므로, 사회 전반의 생산성 증대를 의미한다. 따라서 이윤율 하락은 이미 과잉생산을 내포하고 있으며, 하락하는 이윤율을 이윤의 양으로 만회하려다 보니 상품을 많이 생산하게 되어 더욱 과잉생산을 부채질하게 된다. 따라서 이윤율 하락은 공황을 일으키는 근본 원인이고 그 현상에서는 과잉생산으로 인한 상업공황, 화폐신용공황, 은행공황, 실질적인 생산의 축소가 일어나게 되고 자본과 상품은 급격한 가치 파괴를 겪게 된다. 이때 대량 실업과 임금 하락이 발생한다. 자본과 상품의 가치 파괴와 임금 하락 그리고 저렴해진 비용으로 새로 도입한 기술혁신은 이윤율 상승을 위한 기반을 마련하게 된다. 그러나 경기상승기에 접어들면 상품과 생산수단의 가치는 다시 상승하면서 기술혁신 경쟁은 유기적 구성을 높여서 이윤율을 하락시키게 된다. 그렇게 공황과 불황은 주기적으로 발생하게 하게 된다. 이런 경제순환과 공황 발생 및 그 효과에 대해서는 책의 본문에서 아주 잘 설명하고 있다.

기술혁신 경쟁으로 인한 유기적 구성의 고도화의 또 다른 중요한 측면은 상대적 과잉인구(잉여 인구)를 발생시키는 것이다. 이 상대적 과잉인구는 노동자들이 평균임금을 최저 생활비를 받게 하는 수단으로 역할하게 된다.

이제부터는 카르케디가 제3장에서 표식을 가지고 설명하는 평균이윤율 형성, 기술혁신 경쟁, 국제가격론에 대해 풀이하겠다. 마르크스가 『자본』 3권에서 제시한 평균이윤율 형성에 대해 저자가 해석한 것과 발전시킨 부분은 통설과 차이가 있다. 저자의 평균이윤율 형성에 대한 자세한 내용은 책 *Frontiers of Political Economy*[2])에 실려 있다. 그래서 이 책에 있는 관련 내용의 핵심을 소개한다. 편의상 인용 표시는 하지 않았다.

보통 마르크스의 평균이윤율 형성, 즉 일반이윤율 형성에 필요한 조건을 두 가지로 본다. 첫째 자본은 자신이 고용한 노동자로부터 다른 자본들과 같은 잉여가치율을 달성하려는 착취 경쟁을 벌여서 같은 잉여가치율을 실현하게 된다. 둘째, 자본은 서로 더 높은 이윤율을 찾아서 부문 간에 이동하는 경쟁을 벌인다.

---

2) 이 책은 현재 한국에 번역 출판되지 않았다.

이 두 번째 요소가 핵심적이며, 이를 보완하는 요소가 노동자는 잉여가치율이 낮은 산업으로 이동하려는 경향을 가진다는 것이다. 자본의 부문 간 이동으로 사회적 총자본이 각 생산 부문에 분배되면서 각 생산 부문의 생산가격은 사회적 평균의 자본구성이 지배적인 생산 부문의 생산가격으로 형성된다. 이로써 모든 생산 부문의 이윤율은 균등화되며, 평균이윤율이 형성된다. 이에 따라 모든 자본은 투자된 자본의 크기(정확하게 소모된), 즉 비용가격에 비례해서 이윤을 분배받게 되며, 생산가격과 평균이윤율을 실현한다.

그러나 저자는 평균이윤율 형성을 다르게 본다. *Frontiers of Political Economy*의 제3장에 있는 논리와 내용을 정리하면 다음과 같다.

모든 자본은 더 많은 이윤을 실현하기 위해서 부문 내에서는 기술혁신 경쟁을 벌이고, 또 이윤율이 더 높은 부문을 찾아서 이동하며 경쟁을 벌인다. 그 결과 모든 자본은 사회적 평균의 유기적 구성을 가진 자본이 실현하는 평균이윤율을 얻게 되며, 모든 자본은 자신이 소모한 자본 크기에 비례해서 평균이윤을 얻는 생산가격을 실현하게 된다. 따라서 자본의 경쟁 결과로 소모된 자본 크기에 비례해서 평등하게 이윤을 분배받게 된다.

그러나 모든 자본이 평균이윤율을 실현한다면, 사회적 평균보다 유기적 구성이 높은 자본은 사회적 평균보다 유기적 구성이 낮은 자본으로부터 가치를 전유한 것이 된다. 왜냐하면 유기적 구성이 높은 자본이 생산한 개별 가치는 사회적 평균 자본의 것보다 적고, 유기적 구성이 낮은 자본이 생산한 개별 가치는 사회적 평균 자본의 것보다 많기 때문이다. 그래서 같은 부문이 아니더라도 유기적 구성이 높은 자본은 유기적 구성이 낮은 자본으로부터 가치를 전유하게 된다.

가치 전유와 평균이윤율 형성을 계속해서 전개하려면 사회적 가치 형성에 대한 검토가 필요하다. 사회적 가치의 형성은 두 가지로 나누어볼 수 있다. 먼저 시장가치 형성이다. 부문 간 자본 이동성을 가정하지 않으면, 같은 부문 상품은 사회적 가치로서 시장가치를 실현하는 경향을 가지며, 따라서 개별 가치는 시장

가격으로 전형된다. 이때 효율성이 다른 자본들은 다른 이윤율을 실현하는 경향을 가진다. 부문 간 자본 이동성을 가정하면, 사회적 가치는 이윤율 균등화에 의해 주어지므로 생산가격이 된다. 이때 개별 가치는 생산가격으로 전형되고, 시장가격으로는 전형되지 않는다.

마르크스는 『자본』 3권에서 개별 가치의 시장가치로 전형을 논하면서 각 산업부문의 기술선진 자본들이 초과이윤을 얻는다는 것을 아래 예문처럼 논증했다. 그리고 이는 생산가격에도 적용된다는 것을 말하고 있다.

> 우리는 분석에서 어떻게 시장가치가 어떤 특정 생산 부문에서든 가장 좋은 조건에서 생산하는 자본들에게 초과이윤을 가져다주는지 밝혔다(**그리고 적절하게 수정하면, 시장가치와 관련해서 말한 것은 모두 생산가격에도 적용된다**_강조는 카르케디).[3)]

저자는 여기에 담겨 있는 마르크스의 논리를 생산가격 형성에도 전개한다. 그러면, 생산가격의 형성이 어떤 생산 부문에서든 가장 효율적인 자본한테 초과이윤을 보장하는 것이 된다. 이럴 때 효율성이 높은 자본은 평균이윤율보다 높은 이윤율을 실현하게 되고, 효율성이 낮은 자본은 평균이윤율보다 낮은 이윤율을 실현하게 되며, 오직 보편 기술 자본만 평균이윤율을 실현하게 된다. 그래서 모든 개별 자본이 평균이윤율을 실현한다는 가정은 기각되며, 오직 보편 기술 자본만 평균이윤율을 실현한다고 가정한다.

이 가정이 유효한 이유는 조금 전 예로든 문헌적 증거에 담긴 논리뿐만 아니라 다음 논리 때문이기도 하다. 같은 산업부문의 모든 상품은 같은 가치(=사회적 가치)를 실현하는 경향을 가진다. 그러면, 같은 산업 내에서 생산성이 다른 자본들의 이윤율 균등화는 낙후 기술 자본이 생산한 단위 상품은 보편 기술 자본

---

3) K. Marx, *Capital, Vol. III* (International Publishers, 1967), p.198.

이 생산한 단위 상품보다 더 큰 가치를 실현하고, 선진 기술 자본이 생산한 단위 상품은 보편 기술 자본이 생산한 단위 상품의 가치보다 더 작은 가치를 실현한다는 것을 의미한다. 왜냐하면 낙후 기술 자본의 산출량은 보편 기술 자본보다 적고, 선진 기술 자본의 산출량은 보편 기술 자본보다 많기 때문이다.

따라서 같은 부문 내 모든 자본이 오직 같은 기술을 사용하는 경우에만, 같은 부문 내 생산된 모든 상품이 같은 가치를 실현하는 경향을 가진다는 가정이 모든 개별 자본은 평균이윤율을 실현한다는 가정과 양립할 수 있다.

그러나 현실에서는 기술 경쟁 때문에 같은 부문 내 모든 자본이 같은 기술을 채택하는 양상은 경향으로서 존재하며, 이런 현실운동은 각 부문 내 기술 단일화 가설을 경향적 상황으로 타당하게 만든다.

현실에서 모든 자본이 같은 기술을 채택하는 것은 아니지만 그런 경향으로 움직인다는 것은 특별 잉여가치를 얻기 위해 기술혁신 경쟁을 벌이고, 그 결과 부문 내 대부분의 상품은 대부분의 자본이 보편적으로 채택하고 있는 생산성 수준이 비슷한 보편 기술에 의해 생산되지만, 늘 낙후 기술과 선진 기술이 함께 공존하기 때문이다.

그래서 현재의 경향은 부문 내 대부분의 자본들이 보편 기술을 사용하는 것이며, 현재의 선진 기술은 미래의 경향이 되는 것이다.

이렇게 더 높은 이윤율을 위해 부문 간 이동, 부문 내 기술혁신 경쟁, 유기적 구성의 차이에 의한 가치 전유, 부문 내 자본 간 기술 격차에 의한 생산성 차이, 부문 내 단위 생산가격 형성의 경향을 고려했을 때, 평균이윤율은 각 부문에서 상품 대부분을 생산하여 상품의 사회적 가치를 결정하는 보편 기술 자본들이 실현하며, 선진 기술 자본은 평균이윤율 보다 높은 이윤율을 실현하고, 낙후 기술 자본은 평균이윤율보다 낮은 이윤율을 실현한다. 따라서 평균이윤율은 산업부문 차원에서 형성되는 것이고, 개별 자본 가운데 평균이윤율을 실현하는 자본은 보편 기술 자본이며, 상품의 단위 생산가격은 보편 기술 자본이 결정하게 된다.

〈표 1〉 임금재 부문에서 생산성 증대: 처음 상황

		생산량
I	$80c+20v+20s=120\ V=120\ M$	$100\ MP$
IIa	$60c+40v+40s=140\ V=140\ M$	$100\ MC$
IIb	$60c+40v+40s=140\ V=140\ M$	$100\ MC$
	$200c+100v+100s=400\ V=400\ M$	

출처: 이 책의 124쪽.

이렇게 볼 때 마르크스의 생산가격 이론은 부문 간 자본 이동성과 자유로운 기술 경쟁을 전제하는 것이다. 그리고 마르크스가 평균이윤율 형성에서 고려하는 자본은 각 부문을 대표하는 자본으로서 보편 기술 자본이다.

생산가격은 정태적인 것이 아니라 변화하는 지점, 즉 움직이는 목표물인데, 더 높은 이윤율을 좇아서 자본들이 자유롭게 부문 간에 이동하고, 부문 내 기술혁신 경쟁으로 낙후 기술, 보편 기술, 선진 기술의 수준이 시간의 흐름에 따라 끊임없이 변화하기 때문이다.

저자는 먼저 소비재 부문에 기술혁신을 도입하여 생산성이 증가하면 어떤 일이 일어나는지 살펴본다.

표식 전체에 걸쳐서 다음과 같은 일반적 가정이 적용된다. 첫째, 가치(v)와 화폐(M)의 단위가 같다. 그래서 가치 1단위는 화폐 1단위를 나타낸다. 둘째, 불변자본(c), 가변자본(v), 잉여가치(s)의 크기를 나타내는 숫자는 백분율로 표현한다. 셋째, 모든 자본의 잉여가치율은 100%이다. 그래서 노동자들은 자신의 임금에 해당하는 노동시간의 두 배가 되는 시간 동안 상품을 생산하기 위해 노동한다. 다르게 말하면, 노동자는 임금에 해당하는 상품의 양의 두 배를 생산한다. 넷째, 이 표식은 재생산 표식이 아니다.

<표 1>은 기술혁신을 도입하기 전의 상황이다. 생산수단을 생산하는 I부문의 유기적 구성의 백분율이 $80c+20v$이다. 잉여가치율이 100%이기 때문에, 노

〈표 2〉 임금재 부문에서 생산성 증대: 결과

		생산량
I	$80c+20v+20s=120V=120M$	$100MP$
IIa	$70c+30v+30s=130V=130M$	$150MC$
IIb	$60c+40v+40s=140V=140M$	$100MC$
	$210c+90v+90s=390V=390M$	

출처: 이 책의 126쪽.

동자들은 자본가가 구입한 기계나 도구나 원료 등의 불변자본($80c$)을 가지고 자신의 임금($20v$)만큼 상품을 더 생산하기 때문에 잉여가치는 $20s$가 된다. 그래서 노동자들은 노동과정에서 생산되는 상품에 자본가들이 구매한 불변자본이 차지하는 가치($80c$)를 그대로 이전시키고 새로운 가치($20v+20s$)를 더하기 때문에, I부문 산출물의 가치는 $80c+20v+20s=120V$가 된다. 가치의 단위와 화폐의 단위는 같기 때문에 산출물의 가격은 $120M$이고, 산출량은 100개이다. 그래서 상품의 단위 가격은 $120M/100MP=1.2M$이다. $1.2M$짜리 상품 100개를 판매해서 실현한 가격은 $120M$이므로, 이윤율은 $20M/(80c+20v)=20\%$가 된다.

소비수단을 생산하는 II부문의 자본 IIa와 IIb 모두 유기적 구성의 백분율이 $60c+40v$이다. 여기서도 노동자들이 자신의 임금($40v$)만큼 잉여가치를 생산하기 때문에 잉여가치는 $40s$가 된다. 그래서 II부문 자본들이 생산한 상품에 들어 있는 가치는 각각 $140V$이며, 가치와 화폐의 단위는 같기 때문에 화폐로 표현하면 $140M$이 된다. 산출량은 각 자본마다 100개이며, 따라서 상품의 단위 가격은 $280M/200MC=1.4M$이다. 자본가가 $140M$의 화폐로 $100MC$를 구매하고 노동자가 $140M$의 화폐로 $100MC$를 구매하면, 생산한 상품 $200MC$는 모두 실현되어 이윤율은 자본 IIa, IIb 모두 40%가 된다.

그러면, 이제 소비수단을 생산하는 II부문의 a 자본의 생산성이 향상되었다고 가정해보자. <표 2>가 이것을 나타낸다.

I부문은 자본의 유기적 구성, 생산된 잉여가치, 생산된 상품의 잉여가치, 이윤율이 그대로이다.

II부문은 변화가 일어난다. 생산성이 향상되었다는 것은 자본의 유기적 구성이 높아졌다는 의미이다. 그래서 자본 IIa의 유기적 구성의 백분율은 $70c+30v$가 되었으며, 잉여가치율이 100%이기 때문에 노동자들은 자신의 임금($30v$)만큼 잉여가치를 생산하기에 잉여가치는 $30s$가 된다. 그래서 자본 IIa가 생산한 상품의 총가치는 $70c+30v+30s=130V$이고, 가치 단위와 화폐 단위가 일치하기에 화폐가치는 $130M$이다. 그러나 생산성이 향상되어 산출량은 150개로 기술혁신 전보다 50개가 늘었다.

자본 IIb는 유기적 구성이 변하지 않은 채 $60c+40v$로 그대로여서 여전히 $100MC$를 생산한다. 잉여가치율이 100%이기 때문에 잉여가치를 $40s$만큼 생산한다. 그래서 자본 IIb가 생산한 상품의 가치는 $60c+40v+40s=140V$가 된다. 가치의 단위와 화폐의 단위가 같기 때문에 화폐가치는 $140M$이 된다.

이제 II부문이 생산한 상품의 단위 가격은 $270M/250MC=1.08M$이 된다. 기술혁신 전에는 단위 가격이 $1.4M$이었는데 기술혁신으로 인해서 단위 가격이 $0.32M$만큼 하락했다.

생산된 상품 $250MC$가 모두 판매된다고 가정한다. 그러면 자본 IIa는 $150MC\times1.08M=162M$을 실현하여, 기술혁신 이전보다 $22M$을 더 실현하게 되고, 이윤율은 $62M(70c+30v)=62\%$가 되어, 22% 포인트 상승하게 된다. 자본 IIb는 $100MC\times1.08M=108M$을 실현하게 되고, 자본 IIa의 기술혁신 이전보다 $32M$을 적게 실현하게 되어, 자신이 생산한 가치 $140V$에서 $32V$만큼 손실을 입게 된다. 이윤율은 $8M/(60M+40V)=8\%$로 이전보다 32% 포인트 하락하게 된다.

그래서 기술혁신을 도입한 자본 IIa는 자본 IIb를 희생시킨 대가로 더 많은 이윤, 즉 초과이윤(=특별 잉여가치)을 얻게 되고, 더 높은 이윤율을 누리게 된다.

이때 소비수단 생산량 250MC를 노동자와 자본가가 각각 화폐 135M (= 125MC× 1.08M)을 가지고 125MC씩 구매한다고 가정한다. 그러면 실현의 문제는 없고, 공급과 수요 차원에서 시장은 균형 상태를 이룬다. 그러나 자본 IIa가 기술혁신을 계속 해나가면, 자본 IIb는 파산하게 되고, 이렇게 되면 생산수단 부문에서 생산한 상품을 자본 IIb가 구매하지 못하므로 과잉생산이 된다.

기술혁신이 일어나기 전에는 노동자 계급이 화폐 140M으로 100MC의 소비수단을 구매했지만, 이제는 135M으로 125MC를 구매한다. 따라서 노동자 전체의 임금, 저자가 말하는 실질임금은 줄었으나 구매력은 더 커졌는데, 기술혁신으로 상품 가치가 낮아졌고, 상품 가격이 낮아졌기 때문이다.

하지만 기술 낙후 자본은 이윤율 하락으로 노동자들의 임금 삭감을 요구하기 때문에 노동자들이 처음에 적은 임금으로 누렸던 구매력의 이점이 임금 삭감 후에는 사라지게 된다. 자본가들은 그 숫자에서 소비재 실현에 한계를 가지기 때문에 노동자들의 구매력 축소를 자본가들이 보충할 수 없다. 따라서 소비재 생산 부문에서 실현 문제가 나타난다. 이 문제를 해결하기 위해 노동자들의 임금을 올린다면 실현 문제는 어느 정도 완화될 가능성이 있으나, 이윤율의 문제는 더 악화된다. 그래서 케인스주의 정책과 신자유주의 정책은 공황과 불황의 해결에 아무 도움이 되지 못한다.

기술 낙후 자본이 파산을 면하기 위해서 새로운 기술을 도입하게 되면, 자신의 이윤율은 개선될지 모르나 경제 전체에서는 이윤율이 하락하게 되고, 또한 실업이 나타나게 된다.

만약 자본의 이동으로 이윤율이 균등화되면, 전체 자본의 유기적 구성은 $210c+90v$이므로 평균 유기적 구성의 백분율은 $70c+30v$가 되고, 평균이윤율은 $90s/(210c+90)=30\%$가 된다. 평균이윤은 '소모된 자본(=비용가격)×평균이윤율'로 계산하기에 각 자본은 100×30%=30의 평균이윤을 얻게 된다. 그러나 저자의 논리에 따르면, 평균이윤율은 부문 사이에 형성되며, 같은 부문 내 상품들

〈표 3〉 자본재 부문에서 생산성 증대: 처음 상황

		생산량
Ia	$80c+20v+20s=120V=120M$	$100MP$
Ib	$80c+20v+20s=120V=120M$	$100MP$
II	$60c+40v+40s=140V=140M$	$100MC$
	$220c+80v+80s=380V=380M$	

출처: 이 책의 130쪽.

은 같은 가치로 실현되기 때문에, 기술 격차가 있는 자본 사이에는 산출량이 달라서 기술 차이에 따라 이윤율도 달라진다. 이럴 경우 평균이윤율은 부문 차원에서 형성된다.

그래서 생산수단 부문 자본 I은 $130V$를 생산해서 $130M$을 실현하게 되고 $1MP$당 단위 가격은 $130M/100MC=1.3$이다. 그래서 산출량 $100MP$를 모두 실현하면, 이윤율은 30%로 평균이윤율을 실현하게 된다. 임금재 부문은 총 $260V$를 생산하게 되고, 상품의 사회적 가치가 같아야 하므로 $1MC$당 단위 가격은 $260V/250MC=1.04$가 된다. 따라서 자본 IIa는 산출량 $150MC$를 판매하여, $156M$을 실현해서 이윤율이 56%가 된다. 자본 IIb는 $100MC$를 판매하여 $104M$을 실현해서 이윤율이 4%가 된다. 그러나 임금재 부문 전체 이윤율은 60/200=30%의 평균이윤율을 실현하게 된다.

그래서 저자의 이런 방법은 평균이윤율이 형성되더라도, 부문 내 기술 격차가 존재하고 같은 산업부문의 상품은 같은 가치를 가지는 경향이 있는 현실을 고려할 때, 기술 선도 자본이 얻어가는 이득과 기술 낙후 자본이 잃게 되는 손실을 두드러지게 보여준다.

<표 3>부터는 자본재 부문에서 생산성 증대가 일어나는 경우 나타나는 결과를 보여준다. 자본재를 생산하는 I부문에 Ia 자본과 Ib 자본이 있다. 처음 상황인 <표 3>에서 자본 Ia와 자본 Ib 모두 생산성이 같은 기술을 사용하고 있다.

〈표 4〉 자본재 부문에서 생산성 증대: 결과

		생산량
Ia	$90c+10v+10s=110V=110M$	$130MP$
Ib	$80c+20v+20s=120V=120M$	$100MP$
II	$60c+40v+40s=140V=140M$	$100MC$
	$230c+70v+70s=370V=370M$	

출처: 이 책의 131쪽.

유기적 구성의 백분율을 보면 두 자본 모두 $80c+20v$이다. 잉여가치율이 100%이기 때문에 노동자는 자신의 임금($20v$)만큼 잉여가치를 더 생산하여 잉여가치의 크기는 $20s$이다. 그래서 각 자본이 생산한 상품의 가치는 $80c+20v+20s=120V$이며, 가치의 단위와 화폐의 단위가 같기 때문에, 상품의 가치를 화폐로 나타내면, $120M$이 된다. 두 자본의 산출량은 각각 $100MP$이다. 상품의 단위 가격은 $240M/200MP=1.2M$이 된다. 모든 상품이 판매된다고 가정하면, 자본 Ia는 $100MP\times1.2M=120M$을 실현하고, 자본 Ib도 $100MP\times1.2M=120M$을 실현하게 된다. 그러면 각 자본의 이윤율은 $20M/(80c+20v)=20\%$가 된다.

소비수단을 생산하는 II부문은 자본의 유기적 구성이 $60c+40v$이다. 잉여가치율이 100%이기 때문에 노동자들은 자신의 임금 외에 $40s$의 잉여가치를 생산한다. 그래서 II부문의 자본이 생산한 상품의 가치는 $60c+40v+40s=140V$가 되며, 가치와 화폐의 단위가 같기 때문에 화폐로 표현하면 $140M$이 된다. 산출량은 $100MC$이기 때문에 상품의 단위 가격은 $140M/100MC=1.4M$이다. 모든 상품을 판매하면, 이윤율이 $40M/(60c+40v)=40\%$가 된다.

<표 4>는 자본 Ia가 기술혁신을 도입하여 생산성이 증가하여 나타난 결과를 보여준다. 자본 Ia의 유기적 구성이 증가하여, 그 백분율이 $90c+10v$로 되었다. 잉여가치율이 100%이기 때문에 노동자들이 자신의 임금($10v$)만큼 생산하여 잉여가치 크기는 $10s$이다. 그래서 자본 Ia가 생산한 상품의 가치는 $110V$이고,

가치와 화폐의 단위가 같기 때문에 그 가치를 화폐로 표현하면 110M이 된다. 그러나 생산성이 높아졌기 때문에 산출량은 130MP가 된다.

자본 Ib는 기술의 변화가 없기 때문에 예전대로 자본의 유기적 구성의 백분율이 $80c+20v$이고, 잉여가치율이 100%이기 때문에 $20s$의 잉여가치를 생산하여, 총 120V의 가치를 생산한다. 이것을 화폐로 표현하면 120M이 된다. 산출량은 100MP이다.

상품의 단위 가격은 $230M/230MP=1M$이 된다. 총산출량 230MP가 모두 판매된다고 가정하면, 자본 Ia는 $130MP \times 1M = 130M$을 실현하게 되어, 자신이 생산한 상품의 가치 $110V=110M$보다 20M을 더 실현하게 된다. 기술혁신 도입 전보다 10M을 더 실현하게 되고, 이윤율은 30%로 이전보다 10% 포인트 상승하게 된다. 따라서 기술혁신 전에는 더 많은 가치 $120V=120M$을 생산했고, 기술혁신 도입 후에는 더 적은 가치 $110V=110M$을 생산했지만, 오히려 더 많은 가치와 더 높은 이윤율을 실현하게 된다.

자본 Ib는 이전과 같은 크기의 가치 120V를 생산하여 , 자본 Ia보다 가치를 10V만큼 더 생산하지만 산출량이 100MP라서 $100MP \times 1M = 100M$을 실현하게 된다. 그러면 자본 Ib는 자신의 생산물 가치보다 20V만큼 적게 실현하게 된다. 그리고 이윤율은 이전의 20%에서 0%로 줄어들어 이윤이 전혀 없게 된다. 따라서 기술혁신 자본 Ia의 이윤과 이윤율은 자신보다 가치를 더 많이 생산한 기술낙후 자본 Ib를 희생시킨 대가로 얻은 것이다.

계속해서 자본 Ia가 기술을 혁신하면 자본 Ib는 파산하게 될 것이고, 임금재 부문은 자본 Ib의 노동자에게 상품을 판매할 수 없게 되어 실현의 문제가 발생한다. 그리고 만약 생산수단 부문의 기업들이 이윤율 하락을 저지하거나 만회하기 위해 임금을 축소하면, 임금재 부문에서 실현의 문제가 발생하게 된다. 그러므로 기술혁신은 노동자나 인간 일반의 편리를 위한 것이 아니라, 자본이 더 많은 이윤을 얻기 위한 욕구로 이루어지는 것이며, 그 결과는 경제난을 일으키고

〈표 5〉 이윤율 균등화 경향

	$c+v+s=V$	$PrPr(C)$	$PrPr(C)-V$	OCC	O	$PrPr(O)$
부문 A	$80c+20v+20s=120V$	120	0	4	100	1.2
부문 B	$90c+10v+10s=110V$	120	10	9	120	1.0
부문 C	$70c+30v+30s=130V$	120	−10	2.3	130	0.9
총계	$240c+60v+60s=360V$	360				

주: $PrPr(C)$는 생산가격, OCC는 유기적 구성, $PrPr(O)$는 단위 생산가격임.
출처: 이 책의 157쪽.

인간 일반한테 고통을 주는 것이다.

그래서 정리를 하면, II부문에서 어떤 자본이 기술혁신을 도입하게 되면, 기술 낙후 자본들은 이윤율 하락을 상쇄하기 위해서 임금을 축소하게 되고, 그러면 노동자들의 구매력이 축소되어서 II부문에서 과잉생산이 일어나는 경향이 커진다. II부문에서 많은 자본이 파산할수록, I부문의 생산수단을 구매할 수 있는 II부문 자본들의 전체 구매력이 축소되어 I부문에서 과잉생산 경향이 커진다. I부문에서 많은 자본이 파산할수록, 이 부문 노동자들의 구매력이 축소되어, II부문에서 과잉생산 경향이 커진다.

이런 공황은 주기적으로 일어난다. 생산수단의 가치 파괴, 노동력의 가치 파괴가 평균이윤율 상승을 위한 조건을 만든다. 공황과 불황에서 살아남은 자본은 투자를 확대하며 고용을 확대한다. 평균이윤율이 상승한다. 따라서 자본은 축적을 확대할 수 있고, 새로운 기업들도 생겨나 경제 전체에서 축적이 확대된다.

<표 5>는 각 부문을 대표하는 세 개의 자본으로 이윤율 균등화 경향을 보여준다. 이는 국내시장을 바탕으로 한다.

현실에 기초하여 노동자들이 잉여가치율이 높은 부문에서 낮은 부문으로, 자본이 이윤율이 낮은 부문에서 높은 부문으로 이동한다고 가정하기 때문에, 각 산업부문은 평균이윤율을 실현한다.

평균이윤율은 전체 자본이 자본의 크기에 따라서 분배받는 이윤 비율이기 때문에 $60s/(240c+60v)=20\%$이다. 각 자본이 투입하여 소모한 자본($c+v$)의 가치(=비용가격)에 평균이윤율을 곱하면 평균이윤을 얻을 수 있다. 비용가격에 평균이윤을 더하면 생산가격이 되는데, $PrPr(C)$에서 나타나듯 세 자본이 소모한 자본의 비용가격이 같으므로(=100) 생산가격도 120으로 같다. 그러나 각 자본이 생산한 상품의 가치와 실현한 생산가격을 비교해보면 자본의 유기적 구성이 사회적 평균보다 높은 자본은 상대적으로 적은 가치를 생산하더라도 이보다 많은 생산가격을 실현하고, 유기적 구성이 사회적 평균보다 낮은 자본은 상대적으로 큰 가치를 생산해도 이보다 적은 생산가격을 실현한다. 사회적 평균의 유기적 구성을 가진 자본은 자신이 생산한 가치만큼 생산가격을 실현하게 된다. 이 불평등 교환은 $PrPr(C)-V$에서 보여주고 있다. A 부문 자본은 사회적 평균의 유기적 구성을 가졌기 때문에 생산한 가치($120v$)와 생산가격(120)이 같다. B 부문 자본의 유기적 구성의 백분율은 $90c+10v$로 자본에서 노동력(=가변자본)이 차지하는 비율이 사회적 평균보다 적어서 생산한 가치가 $110V$로 사회적 평균($120v$)보다 $10V$를 더 적게 생산하지만, 실현하는 생산가격은 120으로 10만큼 초과이윤을 얻는다. 그러나 C 부문 자본의 유기적 구성은 $70c+30v$로 자본에서 노동자가 차지하는 비율이 사회적 평균보다 많아서 생산한 가치가 $130V$로 사회적 평균보다 $10V$를 더 많이 생산하지만, 실현하는 생산가격은 120으로 자신의 가치보다 10만큼 적어서 자신의 가치에서 손실을 보게 된다. 따라서 유기적 구성이 사회적 평균보다 낮은 자본이 노동자로부터 착취한 가치를 유기적 구성이 사회적 평균보다 높은 자본이 전유하게 된다. 이것이 불평등 교환이다.

만약 평균이윤율이 형성되지 않는다면, 각 부문은 자신이 생산한 가치만큼 실현하여 이윤율을 얻게 된다. 그러면 A 부문의 이윤율은 20/100=20%, B 부문은 10/100=10%, C 부문은 30/100=30%가 된다. 그러나 평균이윤율 형성으로 사회적 평균보다 낮은 자본구성을 가진 자본이 생산한 상품의 가격은 비용가격보다는 높지만 상품의 가치보다는 낮게 그리고 사회 전체가 평균이윤율을 형

〈표 6〉 기술 변화 전 생산가격

	낙후 기술 자본	보편 기술 자본	선진 기술 자본
A 부문	I	II	III
V	$75c+25v+25s=125\ V$	$80c+20v+20s=120\ V$	$85c+15v+15s=115\ V$
O	90	100	110
VTR	108	120	132
$VTR-V$	−17	0	17
B 부문	I	II	III
V	$85c+15v+15s=115\ V$	$90c+10v+10s=110\ V$	$95c+5v+5s=105\ V$
O	50	60	70
VTR	100	120	140
$VTR-V$	−15	10	35
C 부문	I	II	III
V	$65c+35v+35s=135\ V$	$70c+30v+30s=130\ V$	$75c+25v+25s=125\ V$
O	120	130	140
VTR	110.8	120	129.2
$VTR-V$	−24.2	−10	4.2

주: V는 생산된 가치, O는 산출량, VTR은 경향적으로 실현된 가치, $VTR-V$는 불평등 교환 차액임. 이 주는 역자 후기의 모든 표에 적용됨.
출처: 이 책의 161쪽.

성하는 수준까지 떨어지게 된다. 따라서 평균이윤율이 형성되며, 상품은 생산가격을 실현하게 된다.

산출량과 상품의 단위 생산가격을 보면, 산출량이 각각 다르기 때문에 단위 생산가격도 다르다. A 부문 자본은 산출량이 100개이므로 단위 생산가격은 120/100=1.2가 되고, B 부문 자본은 산출량이 120개이므로 단위 생산가격은 120/120=1이 되고, C 부문 자본은 산출량이 130이므로 120/130=0.9231이 된다.

<표 6>은 <표 5>의 확장인데, <표 5>는 세 부문이 각각 하나의 자본으로 대표되었지만, 이제 현실의 경향처럼 부문 내에 생산성 차이 때문에 선진 기

술 자본, 보편 기술 자본, 낙후 기술 자본으로 구성된 것으로 보여준다.

전체 자본 900의 유기적 구성은 $720c+180v$이며 전체 자본이 생산한 잉여가치는 $180s$이므로, 평균이윤율은 $180s/(720c+180v)=20\%$이다. 모든 자본이 소모한 자본은 각각 100이므로 100×20%=20의 평균이윤을 얻고, 생산가격은 100+20=120이 된다. 그러나 부문 내 자본 간에 기술 격차가 존재하고, 상품의 단위 생산가격은 부문 내 자본의 대부분을 차지하고 대부분의 상품을 생산하는 보편 기술 자본이 결정하기 때문에, 보편 기술 자본만 평균이윤율을 실현하게 된다. 그래서 기술 격차로 인한 가치 전유 때문에 낙후 기술 자본은 평균이윤율보다 낮은 이윤율을 실현하고, 선진 기술 자본은 평균이윤율보다 높은 이윤율을 실현하며, 평균이윤율은 부문 전체 차원에서 실현된다.

상품의 단위 생산가격을 구하기 위해 생산가격 120에 보편 기술 자본이 생산한 상품의 산출량을 나누면, A 부문 상품의 단위 생산가격은 120/120=1이고, B 부문은 120/60=2이며, C 부문은 120/130=0.9231이다. 각 부문의 단위 생산가격에 각 부문의 자본이 생산한 산출량을 곱하면 '경향적으로 실현된 가치(*VTR*)'를 얻을 수 있다. 그래서 '경향적으로 실현된 가치'와 생산가격이 120으로 같은 자본은 각 부문의 보편 기술 자본이기 때문에, A 부문 자본 AII와 B 부문 자본 BII와 C 부문 자본 CII만 평균이윤율 20%를 실현한다. 그러나 낙후 기술 자본은 평균이윤율보다 낮은 이윤율을, 선진 기술 자본은 평균이윤율보다 높은 이윤율을 얻게 된다. 그래서 A 부문의 낙후 기술 자본 AI은 '경향적으로 실현된 가치'가 108이어서 이윤율이 8%이며, 선진 기술 자본은 '경향적으로 실현된 가치'가 132여서 이윤율이 32%가 된다. 하지만 이 부문 전체 이윤율은 20%가 된다.

각 자본의 '경향적으로 실현된 가치'에 각 자본이 생산한 가치를 빼면, 불평등 교환(*VTR*− *V*) 가치의 크기를 얻을 수 있다. 양의 값이 나오면 그만큼 초과이윤을 다른 자본으로부터 전유한 것이고, 음의 값이 나오면 그만큼 다른 자본한테 가치를 잃었다는 것을 나타낸다. 0의 값이 나오면 자신이 생산한 가치만큼

〈표 7〉 기술 변화 후 생산가격

	낙후 기술 자본	보편 기술 자본	선진 기술 자본
A 부문	I	II	III
V	$75c+25v+25s=125V$	$80c+20v+20s=120V$	$85c+15v+15s=115V$
O	90	100	110
VTR	105.5	117.3	129
$VTR-V$	−19.5	−2.7	14
B 부문	I	II	III
V	$90c+10v+10s=110V$	$90c+10v+10s=110V$	$95c+5v+5s=105V$
O	60	60	70
VTR	117.3	117.3	136.8
$VTR-V$	7.3	7.3	31.8
C 부문	I	II	III
V	$65c+35v+35s=135V$	$70c+30v+30s=130V$	$75c+25v+25s=125V$
O	120	130	140
VTR	108.2	117.3	126.3
$VTR-V$	−26.8	−12.7	1.3

출처: 이 책의 163쪽.

실현했다는 것을 알려준다.

<표 7>은 B 부문 자본 BI이 기술혁신을 도입한 후 나타난 결과를 보여준다. B 부문 자본 BI의 유기적 구성의 백분율을 보면, $90c+10v$가 되어, 기술혁신 이전 $85c+15v$ 에서 노동력이 $5v$가 감소했고, 불변자본이 $5c$가 증가했다. 그래서 노동자들이 생산한 잉여가치도 $15s$ 에서 $10s$ 로 감소했다.

B 부문 자본 BI의 유기적 구성의 증가로 전체 자본의 유기적 구성은 $725c+175v$가 되어 유기적 구성이 이전보다 증가한다. 사회 전체에서 생산한 잉여가치도 B 부문 자본 BI에서 감소한 만큼 줄어들어 175s가 된다. 그러면 평균이윤율은 $175s/(725c+175v)=19.44\%$가 된다. 생산가격은 소모한 자본(=비용가격)

〈표 8〉 분배율 적용 후 경향적으로 실현된 가치(VTR)

	$VTR(M)$	VTR/O	경향적으로 실현된 조정되지 않은 총가치	경향적으로 실현된 조정된 총가치
A	119.44	1.1944	1.1944 × 300 = 358.32	R × 358.33 = 351.763
B	119.44	1.9907	1.9907 × 190 = 378.23	R × 378.23 = 371.308
C	119.44	0.9188	0.9188 × 390 = 358.33	R × 358.33 = 351.773

주: $VTR(M)$은 경향적으로 실현된 가치, VTR/O는 평균조건 생산성/이윤율 아래에서 생산된 상품 가치임.
출처: 이 책의 164쪽.

에 평균이윤을 더하면 되기에 100+(100×19.44%)=119.44가 된다. 이 평균이윤율과 생산가격은 각 부문의 보편 기술 자본이 실현한다.

따라서 B 부문 자본 I이 기술혁신을 도입하여 유기적 구성이 높아짐에 따라 사회 전체의 유기적 구성이 높아졌고, B 부문 자본 I의 가치 생산이 감소한 만큼 사회 전체의 가치생산도 감소했다. 그 결과 평균이윤율이 하락하고 평균이윤이 감소했으며, 생산가격도 하락했다.

<표 8>을 보면 각 상품의 단위 생산가격도 하락했음을 알 수 있다. A 부문의 상품의 단위 생산가격은 보편 기술 자본 AII에 의해 결정되는데, 자본 AII가 실현하는 생산가격이 119.44이므로, 단위 생산가격은 119.44/100=1.1944이다. 따라서 자본 BI의 기술혁신 이전(1.2)보다 하락했다. B 부문의 단위 생산가격도 119.44/60=1.9907로 이전(2)보다 하락했고, C 부문의 단위 생산가격도 119.44/ 130=0.9188로 이전(0.9231)보다 하락했다.

<표 8> 세 번째 열 '경향적으로 실현된 조정되지 않은 총가치'는 각 부문에서 자본들이 생산한 총산출량을 단위 생산가격으로 실현하면 얻을 수 있는 총가치를 보여준다. A 부문의 총가치 1.1944×300=358.32와 B 부문의 총가치 1.9907×190=378.23과 C 부문의 총가치 0.9188×390=358.33을 합하면, 1095의 값을 얻는다. 그러나 모든 자본이 생산한 가치는 1075이므로, 오직 이

만큼의 가치만 분배될 수 있기 때문에 가격은 하락할 수밖에 없다. 그래서 단위 생산가격에는 1075/1095의 분배율이 적용되고, 이를 총산출량의 '경향적으로 실현된 조정되지 않은 총가치'에 적용하면 '경향적으로 실현된 조정된 총가치'를 얻게 되는데, 그 값은 모든 자본이 생산한 총가치 1075와 일치하게 된다.

'경향적으로 실현된 조정되지 않은 총가치'와 모든 자본이 생산한 총가치에 괴리가 있는 이유는 자본 BI이 기술혁신으로 생산한 가치량은 줄었지만, 생산한 산출량을 늘었기 때문이다.

저자는 여기에서 나타나는 중요한 측면 아홉 가지를 *Frontiers of Political Economy* 제3장 제4절 제5관에서 정리하고 있다.

첫째, 보편 기술 자본이 평균이윤율을 실현한다.

둘째, 사회적 평균의 유기적 구성보다 유기적 구성이 높은 자본은 자신이 생산한 가치보다 더 많은 가치를 실현한다. 사회적 평균의 유기적 구성보다 유기적 구성이 낮은 자본은 자신이 생산한 가치보다 더 적은 가치를 실현한다. 사회적 평균의 유기적 구성과 같은 유기적 구성을 가진 자본은 자신이 생산한 가치만큼 실현한다.

셋째, 기술혁신 자본은 같은 부문의 자본으로부터 가치를 전유할 뿐만 아니라 다른 부문의 자본으로부터도 가치를 전유한다. B 부문 자본 I이 기술혁신 전에는 -15의 가치 손실을 입었는데, 기술혁신 후에는 7.3만큼 가치를 전유했다. 이는 A 부문 자본 AI로부터 2.5, 자본 AII로부터 2.7, 자본 AIII으로부터 3이 온 것이고, B 부문 자본 BII로부터 2.7, 자본 BIII로부터 3.2, C 부문 자본 CI로부터 2.6, 자본 CII로부터 2.7, 자본 CIII으로부터 2.9가 온 것이다. 이는 자본가들이 기술혁신과 자본 이동을 통해서뿐만 아니라 구매력을 위해서 다른 부문 자본들과 경쟁이 필요하다는 점을 깨닫고 있다는 것을 의미한다.

넷째, 어떤 자본이 기술혁신을 도입한다는 것은 평균이윤율이 하락한다는 것을 의미한다. 왜냐하면 사회 전체의 유기적 구성이 하락한다는 것을 의미하기 때문이다.

다섯째, 한 부문에서 일어난 기술혁신 도입은 전체 부문에 걸쳐 상품의 단위 생산가격의 변화를 일으킨다. 여기 사례는 생산수단, 즉 기초재(basic goods)가 아닌 소비수단 부문의 기술혁신 도입으로 일어난 결과이므로, 오직 생산수단의 투입만이 가격 결정과 이윤율에 중요한 역할을 한다고 주장하는 네오리카디언들의 주장은 틀렸다.

여섯째, 기술혁신은 하나의 부문에 도입되어도 기술혁신으로 인한 가치의 전유는 전체 경제에 영향을 미친다.

일곱째, 각 부문에서 유기적 구성이 높은 자본은 생산성이 높은 자본이며, 부문 내 다른 자본으로부터 그리고 다른 부문의 자본으로부터 가치를 전유하기 때문에 높은 이윤율을 실현하는 경향이 있다. 그러나 부문 간에는 상품이 달라서 생산성을 비교할 수 없기 때문에, 부문 간 유기적 구성의 차이가 생산성의 차이를 나타내는 것이 아니고, 또한 이윤율의 차이를 나타내는 것이 아니다. C 부문 자본 CIII은 이 부문에서 가장 생산성이 높은 자본으로서 이보다 유기적 구성이 높은 다른 부문의 자본보다 더 높은 이윤율을 실현하며 다른 자본으로부터 가치를 전유하기 때문이다. 그래서 부문 간에는 낮은 유기적 구성의 기술에서 높은 유기적 구성의 기술로 반드시 이동하는 것은 아니다. 자본의 높은 이윤율 추구, 즉 평균이윤율을 결정하는 자본의 이동은 유기적 구성이 낮은 부문에서 높은 부문으로, 유기적 구성이 높은 부문에서 낮은 부문으로 둘 다 일어난다. 그래서 노동력 절약 기술혁신은 부문 내에서 높은 이윤율을 추구하기 위한 경쟁이다. 그러므로 이윤율 균등화가 높은 유기적 구성을 가진 부문을 보상하지 않으며, 오히려 그런 보상은 단순하게 자본 이동의 경향적 결과이다. 자본 이동과 기술 '진보'를 연관시킬 수 없다.

여덟째, 어떤 자본에서 생산성 변화가 일어나더라도 가격 변화는 계속된다. 이에 따라 단위 생산가격도 변화한다. 따라서 자유경쟁 조건 아래에서 개별 자본은 가격에 영향을 미치지 못한다는 가정은 틀렸다는 의미가 된다.

아홉째, 생산성 변화는 생산가격 변화를 결정한다. 왜냐하면 생산성 변화는 보편 기술 생산성으로부터 중간 기술 생산성으로 변화를 만들기 때문이다(그 반대의 변화도 일어난다). 이런 변화가 일어나든 일어나지 않든 생산가격은 시장가격이 끊임없이 그 주위에서 변동하는 움직이는 목표물과 같다.

저자는 분석을 국제 상황으로 확장한다. 이로써 국제가격 형성에서 나타나는 가치 재분배와 불평등 교환을 보여준다. 이 내용은 <표 9>에 담겨 있다.

여기서는 프랑스와 이탈리아의 교역을 예로 든다. A 부문은 이탈리아가 국제적 선도자인데, 이탈리아의 보편 기술 자본과 프랑스의 선진 기술 자본의 생산성이 같기 때문이다. B 부문은 프랑스가 국제적 선도자인데, 이탈리아의 보편 기술 자본과 프랑스의 낙후 기술 자본의 생산성이 같기 때문이다. C 부문은 오직 이탈리아에만 있고, D 부문도 오직 프랑스에만 있다.

두 나라의 네 개 부문의 총 18개 자본의 총투자액은 1800, 생산된 총잉여가치는 405, 생산된 총가치는 2205이며, 평균이윤율은 405/1800=22.5%이다. 따라서 평균이윤율을 실현하는 보편 기술 자본이 실현하는 생산가격 또는 경향적으로 실현된 가치는 122.5이다.

이탈리아를 살펴보면, A 부문에서 보편 기술 자본은 자본 AII이므로 상품의 단위 생산가격은 122.5/100=1.225이다. 그래서 A 부문 자본들이 실현하는 가치는 다음과 같다.

자본 AI은 90×1.225=110.3

자본 AII는 100×1.225=122.5

자본 AIII은 110×1.225=134.8

B 부문에서 평균이윤율을 실현하는 자본은 보편 기술 자본은 자본 BIII인데, 이 자본은 이탈리아에서는 선진 기술 자본에 해당하지만, 이 부문은 프랑스가

〈표 9〉 국제 생산가격

이탈리아

	I	II	III
A 부문	낙후 기술 자본	보편 기술 자본	선진 기술 자본
V	$75c + 25v + 25s = 125V$	$80c + 20v + 20s = 120V$	$85c + 15v + 15s = 115V$
O	90	100	110
VTR	112.85	125.4	137.92
$VTR - V$	−12.15	5.4	22.92
B 부문	낙후 기술 자본	보편 기술 자본	선진 기술 자본
V	$80c + 20v + 20s = 120V$	$85c + 15v + 15s = 115V$	$90c + 10v + 10s = 110V$
O	50	55	60
VTR	104.48	114.93	125.4
$VTR - V$	−15.52	−0.07	15.4
C 부문	낙후 기술 자본	보편 기술 자본	선진 기술 자본
V	$65c + 35v + 35s = 135V$	$70c + 30v + 30s = 130V$	$75c + 25v + 25s = 125V$
O	50	60	70
VTR	104.48	125.4	146.27
$VTR - V$	−30.52	−4.6	21.27

프랑스

	I	II	III
A 부문	낙후 기술 자본	보편 기술 자본	선진 기술 자본
V	$70c + 30v + 30s = 130V$	$75c + 25v + 25s = 125V$	$80c + 20v + 20s = 120V$
O	85	90	100
VTR	106.57	112.84	125.4
$VTR - V$	−23.43	−12.16	5.4
B 부문	낙후 기술 자본	보편 기술 자본	선진 기술 자본
V	$85c + 15v + 15s = 115V$	$90c + 10v + 10s = 110V$	$95c + 5v + 5s = 105V$
O	55	60	70
VTR	114.93	125.4	146.27
$VTR - V$	−0.07	15.4	41.27
D 부문	낙후 기술 자본	보편 기술 자본	선진 기술 자본
V	$60c + 40v + 40s = 140V$	$65c + 35v + 35s = 135V$	$70c + 30v + 30s = 130V$
O	120	130	140
VTR	115.73	125.4	135
$VTR - V$	−24.27	−9.6	5

출처: 이 책의 166쪽.

국제적 선도자이고, 프랑스와 무역 관계에서는 그 자본이 보편 기술 자본에 해당하기 때문이다. 그래서 상품의 단위 생산가격 또는 경향적으로 실현된 가치는 122.5/60=2.042이다. 그래서 각 자본이 실현하는 가치는 다음과 같다.

자본 BI은 50×2.042=102.1

자본 BII는 55×2.042=112.3

자본 BIII은 60×2.042=122.5

C 부문에서 평균이윤율을 실현하는 보편 기술 자본은 자본 CII이므로 상품의 단위 생산가격 또는 생산물 단위당 경향적으로 실현된 가치 122.5/60=2.042이다. 따라서 각 자본이 실현하는 가치는 다음과 같다.

자본 CI는 50×2.042=102.1

자본 CII는 60×2.042=122.5

자본 CIII은 70×2.042=142.9

프랑스를 살펴보면, A 부문에서 평균이윤율을 실현하는 보편 기술 자본은 AIII인데, 프랑스에서는 선진 기술 자본이나 이탈리아가 이 부문의 국제 선도자이고, 국제적으로는 AIII의 기술의 보편 기술이기 때문이다. 따라서 A 부문 상품의 단위 생산가격 또는 생산물 단위당 경향적으로 실현된 가치는 122.5/100=1.225이다. A 부문 각 자본이 실현하는 가치는 다음과 같다.

자본 AI는 85×1.225=104.1

자본 AII는 90×1.225=110.3

자본 AIII은 100×1.225=122.5

B 부문에서는 자본 BII가 평균이윤율을 실현하는 보편 기술 자본이므로, 상품의 단위 생산가격 또는 생산물 단위당 경향적으로 실현된 가치는 122.5/60=2.042이다. 따라서 B 부문 각 자본이 실현하는 가치는 다음과 같다.

자본 BI은 55×2.042=112.3

자본 BII는 60×2.042=122.5

자본 BIII는 70×2.042=142.9

D 부문에서는 자본 DII가 평균이윤율을 실현하는 보편 기술 자본이므로 생산가격 또는 생산물 단위당 경향적으로 실현된 가치 122.5/130=0.942이다. 따라서 D 부문 각 자본이 실현하는 가치는 다음과 같다.

자본 DI은 120×0.942=113.0

자본 DII는 130×0.942=122.5

자본 DIII는 140×0.942=131.9

그래서 단위 생산가격으로 실현된다면, 총가치는 2154이다. 그러나 실제 생산된 가치는 2205이므로, 생산된 가치만큼 분배될 수 있기 때문에, 상품의 단위 생산가격은 상승한다. 모든 상품에 분배율 2205/2154=1.0237이 적용된다. 이 분배율을 적용하면 '경향적으로 실현된 조정된 가치'를 얻을 수 있다. 이렇게 해서 계산하면, 보편 기술 자본이 실현하는 실제 평균이윤율은 25.4%가 된다.

각 자본이 '경향적으로 실현된 조정된 가치'에서 각 자본이 생산한 가치를 빼면, 불평등 교환, 즉 자본이 국제 생산가격 체계에서 교환을 통해서 얻은 이득과 손실을 알 수 있다. 이는 $VTR-V$에서 보여준다. 국제간 불평등 교환을 보면, 같은 부문에서는 생산성이 높은 자본들이 생산성이 낮은 자본들로부터 가치를 전유하며, 부문 간에는 각 부문의 유기적 구성이 높은 자본들이 유기적 구성이 낮은 자본들로부터 가치를 전유한다는 것을 알 수 있다.

이처럼 경제 현실을 다루는 이론적 분석을 보면 왜 무역이 이루어지고, 자유무역지역을 만들고, 새로운 무역협정을 맺고, 경제통합을 이루려고 하는지 알 수 있다. 바로 자본들이 특히 과점자본들이 더 많은 이윤을 얻기 위해서이다. 반대로 보호무역주의나 고립정책도 바로 자본의 더 많은 이윤을 위한 도구일 뿐이다.

현재 세계 경제는 2008년 미국발 세계 금융 위기 이후 장기 불황에 빠져 있고, 세계의 인민들은 그동안 실업과 저임금과 복지 축소와 생활고에 시달리고 있다. 이 모든 고통의 범인은 자본(기업)이며, 특히 기술 선도 자본인 과점자본들이다. 그런데 처벌은 늘 착취당하고 고통당하는 노동자, 농민, 빈민, 영세 상공인, 여성이 받고 있다. 고통을 없애려면 고통을 만드는 원인을 제거해야 한다. 바로 자본(기업)을 제거해야 하는 것이다. 자본을 제거한다는 의미는 기업이 개인 또는 소수 민간인의 소유가 아니라 실제 생산하는 노동자와 전체 인민이 평등한 소유권을 가지고 실질적인 민주주의에 기초해서 운영된다는 것을 의미한다. 그러면 소수의 사람이 다수의 사람을 착취해서 운영되고, 소수의 부와 확장을 위해서 움직이는 경제는 사라지게 된다. 더 이상 노동력이 상품으로 거래되지 않게 된다. 이때부터 노동의 소외를 완전히 없애기 위한 출발로서 역사가 시작되는 것이다.

현재 우리나라는 촛불 혁명이 일어나고 있다. 인민의 힘이 보수정당이 지배하는 국회로 하여금 헌정을 문란하게 하고 국정을 농단한 박근혜 대통령을 탄핵소추 의결하도록 했다. 그러나 박근혜 대통령을 탄핵하고 여당이든 야당이든 다시 보수정당이 집권하게 되면 우리 사회에 좋은 변화는 기대할 수 없다. 단순하게 박근혜 대통령을 탄핵하는 성과만 얻게 된다. 우리 사회에는 점점 더 심해지는 빈부의 격차, 더 가난해지는 노인층, 더 많아지는 비정규직, 청년 실업 문제, 여전히 불평등한 여성의 지위, 학벌 및 학력 차별, 제3세계 외국인 차별, 주거 문제, 핵 발전소 및 환경 문제, 산업 안전 문제, 높은 자살률 등등 열거하기 힘들 정도의 많은 문제가 있다. 모두가 우리의 목숨 또는 삶과 바로 직결되는 문제이다. 이런 문제를 해결하기 위해서는 현재의 봉기를 통해 노동자, 농민, 영세 상공인, 빈민 등 인민들이 정치 세력화를 이루어 우리나라의 사회경제 체제를 바꾸는 쪽으로 나아가야 한다. 자본주의가 아닌 더욱 평등한 사회경제 체제를 건설하기 위한 정치체제를 세우는 혁명으로 나아가야 한다. 이런 구상과 실천을 하는 데 이 책은 많은 도움을 줄 수 있을 것이라고 생각한다.

끝으로 이 책을 번역하는 동안 도움을 준 지인들에게 고마움을 전하고자 한다. 대학원을 다니고 번역하는 동안 늘 응원과 지원으로 힘이 되었던 초등학교 친구 이문열, 중학교 친구 최광용, 고등학교 친구 김태수, 대학 후배 박성민, 강양미 누나, 그리고 번역 초고를 열심히 읽고 조언을 해준 대학 친구 정시욱에게 감사의 마음을 전한다. 또 이 책이 출판되기까지 많은 수고를 하신 한울엠플러스(주) 관계자 모든 분께 감사드린다.

번역을 마치고 출판을 준비하던 2016년 봄날 어머니께서 돌아가셨다. 요양 병원에 계시던 약 2년의 삶을 빼고서는 부지런하면 복을 받는다는 신념으로 생산노동과 가사노동으로 삶의 대부분의 시간을 보내시면서, 차별받고 억압받는 여성으로서, 소농으로서, 농한기에는 수산 기업 노동자로서, 늙어서는 가난한 노인으로서 생을 마치신 어머니께 이 책을 바친다. 늘 가슴속에 품어왔던, 더 이상 어머니 같은 삶을 사는 인민들이 없는 세상을 만들어가겠다는 다짐을 함께 바친다.

2017년 1월

유철수

참고문헌

Accattatis, V. 1996. "Cittadini Europei o sudditi delle multinazionali?" *Altraeuropa*, Anno 2, No.5(Ottobre-Dicembre), pp.7~10.

Acosta, A. and J. Schuldt. 2000. "Dolarizacio'n vacuna para la Hiperinflación?" Unpublished Paper.

_____, A. n.d. "La Trampa de la Dolarización: Mitos y Realidades para a Reflexion." Unpublished Paper.

Albert, M. and R. Hahnel. 1991. *Looking Forward: Participatory Economics for the Twenty First Century*. Boston: South End Press.

Allen, R. E. 1994. *Financial Crises and Recession in the Global Economy*. Cheltenham: Edward Elgar.

Anderson, P. 1997. "Under the Sign of the Interim." in P. Anderson and P. Gowan(eds.). *The Question of Europe,* pp.51~71. London: Verso.

Anderson, P. and P. Gowan(eds.). 1997. *The Question of Europe.* London: Verso.

Armstrong, H., J. Taylor and A. Williams. 1994. "Regional Policy." in M. J. Artis and N. Lee(eds.). *The Economics of the European Union*, pp.172~201. Oxford University Press.

Bank of International Settlements. 1999. *69th Annual Report,* 7 June. Basle.

Bergsten, C. F. 1999. "Dollarization in Emerging-Market Economies and Its Policy Implications for the United States." Statement before the Joint Hearing of the Subcommittee on Economic Policy and the Subcommittee on International Trade and Finance, Committee on Banking, Housing and Urban Affairs of the US Senate, Institute for International Economics, 22 April.

Bieling, H.-J. and J. Steinhilber. 1997. "Zur Dynamik der Europäischen Integration: Theorien und Projekte." *Z.*, No.32(December), pp.18~30.

Bladen-Hovell, R. and E. Symons. 1994. "The EC Budget." in M. Artis and N. Lee(eds.). *The Economics of the European Union,* pp.368~387. Oxford: Oxford University Press.

Bogetic, Z. 1999. "Official or 'Full' Dollarization: Current Experiences and Issues." *International Monetary Fund*, 9 June.

Boisson, J.-M. 1999. "Le Devenir de L'Euro." *EURO*, No.46(I), pp.3~6.

Bojnec, S. 1996. "Integration of Central Europe in the Common Agricultural Policy of the European Union." *The World Economy*, Vol.14, No.4, pp.447~463.

Bonefeld, W. and P. Burnham. 1996. "Britain and the Politics of the European Exchange Rate Mechanism 1990~1992." *Capital and Class*, No.60(Autumn), pp.5~38.

Borchardt, K.-D. 1994. *The ABC of Community Law.* Luxembourg: Office for Official Publications of the European Communities.

Borensztein, E. 1999. Transcript of a speech on "Dollarization: Fad or Future for Latin America?" *IMF Economic Forum*, 24 June.

Broek, M. 1998. "Military Spending and Development: The Role of the Peace Movement." Paper presented at the Conference on "The Economics of Military Expenditure in Developing and Emerging Economies." Middlesex University, 13~14 March.

Brouwer, F. M. and S. van Berkum. 1996. *Cap and Environment the European Union*. Wageningen: Wageningen Pers.

Buchanan, J. M. 1962a. "Politics and the Economic Nexus." in J. M. Buchanan and G. Tullock (eds.). *The Calculus of Consent.* Ann Arbor: University of Michigan Press.

Buchanan, J. M. 1962b. "Individual Rationality in Social Choice." in J. M. Buchanan and G. Tullock(eds.). *The Calculus of Consent.* Ann Arbor: University of Michigan Press.

Buckley, S. and S. Dudley. 2000. "Vice President Takes Power in Ecuador." *International Herald Tribune*, 24 January, Paris.

Buerkle, T. 1998. "London-Frankfurt Stock Linkup Set." *International Herald Tribune*, 8 July.

Bulmer, S. 1994. "History and Institutions of the European Union." in M. Artis and N. Lee (eds.). *The Economics of the European Union*. Oxford: Oxford University Press.

Bunyan, T. 1993. "Trevi, Europol, and the European State." in T. Bunyan(ed.). *Statewatching the New Europe,* pp.15~36. Nottingham: Russel Press.

Camagni, R. P. 1992. "Development Scenarios and Policy Guidelines for the Lagging Regions in the 1990s." *Regional Studies*, Vol.26, pp.361~374.

Carchedi, B. 1999. *Colpirne Uno per Educarne Conto.* Milan: AltraEuropan.

Carchedi, G. 1975. "On the Economic Identification of the New Middle Class." *Economy and Society*, February, pp.1~87.

_____. 1977. *On the Economic Identification of Social Classes*. London: Routledge and Kegan Paul.

_____. 1983. *Problems in Class Analysis: Production, Knowledge and the Function of Capital*. London: Routledge and Kegan Paul.

_____. 1987. *Class Analysis and Social Research*. Oxford: Basil Blackwell.

_____. 1989. "Between Class Analysis and Organization Theory: Mental Labour." in S. Clegg(ed.). *Organization Theory and Class Analysis*. pp.346~361. Berlin and New York: Walter de Gruyter.

_____. 1990. "Classes and Class Analysis." in E. O. Wright (ed.). *The Debate On Class*, pp.105~125. London: Verso.

_____. 1991a. *Frontiers of Political Economy*. London: Verso.

_____. 1991b. "Technological Innovations, Internal Production Prices and Exchange Rates." *Cambridge Journal of Economics*, Vol.15, No.1, pp.45~60.

_____. 1992. *The Social Production of Knowledge*. Università degli Studi di Roma 'La Sapienza'. Materiale di Discussione No.13.

_____. 1993. "Technological Transfer and Social Transformation: Reflections on 1989." in G. C. Liodakis(ed.). *Society, Technology and Restructuring of Production*, pp.54~87. Athens.

_____. 1996. "Financial Crises, Recessions and Value Theory." *Review of International Political Economy*, Autumn, pp.528~537.

_____. 1997. "The EMU, Monetary Crises and the Single European Currency." *Capital and Class*, No.63(Autumn), pp.85~114.

_____. 1999a. "Democracy, the Market, and Egalitarianism." in J. Milios, L. Katseli and P. Pelagidis(eds.). *Rethinking Democracy and the Welfare State*, pp.28~49. Athens: Ellinka Grammata.

_____. 1999b. "A Missed Opportunity: Orthodox versus Marxist Crises Theories." *Historical Materialism*, No.4(Summer), pp.33~57.

Carchedi, G. and W. de Haan. 1996. "The Transformation Procedure: A Non-Equilibrium Approach." in A. Freeman and G. Carchedi (eds.). *Marx and Non-Equilibrium Economics*, pp.136~164.

Cheltenham: Edward Elgar.

Chipongian, L. C. 2000. "Roxas Says Gov't in Favor of ASEAN Common Currency." *The Manila Times*, 20 April.

Chossudovsky, M. 1997. The Globalization of Poverty: Impacts of IMF and World Bank Reforms. London and Atlantic Highlands, NJ: Zed Books.

Chote, R. and G. de Jonquières. 1999. "Outlook: Economists Find Plenty to Worry About." *Financial Times*, 29 January.

Chuter, D. 1997. "The United Kingdom." in J. Howorth and A. Menon(eds.). *The European Union and National Defence Policy,* pp.105~120. London: Routledge.

Convey, A. and M. Kupiszewski. 1995. "Keeping up with Schengen: Migration and Policy in the European Union." *International Migration Review,* Vol.XXIX, No.4(Winter), pp.939~963.

Corporate Europe Observatory. 1997. *Europe Inc.* http://www.xs4all.nl/~ceo.

Council for Investment and Development. 1999. *Economic Indicators.* http://www. businesspanama.com.

Court of Auditors. 1995. "Annual Report Concerning the Financial Year 1994 Together with the Institutions' Replies." *Official Journal of the European Communities*, Vol.39(14 November).

Cumings, B. 1998. "The Korean Crisis and the End of 'Late' Development." *New Left Review*, No.231(September/October), pp.43~73.

Davenport, M., A. Hewitt and A. Koning. 1995. "Europe's Preferred Partners? How the ACP Countries Should Develop Their Trade." *The ACP-EU Courier*, No.156(March-April), pp.63~64.

de Bont, C. J. A. M. 1994. "Markt-en Prijsbeleid(I): Basisprodukten." in J. de Hoog and H. J. Silvis(eds.). *EU-landbouwpolitiek van binnen en van buiten,* pp.51~64. Wageningen: Wageningen Pers.

Dinucci, M. 1998. "La Nuova Strategia della Nato." *L'Ernesto*, March-April, pp.26~28.

Dumas, L. J. 1998. "The Role of Demilitarization in Promoting Democracy and Prosperity in Africa." Paper presented the Conference on "The Economics of Military Expenditure in Developing and Emerging Economies." Middlesex University, 13~14 March.

Economic Commission for Europe. 1995. *Economic Bulletin for Europe*, Vol.47. New York and Geneva.

Elf-Thorffin, C. 2000. "Improving Financial Co-operation." *The ACP-EU Courier.* Brussels, Belgium: European Commission. No.181(June-July), pp.24~25.

European Centre of Development Policy Management. 1996. *Beyond Lomé IV*, Maastricht.

European Commission. 1990. *Community Charter of the Fundamental Social Rights of Workers.* Luxembourg: Office for Official Publications of the European Communities.

_____. 1994a. *EC Agricultural Policy for the 21st century, European Economy*, No.4. Luxembourg.

_____. 1994b. *European Social Policy.* Luxembourg: Office for Official Publications of the European Communities.

_____. 1995. *The European Social Fund.* Luxembourg: Office for Official Publications of the European Communities.

_____. 1996a. *The Budget of the European Union: How is Your Money Spent?* Luxembourg: Office of Official Publications of the European Communities.

_____. 1996b. *Hoe Beheert de Europese Unie landbouw en visserij?* Luxembourg: Office of Official Publications of the European Communities.

_____. 1998. General Budget of the European Union for the Financial Year 1998, *The Figures.* Brussels and Luxembourg.

_____. 1999. General Budget of the European Union for the Financial Year 1999, *The Figures.* Brussels and Luxembourg.

European Foundation for the Improvement of Living and Working Conditions. 1997. *Working Conditions in the European Union*. Dublin.

European Parliament. 1992. *The Agrimonetary System of the European Economic Community and its prospects after 1992*. Directorate-General for Research. Luxembourg.

Eurostat. 1996. *Statistics in Focus, External Trade*, No.7. Luxembourg.

_____. 1997. *External and Intra-European Trad, Statistical Yearbook,* 1958~1996. Luxembourg.

_____. 1998. *Statistics in Focus, External Trade*, No.3. Luxembourg.

Falcoff, M. 1999. "Dollarization for Argentina? For Latin America?" *Latin American Outlook*, April.

Ferrara, G. 1996. "Europa: quale costituzione?" *Altraeuropa*, Anno 2, No.5(Ottobre-Dicembra), pp.11~15.

Finardi, S., S. Trenti and S. Violante. 1988. *World Transport and Trade*. Milan: Saima Avandero Group.

Fischer, S. 1982. "Seigniorage and the Case for a National Money." *Journal of Political Economy*, Vol.90, No.2(April), pp.295~313.

Frank, A. G. 1972. *Lumpenbourgeoisie and Lumpendevelopment.* New York: Monthly Review Press.

Frankel, J. A. 1999. Transcript of a speech on "Dollarization: Fad or Future for Latin America?" *IMF Economic Forum*, 24 June.

Freeman, A. 1998a. "Il Terzo Pilastro." *Alternative Europa*, Ottobre-Novembre, pp.54~59.

_____. 1998b. "Diritti di Proprieta 1ntelletuale e 'Libero' Commercio." *Alternative Europa*, Dicembre, pp.52~56.

_____. 1999. "Crisis and the Poverty of Nations: Two Market Products Which Value Explains Better." University of Greenwich, London: Unpublished Paper.

Friends of the Earth Europe. 1995. *Towards Sustainable Europe.* Brussels.

Galtung, J. 1972. *De EEG als Nieuwe Supermacht.* Amsterdam: Van Gennep(Dutch translation of *The European Community: A Superpower in the Making*).

Geddes, A. 1995. "Immigrant and Ethnic Minorities and the EU's 'Democratic Deficit'." *Journal of Common Market Studies*, Vol.33, No.2(June), pp.197~217.

George, S. 1999. "Seattle Prepares for Battle-Trade before Freedom." *Le Monde Diplomatique*, November.

Gill, S. 1997. "The Global Political Economy and the European Union: EMU and Alternatives to Neo-Liberalism." Unpublished paper.

Giusanni, P. n.d. "On the Economics of Piero Sraffa." Unpublished paper.

Gowan, P. 1995. "Neo-Liberal Theory and Practice for Eastern Europe." *New Left Review*, No.213(September-October), pp.3~60.

Greider, W. 1997. "In the Go-Go Global Economy, a Creeping Sense of 'Oh No'." *International Herald Tribune,* 2 October.

Hakim, P. 1999. "1s Latin American Doomed to Failure?" *Foreign Policy*, Winter 1999~2000.

Hanke, S. H. and K. Schuler. 1999. "A Dollarization Blueprint for Argentina." *Foreign Policy*

Briefing, No.52(11 March).

Harris, S., A. Swinbank and G. Wilkinson. 1983. *The Food and Farm Policies of the European Community*. Chichester: John Wiley and Sons.

Henwood, D. 1997. *Wall Street: How It Works and for Whom*. London: Verso.

Hewitt, A. and A. Koning. 1996. "Europe's Preferred Partners? How the ACP Countries Should Develop Their Trade." *The ACP-EU Courier*, No.156(March-April), pp.63~64.

Hoekman, B. M. and M. M. Kostecki. 1995. *The Political Economy of the World Trading system, from GATT to WTO*. Oxford: Oxford University Press.

Holman, O. and K. van der Pijl. 1996. "The Capitalist Class in the European Union." in G. A. Kourvetaris and A. Moschonas(eds.). *The Impact of European Integration*, pp.55~74. Westport, CT: Praeger.

Howorth, J. 1997. "National Defence and European Security Integration'." in J. Howorth and A. Menon(eds.). *The European Union and National Defence Policy*, pp.10~22. London: Routledge.

Ichiyo, M. 1987. *Class Struggle and Technological Innovation in Japan Since 1945*, Notebooks for Study and Research No.5. Amsterdam: International Institute for Research and Education.

International Labour Organization. 1996. *Second Unemployment Report*. Geneva: November.

Irving, R. W. and H. A. Fearn. 1975. *Green Money and the Common Agricultural Policy*. Ashford, Kent: Wye College, Centre for European Agricultural Studies.

Julia, C. H. 2000. "La Estrategia Ecuador." *Realidad Economica*, No.170(February-March), pp.46~57.

Kemp, J. 1992. "Competition Policy." in F. McDonald and S. Dearden(eds.). *European Economic Integration*, pp.59~81. London and New York: Longman.

Kempster, T. 1998. "Military Spending and Development: The Role of the Peace Movement." Paper given at the Conference on "The Economics of Military Expenditure in Developing and Emerging Economies." Middlesex University. 13~14 March.

Kenen, P. B. 1969. "The Theory of Optimum Currency Areas: An Eclectic View." in R. A. Mundell and A. K. Swoboda(eds.). *Monetary Problems of the International Economy*, pp.41~60. Chicago:

University of Chicago Press.

Kiljunen, K. 1986. "The International Division of Industral Labour and the Core-Periphery Concept." *CEPAL Review*. Santiago, Chile: Comisión Económica de las Naciones Undias para América Latina y el Caribe. December.

Kolata, G. 1997. "Dolly's Creators Take Next Step." *International Herald Tribune*, 26~27 July.

Krugman, P. R. and M. Obstefeld. 1994. *International Economics*. London: Harper Collins.

Lancaster, J. 2000. "Despite Taking Root, Democracy in Latin America Remains Fragile." *International Herald Tribune*, 1 February.

Linder, M. 1977. *Anti-Samuelson*. Urizen Books.

Louis, j.-V. 1997. "Le Traité de Amsterdam: Une Occasion perdue?" *Revue du Marché Unique Européen*, No.2, pp.5~18.

MA.GA. 2000. "A Quito il dollaro regna sovrano: Il governo dice addio al sucre." *Il Manifesto*, 11 March.

Mandel, E. 1970. *Europe vs. America: Contradictions of Imperialism*. New York: Monthly Review Press.

Marsh, J. 1977. "Europe's agriculture: reform of the CAP." *International Affairs*, Vol.53, No.4, pp.604~614.

Martone, F. 2000. "Ecuador dollarizzato e ... blindato." *Il manifesto*, 16 January.

Marx, K. 1967a. *Capital Vol.I.* New York: Progress Publishers.

_____. 1967b. *Capital, Vol.II*. New York: Progress Publishers.

_____. 1967c. *Capital, Vol.III*. New York: Progress Publishers.

_____. 1992. *Okonomische Manuskripte*, 1863~1867, *Text, Teil 2,* Manfred Müller et al(eds.). Amsterdam: Dietz Verlag, Berlin/Internationales Institut für Sozialgeschichte.

McKinnon, R. I. 1963. "Optimum Currency Areas." *American Economic Review*, Vol.LIII, No.4(September), pp.717~725.

Mead, M. 1962. *Sex and Temperament in Three Primitive Societies.* New York: Dell Publishing Company.

Menshikov, M. 1998. "Problems of Conversion in Russia." Paper presented at the Conference on "The

Economics of Military Expenditure in Developing and Emerging Economies." Middlesex University, 13~14 March.

Middleton, N., P. O'Keefe and S. Moyo. 1993. *The Tears of the Crocodile.* London: Pluto Press.

Mihevc, J. 1995. *The Market Tells Them So.* London and Atlantic Highlands, NJ: Zed Books.

Moody, K. 1997. "Towards an International Social-Movement Unionism." *New Left Review*, No.225(September-October), pp.52~72.

Moreno-Villalaz, J. L. 1999. "Lessons from the Monetary Experience of Panama: A Dollar Economy with Financial Integration." *Cato journal*, Vol.18, No.3, pp.421~439.

Moseley, F. 1986. "The Intensity of Labour and the Productivity Slowdown." *Science and Society*, Vol.1, No.2, pp.210~218.

_____. 1988a. "The Rate of Surplus Value, the Organic Composition, and the General Estimates." *American Economic Review*, March, pp.298~303.

_____. 1988b. "The Decline of the Rate of Profit in the Postwar US Economy: Regulation and Marxian Explanations." Paper presented to the "Conferencio Internacional acerca de la Teoria de la Regulació n" Barcelona. June.

_____. 1989b. "Introduction." in F. Moseley(ed.). "Declining Profitability and the Current Crisis." *International journal of Political Economy*, Vol.19, No.1(Spring), pp.3~9.

_____. 1989c. "The Decline in the Rate of Profit in the Postwar US Economy." in F. Moseley(ed.). "Declining Profitability and the Current Crisis." *International Journal of Political Economy*, Vol.19, No.1(Spring), pp.48~68.

Moseley, F.(ed.). 1989a. "Declining Profitability and the Current Crisis." *International journal of Political Economy*, Vol.19, No.1(Spring).

Moss, N. 2000. "Ecuador: Dollarization to Go Ahead." *Financial Times*, 3 February.

Mundell, R. A. 1961. "A Theory of Optimum Currency Areas." *American Economic Review*, Vol.LI, No.4(September), pp.657~664.

Newman, M. 1989. *Britain and the EEC: Effects of Membership*, European Dossiers series. London: PNL Press.

Open letter from European economists to the heads of government of the 15 member states of the

European Union. 1997. Electronic version. 12 June.

Ortiz, G. 1999. Transcript of a speech on "Dollarization: Fad or Future for Latin America?" *IMF Economic Forum,* 24 June.

PANOS. 1997. "Third World: Feast or Famine? Food Security in the New Millennium." *Race and Class*, Vol.38, No.3, pp.63~72.

Paterson, H. 2000. "E. Timor Adopts Dollar as Currency." *Los Angeles Times*, 24 January.

Purdy, D. and P. Devine. 1994. "Social Policy." in M. Artis and N. Lee(eds.). *The Economics of the European Union,* pp.269~294. Oxford: Oxford University Press.

Ricardo, D. 1966. *On the Principles of Political Economy and Taxation.* Cambridge: Cambridge University Press.

Rieger, E. 1996. "The Common Agricultural Policy: External and Internal Dimensions." in H. Wallace and W. Wallace(eds.). *Policy-making in the European Union,* pp.96~123. Oxford: Oxford University Press.

Robinson, J. 1962. *Economic Philosophy.* Harmondsworth: Penguin.

Roodman, D. M. 1997. "Reforming Subsidies." in L. R. Brown, C. Flavin and H. French(eds.). *The State of the World 1997.* New York and London: W. W. Norton and Company.

Rother, L. 2000. "Ecuador Prepares for Indian Protests." *New York Times*, 16 January.

Sachs, J. and F. Larrain. 1999. "Why Dollarization is More Straitjacket Than Salvation." *Foreign Policy*, Fall, pp.80~92.

Schuler, K. 1999a. *Encouraging Official Dollarization in Emerging Markets*. Joint Economic Committee Staff Report, April.

_____. 1999b. *Basics of Dollarization*. Joint Economic Committee Staff Report, July.

Seabrook, J. 1990. *The Myth of the Market.* Bideford, Devon: Green Books.

Sharma, N. R. 1997. "Birds of Prey or Birds of Passage: The Movement of Capital and the Migration of Labour." *Labour, Capital and Society*, Vol.30, No.1(April), pp.8~38.

Silvis, H. J. and M. L. Mookhoek. 1994. "Gemeemschappelik markt-en prijsbeleid bij veranderende wisselkoersen." in J. de Hoog and H. J. Silvis(eds.). *EU-landbouwpolitiek van binnen en van buiten,* pp.76~86. Wageningen: Wageningen Pers.

Simon, H. 1976. "From Substantive to Procedural Rationality." in F. Hahn and M. Hollis (eds.). *Philosophy and Economic Theory,* pp.65~86. Oxford: Oxford University Press.

_____. 1979. "Rational Decision Making in Business Organization." *The American Economic Review*, Vol.69, No.4(September), pp.493~513.

Stein, R. 1999. *Issues Regarding Dollarization*. Subcommittee on Economic Policy, US Senate Banking, Housing and Urban Affairs Committee.

Strange, S. 1998. "The New Dollar Debt." *New Left Review*, No.23(July-August). pp.91~115.

Swann, D. 1994. *The Economics of the Common Market* (7th edn). Harmondsworth: Penguin.

_____. 1995. *The Economics of the Common Market* (8th edn). Harmondsworth: Penguin.

Testimony of Dr David Malpass. 1999. Hearing on Official Dollarization in Emerging- Market Countries, Subcommittee on Economic Policy and International Trade and Finance, 15 July.

Testimony of Dr Liliana Rojas-Suarez. 1999. Hearing on Official Dollarization in Latin America, Subcommittee on Economic Policy and International Trade and Finance, 15 July.

Testimony of Dr Michael Gavin. 1999. Hearing on Official Dollarization in Latin America, Subcommittee on Economic Policy and International Trade and Finance, 15 July.

Testimony of Prof. Guillermo A. Calvo. 1999. Joint Hearing of the Subcommittees on Economic Policy and International Trade and Finance, Washington, DC. 22 April.

Testimony of Senator Chuck Hagel. 1999. Hearing on Official Dollarization in Emerging- Market Countries, Subcommittee on Economic Policy and International Trade and Finance, Opening Statement, 22 April.

Testimony of Senator Jim Bunning. 1999. Hearing on Official Dollarization in Emerging- Market Countries, Subcommittee on Economic Policy and International Trade and Finance, Opening Statement, 22 April.

Tobey, J. A. and H. Smets. 1996. "The Polluter-Pays Principle in the Context of Agriculture and the Environment." *The World Economy,* Vol.19, No.1, pp.63~87.

Tracy, M. 1993. *Food and Agriculture in a Market Economy,* APS-Agricultural Policy Studies. Belgium: La Hutte.

_____. 1996. *Agricultural Policy in the European Union,* APS-Agricultural Policy Studies. Belgium:

La Hutte.

Tsoukalis, L. 1993. *The New European Economy: The Politics and Economics of Integration*(2nd edn). Oxford: Oxford University Press.

United Nations Development Programme. 1998. *Human Development Report*. Oxford: Oxford University Press.

_____. 1999. *Human Development Report*. Oxford: Oxford University Press.

US Arms Control and Disarmament Agency. 1996. *World Military Expenditures and Arms Transfers(WMEAT) 1996*. Washington, DC.

US Federal Reserve. 1994. Board of Governors of the Federal Reserve System, *The Federal Reserve System: Purposes and Functions*. Washington, DC.

_____. 2000. Federal Reserve Statistical Releases, H3 Historical Date, *Aggregate Reserves of Depository Institutions Not Adjusted for Changes in Reserve Requirements and Not Seasonally Adjusted*. Washington, DC. 27 January. http://www.bog.frb.fed.us/releases/h3/hist/h3hist2.

US Treasury. 1999. Office of Public Affairs, Speech by Deputy Treasury Secretary Lawrence H. Summers at the Senate Banking Committee Subcommittee on Economic Policy and Subcommittee on International Trade and Finance, *Treasury News*, 22 April.

Van der Laan, L. 1999. "Liberalisering Handel Helpt Zwakkeren." *De Volkskrant*, 24 November.

Venneman, J. G. B. and J. Gerritsen. 1994. "EU-Mileubelied en landbow." in J. de Hoog and H. J. Silvis(eds.). *EU-landbouwpolitiek van bingen en van buiten*, pp.114~122. Wageningen: Wageningen Pers.

Verhoeve, B., Graham, B. and Wilkinson, D. 1992. *Maastricht and the Environment*. Arnhem: Institute for European Environmental Policy.

Verklaring van zeventing Nederlandse economen inzake de Economische en Monetaire Unie. 1997. *De Volkskrant*. 13 February.

Vinocour, J. 1997a. "Poverty Grows Quietly Along with Wealth." *International Herald Tribune*, 15 October.

_____. 1997b. "Secret Wealth Undermines the Social Model." *International Herald Tribune*, 16 October.

Wade, R. and F. Veneroso. 1998. "The Gathering World Slump and the Battle Over Capital Controls." *New Left Review*, No.231(September-October), pp.13~42.

Walras, L. 1977. *Elements of Pure Economics*. Fairfield, ME: A. M. Kelley.

Webber, F. 1993b. "European Conventions on Immigration and Asylum." in T. Bunyan(ed.). *Statewatching the New Europe,* pp.142~153. Nottingham: Russel Press.

_____. 1993a. "The New Europe: Immigration and Asylum." in T. Bunyan(ed.). *Statewatching the New Europe,* pp.130~41. Nottingham: Russel Press.

Weinstock, U. 1975. "Vom 'Grünen Dollar' zur Gemeinschaftswährung-die Bedeutung der Rechnungseinheiten für die europäische Integration." in W. von Urff(ed.). *Der Agrarsektor im Integrationsprozeß,* pp.115~146. Baden Baden: Nomas Verlagsgesellschaft.

Working Group on the WTO/MAI. 1999. *A Citizen's Guide to the World Trade Organization.* Inkworks, electronic version. July.

World Bank. 1993. "Poverty and Income Distribution in Latin America." *HRO Dissemination Notes*, No.3(29 March).

Young, D. and S. Metcalfe. 1994. "Competition Policy." in M. Artis and N. Lee(eds.). *The Economics of the European Union,* pp.119~138. Oxford: Oxford University Press.

Ypersele, J. 1985. *The European Monetary System*, The European Perspectives series. Brussels: Commission of the European Communities.

El Comercio. 2000a. "El Banco Central Votó a Favor de la Medida: el Congreso respalda." 11 January.

_____. 2000b. "Reacciones a Nivel Internacional." 11 January.

_____. 2000c. "El Nuevo Esquema Bancario." 13 January.

_____. 2000d. "Dolarización, 45 Respuestas." 16 January.

_____. 2000e. "Ley Trole con observaciones del FMI." 27 February.

Europa van Morgen. 1996. No.16(23 October), pp.238~242.

_____. 1997. No.12(19 June), pp.173~176.

Latino Bea. 1999. "U.S. Cautions Latin America on 'Dollarization'." 16 March.

Notizie Internazionali. 1997. No.52(October).

Official journal of the European Communities. 1962. Council Regulation No.129 on the value of the unit of account and the exchange rates to be applied for the purposes of the Common Agricultural Policy. 30 October.

_____. 1968a. Council Regulation No.653 on conditions for alterations to the value of the unit of account used for the Common Agricultural Policy. 31 May.

_____. 1968b. Council Regulation No.1134 laying down rules for the implementation of Regulation(EEC) No.653/68 on conditions for alterations to the value of the unit of account used for the Common Agricultural Policy. 1 June.

_____. 1971. Council Regulation No.974 on certain measures of conjunctural policy to be taken in agriculture following the temporary widening of the margin of fluctuation for the currencies of certain member states. 12 May.

_____. 1973. Council Regulation No.1112 amending regulation No.974/71 on certain measures of conjunctural policy to be taken in agriculture following the temporary widening of the margins of fluctuation for the currencies of certain member states. 30 April.

_____. 1991. Council Regulation No.2092 on organic production of agricultural products and indications referring thereto on agricultural products and foodstuffs. 24 June.

_____. 1992. Council Regulation No.2078 on agricultural production methods compatible with the requirements of the protection of the environment and the maintenance of the countryside. 30 July.

_____. 1998a. Opinion No.8/98 adopted by the Court of Auditors on a proposal for a Council Regulation establishing an agri-monetary system denominated in Euro. 27 November.

_____. 1998b. Council Regulation(EC) No.2799/98 establishing agri-monetary arrangements for the Euro. 24 December.

The Economist. 1997. "Doing the Splits." 8 March.

찾아보기

한글

ㄱ

ㄴ

ㄷ

ㄹ

ㅁ

ㅂ

ㅅ

ㅇ

ㅊ

ㅋ

ㅌ

ㅍ

ㅎ

기타

영문

A

B

C

D

E

F

G

지은이

굴리엘모 카르케디(Guglielmo Carchedi)

이탈리아 출신의 마르크스주의 정치경제학자이다. 마르크스 노동가치론에 대한 정확한 이해를 바탕으로 가치론 및 가격론, 자본주의 계급분석, 경제공황 이론 및 현실 경제공황 분석, 세계 자본주의 경제동학 분석, 기축통화의 화폐발권차익과 환율체계 분석, 국제무역 원리, 제국주의와 식민지 관계 분석, 세계 기아와 환경문제의 원인 분석, 부르주아 경제학 원리 비판, 대안사회 전망 등의 주제와 관련해 깊이 있고 날카로운 글들을 썼다. 1965년 이탈리아 토리노 대학교에서 경제학 박사 학위를 취득했고, 국제연합(UN) 뉴욕 본부에서 근무했다. 네덜란드 암스테르담 대학교 경제학 · 계량경제학부 수석 연구원을 역임했으며, 현재 암스테르담 대학교 명예교수이자 캐나다 요크 대학교 외래교수로 있다. 저서로는 *Behind the Crisis: Marx's Dialectics of Value and Knowledge* (2010), *Frontiers of Political Economy* (1991), *Class Analysis and Social Research* (1987) 등이 있다.

옮긴이

유철수

경상대학교 사학과를 졸업하고 동 대학교 정치경제학 대학원에서 경제학 박사 과정을 수료했다. 2005년 민주노동당 서울시당 강남구위원회에서 사무차장 및 노동위원장을 맡았으며, 2013년 진주자본읽기모임에서 공동 운영자로 활동했다. 2014년에는 서울서부비정규노동센터 운영위원을 역임했고, 현재 서울서부비정규노동센터 회원 및 데모당 당원으로 활동 중이다. 돈 없는 사람이 하고 싶은 일을 하며 살겠다는 욕심 때문에 여기저기 떠돌며 책과 논문을 읽으면서 살고 있다. 관심 주제는 경제공황과 계급론이다.

한울아카데미 1946

다른 유럽을 향해서

유럽 경제통합에 대한 계급적 분석

지은이 | 굴리엘모 카르케디
옮긴이 | 유철수
펴낸이 | 김종수
펴낸곳 | 한울엠플러스(주)

편집책임 | 최진희
편집 | 이예은

초판 1쇄 인쇄 | 2017년 2월 17일
초판 1쇄 발행 | 2017년 2월 24일

주소 | 10881 경기도 파주시 광인사길 153 한울시소빌딩 3층
전화 | 031-955-0655
팩스 | 031-955-0656
홈페이지 | www.hanulmplus.kr
등록번호 | 제406-2015-000143호

Printed in Korea.
ISBN 978-89-460-5946-7 93320(양장)
978-89-460-6266-5 93320(반양장)

* 책값은 겉표지에 표시되어 있습니다.